自己犠牲とは何か

哲学的考察

田村 均 著
Hitoshi Tamura

名古屋大学出版会

自己犠牲とは何か

目次

凡例

一、古典的文献や哲学者の著作から引用する場合、原則として邦訳の書名と引用箇所を表示する。詳しい書誌情報は巻末の参考文献に記載する。引用文は、邦訳をそのまま用いる場合も必要に応じて改める場合もあるが、個別に注記はしない。また、引用箇所の表示の仕方は文献によって異なる。聖書やギリシア悲劇、プラトンやアリストテレスの著作など、引用の表記に関して慣行があり、各種の邦訳でもそれらが参照できるものについては、慣行に従う。しかし、西洋近代の著名な哲学者の著作に関しては、専門家のあいだに確立された慣行がある場合でも、それに必ずしも従わず、邦訳の表題と頁数のみを挙げる場合がある。というのも、デカルトのアダン・タヌリ版全集やカントのアカデミー版全集による出典表記は、邦訳には表示されない場合も多いからである。なお、以上のような諸文献に関しては、それを最初に引用する際に、どの邦訳を利用し、どのような出典表記の方式を採用したかについて注記する。また、同一の文献に同一の文脈で繰り返し言及する場合、「同上」と略記するなど、適宜簡略化する。

一、おおむね二〇世紀以降に刊行された研究書、研究論文から引用する場合、原則として著者名と出版年と頁数とを表記する。詳しい書誌情報は巻末の参考文献に記載する。外国語文献に関して邦訳を参照したときは、邦訳の頁数をスラッシュ「/」の後に併記する場合もある。邦訳をそのまま用いた場合も、必要に応じて改めた場合もあるが、いちいち特記はしない。なお、同一の文献を同一の文脈で繰り返し言及する場合、「同上」と略記するなど、適宜簡略化する。

一、引用文中の（　）で括った文言は、原著者が（　）で括っている文言である。また引用文中の〔　〕で括った文言は、原則として引用者（田村）による補足であり、原著者等による補足の場合はその旨特記した。

一、引用文中の傍点等の強調は、原則として、原著者が強調している文言である。引用者（田村）による強調である場合は、出典表記の後にその旨特記する（なお、一部、強調が原著者のものであることを出典表記の後に特記した箇所もあるが、その特記がない場合でも、特記のない強調は原則として原著者のものである)。ただし、第2章3節の戦犯の遺文からの引用についてのみ、引用者による強調が多数に及ぶため、個別に特記せず、強調が引用者によるものであることを一括して本文中に記し、原著者による強調の方を出典表記の後にその旨特記した。

一、学術雑誌等に掲載された論文を引用するとき、初出の掲載誌等を直接参照した場合には、著者名と、掲載誌等の刊行年と、掲載誌等における頁数を表記する。初出の掲載誌等でなく、当該論文が収録された後年の論文集を参照した場合は、原則として、著者名と、初出掲載誌等の刊行年と、後年の収録論文集での頁数を表記する。引用箇所の頁数が収録論文集による場合は、巻末の参考文献において、当該論文の初出掲載誌等の書誌情報の後に、"Reprinted in ..."として収録論文集の書誌情報を記載した。

序章　自己犠牲はなぜ哲学の問題となるのか

本書は、自己犠牲を主題とする。自己犠牲の物語は、洋の東西を問わず人々に語り伝えられてきた。新約聖書の十字架上のイエス、ジャータカの薩埵王子の捨身飼虎譚、ギリシア神話のイーピゲネイアの犠牲、『古事記』中巻「景行天皇」のオトタチバナノヒメノミコトの入水譚など、古典中の古典に自己犠牲の物語はひろく見出される。自己犠牲の物語が人々を強く刺激する何かを備えていることは明らかである。しかし、現代では、自己犠牲が哲学的な考察の対象になることは少ない。以下、まず、本書の構成を述べながら、自己犠牲が哲学の問題となる理由を示す。次いで、それと関連して西洋近現代の哲学の主要な二つの問いを取り上げ、それらが西洋のキリスト教文明圏の外にいる私たちには必ずしも自分自身の問いであるとは言えないという事情を説明する。「自己犠牲とは何か」という問いは、しかし、それらのキリスト教的な問いとは違って、私たち自身に直に結びついている。

自己犠牲が哲学の問題となる第一の理由

私がなぜ自己犠牲を哲学の問題として取り上げねばならないと考えるに至ったかは、第1章と第2章でほぼ明らかになる。これらの章では刑死したBC級戦争犯罪人の遺文を扱う。彼らの遺書や手紙のなかには、「いけにえ」、「犠牲」、「人柱」といった言葉がしばしば見られる。彼らがみずからの陥った運命を理解し、生涯を意味づけるために用いたのは、これらの言葉だった。戦犯たちは、自分自身を未来の日本や平和な世界のための「いけにえ」や

「犠牲」であると考えたのである。だが、戦犯裁判を計画し実行した連合国の法思想は、このような言葉や概念とは何の関係もなかった。裁判は意思決定と行為の実行に対する個人の責任を問いただすものだった。第1章で取り上げるシンガポール華僑粛清事件は、イギリス軍の軍事法廷で審理された事案である。被告人のシンガポール警備司令官、河村参郎陸軍中将と検察官との間のやりとりは、両者の考え方の隔たりが大きかったことを示している。尋問を繰り返しても、両者の意思疎通は成り立たなかった。このすれ違いは、西洋文明の域外で育った日本人戦犯たちと、西洋文明の内奥で形成された法思想とのあいだの相互理解の困難さをよく表している。

私は戦犯たちと共通する日本近代の文化的背景のなかで育った。河村参郎は、刑死した戦犯のなかで例外的に多くの文章を遺している。そこにはみずからを犠牲であるとする文言が、文脈を異にしながら複数回現れる。それを読むと、私には河村の心事がある程度分かるように思われた。同時に、西洋哲学史の多少の知識によって、軍事法廷の法思想や人間観も理解できるように思われた。河村の思考と連合国軍の思考のあいだには、容易に相互理解の成り立たない根の深い違いがある。この違いを正確にとらえることが本書の導入部の主題となる。それにはまず、河村の作戦行動と遺文に記された思想とを確認し、基本的な解釈の道筋を見つけなければならない。第1章でそれを行なう。また、BC級戦犯に関する近年の研究を参照しつつ、連合国軍の法廷が前提する法思想と人間観を、思想史的な展望のなかで確認しておく必要がある。これらは第2章で扱う。次いで、河村が「犠牲」という言葉で言い表した思想が、どのような思考や行為類型を意味しており、人間と社会に関するどのような直観を背後にもっているのか、人類学的な視野のなかでそれをとらえる必要がある。第3章の全体がこれに当てられる。これらの準備作業を経て、私たちは、戦犯刑死者の遺文の思想を、軍事法廷の法思想とは異なる視点から理解することができるようになる。第4章でそれを述べる。

犠牲という概念は、起源の古い複雑な観念連合として成り立っている。戦犯の遺文を手がかりにしつつ、この観念連合の内実を詳細に問うことを通じて、私たちは、自分が受け継いでいる個人と社会についての暗黙の直観に気づくことができる。その直観によれば、社会の実体は個人を超えた外なる力であって、その力を分有することで私たちは生きのびる。だが、その力に参与するためには自分の一部を差し出さなければならない。私たちは、そういう次第で、大事な何かをいけにえとして捧げ、外なる力から恵みや赦しを受け取る。この取引は、私たちが今日でも踏み行なっている社会形成の暗黙の原理のように思われる。この原理は、西洋近代のキリスト教的な人間観や社会哲学とは根底において相容れない。キリスト教の場合、神に対して人が何かを捧げ、その見返りに恩恵を受け取るという取引は成り立たない。神は、無償で、無条件に与える存在だからである。しかし、日本の社会生活の根底には、現代でも自己犠牲という取引の原理が横たわっているように思われる。私たちは、それゆえ、自分自身を知るために自己犠牲を哲学の問題として取り上げねばならないのである。

本書は三部一二章に分かれ、それに序章と終章を付す。以上のとおり、導入部である第I部には、第1章から第4章を収め、「権力と犠牲」と題する。ここで、河村参郎ほかのBC級戦犯の心理と行為を、犠牲という概念を焦点に置いて、多方面から検討する。

第II部は、第5章から第8章までを収め、「自己犠牲の論理」と題し、自己犠牲の理論的な考察を行なう。第5章と第6章は、自己犠牲を考えるための大きな枠組みを扱う。これらの章では、事例分析、哲学史的背景の確認、実験哲学的な調査報告、文学作品の解釈といった多様な方法で、比較思想史的に問題を考察する。とりわけ、第5章4節の“will”と「意志」に関する実験哲学的な調査報告の検討は、ヨーロッパ諸語による人間理解と日本語による人間理解とが、気づきにくいかたちで相互理解の失敗を引き起こすことを裏付ける。そして、第6章の文学作品の解釈を通じて、古代世界から受け継がれた自己犠牲の原理と、西洋近代のキリスト教的な社会哲学的直観が不整合をきたすことが明瞭になる。第7章と第8章は、分析哲学の手法によって、自己犠牲的行為を遂行する人物の心的過程の分析を行なう。私たちが自己犠牲的であると見なす行為は、人が、自分個人の判断とは対立する自分の所属集団の判断に、本心では納得できないまま服従する、という心的機制から成り立っていることが明らかにされる。この第II部の第7章と第8章が、本書の理論的な拠りどころを形成する。

第III部は、第9章から第12章までを収め、「自己と自己犠牲」と題する。これらの章では西洋近現代の哲学的思考の枠組みと自己犠牲の概念との関係を吟味する。自己犠牲は、自己にかかわる行為類型であり、自己の概念を曖昧にしたままで十分に論ずることはできない。第9章でデカルト、ロック、ヒュームの三者の議論を順に考察する。デカルトの「私は考える、ゆえに私はある」から始まった西洋近代の自己についての哲学的内省は、ヒュームの逢着した「迷路」のなかで解体し始める。この歴史的経緯の確認を経たうえで、デカルトから私たちが引き継ぐ問いとして、「私はある」という命題の疑いのなさをどうやって説明するか、という問題が取り出される。

第10章では、現代の発達心理学の知見を紹介し、哲学的な自己概念とのかかわりを見る。発達心理学は一九八〇年代以降、幼児における「心の理論（theory of mind）」の形成の問題をはじめとして画期的な発見を積み重ねてきた。なかでも、一歳前後における自己の対象化の成立と、三歳半から四歳以降における自己の私秘性の理解は、自己認識の重要な水準を示している。自己とは、心理学的には、複数の層からなる構造体なのである。

これらの発達心理学の知見を踏まえ、第11章で、現代の言語分析の手法によって、自己認識のデカルト的確実性の根拠と限界とを明らかにする。「私はある」の疑いのなさの根拠は、内省的直観ではなく、生き物としての人間の身体的自己把握であることが明らかになる。そして、「私はある」の疑いのなさは、身体的な自己把握の水準を超える自己認識の層には及ばない、という限界が指摘される。第9章から第11章までの役割は、デカルト的な自己の概念を無害なものにすることである。「私は考える、ゆえに私はある」の確実性に疑いはない。だが、この確実性は、意外に短い射程距離しかもたない。「私がある」ことは確実だが、だからといって、自分がどのような欲求や信念や自我理想をもっているのかを私たちが透明に見てとることができるわけではない。また、自己が統合された一つの主体であると言えるわけでもない。自己は、西洋近代の哲学者たちが想像したのとは違って、多くの層からなる不透明な複合体なのである。

以上の自己概念の分析をうけて、第12章では、現代の個人主義的な道徳哲学においていかにして自己犠牲が可能か、という問いを扱う。現代西洋の世俗的な道徳哲学で自己犠牲が論じられることはまれである。だが、例外的にマーク・カール・オーヴァヴォルド（1948–1988）が三篇の影響力の大きい論考を遺した。これを詳細に吟味することを通じて、私たちは、キリスト教信仰を直接には標榜しない現代の哲学的考察においても、一七世紀以来のキリスト教的な社会哲学的直観が生きていることを見出す。そして、本書の第II部で明らかにされる社会的権力との取引としての自己犠牲の原理とは違って、現代の西洋世界で語られる自己犠牲が、共同体への献身ではなく、むしろみずからの信念を証し立てる殉教（martyrdom）となることが浮かび上がってくる。霊的な存在としての自分（自我理想）と肉的な存在としての自分（現実の自己）という対立は、依然、キリスト教的人間観の基本的な成分である。この対立の暴力的な解決が殉教として現れるのである。

終章は、第7章と第8章で提示する本書の自己犠牲の説明理論と、オーヴァヴォルドの近代主義的な説明理論との対比を試みる。歴史上のイエスと教義上のイエスという二つの被説明項を設定し、これに対してそれぞれがどのような説明を与えることができるのかを対照する。人間が社会的な動物であることと、人間が自己実現を求める存在であることが、自己犠牲という観念複合体を生み出している。それゆえ最後に、私たちが、この現実世界において、自己実現の願望をどのように生きることができるのかを考察する。

自己犠牲が哲学の問題となる第二の理由

自己犠牲が哲学の問題となる理由は、本書の構成に沿って述べるならば、以上のとおりである。作田啓一は、BC級戦犯はほかならぬ私たちであると言った（作田 1967, 157）。戦犯として裁かれた人々は、平時ならば凶悪犯罪にかかわることなどありそうにない普通の市民だった。そういう人たちが、軍命令の下で犯した非行について責任を問われたとき、どのような論理でみずからの行為に意義を与えたのかを知ることは、私たちが自分自身を知ることにつながるはずである。

自己犠牲を哲学の問題として取り上げるべき理由は、もう一つある。自己犠牲は、現在、日本においても海外においても哲学的問題として多くの研究者に認知されているわけではない。以下に述べる理由は、まさにこの、問われることがまれであるという特徴にかかわっている。

現在、日本の哲学徒は、主として西洋の近現代の哲学的著作を通じて哲学に入門することが多い。西洋近現代哲学の主要な問いは、大きく分ければ二つにまとめられる。一つは、真なる知識の基礎は何であるか、という問いである。この問いは、現代では、主に自然科学や数学の知識をどのように基礎づけるかという形をとる。デカルトもロックも、ヒュームもカントも、あるいはフッサールもフレーゲも、カルナップもクワインも、真なる知識をどのように基礎づけるかという問いに取り組んだ。もう一つは、道徳の基礎と社会の成り立ちとをどのように説明するか、という問いである。この問いは、実質的には、人間に関する近代のキリスト教的な直観にどのように応えるかという問いとなる。近代の、特にプロテスタントのキリスト教は、個人の信ずる働きを通じて神の正義に到達できるという基本的な直観を前提する。個人から出発してどのようにして普遍的な正義に至りうるかという問いは、ロック、ヒューム、カント、ヘーゲル、ニーチェらから、現在に至るまで、欧米の多くの哲学者がそれぞれの仕方で回答を試みている問いである。現代においても、例えば、ドナルド・デイヴィドソンのような、まったくキリスト教とは無関係に見える分析哲学の泰斗が、個人の意志作用にかかわる影響力の大きい論文のなかで聖パウロに言及していることには十分注目すべきである（Davidson 1970；田村 2007)。

ところが、この西洋哲学の二つの大きな問いは、西洋近代文明の域外に育った私たち自身の問いであるとは言い切れない。もちろん、これらの問いは、それぞれの個人が面白いと思って熱心に取り組むかぎりで、努力に見合った知的な快感や思考の深まりを体験させてくれる有意義な問いである。したがって、知識の基礎づけや正義の諸問題、あるいはそこから派生した懐疑論の論駁、心身問題、人格同一性といった問題を考えることは十分意味をなす。だがそれらの問題の出自は、思想史的には、私たちになじみの薄い考え方にある。

出自は、キリスト教の形而上学である。神と世界の事物の関係がその焦点にある。神は、みずからの意志[1]によって世界を創造し、世界に命令を与えた[2]。神は、世界に命令を下す存在として、世界の外部に存在する。この外在性が神の超越性である[3]。神の意志（命令）は自然のなかに顕わに示されている。「神の見えざるところは、世界の創造以来、認識しうるものとして被造物に顕されているのだ。すなわち無限の力と神性である」（田川4：ローマ1：20）[4]。そして、神の意志は法である[5]。すなわち、自然界の偶然的な事実も永遠法である神の知恵[6]の下にある。これが、私たちが現在語っている自然法則という概念の原型である。他方、人間は、他の被造物と違って、理性において永遠法を分有する。この理性的な認識としての永遠法の分有が、神の命令としての道徳的自然法である[7]。

このキリスト教の形而上学を前提すれば、西洋近代哲学における知識の基礎への問いは、元来は神の命令としての自然法則をいかにして人は知りうるか、という問いにほかならない。また、個人が正義に至る途についての問いは、神の命令としての道徳的自然法をいかにして理性的存在者は知りうるのか、という問いにほかならない。西洋近代哲学の二つの問いは、キリスト教形而上学に根ざした問いなのである。

哲学の問いだけでなく、近代そのものが、キリスト教と不可分である。アンソニー・ギデンズによれば、「近代（the modernity）」とは、一七世紀のヨーロッパに始まり、そののち世界の他の地域に広がった一定の生活様式や社会制度の複合体を指している（Giddens 1990, 1/邦 13）。それは国民国家と資本主義と科学技術によって特徴づけられ[8]、その担い手は個人（an individual）である。個人とは、この場合、たんに生物学的な人間の一個体のことではない。チャールズ・テイラーの理解によれば、意識の内省作用（reflection）を通じて自己を把握し[9]、自分以外の全世界を対象化し、目標達成のための合理的な手段を選ぶことができる自由な主体を指す。この啓蒙主義的な人間像には、キリスト教形而上学が本質的に組み込まれている[10]。

ギデンズは、近代を「神の摂理という見地（providential outlooks）」から見ることを提唱する。

> 啓蒙思想は、また一般に西洋文化は、目的論と神の恩寵の実現を強調する宗教的背景から現れた。神の摂理は、長きにわたってキリスト教的な思考を導く着想だった。この前代からの方向付けがなかったら、啓蒙はそもそも起こる可能性がほとんどなかっただろう。なんら驚くに当たらないことだが、制約のない**自由な理性の唱導**は、神の摂理の観念にとって代わったのではなく、その観念に**新しい形を与え**たにすぎなかった。
>
> （Giddens 1990, 48/邦 67-68. 強調は引用者）

神の導きに従って全宇宙が天地創造から最後の審判に至る過程を進む、という歴史感覚は、ヨーロッパ思想の核心に横たわっている。[11] 一七世紀以降、神の摂理は、自由な理性という形で個人に宿ることになった。そして、理性的個人の活動を通じて、世界は神の意志を実現する方向に進歩していく。このような信念が、近代を作り上げた。

> 確実性の一つの類型（神の法）がもう一つの類型（人間の感覚の確実性、経験的観察の確実性）によって置き換えられ、神の摂理を体現する進歩が、神の摂理そのものにとって代わった。さらに、神の摂理としての理性という観念は、ヨーロッパが世界の他地域を支配するようになることと符合した。ヨーロッパの力が成長することは、世界の新しい見方が堅固な基礎に立脚していると考えるための、いわば、物質的な支えを提供したのである。
>
> （Giddens 1990, 48/邦 67–68）

西洋近代哲学の二つの問いは、したがって、人間理性は神の摂理を体現し実現する役割を担うという基本的な了解の下で、その了解を知識論と道徳論において基礎づけることを目指していたのである。[12] 科学的知識の基礎を問い、普遍的正義への到達可能性を問うことは、神の摂理の実現こそ理性的個人の使命であるという啓蒙のイデオロギーと無関係に実行した場合、とことん突き詰めると、意味をなさない。[13] 知識の基礎への問いと正義への問いを私たちが本気で問うならば、その試みは、むしろ私たち自身とこれらの問いとの隔たりを浮かび上がらせることになるはずである。

これと対照的に、自己犠牲とは何かという問いは、BC級戦犯の遺文と関係づけるとき、直接に私たち自身を知ることにつながる。例えば、私たちは、自分が意志や個人といった概念をどう理解しているのかという問題について、自己犠牲の事例を手がかりとして考えていくことができる（第1章3・4節、第8章4節、第11章5節）。自己犠牲をめぐる問いは、知識の基礎づけへの問いや自然法的な正義への問いとは違って、とりわけ私たちによって問われる意味がある。また、それだけでなく、上にも触れたように、自己犠牲という原理は、西洋近代のキリスト教的な人間観と根底において相容れないところがある。[14]そのため、西洋の哲学者の著作を研究しても、自己犠牲の問題性にはなかなか気づくことができない。[15]こうして、自己犠牲とは何かを特に私たちが問うべき理由として、それを問うことは自分を知ることであるということのほかに、第一に、西洋哲学の主要な問いが必ずしも私たち自身の問いであるとは言い切れず、第二に、西洋の哲学者の著作には自己犠牲という問題に至る道がほとんどない、という二つの理由が付け加えられてよい。普通に哲学を勉強していても、自己犠牲は、問題として自覚することが困難で、問われることがまれになるのである。私たちは、自分自身の問題を見出すために、考察を西洋哲学史以外の領域に広げなければならない。

西洋思想における知識の基礎への問いと普遍的な正義への問いは、キリスト教形而上学から生まれ、西洋近代における知識と社会の大がかりな組み替えのなかで、人々にとって切実な問いとなった。しかし、日本の近代は、この思想史的な条件を西洋の近代と共有していない。[16]私たちが直面しているのは、自分の周囲に広がる現存の共同体に対して、個人としてどのようにかかわるのか、という日常の難問である。この社会的な力と個人としての自分とのかかわりを、本書は自己犠牲とは何かという問いにおいて問う。

では、アジア太平洋戦争における日本軍の非行とそれに関与した軍人たちの問題から考察を始めよう。

第I部　権力と犠牲

第1章　シンガポール華僑粛清事件と河村参郎

1　シンガポール華僑粛清事件

シンガポール華僑粛清事件[1]とは、アジア太平洋戦争の初期に、日本陸軍によって組織的に遂行されたシンガポールの中国系住民の虐殺事件である。[2]殺害された者の総数は、一九四二年二月二一日頃から二五日頃までの第一次粛清[3]と二月二八日頃から三月三日頃までの第二次粛清[4]を合わせると、おそらく五〇〇〇人を超えるのではないかと推定される。これは戦犯裁判において被告人側が認めた数からの推定である（林 2007, 156ff.）。シンガポール側の推計によれば、総数は五万人に達するとも言われる（林 2007, 165）。事件の性質上、このように被害者総数は幅のある推定にならざるをえないが、日本軍による住民の計画的殺害があったこと自体に疑いの余地はなく、後の裁判でも殺害の事実の存否に争いはなかった。

この虐殺事件は、殺害を免れた人々の言葉を通じて、当時すぐにシンガポールとマレー半島一帯の住民の広く知るところとなり、イギリス軍はじめ連合国軍もほどなくその情報を得た（林 2007, 221ff.）。日本の敗戦後、イギリス軍の捜査を経て、被疑者の逮捕とシンガポールへの身柄の送致、そしてイギリス軍軍事法廷での戦犯裁判二件が行なわれた（林 2007, 226ff.）。同一事案の裁判が二件になったのは、被告人一名のシンガポールへの送致が遅れたためと推定されている（林 2007, 230）。

一九四七年三月一〇日から四月二日に行なわれた第一の裁判の判決は、被告人七名全員が有罪、うち二名が死刑、他の五名が終身刑であった。死刑となったのは、全体を統轄したシンガポール警備司令官の河村参郎（陸軍少将、事件当時）、および実行部隊を統轄した第二野戦憲兵隊長の大石正幸（陸軍中佐、事件当時）である。遅れて一九四八年三月に行なわれた実行部隊の士官一名に対する第二の裁判の判決は、終身刑であった[5]（林 1998, 211；林 2007, 233f.）。

この虐殺を立案したと見られる陸軍第二五軍の参謀たちや、華僑「掃蕩作戦」[6]の命令を河村警備司令官に与えた第二五軍司令官山下奉文は、この事件で裁かれることはなかった。参謀のうちには戦死または事故死した者、ソ連に抑留中だった者、あるいは関与の少なかった者もある（林 2007, 195ff.）。だが、積極的関与が疑われる参謀の一人、辻政信は敗戦後ただちに潜行、逃亡して逮捕を免れた（林 2007, 194）。一方、山下司令官はフィリピンにおける戦争犯罪で立件され、マニラの米軍軍事法廷で死刑判決を受けて一九四六年二月にすでに死刑が執行されていた（林 2007, 193；戸谷 2015, 40–49）。以下、河村の遺文の検討に必要とされる範囲で、シンガポールの事件の事実経過をもう少し立ち入って見ておく。

真珠湾攻撃と同日の一九四一年一二月八日未明、日本軍はマレー半島東北海岸のコタバルに、沖合から奇襲上陸を行なった。上陸後、日本軍はマレー半島を南下、翌一九四二年一月三一日には半島最南端のジョホールバルに到達し、これを占領する。次いで二月八日に対岸のシンガポール島への上陸作戦を開始、二月一五日にイギリス軍は降伏し、シンガポールは日本軍の占領下に置かれることとなった。なお、すでにシンガポール攻略戦の途上で、イギリス軍への華僑義勇軍の協力を疑った日本軍は、防空壕に待避中の華僑一般住民の虐殺を行なった（半藤他 2010, 145；林 2007, 26–30）。

河村参郎少将は、第二五軍隷下の第五師団（師団長、松井太久郎中将）の歩兵第九旅団長だったが、イギリス軍の降伏直後の一九四二年二月一七日付でシンガポール警備司令官に任命され、第二五軍の直接の指揮下に編入される。そして、翌二月一八日午前一〇時に軍司令部において、山下司令官から華僑を対象とする「掃蕩作戦命令」を受ける。この命令の内容を、以下、後日チャンギー監獄に勾留中の河村が、留守宅の家族に送った手紙の言葉によって示す。この手紙は、一九四七年二月一五日に執筆されたもので、河村参郎『十三階段を上る』（亜東書房、1952）の第三章に収録されている。


……山下将軍は、厳然たる態度で私〔河村〕に対し、

「軍は他方面の新なる作戦のため、急いで多くの兵力を転用しなければならない。然るに敵性華僑は至る所に潜伏して、我が作戦を妨害しやうと企図してゐる。今機先を制して根底より除かなければ、南方の基盤たるマレイの治安は期せられない。警備司令官は最も速やかに市内の掃蕩作戦を実施し、これ等の敵性華僑を剔出処断し、軍の作戦に後顧の憂いなきやうにせよ。細部は軍参謀長の指示によれ。」

と。それに引続いて、鈴木（宗作）軍参謀長から、実行の具体的方策について詳しい指示を受けた。即ち、掃蕩日時、敵性華僑の範囲、集合、調査要領、処断方法に亘つたが、特に右の結果、敵性と断じたものは即時厳重に処分（死刑）せよと指示された。私は流石に即時厳重処分の語に対し、驚かざるを得なかつた。私の質問に対し鈴木参謀長は之を遮り、釈明して曰く「本件は種々意見論議もあるだろうが、軍司令官に於てこのやうに決定されたもので、本質は掃蕩作戦である。命令通り実行を望む」との事であつた。

このやうにして本命令の絶対性は確言されたのである。私は軍人たる以上謹んで本命令を拝受し、それを実行するより外なく、またその通りに実行したのである。

（河村 1952, 163–164）[7]

文中に「即時厳重処分の語に対し、驚かざるを得なかつた」とあるとおり、敵性と見なされた占領地域の住民を、裁判等を経ずに厳重処分（殺害）することは、日本軍の軍規に違反する行動である。河村自身、同じ手紙の後の部

分で次のように述べている。

本来これ等の処断は、当然軍律発布の上、容疑者は、之を軍律会議に付し、罪状相当の処刑を行うべきである。それを掃蕩作戦命令によつて処断したのは、形式上些か妥当でない点がある。（河村 1952, 167）[8]

だが、「軍人として多年養われた服従の精神」（河村 1952, 165）から、この命令を「批議拒否する事」（同上）はできないと考え、河村は「その通りに実行した」（河村 1952, 164）のだった。

命令内容およびその授受の経緯は、林博史によって、河村の事件当時の日記[9]と法廷証言の記録[10]を含む他の多くの史料にもとづき、復元されている。命令の内容や軍司令部でのやりとりなど、基本的には上の河村の手紙の記述と変わらない。補足すれば、第一次の「掃蕩作戦」の期間は二月二一日、二二日、二三日とされ、期間の延長は認められなかったこと。作戦の対象は、①元義勇軍兵士、②共産主義者、③略奪者、④武器を持っていたり隠していたりする者、⑤日本軍の作戦を妨害する者、治安と秩序を乱す者ならびに治安と秩序を乱すおそれのある者、とされたこと。具体的には、すべての中国系住民を指定した場所に集め、抗日分子を選別し、秘密裏に処分するものとされたこと、等々である。河村は作戦期間があまりに短く、かつ対象の⑤は選別困難であることなどを訴え、⑤の扱いは河村に任せるとの答えを鈴木軍参謀長から得ている（林 1998, 213–218；林 2007, 54–58）。

命令を受けて後、河村は、この作戦のため増加配属された参謀[11]および憲兵隊長大石正幸に、「掃蕩作戦」を実行するための警備隊命令を作成させる。実行の手順としては、五つの憲兵隊が市内を担当し、二つの歩兵大隊が隣接する市外地域を担当して、計七地区で住民の検問を行ない、抗日分子を選別し、処刑するという手はずとなった。

きわめて短期間に七〇万人余と推定される市民をわずか二〇〇人程度の憲兵で検問するのである（林 2007, 63）。実行部隊を指揮し、終身刑となった大西覚（憲兵中尉、当時）が戦後の著書で認めたように、選別が困難をきわめたことは想像に難くない（大西 1972, 72）。その実態は、林（2007）が、中国系住民からの戦後の聞き取り記録[12]や戦犯裁判での証言等にもとづき、各部隊の担当地区ごとに再現している（林 2007, 69–113）。

それによれば、ある地区では集められた住民に対し、例えばシンガポールの華僑の有力者で抗日運動の指導者の陳嘉庚（タンカーキー）を知っているか、蔣介石と汪兆銘のどちらが好きか、といった質問がなされたという。陳嘉庚を知っていると答えると選別された。汪兆銘（日本の傀儡政権の長）でなく蔣介石が好きだ、と答えると選別された。また、中国に支援金を出したことのあるもの、あるいは教員の職にあるもの、といった人々も危険人物と目され、選別された（林 2007, 77–78）。ある憲兵曹長に対する戦後の聞き取り調査によれば、「とにかくインテリのやつを人相と服装だけでパッパッとやっとるから……あれだけの短い期間では取り調べもできんですわ[13]」とのことである。これら種々の記録から「きわめていい加減な方法・基準で選別し殺害したこと」（林 2007, 105）は明らかである。

裁判に証拠として提出された河村の宣誓供述書（一九四六年一一月五日付）によれば、

私ガ軍司令部カラ受ケ取ツタ命令ハ最モ広イ意味ノ用語デアツテソノ内容ハ警備隊地区全中国人ヲ特定ノ集合地ヘ集結セシメ四二年二月二一日ニ之ヲ篩ニカケテ二三日迄ニ好マシクナイモノヲ処分スベシト云フノデアリマス。ソノ次ノ粛正及ビ之ニ随伴スル射撃ガ実行サレタノハ事実デアリマス。此ノ事件ガ起コツタノハ二月ノ最後ノ週ダツタト思ヒマス。

（茶園 1995, 130–131）

とある。このように、選別された住民を殺害した事実は、河村自身がはっきり認めている。以下次節では、主として河村（1952）の第一章の獄中日記にもとづいて、逮捕から裁判を経て刑死までの経過を記しておく。なお以下で日記とあるのは、すべてこの獄中日記のことである。

2　戦犯裁判と河村参郎

河村は、一九四六年九月一四日土曜日未明、広島県安芸郡海田市の自宅で就寝中のところ、ＭＰ数名と日本の警官二名によって逮捕された。家宅捜索の後、呉の留置所を経て、東京の巣鴨拘置所に身柄を送られる。ＭＰらに踏み込まれた段階で、「私は多分シンガポールの華僑事件であらうと直感した」(河村 1952, 8/1946. 9. 14)[14] とある。河村自身に「掃蕩作戦」への関与が戦争犯罪に問われうるとの自覚はあった。

巣鴨に送られた九月一五日に、シンガポールの華僑事件について訊問を受ける。その後、九月一七日と一九日に仏印関係の訊問を二回受けている。シンガポール攻略戦後に、河村はインドシナ駐屯軍参謀長に任じられているから(河村 1952, 著者略歴)、その職務にかかわるものと推定されるが、具体的な内容は分からない。九月二八日、巣鴨を出て三〇日に岩国に着く。巣鴨を発つ段階では、まだどこに送られるのか不明である。出発後に目的地がシンガポールであると徐々に分かる。一〇月四日に飛行機で岩国を発ち、上海、香港、サイゴンを経由して、一〇月九日にシンガポールに到着。翌一〇日にチャンギー監獄に収監された。途中一〇月八日サイゴンで約二時間にわたる訊問を受けている。「軍参謀長時代に、夢にも知らなかつた我が将兵の非行、悪業を知らされたのには驚かざるを得ない。真か、偽か？　ただ啞然たるのみ」(河村 1952, 21/1946. 10. 8)。

日記一九四六年一〇月二二日に以下の記載がある。

私の問題は、実に判然としてゐる。自分の意志によつてやつた事ではなく、命令に対する服従の責任だけであるから。要は英軍の誠意と、復讐と、対華僑政策がどれ程反映するかによつて決定される問題であり、その結果がどのやうにならうとも、当時の情況では、自分以上に妥当な結果をもたらし得たものは、恐らく無からうと自ら信ずるだけに、顧みて何等の疼〔疚〕しい心がない。
（河村 1952, 26-27/1946. 10. 22）

軍命令に従ったのみであって、みずからの意志ではなく、したがって個人として責任を問われるべき問題ではない、という見解は、以後一貫して変わらない。公判における弁護人の防禦方針も、「命令不実行の不可能なる論点に立ちて、緊急避難論を以て対抗しよう」（河村 1952, 73/1947. 2. 27）というものである。河村は「一旦軍司令官が決裁し、部下に命令された以上、それは飽くまで軍司令官の責任であり、その命令は、不可侵の信念に立ちてこそ、皇軍の真価を発揮出来るものである。それを根拠とすればこそ、受令者に罪はないとの結論が生れる」（河村 1952, 74/1947. 2. 28）と述べる。すでに見たとおり、判決は有罪、絞首刑だった。しかし、河村自身の確信が変わることはなく、死刑判決確定後に作成された英軍司令官宛の「意見書」でもこの考えは再度強く主張される。この点は、後に立ち入って考察する。

一九四六年一〇月二六日には、英軍将校からかねて作成を命じられていた（河村 1952, 24/1946. 10. 10）マレー戦史の草稿が出来たとの記載があり、さらに「敵性華僑の掃蕩作戦に筆を進めるとき、当時の軍の方針が厳に失した事を痛感せざるを得ない」（河村 1952, 29/1946. 10. 26）とある。すでに見たとおり、命令を受けた時点で、河村は「即時厳重処分の語に対し、驚かざるを得なかつた」のであり、また河村の質問を遮って軍参謀長の口からは「本件は種々意見論議もあるだらうが」との言葉が発せられている。命令の妥当性そのものを、河村自身が完全に納得しているわけではなかった。前段の個人責任の問題と併せて、この点についても、後に考察する。

一九四六年一一月五日には宣誓供述書一通が作成され、これに署名している。これについては、軍事法廷で弁護の任に当たった弁護人黒瀬正三郎所持の手書き書面の写し（写真製版）が、茶園（1995）に収録されている。すでに一部を引用したとおり、これは華僑殺害の事実があったことを認めるものであるが、さらに次のような供述も記録されている。

警備隊地区カラ射殺サレタ犠牲者ノ数ハ私ハ四〇〇〇カラ五〇〇〇ト見積モッテ居リマス。師団地区デ大量虐殺サレタ数ニツイテハ何モ知リマセン。（茶園 1995, 131）

「師団地区」の件は、近衛師団（師団長、西村琢磨中将）の担当したシンガポール郊外における第二次粛清のことを指すものと思われる。警備隊の担当地区における第一次粛清で殺害数四〇〇〇人から五〇〇〇人である。第二次粛清と合わせて、おそらく総数は五〇〇〇人を超えうると思われる[15]。

河村は死刑を覚悟している。他の事案で死刑判決があったことを仄聞し「他人の運命は、やがて我が身にふりかかるであらう」（河村 1952, 27/1946. 10. 25）、そして「総べては運命と観ずる以外にはない」（同上）、あるいは「これから絞首台上に登る我が身」（河村 1952, 54/1947. 1. 2）、また起訴直前には「絞首台上に登る最後の瞬間まで、この身を大切にしなければならぬ」（河村 1952, 68/1947. 2. 15）といった言葉がある。とはいえ、タイ緬鉄道建設の責任者石田中将に有期刑（一〇年）の判決があったことを知り、「責任者必ずしも死刑に非ずとの証左として心嬉しく感ずる」（河村 1952, 43/1946. 12. 1）との文言も見られる。

一九四七年二月一一日、近日中に起訴と判明し、弁護士と初めて会っている。加久田、黒瀬、藤岩の三弁護人が、河村はじめ同一事案で起訴された七名の被告人の弁護を担当するのである。なお公判期間中の日記を見ると、「弁護側の冒頭弁論に入り、語学の関係上、英側「アドヴァイザー」ウエイト大尉が日本側に代わつて熱弁を以て陳述した。内容は判らないが、その誠意ある陳述には感銘するものがある」（河村 1952, 80/1947. 3. 20）とある。ウェイト大尉は「長く東京で教鞭を取つた人」（同上）とあり、英軍が言語上の困難を配慮して、弁護側のために相応の手立てを講じたことが分かる。

一九四七年二月二一日に呼び出しがあり、起訴状を受け取る。被告人は、西村琢磨（中将、近衛師団長）、河村参郎（少将、シンガポール警備隊司令官）、大石正幸（中佐、第二野戦憲兵隊長）、横田昌隆（中佐、憲兵）、城朝龍（少佐、憲兵)、大西覚（中尉、憲兵)、久松春治（中尉、憲兵）の七名である。[16] 河村は次のように記している。

その要点は、命令であつたとしても、その時期、場所、方法の選定に責任がある。且つ具体的虐殺の例を挙げ、之が監督の責任を追及し、戦時法規、慣習の違反であるといふ。当然来るべきものが来たといふに尽きる。（河村 1952, 72）

この言葉は起訴状と証拠抜粋[17]にほぼ対応している。起訴状は、起訴事実を述べた後、証拠抜粋で、山下司令官よりの命令内容、各部隊の命令系統、各部隊の担当地区、各地区における射殺の事実および人数、予定される検事側証人名などが述べられている。公判では、これらの事実関係については基本的に争わず、防禦方針として「命令不実行の不可能なる論点」により「緊急避難論」で対抗するという方法をとるに至ること（河村 1952, 73/1947. 2. 27)、命令を実行したのであるから受令者に罪はないと河村が考えていたこと（河村 1952, 74/1947. 2. 28）等については、すでに述べた。

一九四八年三月一〇日開廷。場所はシンガポールの公会堂である。注目を集めた大きな裁判であり、裁判官はフォーサイス裁判長以下五名である（林 1998, 212)。裁判長の罪状認否の問いに対し、一同無罪と答え、検事側証人の証言から裁判が始まった。日記には、「検事の訊問の要点は、正式裁判をやらずに処刑された点にあるのは明瞭である。この点は犯罪に対する処罰観念と、軍の緊急自衛の作戦行動との観念の相違である」（河村 1952, 78/1947. 3. 14）とある。また「検事側証人の勝手な言に対し、本掃蕩作戦の已むに已まれない自衛手段として、山下将軍が命ぜられたものである事を、後世のために記録に留めて置きたい」（河村 1952, 80/1947. 3. 19）といった記載も見られる。「勝手な言」が何を指すかは不明である。

一九四七年三月二〇日、弁護人が検事側証人の再喚問を申請するが却下され、弁護側冒頭弁論が開始される。この日、河村が証言を行なった。「軍司令官の掃蕩命令を受け、引続き軍参謀長鈴木中将の指示、作戦主任辻参謀の説明、自分が特に鈴木中将と内談し、若干の修正を求めた件、その後憲兵隊に行き、大石中佐の忌憚なき意見を聞き、その智慧を借りた点、それから警備隊命令を下達するまでの情況を説明した。述べたい点は大概述べる事が出来た」（河村 1952, 80-81）とある。この証言内容にかかわる命令授受の事実経過については、第1節ですでに述べた。

河村の証言は、翌三月二一日にも続けられる。日記の要約によれば次のとおり。

今日は爾後の命令実行状況と、その結果を軍司令官に報告した状況、近衛師団の掃蕩に関連して行なわれた第二面の掃蕩作戦の件等を一通り説明し、最後にこの命令は、当時の戦況に於て、やむにやまれずして出された正しい作戦命令と考へた点、命令には服従の外なき事、当時の状況に於て何人を以てしても、かくする以外に方法がなかつたことを述べ、その結果、この軍事法廷に立つに至つたのは全く「運命」と申す外はないと結論し、最後に軍命令とは謂へ、その犠牲になつた華僑各位の霊に対し、衷心より冥福を祈る旨を述べて終わつた。

（河村 1952, 81/1947. 3. 21）

この証言には、以下の考察にとって、大事なことが二つ含まれている。第一に、「正しい作戦命令」という言葉が見られること。第二に、「華僑各位の霊に対し、衷心より冥福を祈る旨」を述べたということ。この二つである。第一の点について言うと、これまで河村の主張として、華僑粛清が軍司令官からの命令であり、命令には従うほかなく、したがってみずからの意志で実行したことではない、という考えを確認してきた。だが、この日の証言台では「正しい作戦命令」と考えたと述べたのである。強制されていやいや命令に従ったのではなく、それを「正しい」と考えるかぎりで従った、と認めたことになる。この証言は、後に見るように反対尋問において検察官の追及を受け、最終論告でも言及された（第2章1節）。だが、私が注目するのは裁判への影響ではない。注目するのは、これが河村の心理において意味するところである。

河村は作戦の正しさについて、命令を受けたときからずっと疑問を抱き続けている。命令を受けた時点での違和感は、軍参謀長に質問を遮られた一九四二年二月一八日の軍司令部でのやりとりで分かる。また、起訴を間近に控えた一九四七年二月一八日の日記にも次のように書かれている。

回顧す、華僑掃蕩作戦命令を受けた日である。当時の軍司令部の勢ひを想起し、本命令を拒否し得なかつた事は、今も尚ほ当然とは考えるが、軍参謀長にして信念を以て軍議を指導せられてゐたら、或は何とかなつたのではなからうか等と、愚痴も出ない訳ではない。（河村 1952, 69/1947. 2. 18）

要するに、軍参謀長がもう少ししっかりしていたら、あのように疑いの残る作戦命令にはならなかっただろう、ということである。この「愚痴」は、あの戦況では「正しい」作戦命令だった、という証言台での言葉とは対立する。河村は、作戦に対する違和感をずっと抱きつつ、だが、それを「正しい」と信じることにして、行動したのであろう。このことは、以下の検討で重要になる。

第二の「冥福を祈る旨」の言葉については、林博史の報告する河村の法廷での証言の文言は次のとおりである。

しかし、この事件の犠牲者に私は哀悼の意を表します。私は肉親を奪われた犠牲者の親族の方々に哀悼の意を表すと同時に、広島の犠牲者、(18)戦争の犠牲者にも――そのような哀悼は何にもならないでしょうが――哀悼の意を表します。軍の作戦命令の遂行によったものとはいえ、私は犠牲になった中国人たちの魂の安らかな永眠を心の底から祈ります。（林 2007, 199；林 1998, 221）

すべての戦争犠牲者に言及しつつ、とりわけ自分が直接かかわった中国系住民の犠牲者に対して哀悼の意を表している。一九四七年二月一五日執筆の家族宛の手紙の末尾にも、似た文言がある。そこには、「作戦の犠牲となつたシンガポール華僑諸氏の霊に対しても謹んで哀悼の詞を呈し」（河村 1952, 168）とある。これはこの時期の河村の変わらない気持ちだったようである。

さらに、河村が死刑執行の前々日に書いた英軍司令官宛の「意見書（一九四七年六月二五日付）」[19]末尾には、「在シンガポール華僑代表殿」宛に、「私の死が……対日憎悪の感情の幾分にても緩和し得る事になるならば、私の深く喜びとする所」（河村 1952, 176）との文言がある。そして、みずからの刑死が機縁となって「中日両国民が旧来の恩讐を越え」（同上）る日が来ることを切望する旨を記している。河村は、公判期間中から刑死直前まで、みずからが命令を下して殺害した人々を悼みつつ、「中日両国民」を一体として考える、あるいは一体となることを期待する、といった心理を抱くに至ったと見られる。このことにも、以下の検討では注目する。

公判では他の被告人の証人訊問も次々と行なわれ、一九四七年四月二日、前述の「アドヴァイザー」ウェイト大尉が弁護人に代わり一時間半にわたって最終弁論を行なった。河村の記すところでは、当時華僑に敵性活動があり、日本軍としては緊急自衛上やむなくとった行動であって、これは国際法上も認められるところである。これによって「掃蕩作戦」の合法性は立証されるが、合法性に疑問が残るとしても責任は山下司令官にある、命令に服従した被告にはその責任はない、というものだった。これに対し、検事側の最終論告は、このような緊急行為はイギリスの法の認めるところではなく[20]、被告人らに責任があるというものだった（河村 1952, 88/1947. 4. 2）。

同日昼食後に判決。全員有罪。午後四時半に刑が言い渡された[21]。冒頭に述べたように、河村と大石正幸が絞首刑、西村琢磨、横田昌隆、城朝龍、大西覚、久松春治は終身刑であった[22]。河村は「現存当事者の先頭を占める予が極刑となるは当然の帰結」（河村 1952, 89/1947. 4. 2）と述べ、自分と大石以外の被告人が死刑を免れたことを「従来の噂さからみると案外の感がした。……予としては喜ばしい極み」（同上）と記した[23]。

判決が軽すぎるという批判がすぐに華僑社会に生じた。一九四七年四月三日の中国語新聞『星州日報』に「判決は軽すぎる。わずか二人の戦犯にだけ死刑」という見出しの記事が載り、中国人組織はシンガポール総督と東南アジア連合地上軍司令官[24]に抗議した（林 2007, 234）。この動向は河村も記録している。「外界の反響を仄聞するに、華僑側新聞は、二人の死刑では軽過ぎると論じ、英字新聞は命令行為であるから責任は山下将軍にあると論じている由、今後の進展は注目の要がある。華僑から英軍司令官に対し、他の五名も極刑に処せよと陳情した由」（河村 1952, 95/1947. 4. 8）。

戦犯裁判には控訴の制度はないが、判決の妥当性を確認する手続きが定められている。有罪判決後四八時間以内に嘆願書提出の意思を申し出て、一四日以内に嘆願書を提出する。その後、裁判記録一切が、東南アジア連合地上軍司令部の副法務部長に送付され、そこで、判決どおり確認する、減刑する、判決を破棄する、という三つのいずれかのアドヴァイスの文書が作成される。この文書は裁判記録とともに裁判が行われた各司令部に送り返され、これを参考にして各司令部の確認官[25]が、判決の確認を行なう。ただし、確認官はこのアドヴァイス文書に従わなくてもよい。従う事例も従わない事例もあったようである。だが確認に際し、量刑を重くすることはできない。減刑または判決の破棄も相当数あった。シンガポール法廷の場合、死刑判決一四二件に対し、死刑確認一一二件である（林 1998, 67-73, 105, 128-135）。

河村の場合、一九四七年四月一四日に嘆願書の提出は終わっている（河村 1952, 98）。六月一三日に確認の結果を申し渡され、死刑が確定した。通常は確認通知の翌日に執行があるが、河村の場合は違った。六月二五日に「明朝九時執行」の通告があり、一九四七年六月二六日死刑執行。

以下、執行直前の日記の記載をいくつか示しておく。

予の死は英軍対華僑政策の犠牲であるから、唯それだけの話で、少しの苦痛もない。たゞ馬鹿げた話しだとの考へは終始念頭を去らないが、之も敗けたが故にと諦める次第である。死んで往くものは唯それだけの事で、即刻往生出来る事は幸福である。（河村 1952, 146/1947. 6. 23）

これは予定されたみずからの死についての内省である。「予の死は英軍対華僑政策の犠牲であるから、唯それだけの話」「死んで往くものは唯それだけの事」という突き放した言い方、なかんずくここに見られる「犠牲」という言葉は、後に第4章で詳しく分析する。

次いで、みずからの生涯を振り返っての言葉。

> 過去を顧み、人生を観ずる時、予の如きは思ふに最も幸福な一人である事を沁々と身に感ずる。……過去の多くの懐しい思出の上に、十分とは勿論云へないにしても、顧みて疚しい感じを抱く事もなく、言はゞ大過なく、愉快に、真実に生活してきたとの念を以て、終始する事ができた。
> （河村 1952, 150/1947. 6. 24）

死刑執行がいつなのかまだ分からない時点での感想である。刑死を不確定の近い将来に予定された人物の心事を推し量ることはほとんど不可能だが、このような感想を見ることは、記録を読む側にとって救いと言えないこともない。この感想は、今後特に取り上げて検討するつもりはないが、紹介しておく。

以下は、執行通告を受けた日の長文の記載の末尾で、みずからを「犠牲」として「特攻隊」に擬する部分。

> 予は、……やがての世の覚醒のための犠牲として、喜んで永遠の旅路に向かふ。
> （河村 1952, 153/1947. 6. 25）
>
> 予の死は謂はば一種の特攻隊である。皆さんから惜しまれながら、死に向つて邁進するのである。この精華は特攻隊のやうに、直ぐには現はれないが、人類が人類らしい姿に生れ出ようとする陣痛の役割を果すものである。
> （河村 1952, 153–154/1947. 6. 25）

ここに見られる「世の覚醒のための犠牲」と、先に出てきた「英軍対華僑政策の犠牲」とにおける「犠牲」の実質の違いや「一種の特攻隊」という自己認識については、第4章で考察の対象とする。

3　個人意志の問題

個人意志の存否

河村の『十三階段を上る』に収録されている文章のうち、まだ取り上げていない重要なものは、英軍司令官宛の「意見書」である。この「意見書」の中心の論点は、軍人の個人責任の問題である。河村は、冒頭で戦犯裁判全体の目的に関して述べた後、「現在の裁判に於て特に痛感せらるるのは、謂ゆる犯罪事実に対する個人責任の限界の点であります」（河村 1952, 171）[26]と述べ、以下のようにその意見を開陳する。

> 私は個人責任とは、その人個人の意志に於て発動し、之を実行し、または実行せしめた行為に関する責任であると信じてゐます。謂ゆる統帥権の下、上級者の命令に服従し、その範囲に於て、之を忠実に実行するのは、軍人の職分であり、**そこには個人意志の発動はない**のであり、随つて謂ゆる個人責任は存在しないのであると信ずるのであります。命令に違反し、または命令の限度を越えた点ありとせば、その時はその限度に於て受令者の個人責任が存するわけであります。
>
> 以上の点に於て、我々日本軍人乃至日本当局者の見解と、英軍法廷乃至法務関係者の見解との間に余りにも甚しい懸隔が存するのは驚くの外はありません。
>
> （河村 1952, 172. 強調は引用者）

そして、軍隊組織における「命令服従の絶対性」（河村 1952, 173）は「各国共通の事象」（同上）であるはずで、「恐らく英軍の服従理念の根本精神は、日本軍と大なる差異はないと信ずる」（同上）と指摘する。したがって「被告一同はただ英軍事法廷の無理解、筋違ひを嘆ずるのみ」（同上）であり、これによってもたらされるのは「反省乃至悔悟の念」（同上）ではなく、「対英反感の思想の湧出のみ」（同上）である、と続ける。

すでに確認したとおり、河村は、自分は命令に従ったのであり、自分の意志でやったことではなく、そうである以上、受令者である自分に罪はない、と考えていた。この意見書の文言もまさにこの考えを述べている。裁判という文脈で考えるとき、この考え方は法的に見てどの程度支持されるのかという問題がある。この問題はすぐに取り扱う。

しかし、私が本書を通じて主要な検討課題として取り上げるのは、法的な問題ではない。そうではなくて、むしろ、河村のこのような考え方が前提している哲学的な思考の枠組みという問題である。河村が「そこには個人意志の発動はない」と言うとき、河村は（そして、私たち日本語の母語話者は）これをどのような「個人」および「意志」の概念によって理解しているのか。河村は夢遊病者や精神病者のように心身喪失状態で行動したわけではなく、自分の身体を自分の意志で動かし、幕僚に命じ、部隊を指揮している。個人意志の発動は、この意味ではまったく明らかに、まぎれもなく存在していた。だが、上の文脈で、「そこには個人意志の発動はない」と語られるとき、私たちは、たしかにこの語り方を理解することができる。私たちは一体このとき、どのように「個人意志」という概念を理解しているのだろうか。これが、哲学の問題として私が取り上げる問題である。

だが、哲学的な考察にとりかかる前に、法的な問題の方を扱っておこう。連合国の法律家たちが、軍事行動における個人責任を問うためにどのような準備を行なっていたのか見ておく。それによって、自分には責任は発生しないという河村の確信が裁判で通用しなかった歴史的な背景が理解できる。

「上官の命令」と個人意志

通常の裁判の場合、検察側と弁護側の主張が対立する点については、どちらが支持されるか裁判官が判決文で理由を述べて判断を示す。だが、英軍軍事法廷においては、判決文や判決理由書はないのが通例であった（林 1998, 128）。したがって、命令に従っただけだという河村の主張が認められなかった理由を、実際に判決を下した裁判官の判断から知ることはできない。しかし、命令にもとづいて違法行為[27]を犯した兵士や将校の責任をどう考えるかということは、連合国がドイツ軍の戦時行動を戦争終了後に戦争犯罪として裁くことを考慮し始めた当初から、大きな問題として認識されていた。そして、結論から言えば、一九四五年の時点では、連合国の基本的な立場として、上官の命令にもとづいて行動したということは、命令に従った者の責任を免除する根拠とはならない、という考え方が広く受け入れられていた。

連合国において、戦争犯罪の法的取り扱いを集中的に審議した組織は、連合国戦争犯罪委員会（the United Nations War Crimes Commission：UNWCC）である。同委員会は、一九四三年一〇月二〇日に、連合国によってロンドンで設立された（林 2010, 25；*History UNWCC*, 2-3）[28]。ドイツ軍の戦争犯罪の追及を戦争の主要目的として掲げたモスクワ宣言（一九四三年一一月一日付）が発表される直前である。同委員会で採択された一九四五年三月二九日付の「上官の命令の申し立てについての政府宛レポート（*Report to the Governments on the plea of superior orders*）」には次のとおりの文言が見られる。まず、各国の法体系の状況が概観される。

> 構成各国のすべてではないが多くにおいて、この主題〔上官の命令の申し立て〕に関する法的規則が存在する。それらの規則のうちのあるものは極めて最近採択された[29]ものである。多くの場合、これらの規則は互いに異なっている。また、上官の命令への服従がどの程度まで犯罪人の責任を免除し、あるいは処罰を軽減するかについてはさらなる考察がありうる。以上の点に鑑み、当委員会は何らかの原則または規則を提出することが有益であるとは考えない。
>
> （*History UNWCC*, 280）

このように、主として各国の法体系に相違があることから、上官の命令の申し立てをどう取り扱うかに関する統一的な原則を立てることは事実上できないことが認められている。だが、原則を与えることは困難であるとしても、考え方の方向性については完全な一致を見ていた。

> 上官の命令に服従して行為したという単なる事実は、それのみで戦争犯罪を犯した人物の責任を免除することはないという、当委員会が連合国戦争犯罪裁判所（the United Nations War Crimes Court）[30]と関連して表明した見解を、当委員会は満場一致で支持する。
> （*History UNWCC*, 280）

こうして、この考え方に沿った条項が、A級戦犯を裁く国際軍事裁判所の条例（Charter）や準A級[31]を裁いた連合国軍最高司令官総司令部（GHQ/SCAP）の「戦争犯罪被告人裁判規程（Regulations Governing the Trials of Accused War Criminals）」に記載されることになった[32]。

各国の軍事法廷もこの方針に倣ったから、BC級戦犯の場合も、上官の命令の申し立てをすることは、一般に有効ではなかった。ただし、被告人が下級兵士である場合は、上官の命令に逆らうことが事実上難しいという事情が考慮された。二等兵が死刑執行を受けた事例はなく、そもそも兵が起訴される比率は低かった（林 2005, 69–70）。このような背景に照らして考えれば、陸軍少将であり、シンガポール警備隊司令官であった河村が、上官の命令の申し立てによって責任の免除はもとより、刑の軽減を受ける可能性もなかったと思われる。

そのうえ、河村には、すでに見たとおり、与えられた命令内容が日本軍の軍規に違反するという認識があった。上官の命令の申し立てが考慮されるにしても、当該の命令が見たところ違法ではないことが基本的な条件となる。例えば、連合国戦争犯罪委員会に先行して組織された非公式の研究者組織、「刑法の再建と発展についての国際委員会（the International Commission for Penal Reconstruction and Development）」[33]の下に設けられた上官の命令に関する小委員会[34]の結論によれば、以下のとおりである。

> 一般的に言って、関係各国の法典によれば、上官の命令の申し立ては、その命令が上位者から下位者に、下位者の義務および通常の能力の枠内において与えられた場合、当該の命令が歴然と違法でないことを条件として、有効であると認められる。……それぞれの事案は事案の実体に即して考察されねばならず、上官の命令の申し

立ては自動的に抗弁とはならない。

（*History UNWCC*, 98. 強調は引用者）

この小委員会の結論は一九四三年以前に出されたものである。上官の命令の申し立てが関係各国の法典上有効である、と記されているのは、この時点ではイギリスとアメリカにおける軍事法規の解釈変更（一九四四年施行）が行われていなかったためと考えられる。そして、上官の命令の申し立てが有効であるという立場を取るとしても、その命令が歴然と違法である場合は、申し立ては成立しない、としている。これが当時の専門家の一般的見解だった。以下に、連合国軍最高司令官総司令部が編纂した *History of the Non-military Activities of the Occupation of Japan, 1945–1951*（以下、*History 1945–1951* と略記）から、この問題について引用された当時の専門家の言葉を二つ挙げておく。

この〔上官の命令の扱いという〕問題は、以下の主たる原則によって律せられる。すなわち、軍隊の構成員は合法的な命令にのみ従うことを義務づけられていること、そして、それゆえに、軍隊の構成員は、命令に服従することにおいて、確固たる戦争法を侵犯し人類の一般的感情を踏みにじる行為を行なったならば、その責任を免れることはできないこと。

（*History 1945–1951*, Vol. 5, 78；小菅・永井解説・訳 1996, 77）[35]

兵士または士官が自らの政府または軍隊の上官の命令に従って行なった違法行為は、次の場合には弁護の余地がない。すなわち、当該の兵士または士官がその違法行為を犯したときに、その命令された行為が以下の(a)(b)(c)のいずれかの下で違法であると彼が現実に知っていたか、または諸条件を考慮すれば彼が知っていたとする合理的な根拠がある場合、弁護の余地がない。(a)戦争の法規および慣習、(b)文明国で一般的に行なわれている刑法の諸原則、(c)本人の属する国内法。

（*History 1945–1951*, Vol. 5, 78–79；小菅・永井解説・訳 1966, 77）[36]

以上のとおりであるから、自分は上官の命令に従っただけであるという河村の主張は、受令者である河村自身に日本軍の軍規違反という認識が存した以上、法廷で有効な弁明と認められる可能性はまったくなかった。

4　河村参郎の心理と行為の考察

河村の主張は法的には無効とされるほかなかったが、河村の弁明の言葉そのものは、罪を免れるための言い逃れには見えない。英軍司令官宛意見書で「上級者の命令に服従し、その範囲に於て、之を忠実に実行するのは、軍人の職分であり、そこには個人意志の発動はない」（河村 1952, 172）と述べるとき、おそらく、河村は本気でこう考えている。この言葉は、〃ほんとは自分の意志でやったのだが、命令されてやむなくやったことにしよう〃という計算づくの言い逃れには見えない。これが、ここからの考察の出発点である。

個人と役割

河村の言葉が必ずしも言い逃れに見えないのは、河村の側に、命令を受けた時点から違和感がありながら、それを押し殺して行動した、という事情があるからである。この心理的事実は、ここまでに見てきた河村の言葉をつなぎ合わせて確認できる。「軍の方針が厳に失し」（河村 1952, 29）ており、「驚かざるを得な」（河村 1952, 164）いものだったこと、軍規に照らして「些か妥当でない点がある」（河村 1952, 167）こと、それゆえ「軍参謀長にして信念を以て軍議を指導せられてゐたら、或は何とかなつたのではなからうか」（河村 1952, 69）と思われること、これが河村の一方での考えであった。この意味では、河村の「自分の意志によつてやつた事ではない」（河村 1952, 26）という言葉に嘘はなかった。河村の心理と論理を裁判よりも立ち入って理解しようとするならば、ここに嘘はないだろうという私たちの感触をあえて保持する必要がある。

とはいえ、河村は心神耗弱でも心神喪失でもなかった。善悪を判断できる明晰な意識状態を保って、幕僚に命令し、部隊を指揮し、命令を実行したはずである。一九四七年三月二一日の証人尋問においても、「この命令は、当時の戦況に於て、やむにやまれずして出された正しい作戦命令と考へた点、命令には服従の外なき事、当時の状況に於て何人を以てしても、かくする以外に方法がなかつたこと」（河村 1952, 81. 強調は引用者）を証言している。当時の戦況では正しい作戦であって、これ以外に方法がないとみずから考え、命令の実行に務めたのである。この意味では、河村の個人意志の発動は間違いなくあった。

河村が言っていることは、つづめて言えば、次のとおりである。①自分はその作戦を正しいと考えて実行した。②だが、それは「自分の意志によってやった事ではない」。③自分の意志に反することを、命令されたとおりに行なっただけである。端的に言えば〈正しいと考えて実行したが、それは自分の意志ではなかった〉ということである。だが一般に、行為は行為者の心（脳）が身体に対して命令を発し、その命令が身体を動かすことによって成立する。行為者の心（脳）が行為者の身体に対して発する命令が、行為者の意志と呼ばれる。したがって、行為を実行しながら、それが自分の意志によらなかったと主張するのは、背理である（行為者の四肢が行為者の脳からの命令以外の何によって動かされうるというのか）。ところが、それにもかかわらず、私たちは、河村の言葉が嘘ではないと見なすことが可能であって、その言葉を理解できるのである。ここには奇妙なもつれがある。

次のように考えれば、そのもつれは解きほぐせるように見えるかもしれない。シンガポール警備隊司令官としての河村参郎は、その作戦が正しいと考えた。だが、その作戦は個人としての河村参郎の本意ではなかった。河村は、要するに、役割によって期待される考え方を採用し、個人としての考え方は抑圧した。それだけのことである。

この考え方は、事実の表層にうまく合っている。役割上の考えと個人としての本意を区別すれば、さしあたり河村の行為を理解するうえでの困難は消える。そのうえ、私たちは、自分が立場上選んだ行為や言葉が、必ずしも自分の本意ではない、という経験をすることがある。だから、体験上からもこの考え方は支持できる。しかし、この考え方は、このままでは結局一種の後戻りをもたらしてしまう。
というのも、それだけのこと、と言い切ってみても、話はここでは終わらないからである。ただちに、役割に沿った考え方を採用したのは河村参郎であり、個人としての考え方を抑圧したのも河村参郎である、と指摘できる。河村参郎がその作戦を正しいと考え、疑義を抑圧したのだ。であるから、河村の本意は、その作戦が正しいという考えの方にあった。役割期待に応えただけだと言ってみても、その役割をみずから引き受けたのであるから、「自分の意志によつてやつた事ではない」という河村の言葉は事実に反している。計算づくとまでは言わないにしても、これは自己欺瞞的な言い逃れにほかならない。

河村に対する有罪判決の背後にあるのは、上のような論理である。役割期待に応じただけだと釈明してみても、役割期待にみずから応じたのだという指摘がただちに行なわれ、そこからほとんど自動的に、私たちは、河村による上官の命令の申し立てを法的に無効と見なした裁判の水準に戻ることになる。このとき自分の意志によってやった事ではないという言い分は、嘘や自己欺瞞の一種になる。役割と個人の区別という手法だけでは、河村に当初から違和感がありながら、それを押し殺して行動した、という事情の何か本質的な部分を掬い上げることができないのである。

河村は、ある意味でまったく本気で「自分の意志によつてやつた事ではない」と考えている。ここに嘘はない、という私たちの解釈上の感触を捨てないようにするためには、どうすればよいのか。私は、一つの方法しか思いつかない。作戦を正しいと考えた河村参郎と、作戦に疑いを抱いた河村参郎とを、別の意志をもった別の人格と考える以外にないのである。役割と個人の区別を、心の真の分裂として認める、ということである。この二つの人格の背後に、二つを統合する存在としてのさらなる河村参郎を想定すると、ただちに、その統合する河村参郎がその作戦を正しいと考え、疑義を抑圧した、という事態を承認しなくてはならなくなる。そして、河村の「自分の意志によつてやつた事ではない」という弁明を、自己欺瞞的な言い逃れと見るほかなくなる。だから、「自分の意志によつてやつた事ではない」という言葉に嘘はない、という感触を保持するためには、二つの人格の背後に二つを統合する実在を立てないというやり方をとるしかない。これが、心の真の分裂を認める、ということである。作戦を実行した河村と、作戦に疑義を抱いた河村を、一つの身体に宿った二つの別個の人格として理解する方法を見つけないかぎり、「自分の意志によつてやつた事ではない」という言葉に嘘はないと私たちが理解できてしまうときの、その理解の道筋をとらえることはできない。

命令と演技

一つの身体に二つの別個な人格が宿るという事態は、命令にもとづく支配と服従の社会的構造から生じる。すなわち、上位者の命令内容と下位者の考えが相容れないときに、上位者の命令内容に沿って下位者が自分の身体を動かすならば、下位者の側では自分の意志以外の要因によって自分の身体が動く、という状況が成立する。支配と服従の構造について、デイヴィッド・ヒュームは次のように述べている。

> 一方の対象が他方に運動や作用を生み出す場合だけでなく、単にそれを生み出す力（power）を有する場合にも、二対象が原因結果の関係で結合されている、と言ってよい。そして、これは、人々がそれによって社会においてたがいに影響し合い、支配と服従の絆で結ばれるところの、すべての利害と義務の関係の源であると言ってよい。「主人」とは、力（force）または同意（agreement）によって生じるその地位のゆえに、「しもべ」と呼ばれる他者の行為を、特定の点で指図する力（power）をもつものである。……人が何らかの力（power）をもつとき、それを現実活動に転換するために必要なのは、意志の行使（the exertion of the will）のみである。
>
> （『人間本性論』1.1.4.5/邦Ⅰ：22–23）[37]

ここで「力」と訳出した“power”は、現実に発現していないときにもこれを所有する存在に帰属される潜勢的な能力を意味する。これは「権力」と訳して差し支えない。また、"force"は、この場合、有形力の現実の行使を意味すると考えられる。大事なのは、「主人」が、同意または有形力の行使によって生じるその地位のゆえに「しもべ」の行為を指図する力をもつこと、およびこの権力の行使は主人側の意志の行使のみによって成り立つこと、この二つのことである。主人の意志は、仮にしもべ側の気持ちと相容れなくても、定義によって（つまり、原因であることにおいて）しもべの身体を動かす。このとき、しもべの行為の原因は主人の意志である。

河村の場合、命令は山下奉文軍司令官から与えられた。河村は、命令内容に違和感をもったが、「命令の絶対性が確言された」（河村 1952, 164）ことにより、「軍人として多年養われた服従の精神」（河村 1952, 165）によって、命令に沿った行動を取った。このとき、河村の服従の背後には、陸軍刑法が控えている。陸軍刑法第五七条には、「上官ノ命令ニ反抗シ又ハ之ニ服従セサル者ハ左ノ区別ニ従テ処断ス／一　敵前ナルトキハ死刑又ハ無期若ハ十年以上ノ禁錮ニ処ス……[38]」とある。こうして、有形力の現実の行使がありうるということに裏付けられて、河村の服従が成立している。もとより有形力が現実に行使されたわけではないから、河村は「同意」したのだとも言いうる。だが、命令内容について後々まで違和感を表明し続けている事実から考えると、この「同意」は命令内容が正しいと合理的に判断することによって成立したのではなく（内容に納得して同意したのではなく）、有形力の行使可能性によって「同意」が強制的に確保された（内容に納得せずに、ただたんに服従した）、と見る方が真相に近いと思われる。

こうして河村の身体は軍司令官の意志によって動かされた、と言いうる局面が開かれる。だが、まだ注意が必要である。他人に突き飛ばされるといった場合を別にすれば、基本的に、人間の身体はその人間自身の脳からの命令（つまり当人の意志）によらないかぎり、動かない。河村は明晰な意識を保って部隊を指揮したのであるから、ここには河村自身の意志によって河村の身体が動かされた、と言わねばならない局面が依然として存在している。河村の身体を動かした意志（脳からの命令）を、どう理解するかがこの問題のカナメなのである。

ここまでの解釈によれば、河村は軍司令官の命令に心から納得して従ったのではない。納得しないままに単に服従して、同意の外形を作り出したと解される。言い換えれば、河村は軍司令官の命令の意味は理解した。だが、その正しさを決して文字どおりには受け入れることなく、単にみずからの行為の前提として受け入れて、部隊を指揮したのである。文字どおりに受け入れるとは、本気でそれが正しいと信じること（believe）である。たんに行為の前提として受け入れるとは、それが正しいと信じることにすること（make-believe）である。人間は、このように行為する能力を備えている。これは、何かのふり（pretense）をしたり演技（playact）したりごっこ遊び（games of make-believe）をしたりする能力と基本的に同じ能力である。[39]

例えば、お人形を赤ちゃんに見立ててごっこ遊びをするとしよう。[40] 子供たちは、お人形が赤ちゃんであるという設定を受け入れて、それに合わせて言葉を発したり（「ねんね、ねんね」）、身体動作（お人形を横たえる、など）を行なったりする。ごっこ遊びの設定は、「お人形を赤ちゃんと見なせ」という一種の命令として認識され、これを前提として受け入れるかぎりで、ごっこ遊びの参加者は、この命令に合うように自分の身体を動かすのである。しかし、どんな幼い子供でも、お人形が事実としては赤ちゃんではない（それはプラスチックを成形しただけの物体だ）ということを完全に理解している。ごっこ遊びの参加者は、自分自身の事実認識（お人形は赤ちゃんではない）を保存したまま、これと相反するごっこ遊びの設定（お人形は赤ちゃんである）をみずからの行為の前提として受け入れて、身体を動かすのである。

あるいは、俳優がハムレットを演ずるとき、戯曲は命令の一種として認識され、俳優は、この命令に合うように自分の身体を動かす。俳優は、自分自身の事実認識（自分はハムレットではない）を保存したまま、戯曲の設定（自分はハムレットである）をみずからの行為の前提として受け入れて、言葉を発し、所作をする。

またあるいは、子どもたちの前でおとなが蒸気機関車の真似をしてみせるとき、蒸気機関車に関する共通理解が命令の一種として認識される。例えば、おとなはシュッシュッポッポと言いながら、腕を直角に曲げて交互に前後に動かしつつ、小走りに走る。おとなは自分の事実認識（自分は汽車ではない）を保存したまま、ある共通理解をみずからの行為の前提として受け入れ、適当な身振りによって虚構の事実（自分は汽車である）を表現するのである[41]。

以上のように、まねや演技やごっこ遊びにおいては、人間は、自分の事実認識を保存したまま、その時その場に設定された命令を、たんにみずからの行為の前提として受け入れて、身体動作を行なう。その人物は自分の事実認識を片時も忘れ去ることはないが、にもかかわらず、事実認識ではなく命令の方に合わせた所作を、みずからの意志で（みずからの脳の命令によって）行なう[42]。

河村が命令に服従したときも、同じ機制が作動したと見ることができる。河村は、命令に関する自分の事実認識（作戦は「厳に失し」ており、「些か妥当でなく」、別様に「何とかなつた」方がよい）を保存したまま、命令に合わせた思念を形成し（「やむにやまれずして出された正しい作戦と考へ」）、これをみずからの行為の前提として受け入れて、適切に部隊を指揮した。そう考えることができる。命令に合わせた思念は、ごっこ遊びにおける設定の理解や、演技における戯曲の理解、ものまねにおけるある事物の共通理解、と同様の機能を果たす。これらはみな、みずからの行為の前提として受け入れられた他の人々の意志である。人間はこれをたんに受け入れるだけであって、事実と論理に照らして本当に正しいと信じるわけではない。正しいと信じているふりをするだけである。そして、この前提に合う適切な発話と身振りを外形的に産出するのである。このように解釈することによって、そして、これによってのみ、私たちは、「自分の意志でやつた事ではない」あるいは「個人意志の発動はない」という河村の言葉を私たちが理解できると感じるときの、その理解の道筋を再現できる。

河村は、意に反する命令を一つのごっこ遊びの設定として受け入れ、現実の自分とは別の人格として、俳優が役柄を演ずるように、部隊を指揮し、命令を実行した。このとき河村は、現実にはほんの五歳の幼児が、ままごと遊びではお母さんとして行為するのと本質的に同じ仕方で行為する。すなわち、自分の事実認識としては命令が不正であると考える人間でありながら、軍事行動においては命令を正しいと考える人間として行為する。河村は自分自身の事実認識の水準を片時も忘れないが、同時に、演技的には命令に沿った軍事行動を遂行できる。行為が演技的になるのは、自分の事実認識においては偽であるような命題を、少なくとも一つ、行為の前提として受け入れたからである。偽なる命題を真であると信じていることにして（make-believe）身体をしかるべく動かすとき、その身体動作は演技としての身振り（play-acting）、ないしごっこ遊び（games of make-believe）の所作となる。

ごっこ遊びと人間

ここで、「ごっこ遊び」という日本語にともなう「真剣味に欠ける幼児的な行ない」という連想を、できるだけ遠ざけておくことが肝要である。英語の“make-believe”は、語源的にも語形の上でも「みずからに強いてそう信じさせる」という意味をともなっている。日本語にするなら「〜と信じることにする」という言い回しがかなりよく当てはまる。[43] そして「ごっこ遊び」は、英語では“games of make-believe”だが、これはまさに「信じることにするゲーム」なのである。ままごと遊びだけでなく、さまざまな社会的場面で、自分としては信じてはいないことを「信じることにする」一種のゲームとして、社会的な相互作用が行なわれている。お世辞を言ったり、話を合わせたりする場面はその典型である。それだけでなく、人類学者が部族社会の宗教について報告するとき、自分としては信じていない宗教的信念を、あたかも信じているかのように語ることなどは普通に生じる。例えば、アズテク・マヤ文明について、研究者が「漁労の神アトゥラウアとチャク・ウアェブ・ホックの違いは、前者が魚にかかわり後者は漁師にかかわる点である」と主張する、といったことが生じる（Sainsbury 2010, 27, 106）。研究者は漁労の神が実在し、魚や漁師にかかわると文字どおりに信じてはいない。信じているかのように語っているだけである。あるいは、それを信じている人々（アズテク・マヤの人々）の立場を代弁しているとか、その人々になりきって振る舞っていると言ってもよいであろう。これは、この種の学術報告が、しばしば「信じることにするゲーム」のなかでやりとりされていることを示している。アーヴィング・ゴフマンが微に入り細をうがって描き出したように、人間の行為は、ほとんど本人たちが気づかないまま、場の設定に応じた演技的な振る舞いとなりうるのである(Goffman 1959)。

河村の軍事行動は、こうして、現実のなかでデンマークの王子でない存在が、演劇のなかでデンマークの王子であるのと同じ構造にもとづいていたことになる。対立する二つの命題――「作戦は不正だ」と「作戦は正しい」あるいは「自分はデンマークの王子ではない」と「自分はデンマークの王子である」――が、現実の事実認識とごっこ遊びの設定とに振り分けられることによって、行為者の心の中で矛盾をもたらすことなく両立したのである。

現実とごっこ遊びという二つの世界をまたいで、一つの身体が発話し身振りする。演技的な所作は、たしかにその身体の脳からの命令によって産出される。だが、その身体の所作が演技であるかぎり、演技する身体が位置づけられるのは現実世界ではなく、ごっこ遊びの虚構世界である。だから、河村が「自分の意志でやった事ではない」というとき、これが意味するのは、やったのは現実世界にいる自分ではない、そうではなくて虚構世界の登場人物である、ということなのだ。ハムレットを演ずる俳優は、「生きるべきか、死ぬべきか、それが問題だ」と発話する。このとき、勘違いした観客によって、現実世界の役者個人が本気でそう考えて発話したのだと解釈されたなら、役者は「この発話は自分の意志によるものではない」と正当に言いうる。これとまったく同じ理由で、河村も、住民虐殺は「自分の意志でやった事ではない」と正当に言いうるのである。

ここで、現実と虚構の関係について、ありがちな誤解を解消しておきたい[44]。虚構は、現実や事実と対立する概念ではない。『ハムレット』に現れる「デンマーク」という名前は、現実世界のデンマークを指す。数多くの小説や映画やコミックで、「ニューヨーク」や「東京」という言葉が使われる。そのときそれらが指すのは現実世界のニューヨークであり東京である。ただ、ニューヨークにキングコングが出現したり、東京にゴジラが出現したりすることが、現実世界の出来事ではないだけである。つまり、その出来事を表す命題が現実世界で偽になるだけである。

映画『ゴジラ』（一九五四年）の作品世界でも、現実世界でも、ともに「東京は日本の首都である」という命題は真である。虚構世界と現実世界の両方で成り立つ命題は無数にある。ある作品では、日本の首都が仙台であるかもしれない。その場合、「東京は日本の首都である」はその作品世界では偽になるだろう。だが、そんな場合でも、たぶん「東京」は現実の東京を指していて、現実世界で東京について成り立つ数多くの命題が、その作品世界でも成り立つことだろう。虚構世界は現実世界の上に重ね描きされるのである。

河村の軍事行動の場合、演技する河村が位置づけられる虚構世界は、日本軍とシンガポールと中国系住民と、その他かかわりある現実世界の事物をそのまますべて含んで成り立っている。それは現実世界と瓜二つなのだが、現実の河村が作戦命令は正しくないと信じているのに対して、演技する河村は作戦命令が正しいと信じることにしている、という一点でのみ現実世界と異なるのである。河村は、一貫して、命令が正しいと信じるふりをして（正しいと信じる立場に立って）部隊を指揮していく。

しかし、こんなものが虚構世界の名に値するだろうか、と疑問に思う人も多いだろう。あえて虚構世界などと言わずに、現実世界として解釈する方が自然なのではないか。こう思われる場合には、次の例を考えてみてほしい。アジア系のあなたはバンコクの立派なホテルでロビーの片隅に立ち、奥さんが買い物から戻ってくるのを待っている。あなたは立ち襟の白い麻のシャツとベージュのズボンを身に着けている。そこへ年配の白人女性の一団が近づいてきて、“Where is the shopping mall?” と叫ぶように言う。あなたは当惑して “I'm just standing here, not a porter.” と答える。ご婦人方は “Oh, you aren't ...” と言って立ち去る。明らかに、ご婦人たちは、お仕着せに酷似した服装のあなたをホテルの従業員と誤解したのである。[45] このとき、あえて誤解を解かずに、ショッピングモールはあちらだと教えていたら、あなたは従業員のふりをして観光客を案内したことになる。そしてそのとき、ご婦人たちの脳裏には、あなたがそのホテルの従業員となっている虚構世界がある、と言ってよいだろう。あなたの服装は、ご婦人たちに現実と異なる想像を促す力をもっていた。彼女たちの視野のなかでは、あなたはそのホテルの従業員である。その視野は一つの虚構世界となる。その視野を共有して、彼女たちの立場に立てば、あなたが従業員として演技するのは難しくない[46]。こうして、少なくとも一つ、事実とは異なる何らかの命題が真として受け入れられているとき、そこにはその一点でのみ現実世界とは異なる一つの虚構世界が生まれていると考えることが可能である。私たちは、こうして現実世界のただなかで、生まれては消える数多くの虚構世界を生きることになる。(とはいうものの、そのホテルのロビーには、誤解した観光客と親切なあなたが存在する現実世界があるだけだ、と言うことも、もちろん依然として可能である。どちらのとらえ方をすることも許されている。)

演技する河村の世界は少しも虚構世界などではない、河村の自己欺瞞的な言い逃れを含む現実世界にすぎない、と言いたい人も数多くいるだろう。もちろんそう言うことも十分に可能である。それは否定しない。だが、そう言って済ました場合、私たちは、「自分の意志によつてやつた事ではない」という河村の弁明が、なぜか理解できる感じがするときの、その理解の道筋を見失うことになる。河村は自己欺瞞的な言い逃れをしているだけだ、という決めつけ方では取り落とされる部分に、私たちが戦犯裁判からくみ取るべき重要な示唆が含まれている。重要なのは、いったい私たちは、どのような「個人」および「意志」の概念を暗黙裡に心に抱いているのだろうか、という問いなのである。河村の振る舞いを演技的行為として解釈することを通じて、この問いへの回答の手がかりが浮かび上がってくるだろう。

ただし、ごっこ遊びをすることや、演技をすること、何かの真似をすることは、そうすることを選び取らなければ始まらない。演技することを選び取った人物は、演技の世界の外、つまり現実の世界にいたのである。河村の場合も、軍司令官の命令に従うことを選択したのは、その命令によって規定される世界（演技の虚構世界）の中にいる河村ではなく、その命令の世界の外にいて、その命令の世界に入ることを選ぶ存在、つまり現実世界の河村である。たとえ陸軍刑法に交戦中の命令不服従は死刑等々と記してあるとしても、原理的な可能性としては、河村は命令に服従することも、服従しないことも選ぶことができた。河村が命令に服従することを選んだのは、事実と論理によって合理的に判断したからではない。もしも合理的判断による選択であったなら、演技性は消え、統合された一個の意志――理性的存在としての自分自身――による行動となる。つまり、作戦を正しいと信じた（believe）のであって、信じることにした（make-believe）のではないことになる。河村の選択は、「軍人として多年養われた服従の精神」（河村 1952, 165）として、合理的判断ならぬ一つの習慣が形成されていたことに由来するだろう。[47] だが、習慣づけによってではあっても、つまり、合理的判断によるのではなくとも、自発的に服従したという事実に対する責任は残る。かくして、河村は行為の責任を免れることはできない（「自発的に服従」するというのは矛盾語法に見える。「自発的な服従」とはどのような意図性のあり方なのかという問題については、第8章の2節と3節で考察する）。

この河村の責任は、しかしまた、軍人を理想的職業の一つと考えるような社会に生まれてしまったことから生じているとも言いうる。河村がみずからに自発的な服従を習慣づけるように仕向けられた原因の一つは、上位者への服従を無条件に善とする軍人という職業を、子供に選ばせるような社会に生まれたことである。河村が違法な命令への自発的服従のゆえに（合理的判断による同意のゆえにではなく）戦犯として責任を免れないということは、部分的には戦前の日本社会に生まれたせいとも言えるのである。河村が個人として引き受けねばならない責任と、日本社会が集団として引き受けねばならない責任とは区別されねばならない。だが、この間の境界線をどこにどのようにして引くことができるのか、確たる回答は難しい（河村の自発的服従が行為としてどのように説明できるのかは第8章4節で考察する）。

以上のようにして、私たちは、河村の行為の背後にある心理と論理を、戦犯裁判の示した法的判断よりは立ち入ってとらえることができる。念のために言っておくと、以上の考察は、戦犯裁判の結論に異を唱えることを正当化するようなものではない。人間の行為をまねや演技やごっこ遊びの一種としてとらえることは、興味深い認識をもたらす。だが、その認識が現実に運用可能な司法制度をもたらすかどうかは不明である。戦犯裁判の結論に異を唱えるためには、当該の結論に至る過程に現行の司法制度内における欠陥（例えば、証拠の取り扱いの不備等）を見出すか、あるいは、新たな理念によって現行よりよい司法制度を提起し、その理念上の新制度に照らして現行の結論を批判するか、いずれかのやり方をとる必要がある。本書は、シンガポール華僑粛清事件の裁判過程に現行の司法制度内における欠陥があるかどうかには関心を向けていない。そして、人間の行為をまねや演技やごっこ遊びの一種としてとらえるやり方で、現行よりよい司法制度が成り立つのかどうか、まったく確かではない。だから、本章で示した河村の心理と行為の分析は、司法の場では無視されてしまう人間の行為の要因を浮かび上がらせる試みではあるが、司法判断を批判または代替するものではない。

河村は、シンガポール華僑粛清事件にかかわって、権力の下での行為を強いられる状況を実は二回経験している。初回は軍司令官から命令を受け、住民の殺害計画を実施したとき、二回目は英軍軍事法廷で死刑判決を受け、みずからの死を受け入れたときである。初回については、以上のように演技的振る舞いとして解釈できるのだが、二回目について、河村がどのような心理と論理によって行為したのか検討する作業が残っている。私たちは、権力との二回目の遭遇も、河村が演技的な振る舞いによって対処したことを見るだろう。だが、二回目の演技は、河村自身による演技シナリオの作成を包含しており、その構造は入り組んでいる。これは、河村がどのようにして自分の死を意味づけたのかを理解する作業をともなう。以下では、戦犯裁判および戦犯による刑死の受容に関する先行研究をまず検討し、その後に本書の解釈を提出することにする。

第2章　戦犯心理の分析

1　戦犯裁判研究と河村事案

林博史『華僑虐殺』

シンガポール華僑粛清事件は日本軍の犯した悪質な戦争犯罪であり、関連する研究は数多い。数ある研究のうち、前章で参照した林博史の一連の研究は代表的なものである。[1] 林の諸研究の価値は歴史的事実の発掘として比類ないが、これらは被告人たちの動機や責任の分析に主としてたずさわるものではない。ただし倫理的な問題提起が行なわれている箇所はある。『華僑虐殺』（すずさわ書店、1992）のなかで、林は、虐殺を生きのびたマレーシアの中国系市民五人を一九八八年夏に広島に招待したときの経験を報告している。林らは、このとき、粛清にかかわった旧陸軍兵士たちの戦友会約四〇〇名に手紙を出し、「心のこもった一言なりともかけてほしい」と呼びかけた。この呼びかけに対して、宛先不明で戻ってきた手紙が約一〇〇通、反応は四件であった。うち二件は当時マレー半島にいなかったというもの、一件は匿名で一万円を送ってきたもの、残る一件が実質的な内容を備えた実名の手紙だった（林 1992, 266）。林は以下のような文言をその手紙から抜き出している。

あの時の事は、悪夢だ、悪い夢だったのだ、と無理に自分の胸深く押し込んで来た事でした。でも決して忘れたのではなく、つとめて思ひ出さない様にして来た事でした。面白半分とか自分で進んで……と云った行動ではありません。自分の親子兄弟の事を思へば、とても出来ることではありません。でも、命令されゝば泣きく〵でも実行しなければならないのが兵隊でした。事実私等兵隊は、こんなむごいことは出来ませんと一度は拒否しましたが、どうすることも出来ませんでした。……センビラン州の方々にはどんな言葉をおかけしたら良いのか適当な言葉がみつかりません。又どんなことをしてもこの深い恨みは消えることはないと思ひます。直接関係した歩十一連隊第二大隊の一兵隊として、只々おゆるしくださいと申し上げるばかりです。

（林 1992, 266–267）

ここには命令に従った結果の道徳的苦痛が明瞭に述べられている。だがこれはたった一通の例外的な応答にすぎない。「残念ながら多くの関係者は口を閉ざし、迫られると自己弁護に汲々としている」（林 1992, 269）と言わざるをえない状況があった。

林は、河村参郎ほかマレー半島の華僑虐殺事件にかかわって処刑された士官ら三名の遺書を引いて、「裁判で粛清の責任を負わされて処刑される被告もある意味では被害者といえなくもない」と言う。だが根本的には「彼らはあくまで殺した側の者であって、殺された被害者ではない。殺された住民こそが真の意味での被害者なのだ」（林 1992, 265）という原則を確認する。しかし、前章でも触れた、犠牲者となった中国系住民に対する河村の哀悼の言葉に言及して、「軍命令をすんなりとは受け入れがたかった河村少将としてのささやかな悔やみの言葉かもしれない」（林 1992, 266）と、その内心を推察している。

「命令されゝば泣きく〵でも実行しなければ」ならなかった「ある意味では被害者」である「殺した側の者」の「悔やみの言葉」を、人間のどのような内面の葛藤として理解することができるのか。私たちは河村の行為をごっこ遊びや演技のような振る舞いと見ることによって、その言動をたんなる自己欺瞞とは見なさないやり方を見つけてはいる。だが、その振る舞いは、どのような責任の論理と結びつくのだろうか。この疑問への解答の手がかりは、本章4節で得られる。

岩川隆『孤島の土となるとも』

シンガポールの事件への言及は、もちろんＢＣ級戦犯裁判一般の研究にも見出される。岩川隆『孤島の土となるとも』（講談社、1995）は、連合国の各国が行なったＢＣ級裁判の全体を概観する大冊である。シンガポール華僑粛清事件は英国裁判の一例として記述があり、起訴状、河村の証言、判決、判決後の華僑社会の反応など、事案の概括が摘示されている。だが、河村の心事を立ち入って考察してはいない。岩川は巻を閉じるに当たって、「ＢＣ級戦犯の裁判はいわば〝戦争の継続〟であり〝勝者の裁判〟であった」（岩川 1995, 791）と指摘する。しかしまた「大量虐殺などの戦争犯罪の事実は厳然としてあった」（同上）ことを確言する。そして、「国も個人もその責任を逃れて生きのびることはできない。戦争犯罪の事実はこれからもたゆみなく追究されるべきであ」（同上）ると述べている。この「責任」を考察するためには、ごっこ遊びや演技のような振る舞いが、どのような責任の論理と結びつくのかを理解せねばならない。

戸谷由麻『不確かな正義』

戸谷由麻『不確かな正義』（岩波書店、2015）は、司令官の指令統制責任（command responsibility）に焦点を絞り、将官を被告人とする一四件の裁判を、近年公開が進んだ厖大な史料にもとづいて検討している。指令統制責任とは、ある作戦命令を下した司令官が、その作戦にともなって生じた部下の非行の責任を、どういう根拠でどこまで引き受けなければならないか、という責任帰属の問題である。これは、戦争犯罪において、命令を受けた側の「上官命令の申し立て」と対になる重要な問題である。だが、シンガポールの事件では命令系統にまぎれが少ないので、指令統制責任が事案の検討にかかわってくる側面はほとんどない。ただし、山下軍司令官から河村警備司令官への命令の示達は口頭で行なわれ、書面はなかったらしいこと、掃蕩作戦の実施要項を決定した中心人物が辻政信であったらしいこと、そして掃蕩命令の具体案は指令系統に沿って伝達される過程で固められたらしいこと、などが戸谷によって指摘されている（戸谷 2015, 189–190）。

戸谷も河村の英軍総司令官宛の意見書に注目している。前章で見たとおり、意見書において河村は英軍裁判を批判した。だが河村は自分の行為の現実的帰結にまったく無関心だったのではない。「シンガポール華僑虐殺事件が日中関係に甚大な悪影響を及ぼしていることを理解していないわけではなかった」（戸谷 2015, 203）のである。手紙の目的は、しかしながら、「華僑虐殺事件について個人責任を認めること」（同上）ではなかった。意見書の末尾、華僑社会に向けたメッセージは「総べては運命であり、因縁であります」という諦観に立ちながら、日中関係の回復を願い、自身の刑死が対日憎悪を緩和することを期待する、というものであった（同上）。自分自身の重大な案件を他人事のように振り返りつつ、みずからの死が多少なりとも善なる帰結をもたらすことを期待する、という現実への関心を脱落させたかのような河村の態度は、どのようにして生じたのだろうか。この点も、ごっこ遊びや演技といった概念に理解への手がかりがある。

牛村圭『「文明の裁き」をこえて』

牛村圭『「文明の裁き」をこえて』（中央公論新社、2001）は、表題からうかがわれるとおり、東京裁判の主席検察官ジョゼフ・B・キーナンの冒頭陳述に明示された「「文明」である連合国が「非文明」で「野蛮」な日本を裁くという枠組み」（牛村 2001, 8）を越えることを目指した論考である。このような方向は、牛村によれば、法哲学者の長尾龍一と科学史家の筑波常治の研究姿勢を引き継ぐものである。牛村は長尾の文章から「発表からすでに二

○年以上経った今なお、決して古びていない示唆に富むもの」（牛村 2001, 15）として、次の一節を引く。

東京裁判は「文明国」たることを標榜する連合国の独善であり、実質においては植民地喪失に対する復讐であった。しかしそれに対抗して弁護団もまた「文明国」の法理論をもって彼等を説得しようとした。(2)

私見では、東京裁判を「独善」や「復讐」としてのみとらえることは当を失すると思われる。東京裁判とニュルンベルク裁判、および一連のBC級戦犯裁判は、国際社会における法と正義の実現という目標に対して貢献するところがあった。たしかに戦勝国側の戦争犯罪が裁かれなかった点は明らかな欠陥である。しかし、侵略戦争を不法行為とする考え方を現実の事案に適用したこと、戦争中に捕虜や一般市民に対して残虐行為が行なわれた場合には軍人の個人責任が問われるという原則を確立したこと、などの点において、これらの戦犯裁判は全人類にとって無いよりは有る方がよかった、と私は判断する。(3)だが、長尾が指摘するとおり、裁判の法理論上の枠組みが連合国（西洋文明）のものであったことも疑いはない。

筑波常治について、牛村は「［筑波が］BC級戦犯裁判に「東西文化の対決」を見ている点に大きな特徴がある」（牛村 2001, 16）と指摘する。ここに言う「東西文化の対決」とは「「西欧的精神と日本的道徳との対決」のこと」（同上）である。筑波からはこの語句のみ摘示されており、牛村（2001）に文章の引用はない。筑波の問題意識は、私たちの関心とも重なるので、関連する箇所を引用しておこう。

BC級戦犯裁判は、ほんらいの理想からどれだけずれていたにしろ、とにかく根底において、西欧的精神と日本的道徳との対決であった、という事実を認めなければならない。日本は過去一世紀の間に、くり返し西欧思想を輸入しているが、それらは日本の伝統と正面きって争うことをせずに、日本人の意識の中で奇妙な「平和共存」を起こしている。日本人が文字どおり生命をかけて異質の思想に直面したというケースは、当事者が自

覚したかどうかは別として——戦後のＢＣ級裁判が最初ではないだろうか。（筑波 1972, 332）

筑波の言う「西欧的精神と日本的道徳との対決」は、戦犯裁判の法廷で、検察側と被告人側の対決として具体的に生じた。ＢＣ級戦犯裁判の依拠する法理論が、長尾の言うように西洋文明のものであったことは、この「西欧的精神と日本的道徳との対決」を決定づける条件となっていた[4]。

牛村は、長尾や筑波に沿って、河村の遺稿『十三階段を上る』を東西文化の対決という視点から取り上げる。『「文明の裁き」をこえて』の「第十章　河村参郎中将の対英思想闘争」がそれである。牛村は、シンガポールの英文紙 *The Straits Times* の記事によって公判における尋問を再現する。そこには、法廷での尋問内容や法手続をめぐって、英軍と河村らの認識のずれが見て取られる。

前章で見たとおり、河村は弁護人の尋問に答えて華僑掃蕩の命令が「当時の戦況に於て、やむにやまれずして出された正しい命令と考へた」（河村 1952, 81/1947. 3. 21）と答えている。検察官のウォード少佐の反対尋問は、この点を問いただすことから始まった。正しい命令と考えたのかという尋問に河村は「はい」と答えた（牛村 2001, 289)。引き続き河村は、「リストに名が載っている者は射殺せよ、との命令を受けた」ことを確認している。それに対し、ウォード少佐は「ただあやしいというだけの理由で射殺することを正当なもの、と言えますか」と問う。河村は「軍がそう命じたのです」と答える。ウォード少佐はさらに数回、あなたはそれを正当と呼ぶか、正当と思うのかと問うが、河村は軍命令に従うのは正当なことだという趣旨の答えを繰り返すのみである（牛村 2001, 291)。この日の反対尋問に対する河村の感想は、「検事側の反対訊問は、すべて刑法的に、何物か尻尾を攫まうとするもので、既に陳述した大精神とは何らの関係もないことを執拗に追及してくる」[5]（牛村 2001, 292）というものであった。

河村の言う「既に陳述した大精神」は、この感想の直前に記されている内容を指すと思われる。前章でも引用した箇所だが、以下のとおりである。

> この命令は、当時の戦況に於て、やむにやまれずして出された正しい作戦命令と考へた点、命令には服従の外なき事、当時の状況に於て何人を以てしても、かくする以外に方法がなかつたことを述べ、その結果、この軍事法廷に立つに至つたのは全く「運命」と申す外はないと結論し、最後に軍命令とは謂へ、その犠牲になつた華僑各位の霊に対し、衷心より冥福を祈る旨を述べて終わつた。
>
> （河村 1952, 81/1947. 3. 21）

河村の念頭にあった「大精神」は、牛村の言を借りれば、「より具体的にはこの軍事法廷に立ったのは全く「運命」であることに理解を示し、犠牲となった華僑への冥福を祈る発言への評価」（牛村 2001, 293）を示すことだった可能性は高い。

しかし、ウォード検察官の最終論告にとって、この日の反対尋問は、河村が記したような「なんらの関係もないこと」ではなかった。最終論告は次のような発言を含んでいる。

> 一体如何なる状況だったならば、上官の命令だったという訴えは、共感を持って聴き入れられたのでしょうか。この被告たちの一体誰が進んで次のように発言したでしょうか。——ええ、我々が行っていることは**間違っていたことだとわかって**いました。しかし、仕方がなかったのです。やむを得ず実行したのです、全く気がすすまず、本当にいやいやながら。
>
> （牛村 2001, 296. 強調は引用者）

ここには、上官命令の申し立てがなんら内心の葛藤をともなわずに繰り返された事実が、被告人らの態度に共感を抱きえない理由として挙げられている。彼らは間違ったことをやらされるのがいやだったとは言わなかったのだった。言い換えれば、ウォード少佐があなたは当該の命令の実行を正当と思うのかと何度も尋ねたとき、彼としては重要な質問をしていたわけである。軍命令に従うのは正当だという回答のみが繰り返されたことにもとづいて、最終的に「良心の呵責を何ら法廷で見せず、軍事上の必要性と上官の命令の絶対性を盾に、みずからの行為を正当化しようとする被告たちは「すすんで加担した者たち（willing partners）」に他ならないと検察官は断言した」（牛村 2001, 296）のだった。

河村に、掃蕩命令には同意しがたいという個人的見解があったことは前章で確認したとおりである。牛村は、それゆえ「被告弁護側が……内心の葛藤にも触れるような弁護作戦をとっていたならば、あるいは結果はちがっていたかもしれない、との思いは禁じ得ない」（牛村 2001, 296–297）との感想を洩らしている。果たしてそうであろうか。すぐに述べるが、この点には異論がありうる。

河村は英軍裁判が被告人に悔悟の情をもたらさないと考えた。牛村は、そのくだりを英軍司令官宛意見書から引用している。悔悟の情が生じないのは「畢竟両者の思想態度の懸隔が余りにも甚だしく、両者が一致する感情の琴線に触れ来らぬ為」（河村 1952, 174）である。河村は、裁く側に自分たちの気持ち、つまり「大精神」を分かってほしい、そうして「感情の琴線」に触れてほしかったと訴えているのである（牛村 2001, 298）。

私たちは、すでに前章で、河村の行為をごっこ遊び的・演技的な振る舞いと見なすことを通じて、英軍法廷における検察官よりはきめ細かく河村の心理と論理を理解する方法を得た。河村は、意に反する命令を一つのごっこ遊びの設定として受け入れ、現実の自分とは別の人格として、俳優が役柄を演ずるように、部隊を指揮し、命令を実行した。ここには自己欺瞞や虚言があるわけではない。ごっこ遊びも演技も、西洋、非西洋を問わず存在する行為類型である。私たちは、まずはごっこ遊びや演技の水準に、どのような倫理的思考が成り立つのか明らかにしなければならない。戦争犯罪人として裁かれた人々を包括的に理解するためには、「西欧的精神と日本的道徳」の対決を、できるだけ正確に取り出す必要がある。本書の全体を通してこの課題に取り組むことになる。

2　BC級戦犯裁判の思想史的背景

意志と罪

河村が内心の葛藤に触れていれば結果は違っていたかもしれない、という牛村の示唆には異論がありうる。というのも、内心の葛藤を覚えながら犯罪に加担した者はさらに悪質だ、という考え方も成り立つからである。東京裁判の冒頭陳述で、キーナン検事は次のように述べている。

道徳的見地より云えば逡巡しながら、仮に逡巡したりとして而もなお犯罪に加わった者は、誤れる熱狂により自己の行為の邪悪性について、幾分盲目になっていた者よりさらにもっと責められるべきだと強調して言い得ましょう。

（『極東国際軍事裁判速記録』第九号附録、13）

自分の行なうことが悪事であると分かっていて逡巡しながら加担したのならば、悪事と分からずに行動した場合よりも罪は重い[6]。この道徳的思考は、キリスト教文化圏では常識に属する。自分の行なうことが善ではないと知りながら、あえてそれを行なうならば、それは深刻な罪である。この考え方は次のパウロの書簡の有名な一節に見て取られる。

私は自分が欲している善をなすことはなく、まさに欲していない悪を実行しているのである。もしも自分が欲していないことを自分でなしているのであれば、それを働き出しているのは決して私ではない。私の中に住んでいる罪が働き出しているのだ。

（田川4：ローマ7:19-20）

善を欲しながら悪を為してしまうという状態こそ、まさに罪の働きが現れ出ている状態である。というのも、善なる意志を裏切ることは、善（つまり神）へと向かう道からみずからの意志で逸れるということであり、これがキリスト教的な罪（sin）の定義だからである。[7] 犯罪（crime）が世俗社会の法に違反することであるのに対し、罪（sin）とは世俗の規則に対する違反ではなく、神の法に背くことであった。[8] だが、神の法（命令）は必ずしも常に自明な仕方で与えられてはおらず、しばしば人間が自分の理性的能力を用いて見出さなければならない。したがって、神の法への違反は、西洋近代において、特にカント以降は、自分自身の理性的決定を裏切ることにおいて生じる。これは、外形的な規則違反（犯罪）よりも重大な、みずからの人間性への内面的な裏切りなのである。

一なる意志

ここで、戦犯裁判に見出される「西欧的精神」を確認しておこう。以上から分かるように、戦犯たちの直面した軍事法廷の法的・道徳的思考は、次のような考え方から成り立っていた。まず一方で、たとえ命令に従って作戦を指揮または実行したのであるにせよ、結局はそうするのが正しいと思って実行したのだから、その者は「すすんで加担した者たち（willing partners）」にほかならない。東京裁判のウェッブ裁判長は、多数意見に対して提出した個別意見書の中で、天皇の責任について次のように述べている。

> 天皇は助言にもとづいて行為する義務があったという示唆は証拠に反している。たとえ天皇が助言にもとづいて行為したのだとしても、そうするのが適切だと当人が判断したがゆえにそうしたのである。そのこと〔助言にもとづくということ〕は天皇の責任を限定的にはしない。（Boister and Cryer 2008, 683. 強調は引用者）

これは、人間の行為は統合された一つの意志の帰結である、ということを含意する。命令に従っただけであるにせよ、行為の実行は、その時その場でそのように自分の身体を動かすという一個の決定によってしか生み出されえない。つまり、命令や勧告や助言を受け入れるという決定をみずから下したという一個の意志の発動において責任が発生する。

また他方で、命令に従って実行した際に、当該行為は不正であり、それを実行すべきではないという認識があったのならば、その者はより一層責められるべきである。というのも、自分はそんな行為を本当は欲していなかったというのなら、善き意志（実現を見送られた方の選択肢）を実現しえなかったという点に責任が発生するからである。つまり、意志の弱さという罪（sin）を咎められねばならない。したがって、本意ではなかったという言い訳によって、みずから行為を発動した責任をまぬがれることはできない。

善悪の区別の客観的実在性

戦犯裁判には、個人の意志と行為の結びつきに関するこのような考え方に加えて、さらに、善と悪は客観的に定まる、という考え方が背景として存在している。河村はじめ日本人戦犯は、すすんで悪を意志したか、または善を欲しつつ悪に加担したか、いずれにせよ客観的な悪を実行したという理由で裁かれた。ここでは、命令を受けた時点では、その命令はそれなりに正しかったのであり、敗戦後には、時と所が変わって正しいとされなくなったのだ、という相対主義的な発想が入り込む余地はない。戦犯裁判が、原理的に状況への善悪の相対化を許容せず、善と悪の定めの客観的実在を前提するものであったことは、連合国戦争犯罪委員会（ＵＮＷＣＣ）の議長を務めた英国の法律家、ライト卿[9]の論考から明らかである。ライト卿は、戦犯裁判が立脚する国際法について次のように述べている。

国際法は、どれほどそれが不完全であるとしても、正と不正の感覚、また正義の本能的諸能力、ならびに人道の所産であり、これらのものは文明化された諸国民すべてが共通して継承するものなのである。これは昔から「自然法」と呼ばれてきたものである。おそらく現代では、たんに、道徳的に真っ当なすべての人々が備えている正と不正の本能的な感覚から流れ出るものとしてそれを示す方が、または、すべての文明化された諸国民に共通する原理から導き出されるものとしてそれを記述する方が、より簡単で真実であろう。これこそが、すべての法の究極の基礎であり、また基礎であるべきものなのである。

（Wright 1946, 40. 強調は引用者）

ここには、正と不正の本能的な識別能力の所産が「自然法」として名指されている。自然は客観的に実在する。それゆえ、自然の秩序も客観的に実在する。自然の秩序とは、一方では物理的自然法則であり、他方では道徳的自然法である。物理法則が理性をもたない被造物（物的自然）に普遍的に適用されるように、道徳的自然法は理性をもつ被造物（人類）に普遍的に適用される。かくして自然法が国際法の基礎である。ウェッブ裁判長も、やはり国際法を自然法に結びつけている。

国際法は、正義の諸規則と法の一般的原理とによって補われねばならない。厳格な法実証主義はもはや国際法には適合しない。諸国民における自然法は、実定法ないし意図にもとづく法と等しい重要性を備えている。

（Boister and Cryer 2008, 635）

自然法を道徳の普遍的な基礎とする発想は、古代ギリシア思想とローマ法に始まり、原始キリスト教の教義を経て、中世キリスト教哲学および近代以降の西洋哲学に受け継がれた[10]。これは西洋思想史上の重要な伝統の一つである。国際法がキリスト教文明によって形成されたものであることは、ウェッブも明言する。「国際法は、本質的にキリスト教文明の所産であり、中世の後半以降に成長し始めた」（Boister and Cryer 2008, 635）。自然法の概念の起源を、パウロの書簡で確認しておく。序章でも見たが、パウロは、神の与えた秩序が自然界に見出されるということを、次のように語っている。

神の見えざるところは、世界の創造以来、認識しうるものとして被造物に顕されているのだ。すなわち無限の

> 力と神性である。
>
> （田川4：ローマ1:20）

この言葉は、自然界の秩序を見れば神の力が明らかに見て取られるという意味に理解されてきた。この思想は伝統的な神の存在証明の一つであり[11]、自然法則の実在性を確保するという意味で自然科学の基礎でもある[12]。

神の与えた善悪の識別能力が全人類に見出されるということの方は、同じくパウロが次のように語っている。これは道徳的自然法の普遍性の宣言と見なされうる。

> もしも律法を持たない異邦人がおのずと律法のことを行なうのであれば、律法を持たなくても自分が自分にとって律法なのである。彼らは律法の業が自分たちの心に記されているということを示している。そのことを彼らの良心が証言する。互いに告発したり弁護したりする彼らの議論もまたそのことを証言する。
>
> （田川4：ローマ2:14–15）

異邦人とは異教徒のことである。異教徒の良心や法廷弁論は、神の法が彼らの心にも記されていることを示しているというのである。「律法」の原語はギリシア語の「ノモス（νόμος）」である。この語は宗教的な含意を特に備えてはいない。つまり「法」という意味の普通の言葉である。正と不正の本能的な識別能力は、異教徒であっても普遍的に備えているはずのものにほかならない。自然法が人類に共通の理性的能力と結びつけられるのは、西洋思想史の主流の考え方である。トマス・アクィナス（1225?–1274）の『神学大全』とジョン・ロック（1632–1704）の『統治二論』から例を挙げておく。

> 自然法とは理性的被造物における永遠法〔神の法〕の分有にほかならない。
>
> （『神学大全』第2部の1、第九一問、第二項、主文）

自然の状態にはそれを支配する自然の法があり、それはすべての人を拘束している。そして理性こそその法なのだが、理性にちょっとたずねてみさえすれば、すべての人は万人が平等で独立しているのだから、誰も他人の生命、健康、自由あるいは所有物をそこねるべきではないということがわかるのである。（『統治二論』II, §6）[13]

こうして、古典古代以来、現代の戦犯裁判に至るまで、善と悪の定めは、理性あるすべての人間の認識しうる事柄としてこの世界に実在すると考えられてきたのである。

キーナンは、自然法に言及するライト卿の論考の上記の箇所とその前後を冒頭陳述で長々と引用している。[14] 加えて、具体的に「第一の自然の法（the first law of nature）」として「自己保存（self-preservation）」を挙げる。東京裁判を実施する国々は、自己保存という第一の自然の法に則って、侵略戦争を開始した個人を訴追する義務がある。なぜなら、現今では破壊方法の著しい発達のゆえに、世界の滅亡が現実に起こりうるものとなった。それゆえ、侵略戦争を開始した個人を罰して世界の滅亡を予防することは、自己保存を命ずる自然法に照らして、裁判を実施する国々の義務となる、というのである。[15]

自己保存を第一の自然法とすることは、キーナンの独自の見解などではなく、トマス・アクィナスの『神学大全』以来の伝統的な発想である。トマスは次のように言う。

およそいかなる実体も、その自然本性にもとづいて、自己の存在が保持されることを欲求するのである。そして、このような傾向性にもとづいて、人間の生命がそれによって保持され、また生命保持に対立することがらが阻止されるところのことがらが、自然法に属する。（『神学大全』第2部の1、第九四問、第二項、主文）

これは、トマスの挙げる三つの自然法の第一である。ここで言われている自己保存とは、無生物も含むすべての自然物がそれ自身の本性的な在り方を欲求する、というアリストテレス的な意味である。トマスの継承したアリストテレス的な自然観では、一個の石を持ち上げて手を離すと落下するという場所的運動も、土質の本性をもつ実体（例えば、石）は土質のものの本来の在処である地球の中心へと向かう傾向性（ないし欲求）をもつ、という原理によって説明される。[16]すべての自然物は、それ自身の本性的な在り方を実現する傾向性をもつ。[17]この意味で、自己保存が自然の法であるとされる。人間もまた生き物であるからには、生きることを欲求するということが、第一の自然法によって定められているわけである。

こうして、侵略戦争を計画し実行した人々は、他の人々が生きることを妨げる点で、「生命保持に対立することがら」を実行した者となる。ゆえにそれを「阻止」または「予防」することは、自然法に適合した正しい行為となる。自己保存を自然法の一つと見なし、自然法によって戦犯の訴追を正当化するとき、キーナンは、西洋文明に育成された法曹として、伝統的かつ常識的なことを言っているだけである。[18]

この伝統的で常識的な正義の感覚は、二一世紀にももちろん生きている。二〇一一年五月二日、バラク・オバマ米国大統領（当時）は、ホワイトハウスにおいて、アルカイダの指導者オサマ・ビン・ラディンの殺害作戦の成功を人々に報告するなかで、次のように述べた。

そして、私たちは、最悪の情景が社会から見えないことを知っている。空席となった食卓の一隅。母や父を喪って育たなければならない子供たち。我が子に抱きしめられる感触を永久に失った親たち。約三〇〇〇人の市民の命が奪われ、私たちの心に大きな空洞を残した。

(https://www.whitehouse.gov/blog/2011/05/02/osama-bin-laden-dead)

この一節は、二〇〇一年九月一一日の世界貿易センタービルへのテロ攻撃のことを語っている。ビン・ラディンの殺害が正義である理由づけとして、彼が指導したテロリズムによって人々の日々の暮らしと家庭生活が破壊された事実を挙げ、これを「最悪の情景」と呼ぶ。ビン・ラディンは人々が生きて、子を産み育て、幸福な家庭を営むことを妨害したがゆえに、彼を殺害することは正義なのだと示唆している。これはテロリストに対する国家的報復のひどく感傷的な正当化のように聞こえるが、そうではない。

実は、トマスの挙げる第二の自然法は、「雌雄の性交、子どもの教育、およびこれと同様のことがらのごとく、自然がすべての動物に教えたところのことがら」（『神学大全』第2部の1、第九四問、第二項、主文）である。第三の自然法は、人間の理性的本性に関するものであり、「神について真理を認識することや、社会のうちに生活することなどへの自然本性的なる傾向性」（同上）にかかわることがらである。第一から第三までの自然法によって、生きること、子を産み育てること、社会を形成すること、という人間の基本的な生存が、神の命令にもとづく自然の正義として規定されたことになる。トマスの第一と第二の自然法を背景としてオバマの言葉を聞くと、人が生きて、子を産み育て、幸福な家庭を営むことの擁護は、キリスト教的自然法の正義の理念そのものであることが分かる。大統領の言葉は、感傷的な訴えではなく、伝統的な理念の確認なのである。

西欧的精神と河村参郎の「琴線」

日本人戦犯たちが裁判において直面した西欧的精神は、以上のとおり、行為は個人の統合された意志の帰結として生じ、その行為が客観的に善または悪であることに応じて個人は賞罰を受ける、という考え方から成り立っていた。その背後には、古典古代以来の自然法の理念がある。

これに対し、河村は、すでに見たとおり、掃蕩命令はやむにやまれずして出された正しい命令と考えた、と述べていた。私たちの解釈では、これは正しいと考えることにしたということである。河村にとって、正と不正は自然法則のように一意的に定まるわけではなく、個人としては同意しがたい命令でも、臨機応変に正しいと考えることにすることは可能だった。そうしたうえで、河村は、命令には服従する以外にないと判断し、命令に沿って行動した。その結果裁きを受けることになったが、それは河村にとって「運命」であった。彼は、犠牲者に対して心から冥福を祈りはするものの、客観的な善悪への言及は念頭にないようだ。河村は、この姿勢を「大精神」として重要なものと考え、「感情の琴線」に触れ来たって理解されることを願った。

河村の一連の思考の流れと、英軍軍事法廷の法的・道徳的な思考の枠組みとのあいだに無視できない相違があることは明らかである。英軍法廷の考え方によれば、河村の心中に逡巡や不同意がどれほどあったにせよ、正と不正の本能的識別能力が悪であると告げる命令に従ってはならなかった。裁きを受けることになったのは、「運命」ではなく、みずからの良心を裏切って、不正な命令を正しいと考えることにしたからにほかならない。私たちは、河村と英軍法廷の思考枠組みの相違を、このように対比してとらえることができる。この対比は、今後、本書においてさまざまな形で考察していくことになる。

以上、近年の戦犯裁判研究の一端を見て、戦犯裁判の思想史的背景を明らかにした。私たちに与えられている課題は、戦犯として裁かれた人々の心理と論理を、より立ち入ってとらえることである。その点では、被告人たちと同時代を生きた丸山眞男と作田啓一の研究が、問題設定と洞察において今なお無視できない意義をもっている。以下、それを見ていこう。

3　丸山眞男による戦犯心理の分析

丸山眞男は、一九四九年の論文「軍国支配者の精神形態」において、東京裁判の速記録にもとづいてA級戦犯の心理を分析した。丸山はこの論文でナチ指導者と日本の戦争指導者を対比し、前者を「ヨリ強い精神」、後者を「ヨリ弱い精神」というように特徴づけた（丸山 1964, 99）。そして、日本の指導者たちが戦争責任を否認するとき、そこに「弱い精神」の矮小性が典型的に現れたと指摘した（丸山 1964, 102）。丸山が見出す「弱い精神」のあり方は、私たちが河村の心理と行為を分析するなかで見出した「心の真の分裂」と重なるところがある。以下ではその点を確認していく。ただし、私たちは丸山の指摘を根本的に読み換えることになる。

「弱い精神」という問題

丸山が「弱い精神」と言うとき、そこにはいくつかの性格特徴が含まれている。第一に、丸山は、思考と行動を一貫した形で自覚的に結びつける精神を「強い精神」と呼ぶ。そして、思考と行動に乖離があり、この二つを結びつけるときに自他に対するごまかしの理由づけが入り込む精神を「弱い精神」と呼ぶ。

丸山によれば、ナチ指導者には「観念と行動の全き一貫性」（丸山 1964, 96）がある。それは、ヒットラーが一九三九年ポーランド侵入決行直前に語った「……戦争を開始し、戦争を遂行するに当つては正義など問題ではなく、要は勝利にあるのである」（同上）という暴力行使の仮借のない肯定の言葉に典型的に見出される。

これに対し、日本の戦争指導者には観念と行動のあいだに奇妙な乖離があった。彼らはみずからの暴力行使を直視することができず、みずからの暴力は相手のためを思ってしていることであるというように考えたがった。彼らには「日本の武力による他民族抑圧はつねに皇道の宣布であり、他民族に対する慈恵行為と考え」（丸山 1964, 96）る傾向が見られるのである。こうしてみずからの行動に「絶えず倫理の霧吹きを吹きかける」（丸山 1964, 99）ことによって日本の戦争指導者たちは「自己自身を欺瞞」（丸山 1964, 98）し続けた。

丸山によれば、ここから「自己の行動の意味と結果とをどこまでも自覚しつつ遂行するナチ指導者と、自己の現実の行動が絶えず主観的意図を裏切っていく我が軍国指導者」（同上）という対比が成り立つ。そして、丸山は、「一方はヨリ強い精神であり、他方はヨリ弱い精神」（同上）であると結論した。

第二に、丸山は、個人としての性格の弱さや、相手の気持ちに過度に配慮する態度を「弱い精神」と呼んでいる。木戸幸一の証言によれば、近衛文麿は何か問題が起こるとすぐ辞めると言ったらしいが、丸山はこういう「個人的性格の問題でもあり又いわゆる公卿の弱さ」（丸山 1964, 100）でもある性格の特徴を「弱い精神」と呼んでいる。

他方、東郷茂徳は、「近衛のような弱い性格の所有者とは見られない」（同上）とする。だが、開戦の日に、グルー駐日アメリカ大使に対米交渉の打ち切りの覚書を手渡すとき、東郷は、グルーに宣戦のことも真珠湾のことも一言も言わなかった。東郷の証言を引きつつ、丸山はこれを「ばつが悪いといつた私人間の気がね」（丸山 1964, 101）のせいで、国家の代表同士の公式会見の場で「明白な事態を直截に表現する」（同上）ことができなかった事例と解する。そしてこれを、近衛的な性格の弱さと類似した「弱い精神」の一現象形態と見なしている。

第三に、丸山は、このような「弱い精神」の「矮小性を露骨に世界に示した」（丸山 1964, 102. 強調は原文）振舞いとして、東京裁判における戦争責任否定の証言を挙げている。丸山は、キーナン検察官の最終論告の引用によって、言うところの矮小性を摘示した。キーナンによれば、

……彼等〔被告人すべて〕の中の唯一人としてこの戦争を惹起することを欲しなかったというのであります。……彼等が自己の就いていた地位の権威、権力及責任を否定出来ず、……侵略戦争を継続し拡大した政策に同意したことを否定出来なくなると、彼等は他に択ぶべき途は開かれていなかったと、平然と主張致します。

（丸山 1964, 102）


例えば、木戸幸一は、自分個人としては三国同盟には反対であったが、現実の問題としてはこれを拒否することはできなかったと述べる。小磯国昭は、国策が決定されたら、自分の意見は意見としてあるとしても、国策に従って努力するのが慣習である、と述べる。東郷茂徳も、三国同盟に対し自分の個人的意見は反対であったが、すべての物事にはなり行きがあり、一旦既成事実になった以上は変えることは難しかった、と述べる。丸山は、このように、ただ既成事実に屈服するのみで、みずからの行いをみずからの為したこととして直視せず、責任回避に終始する姿勢を、「弱い精神」の「矮小性」と見なした（丸山 1964, 107–109）。

丸山は、このような東京裁判の被告人たちの態度をナチ戦犯と対比する。そして、オーストリア併合に関するゲーリングの「余は百パーセント責任をとらねばならぬ」（丸山 1964, 102）という言葉や、同じくゲーリングの、ノルウェー侵略に関する「余の態度は完全に積極的であった」（丸山 1964, 103）という言葉を引用する。これらを根拠に、丸山は、「この点ほど東西の戦犯者の法廷における態度の相異がクッキリと現れたことはなかった」（丸山 1964, 102）と断定する。ナチ指導者たちは、日本の軍国指導者たちと違って、自分のやったことを堂々と正面から認め、いわば「「悪」に敢て居座ろうとする無法者の啖呵」（丸山 1964, 103）を切ってみせた、というのである。

「弱い精神」という問題の解体

牛村は、上の丸山のナチ指導者と日本の指導者の対比の資料操作には、疑わしい点があると指摘した。まず、丸山は、キーナン検察官の論告を引用する際、重要な前置きの一節を故意に省いた。キーナンは、上に引用した責任回避の非難の直前の箇所で、東京裁判の被告人たちについて、「殆ど凡ての犯罪者階級が、窮地に追ひつめられ、法廷にひきだされて、その訴追に答へさせられる際にきまつて用ひるようなやり口に倣った」（牛村 2001, 26）と指摘していたのである。つまり、キーナンは、責任回避の逃げ口上を犯罪者一般の特徴としてとらえていた。ところが、丸山は、キーナンのこの一節を引用から除くことによって、あたかも責任回避の逃げ口上が日本の戦争指導者に特有の矮小性であるかのように提示した。

さらに、牛村によれば、丸山はニュルンベルク裁判の速記録を十分参照していないため、戦争責任を回避する証言がナチ指導者にも多数あったことを見逃している。ゲーリングの上のような言葉は決して典型的な答弁ではなく、むしろ「丸山が……日本の旧指導者に固有のものと主張した特徴が、ナチ指導者にも十分見られた」（牛村 2001, 31）のである。

牛村の指摘は有効かつ有益である。キーナンはたしかに責任回避を犯罪者一般の姿勢として語っている。また牛村が摘示するように、ナチ指導者も責任回避の言い逃れをしている事実がある。日本の指導者を描き出すとき、丸山には、彼らの心理と行為を日本に固有のものと見てしまう誤りがあった。牛村の批判はそれを明瞭に浮かび上がらせている。

牛村の批判の妥当性は、しかしながら、日本の指導者たちが「弱い精神」の持ち主であり、責任回避に終始する一種の「矮小性」を示した、という指摘そのものが誤りであることを意味しない。牛村の批判は、彼らの振る舞いが刑事訴追を受けた人間のありふれた振る舞いにすぎなかったことを明らかにしたが、そのような振る舞いがなかったことを明らかにしたわけではないからである。彼らの振る舞いをより深く理解するためには、丸山の言う「弱い精神」の「矮小性」がどのようなものなのか、立ち入って見ておく必要がある。

丸山は、すでに見たように、既成事実に屈服し、みずからの行いをみずからの責任において引き受けない姿勢を、「弱い精神」の「矮小性」と見なす。[19] 丸山は、木戸幸一や東郷茂徳が三国同盟に対して個人的には反対の意見をもっていたと言いながら、同盟が既成事実となるとそれに追随していったことに関し、次のように批判する。

重大国策に関して自己の信ずるオピニオンに忠実であることではなくして、むしろそれを「私情」として殺して周囲に従う方を選び又それをモラルとするような「精神」こそが問題なのである。（丸山 1964, 108）

丸山は、反対意見をもつのなら、いつでもそれをはっきり表明し、あくまでも自分自身の意見に忠実に振る舞え、と言いたいようである。そして、そのように振る舞わない「精神」は、人間として「弱い」のであり「矮小」である、と見ている。だが、このような否定的な評価を与える以前に、本当は、既成事実に屈服する態度がどのような心理的な機制によって生じうるかという問題を考える必要があったのではないだろうか。以下、この問題を扱う。彼らを「弱い」とか「矮小」と批判するのは微妙に的はずれであることが、そこから浮かび上がってくる。

既成事実に屈服する軍国指導者たちの心的機制は、私たちがすでに河村の事案で出会ったものとほとんど同じものである。河村は、「掃蕩作戦」命令に疑問を抱いたが、その「私情」は殺して作戦を実行に移した。そして後には、あれは自分の意志でやったことではない、と主張した。木戸、東郷、小磯のみならず、東条英機その他の軍国指導者たちは、上官に命令されたわけではなかった。丸山の解釈によれば、彼らはむしろお互いの腹のさぐり合いをしながら、多くは「各自がスローガン的言辞で心にもない強がりをいう」（丸山 1964, 115）うちに、満洲事変から真珠湾攻撃を経て敗戦にまで至ったものと見られる。

彼等はみな、何物か見えざる力に駆り立てられ、失敗の恐ろしさにわななきながら目をつぶつて突き進んだ……彼等は戦争を欲したかといえば然りであり、彼等は戦争を避けようとしたかといえばこれまた然りということになる。（丸山 1964, 91）

言い換えれば、軍国指導者らは、お互いの「強がり」から生じてしまった日米開戦にも三国同盟にも疑問を抱きながら[20]、その「私情」を殺して政策を実行した。河村の場合と違って、ここでは権力が明示的な命令としてではなく、対等な者同士の相互束縛のなかから生じている。だが、個人が他の人々の意志によって動かされるという、ヒュームの指摘した権力の本質的構造は共通している。それならば、河村が華僑虐殺は自分の意志でやったことではないと主張するのが必ずしも嘘ではなかったと解されうるように、軍国指導者らが戦争を避けようとしたというのも、必ずしも嘘ではなかったと解することが可能なはずである。彼らは「戦争を欲した」と同時に「戦争を避けようとした」のだ。矛盾を生じさせることなくこれを理解する筋道を、私たちはすでに見出している。

軍国指導者たちが戦争を欲し、戦争を指導したのは、お互いの「強がり」によって設定された行動のシナリオに沿うかぎりでの演技的な振る舞いにおいてであり、戦争を避けたいと願ったのは、「私情」すなわち演技していないときの〝素の〟態度においてであった。こう考えれば、彼らが戦争に向けて国民を導いている真っ最中にも、個人的には戦争は避けるべきだと考えることが可能だったことが、ただちに了解できる。俳優は、ハムレットの演技をしている真っ最中でも、〝素の〟自分がハムレットではないという自己認識を決して失わない。それと同じ心的機制なのである。

丸山が正しく指摘するように、「彼等は戦争を欲したかといえば然りであり、彼等は戦争を避けようとしたかといえばこれまた然り」であった。ここには矛盾や自己欺瞞があったかのように見えるが、そうではない。「強がり」の演技を続ける彼らと、〝素の〟彼らを統合する唯一の存在としての彼ら自身というものを立てないことによって、私たちは彼らの行動を矛盾なく説明できるからである。

このような精神を「弱い精神」と呼ぶのは当たらない。それは、彼らが強いからではない。そうではなくて、強いとか弱いとか言われるべき不変の実体が存在しないからである。複数の状況を通じて常に一つの主体として存在し続ける彼ら自身というものは、身体以外に見当たらない。戦争が終わって「強がり」の演技の必要がなくなれば、舞台を降りた俳優として、ホントはあんなひどい脚本で演技なんかしたくなかったんだ、という感想が語られても特におかしいことはない。じゃあ、なんであんなことを言ったりしたのか、と責められたら、まさしく三国同盟礼賛の演説の責任を問われた東郷茂徳が答えたように、「日本の外務大臣として〔そ〕ういうことを……言わなくちゃならぬ地位にあつた」（丸山 1964, 108. 強調は原文）と答えるだけである。脚本どおりに期待される言動を行なっただけであって、自分の意志でやったことではないのだ。東郷は外務大臣として、いわば日本の外交に関するシナリオの執筆そのものにかかわっていた。このことは戦争指導者たち全員に言えることである。彼らは端役ではなく、シナリオを書き換える力をもった主演級の者たちだった。だが、この事実は、彼らが演技していなかったことを意味するわけではない。

こういう人々を「弱い精神」と見なしたり、責任回避の「矮小性」があると非難したりするためには、論理的前提として、こういう人々にも複数の状況を通じて不変の一貫した主体が存在すると仮定し、かつその主体が意に反して状況に屈服したのだと考えなければならない。丸山はナチ指導者にそのような一貫した主体の存立を仮託し、日本の指導者にはあるべき一貫性がない、という対比を作り出した。だが実態として、日本の指導者たちは丸山の想定した対比を適用できる存在ではなかった。軍国指導者たちも河村参郎も、丸山の想定する主体的存在などではなく、一つの身体の上にいくつもの役柄を次々にまとって演技し続けただけなのであった。[21]

役者、演技する人々のことを古代ギリシア語で、「ヒュポクリテース（ὑποκριτής）」と言う。英語の“hypocrite（偽善者）”の語源である。演技する人々を、価値評価のこもる「偽善者」という言葉で呼ぶことは、特定の道徳的原理ないし道徳的形而上学を前提することである。すなわち、人間はいついかなる場面でも、普遍的な価値を目指す一個の統合された意志として、言い換えれば、真の自己（the true self）、不可分の個人（an individual）として、生きるべき存在である、という考え方を前提することである。この考え方は、採用することも採用しないことも可能な、選択的な原則である。[22]本書では、選択可能な原則以前の、より基本的な局面に立ち返るため、演技する人々を「偽善者」として語るやり方をとらないことにする。

軍国指導者たちは既成事実や既定の方針に合わせて行動したが、私たちの解釈によれば、彼らはみずからの意に反してそれに屈服したわけではなかった。彼らは戦争を是とする設定を信じるふりをし（pretend to believe）、信じることにしている（make-believe）だけだった。それは、泥団子がおむすびだという設定に合わせてままごと遊びに打ち興じる子供たちが、本当に泥団子をおむすびだと信じている（believe）わけではないのと同じであった。ごっこ遊びを自己欺瞞と呼ぶことは適切ではない。というのも、ごっこ遊びの世界と現実世界とを貫いている不変の自己が、身体としての自己以外に、どういう形で成立するのか明らかではないからである。言い換えれば、欺瞞される当のものの存否が明らかではないのだ。河村の事例から分かるように、正と不正を識別する基準でさえ、人々は棚上げできるのである。[23]

丸山は、「軍国支配者の精神形態」において、不変の一貫した主体という概念を適用できない存在を目の当たりにしながら、人間はそういう存在であってはならないという規範的な姿勢をただちにとって、彼らは「矮小」で

「弱い精神」なのだと批判した。丸山は、そのような存在が一体どういう心的機制と行動様式をもつのか、というようには考えなかったのである。

軍国指導者たちは不変の一貫した主体ではなかったから、主体としての一貫性が強いとか弱いとか言ってもはじまらない。彼らは戦争が終わって責任を追及されると、自分は個人的にはそんなことはしたくなかったんだ、と心の底からうそ偽りなく表明できたのである。こういう人々を相手にして責任を追及したのが戦犯裁判なのだった。法廷での判決が、どのようにしてこういう人々に受け入れられていったのか、次節で作田啓一の研究を見ることにしよう。

4　作田啓一による戦犯心理の分析

「死との和解」の問題設定

作田啓一は、『恥の文化再考』(筑摩書房、1967)に収録された論文「死との和解——戦犯刑歿者の遺文に現われた日本人の責任の論理」(初出 1964)において、戦犯刑歿者の遺文集『世紀の遺書』(巣鴨遺書編纂会編、1953)を詳細に検討し、昭和の戦前に生きた日本人の死生観と責任の論理を探ることを試みた。[24] 作田がそこで基本的な問題として取り上げているのは、戦犯裁判における裁く側のねらいと裁かれる側の罪の自覚とのすれ違いという問題である。

作田によれば、裁く側のねらいの一つは[25]「個人責任と主観責任のうえに立つ近代的な刑法体系を国際社会に適用し、近代の市民的秩序の実在を確認すること」(作田 1967, 174)にあった。[26]「個人責任と主観責任」とは、個人がみずからの意志によってある行為を行なったと考えて、その行為を行なうことを主観的に決意したという点に、責任帰属の基礎を求める考え方である。これと対立する概念は、個人の行為は集団的な決定の一環として起こったと考えて、その行為が客観的にいかなる結果に終わったかという点に、責任帰属の基礎を求める考え方である。これは集団責任と客観責任という組み合わせになる。しかし、「近代市民社会においては、集団ではなく個人だけが、行為の結果よりもむしろ動機が、刑罰に値すると考えられている」（作田 1967, 156）。このゆえに、戦犯裁判のねらいは、個人責任と主観責任の確認として設定されることになった。

ところが、一般に交戦中の軍隊組織のあり方は、市民社会の日常生活とはかけ離れている。市民の日常では、各個人の決定によってほとんどの行為が成立すると見なすことが一応は可能である。だが、交戦中の軍隊では各個人の決定の要素は非常に小さくなると考えられる。さらに、日本軍の場合、河村が明言するとおり、上官の命令は「不可侵の信念に立ちてこそ、皇軍の真価を発揮出来る」（河村 1952, 74）とされたのであるから、おそらく一般の軍隊組織以上に、個人の決意が行為をもたらすという近代市民社会の理念的枠組みからは遠かった。したがって、作田の見るところ「個人責任プラス主観責任を倫理的責任と呼ぶなら、……ＢＣ級戦犯たちもまた（A級の「軍国支配者」がそうであったように）ほとんど倫理的責任を感じていない」（作田 1967, 157）と言わざるをえない。

しかし、個人以外に集団も、また動機以外に他の属性も、責任を問いうる（制裁に値しうる）要因として認めるように責任の概念を広げるならば、命令を受けて行動した受動的な立場のＢＣ級戦犯でさえ、なんらかの責任を感じていたと見ることが可能になる（作田 1967, 157）。ＢＣ級戦犯は平時ならばごく普通の一般市民だったのであって、その意味でＢＣ級戦犯は私たちである（同上）。「裁いた側の近代的な倫理的責任の立場と、ＢＣ級戦犯すなわち私たちの責任の考え方とが、どの点でくい違い、たがいに理解しあえなかったかを明らかにする」（同上）ことが必要な所以である。

死の受容の四類型

戦犯として訴追され死刑判決を受けることは、ほとんどの場合、自分がやりたくてやったことではない行為を理由として生命を奪われるという、きわめて納得しがたい状況に置かれることであった。死刑判決を受けた人々は、死刑に値する罪を自分が個人の自己決定において犯した、と自認することは困難であり、「処罰の正当性を信じて、自分の死をなっとくするという方法」（作田 1967, 158）は取りようがなかった。彼らは、自分の死を納得して受け入れる思想の道筋を自分自身で作り上げなければならなかったのである。

作田は、『世紀の遺書』に収められた刑歿者の遺文を分類し、死刑判決を受け入れるために彼らがとった思想の類型を浮かび上がらせることを試みている。遺文を残した六七四名のうち、死刑をどこまでも拒否するか、死刑についていちじるしく懐疑的であった人々は、六八名にとどまる（作田 1967, 159）。刑死を拒否し続けるのではなく、最終的にはそれを受容した人々が圧倒的に多いのである。言い換えれば、多くの戦犯は「死を位置づけうるなんらかの秩序をみいだして、ついには死と和解した」（作田 1967, 161. 強調は原文）と見なすことができる。

作田は、受刑者がみずからの運命を受け入れ死と和解する論理に四つの類型を見出した。それらは「贖罪死」、「いけにえ死」、「とむらい死」、「自然死」と名付けられている。

「贖罪死」

「贖罪死」は、個人責任を認める表現を遺文に記した人々の、死との和解の論理を言う。例えば、作田は「今日の運命は私の不徳不業（ママ）の致す処である。社会が悪かったのでも上官が悪かったのでも、部下が悪かったのでもない、一切私が悪かったのである。この苦痛は勇敢に受け取りたいと思う。（福原勲、陸軍大尉、巣鴨、1946. 8. 9 歿）」（作田 1967, 161–162）[27]といった言葉を「贖罪死」の例に挙げている。だが、純粋な個人責任を認めるこういった人々はきわめて例外的であった（作田 1967, 162）。

「贖罪死」における贖罪の意識は個人の罪ではなく、集団の罪に関して出現する場合がある。例えば次のような遺文がその典型である。

> 平戦を問わず人間には人道上最高の理想を実現する義務があり、戦時中と雖も万難を排し其の具現に努力すべきである。この観点に於て厳密なる意味に於ける個人の責任を云々するに非ず、仏側の表現せるごとく日本軍の負うべき責任である。其の責任に殉ずるは之本懐なり。（桑畑次男、憲兵少尉、1947. 8. 12、サイゴン、三七歳歿）
> （作田 1967, 162. 強調は作田による）

ここでの贖罪は、日本軍という集団の身代わりとして罪を引き受けるという形で表現されている。個人の罪ではなく集団の罪を、その集団を代表するかたちで自分が引き受け、集団のために身代わりとなって死ぬ、という思想である。作田は、このような思想を表明している一群の遺文から、「いけにえ死」という類型を立てた。

「いけにえ死」

「いけにえ死」は、「集団やそのメンバーの将来のために、自己を犠牲にする」（作田 1967, 167）という死との和解の論理を言う。『世紀の遺書』六七四名のうち、なんらかの形で「いけにえ死」に言及した人は二一一名に及んでいる（作田 1967, 168）。作田の挙げている遺文から、「いけにえ死」の類型を示唆する文言を抽出して示しておく。なお、遺文の引用の傍点は、特に注記がないかぎり、私が付したものである。

> 小なりと雖も吾が捧ぐる身命を以て国家の礎石に幾何かの安泰を得るならば……（大川喜三郎、准尉、1947. 1. 22、シンガポール、四八歳歿）
> （作田 1967, 168）

> 日本人の誰かが行かなければおさまらないのだ。自分の死は自己の責任に依るものにあらず人の身代わりなり

……（兼石績、陸軍大尉、広東、1947. 7. 26、四一歳歿）

（作田 1967, 168. 強調は作田による）

部下の罪を一身に受けて一人の死に何名かの可愛い部下が助かると思えば死も亦楽しく幸福である。（槇田時三、陸軍軍曹、1947. 2. 24、マニラ、三〇歳歿）

（作田 1967, 168）

私と米田が犠牲になれば十八名の者が救われるのです。……（田島盛司、陸軍伍長、1946. 11. 2、ラバウル、三一歳歿）

（作田 1967, 168）

昔から人柱と称して尊い命を抛って洪水の災害を救った犠牲者の話を聞いているが、実際国家再建の礎たらんとして散りゆく我々の気持はその人柱の気持と変りない。（村上博、海軍大尉、1948. 7. 10、バタビヤ、二七歳歿）

（作田 1967, 170）

この「犠牲」「人柱」といった言葉で特徴づけられる類型には、鶴見（1968）も着目しており、次のような遺文を挙げている。最初の引用文は、作田からの二つ目の引用文と同一人物の手になるものの別の箇所である。

私は無実の罪で死刑になるのは誠に残念である。然し敗戦日本が無条件降伏後に於て日本の国体と国土を護り日本民族の滅亡を止めるためには血の代償は是非必要なるを肝に銘じ、国家の犠牲となる私の心中を親も兄弟も妻子も知って戴き度い。（兼石績、陸軍大尉、1947. 7. 26、広東、四一歳歿[28]）

（鶴見 1968, 24）

今日茲に国敗れて罪なき小生が執行を受ける事となったのもまた皇国再建のため人柱と思う次第です。（下田治郎、憲兵軍曹、1947. 6. 17、上海、二九歳歿）

（鶴見 1968, 24）

……私は日本軍人として一下士官であり何百万の軍人の上元帥大将等からみればゴミのような微々たる存在で

す。……それなのに敗戦の結果、選ばれたように戦争犯罪人という大役に当たってしまったのです。……思えば重い責任です。私のこの心身はその贖罪と世界平和の為に散っていくのです。私のこの五尺の肉体は平和の捨石となるのです。この捨石がなければ平和な日本はない。世界平和が達成されますならば犠牲になって勇んで逝きます。（片岡正雄、陸軍曹長、1949. 2. 12、巣鴨、四〇歳歿）　（鶴見 1968, 24）

「いけにえ死」の背景にある論理は、作田の解釈では、古代的な論理である。「古い社会において内部の諸氏族が相互に独立して自足的な生活を営み、一つの社会としての統一性を十分にもたなかったころ、他の氏族のメンバーによって被害を受けた氏族は、加害者のいる氏族の中から、誰かを犠牲として要求した」（作田 1967, 169）。上の引用からもうかがわれるように、戦犯受刑者たちの考えでは、自分が死なねばならないのは、日本および日本軍という集団が連合国の兵士や住民、また植民地住民に対して行なった行為のゆえであって、自分が個人として行なった行為のゆえではない。彼らは、「遠い昔に行なわれた氏族間の取引の意味」（作田 1967, 170）と同じ意味において、日本人というメンバーシップによって自分が選ばれると理解した。だから、「犠牲者として集団を代表する者は、将校、下士官、兵のどれでもよく、「無実の罪」でありながら、敵の側に引き渡されてもやむをえない」（同上）と考えることができたのである。「このような古制的（アルカイック）な社会の論理が昭和の日本人の心にまだ生き残っていたということは、注目してよい事実である」（同上）。

すでに見たように、河村も、「犠牲」あるいは「特攻隊」といった文言を遺文のなかで用いており、「中日両国民が旧来の恩讐を越え」（河村 1952, 176）る日が来ることを切望する旨の述懐もあった。河村の心理と行為を「いけにえ死」の類型から解釈し直すことが第4章の課題となる。

「とむらい死」

以上のように、贖罪の概念が個人ではなく集団的な罪の概念と結びつくと、「いけにえ死」の類型が現れる。だが、集団的な贖罪の概念は、死んでいった人たちに寄り添うことを通じて「とむらい死」という類型にも展開する。これは、自分を含む日本軍の行動の結果、多くの人々が死ななければならなかった事実があり、この多数の死という事実を考えるならば、「彼らをとむらってあとに従うのはやむをえないという死の受容の論理」（作田 1967, 163）である。作田は次のような遺文を挙げている。

……上司の命令により俘虜の患者の診断区分を日本軍と同様に実施し……たのが非人道的行為として……罪を問われ、死刑の判決を受けた理由です。……誰かが甘受せねばならぬ運命を私が背負って行くわけです。死亡せる多数の俘虜の事、その家族の事を想うと諦めもつきます。……（信沢寿、陸軍軍医中尉、1947. 2. 25、シンガポール、四一歳歿）

（作田 1967, 163. 強調は作田による）

死刑に処せられるについて何人も怨むところはありません。ただ皆様に是非肝に銘じていただきたいのは、昭和十九年の三月より終戦までの間にジャワの抑留者の約一割という五千名が死亡しています。そうして彼らの死亡原因はほとんど九九％までは栄養失調であったということです。戦争は早くすんでよかった。もしあれが一ヶ月も遅れていれば、まだまだ犠牲者が出ていたことでしょう。このことを考えれば、私一人死んでいく位あたり前です。（近藤周一、1947. 3. 31、バタビヤ歿）[29]

（作田 1967, 164）

これらは、俘虜、抑留者など、日本人以外の死者に殉ずるという論理によって死の意味を見出した遺文である。もちろん、戦死した部下や戦友に殉ずる論理も表明される。

何一つ軍人として思い残す事は有りません。部下も良く働いて呉れました。戦死した部下と共に南国の地に静

かに祖国の繁栄を祈りつつ眠りに就こうと思います。（湯村文男、海軍大尉、1948. 10. 15、メナド、三〇歳歿）

（作田 1967, 165）

力竭きて花吹雪の如く散り行く若き将兵を眺める時……当時小生の心中堅く誓いし処は必ず之等若き将兵と運命を共にし南海の土となるべく縦令凱陣の場合と雖も渝らじと決心致候。（安達二十三、陸軍中将、1947. 9. 10、ラバウル、五七歳自決）

（作田 1967, 165）

この「とむらい死」の論理を選び取った人々は、「死者との連帯」（作田 1967, 164）に自分の生の最終的な意味づけを見出した。これと対比すると、「いけにえ死」は、すでに見たように世界平和や国家、あるいは自分の身近な人々のために犠牲としての死を受け入れるという形で、生者の側に連帯しようとしている。だが、いずれも何らかの集団への帰属が自分の生の意味を与えるという形式を取っていることに変わりはない。[30]

「自然死」

作田が見出す死の受容の四つ目の形は、「自然死」という類型である。これは、戦争犯罪によって死刑に処せられるという特殊事情をすべて切り捨てて、「人間いつかは死ぬのだから、どういう死に方をしてもたいした違いはないという思想」（作田 1967, 171）によって死を受け入れる考え方である。作田によれば、これは「いけにえ死」型に次いで数多く見出される類型であるとのことだが、「土くれに帰ってゆく人間のむなしさを見透した仏教的な罪業の意識」（作田 1967, 172）を見せる側面もあるとされている。連合国が戦犯裁判のねらいとした罪の意識とはまったく異なるタイプの贖罪の概念がここに現れている。

……総ては神の思召である。父も又未だ働き得るかと意気込んで居た。然し父にはもう与えられた用事は終ったらしい。人生終止符の形式を御前達は不快に思うかもしれないけれども、そんな事はどうでも良い。（青井真光、陸軍中尉、1946. 12. 3、済南、四五歳歿）

（作田 1967, 172）

何人をも怨むことなく何人をも非難する必要はない。人間は結局微弱たるものだ。……何百年かの後に同じ様に一塊の石ころとなる吾々が些細なる一時々々に心を索している姿は、天体の一隅から眺めた時嘸かし可笑しいことだろう。……（上杉敬明、海軍大尉、1948. 4. 5、ポンチャナック、二九歳歿）

（作田 1967, 172）

四類型の相互関係

以上の四つの類型を全体として見ると、まず、当然ながら一人が複数の類型にまたがるかたちで遺文を記している場合がある。四類型は、相互に排反ではない。しかし、作田の主張するところでは、「贖罪死」「とむらい死」「いけにえ死」「自然死」という「この四つによって死を受け容れた人々の論理が、ほぼ完全におおわれる」（作田 1967, 172）とのことである。つまり、四類型は相互に排反ではないが、遺文の死の受容の形の（ほぼ）全可能性を尽くしている、というのが作田の主張である[31]。

次に、四つの類型を相互に関係づけておく。連合国が戦犯裁判のねらいとしたのは、個人責任と主観責任にもとづく近代的な罪の意識における「贖罪死」であった。この「贖罪死」の対極に位置するのが「いけにえ死」である。「いけにえ死」は、日本軍の一員として集団責任を引き受けつつ、多くの死者を出したという結果に対して客観責任を負う、という考え方だからである（作田 1967, 177）。

「いけにえ死」の客観責任の要素、すなわち、まさに自分（たち）の行為こそが多数の死者を生んだという要素が捨象され、集団責任の要素のみが強く意識されると、みずからの行為とは別個に、何らかの集団への一体化によってみずからの死を受け容れるという形が残る。死んだ部下や戦友を追って死ぬ、あるいは死んでいった多数の俘虜や現地住民を追ってひとりの人間として死ぬ、[32] という「とむらい死」の類型がここに浮かび上がる（作田 1967, 180)。

逆に「いけにえ死」の集団責任の要素、すなわち日本軍の一員として振る舞ったという集団的な行為の要素が捨象され、多数の死者が出たという客観的な結果に対する責任のみが強く意識されると、みずからの立場とは無関係に、不幸な結果をもたらしたという秩序の攪乱の責任だけが残る。そして、自分がこの世に生まれて活動してきたこと自体が自然秩序の一つの攪乱であるという自然宗教的な古い秩序感覚において、[33] すべてのものは生きてきたかぎりで「その攪乱の責を負って死んでゆ」くという「自然死」の類型が浮かび上がる（作田 1967, 178-179)。

こうして、戦犯受刑者がみずからの死を受け容れていった思想の道筋を大きく見れば、「贖罪死」を一方の極とし、「いけにえ死」をもう一方の極としつつ、「いけにえ死」の亜型として「とむらい死」と「自然死」がある、という構図が得られる。要するに、集団抗争が終結した後にみずからが血の代償としていけにえとなる、という古代的な思念こそ、日本人戦犯にとってはみずからの死の最も受け容れやすい意味づけだった、ということである。この視点から、河村をはじめとする日本人戦犯の死の受容の背景を見直し、ひいては権力の下での人間の行為のあり方を探ってみることにする。

第3章　犠牲の宗教人類学

日本人戦犯の多くは、強大な権力の下に置かれ、みずからの死を受け容れねばならなくなったとき、「自分はみずからの意思決定の結果ここに至ったのだ」と考えはしなかった。彼らは、しばしば「自分はいけにえにされるのだ」と感じ、そう思って死んだ。BC級戦犯は私たちであると言えるのなら、いけにえという概念を理解することは、私たちが権力の作用を身に受けるときの一つのあり方を理解することである。

作田啓一も指摘するように、「いけにえ死」の背景にあるのは、近代以前の思考様式である。だが「犠牲になる」「犠牲にする」「犠牲者」といった言い回しは、現代でも普通に使うことができる。「いけにえ」や「犠牲」という概念が、現代人のなかに生きていることは明らかである。また、英語の"sacrifice"は、「犠牲」または「犠牲にする」と翻訳して大きな意味のずれを生じない。「犠牲／sacrifice」は、古代と近代、西洋と非西洋をまたいで、個体の生と死にかかわるある類型を表している。それを分析することによって、私たちは「西欧的精神と日本的道徳との対決」という構図の奥にある人類文化の共通性を透視することができるだろう。

日本語の「犠牲」や英語の"sacrifice"の使用例の分析は、後で行なうことにする。以下では、犠牲という概念について、私たちが現在抱いている直観的理解の背景を確かめるために、犠牲にかかわる人類学の報告や理論を一瞥する。犠牲を捧げるという行為類型には古い起源がある。人類学の知見を参照することによって、犠牲について広い視野を得ることができる。

1　動物殺しと犠牲儀礼

「いけにえ」「犠牲」“sacrifice”

和語の「いけにえ」は、もとは生けるにへ、すなわち、生きている食べもののことであり、神々に差し上げるための生きた動物のことを言った。

> にへは、神及び神に近い人の喰ふ、調理した喰べ物である。いけは活け飼ひする意である。何時でも、神の贄に供へる事の出来る様に飼うて居る動物を言ふ。（折口 1975, 298）

漢字の「犠」も「牲」も、神々に捧げるための動物を表す。他方、英仏語の“sacrifice”の語源のラテン語“sacrificium”は、“sacer : holy（聖なる）”と“facere : to make（行なう、作る）”から構成されている。これは、文字どおりには「聖なるものの領域で神々に向けて行なわれる行ない一般」（Robertson Smith 1886, 132）を言うが、特に「何ものかを聖なるものとする過程」（Carter 2003, 3）を意味する。またドイツ語の“Opfer（犠牲、捧げ物）”の語源とされるラテン語“offerre”[一]は、“to offer（与える、贈る）”の意である（Henninger 1987, 544）。

「いけにえ」と「犠牲」は、主に神々に向けて捧げられるべきものを言う。これに対し、“sacrifice”は、主に神々に向けて何かを捧げる活動の方を言い、捧げられるものの方は“victim（いけにえ、犠牲者）”と言う。このように多少の違いはあるが、「いけにえ」「犠牲」“sacrifice”に重なる部分があるのは明らかである。これらは、動物を殺して神々に捧げる行為にかかわっている。以下、この行為の基本的特徴を見ておく。

動物殺しと心理的抵抗

動物を殺すことは、私たちにとって、気楽に実行できることではない。肉食は一般に好まれるが、現代の都市住民がウシ、ブタ、ニワトリなどを自分で殺して解体し、食肉として利用することはまずない。動物を殺すことは、多くの人にとって進んでやりたくはないことの一つである。これは、私たち現代人が動物と接触する機会を失ったからではない。狩猟民にとっても動物を殺すことは気楽な仕事ではない。狩猟は、いつも成功するとはかぎらないという意味で実務的に困難なだけでなく、心理的に一定の抵抗があるという意味で困難な仕事なのである。狩猟民は動物との親密な関係のなかで生きている。狩猟者は、周辺の森や山にいる動物たちを、ほとんど個別に識別していたりすることもある。(2) 種々の民族誌によれば、森の動物を殺すことは、彼らにとって、その殺害の責任を負わされないよう十分注意せねばならない危険な業務である。民族誌の報告をいくつか引いておこう。

シベリアの狩猟民に関する民族誌によれば、

> シベリア諸族のような狩猟民族のもとでは、人は動物ときわめて親密に結ばれていると感じる。……狩人は動物を少なくとも自分の同類であると見なしている。（ロット-ファルク 1980, 14）

人間と動物が基本的には同じ魂をもっていて、相互に交換可能な存在であると感じる心性は、アニミズム（animism）と呼ばれる。これは、もとよりシベリア諸族にかぎられてはおらず、狩猟採集民一般に広く見られる（Cummings 2013, Ch. 4）。植物や鉱物が一種の霊的な存在と見られる場合もある。こういったアニミズムの心性を前提すると、動物を殺すことは、仲間殺しの意味をもつことになる。

動物の殺害は、人を殺すことにくらべて、より深刻なものでないとは言えないし、またそれに劣らず危険が伴う。殺した動物の魂や、その仲間や、その守護霊らのうらみから身を避けるために、動物の殺害にあたっては、

> それにいわば合法的なかたちを整えておく必要がある。
> （ロット－ファルク 1980, 141–142）

動物を殺すことが報復を招く危険な行為であるという感じ方は、アニミズムの帰結として、狩猟採集民に広く見られる（Cummings 2013, 77）。例えば、シベリアからは遠く離れたインドネシア島嶼部のファアウル族（the Huaulu）に関して、V・ヴァレーリによる次のような報告がある。

> 動物たちはそれ自身の権利において仲間であり行為主体なのである。より遠い〔象徴的な〕儀式目的であれたんなる食事目的であれ、動物たちを利用するに先だって、動物たちまたは彼らの代表者との同意形成が模索されねばならない。
> （Valeri 1994, 120）

動物たちがそれ自身の権利をもつ行為主体なのだとすれば、彼らを殺して利用するときには、何らかの許可が必要になる。許可は、禁止と対をなす概念である。ファアウル族では、イノシシ、シカ、ヒクイドリの三種の動物を狩猟で獲った当人は、自分の獲った動物を食べることが許されない。

> それは罪の意識とは結びついてはいない。むしろ仕返しの恐怖と結びついていると思われる。この恐怖は、動物殺しが危険な〝神聖冒瀆〟であるということの最も明確な表示である。というのも、殺すことは、端的に、殺された者からの仕返し、あるいは代わりの者からの仕返しを招くからである。
> （Valeri 1994, 121）

相手からの仕返しを避けるため、狩猟者自身は自分の獲物を食べてはならない。この禁止は、裏返せば、それ以外の者は食べることが許されるということである（Valeri 1994, 121）。こうして仕返しを回避しつつ、動物を殺して利用することが可能になる。動物からの復讐を恐れる同様の心理は、メキシコの先住民のウイチョル族（the Huichol）にも見出される。

殺された動物の霊や魂をなだめることは、狩猟に先行する諸々の儀式と同じく本質的である。タブーのどんな違反や侵犯でも、それは、動物の肉体を奪った狩人と彼の血縁者に向けて、その動物の魂が復讐するよう仕向けることになりやすい。

（Furst 1973/74, 45–46）

ウイチョル族は、儀礼的な狩猟によってシカを殺し、シャーマンがシカの再生を祈念する丁重な儀式を執り行なうことが報告されている（Furst 1973/74, 46）。

以上のように、動物殺しが狩猟者にとって動物からの報復を招きうる危険な業務であるという認識は、シベリア一帯、インドネシア島嶼部、中央アメリカという相互に隔たった地域に見出される。現代人の心理とこれらの民族誌報告から推測すれば、動物殺しを避けたいと感じる傾向は、人間一般に備わると見なしてよさそうである。にもかかわらず人間が動物を殺すのは、動物の肉や皮を利用するためである。人類は、動物殺しが災厄を招くと感じているのに、動物を利用するためには殺さなければならない、という板挟みの状態に置かれている。

肉食を好むのに動物殺しを嫌う傾向があるというのは、いくらか奇妙である。肉を食べたい欲求があるのなら、イヌ、ネコなどの食肉目や、ヒトと近縁のチンパンジーのように、動物殺しを厭わない傾向をもつようになる方が自然だろう。チンパンジーは、同種の他の個体の心的状態を洞察する力はかなり備えている。だが、狩りの獲物への同情や共感は示さない。チンパンジーの観察報告には、獲物がまだ生きて悲鳴をあげているうちから手足をもいだりする行動が記録されている（グドール 1990, 296–297；ドゥ・ヴァール 1998, 148）。肉食のためには、動物殺しに痛痒を感じない方が好都合なはずである。しかし、動物の霊や守護神が狩人に報復するという話は、動物殺しを後ろめたく感じる心性がなければ生み出されなかっただろう。人類学者のマット・カートミルは、次のように指摘している。

狩猟と殺しへの欲望が人間の本能なら、それは奇妙にも限られている。ほんの一二％のアメリカ人が狩猟をし、その数は毎年減少している。……もし、動物を殺すことが食べること、飲むこと、そしてセックスのように本能的に快い活動ならば、……われわれの多くが、屠殺工場で食肉牛の喉元を切り裂く職業に就きたいと思うだろう。

（カートミル 1995, 356）

結局のところ、「人間が本質的に血生臭いことを好むと考える根拠はまるでない」（同上）という方がやはり正しいようなのである。

考古学が教えるところでは、進化の長い過程を、ヒトは「屍肉あさり（scavengers）」として過ごしてきた。他の動物が殺した獲物の残りか、あるいは自然死した動物の遺骸から、肉をこそげ取って食べていたのである。みずから動物殺しにたずさわるようになったのは、かなり最近のことらしい。「組織的な狩猟は、〔かつて主張されたように〕二〇〇万年以上前からあったどころか、六万年程前に現生人類が出現する以前には、初期のヒト科によって行なわれていなかった、と論ずることさえ可能だろう」（Binford 1992, 366）。カートミルが示唆するように、おそらく、人間には自分と同類の生き物を進んで殺したくはないという心性がある。それと同時に、肉食を好む傾向も備えている。屍肉あさりをしていた時代には、それでも問題は生じなかった。しかし、組織的な狩猟をはじめとして生活様式に一連の劇的な変化が起きて、つまり進化的にはごく最近になって、みずからの意に反して動物を殺す、という行為類型が姿を現した。それゆえ現生人類は、禁忌を設けたり儀式を行なったりして、自分のうちにある後ろめたさを打ち消す必要が生じた。おそらく、これが動物殺しをめぐる人間の状況であると思われる。

犠牲の原型

動物殺しが報復を招き寄せるのを回避する仕組みには、いくつかの類型が見られる。動物をだましうちにしないとか（ロット－ファルク 1980, 142）、不正と見なされない武器を用いる（ロット－ファルク 1980, 146）といった狩りの規則がある。また、クマに向けて一斉に矢を射て「全員に罪があり、ひとりひとりには罪がない」（ロット-ファルク 1980, 145）という状態を作り出すやり方もある。

シベリア全域に広く見られるのは、動物を殺す前に言い訳をする習俗である。[3] 言い訳をするのは、「動物に腹を立てさせたままで殺してはならず、必ず納得し、《和解した上で》死んでもらわねばならないから」（同上）である。例えば、クマのいる洞穴を取り囲んで歌いかける。「《熊じいさんよ、わしらの祖母、お前の姉のダントラは、おまえに言ったよ、命じたよ、わしらを怖がらせるな、殺すなと》」（同上）。こうして、「殺すという行為は、宿命とか諸霊とかによって強いられた、避け得ないものとして説明される」（同上）のである。

動物殺しを、人間や動物の上位に位置する者によって許可されたものだと語るのは、シベリア諸族にかぎらない。フアウル族も、「動物たちは、人間をも動物をも凌駕する上位の力からの要請や命令によって殺されることがありうるだけ」（Valeri 1994, 120）であると見なしている。これらの上位の力とは、森の主である神々や、あるいは先祖の霊などである。またウイチョル族では、動物に対する何らかの禁忌の侵犯は、「超自然的な〝主〟ないし〝母〟の指図によりその種類の動物全体が環境から退去することを引き起こすかもしれない」（Furst 1973/74, 45–46）と考えられている。それゆえ、儀礼的狩猟の獲物であるシカを前にして、「人々は、人間界の兄弟姉妹のためにそのシカが死んだのであり、シャーマンの魔法によってその鹿が骨からすぐに再生するはずだ、と説明する」（同上）のである。

こうした行為の眼目は、動物たちとその背後に存在する守護者に礼を尽くし赦しを乞うことである。フアウル族の場合、野生動物は聖性を帯びていると考えられており、それを殺せば神秘的な力によって仕返しを受けざるをえない。神秘的な力は、「森の主たち（*kaitahupuem*, the lords of the forest）」と呼ばれる。森の主たちを宥めるための「主要な方法は、動物の聖性（すなわち、それに触れてはならないという特質）を、換喩的に保存することである。これは、動物の頭部という主要部位を神秘的な諸力に〝捧げること〟を通じて行なわれる」（Valeri 1994, 116–117）。

頭部が人間の利用を禁じられた部位として別置される。すると、動物の不可侵性は、頭部のみに局在する形で（すなわち、換喩的に）維持される。こうして一部を上位者に捧げることによって、今度は逆に、残余の部分を人間が利用することが可能になる。森の主たちへの捧げ物の儀礼は、「〝犠牲〟という言葉をどう定義するにせよ、犠牲的なもの」（Valeri 1994, 116）と言ってよい。そこには、何かを差し出すことを通じて別の何かを得る、という仕組みが作動している。ウイチョル族のシカの儀礼も、動物を儀礼的に殺すことが聖なるものへの捧げ物となり、その儀礼を通じてシカの再生が実現される、というあり方を示唆している（Furst 1973/73, 45-46）。

自己犠牲の原型

殺される動物を前にした言い訳や説明は、神々や守護霊への言及だけでなく、地上の現実への言及をしばしば含む。言い訳の目的は、狩人が仕返しを受けないように殺害の責任を免れることにある。だから、たまたま動物と遭遇してしまっただけで、動物を進んで殺したいわけではないのだ、といった言い訳が用いられる。

イエニセイ沿岸のツングースは、こういうわけで、道に迷っているところを、偶然に熊に出会ったとでもいったようなふりをする。（ロット－ファルク 1980, 142-143）

あるいは、動物が進んで狩人の前に出て来たのであれば、狩人の責任は問われない。つまり、「動物のほうから自分の意志で人間の前にやってきて、その致命的な一撃を受けんものと願っている」（ロット－ファルク 1980, 143）ということにすれば、仕返しはありえない。

熊を前にして、サモエドは驚きをみせる。……かれはさらに、……やってきた動機をたずね、最後にこう締めくくる。《熊どのよ、御身は私のところへやって来られ、私に殺されるのを望んでおられる……さあ、いらっしゃい。御身の死の支度はできています。しかし、私がそう望んだのではありませんぞ》。

（ロット－ファルク 1980, 143）

このように、クマの方から狩人の前に出て来たのであり、人間の方は殺すことをみずから望んでいたのではない、という状況が語られる。

さらには人間が動物殺しを否認することもある。偶然出会ったのでも、クマの方が望んだから狩人が殺したのでもなく、そもそもクマがみずから死んだのだ、ということにするわけである。

動物にその死が偶然のものだと思わせようとする……狩人自身はその死に無関係だというふうに。それどころか、狩人はその死を嘆き悲しみさえする。《おじいさん、おばあさん、どうして死んでしまったんだい》と、アルタイ諸族は、自分たちが殺した熊の死骸を前に、涙を流して悲しむ。

（ロット－ファルク 1980, 161）

フィン族の『カレワラ』では、主人公のワイナミョイネンは、クマを獲った後に次のように語る。

私の熊よ、可愛いものよ、
蜜の足よ、美しいものよ！
理由もないのに怒るでない！
わしはお前を倒さなかった。
お前自ら軛より滑り、
松の背中から踏み外した。
お前の木のズボンを貫いて、
松の外衣を引き裂いた。

秋の天気は滑りやすく、
曇りの日は暗いものだ。

（リョンロット 2008, 下 310）

クマは、ワイナミョイネンが倒したのではなく、暗くて滑りやすい秋の森で、松から転がり落ち、松の木に貫かれて死んだのだ。狩猟民は、こうした言い訳の物語を語ることで、自分たちの周りに虚構の世界を作り上げる。

人間が犯人になることはけっしてない。人間は、自分の責任の重さを背負い込むことを拒み、こすからい詭弁を弄して身の潔白を証明しようとする。こうして、おそらく、或る程度自分を欺きおおせるだろう。

（ロット－ファルク 1980, 163）

ファウル族の場合も、動物みずからが狩人の前に出て来たのだという設定が、念入りに構成される。「狩人の魔術や、狩人と同盟する神秘的な諸力によって欺かれると、動物はみずからを引き渡すように説得され（例えば、狩人が動物から逃げようと思っているときに狩人の前に走り出て）、死に至らしめられる」（Valeri 1994, 119）と考えられている。この場合の神秘的な力は、ときには動物自身である。その種を代表するような動物が「夢の中に出て来て、みずからの種に属する動物たちの何体かを、いくつかの条件の下で引き渡す契約を提案する」（同上）のである。動物を獲りすぎないようにするとか、伝統的な禁忌を守るといった条件の下、狩人は動物自身との取り決めによって、仕返しを受ける心配なく、安全に狩りを行なうことができるようになる。クマがみずから死んだのだと語るシベリア諸族でも、事情は同じである。

動物の殺害は、したがって、みずから望んで殺されることをもとめて来た、殺される動物の側の自己犠牲（auto-sacrifice）として、説明される。そして、そのことで動物に感謝するのである。

（ロット－ファルク 1980, 143）

動物の自己犠牲はアフリカの民族誌にも見出される。リュック・ド・ウーシュの報告によれば、小センザンコウはレレ族にとって特別の意味を帯びた動物である。魚のようにうろこに覆われながら、四つ足であり、鳥のように木に住む。そして、人間と同じように子を一度に一匹しか産まない。「それは、水と地と天の生物の特性を併せ持ち、さらに、子を一匹しか産まないことにより、度を越して多産な世界での節度ある人間の生殖を象徴的に表している」（ド・ウーシュ 1998, 39）。小センザンコウは「動物界において人間を隠喩的に代表する」（ド・ウーシュ 1998, 40）のであり、「恥を感じる唯一の動物」（同上）であり、「もしそれが狩人に捕らえられるならば、それ自身がそうされることを望んでいるからにほかならない。それはみずからの意志で自分を差し出すのだと考えられている」（同上）。小センザンコウを殺して食べる行為は、「供犠（sacrifice）として解釈」（同上）されることになるが、「この特殊な供犠の、自らの意志で犠牲となるものは自然の精霊たちの代表」（ド・ウーシュ 1998, 50）なのである。

人間に向けてみずからを差し出す動物は、このようにして人間や動物の上位に位置する神秘的な力と結びつけられる。『カレワラ』でも、ワイナミョイネンが責任逃れの弁明を展開する直前に、「感謝します、神よ、／誉め称えよう、創造主ひとり、／熊を分け前に下さったから、／森の黄金を獲物として！」（リョンロット 2008, 下 310）という感謝の祈りが述べられている。

神々や精霊の庇護の下にある者たちが、みずから進んで殺されるために身を差し出すという構図は、ギリシア都市国家の確立された犠牲儀式のなかにも現れている。

犠牲獣が連れてこられるが……慣わしとして、その獣は従順に、いやそれどころか自らの意志で、行列について来ることが期待される。伝説中では、獣たちが自分から犠牲になってくれるその有様が好んで描かれている。というのはここで成就されるのは、或る、より高きものの意志なのだから。（ブルケルト 2008, 11）

これは、ギリシア人の犠牲儀式の通例について、ホメーロスとギリシア悲劇の記載から一般的特徴を抽出した説明の一部である。ここでは「獣たちが自分から犠牲になってくれる」ことが、「より高きものの意志」であるとされている。この説明の典拠の一つは、アイスキュロス『アガメムノーン』の「神の手で引かれいく牛のように」(1297) という詩句である。[4] 犠牲に供されるために、祭壇に向かう犠牲獣は、神の手によって連れられ、人の手で殺される。動物の殺害は、上位者の意志と殺される動物自身の意志が重なり合う極点で、人間によって執行される。

> 最初の共同の行為は、これから起こる出来事の「始まり」として、両手を洗い清めることだった。獣にもまた水が振りかけられた。「ぶるぶるっと首を揺するんじゃ」とアリストファネスの登場人物、トリュガイオスは獣に呼びかけている。人は獣のこの動きを、「自分から頷いてくれた」、犠牲の奉献に同意してくれたしるしだと信じ込もうとした。牡牛の場合は、ここでもう一度水を飲ませる。——するとまた首を垂れてくれるというわけである。
>
> (ブルケルト 2008, 12)

人々は、首を揺すったり首を垂れたりする牡牛の動作を、牡牛みずからが犠牲として殺されることに同意して頷いたのだと解釈する。こうして、神の導きと犠牲獣の意志が儀式のなかで明らかになることによって、人間が殺害の責任のすべてを引き受けずに済む仕掛けが作り出される。

論点の整理

私たちの現時点での課題は、一つは、戦犯裁判に現れた「西欧的精神と日本的道徳の対決」の実像を正確にとらえることである。もう一つは、対決している両者に共通する深層の心理と論理を取り出すことである。作田の分析によって、対決の実像の手がかりとして「いけにえ」「犠牲」という概念が抽出された。狩猟採集民の民族誌に沿って犠牲の起源を素描したのは、犠牲の核心にある動物殺しという行為に関して、人類全体に共通すると思われる心理と論理を取り出すためである。

世界各地の農耕牧畜民に、動物を殺して神々に捧げたり、初穂を奉納したりする儀式が広く見出される。エジプト、メソポタミア、インド、中国、ギリシア、ローマなどの古代文明にも発達した犠牲儀礼を中核とする宗教があったことが知られている（Henninger 1987）。しかし、ヨーロッパと東アジアは、農耕開始時点において、すでに別の農作物と別の生活様式をもつ別の集団であり、農耕様式の伝播のそれぞれ別の系統に属している（ベルウッド 2008）。西欧的精神と日本的道徳の共通の基盤を探るためには、農耕開始以前の心性と習俗にまで遡ることが望ましい。狩猟採集民の民族誌を参照したのは、そのためである。現代の狩猟採集民の民族誌を農耕開始以前の心性の推定のために利用することには注意が必要だが[5]、この利用は現代考古学において許容される方法の一つと見なされていることも確かである（Cummings 2013）。

犠牲に関する人類学の知見を通じて見出されたことは、以下のとおりである。

(a)人間は、動物を殺すことを避けようとする。

(b)人間は、動物を殺すと、その動物の霊、動物の仲間たち、動物の守護霊、森の主、神々といった存在から復讐されるかもしれないと考える。

(c)人間は、動物を殺しても咎めを受けないで済むような設定を作り出す。

(d)人間は、動物の主や神々といった上位者が、一定の動物を殺すことを許したという状況を設定して、動物の死が上位者の意志によるという枠組みを作り出すことがある。

(e)人間は、殺される動物自身が、みずからの死に同意するという状況を設定して、動物が死をみずから望むという枠組みを作り出すことがある。

(a)の傾向の背後には、アニミズムの心性がある。(b)の懸念の背後には、人間社会に一般的に見られる互酬的ないし応報的な構造（reciprocity）がある。(c)の工夫の背後には、動物を殺して利用することが生存上有利な選択であるのにもかかわらず、動物を殺すことに罪悪感をもってしまう、という心理的な板挟みの状況がある。(d)と(e)は、(c)の工夫の実例に当たる。いずれも、一定の物語的な枠組みを作り、その枠組みの内側では動物殺しが咎められないで済む、という帰結をもたらすものである。(d)は犠牲という概念の原型であり、(e)は自己犠牲の概念の原型である。

次に、このような背景をもつ犠牲という行為類型について、人類学者がどのような説明理論を構成したのか概観する。

犠牲の理論について

犠牲の定義や社会的機能、表象性といった問題は、宗教人類学の中心的な研究対象の一つである。ヴァレーリは、犠牲の諸理論を四つの定式に沿って概括している。

ほとんどの犠牲理論は、以下のような定式のうちの一つか、またはこのうちのいくつかの組み合わせにもとづいている。

1　犠牲は、神々への贈り物（a gift）であり、神々と人間との取引の過程の一部である。
2　犠牲は、食事を通じて成立する人間と神との共感体験（a communion）である。
3　犠牲は、効果的な再現表象（an efficacious representation）である。
4　犠牲は、カタルシス（a cathartic act）である。

（Valeri 1985, 62–70）

犠牲を贈り物と見る説は一九世紀後半にエドワード・タイラーが提起した。共感体験と見る説は同じく一九世紀後半にウィリアム・ロバートソン・スミスが提起した。効果的再現表象と見る説は一九二〇年代にアルフレッド・ロワジィとアーサー・ホカートがそれぞれ独立に唱えた。一種のカタルシスと見る説は一九七〇年代に入ってルネ・ジラールが精力的に主張した。

以下では、タイラーの贈り物説とロバートソン・スミスの共感体験説を見た後に、アンリ・ユベールとマルセル・モースの犠牲理論（Mauss 1968）を、やや立ち入って考察する。ユベールとモースの理論は、贈り物説と共感体験説を包摂している。彼らの理論は、供物の奉納や神人共食だけに目を向けた贈り物説や共感体験説の短所を、儀式全体の経過を考察することによって乗り越え、犠牲概念の人類学的理解に画期的な進展をもたらした。儀式全体の意味を捉えようとしたという点で、ヴァレーリはこれを再現表象説の先駆とも見なしている（Valeri 1985, 67）。

なお、ジラールのカタルシス説は、無差別の暴力から社会秩序が生成する過程についての思弁的考察である。これは、多少とも実証的な他の説とは議論の立て方がかなり異なる。ジラールによれば、社会秩序の生成過程とは、無差別の暴力が蔓延して危機に陥った集団が、危機の責めを負うべき一人のスケープゴートを選び出し、全員が満場一致で暴力を振るってこれを殺し、このスケープゴート殺しを最後の暴力として聖化することによって、それまでの暴力状態を克服していく、という過程なのである。この過程の典型的表現は、例えばオイディプス王の伝承であると言う（ジラール 1982）。私たちの当面の関心は、暴力と聖なるものの思弁的考察ではなく、犠牲という概念の分析にある。ジラール説は考察対象から外してよいであろう。

2　タイラーの犠牲論

アニミズム

先に、「アニミズム」という語で狩猟採集民と動物との関係を特徴づけた。この言葉を人類学に導入したのはタイラーである。この言葉自体は、フロギストン説を唱えた初期の化学者ゲオルグ・シュタール（1659–1734）がすでに使用していた。「アニミズム」は、物質の作用原理を魂的な働きに置き、機械論的な過程には置かない立場を意味した。タイラーは、シュタールの前例を注記したうえで、自分は「アニミズムという名前で、霊的な存在者にかかわる根の深い教説を探究するつもりである」(Tylor 1970, 12) と述べ、その教説が、「物質のみを認める哲学に対して、霊魂を認める哲学のまさに本質」(同上) を示すものであるとした。

タイラーは、アニミズムが、野蛮段階から文明人に至るまでの宗教哲学の基礎をなしているとする。この議論の前提にある社会進化論的な発想を受け入れる必要はない。また、それへの批判が当面の課題でもない。アニミズムは、社会進化論とは別の概念として扱うことが可能である。その基本的な着想は二つある。一つは、個々の生き物に宿る魂は死後も存在し続けることができる、というもの、もう一つは、諸々の精霊 (spirits) が存在し、そこには強力な力をもつ神々が含まれる、というものである (Tylor 1970, 10)。精霊たちには、物的世界の成り行きや人の現世来世での運命を左右する力がある。また、精霊たちは、人と交渉をもっており、人の振る舞いを喜んだり不快がったりする。こういう考えから、精霊たちを敬ったり、慰めたりする活動が生じてくる (Tylor 1970, 10–11)。

私たちの関心のある点は、タイラーのこのアニミズム理解と動物殺しとの関係である。彼は狩猟採集民の習俗について、次のように述べている。

> 野蛮人たち (savages) は、動物たちが生きていようと死んでいようと、動物たちに向かってきわめて真剣に語りかける。この点は、生きている人や死んだ人に語りかけるのと同様である。狩りをして動物たちを殺すことは苦痛のともなう責務であるから、そのときには動物たちに向けて尊敬を捧げ、赦しを乞うのである。
>
> (Tylor 1970, 51)

このように、タイラーも、アニミズムの心性においては動物が人と同じように遇されることに気づいている。動物殺しは心理的な抵抗をともなうので、動物たちに語りかけ、殺害が赦されるように計らうのである。先に見たとおり、その背後には報復への恐怖がある。タイラーの挙げる例を見ておこう。

> クマが殺されると、インディアンたち〔北米先住民〕はクマに赦しを乞い、さらには平和のパイプをクマに吸わせて彼を殺した者たちを大目に見てくれるよう頼み込む。クマの魂が復讐に来ないようにお願いしながら、パイプをクマの口に押し付け、煙を吹きかけるのである。
>
> （Tylor 1970, 52）

タイラーは、この種の記述を、アフリカ、東南アジア、北方ユーラシア、北アメリカの各地の記録から広く収集して報告している。そして、「人間と野獣とのあいだの、魂にかかわる**絶対的な区別の感覚**は、文明世界では広く行き渡っているが、下位の人種にはほとんど見られない」（Tylor 1970, 53. 強調は引用者）とし、それらの人々のあいだでは「人と同様、野獣や鳥や爬虫類たちに魂が認められる」（同上）と結論づけている。もとより、西洋世界では事情は異なっていて、「生命や認知能力とは区別されるものとしての魂（soul）を、動物たちがもっているかどうか、という問いに対する教育ある人々の見解の傾向は、長年にわたり、否定的で懐疑的な方向にある」（Tylor 1970, 55）と、タイラーは念を押している。

タイラーのアニミズム理解の問題点

アニミズムと動物殺しにかかわる議論について、二つの問題点を指摘できる。それらは相互に関連している。第一の問題点は、タイラーが、西洋世界の魂の概念を、いわゆる未開社会にそのまま適用していることである。「下位の人種」には「人間と野獣とのあいだの、魂にかかわる絶対的な区別の感覚」が見られないと言うとき、西洋世界の区別の感覚が、少しもためらわずに異なる文化圏に適用されている。キリスト教の標準的な教え[6]では、地上においては人間のみが理性的な被造物である。そして、人間のみが神の恩寵により永遠の生命にあずかることができる。動物は栄養摂取の能力および感覚・運動能力をもつが、理性はもたない。神の国に入る資格があるのは、理性を備えた人間の魂だけである。タイラーがこういった内容の考え方を、このとおりに、自覚して意識的に適用しているかどうかは分からない。だが、「絶対的な区別の感覚」が「教育ある人々の見解」には見られ、「下位の人種」には見られない、と言うとき、共通の尺度となりうる特定の魂の理解が想定されていることは間違いない。尺度となっているのは、タイラー自身の多かれ少なかれキリスト教的な魂の理解であろう。現代の人類学者が批判するとおり、これでは異文化における魂の概念をその文化の文脈に即してとらえることはできない（Bird-David 1999）。だが、私たちの問題は人類学の方法論ではない。問題は、キリスト教的な魂の理解が適用されたために、アニミズムのある側面が見えにくくなっていることの方である。それが第二の問題点につながる。

第二の問題点は、狩猟採集民が動物たちの復讐を恐れ、許しを乞うとき、彼らが「きわめて真剣に」、つまり本気で大真面目にそうしているとタイラーが受け取っていることである。しかし、私たちがすでに見たように、野獣と偶然遭遇したのだとか、クマが木から落ちて死んだのだとか、牡牛が死ぬことに同意したのだとかいう言い訳は、現実の客観的な事実としてそうである、と本気で主張されているのではなかった。その言葉が虚構であることは語る者自身にも当然分かっている。だが、そういうことにしておけば、自分の動物殺しの罪責感をごまかすことができるから、そう言っているのである。まさに、「狩人は偶然に熊に出会ったとでもいったようなふりをする」のである（ロット‐ファルク 1980, 163）。だがもちろん、狩人は自分が意図的に動物を追っていた事実を忘れてはいない。人々は「こうして、おそらく、或る程度自分を欺きおおせる」（ロット‐ファルク 1980, 143）。

タイラーは、こういう演技性または虚構性の水準をとらえることができていない。というのも、彼の前提するキリスト教の信仰では、例えば、救われるのは理性的被造物たる人間の魂だけであることにしておくのではないからである。救われるのは人間の魂だけである。それは信じること（belief）の体系であって、信じることにすること（make-believe）の体系ではない。他方、アニミズムの心性では、動物殺しの言い訳は、そういうことにしておく、という虚構性の了解をともなっている。タイラーはこの水準をとらえそこねている。狩猟採集民はクマがまさに現実世界において本当に人間と同じ魂をもっていると思っていて、復讐を企図したり狩人を赦したりすると大真面目に信じていると受け取ってしまった。この点は、タイラーのアニミズム理解の欠陥である。

贈り物としての犠牲

タイラーは、原初の宗教活動として、祈りと犠牲に着目した。祈りは人から人への語りかけの延長上にあると考えられている。身体から離脱した魂や、神格化された人の魂に語りかける場合もあるし、もっと高い水準の神々に語りかける場合もある。いずれにせよ、祈りは語りかけであって、本質的にさほど複雑な構造をもっていないと見なされた（Tylor 1970, 450）。

> 野蛮な宗教においてさえ、祈りは感情を強め、勇気を与え、希望を呼び起こす手段となっている。また、より高度な宗教においては、祈りは倫理体系を動機づける偉大な力となっており、超自然的な交流と支援が常にあるという感じを与えて、道徳生活の情動と活力を統御し、かつ強めるものなのである。（Tylor 1970, 460）

ヴァレーリの紹介にあったとおり、タイラーは犠牲を神々への贈り物と見なした。犠牲を贈り物の一種ととらえることは、祈りを日常的な語りかけの一種と見るのと同じ着想である。

> 祈りは、神的存在をまるで人であるかのように扱って行なわれる要求（a request）である。同様に、犠牲は、神的存在をまるで人であるかのように扱って行なわれる贈り物（a gift）なのである。（Tylor 1970, 461）

したがって、犠牲と祈りの原型は、「酋長の足元に贈り物を置いて慎ましく請願しながらお辞儀をする人」（同上）によって、過不足なく表されている。

タイラーによれば、犠牲の奉納は、単純な物品の贈呈という段階から、心理的な洗練をともなう段階へ発展する。捧げられた物を神々が喜んで受け取るという考え方は、神々を誉め称える気持ちを贈り物が象徴的に表現することに価値がある、という考え方へ発展しうる。あるいは、贈り物を差し出す側がどれだけ身を切る思いをしたかということに価値がある、という考え方へも発展しうる。それぞれは「贈り物説（the gift-theory）」「誉め称え説（the homage-theory）」「自己否定説（the abnegation-theory）」と名付けられている（Tylor 1970, 461–462）。

さまざまな民族誌から多数の事例が引用されるが、それらは上のような発展過程に明快に分類できるわけではない。例えば、ユダヤ教においては、「犠牲の儀式は、神が贈り物を受け取るとか、贈り物が神にとって有益であるといった、低次の段階の概念をともなって現れはしない。深い信仰心からの誉め称えや、罪への赦しといった、高次の意義をともなって現れる」（Tylor 1970, 472）。だが、捧げ物の牡牛や羊を火で焼き尽くすのは、その煙と匂いを神のもとへ届けるためであると旧約では繰り返し語られる（同上）。また、贈り物を捧げる側で、有用な物を贈る意識と神々を誉め称える意識のどちらが優勢なのか、判然と区別できるわけではない。それどころか、しばしば贈り物を捧げることは定期的儀式にすぎない（Tylor 1970, 479–480）。かくして、現実の犠牲の報告事例を三つの類型のどれかに排他的に分類することは難しい。だが、そうだとしても、誉め称えと自己否定の二つの発展形態の基盤に、単純な贈り物がある、という洞察はタイラーの基本的な着想である。

> 下位の人種の宗教を研究すると、人々が、自分の近所の人たちに対するのと同じように、神々に対して実際的で直接的なやりかたで接することが見出される。当初の目的が分かりやすい場合は、実際的で直接的な働きかけが〔犠牲の〕十分な説明になっていると言ってよい。（Tylor 1970, 483）

J・ヘニンガーによれば、タイラーの理解においては「神々は賄賂であやつることができる。犠牲は、元来は「あなたがお返しをしてくれるように私は与えます（do ut des）」という実務的な取引だったのであって、特に精神的な意義はない活動だった」（Henninger 1987, 550）ということになる。これは犠牲のとても実利的な解釈である。

タイラーのアニミズムと犠牲の理論に関して、私たちの関心から重要なことは、第一に、アニミズムの演技性や虚構性をタイラーが見逃していること、第二に、犠牲における神々との取引の側面をはっきり取り出していること、この二つの点である。第一の点についてはすでに述べた。第二の点は、犠牲の実利性に気づかせる点で重要である。犠牲的行為は、崇高な行為であると評価される傾向がある。そういう場合、私たちは、誰かの犠牲が別の誰かに利益をもたらしているという事実を見逃しやすい。タイラーは、それを見逃さなかった。犠牲的行為の虚構性と実利性は今後の考察で重要になる

3　ロバートソン・スミスの犠牲論

ロバートソン・スミス（1846–1894）は、タイラーと違って、狩猟採集民の民族誌ではなく、主として地中海東岸からペルシアに至る地域の文字史料によって犠牲を考察した。それによれば、犠牲には、二種類がある。一つは、タイラーの言うような、果実、穀物、酒、油、食肉など、定められた贈り物を神々に捧げる〈誉め称えの犠牲（honorific sacrifices）〉である。もう一つは、赦しや償いをもたらす〈贖罪の犠牲（piacular sacrifices）〉である。ロバートソン・スミスの考え方の特徴は、犠牲という概念を理解するうえで、贖罪の犠牲の方が重要であるというところにある。

宗教の歴史の上では、第二の〔贖罪の〕犠牲にきわめて特異な重要性がある。このことは、“sacrifice” という英語の日常の比喩的な用法が、「贈り物（a gift）」の概念ではなく、「いやいやながらの服従（reluctant surrender）」の概念に相当する事実から分かるであろう。（Robertson Smith 1886, 132）

スミスは、罪を認めてそれを償うという要素を、犠牲の本質的な部分として取り出す。多くの場合、罪を認めて償うことは、気の進まぬことである。だが罪を償うことは、人々の融和と社会生活の平安をもたらす。だから、人々はしばしばいやいやながらも贖罪の規定に服従する。私たちは、人間にとって動物殺しが「苦痛のともなう責務」(Tylor 1970, 51) であり、その罪責感を紛らわすさまざまな仕掛けが動物殺しと動物利用を取り巻いているのを見てきた。動物殺しや贖罪行為は、いやだけれどやらなければならない、という板挟みの心理で実行される。犠牲の核心に不本意な行為があるという認識は、タイラーにもロバートソン・スミスにも共通している。

誉め称えの犠牲

神々と人々との関係が友好的で安定したかたちで営まれるとき、贈り物を通じて加護や援助を求める儀礼が成立する。旧約聖書では、ヤハウェは「何も持たずにわたしのまえに出てはいけない」(出エジプト23:15)とモーセに告げた。この型の宗教活動は、部族的ないし国民的な宗教をもたらす。犠牲獣を焼き尽くす匂いが神に届くという考え方は、犠牲が神に具体的な満足を与えるという考え方の根強い残存を示している。とはいえ、匂い中心の焼き尽くす捧げ物 (holocausts) は、スミスによれば、犠牲儀礼の原型ではない。ヘブライ人やアラビア人などセム族の宗教でも、元々は、神は高みにいるのではなく、犠牲が捧げられるその場所の聖なる石や聖なる木に宿っていると考えられた。石が血や油に浸されたり、ワインが注がれたり、穀類がまかれたり、殺された犠牲獣も野獣が食べるように置いておかれたりした。煙が神の許へ行くという考え方に発展するのは後のことなのである。捧げ物を祭司たちが食べる形式に変形される以前、より古くは、神々自身が宴会に参加していると考えられた。

国民的な自然宗教の古いかたちでは、通常の信仰上の実践は、神々に捧げられた食事の形態を取る。それは、神々と人々がともに着座する正式の宴会のかたちを取ることもよくある。そういう「パンと塩」というきずなによって神と人々つまり神の子たちとの自然に存在する結びつきが、うち固められるのであった。

(Robertson Smith 1886, 134)

共通の信仰をもつ人々の範囲は、社会的責務と道徳的義務とを共にする人々と同じであり、それはつまり、食卓を共にする者たちの社会（a society of commensals）であった。神人共食の宴会を通じて共同体の結びつきを強めることが、誉め称えの犠牲の機能である。ロバートソン・スミスは、犠牲を捧げることが本質的に共同体の維持にかかわっていることを示唆している。

贖罪の犠牲

西アジアの小国家群は、紀元前八世紀頃アッシリアによって征服され、国民集団の解体を経験する。こうした体験は、共同体の意識を変化させずにはおかない。「神々への喜ばしい信頼の気持ちは、神が激怒しているという暗澹たる感覚に道を譲る」（Robertson Smith 1886, 134）ことになる。こういう場合には、神の激怒を解くための行ないが、定期的な贈り物よりも重要になる。あるいは、国家形成以前のいわゆる未開社会でも、血縁集団内部の流血沙汰などは、神々の掟に対する償いようのない罪であると見なされた。掟の侵犯者は、死なねばならなかったり、共同体から追放されることになったりする。神が侵犯者の生命を要求しているのに、部族がこれを拒否すれば、部族全体が罪を犯したのと同じなのである。

神がみずからの民を救うことを拒否しているように見えるとしたら、何らかの犯罪があってそれが償われていないのだ、と結論されることになる。このような償いの放置は修復されねばならない。本当の罪人が見つからないか、うまく捕らえられない場合、本当の罪人の代わりとなるものを見つけるまでは、信仰者の共同体全体が罪を犯した状態にある。

(Robertson Smith 1886, 136)

例えば、疫病、干魃、飢饉、異民族の侵略といった災厄に襲われた集団は、実は何らかの侵犯行為の結果、神の怒りに触れることになったのである。災厄から救われるためには、その侵犯行為を特定し、生命によって贖う必要がある。罪人か、少なくともその身代わりの動物が死ななければならない。これがここでスミスの想定する論理である。この論理から浮かび上がるのは、犠牲奉納とそのための儀式的手続きは、実は、共同体を構成する原理のなかに、人々に不利益を強要する力――典型的には生命を奪う力――を組み込むことを意味している、ということである。犠牲をめぐる手続きは、政治的な権力の生成装置でもある。

犠牲という儀式は、どんなに荒削りなものであろうと、真の宗教のまさに根源にある一定の考え方を表現している。すなわち、それは、神との連帯において成り立つ信仰者同士の連帯と、人間同士の正しい倫理的つながりの原型として血縁的な紐帯を聖化することとを表現しているのである。贖罪の形式をとる場合にも、……神の正義という考え方だけでなく、神の正義を、神と人の共有する深い憐憫の情と融け合わせる、という永遠の真理の萌芽を当初から含んでいた。恐ろしい犠牲は、野蛮な喜びとともにではなく、むしろ、畏怖の念をともなう深い悲しみの気持ちをもって遂行されるのである。(Robertson Smith 1886, 138)

スミスの贖罪の犠牲の理論のなかで、神々の力は掟を侵犯した者を殺す力として導入される。この、共同体を維持する力の作用が、贖罪の犠牲を捧げる手続きとして具体的に取り出される。だが、上の引用から分かるとおり、この力は、神人共食の場に現れる神々と別のものではない。贖罪の犠牲における贈り物は、いけにえの生命である(Robertson Smith 1886, 136)。神人共食の喜びを味わうことと神の怒りに触れて死ぬことは、犠牲儀式のなかで実現される人間の共同性、つまり個と集団のかかわり合いの二つの側面なのである。

与えた。

4　ユベールとモースの犠牲論

犠牲の定義

ユベールとモースは、タイラーとロバートソン・スミスを批判し[7]、犠牲に関する多数の事実を集めることよりも犠牲について記した典型的な文献を徹底的に研究する方向を選んだ。二人は「リグ・ヴェーダ」ほかの古代インドの文献と旧約聖書「レヴィ記」ほかの古代ヘブライの文献にもとづき、犠牲（sacrifice）に関して次のような定義を与えた。

犠牲とは、いけにえの聖化を通じて、犠牲を遂行する人格の状態、またはその人格が利害関心を持っている何らかの対象の状態、を変化させる宗教的行為である。（Mauss 1968, 205/邦 17）

「いけにえ」は〝victime（犠牲獣）〟であり、「聖化」は〝consécration（聖なるものとすること）〟である。「いけにえの聖化」とは、だから、いけにえとなる普通の動物（家畜）を、神々に捧げるのにふさわしい聖なるものとしていき、最後に殺して捧げることを言う。「犠牲を遂行する人格[8]」は、犠牲を差し出す主体のことを言う。これをユベールとモースは「サクリフィアン（sacrifiant）」と呼んだ[9]。サクリフィアンとして犠牲を捧げる者は、個人である場合も集団である場合もある（Mauss 1968, 202/邦 14）。上の定義は、したがって、犠牲とは、いけにえを聖なるものとして捧げることを通じて、それを差し出す個人または集団に、何らかの変化をもたらす宗教的な行為だ、という意味になる。もちろん、サクリフィアンが期待するのは、犯した罪を赦される、多くの収穫が得られる、といった好ましい変化である。

この定義は、さしあたり、犠牲の奉納とは、いけにえを神々に捧げることを通じて人々が精神的ないし物質的な見返りを手に入れる宗教的な仕掛けだ、ということを述べているまでである。この定義をさらに理解するためには、犠牲儀式全般に関するユベールとモースの考え方を見る必要がある。

犠牲の式次第

犠牲儀式は、犠牲を捧げるサクリフィアンと、儀式を指揮する供犠祭司（sacrificateur）、および殺されるべきいけにえ、の三者によって遂行される。儀式の過程は、これら参与する者たちをしかるべく浄める入式の段階から始まり、いけにえの殺害というクライマックスがあって、さらにいけにえを焼き尽くしたり、儀式に列席した人々が分け合って食べたりする段階へと続いていき、最後に儀式にかかわった者たちを世俗生活に戻すための退式の手続きへと至る。

ユベールとモースは、宗教儀礼が高度に発達した古代インドやユダヤの社会を対象とし、なかんずく、それらの社会の祭司階級が記述した史料に拠ったため、祭司の役割を強調しすぎる結果になった、と批判されている[10]。犠牲を理解するうえで意義深いのは、職業的な宗教家としての祭司の役割ではなく、犠牲を捧げるサクリフィアンといけにえとの関係である。

まず、サクリフィアンは、祭司とは違って、もともと世俗の人々にすぎない。贖罪のためであれ、霊的交感のためであれ犠牲儀式が意味をなすためには、この俗人が一時的にせよ宗教的な存在となることが必要である。そのために、サクリフィアンは特別な手続きによって浄められねばならない。「浄め、祓い、聖化は、俗人の身体から世俗の悪を除去し、日常生活から切り離して、その者を神々の聖なる世界へと導き入れ、俗なる存在が聖なる行為にあずかることができるよう準備する」（Mauss 1968, 217/邦 28）。

一方、いけにえも、体色や年齢、性別など一定の条件を満たす家畜が指定されるが、要するに一匹の家畜である。そこで、これに飾り付けを施したり、特別な色を塗ったり、呪文を投げかけたり、その他さまざまなやり方を通じて、一匹の家畜は「徐々に神聖なるものとされて行く」(Mauss 1968, 229/邦 37) わけである。このような手続きは、「いけにえを卓越した存在、神の所有物と呼ぶことによって、その聖なる性格を際だたせる」(Mauss 1968, 229/邦 37) ことであるが、より根本的には、「いけにえの中に、まさに犠牲儀式が正しく解放すべき対象として一つの霊 (un esprit) が存在する」(Mauss 1968, 230/邦 37) という見方を正当化するものである。

すなわち、犠牲儀式とは、ユベールとモースによれば、いけにえの中に宿るように仕向けられたある霊的な力を、いけにえの殺害によって解放してやることなのである。この力の肯定的な作用によって、「聖化の対象であるいけにえを提供した信徒〔サクリフィアン〕は、儀式の一切が終わったときには、儀式の開始時点とは違った存在となる」(Mauss 1968, 201/邦 13)。つまり、「彼は、それまでは持っていなかった宗教的特性を身につけるようになっているか、あるいは、それまで悩まされていた悪しき特性を脱ぎ捨ててしまっている。言い換えれば、彼は恩寵ある状態に上昇したか、あるいは、罪の状態を脱したか、いずれかなのである」(Mauss 1968, 201/邦 13–14)。このような効果が実現される宗教的な仕組みを、もう少し立ち入って見てみよう。

サクリフィアンといけにえ

サクリフィアンといけにえは、儀式に参与する段階で、ともに浄められ、聖化されて、神的なるものに近づいていっている。特にいけにえが身につける聖なる性格はきわめて大きい。とは言うものの、「いけにえは神々の世界に進んで行くと同時に、人間との関係の中にとどまらねばならない」(Mauss 1968, 231/邦 38)。ここで言われている「人間との関係」とは、本質的には、サクリフィアンといけにえの結びつきである。

たとえば、父アブラハムが子イサクを犠牲に捧げようとする「創世記」第二二章では、父と子という自然な関係がサクリフィアンといけにえとに強い結びつきを与えている。あるいは、贖罪の犠牲の場合、サクリフィアンはいけにえをみずからの家畜のうちから提供しなければならない。他人の所有物を犠牲に差し出してもみずからの罪は赦されない。必要とされる結びつきを支えているのは、この場合、所有関係である。

さらに、より宗教儀礼の本質を示すやり方は、「レヴィ記」第一章四その他多数の史料に現れる贖罪の犠牲の場合のように、サクリフィアンがいけにえの頭に手を置くことによって両者の結びつきを儀式のなかで象徴的に表現することである。

> こうやって近接性をもたらすことによって、すでに神々を表象するものとなっているいけにえは、またサクリフィアンを表象するものになる。実のところ、いけにえがサクリフィアンを表象すると言うだけでは十分でない。むしろいけにえはサクリフィアンと入り混じる。二つの人格は融合するのである。（Mauss 1968, 232/邦 39）

単純化すれば、サクリフィアンはいけにえにみずからの人格のある側面、たとえば罪を犯したという側面を乗り移らせ、これを通じて両者は一つの人格として扱われるに至る。こうしていけにえは、聖なるものでありつつ、同時にまたサクリフィアンの身代わりの役を担うことにもなる。いけにえを殺害することは、それがすでに神々の領域に属するものである以上、怖るべき神聖冒瀆なのであるが、逆にそのような聖なる者の生命を差し出すことによって罪を赦されたり恩寵に与ったりすることができるようになる。これが犠牲儀式の基本的な仕組みである。犠牲儀式とは聖なる力とのこうした交流なのである。そして、「いけにえは、この交流が成り立つようにする媒介である」（Mauss 1968, 250/邦 51）。

> いけにえの上に実践される多くの儀式は、本質的には、次のような単純な図式にまとめられよう。最初にいけにえは聖化される。続いて、この聖化によって出現し、いけにえの上に集中することになった諸々のエネルギーは、ここから逃れ出ていくように仕向けられる。あるものは聖なる世界のものたちの方へ、あるものは俗なる世界のものたちの方へと向かうのである。（Mauss 1968, 250/邦 52–53）

こうして我々は本節冒頭の定義を、正確に理解できるようになる。犠牲儀式とは、いけにえを媒介にして人が聖なる存在と交流をもつ手続きであり、いけにえに蓄積された聖なる力を解き放ってやることを通じて、サクリフィアンに何らかの良い状態が返報としてもたらされる、という構造を備えている。いくらか神秘的だが生々しい言葉遣いで、ユベールとモースはこの事情を描写している。

> 宗教的な力をどれほど必要としていようと、サクリフィアンは、非常に気をつけてでない限り、その力に接近することはできない。これがサクリフィアンが宗教的な力と自分自身とのあいだに媒介者を置く理由である。主たる媒介者はいけにえである。サクリフィアンが儀式の中にとことん自分を参与させてしまえば、彼は、生命ではなく死を得ることになるだろう。いけにえが彼の身代りになる。いけにえだけが、犠牲の真に危険な領域に入っていくのだ。いけにえはそこで死ぬ。いけにえは死ぬためにそこに行くのである。サクリフィアンは保護されている。神々は彼を連れ去る代わりにいけにえを連れ去るのである。いけにえがサクリフィアンを救うのだ。（Mauss 1968, 303/邦 105–106）

犠牲の社会的機能

以上のように、犠牲を捧げるという行為類型は統一的な図式の下で理解できる。だが、根源的な問題が残っている。人々が聖なる力を必要とするのはなぜかという問題が手つかずのままなのである。一体どうして人々は、怖るべき聖なる力とかかわりをもとうとするのだろうか。ユベールとモースは、この問いには長々と答えるまでもないと言う。

> それは俗なるものが聖なるものに生命そのものの源泉を見いだしているからである。（Mauss 1968, 303/邦 105）

この言葉を理解するためには、犠牲儀式の実利的な特徴をうまくとらえなければならない。ロバートソン・スミスがすでに指摘していたように、犠牲とはいやいやながらの服従である。しかしまた、タイラーが指摘したように、犠牲とは功利的な目的をもった贈り物でもある。ユベールとモースは、この二つの矛盾する要素を折り合わせる説明を提供している。

第一に、「どのような犠牲にも、自己否定（abnegation）の要素が含まれている。なぜなら、サクリフィアンは禁欲し、自分自身を捧げるから」（Mauss 1968, 304/邦 107）である。この自己否定はしばしば義務である。というのも、犠牲は随意に行われるべきものではなく、神々が命ずるものだからである。だが、第二に、犠牲という概念には、犠牲を払えばそれなりに報いられるという含みも常にともなう。すなわち、

この自己否定と服従は、利己的な見返りをともなわないわけではない。サクリフィアンは、自分自身に属する何かを与えるのではあるが、自分自身を与えてしまうのではない。彼は用心深く自分自身を脇に除けておく。というのも、彼が与えるのは、ある程度は受け取るためだからである。（Mauss 1968, 304–305/邦 107）

いやいやながらの服従は、実は実利的な行動なのである。言い換えれば、犠牲を捧げる義務的行為を通じて有益な何かが得られるからこそ、人々は神々と交流しようとする。「犠牲は二面性をもって現れて来る。それは利益のある行為であり、同時に義務的行為なのである。無欲さは利己心と混じっているのだ」（Mauss 1968, 305/邦 107）。かくして、犠牲を差し出すことは、気の進まない行ないであるけれども、それなりに報われるのであり、報われるけれども、やはり気が進まないのである。人々は、犠牲的な行為において、行為する自分自身の分裂を体験する。

以上の説明は、差し出した贈り物にお返しをしてくれる神々が本当に実在することを、あたかもユベールとモース自身が主張するかのような説明になっている。これは神々の実在性に対する過剰な肩入れのように思われる。この点に関するユベールとモースの真意は、神々を社会そのものと見るところにある。

> 犠牲が機能するのは聖なるものに結びつくことによってであるが、この聖なるものとは、社会的なものである。そして、これだけで犠牲を説明するには十分である。
> (Mauss 1968, 306/邦訳 109)

犠牲という仕掛けが全体として結びついているものは、宗教的な思考で表された社会的な力にほかならない。犠牲を捧げるという行為類型が成り立つために、どのような条件が必要なのかについて、ユベールとモースは概括して次のように述べる。

> 犠牲が基礎づけられるためには、二つの条件が必要である。まず第一に、サクリフィアンの外に、彼が*自分自身の外へ*出ることを促すような何ものかが存在することである。この何ものかに彼は自分が犠牲とするものを負っているのである。第二に必要なのは、このものがサクリフィアンにとって身近にあり、これと関わりを持つことができて、それゆえ自分が必要としている力や安心感を得ることができ、また、犠牲を通じた接触によって利益を引き出すこともできる、ということである。
> (Mauss 1968, 306/邦訳 109. 強調は引用者)

人々の外にあって人々に自己否定を要求し、人々から何かを奪い取ると同時にそれに見合った利益をもたらし、保護や安全を与える、という機能を果たすものこそ、ユベールとモースの考えでは、社会なのである。「*自分自身の外へ*出ることを促すような何ものか」という表現は注目に値する。人間が端的に自分の内にとどまって自分自身であり続けることを許さないような力として、社会的なものがとらえられている。それは自己否定や自己放棄を促す力なのである。

> 個人や集団が固有に所有するものを人格的に断念し放棄することが、社会的な力を養っている。……あらゆる犠牲の中に暗黙のうちに含まれている自己否定の行為は、集団の力が現実にあるということをひとりひとりの意識に思い出させることによって、集団の力の理念的存在そのものを支えている。
> (Mauss 1968, 306/邦訳 109)

ユベールとモースは、ここで、個人や集団が社会のために何らかの自己否定を行なうとき、人々が自分を放棄したまさにその分量だけ、社会が構成員の上に行使する力が現実化したことになる、と言っている。ある個人または集団の自己否定の遂行と、自己否定を通じて得られた利益は、ともに社会的な力の顕現である。というのも、自己否定は、その否定を促した原因として、ある力の存在を指し示すからである。利益もまた、自己否定から得られた結果であることにおいて、根本の原因として、自己否定を促した力を指し示す。その力は、個人や集団と対立する他なるものの位置に、すなわち自己否定する者たちの外部に、自己否定を強いる力として姿を現す。こうして帰依者の宗教的実践が神々を現実化するのと同じように、いけにえを差し出すという自己否定が、まさにそのこと自体によって、社会的な力を現実化し、活性化している。

彼らは、次のような社会的な意味づけを与えることによって、犠牲についての分析を締めくくる。

> 個々人もこの同じ〔自己否定の〕行為に自分たちの利益を見いだしている。人々は、全体としての社会の力をお互いに分け与えあい、自分自身と自分の身近な所有物にもそれを与える。たとえば、人々は、自分たちの祈願や誓いや結婚に社会的な権威を付与する。……また同時に、犠牲において、人々は、乱されていた均衡を回復する手段を見いだす。つまり、贖いによって、人々は、過ちの結果である不名誉から自分を救い出すことができ、こうして共同体に復帰する。……社会規範は、各人に危険が及ばず、グループの力を弱めもしないやり方で維持される。こういうやり方で、犠牲の社会的機能が、各個人にとっても共同体にとっても満たされるのである。（Mauss 1968, 306–307/邦 109–110）

人々は、自分自身に属する大切な何かを放棄することを通じて、その何ごとかに籠められた自分自身の願望を断念する。その断念の見返りとして、大切なものを放棄したその人に、権威や赦しが外から与えられる。こういう仕方で、社会的な力を人々が自分に有利な仕方で共有することが成り立つ。

ユベールとモースは、犠牲という行為類型を、社会的な力そのものを作り出す活動として位置づけた。この活動のなかでは、各人に課される自己否定は、相応の利益によって報われる約束であり、社会全体と各人とのあいだでは、何かを差し出して何かを見返りに受け取るという互酬的な交換がうまく成り立つように仕組まれている。恐るべき聖なる力として犠牲的行為のさなかで現実化する社会的な力は、常に個々の人々に先立つ力として状況に潜在し、人々は適切な場面で適切な自己否定を行うことによってこの力との取引を行なうことができる。ユベールとモースは、共同体の形成と維持の様式として、犠牲儀式という宗教的活動を見出したことになる。

> 私たちは、特に宗教的とは言えないような社会的な信念や実践の多くが、犠牲と結びついていることを理解できる。
>
> (Mauss 1968, 307/邦 111)

解釈者の言葉を借りて簡略化すれば、「あらゆる社会生活は、本質的に犠牲の一形式である。それぞれの個人は、この形式において、共通の善のために自分自身の一部を差し出すのだが、社会の内で生きていけるという大きな報償を結果として獲得する」(Lincoln 1991, 175) とまとめられるだろう。

以上のタイラーやロバートソン・スミス、そしてユベールとモースの犠牲理論は、犠牲の概念が学術的に言及されるときはいつでも、繰り返し言及される古典である (Carter 2003, 10)。ユベールとモースの理論は、たしかに、世界各地のいわゆる未開部族の犠牲儀礼から、古代文明や現代キリスト教の犠牲概念にまで、そのまま適用できるわけではない。言い換えれば、経験的な証拠によって十分支えられているわけではない。とはいえ、その理論は犠牲のメカニズムの緻密な分析の上に展開されており、犠牲の論理的構造ないし犠牲の文法の解明として利用できる (Evans-Pritchard 1965, 70–71 参照)。私たちの現在の目的は、戦犯の遺文から抽出された「いけにえ死」の類型を理解することだった。この目的のためには、これらの理論は十分役に立つ。

第4章　犠牲、虚構、演技

1　犠牲譚の虚構性

犠牲における現実と虚構

犠牲の概念とその行為類型は、現実の水準と虚構の水準という二つの層で成り立っている。このことを、私たちは、犠牲に関する人類学者の報告と理論から抽出できる。民族誌の報告によれば、動物を殺すという現実の水準の事実は、しばしば、動物殺しが上位の存在によって承認されている、あるいは動物自身が殺されることを望んでいる、といった虚構の水準によって語り直される。この語り直しの操作によって、動物を殺すことは罪責を問われずに実行できる正当な行為となる。

タイラーが見出したアニミズムは、民族誌の報告と照らし合わせると、動物殺しにまつわる虚構性への着目が欠けていた。しかし、ロバートソン・スミスは、犠牲を捧げることが、行為者が単純にそれを望むがゆえに行なわれるというわけではないことに気づいている。“sacrifice”は、日常用語として、タイラーの言うような「贈り物」の意味ではなく、「いやいやながらの服従」である。〈誉め称えの犠牲〉は神人共食の義務的な催しであり、〈贖罪と宥めの犠牲〉はしばしば生命を神々に捧げる恐るべき務めである。あるいは、ユベールとモースの理論では、いけにえを殺すことは、すでに聖なるものの領域に入った存在を破壊する神聖冒瀆の罪となる。それゆえ、人々はその行ないを恐れ、殺したくないと感じる。また、いけにえは殺されることに納得していないかもしれない。それゆえ、動物の主の許しを求める必要があるとされる。ロバートソン・スミスの理論でも、ユベールとモースの理論でも、現実の望ましくない事態を、儀式によって望ましい事態に作り替える、という操作がとらえられている。望ましい事態が虚構の水準にあることは、儀式の演技性から明らかである。

ユベールとモースの理論の場合、より本質的には、犠牲を捧げることが自己否定の表現であるという点に、現実と虚構の二層性が集約されている。いけにえは、サクリフィアンと強い結びつきを備えており、サクリフィアンの身代わりとして死ぬ。自分自身の身代わりを殺すことが自己否定の実質をなす。サクリフィアンはいけにえを殺したいわけではないし、いけにえの方も死にたいわけではない。これが現実の層である。しかし、適切な時と場所で犠牲を捧げることによってのみ、サクリフィアンは社会生活のもたらす利益を獲得することができる。サクリフィアンは、それゆえ、みずから進んでいけにえを殺して差し出すのだが、いけにえが身代わりとして自分自身であるかぎり、この「みずから進んで」は、虚構性ないし演技性を帯びることにならざるをえない。この事情は、犠牲譚の具体例を検討する方が分かりやすいだろう。

犠牲の物語

犠牲の物語を具体的に調べると、いけにえを殺したくないし、いけにえは殺されたくないという要素が、物語の核心を成すことが確かめられる。例えば、「創世記」第二二章のアブラハムとイサクの物語では、神はアブラハムを試すために、息子イサクを犠牲として差し出すことを命じる。「あなたの息子、あなたの愛する独り子イサクを連れて、モリヤの地に行きなさい。わたしが命じる山の一つに登り、彼を焼き尽くす献げ物としてささげなさい」(創世記 22 : 2)。アブラハムはイサクを連れて三日間旅をする。命じられた地に至り、命令どおりイサクを屠ろうとしたとき、神の使いがアブラハムに告げる。「その子に手を下すな。何もしてはならない。あなたが神を畏れるものであることが、今、分かったからだ。あなたは、自分の独り子である息子すら、わたしにささげることを惜しまなかった」（創世記 22：12）。

神の試しが成り立つ前提は、アブラハムが息子を殺したくないと心の底から思っている、ということである。何らの迷いもなく、命令に従って子殺しを粛々と実行する、という話ではない。イサクの方も、直前に「焼き尽くす献げ物にする子羊はどこにいるのですか」（創世記 22：7）と尋ねている。自分がいけにえに供されるなどと思ってもいないことは明らかである。アブラハムはイサクを殺したくないし、イサクも殺されるつもりではない。だが、アブラハムは神の命令を受け入れ、その命令に合わせて行為しようとする。自分がやりたくてやることではないのだが、息子を殺せという命令を、父はまさに実行に移そうとする。

私情を殺して神の命令に従おうとするとき、アブラハムは命令にもとづく役割遂行の世界に踏み入っている。その命令は、自分の気持ち（息子を殺すのはいやだ）から行為者を引きはがす。そして、自分の感情や事実認識が成り立っている現実の世界から、現実を一部否定（息子を殺すのはいやではない）しないと成り立たない命令された行動（息子を殺すのはよい）の世界へと、行為者を運んでいく。アブラハムは神の命令が正しいのだと信じることにして、イサクをいけにえとして捧げようとするのである。アブラハムはこうして神に自発的に服従する。これは、河村参郎が山下奉文から命令を受けたときの状況に、十分似ている。命令を受けた当事者として、自分の抱いている気持ちを一部否定して、演技的に、命令された行動の世界へと踏み込んでいく。

また「マルコ福音書」では、十字架上のイエスは「エローイ、エローイ、ラマ、サバクタニ」と叫ぶ。これは「我が神、我が神、何ゆえ我を見捨て給いき」という意味である（田川1：マルコ 15：34）。この叫び声は、イエスの絶望を告げている。彼は、神に見捨てられ、人の手にかかってみじめに殺されるつもりではなかった。後の公式の神学的教説では「神は我々に対する御自身の愛を確定して下さった。我々がまだ罪人であった時に、キリストが我々のために死んで下さったのである」（田川４：ローマ５：８）ということになっている。しかし歴史上のイエスは、死ぬつもりだったわけではない。この事実は、数多の神学的教説によって覆い隠されてきた（田川４、473-477）。

　イエスの死は、神学的教説においては、全人類の贖罪のための自己犠牲である。だが、これは、イエス本人における死の拒否という、むき出しの事実とは異なる虚構の語りである。歴史上のイエスは、自分の死後に生み出されるキリスト教神学のことなど何一つ知らない。十字架上で死んだ現実の男は、死を拒否する現実の叫び声を残して、自己犠牲の虚構世界で演技させられ続けている。私たちは、イエスが贖罪のための死を受け入れたと信じることにしている。私たちは、福音書の記述から、イエスが現実には死にたくなかったのだと信じざるをえない。自分がこのように信じているのにもかかわらず、私たちは、贖罪の死だったと信じることにする。イエスが死にたくないと思っていたことが私たちに分かるからこそ、彼の死は自己犠牲となる。このとき、自己犠牲の教説のなかで、イエスにおける死の現実的拒否と虚構的受容の二層が同時に成立する。私たちは、行為の当事者としてではなく、行為のあとに作られた物語に同調する者として、贖罪の死を信じることにする。イエスの自己犠牲の物語は、狩猟民における動物の自己犠牲の物語と同じく、現実を覆い隠す虚構的な語りなのである。

　人類学の報告からも、犠牲にまつわる同じ虚構性を見出すことができる。例えば、第６章で見るように、アイヌのクマ祭（イヨマンテ）では子グマが犠牲獣として殺される。子グマが小突かれて儀式の途中で唸ったり暴れたりすると、そのたびに、祭りに集まった人々は、子グマが神々の国に戻れるのを喜んで歌い踊っていると解釈する。しかしもちろん、現実に子グマが殺されたいわけではないということを、人々は理解している。子グマの動作は、小突き回されるのをいやがっているというむき出しの現実としてではなく、祭りの式次第に合った喜びの動作として、虚構的に解釈されるのである。祭りの各段階は演技的に実現される虚構の世界である。そのなかで、現実世界のいやがる子グマは、虚構世界の喜ぶ子グマに読み替えられていく（アイヌ民族博物館編 2003, 80-82）。

　あるいは、人類学者の報告によると、シベリア狩猟民の村で、殺された大鹿の頭を見つけた一人の少女が、大鹿がかわいそうだと言ったために、死刑を言い渡された。大鹿に憐憫の情を示したことが許されないことなのであった。その理由は、「この憐れみが、大鹿を殺そうと狩人が考えたことや、大鹿が苦しんだことを、ほのめかしてしまった……。〔そのせいで〕大鹿は、尊敬されるべき客、みずからすすんでやってくる客として遇される、という虚構は、あっさり壊されてしまった」（ロット－ファルク 1980, 151）からなのである。狩猟民は、動物たちが殺されるのを望んでいないことを理解している。それゆえ、動物殺しというむき出しの事実は、狩りの獲物がみずから進んで訪問してくるという虚構の物語によって覆い隠される。その虚構を暴いたから、少女は罰せられることになった。進んで訪問していけにえになるという出来事は、むき出しの現実ではなく、人々が繊細な努力によって維持している虚構の水準にのみ成り立っている。

犠牲の物語は、そうしたくはないのにそうしなければならない、という状況で典型的に発生する。狩猟民の習俗や伝承では、ある神話的な物語世界が森の動物を含む形で成立していて、動物たちの振る舞いはその物語のなかで解釈される仕組みになっている。もちろん動物たちは人間とは独立にただ生きているだけだが、人間は動物を含む環境世界を自分の物語で意味づけることができて、そのなかでは、動物たちは、人間に殺されたいわけではないのに、殺されねばならない存在として扱われる。動物の殺害は、動物の自己犠牲や動物の主の許したことであるといった物語的な偽装を施される。

犠牲の物語は、日本人戦犯たちが敗戦後に遭遇した状況と酷似する条件を備えている。強大な力が降りかかってきて、否が応でも死ななければならない状況に追いこまれたとき、個人はそのいけにえとなるしかない。いけにえとして、つまり死にたくないのに死なねばならない存在として何者かを認定することは、根本における不同意（死の拒否）と、強いられた同意（死の受容）を両方同時に実現する仕組みである。この仕組みのはたらき方を、河村参郎の事案について具体的に見てみよう。

2　河村参郎と虚構性

河村の遺文にはみずからを「犠牲」と見なす文言があった。だから、作田啓一の類型によれば、河村の死は「いけにえ死」に分類できる。ただし、河村の遺文では、すでに見たように、「犠牲」という言葉が二つの異なった文脈で出現している。一つは、「英軍対華僑政策の犠牲であるから、唯それだけの話……」（河村 1952, 146）と述べている箇所、もう一つは、「やがての世の覚醒のための犠牲……」（河村 1952, 153）と述べている箇所である。第一の例は一九四七年六月二三日の日記、第二の例は六月二五日（処刑前日）の日記である。河村の犠牲をめぐる態度は、第一と第二のあいだで興味深い違いを見せている。まず第一の文脈の犠牲を検討する。

対華僑政策の犠牲

「対華僑政策の犠牲」とあるのは、イギリスによる対日戦犯裁判の一つの特徴をかなり正確にとらえた言葉である。イギリスの戦犯裁判の目的は、インド以東の植民地への支配を回復することであった。すなわち、「日本軍によって長い間占領されていた地域へのわれわれの復帰が、われわれが安全を与えることができるのだという印象を住民に与えるようによく計算された方法でおこなうべきである」[1]（林 1998, 172）という考え方が、イギリスの戦犯裁判の背景にあった。したがって、慎重な審理と、適正な裁判手続きによってイギリスの威信を回復することが重視された（林 1998, 171–174；東京裁判ハンドブック編集委員会 1989, 116）。河村はみずからの死刑判決について、家族宛の最後の手紙で「英軍は華僑に対する政策上、どうしても極刑を出さねばならなかったのでもあらう。要は英軍の復讐的犠牲となったのである……」（河村 1952, 194–195）と記しているが、必ずしもこの認識は当たらない。河村の事案はともかくとして、すでに見たとおり判決の確認手続きのなかで死刑判決が取り消された例もあったからである。政策的には、死刑を多数出すことよりも、公正な裁判を遂行する強く正しい支配者を演ずることの方に、イギリスにとってむしろ大きな意義があった。だが、「対華僑政策」として、公正な支配者としてのイギリスを「よく計算された方法で」演出する必要上から戦犯裁判が行なわれた、ということは歴史的な事実である。

この文脈では、河村は、罪を負って死ななければならない存在である。この存在は、ユベールとモースの犠牲理論を適用すれば、英軍を供犠祭司（sacrificateur）に戴き、大英帝国と植民地住民をサクリフィアンとする犠牲儀式におけるいけにえの位置を占めている。このいけにえを殺すことによって、サクリフィアンには正義の回復という善きものがもたらされる。[2] 河村の「英軍対華僑政策の犠牲」という言葉は、イギリスの政治的な意図の象徴的構造をかなりよくとらえていた。

この犠牲の演出に対しては、河村は「唯それだけの話」と言い、「たゞ馬鹿げた話しだとの考へは終始念頭を去らない」（河村 1952, 146）と冷淡に述べる。この文脈に置かれるとき、河村は、「死んで往くものは唯それだけの事で、即刻往生出来る事は幸福である」（同上）とのみ語った。これは、法の適正手続きにもとづく戦犯裁判というイギリスの意図した正義の演出を、実質的にすべて拒否する姿勢であり、作田の類型で言えば「自然死」に分類される感想である。第一の文脈における犠牲の物語を、河村は拒否して死んだのである。

世の覚醒のための犠牲

これに対し、第二の文脈における「犠牲」の用例は、まったく違う物語を背景にもっている。河村は、「予は、……やがての世の覚醒のための犠牲として、喜んで永遠の旅路に向かふ」（河村 1952, 153/1947. 6. 25）と書き、さらに、「予の死は謂はば一種の特攻隊である。皆さんから惜しまれながら、死に向つて邁進するのである。この精華は特攻隊のやうに、直ぐには現はれないが、人類が人類らしい姿に生れ出ようとする陣痛の役割を果すものである」（河村 1952, 153–154/1947. 6. 25）とも書いていた。「やがての世の覚醒のため」および「人類が人類らしい姿に生まれ出」るということの実質が何であるか、単純明快に割り出すことはできないが、推測する手がかりはある。河村は、「英軍司令官宛意見書」の末尾に、「在シンガポール華僑代表殿」との宛名で、次のような文章を記している。

私は明朝、刑の執行を受け永遠の旅行に出発致します。総べては運命であり、因縁であります。

華僑諸君、もし私の死が、諸君の該事件に関する対日憎悪の感情の幾分にても緩和し得る事になるならば、私の深く喜びとする所であり、且感謝するところであります。

今や戦争は終了し、平和の時代は来たのであります。私は中日両国民が旧来の恩讐を越えて、新しい信頼と理解の下に提携する日が一日も速に到来することを切望する次第であります。

何卒私の微衷を御汲取り下さらば誠に幸甚であります。（河村 1952, 176）

華僑社会に向けて、河村は、このほかにもいくつかの言葉を残していた。「犠牲になった中国人たちの魂の安らかな永眠を心の底から祈ります」（林 2007, 199；林 1998, 221）という裁判における証言台での言葉、また、「犠牲になつた華僑各位の霊に対し、衷心より冥福を祈る」（河村 1952, 81/1947.3.21）という日記の記載、あるいはまた、「作戦の犠牲となつたシンガポール華僑諸氏の霊に対しても謹んで哀悼の詞を呈し、その冥福を祈る」（河村 1952, 168）という一九四七年二月一五日執筆の家族宛の手紙の文言がある。これらの言葉を見れば、「中日両国民が旧来の恩讐を越えて、新しい信頼と理解の下に提携する日が一日も速に到来すること」は、「やがての世の覚醒」または「人類が人類らしい姿に生まれ出」ることの、少なくとも一部をなすと考えられる。私たちは、河村が、みずからの死に対し、中日両国民に新しい信頼と理解をもたらすための犠牲という意義を賦与したと解釈できる。

この犠牲の物語に再びユベールとモースの図式を適用すると、いけにえはもちろん河村参郎である。そして、サクリフィアンは中日両国民である。なぜなら新しい信頼と理解という善きものを得るのは、中日両国民だからである。犠牲を捧げる儀式（いけにえを殺す手続き）は、依然としてイギリス軍による戦犯裁判の形で執行されている。したがって、供犠の祭司はイギリス軍である。上官の命令の申し立てをめぐる河村の見解は、イギリス軍の判断と真っ向から対立していたから、河村はイギリス軍の祭司としての犠牲儀式の執行手続きには批判したいところが多々あった。だが、それを変えさせる力が河村にあるはずもなかった。気に入らない祭司であっても、受け入れるしかない。

この犠牲儀式の図式が与えられるとき、河村は「喜んで永遠の旅路に向かふ」のであり、それは「謂はば一種の特攻隊」としての名誉ある死である、と考えることができた。第二の文脈の「犠牲」が、河村の「いけにえ死」を形づくる。河村は、第一の文脈において英軍から強いられた犠牲の物語を拒否し、みずから作り出した第二の文脈の犠牲の物語のなかで死を受容した。二つの物語は、いけにえと供犠祭司、および戦犯裁判という犠牲儀式の実体において同一であるが、意味づけはまったく異なるものとなっている。

殺すのが英軍であり、場面が戦犯裁判であり、殺されるのが河村である、ということは動かしようのないむき出しの現実である。河村は、「勝者の裁きに盲従するだけ」（河村 1952, 148/1947. 6. 24）と述べるとおり、むき出しの現実という水準では、みずからの死を決して心から納得しているわけではない。「統帥権下の行為、その絶対服従の下に、合理適正に努力したこの作戦行為は、日本ならば当然無罪」（河村 1952, 82/1947. 3. 22）という思いがある。主観責任、個人責任を引き受けるつもりはまったくないのである。河村は「喜んで永遠の旅路に向かふ」「謂はば一種の特攻隊」と言いつつも、決して死ぬことを望んでいるわけではない。

河村の「いけにえ死」は、権力によって強いられたみずから望まぬ死を、みずから望む運命であると信じることにする（make-believe）という一つの演技である。それは、犠牲譚に本質的なこの虚構性において、真剣な演技であり、みずからの尊厳を懸けたごっこ遊びなのである。この厳粛なごっこ遊びの脚本は、河村自身が作り上げたものである。いけにえとしての自分と、供犠祭司としての英軍は変えようがない。河村はそこに、サクリファィアンとして中日両国民、いけにえの死と引き換えに得られる善として中日両国民の新たな信頼と理解、という二つの要因を創造的に付加し、これらの人々のためにこそいけにえとなって死を受容する、という物語を作った。死を拒否する現実世界の河村は、死の受容を演技する虚構世界の河村となることによって、運命を受け入れることが辛うじて可能となっている。

二重の虚構性

河村の物語は、しかし、犠牲を捧げる集団（サクリフィアン）によって共有されているわけではなかった。華僑社会は、河村がみずからの死を意味づけるために作り出した犠牲の物語など、何らあずかり知るところではない。日本の社会も河村の物語を共有してはいなかっただろう。中日両国民という集団が、何らかの善を受け取るために一致していけにえを捧げる一個の社会として実在していたとは言いがたい。ユベールとモースによれば、いけにえとサクリフィアンの強い結びつきが犠牲の成り立つ基本的な条件の一つである。いけにえは、みずからと強く結びついた個人または集団に善をもたらすために死ぬ。サクリフィアンと無関係の死は、犠牲の文法を逸脱しており、本当は、犠牲としての死ではありえない。

河村の死は、むき出しの現実としては、軍事力を背景としたイギリス軍の軍事法廷における強制された死である。河村は、「日本ならば当然無罪」と主張し、この死を拒否する。河村は、この死に対して連合国が与えた、正義の裁きにおいて個人として有責だ、という物語も拒否する。河村は、自分は日中両国民の新しい信頼と理解のための犠牲である、というみずから作り出した物語においてのみこの死を受容する。だがこの犠牲譚を支える集団は存在しない。いけにえを捧げる社会集団が存在しないのに、いけにえだけが存在する。つまり、現実の死だけがある。この意味で、河村の作り上げた物語は、犠牲譚の本質的な虚構性において虚構である（望まない死を望ましい死だと信じることにしている）だけではなく、ちょうど読者が一人もいない小説のように、それ自身が虚構として成立する基盤をもたないという二重の虚構性のなかに置かれている。河村の犠牲の物語は、犠牲譚の本質的な虚構性においてだけでなく、それが犠牲の物語として成り立つという主張自体においてもまた虚構なのである。

日本人戦犯の「いけにえ死」の論理は、多かれ少なかれ、この二重の虚構性のなかにある。「日本人のだれかが行かなければおさまらないのだ。自分の死は自己の責任に依るものにあらず人の身代わりなり」（『世紀の遺書』39）と記した兼石績は、「日本の国体と国土を護り日本民族の滅亡を止めるためには血の代償は是非必要なるを肝に銘じ、国家の犠牲となる」（同上）と遺言し、「新日本の将来期して見るべきものありと確信し、陛下の万歳を唱へ「ニッコリ」笑つて行きます」（同上）と家族宛書簡で言う。ここではサクリフィアンは日本人全体となっている。だが、兼石の犠牲によって日本人全体に将来の善がもたらされるという物語は、兼石の物語であって、日本人に広く共有される物語ではない。飯田進は、ニューギニア戦線を体験し、住民らを殺害した罪でＢＣ級戦犯として重労働二〇年の判決を受けた（飯田 2008）。兼石の物語に最も共感が成り立ちやすい立場の人物と言えよう。だが、飯田は「兵士たちの尊い犠牲の上に今日の経済的繁栄がある」という言葉に対して、次のように語っている。「飢えと病気の苦しみの中で死んでいった兵士を悼む気持ちはわかる。私だって特攻隊員の手紙を読めば号泣する。しかし、理性的に考えれば、戦後の繁栄と兵士の死はまったく関係ない[3]」。

あるいは、村上博は「昔から人柱と称して尊い命を抛って洪水の災害を救った犠牲者の話を聞いているが、実際国家再建の礎たらんとして散りゆく我々の気持はその人柱の気持と変りない」（『世紀の遺書』149）と記した。そして、「戦犯者の苦しき体験より生まれた思想と、闘志と、地下に眠る犠牲者の魂魄とは、相俟つて腐敗した社会人心を刷新し、国民精神の源泉となつて新日本建設の原動力となることを信じて疑はぬ」（同上）と言う。村上は、しかし、「戦犯者の気持を他の人々は到底推測し得るものではない。日本国民は概して戦犯者の問題に対して冷淡すぎるような気がする」（『世紀の遺書』148）と率直に指摘した。自分の作り上げた人柱の物語が、犠牲の文法を逸脱した奇妙なものであることをみずから悟っていたようである。

犠牲の文法からの逸脱が相対的に少なかったと考えられるのは、「私と米田が犠牲になれば十八名のものが救はれる」（『世紀の遺書』486）と記した田島盛司や、「部下の罪を一身に受けて一人の死に何名かの可愛い部下が助かると思へば死も亦楽しく幸福である」（『世紀の遺書』604）と記した槇田時三のように、サクリフィアンを少人数の身近な人々に限定した事例である。だが、この小さな集団に向けた「いけにえ死」は、現代の私たちにとって、個体を集団に結びつける論理の一つの標本として興味深いものではあるが、私たちはサクリフィアンの一員ではない。それゆえ、私たちに善をもたらしてくれた行ないとして感謝できるような虚構性を備えてはいない。

3　権力、責任、犠牲——第Ⅰ部の結び

責任の論理

第2章でＢＣ級戦犯に関する先行研究を扱った際、ごっこ遊びや演技として行為する人々において、いったいどのような責任の論理が成り立つのだろうか、という問いを立てておいた。それに対して、回答を与えておこう。

自分はいけにえであり、将来の日中両国民の宥和のための犠牲として身を献げるのだ、という河村参郎の思考と行為は、自分は無罪であるから死を拒否するが、しかし、日中両国民のためならば喜んで死を受け入れてこの身を献げる、という両立しない二つの心的態度にまたがっている。喜んで犠牲となるという自分の創作した物語のなかで、河村は、両国民の宥和という善をもたらす存在となる。自作の物語のなかで一つの役柄を演ずることによって、みずからの指揮した華僑虐殺に対して彼なりに応答し、責任を取っていると言ってよい。

この責任の取り方は、作田の言うように、連合国の期待したものとは違っていた。河村は個人責任と主観責任を

一切認めない。自分の意志で行なったことではないと明言する以上、自分という個人に責任があるという自己認識も、そういう主観的な感覚も、まったくもっていないだろう。彼は、客観的に生じた華僑殺害の事実を認め（客観責任）、日本軍という集団の一員として（集団責任）日中両国民という包括的な上位集団のために死ぬ（自己犠牲）という形でのみ責任を取った。指揮官の役割を果たしたかぎりにおいて有責であり、いけにえの役を演ずることでその責めを負ったのである。

責任を引き受ける河村の行為は、依然、役柄に即した演技として存在している。自分の振る舞いが裁かれているのにもかかわらず、「総べては運命であり、因縁であります」と述べ、運命や因縁という所与のシナリオのなかにみずからの決定を溶け込ませていく。この姿勢が、自分は運命に従ってここに至ったまでだという諦観を与え、河村にとって救いとなったのかもしれない。だがこれはまた、自分の人生を他人事のように見ることにつながっている。自分の人生を他人事のように見て、役柄のなかで生き、役柄として死ぬことで責任を果たす。この他人事としての責任の完遂は、本当は死にたくないという現実の心理（私に責任はありません）と、皆さんのために死にますという演技的な心理（私の責任を引き受けます）の二つの層から浮かび上がってくる。自己犠牲という概念の本質的な二層性によって、つまり死にたくないけれど死にますという概念の構造上の特性によって、それが可能となっている。

権力と犠牲

上位権力からの命令の下に置かれたとき、個人は自分の感情や事実認識が成り立っている現実世界から引きはがされ、命令された振る舞いの世界に移し入れられる。この命令された振る舞いの世界に入るためには、しばしば自分の現実の感情や事実認識を一部否定しなければならない。

日本人戦犯には、正義の裁きにおいて個人として有責、という物語が軍事法廷によって与えられた。死を免れることは不可能であり、戦犯には、この物語を受け入れて死ぬことが強いられた。だが、彼らはこの物語を受け入れず、自分を含む何らかの集団を想像上で構成し、その集団のために自分は死ぬ、という「いけにえ死」の物語を作り上げた。「いけにえ死」の物語は、河村の例から分かるとおり、軍事法廷の物語を拒否し、戦犯みずからが作り上げた独自の物語であった。

軍事法廷の物語は、上官の命令にもとづいて行動した兵士にも、その命令を是認した点で主観責任および個人責任がある、という人間観にもとづいていた。この近代社会の人間観を受け入れるためには、戦犯たちは、現実には命令拒否など不可能だったという自分の事実認識を否定して、命令拒否が可能であったということを信じることにしなければならなかった。だが、彼らがこれを信じることにすることはまれだった。それは自分の現実認識のあまりに根本的な部分を書き換えることだったからに違いない。彼らには、自分は日本軍のなかの自由な個人だったというほどにまで現実世界からかけ離れた荒唐無稽な世界において、罪ある個人として演技することは不可能だった。その代わりに、彼らは違う物語を自分で作り上げる方向をとった。それが日本の再建のために、世界平和のために、部下たちのために、いけにえになる、という物語だった。だが、この物語を共有する集団は現実には存在しなかった。したがって、彼らの作り上げた犠牲の物語は、犠牲という概念の本質的な虚構性において虚構的であるだけではなく、人々に共有されない犠牲の物語であるという意味でも犠牲の文法を外れた空虚なものとならざるをえなかった。

この「いけにえ死」の論理の核心部分は、比喩的な形で日常的に機能していることが、河村および東京裁判のA級戦犯についての検討から確かめることができる。犠牲の物語を共有する集団が存在しないということは、犠牲の文法からの逸脱であり、「いけにえ死」の論理の核心部分ではない。核心部分は、①いけにえに供されるものの死をなかだちにして、物語（犠牲儀式）を共有する集団に善きものがもたらされること。②いけにえは、死を本当は拒否しているのだが、死をあえて受容すること（自己否定）において、集団の力を実体化するということ。この二つである。

河村は、山下軍司令官から命令を受けたとき、作戦が厳に失しており、些か妥当でなく、別のかたちに何とかした方がよいと考えた。だが、この私情を殺して、命令に服従することにした。この場面で、比喩的に殺されたいけにえは、河村の個人的な考えである。この自己否定が集団の力を現実のものとする。すべての軍人が上官の命令に服従するという事例に新たな一例（河村の服従）が追加され、日本軍という集団は、また一つその力を示す機会を得た。のみならず、日本軍は外部に対して行動を起こし、戦果を得て、将軍たちは昇進していく。善きものが得られたのである。この、河村が軍司令官に従った場面のような行為を、自己犠牲型の行為と呼ぶことができる。

A級戦犯においても、自己犠牲型の行為が見出される。丸山眞男は、A級戦犯に対し、「重大国策に関して自己の信ずるオピニオンに忠実であることではなくして、むしろそれを「私情」として殺して周囲に従う方を選び又それをモラルとするような「精神」こそが問題なのである」（丸山 1964, 108）と批判したが、ここで丸山が批判しているのはまさに自己犠牲型の行為である。

自己犠牲型の行為は、おそらく丸山が考えたよりも根が深い。それは、物語を共有してくれる人々の集団が確固として存在するならば、多くの場面で有効に機能する社会的行動の類型である。仮にユベールとモースの、「特に宗教的とは言えないような社会的な信念や実践の多くが、犠牲と結びついている」（Mauss 1968, 307/邦訳 111）という指摘が正しいものであって、さらに、「あらゆる社会生活は、本質的に犠牲の一形式なのだ」（Lincoln 1991, 175）とさえ言いうるとしたら、いかなる権力にさらされたときにも、人間は自由で独立した個人として振る舞うことが原理上可能である、という近代社会の物語を私たちが演技することは、予想以上に難しい。

ユベールとモースが明らかにしたように、私たちの社会生活は、自己否定を強いる力の働きの下にある。この力の作用によって、自分自身の分裂が生まれ、現実の自分を否定して演技的に生きるという姿勢が生み出される。犠牲および自己犠牲はそのような権力作用のなかで生まれる行為類型であり、概念である。それは、人類社会に普遍的に見られるのである。犠牲の概念を基盤とすることによって、戦犯の遺文と連合軍の裁判の思想とのあいだに横たわっている西欧的精神と日本的道徳の異同を正確にとらえることができるはずである。

次章以下では、自由で独立した個人という近代社会の原理と自己犠牲の論理を突き合わせて、いったいどのような相克や衝突が生まれるのかを見ていくことにする。

第Ⅱ部　自己犠牲の論理

第5章　自己犠牲と意志

1　自己犠牲の基本的特徴

第I部の考察によって、犠牲および自己犠牲の基本的な特徴について、いくつかのことが明らかになった。まずそれをまとめておこう。本章の課題は、これらの特徴をめぐって、事例の分析と思想史的背景の検討を行なうことである。

第一に、犠牲および自己犠牲は、演技的な振る舞いの水準と、現実の水準との二つの層から構成されている。この点はすでに繰り返し述べた。私たちは、ある行為が犠牲や自己犠牲に該当すると見て取る場面で、この二つの層を暗黙のうちに認知する。動物を神々に捧げる犠牲儀式では、現実には死を受け入れるはずがない動物たちと、神々の領域に近づいてみずから死を受け入れるいけにえの動物たち、という二つの水準が見出される。河村参郎ほかBC級戦犯の自己犠牲の語りには、現実の刑死を受け容れない自分と、いけにえとして死を受け容れる自分、という二つの水準が見出される。演技的で虚構的な水準とむき出しの現実の水準から構成されるということは、犠牲および自己犠牲という概念の必要条件の一つであると考えられる。このことは、自己犠牲的な行為者が、現実の自己と演技する自己への心の分裂を内包していることを意味している。

第二に、犠牲や自己犠牲における行為主体の人格の分裂は、社会的な圧力のなかで生じる。このことが最も明瞭に述べられているのは、ユベールとモースの犠牲論においてである。サクリフィアンは、社会的な力から自己否定を求められる。そして、自己の一部を殺し、自分の身代わりとして差し出すことによって、精神的または物質的な見返りを社会から受け取る。犠牲が儀式として制度化される以前の狩猟民の動物殺しの場合、社会的な圧力は、互酬性（reciprocity）という人間社会の基本的性質の形で現れる。動物を殺せば動物たちの守護霊や森の精霊たちから報復されるおそれがある。それゆえ、自分の行なう動物殺しは特別に神々から許可されたものであるとか、動物自身がみずから望んだものであるなどといった虚構が設定される。一般に、人間社会では、仲間に危害を与えると相手の身内から仕返しを受ける。人間社会のこの互酬的な仕組みが、狩猟民に犠牲や自己犠牲という虚構的設定を語らせる原因になっている。同じ社会に属す自分以外の成員が、犠牲や自己犠牲という概念装置の発動を促す社会的な力なのである。

第三に、犠牲と自己犠牲は、本質的にほとんど同じ概念であることが分かる。犠牲を捧げることは、ある程度自己犠牲を遂行することである。アブラハムとイサクは二人の人間だが、神がアブラハムにイサクを犠牲として捧げることを命ずるとき、父と息子は二人で一つの単位として扱われている。また、罪人が贖罪の犠牲を捧げるとき、自分の所有する家畜を殺すのでなければ罪を贖うことはできない。犠牲を捧げることが意味をなすためには、「いけにえがサクリフィアンと入り混じり、二つの人格が融合する」（Mauss 1968, 232/邦 39）ことが必要である。犠牲とはいやいやながらの服従であり、何ほどかの自己否定を含まない犠牲はない。犠牲儀式において二つの人格が融合することと、自己犠牲的行為において行為する自己が現実と演技の二つの層に分裂することとは、同じ本質の、現れ方の違いにすぎない。人格的に一単位として扱われる存在の、その一部が殺されて（否定されて）、残った部分の身代わりとして上位の権力へと差し出される。残った部分は生きのびて、差し出したものの見返りを受け取る。

本書では、これ以降、主として自己犠牲を問題にする。というのも、自己犠牲を扱うことによって犠牲一般の本質的な部分、自己否定とその報酬という取引の関係を扱うことができるからである。

なお、自己犠牲と見なすことが困難な犠牲の事例もある。上海事変において、いわゆる肉弾三勇士の戦争美談が生み出された。上海北郊の中国軍の鉄条網帯を爆破するために、北川亟、江下武二、作江伊之助の三人の一等兵は、一九三二年二月二一日に破壊筒（爆弾）を抱いて敵陣に攻撃を行ない、戦死した。これが英雄的な自爆攻撃として報道され、その後、戦争美談としてもてはやされることになった（山室 2007）。だが、現実には意図的な自爆攻撃だったのかどうかは疑わしく、むしろ一種の事故だった可能性が高い。美談が語られた当時から、死んだ三人と同じ時に同じやり方の攻撃を仕掛けて生還した兵士たちがいたことは知られていた（山室 2007, 224ff.; 増子 2015）。あるいは、三人と同じ久留米工兵隊に属した兵卒からの聞き取り記録が残されていて、その記録では、一人が被弾して三人が戻りかけたところを下士官に怒鳴られて引き返し、敵陣に達したところで爆弾が炸裂して命を落としたらしいと推定されている[1]。一種の事故であったとすれば、三人は無理な攻撃命令の被害者（victim）であり、その意味で犠牲者であったとは言えるが、神風特攻隊の操縦士たちとは違い、自分の意図で自爆したと見なすことはできない。これを自己犠牲の例とすることには躊躇があってしかるべきである。

この三人の自発性が虚構の水準の自発性である点は、自己犠牲の事例一般と共通する。だが、真相が事故死であったとすれば、北川、江下、作江の三人は、虚構の自発性を作り出すことにみずからは関与していない。この点で、自己犠牲の物語を刑死の前にみずから作り出した河村とは異なる。肉弾三勇士の場合、狩猟民が森の動物に自発性を一方的に付与するのと同じく、外部の他人が当事者に自発性を仮託しているのである。これは自己犠牲の捏造と言う方がよいだろう。今後は、いけにえとなる当事者が、自発性を虚構の水準でみずから演技的に表出している事例を主として取り上げる。こうすることで犠牲の本質をとらえそこねることはないはずである。

第四に、自己犠牲的行為と西洋近代の合理的個人の理念のあいだには、不整合があることが推測できる。東京裁判の判決の分離意見で、ウェッブ裁判長は天皇の戦争責任について、天皇がかりに他人からの助言を受け入れて行為したのだとしても、そうするのが適切だと当人が判断したがゆえにそうしたのだ、と指摘していた（第2章2節）。この指摘がもとづいているのは、一般的に言えば、人がなんらかの行為ϕを実行するときには、周囲からの働きかけがどれだけあったにせよ、その人自身が行為の時点でϕすることが最もよいと判断しているのだ、という考え方である。これを河村が山下奉文から華僑掃蕩命令を受けた場面に当てはめてみると、たとえ山下の命令があったにせよ、作戦を指揮する時点では河村自身が華僑を殺害するのが最もよいと判断していたのだ、ということになる。

河村が命令を受け入れたあり方を、第4章末尾では、自己犠牲型の行為と呼んだ。というのも、私たちの解釈では、河村は自分の私的な判断を押し殺し、山下の命令が正しいと信じることにして、それに服従したからである。ただし、河村は正しいと信じることにしただけであって、本気で正しいと信じたわけではない。これが解釈のカナメである。河村は、内心では命令は正しくないと考えた。これが河村のありのままの現実の信念である。しかし同時に河村は、命令を正しいと信じることにした。これが河村の虚構的で演技的な信念である。現実と虚構の二層を想定することによって、河村の行為は自己犠牲型になる。自分の私的な判断を殺して、その見返りに自分たち日本軍にとって望ましい結果を得る、という仕組みが成り立つからである。

しかるに、ウェッブの考え方を採るならば、河村は、作戦を指揮する時点以前に、華僑を殺害することが最もよいとみずから判断していたことになる。言い換えれば、私的な判断の方は、行為する時点ですでに河村自身によって棄却されている。それゆえ、華僑の殺害が正しいことではないと思いながら、それを押し殺して掃蕩作戦を遂行する、という二層の構造は成り立たない。個人が一つの統合された意志の下で行為を選択すると考える場合、自己犠牲的行為を成り立たせる自己の分裂（現実の層と演技の層）が解消されてしまうから、自己犠牲的行為は現れようがない。個人は一つの理性的意志によって定義されるという考え方は、西洋キリスト教文明を貫く基本的な考え方である。この考え方は、自己犠牲という行為類型となかなか折り合わないだろう。以下、この第四の問題を少し立ち入って考えてみる。

2　自己犠牲と心の分裂

人間は、地上の権力に従うことによってではなく、みずからの理性的な選択によって正しい存在となるという考え方は、キリスト教以前に古代ギリシアに一つの予兆として現れた[2]。それ以来、西洋哲学の常識として、人間の行為は、その人が最もよいと考えてそうしようと決意した、というその人の決定によって分析され、説明されるべきであるとされる。ソクラテスは、刑死を予定された当日、獄中にあって、対話相手のケベスに向かい、自分がいまここに座っていることの本当の原因とは「アテナイの人たちがわたしに有罪の判決を下すほうが、〈よい〉と思ったこと、そしてそれ故に、わたしとしても、ここに坐っているほうが、〈よい〉と判断したこと」（『パイドン』98E）[3]であると語る。そして、膝がうまく曲がるようにできているといった自然学的な諸条件は、自分がいま座っていることの本当の原因ではないと主張する（『パイドン』98D）。もっと日常的な場面でも、人間の行為は、「……がよい」という何らかの評価的態度と事実認識とにもとづく当人の決定から生み出されると説明される。『インテンション』におけるエリザベス・アンスコムの再構成によれば、アリストテレスの実践的三段論法は、次のようなものである。

ビタミンXは六〇歳を越えたすべての人々にとって有益である。
ブタの臓物はビタミンXを多量に含んでいる。
私は六〇歳を越えている。
ここにブタの臓物がある。
（Anscombe 1957, 60/邦 115）

推論する「私」は、普遍命題と事実命題をつなぎ合わせて「ここにブタの臓物がある」まで至ったとき、推論の帰結として、それを食べるという現実の行為を遂行するだろう。それを食べることが「私」にとって有益であることが、推論から明らかになったからである。

プラトンやアリストテレスの考えをもう少し説明的に言えば、以下のように行為解釈の原則を述べることができる。

およそ正気の行動であるかぎり、ひとは自分にとってよきもの（正の価値をもつ事態）を目指し、あしきもの（負の価値をもつ事態）を避けて行動する、ということが人間理解の基本の公理であるといえる。

（黒田 1992, 26）

これは黒田亘の定式化だが、ここで言及されているのは、「強盗のピストルで脅かされて会社の金庫を開けさせられる宿直の社員」（黒田 1992, 26）という例である。これは強制の下での行為だが、それでも「宿直員は、強盗の指図に従うことがトータルにはよりよい選択であると信じてそうしたのだ」（同上）というふうに私たちは理解するし、それ以外に人間の行為を適切に理解する方法はない。つまり、「人間は必ず自分にとってよりよいと思われる行動を選ぶ、というのが行為の解釈の根本原則」（同上）であり、「基本の公理」にほかならないというわけである。

複数の選択肢から二つを取って、一つの規準で比較し、よりよい方を残す、という操作をすべての選択肢に適用すれば、最後には一つの選択肢が残る。単純に考えると、これが最もよい選択肢である（柏端 2007, 73）。「自分にとってよりよいと思われる行動を選ぶ」という原則は、「すべての選択肢のなかで最もよいものを選ぶ」ことに帰着するはずである。ところが、自己犠牲的行為は、自分にとって他のすべての選択肢よりよいと思われる行動を選ぶ、という原則にもとづいて説明することが困難である。

自己犠牲的と見なされうる行為の例を取り上げて、考えてみよう。

例（老人の世話の例）：一人の女性が、親戚の老人たちの世話をするために、みずからの結婚とキャリアを犠牲にした。

この例は、『コリンズ・コウビルド英語辞典（*Collins COBUILD English Language Dictionary*）』第一版の "sacrifice" の項の用例 "women who have **sacrificed** their career and marriage to care for elderly relatives" にもとづく。複数形で女性たちの経験として述べられているところを、単数形で一人の女性の経験に書き改めた。なおこの辞典の第二版には、同じ用例は見当たらない。用例の性差別的な含みを忌避したのかもしれない。もちろん、私がこの例を用いるのは性差別を肯定する意図があるからではない。そうではなくて、むしろ、性差別のような社会的な圧力が個人にかかっている局面が、自己犠牲を生む典型的な状況であることを、この例がよく示すからである。

"sacrifice" が英語の日常的な用法で「いやいやながらの服従（reluctant surrender）」を表すことはすでに述べた。ほかにも日常生活での "sacrifice" に該当する状況として、ジェフリー・カーターは、息子のフットボールの試合を応援するためにゴルフを諦める父親、家を購入するために休暇の旅行を諦めて貯金する夫婦、あるいは野球の犠牲バントといった例を挙げている（Carter 2003, 2）。日本語でもほとんど同じような例が成り立つだろう。日常生活では、洋の東西を問わず、こういった意味での自己犠牲的行為の例はありふれている。

この種の自己犠牲は、一見するとなんの問題もなさそうに見えて、「自分にとってよりよいと思われる行動を選ぶ」という個人の合理的な決定によって行為を説明する哲学的常識に対し、難問を提出する。老人の世話の例で、当該の女性が最もよい（他のすべての選択肢よりよい）と思って選んだのは、①「老人たちの世話」と②「結婚とキャリアの追求」の、いったいどちらだったのだろうか。

私たちは、あるがままの現実の自分と演技的に振る舞う自分という周知の二つの層を導入することによって、この難問を切り抜けることができる。だが、いま取り組んでいるのは、自己犠牲的行為を、個人の合理的決定によって説明するという課題である。前節のウェッブ裁判長の言葉から、「人がなんらかの行為ϕを実行するときには、周囲からの働きかけがどれだけあったにせよ、その人自身が行為の時点でϕすることが最もよいと判断しているのだ」という考え方を抽出した。いま取り組んでいるのは、この考え方に沿って自己犠牲的行為を説明しようとするとどうなるか、という問題である。

この女性が最もよいと思ったのは①と②のどちらだったのか、という問いに対する第一の答えは、①「老人たちの世話」だ、という答えである。行為選択に関し、その人がそれを最もよいと考えてそうしようと決意した、というその人の決定があることを前提し、現実の行為から逆算すれば、この答えにならざるをえない。この女性は、結婚とキャリアの追求よりも老人たちの世話の方がよいとみずから決定し、実行した。すると、この場合、この女性が結婚とキャリアを「犠牲にした」と言うのはいささか難しいように思われる。彼女は自分が望むことを実現できたのである。この種の自己実現は、自己犠牲とは呼びにくい。この女性は自分の考えで最善を選び取るという意味において合理的で、そのかぎりで自分を犠牲になどしていない[4]。つまり、本当は自己犠牲的ではなかったことになる。だがこの説明は、この例に接したときの私たちの最初の直観を掬い上げそこねており、なんとも的はずれに感じられる。

すると第二の答えは、この女性が最もよいと思ったのは、②「結婚とキャリアの追求」の方だ、という答えになる。この場合、この女性は自分にとって最善の選択肢を断念して他人に尽くしたのだから、たしかに自己犠牲的である。しかし、この女性は自分が最もよいと思う選択肢を**自分で**放棄していることになる。これはあからさまな不合理である。この女性の行為選択は、自己犠牲的だが不合理であると言わざるをえない。だが、この説明は再び的外れに感じられる。この女性の振る舞いは、決してわけの分からない不合理なものではないからである。こうして第二の答えも退けられるほかない。

残る第三の答えは、この女性が最もよいと思ったのは、①「老人たちの世話」と②「結婚とキャリアの追求」の両方だったのだ、という答えである。老人たちの境遇を考えれば世話をするのが最もよいけれど、自分の境遇を考えれば結婚とキャリアを追求するのが最もよい。このように彼女は考えたのであろう。そして、自分の最善は断念し、老人たちの最善を選択した。②「結婚とキャリアの追求」の断念が自己犠牲を成り立たせ、①「老人たちの世話」の選択が合理性を成り立たせる。こうしてこの女性の行為は、個人の合理的かつ自己犠牲的な決定によるものとして、うまく説明されたかのように見える。

しかし、この第三の答えは、行為の決定過程を説明できない。この女性は、二つの選択肢のあいだでどうやって決定したのだろうか。いま私たちは、演技的に振る舞うという水準を視野に入れていない。人は自分にとっても最もよいと思われることを実行する、と想定している。この想定の下で、結局①「老人たちの世話」が最もよいと考えて、そうしようと決定したということなら、状況は第一の答えに戻る。彼女は合理的だが自己犠牲的ではない。これを避けて、結局②「結婚とキャリアの追求」が最もよいと決定したのだと考えるなら、状況は第二の答えに戻る。彼女は自己犠牲的だが不合理である。これを嫌って①「老人たちの世話」も②「結婚とキャリアの追求」も同じくらいによかったのだとすると、これは第三の答えそのものである。行為者は二つの選択肢のあいだで引き裂かれたままであり、最もよい選択肢を選ぶ過程が説明できない。

あるがままの現実の自分と演技的に振る舞う自分という二つの層を導入すれば、説明は容易である。現実の自分としては結婚とキャリアが最もよいのだが、老人の世話を選ぶように社会的な圧力がかかっている局面では、老人の世話を選ぶことが最もよいと信じることにして、しかるべく振る舞う。こうして、現実の自分の気持ちを殺して（犠牲にして）、演技的に行為する。河村参郎が命令を受けた場面と同じである。しかし、行為者の心は、このとき明らかに分裂している。心の分裂を内包した人間は、「なんらかの行為φを実行するときに、その人自身が行為の時点でφすることが最もよいと判断している」のではない。演技的に振る舞う人は、φではなくψするのが最もよいと信じていながら、φするのが最もよいと信じるふりをしている人間である。これは、理性的意志において統合された不可分の存在、つまり個人（individual）ではない。もちろん、心の分裂を抱えた人間も、生物学的には一個体であるから、その意味では個人である。しかし、何をするのが最もよいのかをみずから判断しうる存在としての個人、言い換えれば理性的意志によって統合された個人は、たんなる生物学的一個体のことではない（意志する個人と生物学的個体の違いは第6章4節で扱う）。

こうして私たちは、自己犠牲的行為のなかに、個人の合理的決定によって行為を説明する哲学的常識に突きつけられた一つの難問を見て取ることになる。自己犠牲など本当は存在しない（第一の答え）か、自己犠牲は不合理な行為である（第二の答え）か、自己犠牲は決意する主体としての個人の行為ではない（第三の答え）か、いずれかである。個人と自己犠牲と合理性という三つの概念を同時に満たすことはできない。この背景を、西洋近代の道徳哲学の歴史に即してもう少し考えてみる。

3　私的価値と公共的価値——西洋近代思想史一瞥

道徳哲学の課題は、何を為すべきか、という問いに答えることである。この問いは、何をすればよいのかまったく見当がつかないような真空のなかで出現するのではない。むしろ、いくつかの可能な選択肢があるが、そのなかのどれをとるべきなのか、という問いのかたちで出現する。老人の世話の例で分かるとおり、そのような状況として典型的なものの一つは、自分にとってはある選択肢が最もよいが、自分を含むある集団にとっては別の選択肢が最もよい、という状況である。これは、私的な観点からの価値判断と共同的な（ないし公共的な）観点からの価値判断が対立する状況である。問題は、次のように整理できる。

たとえば、わたしの個人的な好みからいうとやりたくないことでも、法律で決められているからしなければならないということがある。……この「しなければならない」はどこから出てくるのであろうか。（内井 1988, 二）

この問いに答えることは倫理学の中心課題の一つである。そして、ここまでの考察から明らかなように、私的な価値判断と公共的な価値判断のあいだの対立や衝突が合理的に解決できない場合にのみ、自己犠牲という行為類型が出現する。個人が自己否定を行なわずに公共的な水準の価値判断を肯定することができる場合には、自己犠牲は出現しない。個人は自分が最もよいと思うことを実行することになるからである。したがって、この倫理学の中心問題は、自己犠牲を理解するうえでも核心に来ることが分かる。

ジョン・ロック（1632-1704）

先に（第2章2節）西洋倫理思想の根幹の一つとして自然法論を挙げた。代表的な自然法論者の一人、ジョン・ロックがこの問題についてどう言っているのか、『人間知性論』（1689）の一節を見てみよう。

道徳性の真の根底とは、神の意志と法のみであって、神は暗闇のなかで人を見ており、賞罰を手にして、どんな不遜な違反者をも弁明のために召喚する権力をもっている。さて、神は、徳と公共の幸福とを不可分に結びつけ、徳の実践を社会の維持に必要であるとともに徳ある人と関係をもつすべての人に目に見えて利益となるようにした。それゆえすべての人が、それを守れば自分が利益を得られるような規則を、たんに受け入れるだけでなく、他人に向かって推奨し、誉め称えるのも不思議ではない。誰でも、ひとたび蹂躙され冒瀆されたら、自分自身が安全でも安泰でもいられないような事柄については、堅い信仰からだけでなく、利害からも、それは神聖なものだと叫ぶだろう。このことは、それらの規則が明らかに備えている道徳上の永遠の義務を少しも損ないはしない。

（『人間知性論』1.3.6. 強調は引用者）[5]

ロックの言っていることを、傍点の箇所をつないで示せば、神の意志と法の下では、「自分が利益を得られるような規則」を守ることが、「公共の幸福」となり、「永遠の義務」を果たすことになる、ということである。神の下で、自己利益と公共の幸福と永遠の義務は一致する。

この一節が興味深いのは、後の倫理学の歴史のなかで、カント的な義務倫理に発展する着想と、ベンサムやミルの功利主義に発展する着想の両方が、ひとつながりに表明されているところにある。冒頭の「法」は、もちろん自然法である。ロックは、神の意志である自然法を守ること（徳）と人々の利益は一致すると述べ、利害関心から自然法を遵守することは、永遠の義務を損なわないと念を押す。功利的に行動することは、永遠の義務を果たすことと同じことなのである。個人の利益と公共的な幸福や道徳的義務とは、神の命令の下で矛盾なく一致すると考えられるから、私的な価値と公共的な価値とのあいだに原理上の対立は生じない。

「それを守れば自分が利益を得られるような規則」の一例は、所有にかかわる自然法である。ロックの初期草稿、『自然法論』（1660）には、「自然法を守ることほど、各人の共通の利益につながり、人々の所有の安全と安定を守るものはない」（『自然法論』207）とある。[6] また、『統治二論』（1689）第二篇には、「理性にちょっとたずねてみさえすれば、すべての人は万人が平等で独立しているのだから、誰も他人の生命、健康、自由あるいは所有物をそこねるべきではないということがわかる」（『統治二論』II, §6）とある。理性を用いればただちに分かるような規則が自然法である。互いに他人の生命、健康、自由、財産をそこねないようにすれば、自分にも他人にも利益があることは誰でも分かる。この利益を見越して理性の教えるところ（自然法）を遵守することは、公共の幸福でありかつ永遠の義務を果たすことである。私的な価値と公共的な価値とはこうして一致する。

カントの義務倫理でも、ミルの功利主義でも、個人の価値判断と公共的な価値判断は基本的に一致するという考え方は受け継がれていく。その点を確認しよう。

イマヌエル・カント（1724–1804）

カントが人間の行為について言っていることを簡略化して再構成すれば、次のようになる。まず、人間は自由である。このことはカントの議論の出発点である。私たちの行為が物理的自然によって因果的に決定されているなどと考えてしまうのは、カントによれば一種の勘違い、因果性のカテゴリーの適用の誤りである。物理的な因果性は経験的世界（現象）にしか適用できない。ここを勘違いして、人間の魂という知性界の存在（物自体）に適用すると、人間の行為が物理的な因果性によって決定されているという誤解を抱くことになるのである。[7]

とはいえ、明らかに、私たちはまったく規則性を欠いた行き当たりばったりの仕方で行為しているわけでもない。人間は自分自身の意志という行為の原因をもっている。もとより、意志は物理法則に従っているのではない。これは前提である。だが、そもそも意志が原因であるということは、やはり意志がなんらかの法則性に沿って働いている、ということを意味している。原因とは法則的に作用するものだからである。それならば、今、意志を外から律する自然法則というものはないことになっているのだから、意志は自分自身で自分を律しているとしか考えようがない。

> 意志の自由というものは、自律すなわち自己自身に対する法則であるという意志の特質以外の何ものでありえようか。
> （『人倫の形而上学の基礎づけ』292）[8]

カントは、人間の意志は物理的な因果性からは自由であるが、行為がまったく不規則に生じるわけではない以上、行為を生み出す意志自体が自分で自分に規則性を与えていることになる、と言うのである。「意志はそのすべての行為において自己自身に対する法則である」（同上）。こうして、何かを「しなければならない」という義務は、人間の自由意志がみずからに与える命令、すなわち自分の立てた法則から出てくることになる。

この「法則」は、ロックの言う自然法に該当する。明示的に神に言及するロックとは違って、カントは理性的存在であるすべての人間が従うべき法則を、あからさまに神の命令として提示するわけではない。そうではなくて、自分自身の行為の方針に対する形式的な条件として提出する。――なお、日本語では自然科学的に成り立つ規則性を「法則」と言い、社会の決まりごとは「法」と呼んで区別するが、欧州諸語は区別しない。"law"（英）、"loi"（仏）、"Gesetz"（独）である。以下の説明で、「法則」とある箇所のいくつかは、日本語の通常の言葉遣いでは「法」となるべきところだが、欧文脈の思考を保存するために、あえて「法則」と記す。

さて、物体は自然法則に従って運動するが、物体には自分がどのような法則の下にあるのかを理解する働きは宿っていない。外から力が加わるのに応じて、動いたり止まったりするだけである。人間も、自分がどのような法則（即ち、法）の下にあるのかを知らず、たまたま法則に適った行動をしているだけ、という場合もある。しかし、人間は、物体と違って、法則を理解して意図的にそれに従うという仕方で行為することができる。道徳的に善いとされるのは、わけも分からず法則に従っている状態ではなくて、法則を理解して従っている状態である。自分の行為が法則に適っていることを理解している状態が、理性的な存在としての人間にふさわしい善い状態なのである。

何が神の命令であるのかが明示されていなくても、法則とは一般的にどのようなものであるのか理解してさえいれば、人間は、自分の行為が法則に従っているかどうかを判別することはできる。カナメに来るのは「行為一般の普遍的法則性」（『人倫の形而上学の基礎づけ』243）の理解である。物体にせよ人間にせよ、法則の下にあるとは、同一の条件下では同一の仕方で振る舞うという普遍的な規則性にほかならない。というわけで、人間の行為は、法則一般のもつ普遍性に合致することを目指すときに、自然の法則（自然法）に適うことが少なくとも可能になる。これを命令の形式で表記すれば以下の定言命法の第一の形式になる。

> 汝の格率が普遍的法則となることを汝が同時にその格率によって意志しうる場合にのみ、その格率に従って行為せよ。
>
> （『人倫の形而上学の基礎づけ』265）

「格率（Maxime）」とは、何かをやろうするときの具体的な方針のことである。したがって、ここで言われていることは、自分の行為の方針がそのまま普遍的な法則となることを、その方針を実行することを通じて意志することができるときだけ、その方針に従ってものごとを行なえ、ということである。例えば、「借金をするが、返済はしない」という方針をもつことは可能である。この方針に従って行為してよいかどうかは、上の定言命法の教示するところによれば、自分がこの方針に従って借金をするとき、同時にこの方針が普遍的な法則となることを意志する（合理的に欲する）ことができるかどうか、に懸かっている。この例の場合、それを意志することはできないとカントは指摘する。

なぜなら、誰も、いったん自分が困っていると考えた上は、守るつもりなしに思うままの約束をすることができる、という法則の普遍性は、約束と約束によって達しようとする目的とをそれ自身不可能にしてしまうであろう。すなわち、そういうふうでは誰も何かの約束をされたとは思わず、そういう言葉を空しい口実として嘲るであろうから。

（『人倫の形而上学の基礎づけ』267）

平たく言えば、「借金をするが、返済はしない」という方針は、行為の規則として社会に広まると、借金一般が成り立たなくなるような方針である。だから、この方針で借金をする気でいながら、同時に、この方針が普遍的法則になることを意志するとは、個別の借金を意志すると同時に借金一般の不成立を意志する、という自家撞着に陥ることである。自家撞着が法則となることはありえない。つまり、そのように行為することが自然法に適うことはない。神の命令にロックのように明示的に言及しなくても、こうして、行為の方針と法則一般の普遍性との整合性を吟味することを通じて、自然法に適合しない行為を選別することは可能になる。つまり、借金をするが返済はしない、という方針は採用しないように〝しなければならない〟ことが、普通の理性の持ち主には分かるというわけである。

カントの上のような議論に対しては、いくつも疑問が湧いてくる。例えば、人間の行為が物理法則から自由であるというのは疑わしい。脳の物理的過程と人間の意図や振る舞いとは緊密に結びついているはずである。あるいは、カントは、ロックと違って神の処罰を導入しないから、人間が自分に与える道徳的命令の拘束力が、何に由来しているのかが分からなくなる。神罰もないのに、普遍的な法則となりうるような道徳的に正しい方針にのみ従うべきであるのは、そもそもなぜなのか。私たちは、なぜ道徳的であらねばならないのか。しかし、私たちの現在の関心にとって、カントの道徳哲学に対するこの種の根本的な疑問を追究する必要はない。

私たちの問題は、私的な価値と公共的な価値とがどのような関係に立つのか、ということである。カントの道徳哲学が本当らしく見えようと見えまいと、この問題に関するカントの見解ははっきりしている。私的な価値判断を公共的な価値に結びつけるのは自由意志だ、ということである。カントは、自分の私的価値判断（格率）が公共的な規範（普遍的法則）となることを、その私的価値判断を通じて意志できるときにのみ、その判断に従って行為せよ、と言っている。これは要するに、私たちは十分に理性的であれば、私的な価値判断から出発して公共的な価値に至ることが可能だ、と言っているのに等しい。私的に最もよいことと公共的に最もよいことが最後まで対立して統一できない、ということは原理上想定されていない。本当に自由で理性的な意志は、みずからの自由の必然的帰結として、普遍的法則に適った行為の方針を手に入れるのである。

重ねて確認しておけば、私たちの関心から言って大事なのは、意志の自己立法の働きが本当にこのとおりかどうかではない。大事なのは、私的なものと公共的なものとのあいだの対立が、原理的に克服できるという前提で倫理的思考が営まれている、という思考の形態の方である。もちろん現実にはいくらでも対立は生じるはずだから、各人の主張を調整する政治的な技術が必要になるだろう。だが、原理上は、理性的個人は自由意志の働きを通じて公共的価値に達しうるのである。単純に言えば、理性ある人間は、誰しも「しなければならない」ことが何なのか自分で分かるのである。

J・S・ミル（1806–1873）

功利主義の場合、「しなければならない」という行為への命令は、行為の帰結としてもたらされる効用（utility）ないし幸福（happiness）についての考慮から導かれる。ミルによれば、「行為は幸福を増進する傾向に応じて正しく、幸福の逆を生み出す傾向に応じて誤りである」（『功利主義』2.2/邦 467）。これが「効用、ないし最大幸福の原理」（同上）である。ただし、功利主義を利己主義と取り違えないようにするため、「功利主義の規準は、行為者自身の最大の幸福ではなくて、全体としての幸福の最大量である」（『功利主義』2.9/邦 472）ことを確認しておくべきだろう。(9)

そうは言っても、功利主義において全体の幸福がまず目指されるということではない。ミルは、「よい行為の大多数は世界の利益を目指しているわけではなく、諸個人の利益を目指しているのであって、世界の善は諸個人の利益でできている」（『功利主義』2.19/邦 480）と指摘している。個人には、日々の生活でさまざまな選択の機会がある。そのうちどれが最も望ましいかの判断は、個人の選択にゆだねられる。内井惣七によれば、功利主義において、「最も重要な主張は、いかなる社会的規範および公共的秩序の正当化の基準も、社会の構成員である個人の私的価値の増進以外にはありえないとみなすところにある」（内井 1988, 164）からである。個人がみずからの効用を追求することによって、世界全体の善、つまり公共的な効用が実現されるというのが、功利主義の原則である。

ただし、この個人における効用の判断を重視する考え方を、ミルの言葉に沿って裏付けようとすると、多少の検討が必要になる。ミルは、幸福を快（pleasure）と見なす考え方を肯定的に受け入れながら、快に対して量の大小だけでなく質の高低という尺度を適用すべきだと唱えた。そして、質に差のある二つの快について、どちらの価値が真に大きいのかを決めるのは、「その両方を経験したことがある人のすべて、または、ほとんどすべてが、そちらを選ばねばならないという道徳的義務の感じと無関係に、きっぱりと選好するものがあれば、それがより望ましい快である」（『功利主義』2.5/邦 469）という判断の規準を与えている。功利主義の言葉遣いでは、「善」「幸福」「快」

は「効用」と言い換えて差し支えない。すると、ミルの考えは、単純化すれば、経験を積んだ人物の選好が効用の優劣を決定する、というものになる。

この考え方には、二つの解釈が成り立つ。一つは、経験を積んだ権威者の選好が効用の優劣を決定する、という権威主義的な解釈、もう一つは、結局のところ各人の選好が効用の優劣を決定する、という個人主義的な解釈である。ミルは、快の質を論ずるときには、権威主義に沿っているように見える。だが、彼の基本的な傾向が個人主義的であったことは疑われない。

正義を論じるとき、ミルは、「人類が互いに危害を与えることを禁ずる道徳の規則は、他のどんな公準よりも人間の福祉にとって重要である」（『功利主義』5.33/邦 523）と指摘する。そして、人類が互いに与えうる危害のなかに「各人の自由の不当な侵害が含まれることを忘れてはならない」（同上）と念を入れて確認する。ミルにとって、「自分自身の善を追求する自由を妨害されないこと」（『功利主義』5.33/邦 524）は、「他人から危害を加えられないよう保護する道徳」（同上）に当然含まれる重要な一部分となる。自分が最もよいと思うことを実践する自由が各人に保証されることは、社会生活が営まれる重要な条件の一つなのである。

ミルの考えは、したがって、危害を受けずに暮らすためには、各人が自分の善を追求する自由を平等に保有していると見なすことが必要である、というものである。すると、通常は、判断力の多少の差違をさしあたって無視して、特別の権威者ではなくそれぞれの人物の選好が効用の優劣を決定する、と考えてよい。もちろん、「個人がみずからの不確実な判断によって最善だと思うものを勝手に追求するという事態」（内井 1988, 259）は望ましくないから、これを避けるための施策が何か必要にはなるだろう。だが、私たちの目下の関心は、功利主義がどのようにして実際に運用可能な倫理的・政治的な体系になるか、ということではない。私的価値と公共的価値とのあいだの関係である。この点ではカント主義者と功利主義者に違いはない。どちらも私的な価値判断から出発して公共的な価値判断に至りうる、と言うのである。

西洋近代道徳思想の一特徴

私的な善の追求と社会全体の善の実現とのあいだに利害の根本的な衝突はない、という楽観的な考え方は、西洋近代の道徳思想の一つの特徴である。スコットランド啓蒙の祖、フランシス・ハチスン（1694–1746）は、善なる摂理の下において、「自然の秩序が人間の真の幸福と完成を私たちに指し示していること、大地と太陽と大気が植物を生長させその種の完成へと導くように、自然の秩序が私たちを必然的に導いていることは明白である[10]」と考えた。それゆえ、「すべての感受性ある人たちの最も広範な利益に関心をもつことこそが、各人の完成[11]」となる。この意味で、「公共善の不断の追求は、自分自身の幸福を増大させるための最も見込みのある手段[12]」である。個人と全体との調和した善なる状態は、各人がみずからの感情を涵養することを通じて実現される。チャールズ・テイラーの解説によれば、「私たちは自分自身のうちに善への動きがあることを再発見し、それが正しい形態をとるよう配慮しなければならない。私たちは内面へと向かって、みずからの自然な感情、つまり善意の心情（benevolent sentiments）の本当の姿を取り戻さなければならない。そうする中で、私たちはこれらの感情に完全な力を与えることになる」（Taylor 1989, 265/邦 302）。ハチスンの考えでは、私たちは同胞に対する善意を自然に成長させていくように作られている。それに気づけば、おのずから個人の幸福と全体の幸福の一致は実現されるというわけである。

あるいは、イングランドのジョン・ブラウン（1715–1766）は、徳（virtue）とは「私たちの慈愛の気持ちと公共的な善とを一致させること」つまり「みずから進んで最大の幸福を生み出すこと」であると定義する（Brown 1751, 136–137）。この徳性の本質から言って、「個人が徳を実践するよう促され義務づけられる唯一の理由、つまり徳への動機とは、直接的に感じられる未来の私的な幸福の予測」（Brown 1751, 159）以外にはありえない。ブラウンは、ここで、個人の私的な効用の追求が公共的な善につながるという功利主義の考え方を先取りしている。だが彼は、ハチスンとは違って、感情の涵養だけで公共的な善に向けて人々を動機づけることができるとは考えなかった（Schneewind 1998, 408）。また人間の定めた法によっても、その動機づけは与えられない。というのも、強者は法を無視するし、狡猾な者は法を逃れるだろう。また、法は違反者に罰を与えるだけで、遵守者に報償を与えることはない。だから法的義務ではないが、実行すれば高く評価される行為（いわゆる「不完全義務」）は法によっては推進できない（Brown 1751, 208–209）。ブラウンが最後に拠り所にしたのは、神への信仰である。すなわち、「人類に対して、彼ら自身の幸福が、他者の幸福を実現するか、少なくともそれを損なわないようにすることに依存しているということを説得しうるものとしては、全知で全能の神への信仰、すなわち、人々が同胞の幸福を意図的に増進するか毀損するかに応じて、神は人々を幸福にも不幸にもする、ということを生き生きと積極的に信じるということ以外にないのである」（Brown 1751, 210）。

トマス・ペイン（1737–1809）は、より単純な言葉遣いで、個人と全体社会の関係を明快に述べた。個人と全体のあいだに対立はない。なぜなら、全体とは個人から構成されるものなのだから。

> 公共的な善は、諸個人の善と対立する言葉ではない。むしろ、公共的な善はすべての個人を集めたものの善なのである。それは全体の善である。というのもそれは、各人それぞれすべての善（the good of every one）なのであるから。公共的な組織体がすべての個人の集められたものであるのと同様に、公共的な善は、それらの個人たちの集められた善（the collected good of those individuals）なのである。[13]　（Paine 1786, 5）

個人はみずからの善を追求する。それをなんらかの仕方で集めたものとして公共的な善が実現される。原則として、公共的な善を実現するために個人の善の追求が制限されることはない。公共的な善が諸個人の善と対立しないというのは、この意味である。

ただし、自律的な振る舞いが認められる個人には、一定の条件がある。カントは理性的であることを要請した。理性的な推論ができないならば、定言命法に従うことができるはずはない。したがって自己立法（自律）もありえない。あるいはハチスンは善意の心情を育てることを要請し、ブラウンは神への信仰をもつことを要請し、ミルは快楽の質の高低を判別できることを要請した。個人は、自分で最もよいと思うことを選び取るために、自分をうまく統御する最低限の能力を要請される。そして、この要請を満たすかぎりで、「人々は自分で選んだ自分の価値に従って自分の人生を生きるという〝課題〟に関し、誰もが他の人と同じだけ能力がある（そうする資格がある）と見なされる」（Feinberg 1989, 29）のである。

ただし、ここで、ロックについては、注意が必要である。ロックが人々に要請したのは、人間的な能力ではなくて、神への服従だった。ロックは一八世紀の啓蒙思想に大きな影響を及ぼしたが、ハチスンやカントのような啓蒙の思想家よりも一つ前の時代に属している。ロックは全能の支配者である神がすべての人を裁く、という法的な権力のかたちで神と人の関係をとらえた。人間は事実として神の支配の下にあり、神が事実として世界を最善の状態に保っている。それゆえ、人間の功利的な振る舞いが全体の善につながることを、人間の側の能力でもって補完する必要はなかった。むしろ、人間には神の支配への服従が要請されたのである。

晩年の著作『キリスト教の合理性』において、ロックは「義つまり法への正確な服従は、聖書によれば、永遠の生命への権利をともなうように思われる」（『キリスト教の合理性』12）[14]と語る。人間の真の幸福は、救済に与り、永遠の生命を得ることである。神の法への服従が、神の国に入るための資格を与える。神の法（自然法）は、原理上は理性によって見出すことが可能であるが、理性の働きはしばしば十分ではない。「経験が示すとおり、道徳についての知識は、たんなる自然の光による場合、（自然の光がどれほど道徳知識に適合したものであっても）ゆっくりとした進歩しかせず、人類のあいだでほとんど前進しない」（『キリスト教の合理性』149）。それゆえ、「道徳の法は、イエス・キリストにより、新約聖書において私たちに与えられた。それは、……啓示によってであった。私たちはイエスから私たちを導くための完全で十分で、かつ理性にも一致する規則を得たのである」（『キリスト教の合理性』153）。啓示には、服従で応えるしかない。「イエスは、自分がどんなに真剣に、これらの法への服従を人々に期待しているかを示すために、人々が服従するならば、「汝らの報酬は大きく、いと高き者の子となるであろう（ルカ

6：35)」と告げている」(『キリスト教の合理性』124)。決定的なのは、イエスの教えに服従するかしないかである。人間の側の能力ではない。「私〔イエス〕を救い主であり自分たちの王であると理解しても、私に服従するのでないかぎり、無駄である。「私に向かって、主よ、主よ、と言う者がすべて天の国に入るわけではない。天にます我が父の意志を行なう者が入るのである（マタイ7：21)」」(『キリスト教の合理性』124)。

このロックの道徳哲学は、啓蒙期以前の心性を表している。一七世紀の半ばから一八世紀の後半にかけて、西洋の道徳哲学は、徐々に服従の道徳から自律の道徳へと変貌していく（Schneewind 1998)。ロックは「服従の道徳」に属しており、一八世紀後半に完成する「自律の道徳」には属していない。服従を離れて自律へと時代の心性が移り変わっていくのにともなって、人間の側に、自己をうまく統御する最低限の能力が要請されるようになったのである。

この最低限の能力は、一種の閾値としての能力、ある水準を越えるなら、それ以上の水準における能力の優劣はないものと見なされる類いの能力である（Feinberg 1989, 29)。言い換えれば、自分にとっても最もよいものを選択する能力は、愚かな人が愚かな選択を行う能力を含むのである。

本来的に能力を欠く存在、閾値以下の存在は、愚かな選択も、浅はかで、無分別で、ひねくれた選択もできない。クラゲやマグノリアの木、岩、新生児、狂人、かつては〝人格〟であったが不可逆的な昏睡状態に陥った人、こういう存在は、たとえ自分自身の意思決定の権利を認められても、〝愚鈍な〟選択をすることもできないだろう。愚鈍であることは、賢明であることに劣らず、閾値を越えた能力を持つ者の、主権者としての比類ない特権なのである。（Feinberg 1989, 31)

私的な善の追求と社会全体の善の実現のあいだに利害の衝突はないという考え方は、服従を排し自律を求めるとき、善を選択する者が一定の自己統御能力の水準を越えるなら、という要請をともなわざるをえない。だが、この要請は、選択を行いうること、というほとんどすべての人間に認められる水準に設定される。諸個人の自由な選択を通じて公共的な善が実現されるという楽観的な見通しは、こうして、個人の平等や人間の尊厳の主張と等しいものとなる。平等と人間の尊厳は、しかしながら、啓蒙的な自律の要請にともなう近代主義的な原理にとどまらない。その淵源は、やはり福音書にある。「アメーン、あなた方に言う、これらの最も小さい者たちの一人に対してなしたのは、私に対してなしたのと同じことである」（田川1：マタイ25：40）。人間のうちで「最も小さい者たち」でも、王として最後の審判を行うイエス自身と、本質的に同じ扱いを与えられる。このように平等と人間の尊厳は原始キリスト教以来の伝統の一部である（Lukes 1973, 45-46）。

一七世紀後半から一八世紀半ばにかけて、個人として善を選択する能力さえもっていれば、人間は最終的に自分の善と全体の善を一致させることができる、という考え方が支配的になる。要請される能力は、生き生きとした信仰、実践理性、善意の心情、効用計算、といったさまざまな美称で飾られるのだが、いずれにせよ、西洋近代に生きる人々は、一七世紀後半以降、次第に自分自身を、服従を怠れば神の怒りによって打ち倒される存在であるとは見なくなる。個人は心の分裂を経験することなく、自分が最もよいと思うことを端的に選択する存在と見なされるようになる。人間は、現実生活の水準ではどうあろうと、少なくとも宗教的ないしイデオロギー的な自己理解の水準では、社会の圧力の下で心の分裂や自己否定を強いられる存在ではなくなったのである。西洋近代のイデオロギーは、こうして自己犠牲と概念的に両立しない傾向を強めていく。

このことは、現代のアメリカ合衆国におけるある社会学的な調査から明瞭に見て取ることができる。ロバート・ベラーら五人の社会学者の聞き取りにもとづく『心の習慣』には、原理主義的な福音派のキリスト教徒が自己犠牲の観念を受け入れるのに対し、それ以外の人々には、自己犠牲という考え方は受け入れがたいものとなっている、という報告がある。個人の善の自由な選択という考え方は、自己犠牲と概念的な不整合を生じるのである。

福音派のキリスト教徒がキリスト教的愛の表現として自己犠牲の観念を受け入れたのに対して、他の多くの人々はこういった考え方には賛成できない様子であった。彼らにしても、自分の妻あるいは夫のために妥協したり犠牲を払ったりする気がないわけではない。しかし彼らには、「犠牲」という言葉に含まれる自己否定の理想が引っかかるのである。彼らは、あなたがもし愛している人のために何かしてあげたいと心底感じているのであれば、それは自己犠牲とは言えないはずだと言う。善の唯一の尺度は自己にとっての善なのだから、自己にとって何か重荷であるようなものが愛の構成要素であるはずはない。むしろ、もし人が己の本当の感情をよく理解しているのであれば、彼が愛する者のために何かをするのは自分自身ほんとうにそうしたいと望んでいる場合に限られるはずである。そうである限り、定義上それは自己犠牲とは言えない。……彼らは、たとえはじめは自己犠牲のように見えたとしても、自己に対するセラピー的な働きかけ〔心理療法的な自己探求の試み〕によって自分のために自分で選んだと見ることができるようになるはずだと考える傾向がある。

（ベラー他 1991, 133–134）

「善の唯一の尺度〔が〕自己にとっての善」である場合、相手に何かしてあげたいと思うなら、そのことは「自分自身がほんとうにそうしたいと望んでいる」ことでしかありえない。その帰結として、「定義上それは自己犠牲とは言えない」ものになる。この概念連関は、先の老人たちの世話を選ぶ女性の例で確認した。これは西洋の近代社会を生きる人々にとって現実の問題となっていることが分かる。ただし、日本の現代社会を生きる私たちにとって、それは必ずしも現実の問題ではない。この点は次節の末尾で明らかになる。

4　Will と意志

"One doesn't have *wills*（人は複数の意志をもっていない）"

西洋近代の道徳的思考の枠組みによれば、個人とは、自分にとっても最もよいことを選択して行為する存在である。選択をよりよいものとする要因については、信仰、善意、実践理性、効用計算等々、さまざまに語られるが、選択の働き自体は、一般に、意志が担っていると見なしてよい。そして、一つの統合された意志の下で行為を選択すると考える場合、自己の分裂は原理上生じえない。このとき、人々の自己理解において、概念的に自己犠牲的行為の出現する余地がなくなる。こうしたことが前節で確認された。

直上の文章のなかで、「意志」は"will"に対応する日本語（漢語）として使用されている。「意志」は"will" "volonté" "Wille"など西洋諸語の訳語として定着しているが、注意が必要である。以下のロジャーズ・アルブリットンの論文の一節を見てほしい。傍線を付した箇所は私たちが抵抗なく受け入れることのできる主張だろうか。

> "will"という名詞の厄介な曖昧さを、たとえ大雑把にではあれ、扱っておかなければならない。次のような例を考えてみよう。「彼女は意志をもって働きに行った（She went to work with a will）」（どんな意志なのだろう。たぶん、人を喜ばせる意志、とか、成功しようという意志、といったものだろう）。「彼は、生きようとする激しい意志をもっている（He has a fierce will to live）」。『ニューヨーカー』誌にあったテレビ放送のお知らせの漫画：「そのままお待ち下さい。さしあたって、続ける意志を失くしました（Please stand by. We have temporarily lost the will to continue）」。こういった文脈では、"will"は"wish"のような名詞である。だが、何らかの理由で、「彼らは私の願いを無視した（They ignored my wishes）」というような普通の複数形をもたない（人は複数の意志をもって

いない。なぜもっていないのか私には分からないが〔One doesn't have *wills*. I can't think why not〕)。

(Albritton 1985, 413. 傍点による強調は原文)

アルブリットンは、"One doesn't have *wills*(人は複数の意志をもっていない)"とあっさり言っている。"will(意志)"は"wish(願い)"と同様に人の願望や欲求を言い表す言葉の一つである。ところが、"will(意志)"は"wish(願い)"と違って、願望や欲求の意味で使われる文脈で、複数形がないと言われている。これは私たちに(日本語の母語話者かつ英語の非母語話者に)容易に受け入れられる主張だろうか。

"They ignored my wishes"は普通の英語表現である。だが、アルブリットンの示唆を敷衍すれば、"They ignored my wills"は「彼らは私の意志を無視した」という意味の英語表現ではない。——私が学会での質疑等で確かめたかぎりで、英語の母語話者は、強いて意味をなすように"They ignored my wills"を解釈しようとする場合、"wills"を"testaments(遺言書)"と受け取るようだった。すなわち「彼らは私のいくつかの遺言書を無視した」——しかし、私は"They ignored my wishes"と"They ignored my wills"という二つの文のあいだに根本的な違いを感じ取ることができない。特に、"They ignored my wills"について、これが「彼らは私の意志を無視した」とは解しえない、という感じをもたない。にもかかわらず、アルブリットンの書き方によれば、この二つの文の違いは、当然感じ取られるもののようである。"They ignored my wills"は、"They ignored my wishes"と似た意味を表すことはない。willは一人に一つしかありえない。

私がこの一節に遭遇したのは、一九九二年の秋、滞在していたプリンストン大学で、ハリー・フランクファート教授の大学院セミナーにおける教材としてである。私は"One doesn't have *wills*"という一文に引っかかった。「意志は複数ありうる」と感じ、納得できなかったのである。セミナーの席で、「なぜなのか」と訊ねたところ、教授は奇妙な質問に戸惑いつつ、かつ面白がりつつ、必ずしも哲学的な説明ではないが、という留保を与えたうえで、大略、次のように説明した。

例えば、王が「こいつを縛り首にしろ。それが my will だ！」と言う、といった状況はありえなくはない。が、こういう“will”の使い方はそう多くはないはずだ。通常、“will”は決定を下す一つの機能（a faculty）であると感じられていて、人は、生まれてから死ぬまで、その一つの機能の働きにおいて、決定を下しつつ生きる。人のその都度の決定は、いわば一生持続する will の連続体の、その時刻における断面に相当する。人は生涯ずっと同じ一つの will であり続けるし、人々は相互に異なった will なのである。

以上の説明は、フランクファートの回答と、客員教授としてプリンストンに当時滞在中で、同じセミナーに出席していたヨーク大学教授（当時）のロジャー・ウルハウスによる補足を、私が再現したものである。フランクファートが「こいつを縛り首にしろ。それが my will だ！」という印象的な例を用いたこと、“will”について一般には「一つの機能（a faculty）」であると言ったことは、鮮明に記憶している。人を一生持続する will の連続体と考えるという部分は、フランクファートとウルハウスのやりとりから抽出したものである。

この説明が英語圏の思考の習慣として的外れなら、それは筆者の記憶違い、ないし聴き取り損ないである。だが、たぶんそういうことはない。アルブリットンは、説明の必要がないくらい当たり前のこととして、“One doesn't have *wills*”と記している。フランクファートの説明は、ウルハウスほかセミナーに出席していた十数名の学生たちから異論を呼んだりはしなかった。英語の思考の習慣では、決定する機能としての will は一人に一つなのである。

日本に帰国後、一人のフランス人留学生（女性）に尋ねたところ、“volonté”は、一人に一つとの回答であった。また、日本語とポルトガル語の二重言語者の日系ブラジル人留学生（女性）に尋ねたところ、ポルトガル語の“força de vontade”は一人に一つとの回答であった。興味深いことに、この女性はさらに少し考えて、「でも私は複数あると思う」と日本語で付け加えた。組織的に調査することが望ましいが、おそらくキリスト教文化圏のヨーロッパ諸語では、“will”“volonté”“força de vontade”“Wille”などは「一人に一つ」とする思考の習慣がある。“voluntas（意志）”によって人格（a person）の個別性を定義するのは、アウグスティヌス以来の伝統である。[15] 西洋哲学は、西洋諸語の思考の習慣の上に築かれている。「willは一人に一つ」であることは、暗黙の前提の一つであろう。

ホッブズは“the will”について『リヴァイアサン』でこう述べている。

熟慮において、行為または行為の取りやめに直接に接続する最後の欲望（appetite）または嫌悪（aversion）が、私たちがthe willと呼ぶものであり、意志する（機能でなく）活動である。（『リヴァイアサン』6.53/邦I：109）[16]

この一節は、意志する機能（the faculty）と意志する活動（the Act）とを分けて、後者を焦点に置いている。後者はフランクファートが「そう多くはない」とした方の用例に該当する。こういった一節を読むと、哲学研究者の関心は、ともすれば“the will”が欲望や嫌悪という感情の一種として語られており、理性と結びつけられていない点に向かいがちである。例えば、カントなら“Wille”は理性に結びつく。すると、“will”が感情の様態なのか理性の様態なのかは、ホッブズ的思考とカント的思考を区別するうえで重要になるかもしれない。だが私たちは、むしろ、「最後の」欲望または嫌悪として語られている点に注意すべきである。最後のものは、一つしかありえない。機械論的な人間観をとって自由意志という伝統的概念を退けたホッブズのような哲学者でも、やはりwillが一つということは思考の前提である。

しかし、willが機能として一つであるということと、行為をもたらす最後の欲望として一つであるということとは、少し違うことである。前者は人格（a person）の個別性を成り立たせる。人は、生まれてから死ぬまで同じ一つのwillの働きにおいて生き、そのことによって、人はそれぞれ別個な人格となる。これに対し、後者は決断と行為のあいだに空隙がないことを言う。人がある状況で何をすべきか熟慮して、「φしよう」というwillを形成したなら、その人はϕするのである。「will はそれゆえ熟慮における最後の欲望である」(Hobbes 1991, 45)。

とはいえ、あることをしようと思ったが、そうしなかった、といった経験はありふれている。この点について、ホッブズは次のように述べる。

私たちは、普通の会話では、ある人があることをする意志をもったが、その人はそうすることを差し控えた、などと言う。しかるに、それは適切に言うなら傾向性の一つにすぎないのである。その傾向性は行為を意志的(voluntary)にしない。というのも、その行為はその傾向性にもとづいていないからである。行為は、最後の傾向性、つまり欲望にもとづく。(『リヴァイアサン』6.53/邦I：109)

デザートは食べないことにしようと思ったけれど、考え直して食べた、という場合、「食べないことにしよう」というのは、ある時点での気持ちの傾き(傾向性)にすぎない。この場合、これは行為をもたらさなかったのである。「食べよう」という最後の傾向性が行為をもたらした。この最後の傾向性、ないし欲望が、will である。これがホッブズの言いたいことである。現実に生じた行為の直前に、熟慮の最後の働きとして一つの決定がある。それを欲望と呼ぼうと、意志と呼ぼうと、最後のものであり、ただ一つしかないことに変わりはない。最後の決定と行為のあいだには、空隙はありえない。このホッブズの考え方は、前の章でウェッブ裁判長の言葉から抽出した「人がなんらかの行為ϕを実行するときには、周囲からの働きかけがどれだけあったにせよ、その人自身が行為の時点でϕすることが最もよいと判断している」という考え方と同じものである。行為にはその直前に当該の行為をもたらす行為者の心的な働きが唯一つあって、その行為者はその心的働きによってその行為を生み出した、と解釈されるのである。

マレとクノービの調査

現代の英語文献では、「行為をもたらす最後の決定」を意味する普通の言い方は、“intention（意図）”である。そして、さまざまな行為への傾向性（inclination）と行為を最終的に決定する欲望（appetite）という形でホッブズが区別した論点は、現代英語では、さまざまな欲求（desires）と行為する意図（intention）という形で区別される。人はさまざまな欲求を抱くが、それは必ずしも行為をもたらさない。行為をもたらすのは意図である。

マレとクノービは、質問紙調査によって、“desire（欲求）”と“intention（意図）”に関する英語母語話者の使い分けの規則を調べた。彼らの調査は、以下の三つの仮説を裏付けた。なお、彼らの調査と考察の対象は英語である。それゆえ、煩を厭わず“desire（欲求）”“intention（意図）”というように原語と訳語を併記する。

①desire（欲求）は多くの違ったタイプの内容をもちうるが、intention（意図）は常に当該の intention（意図）をもつ人物によって遂行される行為を内容とする。（Malle and Knobe 2001, 47）

②desire（欲求）は行為へ向かう推論の入力であり、intentionn（意図）は推論の出力である。（Malle and Knobe 2001, 52）

③desire（欲求）をもっている状態と、intentionn（意図）をもっている状態との違いは、コミットメントの度合いの違いとしてとらえられている。コミットメントの度合いは、(i)先行投資の有無、(ii)機会喪失コストの受容の有無、(iii)制裁可能性の受容の有無、という三つで測られる。（Malle and Knobe 2001, 56–57）

これらの仮説の主張は、被験者が他者の行為を観察する視点に立ったとき、ある文脈で当該の人物に desire（欲求）系の心的状態を帰属させるか、intention（意図）系の心的状態を帰属させるかを調べることによって検証された。以下、それぞれの主張に関して簡単に解説する。

①は、desire（欲求）とintention（意図）の内容に関する違いを扱っている。desire（欲求）は「φしたい」という心的態度であり、intention（意図）は「φしよう」という心的態度である。これらはいずれも賛成的態度（pro-attitude）と呼ばれる。φの部分が、それぞれの態度の内容である。①は、「φしたい」という表現に関しては、多種多様なものがφに入りうるのに対し、「φしよう」という表現に関しては、当該の行為主体が実際に実行できることしかφに入らない、という慣用があることを指摘している。

調査は一種の空所補充課題を通じて行われた。すなわち、

(ア) "I am serious : I ______ you to be back by midnight（私は本気だ。私は君が午前零時までに帰宅するのを______）."

(イ) "I am serious : I ______ to be back by midnight（私は本気だ。私は午前零時までに帰宅するのを______）."

といった文の空所に被験者が適切と思う動詞を書き込む課題である。この課題については、(ア)では"want"や"hope"などのdesire（欲求）系の動詞を選ぶ者が大多数（九四パーセント）であり、(イ)では"intend"や"plan"などのintention（意図）系の動詞を選ぶ者が大多数（八二パーセント）となった（Malle and Knobe 2001, 50）。

結果を単純に言い表せば、desire（欲求）は他人の行為も内容とすることができるが、intention（意図）は自分の行為のみを内容とする[17]、ということである。人は数多くのdesire（欲求）をもっている。それが数多くの事実情報（信念）[18]と合流して、一定の行為に結実する。「心的状態の連鎖が最終的には行為Aに結びついていくとき、Aの直前にある状態は、行為Aを特に指定して表現していなければならない。この最終状態がan intention（一つの意図）なのである」（Malle and Knobe 2001, 51）。最後の心的状態が行為に直結するということは、私たちがホッブズの言葉で確認したことである。intention（意図）は行為に直結しており、それゆえ、内容として自分自身の行為しか取ることができない。

②は、一連の心的な流れのなかの位置を問題にしている。例えば、チョコレートを食べたいというdesire（欲求）

は一般に推論にもとづくわけではない。だが、この desire（欲求）が生ずると、どうやってチョコレートを手に入れるか考えて、近所のコンビニに行くといった intention（意図）が形成されることになる。マレとクノービはやはり空所補充課題を設定して、desire（欲求）は推論の入力として扱われる弱い傾向があり、intention（意図）は推論の出力として扱われる強い傾向がある、という結果を得ている（Malle and Knobe 2001, 55）。intention（意図）が行為に直結する位置にあることはすでに明らかになっているが、この実験で明らかになったのは、desire（欲求）がただちに行為に結びつくものではないと英語の母語話者に受け取られていることである。「φしたい」という desire（欲求）は、他の多くの desires（欲求）たちと比較考量され、場合によってはこの段階で放棄される。放棄されずに残った場合、さらに実現する手段や自分の能力に関する検討を経て、「φしよう」という intention（意図）に至ると考えられる。

③は、desire（欲求）が漠然とした賛成的態度でありうるのに対し、intention（意図）が特定の行為φを実行する明確な賛成的態度である、という違いを扱っている。観察者は、ある人物が当人の行為φを内容とする賛成的態度をもっていることが分かったとき、さらに、その人が行為φを当面実行しないのか、それともすぐ実行するつもりでいるのかを判別したい場合がある。それゆえ、「社会的な観察者は、これらのいろいろな可能性を識別する方法が必要である。そこで、第三の規準が不可欠になる。それがコミットメントである」（Malle and Knobe 2001, 56）。

コミットメントとは何かをまず明らかにしなければならない。「ある行為者は、特定の行為の経路を取ることを確実に決定したとき、決心を固めてコミットメントを行なっていると言われる」（同上）。この「コミットメント（commitment）」（および動詞“commit”）という単語は、日本語に訳すのが難しい。おそらく一語でこの概念を言い表す日本語はない。これは、それ自体、哲学的問題として考察に値するが、さしあたり『コリンズ・コウビルド英語辞典』の説明を引いておこう。

> あなたが何かをすることに**コミットメント**を行うならば、あなたは自分がそれをするということを約束するのである（If you make a **commitment** to do something, you promise that you will do it）。
>
> あなたがある行為に**コミット**するならば、あなたはそれをすると決め、そう決めたことを他人に分かるようにするのである（If you **commit** yourself to a course of action, you decide that you will do it and you let people know about your decision）。

コミットメントは、何かをすると決め、そう決めたことが自他に分かる、という状態を言うものと思われる。コミットメントの度合いが、こうして desire（欲求）と intention（意図）とを識別する規準の一つとなる。

その識別手がかりが、(i)先行投資の有無、(ii)機会喪失コストの受容の有無、(iii)制裁可能性の受容の有無、である。この趣旨は、具体例で考えればすぐに分かる。恋愛関係をこのまま続けるかどうかに関する恋人の intention（意図）を知りたいとしたら、第一に、共同で物品を購入するかどうか（先行投資の有無）、第二に、他の人物とデートしないかどうか（機会喪失コストの受容の有無）、第三に、家族や友人に紹介してくれるかどうか（制裁可能性の受容の有無）、といったことによってコミットメントの度合いが判定できる（Malle and Knobe 2001, 57）。マレとクノービは、いくつかの空所補充課題によって、コミットメントの度合いの手がかりとしてこれらが機能していることを確認している（Malle and Knobe 2001, 57–60）。

こうしてマレとクノービは、最終的に、英語の母語話者がどのようにして desire（欲求）と intention（意図）を識別するのかについて三つの部分からなるモデルに到達した。すなわち、(1)観察者は、まず、行為者の賛成的態度の内容を検討する。行為者自身の行為が態度の内容になっていないなら、その賛成的態度は desire（欲求）である。行為者自身の行為を内容としているのなら、その賛成的態度は intention（意図）でありうる。(2)さらに検討を要する場合には、その賛成的態度と推論との関係が吟味される。ある賛成的態度がまったく推論にもとづいていないなら、それは desire（欲求）に分類される。推論にもとづいているなら、intention（意図）でありうる。(3)もっと検討を要する場合には、観察者は、行為者のコミットメントの度合いを測定する。コミットメントが提示されていないなら、その賛成的態度は desire（欲求）である。コミットメントが提示されているなら、intention（意図）でありうる。intention（意図）への分類を確実にするためには、以上の三つの特徴がすべて同定されねばならない。そうでないなら、desire（欲求）へ分類されて探究は終了する（Malle and Knobe 2001, 60）。

ここまでに見てきた、アルブリットンの一節へのフランクファートらの説明、ホッブズの will の定義、マレとクノービの調査、を合わせて考えると、私たちは、英語における“will（意志）”および“intention（意図）”について、次のような特徴づけを与えることができる。

(a)行為を決定する機能としての will は、一人に一つである。

(b)ある仕方で記述される現実の行為を帰結する個別の intention（意図）は、その行為に至る最後の心的過程として一つである。

なお、一人の人間に複数の wills が存在するということはないが、同時に複数の intentions が存在するということは十分可能である。チョコレートを買う intention（意図）をもってコンビニに行き、思いついて電池も買った、という場合、チョコレートを買う intention（意図）と、チョコレートと電池を買う intention（意図）とが時間的に前後して形成され、同時に実践されたと言ってよい。上の(b)で特に「ある仕方で記述される」という限定を付したのは、記述の仕方に応じて同じ身体運動が異なる意図の下の行為として受け取られうるからである。朝起きて朝食を食べ、会社に行く場合、朝食を食べる intention（意図）と、会社に行く intention（意図）の二つが相前後し、重なり合って形成されて実行されることは明らかである。朝食を食べようとしているという記述と、会社に行こうとしているという記述とは、同じ身体動作（例えば、トーストを用意する）について成り立つ。[19] あるいは、電車で通勤する場合、電車に乗るintention（意図）と会社に行くintention（意図）は、同時に成り立つ二つのintentions（意図）である。一つの身体運動（プラットフォームから電車内に歩いて移動する）について、その人物のwill（意志）の一出力の二側面として、電車に乗るintention（意図）と会社へ行くintention（意図）の二つが帰属する。だが、こういう意思決定をつかさどる機能としてのwill（意志）は、一人に一つなのである。機能としてのwill（意志）は、カント風に言えば実践理性であり、マレとクノービの言う推論をつかさどると言えよう。このwill（意志）は、推論の帰結として、一つの身体運動に属す二つの異なったintentions（意図）を出力しうる。だが、電車に乗るintention（意図）と電車に乗らないintention（意図）とが同時に成り立つことはない。行為に先立つ最後の決定がintention（意図）なのであった。will（意志）が、一つの身体運動において両立しえない二つのintentions（意図）を同時に出力することはありえない。というのも、一人の人間が、電車に乗ると同時に乗らないということはできないから、どちらかが捨てられることになるのである。そして、定義によって、行為を帰結した方、つまり捨てられなかった方がintention（意図）である。大略以上のような考え方が、英語の慣用のように思われる。そして、日本語の慣用は、これと少し違うように思われるのである。

「人間は同時に複数の意志をもつことがありうる」

アルブリットンの論文の一節と、それに対するフランクファートの説明は、異文化体験として私には興味深いものであった。それゆえ、日本語母語話者が意志の個数についてどのような直観をもっているのか調べることは、価値があると考えた。以下に紹介するのは、私が一九九六年から二〇〇九年までのあいだに行った質問紙調査の結果の報告である。調査は、私の担当した講義で行なった。この調査は、元々は講義への導入の手がかりとするために、受講生の思想史的常識や概念の意味理解を知る目的で実施したものである。

調査の実施回数：質問紙調査は、計七回実施した。

調査の実施様態：第一回から第六回までの調査は、すべて前期または後期の初回の授業時の冒頭に、「研究目的のアンケートをしますので、協力して下さい」とのみ告げて質問紙を配り、五分から一〇分後に回収する、という形式で実施した。回収後に、質問項目のねらいを簡単に説明し、挙手によって回答分布の概略を確認し、その結果についての感想を述べた。このとき、適宜、受講生との質疑応答を行なった。各学期の初回授業の冒頭に実施したのは、授業内容に接する以前の、無垢の状態の反応を知るためである。なお、第七回は三回目の授業の冒頭に実施したが、他の回と結果に大きな違いは出ていない。

回答者：調査の回答者は、先述のとおり、すべて私の担当した講義の受講生である。調査の実施場所は南山大学と名古屋大学である。それぞれの大学ごとに実施日時に一年以上の間隔を置き、かつ実施した学部や講義科目が異なるため、回答者の重複は生じていない。回答者総数は五五二名。日本語を母語としない学生（留学生等）は、氏名から推定して三、四名にとどまる。年齢別に見ると一八歳から一九歳が三八〇名、二〇歳から二四歳が一六六名、二五歳以上が六名である。男女比は、実施時に性別を尋ねた場合と尋ねなかった場合とがあるため正確には不明だが、全体としてはほぼ半々程度と記憶している。

質問紙の様式：質問数は、第一回から第四回までは五つ[20]、第五回から第七回は四つ[21]である。質問項目は全調査を通じて完全に同じというわけではないが、以下で問題にする「意志の個数」についての質問は、全調査に共通する。また、全調査を通じ、質問紙の目立つところに、このアンケートが成績評価に関係がないこと、ことさら考えないで質問に対して自分が感じたことをそのまま回答してほしいこと、それぞれの質問に正解はないこと、二者択一型の問いになっているがどちらかに必ず答えてほしいこと、の四点を注記した。年齢は何らかのかたちで全調査で尋ねたが、上述のとおり性別はそうではない。また無記名での調査と、記名での調査の両方が混在している。

「意志の個数」についての質問は、全調査で第四の質問項目として立てた[22]。以下のような二者択一型の質問である。

質問４：「意志」という言葉を思い浮かべて下さい。そして次の①と②の主張のうち、賛成できると思われる方に丸をつけて下さい。
①人間は、同時に複数の意志をもつことがありうる。
②人間は、どんな時にも一つの意志しかもちえない。

質問のねらいは、人間が同時にもちうる意志の個数を聞くことによって、will と意志の違いを浮かび上がらせることである。事前の仮説は、「意志は同時に複数ある」という回答が大多数を占めるだろうというものだった。全調査を集計すると、「意志は複数」が八六パーセント（五五一名のうち四七六名）、「意志は一つ」が一四パーセント（五五一名のうち七五名）となった（なお、この質問について、回答者総数が五五二名ではなく五五一名となった理由は、第五回調査で、「意志」の定義によって回答は変わると記して選択肢を選ばなかった者が一名いたためである）。また、毎回安定して「意志は複数」と考える者が八〇パーセント台半ばから九〇パーセントを少し越える程度を占めた。なお、第七回調査では回答選択肢の順序を入れ替え、①が「意志は一つ」、②が「意志は複数」という順で尋ねたが、回答の比率に変化はなかった。日本語の使用者はその八、九割が、「意志」について一人の人間に同時に複数ありうると考えていることが分かる。

すでに見たように、英語の母語話者においては、will は一人に一つと感じられるもののようであった。しかるに、日本語の母語話者は、その九割近くが、意志が一人のなかに同時に複数ありうると考えている。この点において、すでに意志は will の対応物ではない。では意志は、むしろ intention なのだろうか。intention は、同一の身体動作の複数の側面として、一人のなかに同時に複数あると見なすことが可能だった。ところが、意志は intention でもないように思われる。なお、英語の will、intention、desire と、日本語の意志、意図、欲求とを、混同しないようにするため、しばらく訳語の併記なしで will、intention、desire を用いることにする。

以下の山崎正和の『演技する精神』の一節を見てみよう。この一節は、西洋の哲学者の学説の紹介や解釈とは独立に、普通の日本語を使って人間の行為を分析したものとして、参照する価値がある。

> あることをやりたいと思い、あるいは、やらなければと考へるのが人間の自由意志だとすれば、あまりにも自明なのは、それと、現実に「やる気になる」こととはまったく別次元の問題だ、といふことであらう。われわれは多年にわたってあることをやりたいと考へながら、じっさいには、ある日、突然にやる気になってそれを実行に移すのであり、この幸福な一瞬については、人間はその到来を選びとることも意図することもできない。
>
> （山崎 1988, 96–97）

山崎が記述しているのは、誰にも思い当たる節のある体験の一つである。部屋を片付けたいと思い、片付けなければと考えながら、やる気にならなくて、散らかしたまま日を過ごしている。ところが、ある日突然にやる気になって、片付けにとりかかる。そういう体験である。

これまでに見てきた英語の慣用に割り当ててみるならば、まず、「ある日、突然にやる気になってそれを実行に移す」と言われている「やる気」は intention に当たる。この「やる気」が「実行」をもたらすもの、つまり行為を帰結する心的過程の最後のものだからである。他方、「やりたいと思い、あるいは、やらなければと考へる」ことを、山崎は「自由意志」と言っている。だが、これは desire に当たると思われる。というのも、このように「考へ」ているあいだ、「われわれ」は、その「あること」を実行していない。それならば、実行しないという intention がそこに想定されねばならない。この実行しないという intention を出力している働きは、さまざまな条件を考え合わせてどうするかを決める「われわれ」における推論である。つまり、意思決定の働きである。ならば、これが will である。だから、もしも「われわれ」に free will（自由意志）があるとすれば、この場合、free will が帰結したのは「あること」をやらないままでいるという現実の決定の方である。willが担っているのは、「やりたいと思い、あるいは、やらなければと考へる」ことではなく、現実に何をするのか（あるいは、しないのか）決定する働きだからである。「やりたいと思い、あるいは、やらなければと考へ」ているとは、むしろ、現実にはそのことをやらないままでいるのにもかかわらず、心の中でやりたいと思っている、ということだろう。これは、やりたいというdesireをもっている状態である。だから、山崎が「自由意志」と呼んでいるものは、英語に割り当てるなら、willでもintentionでもなく、desireなのである。

日本語の慣用において、「意志」が"desire"として理解されているのならば、上のアンケート結果に見られるように、意志が一人の人間に同時に複数あると受け取られていてもまったく不思議ではない。さらに、両立しない複数の意志（つまりdesires）を同時にもつことさえ十分に可能である。お菓子を手に持っていたいのと同時に食べてもしまいたい、というのは人間心理としてありうる。そして、日本語の慣用として、「お菓子を手に持っていたいという意志と、食べしまいたいという意志の両方がある」という言い方は、それほど不自然とは思われない（「意志」の代わりに「気持ち」を用いる方が普通ではある）。

さらに、日常の日本語として、「やる意図はあった、けどやっていない」という言い方はごく自然である。すると、日本語の「意図」はintentionではない。すなわち、現実の行為を帰結する最後の心的過程としてのintentionではないし、また、十全なコミットメントを備えた賛成的態度としてのintentionでもない。結局のところ、「意図」もまた「意志」と同様に、英語ならばdesireに分類されるべき心的状態である。

私たち日本語の母語話者は、どうやら英語で言うwillもintentionも、多くの場合もってはおらず[23]、行為をもたらす心的状態としては、もっぱらさまざまなdesiresを心に抱いているようである。しかるに、典型的には、desiresは行為を帰結する推論の入力であった。心の中の数多くのdesiresのなかには、両立しないものや実現不可能なものがたくさん混じっている。desiresは、現実の行為からはかなり離れたところにある。日本語の母語話者は、

desiresに該当する心的装置しかもっていないのに、どうやって現実の行為を帰結することができるのだろうか。複数のdesiresのなかから、実行に移すものをどうやって選び出しているのだろうか。

山崎正和は、上の文章で、やる気になる瞬間について「人間はその到来を選びとることも意図することもできない」と言い切っている。要するに、諸々の行為の可能性を現実の一つの行為にもたらすのは、人間の心的過程（選択や意図）ではないのである。ではそれは何なのか。山崎は、世界そのもののリズムである、と考える。

> 世界は、決定論者がいふやうに、それ自体で合理的な規則を持つ構造体でもなく、かといって、自由意志論者がいふやうに、われわれの精神が始めて形式をあたへるべき混沌でもない。この世界は、昼夜の交替、一年の四季、生理の周期変化や経済の景気変動、政治権力の交替やさまざまな社会風潮の干満、さらには、誕生と成熟と死からなる人生そのものの興亡にいたるまで、無数の規則的で不規則な脈動、構造を持ちながら動くものの複合によって成り立ってゐる。これらのリズムは、その変化によってたえまなくわれわれの気分を調子づけ、その持続によってわれわれの記憶の基盤となり、いひかへれば、われわれの意識の「地」となって、行動に地平を提供してゐる。われわれは意志を持つまへに、まづこのリズムによって行動へと動機付けられるのであり、ひとつの自我、ひとつの個人的な精神であるまへに、まづこのリズムの一単位として生きてゐる。
>
> （山崎　1988, 272–273）

どうやら、ここで山崎は、「無数の規則的で不規則な脈動、構造を持ちながら動くものの複合」である世界そのものが、さまざまなリズムとして働きかけて、そのリズムの一単位である私たちを動かす、と言いたいようである。この場合、行為を最終的に決定するのは、個体のリズムと世界のリズムが共振して成り立つある状態である、ということになるだろう。しばらく山崎の説明を聞くことにすれば、われわれにとって、リズムは単純な主体のあり方でもなければ、客体的な存在でもなく、まさにその両側面を兼ねそなへて、われわれがそれであるとともにそれを見ることのできるやうな、両義的な存在……である。
（山崎 1988, 267–268）

これはまた「人間はリズムを通じて「世界に住み込んでゐる」」（山崎 1988, 268）ということでもある。

すなはち、リズミカルに生きようとするかぎり、われわれは世界に動かされると同時に世界を動かすのであり、世界の運動の一部分になるとともに、世界を自分の運動に組み入れるのである。
（山崎 1988, 268）

言われている「リズム」とは一体何か、それは誰にも分からない。山崎の言葉からは、自然環境と社会環境のいずれにも、絶え間なく変化しながら恒常性を保っているような複雑な秩序がある、という以上のことは抽出しようがない。そして、山崎が示唆しているのは、環境から伝わってくる動的で複雑なリズムと共振することによって、私たちは、「やる気になる」のだ、ということである。[24]

この山崎の示唆そのものが人間の行為の説明として妥当かどうかは、今問うところではない。問題はそこではなくて、will も intention ももたない存在は、複数の desires のなかから自分が実行に移すものをどうやって選び出しているのか、という問いに対する回答の類型として、山崎の示唆は注目に値するのである。決定する機能が心的過程の側に割り振られないならば、外部環境の側にそれを求めるしかない。山崎によれば、「決定論者」の言うように環境が一方的に私たちを決定するのではない。また、「自由意志論者」が言うように私たちの側が一方的に行為を発動して世界に秩序を与えるのでもない。私たちは、リズムを通じて「世界に住み込んでゐる」のであり、「世界に動かされると同時に世界を動かす」という双方向的なかかわりのなかにいる。リズムを通じて世界と相互作用的にかかわるとき、「単純な主体のあり方でもなければ、客体的な存在でもな」いところに私たちは身を置くことになる。

山崎が言っていることは、たぶん、次のようなことである。will も intention ももたない存在は、環境のなかに立ち現れてくるさまざまな働きかけの強弱や振幅や粗密に動機づけられ、つまりリズムに動機づけられ、リズムに同調するなかで、自分と環境の双方向的なかかわりを通じて促される一定の振る舞いを遂行する。もっと単純化すれば、次のとおり。同時に複数の desires（日本語の意志）をもつが will も intention ももたない存在は、環境要因に応じて適切な desire を現実化するように行為する。当然ながら、現実化される desire を選び出したのは、行為者ではない。選び出したのは、行為者と環境とのかかわりである。だから、例えば、河村参郎の性格や心理状態と山下奉文の命令とマレー半島の戦況との全体が、華僑掃蕩の命令を、河村に「やむにやまれずして出された正しい作戦命令と考へ」ることを促し、その後の華僑虐殺を実行させた。日本の外務大臣であるという環境要因が、東郷茂徳の人となりと相まって、三国同盟の礼賛演説を「言わなくちゃならぬ」という自覚をもたらし、戦争への道を進ませた。このように、山崎の「自由意志」や「やる気」の理解、また「リズム」の強調は、これら戦争犯罪人の心理と行為と本人の自己理解とを、よく説明するものになっている。

前節の末尾で、「善の唯一の尺度〔が〕自己にとっての善」である場合、相手に何かしてあげたいと思うなら、そのことは「自分自身がほんとうにそうしたいと望んでいる」ことでしかありえず、その結果、「定義上それは自己犠牲とは言えない」ものになる、ということが西洋近代社会を生きる人々にとって現実の問題である、と言った。併せて、日本の現代社会を生きる私たちにとって、それは必ずしも現実の問題ではない、とも言った。その理由が will と意志の相違を通じて理解できる。

個人の一なる will 機能の終端に一つの intention が出力され、この intention が行為を生み出す。この行為の説明図式によれば、人間は自分が本当にそうしたいと望んでいることしか行ないえない。だが、自己犠牲は、本当はそうしたくはないことをあえて行なうという自己否定の要素を含む。それゆえ、自己犠牲はこの図式の上では、概念的に成り立つはずがないものとなる。その結果、集団が個人に及ぼしている力、自己否定を求める集団の権力性が、この説明図式では隠蔽されることになる。

これに対し、人間は環境要因に応じて適切なdesireを現実化するように行為する、という説明図式においては、本当はψしたいところだけれど、環境要因が許さないのでϕする、という行為選択が成り立ちうる。この図式が自己犠牲をもたらすことは説明するまでもない。この場合は、個人に自己否定を求める集団の権力性は、少しも隠蔽されず、むしろ自己犠牲を美徳と見なすかぎりで積極的に肯定されることになる。

そして、すでに明らかだが、ウェッブ裁判長の言葉から抽出した「人がなんらかの行為ϕを実行するときには、周囲からの働きかけがどれだけあったにせよ、その人自身が行為の時点でϕすることが最もよいと判断しているのだ」という考え方は、環境要因に応じて適切なdesireを現実化するように行為するという説明図式を、明確に否定する考え方である。「周囲からの働きかけがどれだけあったにせよ」という条件によって、外部環境は行為の決定要因から除外されるからである。

本章の考察は、自己犠牲的行為と合理的個人の理念のあいだには不整合があるだろうとの推測から出発した。第5章2節でその推測を事例の分析の形で裏付けた。第5章3節では、西洋近代の道徳思想史を一瞥し、自己犠牲と合理的個人にある概念的不整合の歴史的な背景を探った。そして、一七世紀後半のジョン・ロックから始まる道徳哲学をたどって、自己犠牲の概念的な不可能性が現代アメリカ社会で現実に語られる場面にまで達した。第5章4節では、“will”の概念と「意志」の概念の違いを取り上げて、willにもとづく行為説明の図式と、意志（実はdesire）にもとづく行為説明の図式が、大きく異なることを明らかにした。次章では、二つの文学作品を取り上げて、自己犠牲を生み出す思想的条件と、自己犠牲を不可能にする思想的条件とを浮き彫りにすることを試みる。

第6章　自己犠牲の物語

1　『アウリスのイーピゲネイア』

『アウリスのイーピゲネイア』は、イーピゲネイアをいけにえに捧げよという神託をめぐって、人々が動揺したり対立したりする経過を軸にして組み立てられている。以下では、まず劇の粗筋を紹介し、次いでイーピゲネイアの犠牲をめぐる劇中の立場の分類を試みる。そして、自己犠牲が成立するための必要条件である心の分裂がどのように作り出されているかを確認し、みずからを犠牲に捧げるイーピゲネイアの決意がこのなかでどのように形成されるのかを分析することにする。

背景と冒頭

『アウリスのイーピゲネイア』は、トロイア戦争の発端に関する伝承に基づいている。スパルタの王メネラオスは、その妻ヘレネをトロイアの王子パリスに奪われる。メネラオスの兄アガメムノンは、昔ヘレネを争ったギリシア中のかつての求婚者たちに号令を発し、ギリシア全土から軍を募ってトロイア遠征を企てる。軍勢はアウリスの浜に結集してまさにトロイアへと船出しようとする。だが、風は吹かず、艦隊は出発できない。予言者カルカスに占わせると、アウリスに聖域のある女神アルテミスへの捧げものとして、総大将アガメムノンの娘のイーピゲネイアをいけにえにする必要があることが分かる。アガメムノンは、神託を知っていったんは全軍の解散を告げる。だが、メネラオスの説得に負けて、イーピゲネイアとその母クリュタイメストラに、勇者アキレウスとイーピゲネイアとの婚約がととのったという偽りの手紙を送り、二人をアウリスの浜に呼び寄せる。

エウリピデスの作品の冒頭では、アガメムノンは再び「わが子を死なせることに耐えられるはずがない」（96）[1]という気持ちに心変わりしており、「ここアウリスに娘を寄越してはならない」（120）とする新たな手紙を従者の老人に託して送るところである。だが老人はメネラオスに手紙を奪い取られ、アガメムノンの心変わりが露見することになる。

メネラオス対アガメムノン

メネラオスは、アガメムノンがいったんは「すすんで娘を犠牲にすると約束した」（360）のに心変わりしたことを、「優柔不断な心は朋輩には迷惑だ」（334）と非難する。アガメムノンの置かれているような苦境は「すでに数多くの者たちが経験してきた」（366）のであり、「国を守るのにふさわしい能力が欠けているため」（369）にみじめに挫折した者も多い。「軍の指揮官は思慮分別を持たなければならない」（374）。メネラオスの考えでは、全軍の出撃のためには娘を犠牲にすべきだというのである。

これに対してアガメムノンは、「美しい妻をその腕に取り戻したい」（386）一心でメネラオスがトロイア攻めを思い立ったことをすでに「卑しい者の欲は見苦しい」（387）と見限っており、「私は自分の娘を殺すつもりはない」（397）と告げる。「私は自分の為すべきことを正しく行なうまでのことだ」（401）、「ギリシアもおまえも神が狂わせている」（411）と主張し、ギリシア軍のために娘を犠牲に差し出すつもりはないことをはっきりさせる。こうしてメネラオスとアガメムノンは、いったんは喧嘩別れする。

そうこうするうちに使者によってイーピゲネイアとクリュタイメストラ一行のアウリス到着が告げられる。アガメムノンは、みずからの陥った窮地を呪い、最愛の娘を「冥界の神が娶ろうという」(461) ことの次第を思いやって悲嘆にくれる。メネラオスは嘆き悲しむ兄の姿に心を動かされて、「子を殺めることがどういうことか初めてわかった」(490) と告げ、前言を翻してイーピゲネイアを犠牲に捧げるのを止めようと言い始める。すると今度は、アガメムノンが「私は娘を殺して血を流さなければならない」(512) という方に傾く。なぜなら、イーピゲネイアを犠牲にしなければ出陣がかなわぬことは、占師のカルカスはもとよりオデュッセウスにもすでに知られてしまっている。今、犠牲を取り止めにすれば、野心に取り憑かれたオデュッセウスが軍勢を煽動して「我々を殺し、娘を生贄にせよと」(532) 命じるだろう。たとえ居城のアルゴスへ逃れたとしても逃げ切れるものではない。「これが私にふりかかっている禍いなのだ」(536)。

このようにアガメムノンとメネラオスは、国家的必要としての犠牲と家族の愛情とのあいだで、その立場を互いに入れ換えながら対立する。この対立と、二人の立場の変転のさまは、国家の要請と家族の愛情が、二人にとって調停できない根深い対立であることを示している。しかし、家族の愛情に関心をもたないギリシアの軍勢は、トロイア遠征に乗り出そうと猛っており、勢いはすでに誰にも押し止められないところにまで高まっている。

アガメムノン対クリュタイメストラ

アガメムノンは、偽りの婚礼という秘密を心に抱いたままイーピゲネイアとクリュタイメストラに会わねばならない。婚礼のことを信じて疑わないクリュタイメストラは、皮肉にも「娘の婚礼に先立つ生贄を女神のためにもう殺しましたか」(718) と尋ねる。アガメムノンは「これからだ。私はまさにその運命に臨んでいる」(719) と答えるほかかない。

場面が変わって、アガメムノンが去った後、彼を訪ねてアキレウスが幕舎にやってくる。応対したクリュタイメストラは、アキレウスが結婚など思いもよらないのを知って訝しむ。そこへ、先にアガメムノンの手紙を託された老従者が幕舎の中から声をかけ、「姫様を実の父親が自分の手で殺そうとしています」（873）と教えて、婚礼をめぐる一切が実は犠牲のためにイーピゲネイアを呼び寄せる偽りにすぎなかったことを明かすのである。アキレウスはことの次第に動かされて、自分の許嫁となった者が殺されるようなことがあってはならない、「私の一番大切な戦いはただ一つ、あなた方を禍いから救うこと」（1003）と言って、クリュタイメストラにアガメムノンへの助命嘆願をまず勧める。

　クリュタイメストラとアガメムノンの対決は「あなたは口先ではきれいな言い方をされます。しかし、している事はどう表現すればよいのか分かりません」（1115–1116）という怒気をはらんだクリュタイメストラの言葉に始まり、「何のために娘を殺すのかと問われたならば、何と答えますか。言ってください。それとも、私に答えよというのですか。それは、メネラーオスがヘレネーを取り戻すためです。見上げた一家です。不貞の女の代金を子供で支払うとは。私たちは最愛のもので最も憎むべきものを購うことになるのですよ」（1166–1170）という激しい非難へと高まる。またイーピゲネイアも「蕾のままに私を死なせないでください。日の光を仰ぐのが喜びなのですから」（1218）と助命を乞う。

　こうした非難や嘆願に対するアガメムノンの応答は注目に値する。

私とて何が哀れで、また何がそうでないかは心得ている。
我が子はかわいい。そうでなければ私は狂っていることになろう。
このようなことをするのは私にも恐ろしい、妃よ。
だが、しないことも恐ろしい。それをするのが私の義務だからだ。
（1255–1258）

実の娘を犠牲に捧げて殺すことも、情愛を重んじて犠牲を止めることも、どちらも心底恐ろしい（δεινῶς）とアガメムノンは感じている。犠牲を止めることが恐ろしい理由は、再びギリシアの軍勢である。「もし女神の神託に背くようなことをするならば、彼ら〔ギリシアの軍勢〕はアルゴスにいる娘たちとお前たち、それに私をも殺すであろう」（1267-1268）、「望もうと望むまいとギリシアのためにお前を犠牲にしなければならない。これに逆らう力は無い」（1272-1273）。

一方、クリュタイメストラは終始一貫して家族の情愛を重んずる立場をとる。だから、トロイア攻めという企てそのものが、妻に去られたメネラオスによる私的な戦いにすぎないと見ている。不貞をはたらいたヘレネのためなら、その娘のヘルミオネを殺せばよいと言ってはばからない。娘の生命を守ろうとする母には、「ギリシアのため」というような美辞麗句はおよそ無意味なのである。

兵士たち

アキレウスが再び母娘のもとへやってくる。その場面はイーピゲネイアの「お母様、兵士の群れがこちらに来ます」（1338）という不吉なセリフで始まる。アキレウスは、アルゴス勢のなかに姫を殺せという恐ろしい叫びが聞こえることを告げ、イーピゲネイアを助けようとして彼も騒ぎに巻き込まれて「石を投げつけられました」（1349）と報告する。クリュタイメストラは、アキレウス配下のミュルミドンの兵までもが彼に刃向かっていることを知って、「もう終りです、娘よ」（1353）、「群衆はとても危険です」（1357）と言うしかない。

イーピゲネイアの決意と終幕

アキレウスは、あくまでもイーピゲネイアをギリシア軍兵の群衆から守ろうと勇んでいる。しかしイーピゲネイアは、「お母様、私の話を聞いてください」（1368）と言って、みずからギリシアのために生命を捧げる決心をしたことを告げる。

思案の末の私の考えを、お母様、聞いてください。
私は死ぬ決心をしました。
私の望みは、卑しい心を捨てて誉れのある行動をとることです。
……
私は決して命を惜しみすぎてはならないのです。
私をお生みになったのは、全ギリシアのためです。
お母様一人のためではありません。幾万という兵が楯に身を守り、
幾万という兵が櫂を手にして、祖国が侵されれば、
勇敢に敵と戦ってギリシアのために死んでゆくのに、
私は命がたった一つという理由で、これをすべて妨げるのですか。
……
……私はこの身をギリシアに捧げます。
生贄にして、トロイアーを滅ぼしてください。それがいつまでも
私の記念となり、子供となり、結婚となり、誉れともなりますから。
ギリシアが外国を支配するのは当然ですが、お母様、外国がギリシアを
支配するのはふさわしくありません。何故なら、彼らは奴隷で、私たちは自由の民だからです。（1374–1401）

このイーピゲネイアの決意の表明は、突然の翻意として唐突に劇中に出現する。これをどう理解するかが『アウリスのイーピゲネイア』解釈の伝統的な問題点となっている（Gibert 1995, Chap. 5）。私たちもこの点を取り上げる。イーピゲネイアはクリュタイメストラとの別れを惜しみつつ、「もう一つの生と、もう一つの運命に私は生きる

でしょう」(1508) と述べて退場する。エウリピデスの作品では、この後、イーピゲネイアが犠牲になるまさにその瞬間にアルテミスによって許され、代わりに牝鹿が犠牲となったという不思議な次第を使者がクリュタイメストラに告げ、終幕となる。

犠牲をめぐる立場

イーピゲネイアの犠牲をめぐってそれぞれの立場が互いに微妙な違いをともなって劇中に提示されている。大きく分けてしまえば、それらは、国家的必要を重視する立場と家族の情愛や個の生命を重視する立場の二つである。メネラオスは、国家的必要を重視する立場を代表する。彼は、姪イーピゲネイアの命を奪うことのおぞましさをいくらか感じてはいる。しかし、ギリシア軍がトロイアを攻め滅ぼすという国家目標のためには、私情を捨ててイーピゲネイアを犠牲に捧げねばならないと考えている。オデュッセウスはもっとはっきりしている。彼は名のみ語られて登場はしないが、イーピゲネイアをためらいなく殺すつもりでいる者として言及されている。

これらとまったく反対なのが、クリュタイメストラである。クリュタイメストラは、家族の情愛や個の生命を重視する立場を代表する。彼女にとってはヘレネ奪還など尊重に値する戦争目標ではない。愚かな戦争のために娘を死なせてなるものか、という立場で一貫している。また、アキレウスは戦争自体を愚かしいとは見ていないが、イーピゲネイアの命を守ろうという気持ちは一貫している。

アガメムノンは、二つの立場のあいだで引き裂かれている。娘を殺すことは恐ろしいが、また、殺さないことも恐ろしい、という先に引用したセリフ (1257–1258) は、アガメムノンがまさしく進むことも引き返すこともできない「運命の軛(くびき)」(443) に捕らえられ、心がまっ二つに引き裂かれていることをよく表している。アガメムノンは分裂した人間である。

イーピゲネイアは、劇の前半では生きのびたいと願っているが、後半では国家のために命を捨てる決意を示す。

彼女の翻意には説得性が欠けている。そのため、イーピゲネイアも二つの立場のあいだで分裂しているように見える。アリストテレスは、悲劇における首尾一貫しない性格の例として『アウリスのイーピゲネイア』を挙げ、「嘆願して救いを求めるイピゲネイアは、後のイピゲネイアとはまったく似ていない」（『詩学』1454a30）[2]と述べた。ただし、イーピゲネイアの場合、その心の分裂は、アガメムノンとは違い時間軸に沿った分裂である。翻意に関して何らかの説明が可能になれば、イーピゲネイアの行ないは了解可能になる。アガメムノンは犠牲を捧げることをあからさまに強いられており、イーピゲネイアは自己犠牲の決意へと暗黙のうちに運ばれて行く。この劇の興味深いところは、どうやってこの二人の心の分裂が解消されるのかということである。

心の分裂——アガメムノン

アガメムノンが国家的必要を重視する立場と家族の情愛や個の生命を重視する立場とのあいだで分裂していることは、犠牲という現象が成り立つための大事な条件である。アブラハムは息子イサクを死なせたくはないけれども、ヤハウェの命令によって犠牲に捧げなければならない。当事者の心が分裂していることは、私たちがすでに確認したように、ある行為に「犠牲」という言葉が当てはめられるための意味論的条件の一つである。

アガメムノンの心を分裂させる力は外からやってくる。そんなに気が進まないならやめればよいという状況ではない。どんなに気が進まなくても娘を犠牲にしなければならない。彼がこう感じるのは、抵抗しがたい力が押し寄せてきているからである。この力は、見かけの上では女神アルテミスの要求である。だが、本当にアガメムノンが逆らうことができないのは、ギリシア軍という群衆である。粗筋紹介の各所で確認したように、群衆に対する恐怖は劇の登場人物みなに共通している。アガメムノンもクリュタイメストラも群衆の怖さを語っていた。この群衆の暴力が、総大将アガメムノンさえ逆らえない力の本体である。権力が個々人を超えたところに位置するということの実質は、一人の人間の腕力では群衆の暴力に勝つことができないという単純で端的な暴力の不均衡に帰着する。

神託や予言といった宗教的な外皮をまとっていようと、法や制度として政治的に迫ってこようと、差別や排除といった社会的な力として現れようと、権力の実質が暴力の不均衡であるという事情は変わらない。アガメムノンは、神託に逆らえば群衆に殺されてしまうことを知っていた。兵士たち群衆の暴力は総大将である彼の力を超えているのである。[3]

だが、アガメムノンは、群衆の暴力によって強いられるこの心の分裂から、イーピゲネイアの決意によって救われる。本人がそれでいいと言うのなら、娘をいけにえに捧げることの罪責感は緩和される。森の動物たちを殺す狩猟民の罪責感が、むしろ動物たちも殺されることを望んでいるのだという虚構によって軽減されるのと同じである。自己犠牲が出現するところには、不利益を他人に強いる罪責感を、その本人の同意によって軽減してもらうことのできる人々がいる。父親のアガメムノンだけでなく、叔父のメネラオスも、イーピゲネイアの自発的な死の受容によって姪を殺す罪責感を軽減してもらうことができるはずである。あるいは、「姫を殺せ」と叫ぶ兵士たちでさえそうかもしれない。劇の終幕（エクソドス）でことの次第を報告する使者の言葉のなかに、「アトレウス家のご兄弟と全軍は大地を見つめて立っていました」（1577）という一節がある。イーピゲネイアの頸に刃が振り下ろされる直前の描写である。この一瞬の緊張の後に、牝鹿が代わりに死んでいたという奇跡が語られる。アガメムノンとメネラオスの兄弟だけでなく、兵士たち群衆も、人身御供を直視できない。「姫を殺せ」という熱狂の存在は、サクリファイアンの末席に連なる人々がいけにえを殺す罪責を何ら感じないことを意味するものではない。こうして、イーピゲネイアの決意の形成過程が劇の解釈の核心となるのである。

心の分裂――イーピゲネイア

イーピゲネイアの心は分裂している。それは、劇の前半と後半での態度の不意の変化として現れている。この分裂、つまり急な態度転換を生み出す力も、群衆の暴力である。イーピゲネイアは、アキレウスがやって来るのを見誤って「お母様、兵士の群れがこちらに来ます」（1338）と告げる。この不吉なセリフに続いて、アキレウスとクリュタイメストラの掛け合いがある。

アキレウス　アルゴス人の中に恐ろしい叫びが……
クリュタイメーストラー　どんな叫び声が？　教えて下さい。
アキレウス　姫のことについて……
クリュタイメーストラー　その言葉は不吉に聞こえます。
アキレウス　姫を殺せ、と。
クリュタイメーストラー　誰も反対しないのですか。
アキレウス　私も騒ぎに巻き込まれました。
クリュタイメーストラー　どうされました、あなた。
アキレウス　石を投げつけられました。
クリュタイメーストラー　娘を助けるからですね。
アキレウス　そのとおりです。
クリュタイメーストラー　手を出したのは誰ですか、大胆な。
アキレウス　ギリシア人すべてです。
クリュタイメーストラー　ミュルミドーンの兵はどうしましたか。
アキレウス　真っ先に刃向かったのは彼らです。
クリュタイメーストラー　ではもう終りです、娘よ。
（1345–1353）

終わりを悟ったクリュタイメストラは、「娘を捕らえに誰かが来ますか」（1361）と問う。アキレウスは「大勢の者をオデュッセウスが率いて」(1362) と答える。軍勢を率いたオデュッセウスは、「きっと金髪を摑んで」(1366) イーピゲネイアを引きずって行こうとするだろう、と暴力が生々しく予告される。そしてこの直後、群衆が押し寄せてくる予感のなかでイーピゲネイアの決意の表明が行なわれる。イーピゲネイアの態度に劇の前半と後半での分裂をもたらすのは、群衆の暴力である。

イーピゲネイアは、迷い続けるアガメムノンとは違って、はっきりみずから犠牲となることを引き受けると述べている。この決意表明は虚言ではない。だがまた、これに先立つ「蕾のままに私を死なせないでください」(1218) という言葉も虚言ではない。生きたいという気持ちから、死んでもよいという気持ちに変化するきっかけは、差し迫った群衆の暴力として外から供給されている。だが、変化の前後の両立しない気持ちのどちらも虚言ではないのなら、たんにきっかけが与えられるだけではなくて、両方を虚言としてではなく解釈するのに十分なだけの理由が見出される必要がある。さもないと劇の観客(私たち)としてはあっけにとられるばかりである。

さらに言えば、イーピゲネイアの心の分裂は、劇の前半と後半のあいだに時間軸に沿って存在するだけではない。決意表明の後でも、分裂が感じられるようになっていなくてはならない。というのも、こういう立場に立たされたら無念だろうなあ、可哀想だなあ、と私たちが思うのでなければ、劇は成立しないからである。観客が、よかった、この娘がわがまま言わずにちゃんと死んでくれるなら丸く収まる、めでたしめでたし、と心から思ってしまえば悲劇は消える。ギリシアのために死にますと言うのは虚言ではないが、かといって彼女がそれで本当に気が済むわけではない。私たちは当然こう考える。つまり、イーピゲネイアの決意表明にもかかわらず、イーピゲネイアに生きのびたいという願望を読み込むのである。そうでないとイーピゲネイアの行為は自己犠牲にならない。

すると、私たちが必要としているのは、イーピゲネイアの時間軸に沿った分裂がある程度は説明され(そうでないと観客はあっけにとられるだけだから)、しかし、依然としてイーピゲネイアに心の分裂を読み込む余地がある(そうでないと自己犠牲にならないから)ような、そういう解釈である。イーピゲネイアの行為は必ずしも不合理ではないものとして説明されるが、心の分裂を秘めてはおり、かといって、あからさまな強制による行為でもない。こういう両義的な見方が可能になるような解釈の枠組みが必要なのである。そして、日常生活のなかの多くの行為が、おそらくこれと同様、それなりに理由はあるが、完全に本意からでもなく、かといって、強制によるとも言えないような行為である。イーピゲネイアの行為を解釈するために求められているのは、私たちが現実の社会生活のなかで行為を解釈するために用いている装置でもある。

儀式という視点――ヘレン・フォリーの解釈

ヘレン・フォリーの考証と解釈によれば、古代ギリシアにおいて犠牲奉納と結婚とは相互に重ね合わされうる儀式であった。イーピゲネイアの行為が、この儀式という枠組みの上に展開されていること、これがフォリーの解釈の要点である。

まず、「結婚も戦争もあらかじめアルテミスに犠牲を捧げることを要求」(Foley 1985, 69) する儀式である。あるいは、クリュタイメストラは「あなた〔アキレウス〕に嫁がせようと髪を飾らせて娘を連れてまいりました」(905) と嘆くが、花輪で飾られるのは、結婚式における花嫁と犠牲儀式におけるいけにえに共通する要素である (Foley 1985, 69)。また、冥界の王ハデスの花嫁という言い方は劇中の随所に出てくる。これは悲劇において犠牲となる女性の典型的なイメージである (Foley 1985, 76, 87)。

このような表層の類似よりも深いところで、古代ギリシアでは、結婚儀式と犠牲儀式は社会的かつ宗教的な意味において構造が対応する (homologous) 儀式であった。「結婚と性関係の成立との関係は、犠牲儀式と食肉の摂取との関係に等しい、と言えよう」(Vernant 1980, 138)。犠牲に供された動物の肉を食べることは身体が生き続けることを確保する。他方、結婚は人々の生命が世代を越えて続くことを確保している。結婚、犠牲、料理した食べ物、家屋は、ギリシアの文化においては、乱交、獣的な共食い、なまの食べ物、野に生きること、と構造的に対立している」（Foley 1985, 84）。言い換えれば、私たちには血腥い蛮行としか見えない犠牲儀式は、当時は、結婚式と同じように秩序ある文明化された生き方を表していたわけである。

また、フォリーは、犠牲儀式と結婚儀式がたんに喜ばしいだけのものではなく、死や暴力を潜在させていることに注意を促している。エウリピデスの『メーデイア』には「わたくしたち女こそ、いちばん惨めな生きものです」（231）とあり、結婚生活がうまくいかないときには「死んだほうがましです」（244）とまで言われている。[4] このように、ギリシアでは結婚は力ずくで女の生のかたちを変えてしまうものであると見なされていた。ハデスに誘拐されるペルセポネの神話に明らかなとおり、結婚と死とは重ね合わされうる事象だったのである。結婚は一つの通過儀礼であり、象徴的には一つの死であると考えられていた（Foley 1985, 86–87）。犠牲と結婚とは、「どちらの儀式も意志的な死（voluntary death）を含んでいる。犠牲においては現実の、結婚においては象徴的な死なのだが、それは社会のなかでの生存を確実にするよう図られている。どちらの儀式も喜ばしい未来を獲得することを目指している。だが、それは、暴力を通じて、つまり、何かを失うことや社会秩序への屈服を通じて達成される」（Foley 1985, 85）という深い共通性をもつことになる。

犠牲における現実の死も、結婚における象徴的な死も、自発的に受け入れられる。古代ギリシアの犠牲儀式のなかでは、動物たちが殺されることに同意して頷く身振りをするように仕向けられたことはすでに見た。結婚もまた暴力的な移行の過程としてあるだけではなく、説得や愛による同意を強調しつつ成り立つものであった（Foley 1985, 85–86）。エウリピデスの『アウリスのイーピゲネイア』は、それより以前の伝承とは違って、偽りの結婚と本当の犠牲という対比の上に劇全体が構成されている（Foley 1985, 68）。

フォリーは、こうして、結婚と犠牲の表層から深層へ至る広範な構造的・意味的な対応が、劇構造を支えていることを詳細に立証する。犠牲となることを決意するイーピゲネイアは、ギリシアのための生贄となることが、まさに「私の結婚ともなる」と言っていた。結婚と犠牲の重ね合わせの効果は、以下のように確認される。

イーピゲネイアが犠牲となることを受容するにあたっては、アキレウスとの果たされなかった婚儀の形式と内容とが大きく関与している。彼女の想像は、あの婚儀のための準備によって生き生きとした形を与えられているのである。二つの儀式の構造的な重なり合いは、プロット全体を貫いて最後まで続いている。

(Foley 1985, 77)

この視点からは、イーピゲネイアの心の分裂はどのように説明されるのだろうか。フォリーは次のように述べている。

> 最後の場面のイーピゲネイアは、批評家たちが時おり論じてきたように、自己犠牲を受け入れさせようとする父アガメムノンの言葉巧みさとみずからの恐怖とに麻痺してしまっているのではない。そうではなくて、彼女は*その犠牲を結婚として視覚化する*ことによって、その犠牲を意志的でめでたいものに変え、心理的に受け入れられるようにしているのである。
>
> (Foley 1985, 77–78. 強調は引用者)

「犠牲を結婚として視覚化する（visualizing it [the sacrifice] as marriage）」という言い方は、多義的である。一方では、犠牲となることをイーピゲネイアが*文字どおり*結婚として見ることによって、心の分裂を解消した、とも解されうる。だが、他方では、*たんに想像上で*結婚と重ね合わせているだけで、分裂は解消されていない、とも解されうる。フォリーは、基本的に、イーピゲネイアの行為を反語的に読むこと（ironical reading）をしりぞける。反語的な読みとは、テクストの表層にはイーピゲネイアの行為の肯定的な評価のみが示されているが、思考力のある観客にはその反対が読み取られる、というようにテクストを解釈することを言う（Gibert 1995, 252）。「そういう反語的な読みは、この神話とエウリピデスの神話解釈とに疑問を投げかけるだけでなく、社会的・宗教的な体系全体を疑うことになる。結婚と犠牲は、人々を社会的に結びつけ、社会の連続性を確かなものとすることを本質とするのに、それがたんなる欺瞞の装置となるのだ」(Foley 1985, 92)。フォリーは、こうして、イーピゲネイアが内心を偽っているという解釈をしりぞける。すると、犠牲を「意志的な（voluntary）」ものに変えるという上の一節は、犠牲を現実世界において文字どおり結婚として見る、という姿勢を強く示唆することになるだろう。みずから進んで（voluntary）行為することにおいて、イーピゲネイアは「劇前半の幼い愚かさと生命への愛を完全に乗り越えて、高貴な大義と思われるもののために死ぬことを選ぶ」(Foley 1985, 99) のである。イーピゲネイアの心の分裂は、こうして乗り越えられたのだ。

　結婚と犠牲の文字どおりの重ね合わせは、フォリーの解釈では、この劇の大団円に望ましい結果をもたらす仕掛けとして機能すると理解されている。すなわち、

> イーピゲネイアの結婚／犠牲（marriage/sacrifice）は、アルテミスの承認の下に復活、つまり生存が暗示されるなかで遂行される。アルテミスは牝鹿を代替に置いた。この代替は、文明化された正常な実践へ復帰する明るい見通しを浮かび上がらせている。(Foley 1985, 90)

修辞をはぎ取って言うなら、イーピゲネイアの自己犠牲によって、態度の定まらぬアガメムノンとメネラオス、煽動的なオデュッセウス、暴徒化しつつある兵士たち、これらすべての分裂と混乱が終息に向かうということである。全ギリシアは立ち直り、同胞の妻を奪った野蛮人たちを団結して滅ぼす。フォリーによれば「究極的には、イーピゲネイアは、クリュタイメストラを除くすべての人物を、彼女の犠牲というマントの中に包み込み、全ギリシアという理想の下に引き入れる」(Foley 1985, 95)。劇中でしばしば語られる全ギリシアのためという理想主義は、ペロポネソス戦争によって引き裂かれたギリシア都市国家群にとって、この劇の上演当時、空虚な言辞ではなかった (Michelakis 2006, 77)。こうして、イーピゲネイアは「高貴な大義と思われるもののために死ぬ」ことを選んだというわけである。

以上のフォリーの解釈は、イーピゲネイアが自己犠牲へと運ばれていく次第を、古代ギリシアにおける結婚と犠牲の儀式上の対応関係によって的確に合理化している。イーピゲネイアの態度の変化は、意味不明な突然の変心ではなく、結婚と犠牲の類似によって裏付けられた変化に見えてくる。しかし、この説明は、単純化すると、犠牲になることと結婚することが儀式の所作や構造や意味において対応するゆえにイーピゲネイアは最後の決意に運ばれていくのだ、と主張するものである。儀式的な対応を通じて筋の運びに一貫性がもたらされるということは、作劇技法上の事実かもしれない。だがそうであるからといって、イーピゲネイアが犠牲と結婚の違いに気づかないということが、劇中で説得的に成り立つわけではない。自分が結婚することと自分が殺されることは、まるで違うことである。たんに儀式の所作・構造・意味に対応があるという理由で、当事者が、自分の結婚と自分が人身御供になることとの違いを無視することができるとは考えられない。フォリーの解釈は、儀式という要因が作劇上大きな意味をもっていることの指摘として高く評価される[5]。だが、結婚も犠牲もそれぞれ儀式なのだということの意味が、十分に汲み取られているとは思われない。イーピゲネイアが「高貴な大義と思われるもののために死ぬ」のは、まさに儀式的・演技的な水準においてであって、現実世界において、自分が人身御供となることを自分の結婚であると文字どおりに信じているからではないはずである[6]。

私たちは、狩猟民の動物殺しやギリシアの犠牲儀式を扱ったとき、動物の自己犠牲が、現実の動物の心的状態とは別に、虚構的な水準で導入されることを確認した（第3章）。シベリアの狩猟民は、クマやシカが殺されることをみずから望んでいるという虚構の物語を設定することで、動物たちが死を受け容れてはいないという現実を覆い隠す。人間は、儀式にかかわる動物たちに、儀式の要求する心理（死の受容）と現実の心理（死の拒否）という相容れない二つを同時に帰属させる。当然、人間の方も、動物は死を受容しているという儀式の水準の事実認識（ごっこ遊びの設定）と、動物は死を拒否しているという現実の水準の事実認識の二つの層に内面が分裂する。このように、儀式においては、一般に、儀式的水準の心的状態と現実的水準の心的状態の二つの層が、参加者のなかで同時に成立する。儀式一般のこの特性に着目すれば、現実においてイーピゲネイアは自分が殺されることを望んでいないとしても、虚構的な語りの水準では、自分がいけにえとなって全ギリシアを救うということを受け容れる、というあり方が可能である。儀式の具体例を取り上げて、その特徴を簡単に確認しておこう。

儀式性の意味――イヨマンテ

イヨマンテは、秋に森で捕らえた子グマを村に連れ帰って大事に育て、年が明けてから、その子グマを殺して魂を山に送り返す儀式である。子グマの魂は、村人から和解と再生のメッセージを託されて、山に住む親たち（神々）のもとに旅立つ。北ユーラシアと北米には、クマ狩りの儀礼が広く分布するが、イヨマンテはこれらとは異なり、クマを飼ってから殺す形をとる。この形式の儀式は、沿海州から、サハリン、北海道にかけての狭い地域にのみ見られる。この形式は、これらの地域に居住するアイヌその他の狩猟民のあいだで、近隣の牧畜民の家畜殺しの儀礼から影響を受けて発達したのではないかと推定されている（大林 1991, 179, 214）。

イヨマンテは準備期間を入れれば二週間を超えるが[7]、主たる行事は大抵三日間で行なわれる。祭りの最高潮は二日目、子グマを殺して魂を神々のもとへ送り返す儀式である[8]。その日、子グマは複数の引き綱をつけて檻から出され、女たちの掛け声に送られながら、男たちに引かれて、式場に立てられた子グマをつなぐ棒のところまで進んで行く。このとき、棒状の神具（タクサ）を持った男たちが子グマの前後左右に付き、その神具を振って子グマの顔や体に当て、ともすれば順路をそれて行きつ戻りつする子グマの行方を制御する。子グマは興奮し、体を揺すって暴れるが、その動作は、「子熊がやがてすぐに神の国に行ける喜びを表している」（アイヌ民族博物館編 2003, 81）と解釈される。次いで子グマは棒につながれて歌と踊りを奉納された後、また棒から解放され綱に引かれて式場内のあちこちを練り歩く。そのとき古老たちが子グマに花矢（矢尻を外して飾り付けをした矢）を一斉に射かける。当然、子グマは怒ってもがきうなる。

そうした子熊の動作もまた、古老たちによると子熊が再び神の姿になって神の国の親元に帰ることができる喜びを表している　（アイヌ民族博物館編 2003, 82）

と解釈される。河野広道『熊の話』によれば、

熊がうなり、花矢がとび、メノコが唱い、アイヌ達がとび廻る。小さな子供たちまでが熊と一緒に踊っている。アイヌ達は熊が怒り狂うのを「喜んで踊っている」と信じているので「熊が踊っている」とか「この熊の踊はなんと上手なんだろう」とほめたたえる[9]

このようにイヨマンテでは、子グマが棒で突つかれたり儀式的に矢を射かけられたりして体を動かすたびごとに、人間たちは一つ一つの動作を子グマの喜びの表現として読み取っていく。子グマの身振りは人間たちが意図して行なわせた動作にすぎないが、子グマ自身の意図的な身振りと見なされ、その身振りにもとづいて、子グマに喜びの気持ちが帰属されていく。狩人が森で遭遇したクマを殺すとき、本当は相手が殺されたがっていたのだ、と言い訳するのと同じように、人間にとって好都合な心理が動物に一方的に帰属される。

狩人が狩りの現場でクマに自発的な死の意志を付与するのとは違って、イヨマンテでは、儀式の式次第を通じて動物の身振りが念入りに作り出される。ちょうどその分だけ、同じく虚構でありながら、子グマに帰属される心理に一種の裏付けが生じることになる。子グマはタクサで突つかれてしかるべく演技させられる。このとき、もしも当事者（子グマ）が儀式の式次第と背景の物語（神々の国へ帰る等々）を理解できたとしたら、まったく同じ身振りにもとづいて、みずから進んで演技している状態が成立する。演技者は、定められた儀式の流れのなかで、場面に合わせた適切な身振りを産出することを通じて、儀式の予定する役割上の心理をそこに現実化する。内心においては依然として死にたくないとしても、演技的所作の水準では自発的に犠牲としての死を実現する結果になる。つま

り、適切に形成された一連の身振りが、そこに存在しない一個の意志的決定をあたかもあるかのように提示し、一つの演技的な行為として自己犠牲が成立することになる。

儀式性による『アウリスのイーピゲネイア』解釈

イーピゲネイアは、自分の置かれた立場をよく理解しているいけにえの子グマに相当する。イーピゲネイアは暴力的な兵士からなる群衆によって追い詰められている。子グマは実際に棒で突つかないと動かないが、人間は暴力が迫っているという情報だけで足りる。そして、子グマと違って、自分に期待されているのが何なのか分かる。イーピゲネイアには、アガメムノンの陥った窮地、戦争の意味、群衆の力、といった背景が十分に理解できる。自分としては生きのびたいが、群衆はいけにえを求めている。自分の願いは願いとしてあるけれど、期待されているのは「ギリシアのために死にます」という決意表明だ。それがはっきり分かるから、イーピゲネイアはそう言うのである。

イーピゲネイアが「犠牲を結婚としてありありと視覚化する」のは儀式の水準の虚構的な事実認識にとどまる。現実世界において「犠牲を意志的で（voluntary）めでたいものに変え」るのではない。自分の結婚と自分が人身御供になることの同一性を、本当に信じているという無理な解釈をイーピゲネイアに帰する必要はない。イーピゲネイアは、犠牲儀式が自分の果たされなかった結婚式であると信じることにするのである。「私はこの身をギリシアに捧げます。生け贄にして、トロイアを攻め滅ぼしてください。それがいつまでも私の記念となり、子供となり、結婚となり、誉れともなりますから」（1397–1399）というイーピゲネイアの決意は、この演技的・虚構的な水準で、ごっこ遊びが要請する一つの台詞[10]として語られていると考えることができる。

イーピゲネイアをこの決意にまで運んできたのは周囲の状況であって、彼女自身の意図ではない。このいきさつに関しては、フォリーが明らかにした結婚と犠牲の儀式上の対応関係が効果的な説明になる。戦争のために犠牲を捧げることは、私たちが感じるように野蛮なことではなくて、結婚と同じように文明化された立派な行ないだった。すると、結婚を期待してアウリスまで来たとしても、ギリシアのため身を捧げるという方向に気持ちが動くということもありえなくはない。そこで、イーピゲネイアは、その置かれた立場上言うだろうと期待されることを、明瞭な意識をもって言ったのだ、と見ることができる。決意表明は、大義に殉ずるという主義主張の面だけではなく、いけにえという役柄への要請に適合しており、したがってまた、周囲の参加者たちの期待を外さないという意味で、理にかなっている。イヨマンテの子グマはタクサで突つかれなければうまく踊らない。だが、イーピゲネイアは、状況を自分で理解して適切な発言をすることができる。イーピゲネイアの決意表明は十分に理由のあるものとなっているのである。

しかしながら、儀式的な対応関係という仕掛けに乗せられて決意を述べるところまで運ばれてきたとしても、それまでのイーピゲネイアの願いと照らし合わせてみれば、決意の言葉が統合された内心の本意を述べているわけではないと解釈する余地が、私たち（第三者）に残される。その根拠は、もちろん第一に、儀式の流れに乗せられてきたという事情である。結婚から犠牲への変化は大きな飛躍である。第二に、本人がそれまでに死にたくないと言ってきた事実と食い違うからである。そして、第三に、決意の言葉があまりにも約束どおりだからである。この筋書きのこの流れならそうなるだろうと思われるところを立派に述べている。状況から当然期待される範囲に入るからこそ、かえって反語的に読むことが可能になる。こうしてイーピゲネイアに心の分裂を読みとる余地ができてくる。

ところが、心神喪失ではなく、あからさまな強制の下にもいないから、イーピゲネイアの発言がそれなりに自発的であるとも解釈できる。こうして、イーピゲネイアの自己犠牲の決意の言葉は、聞いてみながあっけにとられるわけではないので不合理ではないが、だからといって心の分裂を秘めていないと言い切れるわけでもなく、とはいうものの心神喪失や強制下の発言でもない、というように理解することができる。不可解な突然の翻意、決意表明の空疎な迫力、深層に澱んでいる不同意、といったイーピゲネイアの言動にただよっている全体としての不安定な印象は、共同体の暴力的な力にさらされて自己の統合性（integrity）を浸食されながら生きている人々に共通の雰囲気であるように思われる。

次に見る「レイニー河で」は、ヴェトナム戦争に徴兵された一青年が、徴兵通知に応じて出頭するまでの内心の葛藤を報告する一人称の短編小説である。戦争という国家目標のために個の生命が要求される点で、『アウリスのイーピゲネイア』とよく似ている。しかし、「レイニー河で」はどうしても自己犠牲の物語にならない。そのことが二つの物語の著しい対照である。以下では、まず概要を紹介し、どうしてこれが自己犠牲の物語になりえないのか、二つの物語の世界がどこでどのように決定的に違うのかを考えてみる。

2　「レイニー河で」

「レイニー河で」には、ギリシア悲劇のような込み入った筋立てはない。語り手が、徴兵通知を受け取ったときの体験を、二〇年経ってからの考察をまじえて回顧的に告白するという単純な構造になっている。

始まり

語り手は「この話だけはこれまで誰にも話したことがない」(71)[11]と語り始める。一つの記憶、「この二十年というもの……思い出すたびに恥ずかしかった」(71) ことを話そうとしている。「この話をするのはやはりハード」(71) なのだ。それは勇気にかかわることである。人は誰しも、自分は「道義上の緊急事態に直面すれば、きっぱりと勇猛果敢に、個人的損失や不面目などものともせずに」(71) 行動すると信じたがっている。だが、そうではないのだ、ということ。

少し不思議なのは、勇猛果敢に行動することが、不面目（discredit）を顧みないことを条件とするらしいという点である。勇気ある行動をすれば不面目を招きかねない。だが、それをものともせずに勇気ある行動をする、という思考の連なりがこの一節の背後にある。一般に、勇気を示すことは面目をほどこすことであって、不面目を招くことではないように思われる。どうなっているのか。

徴兵通知

語り手のティム・オブライエンは、「なんといってもリベラル」（74）だけれど、「全然ラディカルじゃない」（73）二一歳のカレッジ卒業生だった。「ヴェトナムにおけるアメリカの戦争は間違ったものであるように」（72）思っていて、「穏健な反戦的立場」（73）をとっている。一九六八年六月一七日の蒸し暑い午後、徴兵通知がそこへ舞い込む。

> 封筒を開けて、最初の数行にさっと目を通したところで、目の奥あたりで血液が急にどろりと重くなったことを覚えている。……それは声にならない嗚咽だった。……なんで俺のような《立派な》人間がこんな戦争に行かなくちゃならないんだ。……こんなことあってたまるものか。……どうしてタカ派のやつらを徴兵しないんだ。（74–75）

これに続く述懐は興味深い。各人が各人の考えに従って行動したらよかろう、戦争だろうとなんだろうと、という単純な個人主義が激しい怒りとあわせて回顧されている。

もし誰かが戦争を支持するのなら、それが代償を払うに値すると思うのならそれでもけっこう。しかしそういう人間は自分の命をかけて前線に出ていただきたい。そういう人間は前線に行って、歩兵部隊の仲間入りをして、どうぞ血を流していただきたい。そしてそこに自分の奥さんなり自分の子供なり自分の恋人なりを一緒に連れて行っていただきたい。そういう法律があってしかるべきだと私は思った。（75）

しかし、怒りの炎は徐々におさまり、自己憐憫に変わり、無感覚に至る。父親にどうするつもりなんだと尋ねられても「わからない」「待って」としか言えない。

迷い

オブライエン青年は、この年の夏、故郷ミネソタ州の豚肉処理工場で、一日八時間、ベルト・コンベアに吊された豚の死体の血糊抜きの仕事をしていた。財布の中に徴兵通知をしまいこんだまま、孤独な時間を過ごす。「日が暮れると私はときどき父の車を借りて、あてもなく街を走らせた。運転しながら惨めな気持ちになった。戦争と豚肉工場のことを思った」（77）。良心的戦闘忌避や州軍、予備役といった回避の手だてはすべて望み薄であったし、世界に悪が存在しないわけではない以上、「原則としてどのような戦争も一切認めないと主張することはできなかった」（77）。「これら一切のまさに中心に存在したのは、恐怖という動かしがたい事実だった。私は死にたくなかった。それは言うまでもないことだ」（77）。

彼はカナダへの逃亡を夢想するようになる。

北に数百マイル行けば、そこはもう国境だった。車なら八時間で着く。私の良心も私の本能も、思い切ってそうしろと告げていた。……逃げるんだ、と私は思った。そして思い返した。いや、そんなことは不可能だと。そしてその一秒後にまた私は思うのだった。逃げるんだ、と。……それは一種の分裂症だった。心が二つに割れてしまったのだ（A moral split）。決心がつかなかった。戦争は怖い。でも国外に逃げることもやはり怖かっ

た。（78）

この心の分裂は、アガメムノンやイーピゲネイアと共通している。戦争が怖いだけでなく、逃げることもまた怖い。家族、友人、これからの経歴といった自分にとって意味のあるすべてを捨ててしまうことが怖ろしいからである。それはまた、保守的な田舎町の住人に嘲られたり非難されたりすることへの怖れでもあった。そしてある日、「食肉処理のラインの前に立っているときに、私は自分の胸の中で何かがばりっと折れて開いてしまった」（80）と感じる。「何か温かく貴重なものが体の中で漏れ出て」（80）いるような感じを抱いたまま、彼は豚肉工場での作業を突然やめて出発する。

エルロイ・バーダール

北に向かい、レイニー河に至る。対岸はもうカナダである。みすぼらしい釣り客用ロッジに行き着き、主人のエルロイ・バーダールに出会う。「その日そのドアを開けた男は、私の生涯のヒーローである。……その人物が私の人生を救ってくれたのだ。……その老人は一目で物事の核心を理解したのだ。この若者は悩みを抱えている、ということを」（83）。この八一歳の男は、「激しいと言ってもいいくらいの、実にきっぱりとした沈黙」（85）を守っている。だが、「大きな思想を小さな簡潔な言葉にまとめて口にする術を心得ていた」（85）。ある日、この男は言う。

「なあオブライエン」と彼は言った。「イエス様はいなさるぞ（There's Jesus）」。（85）

問　題

もちろん青年オブライエンの抱えている問題は、未解決のままである。

私の良心は逃げろと告げていた。しかしなにかしら非理知的で強力な力がそれを押し止めていた。それは私を戦争に向けて押し出していこうとする重みだった。要するにそれは、馬鹿馬鹿しい話だが、体面のようなものだった（a sense of shame）。……私はみんなに悪く思われたくなかった。……私は自分の良心が恥ずかしかった（I was ashamed of my conscience）。正しいことをすることが恥ずかしかった（ashamed to be doing the right thing）。（88）

青年を戦争へ向けて押し出すのは、ヴェトナム戦争は間違っていると主張し、良心に従って行動することが、みっともないことであるかのように感じさせる一つの非理知的な力、「体面（shame）」ないし「恥ずかしさ」である。

試し

エルロイ・バーダールは、滞在が六日目になった日にオブライエンをボートでレイニー河に連れ出す。カナダの水域に入って、岸から二〇ヤードほどのところでボートを停める。「彼は私を現実というものに直面させようとしたのだと思う。河を越えて、私をぎりぎりの縁まで連れていって、私が私の人生を選択するのにつき添っていてやろうと思ったのだろう」（94）。しかし、語り手は「やろうと思えばやれる」（94）はずなのに、「声をあげて泣いて」（95）しまうことしかできない。

それは圧倒的な悲嘆だった。私がかつて知ることのなかったような悲嘆だった。私がそれほど悲しかったのは、カナダが今や惨めな幻想と化してしまったからだった。それが私には理解できた。愚かしく、そして絶望的だった。それはもはや可能性としては存在しなかった。まさにそのとき、対岸を眼前にして、私は悟ったのだ。そうするべきだとわかっていても、私はそうしないだろうということを。……私は勇気を奮い起こすことはないだろう。（96）

「私」は、家族や友人や故郷の町の知り合い、ゆきずりの人々からボビー・ケネディ、バーバレラの衣装に身を包んだジェーン・フォンダまでが登場する「ありとあらゆる形と色の国旗を打ち振る何百万もの凶暴な市民たち」(97) からなる幻影を体験する。彼らは私を「どちらかの岸辺に追い立てようとしていた」(98)。

> 私の上に注がれたすべての目——その町、その宇宙——そして私はどうあがいても体面 (the embarrassment) を捨て去ることができなかった。観客たちが私の人生を見守っているように私には思えた。……人々の叫びが聞こえた。裏切り者！　と彼らは叫んでいた。……私には勇気を奮い起こすことができなかった。それはモラリティーとは何の関係もない、体面、それだけのことだった。
>
> そしてそこで私は屈服してしまった。
>
> 俺は戦争に行くだろう——俺は人を殺し、あるいは殺されるかもしれない——それというのも面目を失いたくないからだ。(98–99)

泣いているオブライエンをエルロイ・バーダールはじっと見ている。

彼こそが真の観客だった。目撃者だった。私たちが自分の人生を生き、選択をしたり選択をできなかったりするのを絶対的な沈黙の中でじっと見守っている神のように、あるいは神々のように (like God, or the gods)。(99)

この短篇の終わりの言葉。「私は卑怯者だった。私は戦争に行ったのだ」(100)。

3　二つの物語の比較

二つの物語の類似点

「レイニー河で」と『アウリスのイーピゲネイア』の設定はよく似ている。第一に、国家目標の重視と個の価値意識の重視という二つの価値原理の対立が存在する。イーピゲネイアは、戦争のためにいけにえになるのがよいという国家的判断と、いけにえにならない方がよいという個人的判断との対立のなかにいる。オブライエンは、ヴェトナム戦争に出征するのがよいという国家的判断と、出征しない方がよいという個人的判断との対立のなかにいる。どちらの場合も、物語はこの対立から生じてくる。

第二に、この対立のあいだで主人公に心の分裂が生じている。イーピゲネイアは、生きのびたいという気持ちとギリシアのためにいけにえになるという決意のあいだで分裂している。いけにえになる決意が、額面どおり統合された意志の選択として解釈できないことはすでに見た。オブライエンは、生きのびたい気持ちと徴兵に応ずるしかないという気持ちのあいだで分裂している。徴兵に応じたのが意に反する振る舞いだったことは、「私は卑怯者だった」という言葉から明らかである。どちらの場合も、この分裂の扱いが物語の興味の中心になる。

第三に、分裂した主人公は群衆の力を生々しく感じている。どちらの場合も、個を追いつめるのは群衆の圧倒的な力である。イーピゲネイアはギリシアの軍兵の殺到を予感しており、オブライエンは幻影のなかで凶暴な市民に直面している。

第四に、物語の流れが同じである。最初はイーピゲネイアもオブライエンも死にたくないと考えている。最後は両者とも自分の死の可能性に同意している。そして、この態度の転換を促している力の実質はどちらの場合も群衆である。さらにどちらに関しても、いくら同意していようと本当は死にたくなんかないと思っているだろう、という推定が成り立つ。また、両者ともいわゆる心神喪失状態ではない。こういう状況に置かれたらこうなるのも無理はないな、という推定が成り立つという意味では、両者の振る舞いは理にかなっている。

最後に、主人公が国家目標に服従するという結末の外形も似ている点として挙げることができる。物語の表層では、まったく同じように、主人公が戦争遂行のためにみずからの死の可能性を受け入れる形で決着がつく。だが、この決着に対する評価がまったく異なっている。イーピゲネイアは卑怯者と呼ばれる可能性はない。だが、オブライエンは卑怯者なのである。この相違は、イーピゲネイアの行為は自己犠牲であるが、オブライエンの行為はそうではない、ということと同じである。

公共的水準の対抗言説

二つの物語の違いは、主人公の若者が、公共的な水準の価値判断に関して、周囲の人々の見解に対抗する自分の原理をもっているかいないかというところにある。オブライエンは、「ヴェトナムにおけるアメリカの戦争は間違ったものである」(72) と感じている。死にたくないという個人としての気持ちだけではなく、公共的な水準での自分独自の判断として、ヴェトナム戦争は正しくないだろうという考えをもっているのである。

他方、イーピゲネイアは、死にたくないという気持ち以外に自分独自の公共的水準の主張をもっていない。トロイア戦争は間違ったものであるとか、戦争のために人間をいけにえに捧げるのは間違ったことである、といった考えをもってはいないのである。クリュタイメストラは、イーピゲネイアを守ろうとする強い欲求をもっている。だが、イーピゲネイアを犠牲に捧げることに、公共的な主張の水準で反対しているのではない。クリュタイメストラの主張は、「あなた［アガメムノン］が選ばれて、ギリシア人に娘を差し出す必要はありません。メネラーオスが娘のヘルミオネーを母親のために殺せばよいのです、これはあの人の問題ですから」(1200-1201) というように、それぞれの家族の水準にとどまっている。ここにあるのは、迷惑施設が建設されるときに〝我が家の裏庭にはご免だ

(Not In My Back Yard)〟と主張する小市民と同じ考え方である。

「レイニー河で」の世界には、一人の個人が、公共的な水準で、社会的に受容されている見解に反する対抗言説を打ち出しうるという考え方がある。『アウリスのイーピゲネイア』の世界には、それがない。[12] 語り手のオブライエンは、一人の若者にすぎないが、自分を取り巻く社会から理念の上では離脱することが可能であり、人々への同調を拒否して、ヴェトナム戦争についての自分の見解を打ち出すことができる。ヴェトナムにおけるアメリカの戦争は間違ったものであると見なす立場は、故郷の町の人々とは対立している。しかし、彼は個人として、自分の立場を貫かなければならない。「私の良心（my conscience）」は、間違った戦争に加担するよりは逃げろと告げているからである（88）。ところが、彼は、正しいことをするのが恥ずかしい（ashamed）と感じる（88）。それはモラリティーとは何の関係もない、たんなる体面、あるいは恥の感覚、決まり悪さ（a sense of shame；embarrassment）にしかすぎない（98）。故郷の町の人々に、「あざけられたり、非難されたりすること」（78）に対する恐れである。人々に指弾されることを恐れる非理知的な力（irrational force）が、良心に抵抗する（88）。彼は、同胞の非難や嘲笑や指弾はものともせずに、良心に従うべきだったのである。これが、物語の冒頭に語られた勇気の望ましい形である。オブライエンは、「不面目などものともせずに」（71）勇気をもって自分の良心を貫くことができるはずだった。だが、そうではなかった。

「レイニー河で」の語りの背後には、個人は、周囲の人々に逆らって、みずからの良心を貫くべきであるし、また、貫くことができる、という暗黙の前提がある。これは、もちろん、カントの定言命法が命じていることの実質である。個人が人々に逆らってみずからの良心に従うとき、その選択を貫く支えとなるのは、神である。そのことは、「「なあオブライエン」……「イエス様はいなさるぞ」」（85）というエルロイ・バーダールの言葉がよく示している。神は、オブライエンを試し、オブライエンがみずから選択するのを黙って見守っている。この物語では、神の視線はエルロイ・バーダールが代替する。「彼が目撃者だった。神のように、あるいは神々のように（He was a witness, like God, or the gods)」(99)。作者はここで、ユダヤ-キリスト教の神格を指す“God”という固有名を“the gods”という複数普通名詞で緩和しているが、前提されているのは明らかにキリスト教の原理である。オブライエンは自分の良心に自分が従うことができないことを悟って、激しく泣く。その深く激しい悲嘆は、ペトロがイエスを裏切って激しく泣いたときに感じた悲嘆とまったく同じものである。[13] オブライエンは、本当ならば良心の命令に従ってカナダへと逃亡し、もしも合衆国で罪に問われたならば、ちょうど審問官の前に呼び出されたルターのように、

私の良心が神の言葉によって捕らえられるのでなければ、私は何も撤回はできませんし、撤回しようとも思いません。なぜなら自分の良心に反して行為するのは、安全なことでもなく、してよいことでもないからです。私は、ここにおります。このようでしかありえません。神よ、お助け下さい。アーメン。[14]

と言うべきだったのである。

物語全体を通じて、自分の良心と故郷の人々の見解とを異なった水準に置いて調停を図るという手法は、オブライエンには思い浮かびもしないようである。自分としてはヴェトナム戦争は間違っていると信じるが、さしあたり周囲の人々に合わせて、あの戦争が正しいと信じるふりをしてしかるべく振る舞うという可能性は、語りのなかにほんの微かな気配さえ見つけることができない。自分を適当に分裂させて、うまく立ち回るという生き方がまったく想定されていないことは注目に値する。「レイニー河で」の世界は、一つの良心、一つの意志によって統合された個人という思想を、自明のものとして前提する。「レイニー河で」を『アウリスのイーピゲネイア』から隔てているのは、〝神の前に立つ個人〟という西洋近代のキリスト教的な人間観である。以下、そういう個人の成り立ちを人類学的な視点から確認しておこう。

4　全体論と個人主義

個人と全体

社会人類学者ルイ・デュモン（1911-1998）は、「個人（an individual）」という存在について、二つの側面を区別する必要があると指摘した。一つは、生物学的なヒトの一個体、すなわち「話し、考え、そして欲求する経験的な主体であり、どの社会にも見いだされるヒトという種の個々の実例」（Dumont 1986, 25/邦 41）である。もう一つは、「独立で、自律的で、したがって本質的に社会的ではない精神的存在である」（同上）。この精神的存在（moral being）は、人間と社会についての近代イデオロギーのなかに見出され、近代社会における最高の諸価値を担っていると見なされる（同上）。

デュモンの考え方の特徴は、人類史の全体を見渡した場合、近代社会は例外だと考える点にある。歴史上の諸文明に広く見られるのは、全体における秩序（order）に価値を置く社会である。秩序とは、この場合、社会を構成する要素（人間）が、全体のなかで果たすその役割と一致している状態のことを言う（Dumont 1977, 4）。この意味での秩序を重視する考え方を、デュモンは全体論（holism）と呼ぶ[15]。

> 私は、インドと中国が根本的なところで違わないと断定しているのではない。インドと中国は、私たち〔西洋近代〕との比較においてのみ似ているのである。中国、日本、インドの伝統的なイデオロギーが全体論的であり、私たち〔西洋近代〕のイデオロギーが個人主義的であることに疑いはない。（Dumont 1977, 9）

全体論的な社会では、社会的な役割とかかわらない一個の人間としてのさまざまな要求は、無視されたり従属的に扱われたりしがちである（Dumont 1977, 4）。これに対して、近代文明と近代社会は唯一の例外である。近代社会は、

一個の人間に価値を置く。西洋近代の人々にとっては、

すべての個々人が、原理上、人類全体の具体化であり、そういう存在として、人間は他のすべての人間と平等であり自由なのである。(Dumont 1977, 4)

これをデュモンは個人主義(individualism)と呼ぶ。個人主義的な社会では、全体論的な社会とは逆に、社会からの諸要求が無視されたり従属的に扱われたりしがちである。この近代社会における人間が、たんに生物種としてのヒトの一個体という意味ではなく、「独立で、自律的で、したがって本質的に社会的ではない精神的存在」という意味における個人である(Dumont 1977, 8)。この意味での個人を、近代的個人とさしあたり呼んでおく。

近代的個人とはどういう存在なのかという問いは、デュモンの視点からは、人類社会の一般的形態である全体論的な社会から、近代の個人主義的な社会がどのようにして出現したのか、という社会類型の推移の問題になる。本質的に社会的ではない存在によって構成される社会というのは、一種の背理である。全体論的な社会は、それを構成する人間が社会的役割と一致している。この状態から、社会的役割を度外視した存在によって成り立つ個人主義社会へ、どうやって移行できるのだろうか。

インド社会研究の専門家であるデュモンは、社会的役割を切り捨てた人間存在を、西洋近代に特有なものとは見ない。そういう存在は、世捨て人や修行者としてなら、どんな社会にも生まれうる。例えば、インド社会においては、「窮極の真理を求める男は、自らの向上と宿命とに身を捧げるため、社会生活とその束縛とを捨てる。捨てた世間(social world)を振り返るとき、彼は、距離をおいて、何か実在性に欠けたものとしてそれを見るのであり、彼にとって、自己の発見は、……この世で経験される人生のもろもろの煩わしさから自由になることと同じことなのである」(Dumont 1986, 25/邦 42)。このような世捨て人は、「自足しており、自己自身にしか関心がない」(Dumont 1986, 26/邦 42)。

デュモンは、こういう世捨て人を通文化的な人間類型と捉え、「世俗外個人（an outworldly individual）」（同上）と呼んでいる。全体論的な社会においては、世俗社会の価値に同調しない「精神的存在者」は、世俗外個人として現れる。日本で言うなら出家者である。こういう現れ方が、社会的役割とかかわりない一個の人間が全体論的な社会に登場する通常のかたちなのである。一方、これと対比されるのは、「世俗内個人（an inworldly individual）」（同上）という類型である。世俗内個人は、世俗社会の内に生きながら、世俗外個人と同じく社会的役割よりも自己自身への関心——自我——において自己充足的に定義されるような人間である。言い換えれば、世俗外個人が世俗外的な本質を保ったまま世俗社会に復帰したものを、世俗内個人と言う（世俗のなかで妥協して生きる個人ではない）。つまり、これは世俗内にいる世俗外個人である。これが、「本質的に社会的でない存在」としての近代的個人にほかならない。

デュモンの問いは、全体論的な社会から個人主義的な近代社会が生み出されたのはどのようにしてか、ということであった。この問いは、結局、通文化的に見出される世俗外個人が、西洋においてのみ世俗内個人に移行しえたのはどのようにしてか、という問いに帰着する。

世俗外個人から世俗内個人へ

世俗外個人は、西洋世界においては初期のキリスト教徒として出現した。「人は、神との関わりにおいて個である（an individual-in-relation-to-God）とは、人は本質的に世俗外個人であるということ」（Dumont 1986, 27/邦 44）を意味している。世俗を超越して神とのかかわりに生きたキリスト教徒たちが、どういう仕掛けによって、神とのかかわりにおいて個であるという要素を決して失わずに、世俗生活の内部に戻ることができたのだろうか。その仕組みの細目はどうあれ、その働きの眼目ははっきりしている。それは、一なる神とのかかわりにおいてのみ自分は真に生きるのだ、と考えるような人々に、世俗権力の与える秩序とのあいだに容認可能な関係を設定する、ということである。設定にはいくつかの様態がありうるが、その初期条件は、イエス自身の言葉で明らかにされている。キリストが、「皇帝のものは皇帝に、しかし神のものは神に」と教えるとき、神と皇帝の対称性は見かけだけのものに過ぎない。というのも、われわれが皇帝の合法的な主張に従わねばならないのは、ただ神のためになのである。……世俗的秩序は、絶対的な諸価値に従属するものとして相対化される。ここには順位のついた二分法がある。世俗外個人主義の方が、世俗内権力への認知と服従とを包み込んでいるのである。

(Dumont 1986, 31/邦 51)

神の秩序は皇帝の秩序よりも上位に位置づけられる。そして人々は、世俗生活においては皇帝の命令に従うが、本来的には神にのみ従う。この初期設定の下では、神の秩序が世俗を浸蝕する方向で事態が進むことになる。

歴史的に起こり得ることとは、至上の価値が、その内に取り込んだ世俗的な反対要素を圧迫する、ということである。世俗生活は、こうして少しずつ世俗外的な要素に浸透されていく。そしてついには、世俗の内と外が混ざった世界はまったく姿を消してしまう。このとき、生活の全領域が統合されて、全体論はイデオロギーからまったく消失し、この世での生は、最高の価値に完全に合致するものと考えられるようになる。これがつまり、世俗外個人が近代の世俗内個人になる、ということなのである。この経過は、原始キリスト教によって最初に設定された力が途方もないものだった、ということの歴史的証明である。

(Dumont 1986, 32/邦 51)

これは、原始キリスト教会の教えが世俗的権力へ浸透していく過程の圧縮した説明である。この過程は、まず、ストア派の自然法思想とアウグスティヌスの『神の国』の哲学によって思想的な方向づけを与えられる。ついで、教皇権と皇帝権の位置づけをめぐる五世紀末の教皇ゲラシウス一世の書簡によって、世俗権力との一種の相補的共存関係が築かれる。そののち、八世紀以降、教皇たちは、フランク族の王たちともっと緊密な関係を取り結ぼうとするようになる。この中世の政治状況は「神的なものが教会を通じて世俗世界を統治することを主張する」(Dumont 1986, 50/邦 81) という動きだった。そして、デュモンの見るところ最終的にこの主張が実現されるのが、カルヴァンのジュネーヴにおいてである。デュモンが語るこの最終段階は、近代国家の誕生である。端的に言えば、近代国家とはキリスト教会が完全に世俗生活を乗っ取った形態だ、ということなのである (Dumont 1986, 51/邦 82)。

最初にストア派が与えたのは、精神的世界と物質的世界の両方にまたがる自然法としての神、という考え方であった。神、つまり自然法は、両方の世界を支配して存在者にそれぞれの位置を与え、同時に、人においては理性の法則となる。このとき、神に従うということと、自然の調和に沿って生きるということと、特定の社会的境涯に安んじるということと、さらには、みずからの理性にもとづくということとは、みな同じことになってしまう。この場合、世俗を超越した賢者でさえ、ある世俗秩序が理性にかなっているかどうかを見れば、世俗生活の好ましさの程度を判別することもできるわけである。こうして世俗外個人は、自然法という着想を梃子にして、世俗世界に理性的にかかわりをもつことができるようになった (Dumont 1986, 33–35/邦 53–55)。

次いで、アウグスティヌスが開拓したのは、神政政治の可能性である。アウグスティヌスは、断固として国家を教会に従属させる。国家は、そもそも、正義によって基礎づけられる。だから、たとえ国家のように見えているものでも、それが神に対して、そして人間の神への関係に対して、正義を行なわないのならば、それは正義を知らないのであり、したがって国家ではない。「つまり、超越的次元が取り去られてしまえば、そこに正義はない」(Dumont 1986, 39/邦 63) という主張をアウグスティヌスは立てた。「アウグスティヌスが行なっているのは、人間の神への関係という世俗を超越した視点から、国家が判定されなければならない、という要求である。これは教会の視点である」(Dumont 1986, 40/邦 64)。

他方、ゲラシウス一世が提供したのは、聖職者の教権と国王の統治権力の現実的な位置づけの仕方である。聖職者は現世的な秩序に関しては国王に従わねばならないが、国王といえども、救済に関しては聖職者に仲立ちを請わねばならない。聖職者は、救いという上位の機能において国王の上位に位置し、現世の秩序という下位の事象において国王の下位に位置する。つまり、聖職者と世俗権力は、それぞれの権能を不可侵のものとして保持しつつ、上下関係に立つのである。これは、デュモンによれば、ヴェーダに記されている古代インドの聖職者と王たちの階層的な相補関係とまったく同じ配置である（Dumont 1986, 46-47/邦 74-75）。

この階層的相補関係は、八世紀以降の政治状況では、教権の側からむしろ積極的に乗り越えられるようになった。その結果、「教会は、今や、直接的にせよ間接的にせよ、世界の統治を主張するようになる。このことは、キリスト教的個人が、いまだかつてない程度にまで世俗世界に関与していくことを意味する」（Dumont 1986, 52/邦 84）。このように教皇権と皇帝権がせめぎあう中世から発して、ルネッサンスと宗教改革へと至る流れの終わりに、カルヴァンが登場する。

カルヴィニズムにおいては、選ばれた者の務めは、神の栄光を称えるために現世において働くことである。もはや現実に世俗の外に出る必要はない。世俗の内にありつつ強い意志をもって働くことが、神の意志に絶対的に服従することと同じことなのである。「現世に対する断固とした行為において、彼岸の世界を体現する」（Dumont 1986, 56/邦 90）という形で、世俗外的な価値が、世俗内に押しつけられることになる。

> 外から課された価値が、この世界の事物に対して体系的に適用される。この価値は、私たちがこの世界に属していることから導かれる価値ではない。世界の調和とか、私たちと世界の調和といった価値ではないのだ。それは私たちがこの世界に対して異質的であることに根ざした価値である。つまり、私たちの意志が神の意志と同一であるということなのだ。……意志が世界に当てはめられ、目的が追求される。意志の動機と内的動力は外部に由来する。その動機と動力は、本質的に世俗外的なのである。（Dumont 1986, 56/邦 90）

カルヴィニズムにおいては、神へと向かう個の意志は、世俗的秩序と妥協せずに世俗の内で貫徹される。このカルヴィニズムの意志のあり方は、たしかに、世捨て人の自己確認の構図を本質的な点でなぞっている。すなわち、自分自身であるとは世俗外的であるということだ、という点でこの二つは同じなのである。古代末期に地中海世界において原始キリスト教が生み出した世俗外個人たちは、その世俗外の本質を無傷のまま保って、こうして世俗生活のただなかに帰って来たのである。

近代的個人のキリスト教的起源に関するデュモンの記述は、カルヴァンのところで終わる。カルヴァンから近代の哲学者までの道のり、たとえば、カントまでの道のりは、遠くはない。神の存在が論理的には証明できないということになれば、理性的意志は、みずからの行為を、神への直接の結びつきにおいてではなく論理的に妥当な形式性において、つまり普遍的な法則性にかなっているということによって、正当化するしか方途はない。これは、自分は何を為すべきかということを定言命法に即して理性的に推論する、という作業になる。こうして、デュモンの提供する大がかりな構図の末端に、オブライエンの苦悩が位置づけられることが分かる。

オブライエンは、神の眼差しの下で、自分自身の良心を貫く必要があった。このことは、近代社会の住人が、世俗外個人としての本質を備えたまま世俗内の社会生活を送っているということの帰結である。自分自身であるとは、世俗外的であるということなのだ。世俗外個人は、社会的な役割は度外視して、自己と神との直接的な結びつきのなかで、真理のみを目指して生きる。オブライエンにとって、ヴェトナム戦争は間違っているという自分の信じる真実に従って生きる以外に、正しく生きる方法はない。非難や嘲笑を恐れて周囲に同調することは、「モラリティー」とは何の関係もない、体面」にすぎない。モラリティー、すなわち善を意志することは、自分自身と世俗外的な価値との結びつきにのみ存する。体面は、世俗内の他人の評価への関心にすぎない。道徳的な善は、世俗内的に規定されるものではないのである。この心性においては、周囲の人々の見解を正しいと信じることにして、みずからの信念をいけにえとして殺し、その見返りになんらかの報償を得る、という自己犠牲における社会的取引の仕組みは、まったく作動する余地がない。みずからの信念を貫けなかったオブライエンは、卑怯者にしかすぎないのである。

殉教と自己犠牲

ペトロは、イエスを三度否認して群衆の追及から逃れた。だが、伝承によれば、その後、ネロ帝の頃、ローマで殉教したとされる。私たちも、ここで想像をたくましくして、オブライエンが勇気を奮い起こし、みずからの信念を貫いてカナダへ渡り、その後、なんらかの経緯で合衆国の凶暴な市民たちの手で私刑にされた、と考えてみよう。この死は、みずからの信念に殉じた死である。みずからの信ずる世俗外の理想を追求した結果、世俗内の暴力によって殺されたのであり、いくらか拡大された意味で殉教と呼ぶことができるだろう。「殉教（martyrdom）」は、「証人、証拠」という意味の古代ギリシア語「マルテュリア（μαρτυρία）」に由来しており、みずからの信仰を証する行為を言う。「いくらか拡大された意味で」と言うのは、オブライエンの場合、証しすべき特定の教義や、証しを見届ける教団が存在しないからである。だが、今私たちが行なっている想像のなかで、オブライエンはみずからの信念を証しする者として殺されると言ってよい。これは、自己実現の途上での不慮の死であって、暴力の被害者（a victim）ではあるが、その者の死と引き換えに誰か（サクリフィアン）が利益を得るわけではない。それゆえ、ユベールとモースの意味での自己犠牲ではない。一なる意志を貫いて世俗を超える理想を追求し、そのなかで不慮の死に遭遇することは、自己犠牲ではなく殉教を構成する。殉教と自己犠牲は、みずからの生命をなげうつという点でよく似ているが、信念を証し立てるのか、それとも取引なのかという点で、概念上この二つは区別できる。

以上のとおり、状況設定の酷似した『アウリスのイーピゲネイア』と「レイニー河で」という二つの物語の検討を通じて、私たちは自己犠牲を生み出す思想的条件と、自己犠牲を生み出さない思想的条件とを確認した。簡潔に言えば、キリスト教的な個人主義が受容されている状態では、殉教はありえても、自己犠牲は概念上成立しにくい。

オブライエンが周囲の人々の見解を受け入れたのは、イーピゲネイアとは違って意志の弱さの一例にすぎない。どんな時代のどんな社会でも、群衆は、一人の人間の選択に介入し、その人の意思を踏みにじる力をもっている。しかし、キリスト教的近代社会においては、個人の意志は世俗外の神の意志と同一の強さを原理上もちうると前提されている。この前提の下では、自己犠牲は、本当は存在しないはずのものとなる。

第7章と第8章では、これまで直観的に了解されているものとして扱ってきた自己犠牲の概念を、合理性とのかかわりを通じて詳細に分析し、概念的な定義をいくつか提示して比較検討していく。

第7章　自己犠牲と合理性

1　田村（1997）と柏端（2007）

これまで本書では、どのような行為が自己犠牲に該当するかについては、直観的に理解できるものとして論じてきた。人々は自己犠牲とは何かについて、日常の意思疎通ができる程度には、共通の認識をもっていると考えられる。この共通認識は、言語や宗教の違いを超えて、かなりの程度まで拡張可能であると推定できる。この推定の根拠の一つは、ユダヤ教やヒンドゥー教の犠牲儀礼の分析や狩猟民の狩りの儀礼の意味が、私たちに容易に理解できるということである。

かつて田村（1997）では、その直観的な共通認識の定式化として、自己犠牲について以下の三つの条件を挙げた。

条件一　行為者が、両立しえない二つの価値基準を持っていて、その統合がなされない[1]。
条件二　行為者が、行為の行なわれる状況について十分な知識を持っている。
条件三　行為が、社会的な圧力の下で遂行され、公共的基準に従った選択が行われている。　（田村 1997, 49）

この三条件は、ここまでの議論の背後で常に参照されている。条件一は、自己犠牲について、あるがままの現実の自分が信じていることと、虚構的・演技的な水準で自分が信じることにしていることとの対比を強調するときに、背後にある条件である。例えば、河村参郎の場合、軍律会議を開く方がよいという自分自身の判断と、即時厳重処分する方がよいという山下奉文の命令の判断とのあいだで、それぞれの依拠する価値基準の統合はできない。そのゆえに、この二つを、現実と演技という二つの層に隔離する必要が生じた。また、老人の世話の例でもイーピゲネイアの例でも、対立する価値基準の統合ができないために、現実と演技の二つの層を導入する必要が生じている。

条件二は、肉弾三勇士の事例を自己犠牲と呼ぶことが難しいと判断するときや、狩りの獲物に自己犠牲を帰属させることのあからさまな虚偽性を指摘するときに、根拠として前提されている条件である。三勇士は状況についての十分な知識を与えられないまま、事故死した疑いが強い。狩りの獲物はもちろん状況についてまったく何も知らない。それゆえ、これらの事例は、普通に考えると自己犠牲と見なすことはできない（これらの事例を自己犠牲と見なすときには、私たちは行為者が状況について知っていたことにするのだ）。

また条件三は、老人の世話をする女性の例やイーピゲネイアの例などにおいて、周囲の人々が（つまり公共的な立場が）期待するとおりの行為が遂行されるというかたちで、自明に前提されている条件である。その女性が結婚とキャリアの追求を選んだ場合や、イーピゲネイアが最後までいけにえになることを拒否し抜いた場合、私たちはそういう行為を自己犠牲と見なすことはない。

本章の以下の節では、柏端達也が『自己欺瞞と自己犠牲』（勁草書房、2007）で提示した自己犠牲的行為の説明の理論を紹介し、検討する。柏端は、同書の副題「非合理性の哲学入門」が示すとおり、自己欺瞞と自己犠牲を人間の非合理性を示唆する二つの行為類型ととらえ、それぞれの概念的内容の分析と再構成を行なった。その考察の結果は二者について対照的である。自己欺瞞はたしかに非合理的な行為であるとするが[2]、自己犠牲は、合理性の概念を適切に拡張することによって合理的な行為として説明可能であるとする。なお、以下では自己欺瞞の分析は取り上げない[3]。そして、自己犠牲に関する柏端の分析の大筋は田村（1997）と一致する。だが、以下での考察は、最終的には、柏端とは違って、自己犠牲的行為が個人の非合理的な決断を含まざるをえない、と結論することになる。

田村（1997）では、黒田亘の「人間は必ず自分にとってよりよいと思われる行動を選ぶ、というのが行為の解釈の根本原則である」（黒田 1992, 26）（第5章2節）という立場を行為の合理的説明の基本的定式として紹介し、これに適合しない行為類型として、ただちに自己犠牲を提示する、という行き方をとった。行為の合理的説明と自己犠牲的行為とは両立しないという直観から出発し、自己犠牲の特徴を浮かび上がらせつつ、上記三つの条件に至ったわけである。柏端（2007）は、これと逆の行き方をとっている。黒田の原則を合理性の定式として受け入れて、それを私たちの行為の実際のあり方と突き合わせながら訂正し、拡張していくのである。最終的には、自己犠牲的行為を包摂するよう適切に拡張された行為の合理的説明の定式を見出す。上の三つの条件は、自己犠牲的行為を包摂していく過程で、拡張された合理性の定式のなかに非明示的に組み込まれていく（第8章3節）。

私は、自己犠牲的行為には行為者本人が合理化できない端的な服従が概念的に含まれると考えるから、柏端とはその点で意見を異にする。しかし、柏端の理論を参照することによって、自己犠牲と行為者の合理的決定とは両立しないという私の直観は、より厳密に提示できる。以下で検討する柏端の理論は、自己犠牲を的確に理解するための優れた貢献である。その理論の要点を摘示し、必要な補足を加えて、自己犠牲的行為のさまざまな事例に適用し、統一的な視点からの説明を試みることにする。

2　合理性概念の拡張

合理性と利他性の衝突

柏端は、上述の黒田亘の「人間は必ず自分にとってよりよいと思われる行動を選ぶ」という根本原則を書き換えて、行為の合理性の第一近似として次の定式化を与える。

［R］行為者はかならず「すべての点を考慮して自分にとってよりよい」と判断されるようなことを選択しようと意図する。　（柏端 2007, 51）

黒田の「行動を選ぶ」は［R］では「選択しようと意図する」に代えられている。「行動」を省くのは、行動しないことの選択も行為の一種と見なすためであり、「しようと意図する」が加えられるのは、意図しない選択のケースを排除するためである。柏端によれば、「しようと意図する」の追加によって、自動販売機のボタンを押し間違えて欲しかったものと違う飲料を購入してしまう、といったケースが排除される。実行段階での偶発的な手違いは、行為の合理性を必ずしも損なわないので、こういうケースは除く方がよいわけである（同上）。

この［R］は、強いられた行為と心から自発的な行為とを区別しない。例えば、先述の老人の世話の例において、女性が周囲の要請のもとで仕方なく親戚の老人の世話を選んだものとしよう。この選択に至るまでに、この女性のなかでは、例えば周囲との軋轢に悩むより結婚とキャリアを断念する方がよいと判断する、といったさまざまな比較考量が生じただろう。このとき、そういった比較考量を経て老人の世話を選んだのなら、結局は「すべての点を考慮して自分にとってよりよい」とする判断がそこに成立したと見なすことができる[4]。したがって、合理性の原理［R］は、非常に弱い意味においてではあるが、人の行為のすべてが基本的に利己性を備えていることを示唆している（柏端 2007, 52）。

この、非常に弱い意味での利己性、とはどのようなものだろうか。自己犠牲の理解のためには、利己性の理解を避けて通ることはできない。まず利己性の対極をなす利他的行為の定義から見る。

利他的行為の定義：他人にとってよいと思うことをするという意図でなされた行為　（柏端 2007, 53）

この定義は分かりやすい。一つだけ確認しておくと、この定義によれば、たまたま結果的に他人にとってよいことをもたらす行為は利他的行為のうちに入らない。他人にとってよいと思うことを意図してなされた行為だけが、利他的行為と見なされる。

これに対し、柏端による利己的行為の定義は次のとおりである。

> 利己的行為の定義：自分にとってよいと思うことをするという最終的な目的のもとでなされた行為
>
> （柏端 2007, 55）

この定義には注意が必要である。他人にとってよいことが手段となり、それによって自分にとってよいと思うことが実現する場合、それは利己的行為になる。直線的に自己利益を追求する行為だけが利己的なわけではない。例えば、老人の世話を選んだ女性は、他人にとってよいと思われる行為（老人の世話）をすることで、自分にとってよいと思うこと（周囲との宥和）を実現するという最終的な目的を達成していると解釈できる。この場合、これは利己的行為の一例になる。それゆえ、この定義によれば、利他的行為と利己的行為は相互に排反ではない（柏端 2007, 55）。利他的な選択を通じて利己性が満たされる、という場合が十分に考えられるわけである。これが非常に弱い意味の、つまり利他性を相当程度含みうるような利己性の概念である。

他方、直観的に言って、自己犠牲に関し「最終的に行為者当人のためになされた行為は自己犠牲的でありえない」（柏端 2007, 49）ということは前提してよいように思われる。自己犠牲的行為は、なにはともあれ最終的に自分にとってよいことをもくろむ利己的な行為ではないのである。そこで柏端は、自己犠牲的行為について次のとおりの定式を提示する。

［S_1］自己犠牲的な行為とは、自分にとってよいと思うことではなく他人にとってよいと思うことをすること

を最終的な目的として、行為することである。（柏端 2007, 57）

この規定のカナメは、「他人にとってよいと思うことをすることを最終的な目的として」という部分、なかでも「最終的な目的として」という限定である。もしも［R］が告げるように、人の行為はすべて非常に弱い意味での利己性、すなわち「自分にとってよいと思うことをするという最終的な目的のもとで」なされるという特徴を備えているのならば、［S］と［R］は両立しない。親戚の老人の世話をすることを通じて周囲との宥和を実現した女性は、［R］に沿って考えれば、明らかに「自分にとってよいと思うことをするという最終的な目的のもとで」行為しており、「他人にとってよいと思うことをすることを最終的な目的として」行為してはいない。かくして、彼女の行為は自己犠牲的行為についての［S］の規定を満たすことができない。

黒田は上記の行為の解釈の根本原則（つまりは［R］）を「人間理解の基本の公理」（黒田 1992, 26）と呼ぶ。もしも黒田の言うとおりなら、真に自己犠牲的な行為はそもそも存在しない（すべての行為は利己性を備えている）とするか、あるいは、真に自己犠牲的な行為が存在するとすればそれは［R］に違反しており、その意味で非合理的な行為であるとするか、いずれかの道しかない（柏端 2007, 57–58）。他方、自己犠牲的行為はたしかに存在するはずだという直観が正しいならば、［R］は修正されなければならない。この三つの可能性は、自己犠牲をめぐる問題状況について第5章2節の末尾で確認した三つの可能な応答と同じものである。柏端はこの三つの道のあいだで明快に選択する。

［R］は私の考えでは、正しくない。一般に人は自分が思っているほど合理的ではない。……人間は［R］に反するような仕方で自己犠牲的に行為することがある。（柏端 2007, 59）

ところが、柏端は同時に次のようにも指摘する。

一般に人は自分が思っているほど非合理的ではない。……ためしに［R_1］にほんとうに違反できるかを自問してみてほしい。意外に難しいことに気づくだろう。合理性を欠くというのは一大事なのである。

（柏端 2007, 58）

かくして、合理性の原理は簡単に放棄できるようなものではないが、人は［R_1］が言うほど合理的なわけでもない。合理性の概念を吟味して、人間の現実の行為の状況に適合した合理性の原理を見出すことが柏端の課題となる。

複数の最もよい選択肢

柏端の考察は、［R_1］を正確に述べなおすことから始まる。［R_1］は次のとおりだった。

［R_1］行為者はかならず「すべての点を考慮して自分にとってよりよい」と判断されるようなことを選択しようと意図する。

さて、ある状況である行為者が、二つの選択肢A、BのうちBを選択して行為したとする。ところが、その状況でこの行為者がBよりもよい別の選択肢Cがあると考えていたなら、この行為者は合理的とは言えない（柏端 2007, 68）。例えば、二つの工場を所有する会社経営者が資金繰りに苦しんで、(A)二つとも所有したまま倒産する、(B)損を承知で一つを売却して運転資金を得る、という二つの選択肢から(B)を選んだとする。一見合理的である。ところがこの経営者がこのとき、(C)低利の資金を金融機関から借り入れる、という別の選択肢が十分に実現可能で、こちらの方がよりよいと考えていたとしよう。すると、(B)の選択は合理的とは言えなくなる。(5)

すると合理性の原理を正確に与えるためには、［R_1］における判断が、行為者の考えうるすべての選択肢のあいだの比較にもとづいて行なわれることを明示する必要がある。そこで［R_1］は正確には次のように述べなおされる。

ただし、引用中の傍線およびその始点の上付の表記は、付加された部分を示すために引用者が施したものである。

> ［R_2］行為者はかならず「[R_2]すべての選択肢の中ですべての点を考慮して自分にとって[R_2]他のどれより[R_2]もよい」と判断されるようなことを選択しようと意図する。
>
> （柏端 2007, 69）

この［R_2］は、行為者の念頭に別の選択肢があって、それが現実に選ばれた選択肢よりよい、という可能性を封じている。

しかし、ある状況で考えられるすべての選択肢のなかに、「他のどれよりもよい」ものがあるかどうかは疑問とするに足りる。たとえば、上述の会社経営者の例で、二つの金融機関XとYが同じ条件で融資してくれるのであれば、(C_X) Xから借りる、(C_Y) Yから借りる、という二つの選択肢は、同じくらいによいと言うほかない。この二つのあいだでむやみに悩む必要はない。すると［R_2］は、現実には充足しがたい（また、充足してもあまり意味のない）強い要求を突きつけていることになる。選択肢のあいだに同じくらいよいものがあることを妨げないかたちに［R_2］を述べなおす方が、行為の現実の状況に合致するだろう。それは以下のようになる。なお、字消し線は先行する規定から抹消される箇所を示す。

> ［R_3］行為者はかならず「[R_2]すべての選択肢の中ですべての点を考慮して自分にとって~~[R_2]他のどれより[R_2]もよい~~[R_3]最もよい」と判断されるようなことを選択しようと意図する。
>
> （柏端 2007, 70）

ただし、「最もよい」とは、「他のどれに対してもそれよりよいか同じぐらいによいこと」(70) を意味するものとする。だから、同じぐらいよい選択肢が複数あることを妨げない。なお、この［R_3］においても、行為者の考えうるすべての選択肢のあいだで比較が行なわれる、という点には注意しておく必要がある。すべての選択肢が一つの規準で比較され、そこから一つまたは複数の最もよい選択肢が選び出されるのである。

行為の事前的な理由づけの文脈と事後的な理由づけの文脈

［R_3］の問題点は、「行為のための判断に関する合理性と、行為の実行に関する合理性の両方が、分離困難な形で表現されて」（柏端 2007, 70）いる点である。この二つの合理性を区別することはきわめて重要である。この区別は、〝行為する意図を形成すること〟と〝意図的に行為すること〟との違いを理解するうえで、のちに決定的な役割を果たす。そして、意図性に関するこの違いが、自己犠牲的行為を理解するうえで決定的な役割を果たすのである。

さしあたり今は、柏端の言葉遣いを、もう少し分かりやすく言い換えておくことにしよう。

「行為の実行に関する合理性」とは、かみ砕いて言えば、何かを意図的に行なっているか、または行なったときには、それを最もよいとする判断があったはずだ、ということである。つまり、行為遂行中または遂行後に振り返ったとき、実際に遂行された行為を最もよいとする判断が行為者にあったと見なす、ということ。別の言い方をすると、理由づけによる行為の説明が事後的に成り立つことであると言ってもよい。あるいは、あることを遂行したなら、行為者はそのことが最もよいと思ったはずだ、ということ。これを〈事後的な理由づけの文脈〉ないし〈事後の文脈〉と呼ぶことにする。なお、この「事後」は、行為を開始した後という意味に理解されたい（行為が終了した後、ではない）。つまり、行為の遂行中から遂行後までを指すものとする。

「行為のための判断に関する合理性」とは、何かを行なうときには、いずれかの選択肢を最もよいと判断するはずだ、ということである。つまり、行為が起こるとき（事前）には、その行為を最善とする判断がある、ということ。別の言い方をすると、理由づけによって行為を産出する因果的過程が行為の事前に成り立つことである、と言ってもよい。あるいは、あることを遂行するなら、行為者はそのことが最もよいと思っているはずだ、ということ。これを〈事前的な理由づけの文脈〉ないし〈事前の文脈〉と呼ぶことにする。

このうち、まず事後の文脈の、行為の実行に関する合理性の原理が、次のように定式化される。

［R_4］行為者がφすることを意図的に選択したならば、「すべての選択肢の中で、すべての点を考慮して、自分がφすることが自分にとって最もよい」とする行為者自身の判断が存在する。

（柏端 2007, 71）

ここでは、意図的にある選択をすることと、ある行為を実行することは、同じことであると見られている。柏端は、「ある行為者が意図的にある選択をした（つまりある行為をした）」（同上。強調は引用者）という言い換えを行なっている。「意図」を、行為を帰結する最後の心的過程である intention の意味で使っているわけである（第5章4節参照）。この場合、「φすることを意図的に選択した」は、「φした」と言い換えてかまわない。こうして、［R_4］は、たしかに行為の実行についての合理性の規定となる。

［R_4］への反例、つまり［R_4］に違反するというかぎりでの非合理性を考えてみると、それは次のようになる。すなわち、その非合理性とは、「φした」のにもかかわらず、「「すべての選択肢の中で、すべての点を考慮して、自分がφすることが自分にとって最もよい」とする行為者自身の判断が存在」しないということである。これは例えば、「ψするのが最もよい」とする判断がありながら現実には「φした」という場合、つまりアクラシア（意志の弱さ）の事例になる。これまでに見た例で言えば、オブライエンが「カナダへ逃げるのが最もよい」と判断していながら、「戦争に行った」というのが、その例になりうる[6]。

とはいえ、そのようなアクラティックな行為者でも、事前の段階では「ψするのが最もよい」という判断をもっている。すると、［R_4］の事後の文脈とは別に、事前の文脈における「行為のための判断に関する合理性」を、あらためて規定できるはずである。それが次の［R_5］である。

［R_5］行為者は行為の場面でかならず、いずれかの選択肢を「すべての選択肢の中ですべての点を考慮して自分にとって最もよい」と判断する。

（柏端 2007, 71-72）

この［R_5］は、つづめて言えば、〝人間は、どの行為の場面においても、自分に最もよいと思われる選択肢を選び出す〟ということである。そして、［R_5］に違反するというかぎりでの非合理性は、「いずれかの選択肢を「すべての選択肢の中ですべての点を考慮して自分にとって最もよい」と判断する」ことが生じていないことである。つまり「最善判断がそもそもできないケース」（柏端 2007, 72）である。それゆえ、柏端によれば、

記述的な原理として解釈すれば［R_5］は、人間が、どの行為の場面においても、可能な選択肢を考え、それらを順序づけたうえで最もよいと思われる選択肢を（それは複数あるかもしれないが）選び出す、ということを主張している。（柏端 2007, 72）

［R_5］と思想史

［R_5］は思想史的観点から見て重要である。〝人間は、どの行為の場面においても、最もよいと思われる選択肢を選び出す〟とは、第5章4節の言葉遣いを適用して、人間は一なるwillをもつ、と言うのと同じことである。人間は、決定を下す機能として一なるwillをもち、この機能が行為に直結する活動としてのwill、つまりintentionを生み出す。どのような行為の場面でも、人間は、自分の欲求や判断や事実認識に沿って選択肢の比較考量を行なう。この比較考量の過程全体がwillつまり実践理性の機能である。この比較考量から一つのintentionが出力され、それによって特定の行為が実行される。

例えば、部屋が暑いと感じ、涼しい方が好ましいと判断し、涼しくすることを欲し、涼しくするためには、団扇であおぐ、窓を開ける、エアコンをつける、といった選択肢があることを認識していて、このうちでエアコンが最も効果的である（最もよい）と判断しているならば、人はエアコンのスイッチを入れるというintentionを形成し、それを実行するであろう。この種の実践的推論は一瞬のうちに生じてすぐさま行為をもたらすから、私たちは、し

ばしばそれに気づきもしない。だが、このような機能を私たちが備えていることは事実である。英語はこの実践的機能を、一なるwillとしてとらえる（念のために言っておくと、行為を生み出す脳科学的な機構は、ホモ・サピエンスすべてに共通すると考えられる。“will”と「意志」の違いは、共通の生理的機構にどのような語り方を当てはめるかという言語の水準の違いである）。［R_5］は、英語の前提するこの一なるwillの機能の本質的な部分を言い表したものになっている。さらに、第5章3節で確認したことにもとづくなら、最もよいと思われる選択肢を選び出す能力は、閾値として設定される能力であり、個人の平等や人間の尊厳の主張を下支えする能力である。［R_5］が成り立つ存在であることと、一なるwillをもつ自由平等な個人（individual）、ないし人格（person）であることとは、同じことなのである。

柏端は、しかし、この［R_5］が提示する合理性を人間が備えていると見なすことは事実に合わないと考える。なぜなら、第一に、任意の行為の場面ですべての選択肢が同じ一つの評価規準で比較可能とはかぎらない。その評価規準が選択肢群のある一部分の比較にしか適用可能でないという場合がありうる。第二に、すべての選択肢を比較できる評価規準が二つ以上あり、それらから帰結される最善の選択肢が互いに異なっていて、かつこれら複数の評価規準の統一はできない、という場合も考えられる。このいずれの場合にせよ[7]、行為の現場では最善の選択肢が常に得られるはずだという［R_5］の主張は、見直す必要があるように思われる（柏端 2007, 72–74）。

柏端は、哲学者たちが「行為について論じるさいに……最善の選択肢の存在を仮定しているように見えるのは、驚くべきこと」（柏端 2007, 76）であると見なす。そして、「特別な理由もなくそのように仮定すること」（同上）を「最大値症候群」（同上）と呼び、「「最大値症候群」は自己犠牲の適切な理解にとっても大きな妨げとなっている」（同上）と指摘する。したがって「最大値症候群」に陥らずに合理性の概念を定式化することが必要とされるわけである。上で確認したように、［R_5］は西洋近代の人間観の要点を言い表したものである。それゆえ、［R_5］をしりぞけることは、影響の大きい決定となる。だが、その点はのちに考察することとして、今は柏端の論点を追うことにする。

［R_5］の主張に反して、人間は最善の選択肢を常に選び出せるとはかぎらないとは、端的に言えば、行為者がいずれとも決めかねるということである。それはどのような選択の場面であるのか。そして、そこでも作用しているような合理性は、どのように規定されるのか。

3 ジレンマ状況と合理性

ジレンマ

いま異なる評価の規準V_A、V_Bがあるが、この二者の優劣を定める上位の規準は存在しないと仮定しよう。そして、V_Aを選択肢の集合｛a、b｝に適用するとaが選び出され、V_Bを適用するとbが選び出されるとしよう。V_Aによればaはbよりよい。V_Bによればbはaよりよい。しかしこの場合、aとbのどちらを最終的に選べばよいのかは決めようがない。仮定によってV_AとV_Bのどちらを優先するかを決める上位の規準が存在しないからである（これは本章1節の田村（1997）の条件一を言い換えたものである。注(1)の記号化を参照されたい）。

柏端は、評価規準に相対的に「それよりよいものがない」とされる選択肢を「極善の選択肢」と呼んで、最善の選択肢と区別する（柏端 2007, 73）。「それよりよいものがない」ということと「最もよい」ということの違いについて、柏端の言いたいことは、次の二つである。一つには、ある評価規準が選択肢のすべてには適用できない場合には、その規準で選出された選択肢が、全選択肢のなかで「最もよい」かどうかは決めようがないが、少なくとも規準が適用された範囲内では「それよりよいものがない」とは言える、ということ。もう一つには、上に述べたとおり、異なる評価の規準V_A、V_Bによって選出される選択肢a、bのどちらがよいのかを決める上位規準がない場合には、a、bのいずれが全選択肢のなかで「最もよい」のかは決めようがないが、それぞれ規準に相対的に「それよりよいものがない」とは言える、ということ。[8] 極善の選択肢しか得られない場合、［R_5］は成立しない。上の例で言えば、aとbのどちらが「自分にとって最もよい」のか判断できないからである。しかし、このような場合にもより弱い意味での合理性は成り立っている。それは次のように言い表される。

> ［R_7］行為者は行為の場面でかならず、いずれかの選択肢を「すべての選択肢の中ですべての点を考慮して自分にとって~~［R_5］最もよい~~［R_7］それよりよいものがない」と判断する。
>
> （柏端 2007, 77）

この［R_7］は、ジレンマにおいてさえ見出されうるある合理性の要素を取り出している。どうしても靴を買う必要があって購入の候補を二つに絞ったが、一方はデザインは最高だが履き心地が悪く、他方はデザインは悪いが履き心地は最高であるとしてみよう。一方はデザインから言ってそれよりよいものがなく、他方は履き心地から言ってそれよりよいものがない。それゆえ［R_7］は成り立っている。だが、デザインと履き心地のどちらも他に優先されないとすれば、私たちはどちらの靴を買うとも決めかねる。もちろん、どうしても靴を買う必要がある状況では、どちらも買わないという選択肢は最悪だから、どちらかを買うしかないのだが、どちらとも決めかねるのである（柏端 2007, 90–92）。これは真正のジレンマだが、こういう状況はさほど珍しくない。こういう状況でも、ある規準に相対的には「それよりよいものがない」という絞り込みはできているから、人の合理的な思考がまったく機能していないわけではない。［R_7］はこのような合理性をとらえている。[9]

ジレンマ状況における決断

このような場合、私たちはとにかくどちらかの靴を買うだろう。どちらか決めるためには、例えば、コイン投げをして、表が出たらデザインのよい方、裏なら履き心地のよい方を買う、といった決め方がありうる。[10] これによって、靴なしで歩くという最悪の事態は避けられる。こうして靴を買った人物は、靴を買った理由を述べることはできる。「靴なしでは困るから」と言えば足りる。しかし、ほかならぬその靴を買った理由を述べることはできない。私たちの想定では、コイン投げで偶然そうなっただけで、理由はないからである。行為者はまったく不合理に行為しているわけではないが、自分の行為に十分な理由づけができるというわけでもない。柏端によれば、「特定の選択肢を選択することが決断であるとすれば、ジレンマを乗り越えて決断へと至るための十分な理由は存在しない」（柏端 2007, 109）のである。

この「理由は存在しない」という断定に違和感を覚える人がいるかもしれない。というのも、コイン投げで表（または裏）が出たということもそれなりに立派な理由である、と言うことができそうだからである。だが、偶然の結果に服従するのは、上官の命令に服従するのと同じく、行為者本人の理由づけないし推論（reasoning）から行為が生み出されるのではないという点で、その行為をする自分の内なる理由が行為者にはないとは言える。ここで問題を厄介にするのは、自分の理由づけが及ばない何か（偶然性や上官命令）に服従するという行為者自身の決定は存在しているという事実である。その決定が行為者の下したものであるというかぎりで、そう決定したということが理由になる、という感じがともなうのである。

理由の存否に関するこの両義的な印象は、ある仕方で行為する意図（事前の文脈）と、意図的にそう行為すること（事後の文脈）とのあいだの違いに着目することによって、かなり解消できる。靴の例の場合、事前の文脈において、まさにその靴を買う意図は行為者がみずから形成したものではない。コイン投げが与えたものである。他方、事後の文脈において、コイン投げの結果に従って靴を意図的に買うことは、行為者がみずから行なうことである。靴を買うことを意識的にやっているのだから、本人が分かってやっているという感じがする。つまり、事後の文脈では、本人にそう行為する理由がある感じがする。だが、その靴を買うという意図自体は本人が作り出したものではないから、事前の文脈では、行為者にそうする理由はなかったとも言えるわけである。「ある行為をする意図」

は行為者自身が形成したものではないが、「意図的にそう行為すること」は行為者自身が分かってやっている。この事前の文脈と事後の文脈における意図性の分離が、河村参郎の命令受領と作戦実行に関しても成り立つことは明らかだろう。掃蕩命令は河村が作成したものではない。だが、その命令に従って行為することは河村が分かってやっていることである。自己犠牲を理解するために、このことは重要になる。

「最大値症候群」と近代

柏端は、ジレンマから決断に至るための十分な理由は存在しない、と指摘する。ここには人間とその行為についての柏端の直観が現れており、それは哲学における理論的な決断と呼ばれてよいものである。彼は次のように述べている。

> すべて人間が決断に関してギャップのない幸福な安定状態にあるわけではない。人間にとってのジレンマの本質性を正しく認識することができたならば、行為者にとって最善の選択肢がつねになければならないという強迫観念（前章で私〔柏端〕が「最大値症候群」と呼んだもの）からは自由になれるはずである。人間がその意味で合理的でなければならないという強迫観念は、おそらくわれわれの「悪しき信仰」の一部である。
>
> （柏端 2007, 110）

「最大値症候群」とは、効用が最大になる「最もよい」選択肢がある、という思い込みである。これは［R_5］（〝人間は、どの行為の場面においても、最もよいと思われる選択肢を選び出す〟）を生み出す思想的・心理的傾向だった。そして、［R_5］は、人間は一なるwillをもつ、という西洋近代の人間観と同じことであった。したがって、「最大値症候群」とは、一なるwillを自明と見なす思想傾向の別名であり、私たちには、これが一種の「強迫観念」に見えることも事実である。というのも、日本語の母語話者は、多くの場合、willやintentionをもっておらず、さまざまな desires のなかから状況に適したものを適宜に現実化するというやり方で生きているからである[11]（第5章4節参照）。柏端の言う「われわれ」を、日本語母語話者に限定すれば、「行為者にとって最善の選択肢がつねになければならない」という「最大値症候群」は「悪しき信仰」に見えるかもしれない。

しかし、一般に近代社会の根幹をなす諸制度、民主制にせよ、市場経済にせよ、近代の諸制度は、個人が最もよいと思ったものを選ぶ、という原理によって運営されている。あるいは科学的探究もまた、個人が、権威に左右されることなくみずから確かであると見きわめた命題を主張する、という原理によって推進されている。かりに権威ある教科書の記述と駆け出しの大学院生の得た実験結果に重大な齟齬があったとして、どう考えても実験に過誤がないと思われるなら、近代科学は、自分の実験結果こそが真理であり通念は間違っている、と主張することをその大学院生に要請する。人間が一なる will であり、その機能によって自分にとって最もよいものや真と思われるものを選び出すということ、ひいては、そのようにして到達しうる最善の選択肢が常にあるということは、近代の諸制度の基礎にある「信仰」である。この「信仰」が妥当か否かを今ここで決めることはできない。これをしりぞけることは、影響の大きい決定なのである。この［R_5］をめぐる問題はしばらくおいて（本書の最後で私の考えを述べる）、以下では、合理性とならんで自己犠牲的行為の理解の係争点となるもう一つの概念、行為者および個人という概念にかかわる柏端の議論を見ておくことにする。

4　共同行為

共同行為とはどういう行為か

自己犠牲は、他人を巻き込んだ本質的に社会的な行為類型である。山登りに出かけて危険な岩場にあえて挑戦し、滑落して命を落としても、この行為が自己犠牲と呼ばれる可能性はまったくない。しかし、戦争に参加して危険な任務にあえて志願し、武運つたなく命を失ったら、この行為は自己犠牲と呼ばれる可能性がある。登山は個人がただたんに好きですることだが、戦争はみながやむなくたずさわる社会的な共同事業だからである（田村 1997, 51–52）。自己犠牲的行為において、行為者は自分と異なる何かのために自己を犠牲にする（柏端 2007, 116）。だが、その何かと行為者である個人との関係は必ずしも判然としない。

柏端は、この何かと行為者個人との関係を、「われわれ」と「私」とのあいだの全体‐部分関係としてとらえる。[12] そして、自己犠牲的行為を、「私」という個人を含む「われわれ」の共同行為の一種としてとらえ、「私」個人の意図性と、「私」を含む「われわれ」の意図性とのあいだに生じうる齟齬の問題を手がかりに、自己犠牲の突きつける論理的問題を解こうとする。

まず、次のような文が描写する行為を考えてみる。

［21］[13]　太郎と花子が残っていた例のピザをぜんぶ食べてしまった。

（柏端 2007, 136）

太郎と花子が示し合わせてピザをぜんぶ食べてしまった場合、[14] この文の描写する行為は共同行為の一例になる。「残っていた例のピザをぜんぶ食べた」のは太郎個人でも花子個人でもない。太郎と花子をあわせた存在者[15]であると考えられる。太郎と花子をあわせた存在者を行為の主体とすることは、残っていたピザが一人では食べきれない量だったと想像すると、受け入れやすくなる（同上）。二人いなければそんなことはできるはずがなかった。それならば、太郎と花子からなるある全体こそ、この共同行為の行為者である、というわけである。

しかし、一台の路線バスに複数の人間が乗り合わせていることは、みなでいっしょにバスに乗る、という共同行為ではないように思われる。[16] 複数の人間がたまたま同じバスに乗っているだけだろう。一方、遠足に行くために児童数十人が一台のバスに乗っていることは、みなでいっしょにバスに乗って遠足に行く、という共同行為であるように思われる。一見同じことに複数の人間がかかわっていても、共同行為になる場合とならない場合がある。柏端の言うように、「われわれは、日常のやりとりにおいて共同行為とそうでない諸行為とをうまく見分けているように見える」（柏端 2007, 145–146）のである。それゆえ「共同で何かをしていると見なすための実践的な規準が、われわれのあいだにたしかに存在する」（柏端 2007, 146）と考えられる。

柏端は、意図的であること（身体的出来事の意図性）の判別に関するアンスコムの規準と、行為であること（身体的出来事の行為性）の判別に関するデイヴィドソンの規準とを応用して、複数の人間による身体的な振る舞いが共同行為であることの判別の規準を組み立てている。

まずアンスコムの意図性の判別規準は、柏端によれば次のとおりである。[17] ある人物のある振る舞い（ある記述のもとでの身体的な運動や静止）が意図的な行為であるのは、「なぜそんなことをするのか」というその人物への問いかけがその人物によって拒否されない場合、またその場合にかぎる。ただし、「なぜ」という問いが拒否されたことになるのは、「そんなことをしているとは知らなかった」という回答か、「そうしていると観察してわかった」という回答か、その身体的な運動や静止の原因を推測する回答が返ってきた場合である（柏端 2007, 146–147）。

例えば、変な姿勢でプールに飛び込んだ人物に、「なぜそうしたのか」と尋ねたとき、「えっ、そんな姿勢だったっけ？　知らなかった」とか、「ああ、後でビデオで見てわれながら変だって思った」とか、「後ろから急に押されたんだ」、といった答えが返ってきたら、〈変な姿勢でプールに飛び込んだこと〉と記述されるその人物の振る舞いは、その人物の意図的な行為、つまりそうするつもりでやったことではない。ただし、この三つのうち前二者の回答の事例では、〈プールに飛び込んだこと〉自体は意図的な行為であるかもしれない。意図的ではなかったのは、飛び込み中に〈変な姿勢をとったこと〉である。他方、押されて落ちたという最後の回答の場合、その人物はそもそもプールに〈飛び込んだ〉のではない。プールへの落下はその人の意図によらないから、その人の行為と見なすことには無理があるだろう。

すると、ある振る舞いが行為であるかどうかの判別の規準（行為性の規準）を、意図性の判別基準に沿って構成できる。デイヴィドソンによって与えられたその規準は、柏端によれば次のとおりである。

［D］ｘの身体に起こったある出来事が行為であるのは、すくなくとも一つの記述のもとで、その身体的出来事がｘにとって意図的であるときであり、そのときにかぎる。（柏端 2007, 148）

ここで、ｘはある人物を指す。押されてプールに落ちた人の身体に起こった出来事（その落下）は、おそらくいかなる記述の下でも意図的にならない。「なぜそうしたのか」という問いが、原因を推測する形式の回答「押されたんだ」によって拒否されるからである。よって［D］によれば、それはｘの行為ではないことになる。しかし、「なぜ変な姿勢でプールに飛び込んだのか」という問いが何らかの形式で拒否された場合でも、「なぜプールに飛び込んだのか」という問いには、「まわりをビックリさせてやろうと思って」とか「すごくうきうきした気分だったから」といった回答が返ってくる場合がありうる。するとこの場合は、その身体的な出来事は、〈変な姿勢でプールに飛び込んだこと〉という記述のもとでは意図的ではないが、〈プールに飛び込んだこと〉という記述のもとでは意図的であることになり、［D］によってその身体的な出来事は行為であることになる。

柏端は続いて、複数の人間が「共同で」行為したと言いうる場合の規準を、一人の人間が「意図的に」行為したと言いうる場合にならって特徴づける。

［CA_1］x_1の身体的出来事とx_2の身体的出来事と…x_nの身体的出来事の和であるような出来事が生起し、その出来事は「ϕ」と記述可能であるとする。そのとき、その出来事が「ϕ」という記述のもとで$x_1+x_2+\cdots+x_n$にとって共同で行なったものであるのは、「なぜあなたたちはϕするのか」という彼らへの問いが、x_1、x_2…x_nの誰からも拒否されないときであり、そのときにかぎる。[18]（柏端 2007, 149）

ここでx_1、x_2、…x_nはそれぞれの人物を指す。n人が一台のバスに乗っているとき、それぞれの人に「なぜあなたたちは一台のバスにいっしょに乗っているのか」と尋ねて、全員が口々に「いっしょに動物園に行くんだ」とか「今日は遠足なんだよ」とか答えるなら、〈一台のバスにいっしょに乗っていること〉はそのn人が行なっている共同行為である。だが、普通の路線バスで同じことを尋ねたら、おそらく「たんなる偶然だろう」とか「別にいっしょに乗ってるってわけじゃない」という答えが返ってくるだろう。この場合、「なぜ……しているのか」という問いは拒否されており[19]、〈一台のバスにいっしょに乗っていること〉は共同行為ではない。

　すると「共同で」という副詞句のこの適用規準に即して、次のように共同行為性の規準を与えることができる。

［CD］x_1の身体的出来事とx_2の身体的出来事と…x_nの身体的出来事の和である出来事が共同行為であるのは、すくなくとも一つの記述のもとで、その出来事が、x_1＋x_2＋…＋x_nにとって共同で行なったと言えるような出来事であるときであり、そのときにかぎる。

（柏端 2007, 150）

遠足に行く児童たちは、例えば〈A観光株式会社のバスを利用していること〉という記述のもとでは共同行為をしてはいないだろう。彼らは「なぜその会社のバスを利用しているのか」という問いに対しては、たぶん大多数が「知らない」と答えて問いを拒否するだろうから。だが、〈一台のバスにいっしょに乗っていること〉という記述については、「なぜそうしているのか」という問いに対し、全員が「いっしょに動物園に行くんだ」とか「遠足だよ」とか口々に答えるかぎりで、これを共同で行なったと言える。それゆえこれらの児童たちの身体的出来事は共同行為なのである。

　こうして共同行為性が規定されるとき、柏端が重視するのは、共同行為に従事している人々は、自分たちが「なぜそうしているのか」について、観察によらない知識をもっているという点である。これは、意図的行為をしている個人が、自分が「なぜそうしているのか」について、観察によらない知識をもっていることと類比的である。

変な姿勢でプールに飛び込んだ人物が、「なぜそうしたのか」という問いに対して、「飛び込むあいだに上体をどれだけひねれるか試してみたかったんだ」と答えた場合、この人物は観察によらない知識にもとづいてただちに答えており、かくしてこの場合はこの身体的出来事は意図的な行為である（柏端 2007, 147）。同様に、遠足に赴く児童たちは、「なぜ一台のバスにいっしょに乗っているのか」という問いに対して、他人の行動の原因を推測したり、お互いの考えを確かめあったりせずに、「遠足だからだよ」という答えをただちに与えることができ、かくしてこれらの児童たちの身体的出来事は共同行為なのである。

柏端によれば、「われわれは、自分が意図的に行なうことに関してだけでなく、自分たちが共同で行なうことに関しても一群の観察に基づかない知識をもつ」（柏端 2007, 152）のである。自分個人の行為についてのみならず、自分たちの行為についてもなぜその行為をしているのか観察によらずに回答できるということが、柏端の理論において、私たちが共同で意図的に行為することが可能であると言うための重要な論拠になっている。だが、自分個人の行為について観察によらない知識をもっているということと、自分たちの行為について観察によらない知識をもっているということとのあいだには、無視できない違いがある。これについては、のちに詳しく検討する。

共同意図と個人意図

人は、「私」として行為するだけでなく、「われわれ」として行為することがある。この一人称複数形の行為に関しても、観察によらない知識にもとづいて理由づけを行なうことができる。これが、柏端の共同行為論の核心にある着想である。共同で行なう行為の理由づけは、次のように一種の実践的推論の形式に書き表されうる。

（0^{W}）われわれは、自分たちがϕするのがよいと判断する。

（1^{w}）われわれはφがしたい。
（2^{w}）φするには自分たちはψすればよいとわれわれは思う。
（3^{w}）ゆえにわれわれはψする。

（柏端 2007, 153）

φを「運動する」、ψを「三〇分間いっしょに歩く」に置き換えれば、次のようになる。

（0^{w}_{TL}）われわれは自分たちが運動するのがよいと判断する。
（1^{w}_{TL}）われわれは運動がしたい。
（2^{w}_{TL}）運動するには自分たちは三〇分間いっしょに歩けばよいとわれわれは思う。
（3^{w}_{TL}）ゆえにわれわれは三〇分間いっしょに歩く。

これは、たとえばティナとリーナという二人の人物が、いっしょに三〇分間の散歩を行なうことになった、というマーガレット・ギルバートの描写する共同行為の成立過程の骨子でありうる（Gilbert 1997）。[20] この場合、この共同行為の主体は、ティナとリーナからなるある全体である。

いま事情を知らない人物が、ティナとリーナのそれぞれに、「なぜそんなことをしているのか」と尋ねたとする。ティナもリーナも、ことさらお互いの態度を確かめるまでもなく、異口同音に、「運動をするのがよいと思ったから」とか、「運動したいから」とか、「三〇分いっしょに歩くことにしたから」、といった回答を即座に与えることができるだろう。こういった回答は、共同行為主体を構成する二人のそれぞれが、観察によらずに知っていることとしてただちに与えられる。

この二人は、自分たちが何をよいと判断しているのかお互いに知っている。すなわち、ティナはリーナが「運動するのがよいと判断している」のを知っているし、同じくリーナはティナが「運動するのがよいと判断している」

のを知っている。さらに、それぞれは、お互いが相手についてこのように知っているということもまた知っている。もちろん、「運動したい」という欲求についても、あるいは「運動するには三〇分間いっしょに歩けばよい」という目的と手段の知識についても、お互いに相手がそう考えていると知っているし、さらに、それぞれ相手がそう考えていると知っているということも、お互いに知っている。共同行為の行為主体を形成する各個人は、このように共同行為の成立にカナメのところでかかわるお互いの判断、欲求、信念について、無限に反復連鎖して互いを映し出しあうような、相互的な認識（相互信念 mutual belief）をもっている。そのような相互信念をもつからこそ、共同行為が成立するのである。

柏端はこの点について次のように述べている。

> 共同行為主体の各メンバーは、自分たちが共同行為においてどのような理由で何をするかに関して観察によらずに自覚することができ、またそれに関して他のメンバーを巻き込む形の反復的な信念の連鎖（上述したような相互信念）をもつのである。これらの態度は、共同行為主体全体としては、当の共同行為に対する自覚を意味している。そして同時に、各メンバーからすれば、当の共同行為への参加の自覚でもあり、まさにそれが共同行為主体のメンバーシップを形成している。（柏端 2007, 155）

ここで問題となりうるのは、共同行為主体の態度とこの主体を構成する各メンバーの個人としての態度とのあいだの関係である。ティナとリーナからなるある全体は、三〇分間いっしょに歩こうという意図（態度）を形成し、それによって現実の共同行為（いっしょに歩くこと）にたずさわっている。それでは、そのときティナとリーナは、それぞれの個人としてもまた、三〇分間歩こうという意図をもつのだろうか。言い換えれば、共同行為主体の意図や欲求は、それに対応した各メンバーの個人的な意図や欲求に分解できるのだろうか。ギルバートは、そのように分解することはできないと考える。

ギルバートは次のような場面を設定する。ティナとリーナはいっしょに歩き始めた。ところが半分ぐらい歩いたところでリーナがとつぜん「私帰る」と言いだした。このとき当初の共同行為はどうなるのか。柏端は、ギルバートにならって次のように判定する。

> 「私帰る」と一方的に述べることによって「われわれは三十分間いっしょに歩く」という二人の意図を取り消すことは、リーナにはできない。リーナにできることはたかだか、その意図に対する反逆である。……これが意味することは、二人でいっしょに歩こうという気が、リーナにすでにないにもかかわらず、リーナとティナとのあいだに共有意図[21]という形で残っているということである。でなければそもそも**それ**に「反逆」することはできない。（柏端 2007, 158）

誰かといっしょに何かを始めたけれど、途中でいやになって、「もうやめたい」と相手に言う、というのはよくあることである。だが、当初に形成された共同行為主体の意図は、共同行為の一メンバーがもういやになったと表明しても消滅するわけではない。メンバー各個人の意図とは別の水準で、依然として共同行為の意図は存続している。共同行為の意図が各メンバーの個人的意図とは別の水準に存在し続けているのでなければ、いやになったメンバーがそれに異を唱えること自体不可能である。

さらに、リーナが「もうやめたい」と言ったときに、ティナもまた「私もそう思ってた」と応ずることさえないわけではない。この場合は、すでに二人ともそれぞれの**個人としては**歩く意図をもっていなかったことになる。つまり、共同行為主体としてのティナとリーナは、三〇分間いっしょに歩く意図のもとで**現に歩いていた**のだが、ティナとリーナのそれぞれは**すでに歩く意図を失っていた**。こういうことさえ起こりうる。ギルバートは、「共同意図は存在するが、対応する個人意図は欠けている、ということが原理上は可能であるように見える」（Gilbert 1997, 18）と明言する。[22]

共同行為が行なわれているときに、複数の人間からなる共同行為主体の信念や欲求や意図は、各メンバーの個人的な信念や欲求や意図に分解できるとはかぎらないし、分解しなければならないわけではなおさらない。共同行為主体の諸態度は、各メンバーの個人としての諸態度とは別の水準に位置しているのである。

個人の意図と共同行為主体の共同意図との水準の違いは、これまでに、あるがままの現実と演技的・虚構的な水準の違いとして指摘してきたことを、別の観点から述べたものである。「三十分間いっしょに歩く」という共同意図は、ティナとリーナにとって、二人で行なう行為のシナリオとして機能している。人々が共同で実行するさまざまな事柄には役割分担や決まった手順がしばしばある。私たちは暗黙の内に一定のシナリオを想定しながら自分の身体を動かして共同行為に参加しているのである。シナリオによって割り当てられた台詞や所作は、個人としては納得しがたい面があったとしても、さしあたり違和感は棚上げして、実行に移されることが十分ありうる。

5　自己犠牲という共同行為

「私」の実践的推論と「われわれ」の実践的推論

合理性と行為者という二つの概念を以上のように吟味しなおすと、自己犠牲的行為を分析する準備が整う。柏端が自己犠牲的行為を分析するうえで範例とするのは、次のような人物M氏の行為である（柏端 2007, 166）。

M氏は黙々とホームレスに食料を配給している。このM氏に対し、「彼らを助けるのがよいことだとあなたは思うわけですね」と尋ねたところ、M氏は次のように答える。

M「そんなことはない。別に私はそんなふうには思ってないです」。　（柏端 2007, 166）

この答えは、M氏のしていることと矛盾するように思われるから、「でもあなたは助けようとしているではないですか」とさらに尋ねてみる。するとM氏はこう答えるのである。

M「ただ、政府としては彼らを助けないわけにはいかないでしょう。彼らも国民ですから」。（柏端 2007, 166）

M氏のこの二つの応答は、直観的に十分理解可能である。M氏の行為は、したがって、非合理的ではないと感じられる。

だが、この合理性は説明を要する。一般に、合理的な行為者xは、次のような実践的推論に合致するように行為する（柏端 2007, 118–119）。

(0) 行為者xは、φすることがよいと判断する。
(1) 行為者xはφがしたい。
(2) φするには自分はψすればよいとxは思う。
(3) ゆえにxはψする。

この図式を用いて、M氏の行為を、φ「ホームレスを助ける」、ψ「食料を配給する」とおいて、まず個人行為として分析してみる。すると、M氏の思念と行為の流れは次のようにまとめられるだろう。

(0_M) M氏は、ホームレスを助けることがよいと判断していない。
(1_M) M氏は、ホームレスを助けたくない。
(2_M) ホームレスを助けるにはM氏は食料を配給すればよいと思う。
× (3_M) ゆえにM氏は食料を配給する。

この（0_M）（1_M）（2_M）から、（3_M）が導かれることはない（×印は導出が成功しないことを示す）。（2_M）の「ホームレスを助けるには食料を配給すればよい」は常識の一種として、M氏ももっていると考えてよい。だが、（0_M）にあるとおり、ホームレスを助けることがよいと判断しておらず、（1_M）にあるとおり、ホームレスを助けたいと思ってもいない人物は、（2_M）の常識をもっていたとしても、ホームレスに食料を配給するはずがない。しかし、M氏は食料を配給している。通常、この種の食い違いは非合理性の現れである。だが、繰り返すが、上の質疑応答を通じて、私たちはM氏が非合理的だとは感じない。

実践的推論の図式（0）〜（3）を、複数形主体「われわれ」に書き換えたものは、前節ですでに示した。再録すれば、以下である。


（0^W）われわれは、自分たちがϕするのがよいと判断する。

（1^W）われわれは、ϕがしたい。

（2^W）ϕするには自分たちはψすればよいとわれわれは思う。

（3^W）ゆえにわれわれはψする。


M氏の行為を、共同行為として分析してみよう。まず、（0^W）〜（3^W）に、ϕ「ホームレスを助ける」、ψ「食料を配給する」を代入すると、次のようになる。


（0^{wH}）われわれは、自分たちがホームレスを助けるのがよいと判断する。

（1^{wH}）われわれは、ホームレスを助けたい。

（2^{wH}）ホームレスを助けるには自分たちは食料を配給すればよいとわれわれは思う。

（3^{wH}）ゆえにわれわれは食料を配給する。

これは、誰かが、「われわれ」で名指された集団の一員として、ホームレスに食料を配給している場合に、当該の個人行為をもたらす実践的推論である。

M氏の行為は、この共同行為の図式によって理解可能になる。M氏の「そんなことはない。別に私はそんなふうには思ってないです」という答えは、「私」という一人称単数形を主語としている。これに対し同じM氏の「政府としては彼らを助けないわけにはいかないでしょう。……」という答えは、M氏自身を含み政府に協力的な「われわれ」という一人称複数形を非明示的に主語としていると解釈できる（柏端 2007, 167）。すると、個人としてのM氏は、ホームレス支援をよいと判断していないから、食料の配給活動に従事しない。しかし、M氏を含む「われわれ」は、ホームレス支援をよいと判断しているのだから、(0^{wH}) から (3^{wH}) に至る実践的推論の合理的形式にしたがって、「われわれ」は食料の配給を実施するという決定を下す。そこで、M氏は「われわれ」の一員として食料を配給しているのである。このような状況は、M氏が公務員であって、「われわれ」で名指される政府の一員として行為していると考えれば容易に想定できる（柏端 2007, 176–177）。

M氏は、現実に食料の配給という身体的な活動を行なっている。「なぜそんなことをしているのですか」と尋ねられたなら、M氏は「われわれ政府は彼らを助けないわけにはいかないからです」といった回答を与えるだろう。このとき、M氏は同僚の行為を観察したり上司の考えを確かめたりする手間を一切かけることなく、ただちに、つまり観察によらない知識によって「なぜ……しているのか」という問いに回答するだろう。柏端の言うように、M氏の「答えにおいて引きあいに出されているのは、M氏個人の理由ではなく、M氏を含む政府の理由である。それでも、それが、M氏の身体運動についてM氏自身が観察によらずに与えることのできる理由の一つであることに違いはない」（柏端 2007, 170–171）。かくしてM氏は意図的にある共同行為に従事していることになる。

しかしまた他方で、M氏は個人として「彼らを助けるのがよいことだと私は思いません」と言うこともできる。これは、ティナとリーナの例で、二人が共同行為主体としては実際に散歩を実行しつつ、個人としてはその行為をよいと思っていない、ということが可能であるのと同じである。なお、この場合M氏は個人としての自分の極善判断に逆らって行為していることになる。だからM氏は［R_6］すなわち「行為者がφすることを意図的に選択したならば「すべての選択肢の中で、すべての点を考慮して、自分がφするよりも自分にとってよい選択肢は他にない」とする行為者自身の判断が存在する」（柏端 2007, 77）には従っていない。M氏の行為を合理的と見なすには、［R_6］より弱い次の［R_9］を合理性の規定として導入すればよい。

> ［R_9］行為者がφすることを意図的に選択したならば(1)「すべての選択肢の中で、すべての点を考慮して、自分がφするよりも自分にとってよい選択肢は他にない」とするその行為者自身の判断が存在するか、または、(2)「すべての選択肢の中で、すべての点を考慮して、自分がφするよりも自分たちにとってよい選択肢は他にない」とする共同行為主体の判断が存在するとその行為者が考えている。（柏端 2007, 171）

［R_9］の(1)項は［R_6］そのものである。［R_9］は、「［R_6］または(2)」という形式で合理性を拡張しており、M氏の行為は［R_9］の(2)項によるものとなっている。M氏は、自分個人としてはホームレスを助けるのがよいと判断してはいない。だから、［R_9］の(1)項――つまり［R_6］――は成立しない。だが、(2)項は成立する。M氏は、自分がホームレスを助けるよりも自分たち政府にとってよい選択肢は他にないとする政府の判断が存在する、と考えている。こう考えて、M氏は食料を配っているのである。ただし、後述するように、この［R_9］の(2)項に沿って行為するという決定は、［R_5］が含意する個人の自律的な合理性の原理とは似ても似つかない。［R_9］は、［R_5］とはまったく逆に、共同性への個人の服従を含意する他律の原理となっている。

自己犠牲の定義［S_2］

M氏は、自分自身の判断に逆らい自分たち政府の判断に従って行為している。要するに、M氏は、自分を殺してみなに従ったのである。これは自己犠牲的行為の一つの特徴である。それゆえこの特徴を抽出すれば、［S1］に代わる自己犠牲的行為の新たな定式化が得られる。

それは次のとおりになる。

［S2］自己犠牲的な行為とは、自分自身の判断と自分たちの判断が衝突するときに、後者に従い前者に逆らうような（つまりもっぱら自分自身の判断においてより劣った）選択を意図して何かをすることである。

（柏端 2007, 175）

［S2］は、「われわれ」として意識される共同体の決定に自分を殺して従う、という自己犠牲的行為の特徴を抽出している。この定式をイーピゲネイアの行為に適用すると、以下のように明快に整理できる。

第一に、イーピゲネイアは生きのびることをよしとする自分自身の判断と、みずからをいけにえに捧げることをよしとするギリシア全体の判断とが衝突するなかで、後者に従い前者に逆らうような選択を意図して行為している。すなわち、彼女の行為選択は［S2］に沿っている。

第二に、イーピゲネイアの決意は、全ギリシアを「われわれ」とするとき「われわれ」の水準での合理性を保持している。イーピゲネイアは、「なぜそんなことをするのか」と尋ねられたなら、「われわれギリシアはトロイアを攻め滅ぼすのがよいと判断するから」とか、「われわれギリシアがトロイアを攻め滅ぼすためには私が生贄になればよいから」といった合理的な説明を自分の行為に与えることができる。

第三に、イーピゲネイアのこの説明は観察によらない知識にもとづいている。その意味でイーピゲネイアは意図的に行為しており、正常な判断力を喪失した状態にいるわけではない。

第四に、イーピゲネイアは、生きのびたいという欲求を個人として保持し続けることが、非合理性に陥ることなく可能である。というのも、ティナとリーナの散歩の例で確認されたように、共同行為における共有された意図は共同行為主体を構成する各メンバーの個人としての諸態度とは別の水準にあるので、各メンバーは共同意図に従って意図的かつ合理的に行為しつつ、同時に個人としては共同意図に逆らう信念や欲求を保持している、ということが事実として成り立つからである。

第6章2節で、私たちは、イーピゲネイアの行為は必ずしも不合理ではないものとして説明されるが、心の分裂を秘めてはおり、かといって、あからさまな強制による行為でもないことを確認した。そして、こういう両義的な見方が可能になるような解釈の枠組みが必要である、と述べた。そのときは、現実の水準と演技的・虚構的な水準とを分け、イーピゲネイアの心理を二層に分離することによって、両義的な見方を可能にする枠組みを与えた。ここに柏端の分析を適用すると、イーピゲネイアの振る舞いが不合理ではないことについて、見通しのよい整理ができる。イーピゲネイアの行為の合理性は、上の第二のギリシア全体の水準の合理性によって説明される。ギリシア軍にとっては、出陣の妨げとなっているアルテミスの怒りを解くために、イーピゲネイアに死んでもらうことは理に適っている。この合理性の水準において、犠牲儀式の成り行きが一種のシナリオとして機能して、イーピゲネイアに適切な言動を割り当てる。シナリオに合わせた演技的な振る舞いがここに成立する。だが、割り当てられた台詞と所作は、個人としての〝素の〟信念や欲求ではない。イーピゲネイアがこうした心の分裂を秘めていることは、第四の、個人が共同行為主体と異なる心的態度をもちうることによって説明される。そして、あからさまな強制ではないことは、第三の、イーピゲネイアの行為の意図性によって説明される。

私たちは、また第5章2節で、結婚とキャリアを断念して親戚の老人たちの世話を選んだ女性という例を取り上げた。この例も、同じやり方で説明できる[23]。すなわち、第一に、この女性個人は結婚とキャリアを最善と判断したが、この女性を含むある共同行為主体は老人の世話を最善と判断した。そして、この女性は共同行為主体の判断に服従することを決定し、老人の世話を実践した。この行為選択は自己犠牲的行為の定式［S_2］に適合しているので、彼女の行為は自己犠牲的と判定される。

第二に、この女性の決定は、「われわれ」の水準の合理性を保持している。この女性は、「なぜそんなことをするのか」と尋ねられたなら、「われわれは老人たちの世話をするのがよいと判断するから」とか「老人たちの世話をするためには私が結婚とキャリアをあきらめればよいから」といった合理的な説明を自分の行為に与えることができる。しかし、この女性は共同行為主体「われわれ」の判断に服従しただけであって、同意したわけでも承認したわけでもない。したがって、この女性個人が老人の世話を最善と判断していることにはならない。だから、この女性はやりたいことをやっただけだ、と判定されることはない。共同行為主体の判断は、この女性に一定の行為を命令するシナリオに相当しており、これが演技的な水準を設定する。そして、この女性が実践した老人たちの世話という行為は、そのシナリオの水準で合理的と認められるのである。

第三に、この女性の上のような説明は、観察によらない知識にもとづいている。その意味で、この女性は意図的に行為している。

第四に、この女性がみずからの最善判断を断念して老人の世話を実践したからといって、その行為が非合理的であると判定されることもない。なぜなら、この女性個人の合理的判断と共同行為主体の合理的判断とは別の水準に属し、それぞれの水準で存立するからである。この女性は、個人としては、結婚とキャリアの追求が最善であると考えることが可能である。かくして、この女性の行為の決定過程は少しも不明瞭なところを残さない。服従するという決断が、文字どおり決定的なのである。

華僑掃蕩命令を受けたときの河村参郎の行為も、自己犠牲的行為として無理なく説明できる。第一に、河村は命令が正しくないとする自分の判断と、正しいとする第二五軍の判断とが衝突したとき、後者に従い前者に逆らうような選択を意図して行為した。

第二に、河村の行為は、日本軍全体を「われわれ」とするとき「われわれ」の水準での合理性を保持している。河村は、「なぜそんなことをするのか」と尋ねられたなら、「われわれ日本軍は敵性華僑を掃蕩することがよいと判断するから」という合理的説明を与えることができる。

第三に、河村の説明は観察によらない知識にもとづいており、河村は意図的に行為している。

第四に、河村は、命令が正しくないという判断を個人として保持し続けることが、非合理性に陥ることなく可能である。第二五軍の判断と河村個人の判断とは別の水準に属するからである。

以上のとおり、［S_2］へと収斂する柏端の分析は、自己犠牲的な行為の特徴をうまく掬い上げていると言ってよいと思われる。

第8章　自己犠牲と服従

柏端の理論は、いくつかの点でさらに検討を必要とする。そのなかには行為の理論の根幹にかかわる非常に重要な問題が含まれる。

1　共同行為と日常生活

とっさに行なわれる共同行為

柏端は、自己犠牲的行為の一つの例として「墜落事故に遭遇したさい投げ出されたロープ付きの浮き輪を見ず知らずの他人に譲って命を落とす」（柏端 2007, 205）という例を挙げている。これは、柏端がみずからの理論にとって取り扱いの難しい事例として挙げたものである。というのも、飛行機事故に遭遇し、不時着して水面で溺れかけているとき救助隊から浮き輪が投げられたとして、それを他人に譲った遭難者は、いったいどういう共同行為に従事していると言えるのだろうか。浮き輪を他人に譲ることは直観的にはたしかに自己犠牲的な行為であると思われる。だが、自己犠牲の定式［S_2］において「自分自身の判断と自分たちの判断が衝突する」と言われるときの「自分たち」は、この例のいったいどこに見出されるのだろうか。

柏端はこの難問に説得力のある巧みな解決を提出している。その議論は、私の考えでは、日常の行為一般に非常に幅広くあてはまる可能性を秘めている。そして、私の見立てが正しいならば、それは同時にアンスコムやデイヴィドソン以来の現代の行為の理論を根底から覆す議論を提出していることになる。定式［S_2］は、現代哲学の一般的な基盤である方法論的個人主義を、おそらく柏端の意に反して、それと気づかぬうちに掘り崩しているのである。

議論の骨子は次のとおりである。まず、人はとっさに協力して何かを行なうことがある。例えば、運転者が乗っていない状態で坂道を降り落ち始めた自動車があったなら、たまたまそのすぐそばにいた人々は、その危険性を即座に察知し、とっさに協力してその自動車を止めようとするだろう。人々はこうしてとっさの判断で信念や意図を共有して共同行為をすることがある（柏端 2007, 206-207）。これと同じく、浮き輪を譲った遭難者は、「同様に川の中で助けを待っていた人々と、とっさに互いに助けあうという共同行為を行なっていたのかもしれない」（柏端 2007, 210）。

すなわち、遭難事故の際には「各人が助かることを共通の目的とするような共同性が複数（おそらくは共同行為のメンバーの数だけ）存在する」（柏端 2007, 211）可能性がある。水中に投げ出されて漂流している状態がこのまま続けばどうなるかみなが分かっているし、みなが助かりたいことも分かっている。共同行為の基底となる相互信念はこのようにして成立しうる。それならば、浮き輪を譲った遭難者は、「互いに助けあうことを構成する複数の共同性のうち、ある一人のメンバーを助けるという共同性に関連して、自己犠牲的にふるまった」（柏端 2007, 211）と言うことが可能になる。いま、a、b、cの三名が遭難し、各人が助かりたいことがお互いに分かっているとしよう。すると、この三名は、助けを求めて叫んだり手を振ったりしているあいだ、aが助かることを目的とする共同行為、bが助かることを目的とする共同行為、cが助かることを目的とする共同行為、という三つの共同行為に同時にたずさわることになると考えられる。さらにaが浮き輪をcに譲ったとしよう。この場合、cが助かることを目的とするこの三名の参加者による共同行為に関して、aは自己犠牲的に振る舞ったことになる、というわけである。

この説明は一見この例かぎりにしか適用できない技巧的なやり方に見えるが、決してそうではない。この遭難の例と類似し、かつ、ずっとありふれた行為の例として、混み合った列車の中で老人に席を譲るといった例が考えられる。この例でもとっさの共同行為が行なわれていると見ることは可能である。私たちはみな、足腰が弱ければ揺れる車内で立ち続けることは苦痛であり、ときには危険でさえあるということをよく知っている。視線の向きやちょっとしたしぐさから、ご老体が空席を探していることが分かる場合も多い。これらの認識は共有されて相互信念となりうる。すると、この相互信念を基底として、席を譲る人と譲られる人がある共同性に達すると考えることが可能になる。すなわち、自分が座って旅を続けるのがよいという自分の判断と、ご老体が座って旅を続けることがよいという自分たち（自分とその老人）の判断とが衝突したときに、自分たちの判断の方に従って行為するということが成立する、と見なすことができる。

あるいは、ドアのところで鉢合わせして「どうぞどうぞ」と相手に道を譲るのも、とっさに行なわれる共同行為でありうる。真っ直ぐ通り抜けたいという欲求は多くの人がもつものである。だから鉢合わせした両者は、自分だけでなく、鉢合わせした相手の方も真っ直ぐ進みたいと思っている、というようにお互いに分かるのである。そこでときには交互に「どうぞどうぞ」と譲り合ったりすることにもなる。

以上のように考えると、とっさに行なわれる共同行為という概念は、広い範囲に適用される可能性があることが分かる。おそらく、商取引や日常の会話を含む広範囲の社会的な相互作用ゲームは、ゲームの種類ごとに異なる明示的および非明示的なルールと、個別ゲームの一回ごとの流れとを条件として、各プレイヤーがお互いの態度を相当程度まで共有しつつ、局面ごとにとっさの共同行為を形成していくことによって営まれているのであろう[1]。

するとさらに、［S_2］のカナメの部分に適合する行為類型は自己犠牲にかぎらない、という可能性も浮かび上がってくる。［S_2］のカナメの部分とは、「自分自身の判断と自分たちの判断が衝突するときに、後者に従い前者に逆らうような（つまりもっぱら自分自身の判断においてより劣った）選択を意図して何かをする」という部分である。例えば、商品の売り手が、自分の付け値と相手の言い値とを比較しつつ、ここは相手の言い値に近いあたりで取引を成立させようと意図したならば、自分たち（売り手と買い手からなる商取引という共同行為の主体）の判断を自分個人の判断に優先させていることになる。これは［S_2］のカナメの部分を満たすと言ってよい。ただし、このような商取引における行為は中長期的には当事者の双方に利益をもたらすことが期待されるので、これを真正の自己犠牲と見る人はいないと思う。これは、個人の利益が共同行為主体の利益と長い目で見れば一致する幸福な状態の一例である。うまくいっている社会では、こういう幸福な状態が多く見られるであろう。自分個人の判断に逆らって自分を含む場の状況に従うということは、自己犠牲にかぎらず多くの共同行為において生じうる。

かくして、非常に多くの対人的な行為がとっさに行なわれる共同行為の一種であり、さらにはそれらの共同行為の少なからぬ事例において、自分個人の判断には逆らって自分を含む場の状況に従うという選択が意図されていることがある。このことの含意は非常に大きい。

日常生活の共同性

私はもちろん、柏端の自己犠牲的行為の定式［S_2］があまりにも多様な社会的相互作用の局面に適用できてしまう、と言って批判したいのではない。むしろ話は逆で、柏端の議論の大きな可能性を示唆したいのである。すなわち、日常の多くの場面でとっさに共同行為が行なわれているという考え方と結びつける場合、［S_2］は、人間の行為をまったく新たな視点から特徴づけるものとなる。

上で確認したとおり、イーピゲネイアの行ないは、合理的ではあるが、心に分裂があり、かといって自発的でなくはないような行為であった。私たちの日常生活の多くの行為が、これと似て、それなりに理由はあるが、完全に本意からではなく、かといって強制されているわけでもないような行為である。河村参郎の事例も老人の世話を選ぶ女性の例もこのような行為である。柏端は、肉弾三勇士に関する与謝野晶子の文章を引用している（柏端 2007, 110–111）。それは「すべて真面目に勤労する人間は少しづつ小刻みに自分の命を磨り減らしてゐると云っていい」という一文で始まる。この描写は、私たちの日常の振る舞いの多くに当てはまるように思われる。私たちの日常生活は、しばしば自己犠牲と似て、共同体の判断に従いつつ「自分の命を磨り減らしている」面がある。

とっさに行なわれる共同行為が社会的相互作用のさまざまな局面で広汎に認められるという推測が正しければ、［S_2］を含む柏端の理論は、上述の、それなりに理由はあるが、まったく本意からともまったく強制によるとも言えない非常に広い範囲の人間の日常的行為を、よりよく理解するための枠組みになりうる。そしてそれは、行為者である個人の信念や欲求や意図によって行為が合理的に産出され説明される、という現代哲学の行為論の根本的な前提（行為の合理性に関する方法論的個人主義）を覆す可能性をもつ。別の言い方をすると、［S_2］によって覆されるのは、個人が何かを意図的に行なったのならば、周囲の影響がどれだけあったにせよ、そうするのが適切だと本人が最終的に判断したからその行為が行なわれたのだ、という直観である。この直観は、［R_1］から［R_5］までの原則に暗黙のうちに前提されており、ウェッブ裁判長の言葉にも明瞭に表れている。

［S_2］を含む柏端の理論は、ある個体が自分を含む共同体の判断に服従して行為するということを、その個体自身の判断とは対立しうるものとして認めつつ、その行為が合理的であると認める、という構造になっている。［S_2］は、共同体の判断が各個人の合理的承認を通じてそれぞれの個人としての心的態度に組み込まれるという仕組みを前提しない（柏端 2007, 156–159）。共同行為主体の意図性と、それを構成する各メンバーの意図性とは、別の水準にある。したがって、前章のティナとリーナの散歩の例で鮮やかに示されたように、共同行為主体の意図性とその主体を構成する各メンバーの意図性は、別個の内容をもちうるのである。そして、共同行為の合理性は、共同行為主体である当該の全体の水準において、妥当な実践的推論にもとづき、少なくとも極善の選択肢が選び取られ実行されているということにのみ存する。[3] M氏の例から分かるように、その共同行為をメンバーが個人として合

理的であると考えていなくてもよい。それならば、行為の合理性に関する方法論的個人主義は、このとき舞台からひそかに退場させられている。個人がみずからの事実認識や欲求や意図によって行為を合理的に生み出し、合理的に説明する、ということが前提されないからである。

2　自発的な服従

「私」と「われわれ」のつながり方

上記の点については、次のような反論がありうる。柏端の共同行為論においては、単独で行為する個人と同じく、共同行為にたずさわっている個人は、観察によらない知識にもとづいてみずからの行為に合理的説明を与えることができ、その意味で意図的に、言い換えれば自分のしていることが分かっている状態で、行為している。共同行為においてもメンバー個人がみずからの行為に合理的説明を与えることができるのであるから、行為の合理性に関する方法論的個人主義は依然として維持されている。したがって、［S_2］に方法論的個人主義の否定を見出すのは誤りである。

しかし、この反論は当たらない。柏端の理論には、行為の説明に関する一つのギャップが含まれている。そして、そのギャップは、個人行為における観察によらない知識と、共同行為における各メンバーたちの観察によらない知識との本質的な相違に関連しており、この相違のゆえに、柏端の理論が方法論的個人主義の放棄を示唆する結果になるのである。

もう一度M氏に登場してもらおう。食料を配るというM氏の行為に関し、次のような実践的推論を構成することができる。

[33] M氏を含む政府は、自分たちが貧しい人々を救済しないよりする方が自分たち政府にとってよいと考えている。
[34] 政府は、救済活動を行ないたいと考えている。
[35] 政府は、自分たちが救済活動をするためにはM氏がこの場所で食料を配る必要があると考えている。
[36] よって、政府の一員であるM氏はこの場所で食料を配る。

（柏端 2007, 176）[4]

第7章5節で確認したように、この推論を提示されたとき、M氏の行為は理解可能になる。この推論はM氏の行為の十全な説明になっている（柏端 2007, 176）。また、M氏自身に「なぜそんなことをしているのですか」と尋ねたなら、[33]から[35]の趣旨を適当にかいつまんで答えるだろう。そのときM氏は同僚の振る舞いを観察したり上司の考えを確かめたりする必要はない。彼は自分がなぜ食料を配っているのか観察によらずに知っており、それを答えるのである。

だがこの説明が十全であるのは、行為が起こってしまった時点での事後の文脈の合理化としてなのである。行為が今まさに起こるときの、因果的な産出の過程を考えてみると、この説明には一つのギャップがあることが分かる。

M氏は個人として次のように考えている。

[37] M氏個人は、政府が貧しい人々を救済するよりしない方が自分にとってよいと考えている。

（柏端 2007, 177）

[37]と[33]は衝突する。[37]に従うなら、M氏は食料を配っていなかったはずである。しかし、[37]はM氏個人の信念であるのに対し、[33]は政府の信念であるから、同一の信念主体のなかで相反する信念が衝突するということにはならない（柏端 2007, 177-178）。政府は[33]のように考えているが、M氏は[37]のように考えて

郵便はがき

料金受取人払郵便

千種局承認

2036

差出有効期間
平成32年6月
30日まで

464-8790

092

名古屋市千種区不老町名古屋大学構内

一般財団法人
名古屋大学出版会 行

ご注文書

書名	冊数

ご購入方法は下記の二つの方法からお選び下さい

A．直 送	B．書 店
「代金引換えの宅急便」でお届けいたします 代金＝定価（税込）＋手数料230円 ※手数料は何冊ご注文いただいても230円です	書店経由をご希望の場合は下記にご記入下さい ＿＿＿＿＿＿市区町村 ＿＿＿＿＿＿書店

読者カード

（本書をお買い上げいただきまして誠にありがとうございました。
このハガキをお返しいただいた方には図書目録をお送りします。）

本書のタイトル

ご住所　〒

TEL（　　）　—

お名前（フリガナ）　　年齢

歳

勤務先または在学学校名

関心のある分野　　所属学会など

Eメールアドレス　　@

※Eメールアドレスをご記入いただいた方には、「新刊案内」をメールで配信いたします。

本書ご購入の契機（いくつでも○印をおつけ下さい）

A 店頭で　B 新聞・雑誌広告（　　）　C 小会目録

D 書評（　　）　E 人にすすめられた　F テキスト・参考書

G 小会ホームページ　H メール配信　I その他（　　）

ご購入書店名　都道府県　市区町村　書店

本書並びに小会の刊行物に関するご意見・ご感想

いるというだけのことである。これは何ら不思議なことではない。政府の一員といえども、あらゆる面で政府と寸分違わない判断をする、などということはないのだから。

問題は、［37］のように考えているM氏の身体が、どうして［33］から［35］の推論に従って［36］の行為を起こしうるのか、ということである。［36］の行為は端的にはM氏の身体運動にほかならない。「M氏を含む政府」の決定がM氏自身の身体運動の発動をもたらすためには、M氏の心（ないし脳）が四肢等に向けて運動を起こすように命じなければならない。つまり、M氏自身の身体を動かす意図が仲立ちしないかぎり、「政府」の水準の［33］から［35］の推論は、M氏の身体を動かすという帰結をもちえない。しかるに、M氏は［37］の信念を抱いているのである。［37］をなんらかの仕方で無効化しないと、M氏の身体はしかるべき仕方で動きはしないだろう。

M氏の身体が動くためには、行為を発動する以前のどこかの時点で、政府の決定に従うという決定をM氏が下しているのでなければならない。そして、政府の一員であるM氏が政府の決定に従うという決定を下したということは、行為が起こってしまった時点では、わざわざ言うまでもない。だから、行為を事後的に合理化するための説明のなかには、M氏は政府の決定に服従すると決定した、という一項を入れなくてもよい。［36］冒頭の「よって」という一言で十分事情は分かる。

しかし、行為の因果的な産出の過程を考えてみると、M氏が政府の決定に従うという決定をした事実が介在しないかぎり、M氏の身体は動くはずがないのである。柏端は、この点について次のように述べている。

> われわれの例で、［37］と［33］の衝突にどう折り合いがついたのかと言えば、もっぱら［33］の判断（政府の判断）に従う仕方でM氏の身体が動くことによってである。これを「折り合い」と呼ぶかどうかは言葉の問題である。……ともかく、M氏の中で「決断」がなされ、政府の意向に沿ってM氏は動いた。M氏の意図的な選択は、［R_9］には従っている。（柏端 2007, 179. 強調は引用者）

この「政府の判断に従う」という「決断」がないかぎり、M氏の身体は動かない。それならば、行為の因果的産出の過程を明らかにするためには、次のような一項を［35］と［36］のあいだに挿入する必要がある。

［35½］M氏は政府の決定に従うことを決断する。

この決断は、［37］とあからさまな仕方で衝突するわけではない。M氏は、［35½］が成立したからといって、ホームレスを救済したいという欲求や、それはよいことだという信念を、現実世界の個人として抱く必要はない。M氏は演技的に行為している。行為のシナリオは政府が作ったものである。シナリオによって割り当てられた役柄を演ずるとき、その役柄が演技上の虚構世界でどのような信念や欲求を抱いているかということと、その役柄を演ずる俳優本人が現実世界でどのような信念や欲求を抱いているかということとは、別の水準に置くことができる。俳優本人の心理と役柄上の心理は隔離されうる。M氏は、政府に従うという一種の包括的な態度（シナリオに従いたいという欲求やシナリオに従うことがよいという判断）をもてばよいだけである。こうして、M氏は自分個人の判断を維持しつつ、それに逆らって、自分を含む政府の判断に従って行為することが可能になるわけである。

M氏の事例のような共同行為を「自己犠牲型の共同行為」と呼ぶことにしよう。私たちはすでに河村参郎が山下奉文の命令に服従したことを、自己犠牲型の行為と呼ぶようにしてきた。自己犠牲型の共同行為においては、「私」と「われわれ」は、「私」がみずからの合理的判断に反して「われわれ」に服従することを決断する、という仕方でつながっている。このような服従の決断を含む自己犠牲型の共同行為と、服従と無関係な個人の行為とでは、観察によらない知識のあり方が大きく異なる。その点を次に確認する。

社会的約束事の知識

プールに意図的に変な姿勢で飛び込んだ例の人に、ここでもう一度、個人行為の代表者として登場してもらうことにする。「なぜあんな姿勢で飛び込んだのか」という問いに、この人は「飛び込むあいだに上体をどれだけひねれるか試してみたかったんだ」と答えたのだった（柏端 2007, 147）。このときこの人は、自分の記憶にもとづいて、飛び込む前の自分の思考の流れとそこに形成された欲求や意図について語っている。この人はまた、飛んでいるあいだの姿勢についても、上体の捻転、筋肉の緊張、落下や回転による平衡感覚の変動等を、自己受容感覚を通じて検出し、運動の記憶として保持し、それらの運動が自分の決定に沿って（もちろん自然法則にも従いながら）制御されていたことを知っている。

この人の「なぜ……」という問いへの回答は、観察によらない知識として得られている。この知識には二つの部分がある。一つは、意図の形成に至る自己の思考過程の直知、という事前の文脈の知識である。もう一つは、随意的身体運動の制御系の自己受容感覚、という事後の文脈の知識である。この人の飛び込みは意図的な行為である。その意図性は、事前の文脈における行為する意図の形成という側面と、行為を開始した後に、自己受容感覚をともなう制御系が行為遂行中に身体運動を制御しているという側面の、両方に立脚している。かくして、この人は「飛び込むあいだに上体をひねる、という意図」を形成し、「意図的に、飛び込むあいだに上体をひねるという行為」を遂行したのである。短く言えば、この人は「行為する意図」に従って「意図的に行為」した。その意図形成は自己知として直知されており、その行為遂行も自己身体の運動様態として直知されている。

この「行為する意図」と「意図的に行為すること」の区別は、「行為のための判断に関する合理性と、行為の実行に関する合理性」（柏端 2007, 70）の区別に対応する（第7章2節参照）。意図の摘示によって行為の合理性を確立するさいに、観察によらない知識に訴えるのならば、「行為する意図」を裏付ける事前の文脈における観察によらない知識と、「意図的に行為すること」を裏付ける事後の文脈における観察によらない知識との両方が必要になる。

さて、M氏の場合はどうだろうか。食料を配給するM氏の身体動作は、自己身体の運動様態として直知され制御されている。この点は間違いない。この意味で、M氏はたしかに正常な自己認識をもって食料を配っており、「意図的に行為すること」は問題なく成り立っている。事後の文脈における観察によらない知識は、個人行為の場合と同じ仕方で成り立っているわけである。

ところが食糧を配給する意図、つまり事前の文脈の「ある仕方で行為する意図」は、M氏個人のものではなかった。この意図はあくまでも政府によって形成されたものだった。とはいえ、「なぜそんなことをしているのですか」と尋ねられたとき、M氏は即座に「貧しい人たちを助けるためです」とか、「政府としては彼らを助ける義務があるのです」などと答えることができる。こうしてたしかに「行為する意図」についても、観察によらない知識がある。だが、M氏は、個人として食料を配給する意図を形成したことはない。だから、この答えは、M氏の事例においては、意図の形成に至る思考過程の自己知にはもとづいていない。これがプールに変な姿勢で飛び込んだ人の例との違いである。

M氏の答えは、政府の一員として政府の行なった決定（政策的な意図）をすでに知っている、というM氏の知識状態に立脚している。M氏に「なぜそんなことをしているのか」と質問した人物は、おそらくこの決定を知らないのである。そしてM氏は、政府の決定を知っているかぎりで、周囲の同僚に問い合わせたり上司に確かめたりするまでもなく、自分の行為に関する「なぜ……」の質問に答えられる。しかし、これが意図の形成における自己の思考過程の直知とは何の関係もないことは明らかである。また、政府の一員としてM氏が政府を「われわれ」という一人称複数で指すことのできる立場にいる、ということとも何の関係もない。この場合の観察によらない知識は、自己知とも一人称複数形とも何の関係もないのである。この観察によらない知識は、いったいなにものなのだろうか。

ここで、次のような例を考えてみる。外国から日本に来た客人には、日本の人々のある振る舞いがなぜ行なわれているのか理由が分からない場合があるだろう。たとえば客人は次のような出来事に町で遭遇するかもしれない。黒い服を着た人々が写真と花を飾った壇に向かって列を作って並んでいる。列の最前端の人物が順に進み出て、小さな器から何かを取って顔の前に控え目にかかげ、それを赤く熾った小さな炭火の上に置き、微かな煙が立ち上るなかで手を合わせて一礼して退出する。客人は、いったいなぜそんなことが行なわれているのか理由が分からない。そして、あなたに「あの人たちは、なぜあんなことをしているのか」と尋ねる。するとあなたは、「あれは焼香だ」とか、「あれは仏教式の葬儀の一部をなす「焼香」と呼ばれる所作であって、参列者が死者に対する哀悼の意を個人的に表明する機会となっているのである」などと説明するだろう。あなたは、それが「焼香」であると知っていれば、即座にそう答えるはずである。自分と参列者を合わせて「われわれ日本人」と言うか参列者だけを指して「彼ら」と言うかにはかかわりなく、つまり一人称複数であろうと三人称複数であろうと、このときあなたは、参列者に聞いて確認したりする手間を一切かけず、即座に彼らの行為の理由づけができる。かくしてあなたは、葬式のときの参列者の行為について、観察によらない知識をもっている。

するとM氏の場合についても、M氏本人以外でも、M氏が公務員であることと政府がホームレス救済事業を政策決定したということをすでに知っていれば、M氏の行為を見て、彼の行為の理由づけができるのである。たぶん彼の上司には容易にできる。そしてその理由づけは、説明の現場でM氏に問い尋ねたりするまでもなく行なわれると仮定してよいから、その意味では観察によらない知識にもとづいていると言ってよい。

共同行為における観察によらない知識は、事前の文脈の「行為する意図」に関するかぎり、しばしば儀式や制度や慣習といった社会的な約束事にかかわる知識が人々のあいだで共有されていることに根拠がある。ある特定の仕方で行為する意図が、社会的な約束事として、場に応じてすでに決まっているのである。M氏の場合は、行政制度に即した政府の政策決定として決まっていた。ティナとリーナの場合は、友人関係の慣習に即した二人の約束によって決まったのであろう。

他方、事後の文脈で「意図的に行為する」ことについては、共同行為に参加する個々のメンバーにゆだねられる。それゆえ、各人が自己身体の運動様態を適切に直知しつつ制御することが必要となる。M氏は、自分の身体を食糧配給のために適切に動かさねばならない。このときM氏は［35½］によって［37］を無効化し、政府の「食料を配る意図」に服従して、「意図的に食料を配る」のである。また、ティナもリーナも、本心はどうあれ、友人として先立つ合意に従って意図的に歩行を続けるのである。

まとめておこう。個人行為においては、個人は、行為の因果的な産出過程を、行為する意図の合理的形成の自己知、および身体制御過程の自己知として直知する。この事前と事後の両方の文脈にわたる直知のゆえに、個人は、みずからの行為について観察によらない知識にもとづく理由づけができる。これが、個人行為に関する行為の合理的説明の成り立ちである。この場合、合理性が個人の自己知の報告によって確かめられるという意味において、行為の合理性に関する方法論的個人主義の立場が堅持されていると言ってよい。

しかし、M氏のような自己犠牲型の共同行為においては、最初にあるのは共同行為主体（われわれ）の判断や欲求や信念である。共同行為主体は、実践的推論の形式に従って、共同行為を合理的に産出する。共同行為の産出とは、各メンバーの身体運動が実現されるということである。すなわち、各メンバーは、共同行為主体の決定に服従することを決断し、その決断のゆえに共同行為の部分をなす身体運動を産出する。共同行為主体の水準の合理的な実践的推論が、服従という接合部を経由して、各メンバーの身体運動を帰結するのである。このとき、行為者個人の意図性は事後の文脈においてのみ発揮されている。

そして、これが重要なのだが、この事後の意図性に先行する服従は、その行為が自己犠牲型と分類されるかぎりにおいて、合理化することができない。M氏の場合で言えば、［33］と［37］の衝突に折り合いをつける［35½］は、一つの決断である。だが、あくまでもM氏個人の信念は［37］である以上、この「折り合い」は［33］へのM氏個人において合理化可能な同意や承認を意味しない。自分の考えとは違うが、共同体の一員として端的に服従すると決めるという決断なのである。カント風に言えば、この決断は他律であって、自律（自己立法）ではない。だから、行為の合理性も、すべて共同行為主体の水準にある。共同行為主体の水準のこの合理性を、各メンバーが自分の信念において裏書きするわけではないのである。自己犠牲型の共同行為においては、むしろ当該の行為は個人の観点から言えば非合理的なのであった。このとき、行為の合理性に関する方法論的個人主義は放棄されている。もちろん、M氏がよく考えたうえで、やはり政府の決定が正しいという結論に至り、［33］に合理的に同意する、という展開も考えられる。しかし、その場合、M氏の行為は、合理性に立脚した自律になるから、自己犠牲型の共同行為とはならない。犠牲とされるものがないのである。M氏の行為に関して、服従ではなく個人の合理的な同意や承認が成り立つと想定すると、私たちは自己犠牲という概念そのものを失うことになる。

柏端は、自己犠牲的行為における行為選択の問題を、選好を記載した二枚のカードの取り扱いに喩えて分析し、「自己犠牲において複数の視座というものを考えること」（柏端 2007, 185）の必要性を強調する。そして、自己犠牲的行為においては、「視座」は窮極的に「別々」であらざるをえないことが繰り返し指摘される（柏端 2007, 182–194）。だが柏端の説明では、なぜ「別々」であらざるをえないのかは、必ずしも明瞭ではない。選好を記載した「私」カードと「われわれ」カードが「別々」でしかありえないということは、服従が合理化できないということの別の表現なのである。自己犠牲的行為は、服従の決断という局面で非合理性を避けることができない。これこそ、一つの価値規準による「視座」の合理的な統合が成り立たない根本的な原因である。

最後に確認しておこう。M氏の行為は、最も弱い合理性の原理［R_9］によって合理的と認められる。しかし、この［R_9］は、暗々裡に方法論的個人主義を放棄することを前提している。［R_9］をもう一度掲げておく。

［R_9］行為者がφすることを意図的に選択したならば(1)「すべての選択肢の中で、すべての点を考慮して、自分がφするよりも自分にとってよい選択肢は他にない」とするその行為者自身の判断が存在するか、または、(2)「すべての選択肢の中で、すべての点を考慮して、自分がφするよりも自分たちにとってよい選択肢は他

> にない」とする共同行為主体の判断が存在するとその行為者が考えている。（柏端 2007, 171. 強調は引用者）

ここまでの議論から明らかなように、定式中の(1)の選言肢と(2)の選言肢とのあいだの「または」は、共同行為主体の判断への個人の服従を前提にした場合にのみ成り立つ二者択一を提示している。自分と自分を含む集団の価値判断は対立しうる。自分がφするよりも自分たちにとってよい選択肢は他にないとしても、自分にとってはψする方がφするよりよい、という場合がある。この状況で行為者がφすることを意図的に選択したのなら、行為者は集団に服従したのである。M氏の例はこの状況に相当する。

選言肢(2)の終わりは「……とその行為者が考えている」と結ばれており、あたかも共同行為主体の判断の存在に関する事実的な知識が行為者個人にあれば、［R_9］を適用できるかのような見かけになっている。だが、すでに述べたとおり、行為者が共同行為主体の判断に従いみずからの判断には逆らってφしたのなら、たんに事実的な知識があっただけでなく、その判断に服従したのでなければならない。［R_9］が適用可能となる以前に服従の決断が必要なのである。そしてこの服従は合理化できない。したがって、選言肢(1)の個人主義的な合理性の原理から、選言肢(2)の共同行為主体の合理性の原理へは、じつは非合理的な決断によってしか移行できない。この決断が、服従の実質である。

かつて私はこの服従を以下のように描写した。

> だが〔自己犠牲的行為において〕、公共的規範と私的価値基準とが統合されていないのならば、どうして公共的規範に沿った行為が遂行されるのだろうか。つまり、「しなければならない」が出てくる根拠は何なのだろうか。
>
> 回答は、著しく簡単である。公共的規範に沿った行為が遂行される理由は、ただ単にそれが公共的規範だから、というだけである。端的に「しなければならない」のであって、行為者がそれを合理化できるかどうかは、

> その命令の根拠づけに一切関係ない。私的価値基準は〈殺される〉のであって、公共的規範が合理的にそれを包摂するのではない。あなたが何をしたいとか、何を合理的と考えるか、といったことは、自己犠牲的行為が成り立つような倫理的思考の枠組みにおいては、「しなければならない」が成立するうえで、別に重要な条件ではない。（田村 1997, 47）

上で「私的価値基準」と言われているのは、M氏の個人としての判断［37］に該当する。「公共的規範」と言われているのは、［33］に該当する。M氏は［35½］を介して［33］に服従する。［37］を個人としては維持しつつ、［33］が正しいと信じる*ことにして*、あたかも［33］に心から同意しているかのように行為するとき、自己犠牲型の行為が出現する。そして、ある個人が自分自身の合理的思考に現れる欲求や信念に反して共同体に服従しながら、その共同体の決定を合理的であると認めるのならば、そのとき合理性に関する個人主義は棄てられている。［R_9］は行為の合理性に関する方法論的個人主義の放棄を前提にしないと成り立たない合理性の原理である。本書では、柏端（2007）の分析を検討したことによって、共同行為主体への理由づけのできない服従という要素を、田村（1997）におけるよりも明確に取り出すことができた。なお、柏端（2007）は、自己犠牲的行為を個人の水準においても合理的な行為であると見ていると思われる。本書と柏端（2007）の違いは、行為者個人における合理化できない服従の決断を明示的に認めるか、認めないか、という違いである。

3　自己犠牲性の定義

自己犠牲性の三つの定義

ここまでに、自己犠牲性的行為について三つの定義を紹介した。田村（1997）の三条件（第7章1節）、柏端（2007）の［S_1］と［S_2］である。これらの相互関係を整理しておこう。

田村（1997）と［S_2］は一致する。田村（1997）の条件一「行為者が、両立しえない二つの価値基準を持っていて、その統合がなされない」と条件三「行為が、社会的な圧力の下で遂行され、公共的基準に従った選択が行われている」は、［S_2］の「自分自身の判断と自分たちの判断が衝突するときに、後者に従い前者に逆らうような（つまりもっぱら自分自身の判断においてより劣った）選択を意図して何かをすること」という部分と同じことを述べている。［S_2］の趣旨は、自己犠牲性的行為では行為者個人の判断と自分の所属する集団の判断が統合できず、かつ、所属集団の側の判断に従う選択がなされる、ということだからである。

田村（1997）の条件二「行為者が、行為の行われる状況について十分な知識を持っている」は、［S_2］に明示的には述べられてない。この条件は、しかし、合理的選択一般の条件であって、特に自己犠牲性的行為の条件というわけではない。行為の成否にかかわる重要な情報が十全に開示されていることは、行為者が合理的に選択するための必要条件である。柏端（2007）の分析全体を見渡すと、合理性の考察の出発点にある［R_1］の「すべての点を考慮して」という規定に、この条件二が暗黙に含まれていると見なされうる。関連する情報が十全に開示されていないなら、考慮は無意味だからである。なお、田村（1997）では、条件二への違反として、次のような例を考えた。

【例五】原子力発電所で事故が起こった。事故の修理には、ある程度の放射線被曝が避けられない。だが、発電所長は極めて悪辣な人間で、放射線被曝の危険を知らせずに、ある作業員に作業を依頼し、この作業員は進んで長時間の作業に従事した。後でこの作業員は放射線障害で死亡した。

（田村 1997, 50）

被曝の危険を知らされずに死亡した作業員は、自己犠牲的に行為したのではなく、所長に欺されたのだと私たちは考える。他方、危険を知りつつ進んで作業に従事したのなら、自己犠牲的行為であると考えるだろう。情報の隠蔽や改竄の下で行なわれた行為は、操作された（manipulated）行為であって、行為者の判断能力（理性）が十全に発揮されたその人本来の（authentic）行為ではない。情報操作は、行為の理性的特性（つまり合理性）を毀損するのである。

田村（1997）の三条件と［S_2］は、以上のように、同じことを言っているものと解釈できる。だが［S_1］は、この二つとは少し異なる。［S_1］は、「自己犠牲的な行為とは、自分にとってよいと思うことではなく他人にとってよいと思うことをすることを最終的な目的として、行為することである」というものであった（第7章2節）。［S_1］と［S_2］の表層に現れた相違点は、［S_1］には「〜にとってよい」という価値評価の表現が含まれていること、および、「自分」と「他人」の対比があることの二つである。これに対し、［S_2］は、「判断」や「選択」や「意図」といった心的な態度によって自己犠牲的行為を特徴づけており、また、対比されるのは「自分」と「自分たち」である。

［S_1］の「自分」と「他人」の対比が［S_2］の「自分」と「自分たち」の対比に改められた理由は、柏端の理論上の必要である。柏端は、自己犠牲的行為を行為者個人の合理的行為であると見なそうとする。この場合、他人の理由づけ（「他人にとってよい」）によって自分が動くというのではうまくいかない。他人の理由づけが端的に強要され、納得せずにそれに服従するのなら、その行為は［R_1］に反しており、個人の合理的行為ではない。他方、他人の理由づけに心から同意して行為するのなら、それは結局のところ自分の理由づけによる行為であり、［R_1］に

即して個人の合理的行為である。ところが、ある行為が［R_1］の言う「自分にとってよりよい」という意味で個人の合理的行為であるのなら、それは直観的に言って自己犠牲的行為ではない。［S_1］は、事実上、自己犠牲的行為がこの望ましくない二者択一（不合理かつ自己犠牲、または、合理かつ自己犠牲でない、のどちらか）をもたらすという事実を浮かび上がらせるための仕掛けとして機能している。他人からの端的な強要でもなく、かつ他人への心からの同意でもない中間的な状態を設定できないと、合理的かつ自己犠牲的な行為は存在しないことになる。そこで柏端は、自己犠牲的行為を、「自分」と「自分たち（われわれ）」のあいだに生じるジレンマ状況としてとらえ、中間的な状態を設定して、［S_2］を得たのである。

しかし本書は、「私的価値基準は〈殺される〉のであって、公共的規範が合理的にそれを包摂するのではない」という田村（1997）の考え方を引き継ぐ。つまり、一人称複数の「われわれ」としての行為というこの中間的な状態においても、集団の決定に服従するという決断を挟み込まないと、自己犠牲的行為は成り立たないと考える（前節）。「われわれ」という共同行為主体も、私個人にとっては、しばしば他人にすぎない。柏端が一人称複数の行為に着目し、共同行為主体を導入したことの意義は、「われわれ」の水準での合理性というものが「私」の水準とは別個に、しかし、行為者自身の内にあるということを、ギルバートの議論を通じて明瞭に提示した点にある。このことは、個人の価値判断と公共的な価値判断は基本的に一致するという西洋近代の社会哲学に立脚すると見えなくなる。私たちはこれを正面から見る必要がある。例えば、自分自身が戦場に赴くのでないかぎりにおいて、「われわれが正義を守るために戦争をすることは合理的である」と考える人は多い。だが、自分が戦場に赴くことになれば、一転して、それは理不尽な強要として意識されるであろう。「自分たち」の水準の合理性は、必ずしも「自分」にとっての合理性ではない。自己犠牲という概念は、自分と自分たちとのあいだにひそんでいる利害の不一致を浮かび上がらせる。そのうえで、さらに、自分を自分たちに従わせる定型的な決断を促すことによってその不一致を覆い隠す。自己犠牲という行為類型は、私たちの思考を支配するこのような共同体の力の作用の露頭なのである。

［S_1］に「〜にとってよい」という価値評価の表現が含まれていることは、田村（1997）の三条件とも［S_2］とも異なる点である。これは自己犠牲の概念を正確に捉えるうえで重要なことを示唆する。［S_2］に対しては、柏端自身によって、その不十分さが指摘されている。［S_2］に従うならば「自分の正義感を抑えつつ組織のために証言者の家の前に牛の生首を置いてくるマフィアの一員」（柏端 2007, 260）は、自己犠牲的行為を遂行したことになる。自分の私情と組織の必要とが対立するなかで、組織の必要に従って行為しているからである。だがこの判定は、私たちの直観にはいささか反する。ここで、［S_1］によれば、同じ行為を自己犠牲ではないと解釈することができる。［S_1］中の「他人にとってよいと思うこと」の「他人」を証言者と考えれば、この行為は自己犠牲にはならない。家の前に牛の生首を置くことは、証言者にとってよいことではないからである。

田村（1997）の三条件や［S_2］は、行為者個人と行為者の属する集団との関係性を手がかりにして自己犠牲を解明しようとしている。［S_1］はこれとは違って、「よい」ということに言及している。「よい」ということは行為者とその所属集団との関係性のみによっては決まらない。その結果、［S_1］は集団との関係性によっては決まらない自己犠牲的行為の特徴を浮かび上がらせる働きをもつことになる。河村参郎が山下奉文から命令を受けたときのことを考えてみよう。河村は私情を殺して山下の命令に服従した。田村（1997）の三条件や［S_2］によれば、河村は自己犠牲型の行為を遂行したことになる。だが、一九四二年当時のマレー半島の中国系住民の目から見て、河村の行為を一種の自己犠牲であるとするのは無理である。この直観を生かすには［S_1］の方が適切である。［S_1］の「他人にとってよい」を「中国系住民にとってよい」とした場合、選び出した人々を問答無用で殺すことは、中国系住民にとってよいことではないから、河村の行為は自己犠牲的行為にはならない。

［S_1］の方が、それゆえ、私たちの直観に合致する側面がある。ある行為を自己犠牲と見なすかどうかの判断には、行為者とその所属集団との関係性に加えて、遂行された行為に対する判断者側の道徳的な価値評価（「よいことだ」と思うかどうか）という要因がからんでいる。我が身を殺して捧げる目標物が、判断する側から見て悪ない

し不善であると思われる場合、その行為を自己犠牲と呼ぶことは困難に感じられる。例えば、神風特攻隊やイスラム国（IS）の自爆テロは、同じイデオロギーを抱いていない部外者にとっては、マフィアの若者が自分の正義感を殺すのと同じく、間違った目的のために自分を殺す非人間的な愚行にしか見えない。こういう場合、［S_1］は行為の価値評価の要因を取り込んでいるせいで、自己犠牲的行為かどうかの判別において、私たちの直観に合う結果をもたらすのである。爆弾を装着して自爆する行為はいかなる他人にとってもよいことではないと考える場合、その行為は［S_1］を満たさず、自己犠牲とはならない。

逆に言えば、田村（1997）の三条件や［S_2］は、行為それ自体の価値評価という要因を切り捨てることによって、直観的にはただちに自己犠牲とは見えない行為を、一種の自己犠牲的行為として見ることを可能とした。このことは私たちの視野を広げることに貢献する。これによって「自己犠牲型の行為」という類型が得られたのである。この類型によって、日常生活のさまざまな局面で、行為者が状況に埋め込まれた行為選択への示唆（ないし他者の意図）に敏感に反応して行為しているという事実が浮かび上がる。それなりに理由はあるが、完全に本意からではなく、かといって強制によるとも言えない行為が、日常生活には数多く存在する。それらは、慣習、制度、儀式といった社会的な約束事の共有のかたちで、事前の文脈における行為への意図を個々の行為者に提供している。人々は、ほとんど無意識的に局面ごとの文脈に沿って意図的に行為している。だが、行為する意図の方は、自分で作り上げたのではない内容を備えている。自己犠牲型の行為が浮かび上がらせているのは、個人の意図的な行為のなかに組み込まれている共同的な意図性なのである。

自己犠牲型の行為と典型的な自己犠牲

［S_2］や田村（1997）の三条件に適合する自己犠牲型の行為と、典型的な自己犠牲との違いを示しておこう。田村（1997）の三条件に対し、かつて次のような指摘を受けた。条件一と条件三に沿って公共的規範が促す方の選択

肢をとるというだけでは、条件が弱すぎる。例えば、赤信号で横断したいと思いながらルールを守って横断しないでおく、という行為選択は、自分の欲求を捨てて公共的規範の促す方をとる形になっているが、決して自己犠牲ではない。公共的規範が促す方の選択肢をとると他者には利益があるが自分に不利益があって、かつ、私的価値基準の促す方の選択肢をとると自分には利益があるが他者に不利益がある、という自他の利益に関する不均衡が生じていることが欠かせないのではないか[5]。この指摘は当たっている。おそらく、ある行為が典型的な自己犠牲であると判断するためには、その行為が一人または複数の他人に利益をもたらすと同時に、行為者に不利益をもたらすということが必要であると思われる。さらに、上のマフィアの例を考慮すると、自己犠牲か否かを判断する者にとって、当該の行為によって他人の側が得る利益（善）が肯定的に評価されるということも必要となるだろう。

「レイニー河で」のオブライエンが戦死したと仮定してみよう。ヴェトナム戦争を正義の戦争と信じる人物は、オブライエンの内面の葛藤をすべて知っているという条件の下でも、その戦死を自己犠牲と認定できるだろう。オブライエンの戦争への参加と戦死は、［S_2］を満たす自己犠牲型の行為であり、国家に利益をもたらすと同時にオブライエン本人に不利益をもたらし、かつ、この人物は国家の得る利益を肯定的に評価するからである。これに対して、ヴェトナム戦争を正義の戦争であると信じない人物は、オブライエンの戦死をたんなる非業の死と見なすだろう。自己犠牲型の行為であり、オブライエンに不利益がもたらされたことは同じだが、国家の得る利益を肯定的に評価できないゆえに、その戦死も肯定的に評価できないのである。

4　個人と意志

服従という決断

第1章の3節で、「河村が「そこには個人意志の発動はない」」と言うとき、河村は（そして、私たち日本語の母語話者は）これをどのような「個人」および「意志」の概念によって理解しているのか」という問いを立てた。ここまでの考察を踏まえて、この問いに対して答えておこう。

河村は、「上級者の命令に服従」した事実をもって、「個人意志の発動はない」と主張する。そして、「命令に違反し」たり「命令の限度を越え」たりすれば、その逸脱について「受令者の個人責任が存する」と語っている（河村 1952, 172）。命令は、他人の作成した計画として河村に提示された。これが行為する意図を形成する。この事前の文脈には、たしかに河村の個人意志はかかわっていない。他方、その命令に合わせて作戦を指揮することは、意図的な行為として河村の制御下にある。この事後の文脈には、自分の思考を統御し、適切な言動を出力する河村個人の心的作用が明らかにかかわっている。行為遂行中のこの心的作用は意志の働きを当然含む。与えられた命令に沿って部隊を指揮するとき、河村は、どの部隊をどの地区に派遣し、どのような手順で市民の選別と殺害を行なうかについて計画を立て、特定の内容をともなう決定を下すという心的活動（意思決定）を行なったはずだからである。しかし、この事後の文脈における命令の履行を自分個人の意志の帰結とは考えなかった。命令を理解し、それに合わせて細部の計画を策定し、配下に伝えて実行させた事実は厳然として存在する。しかるに、この一連の行為が、自分の意識的な思考と判断によって遂行されているという認識が河村にはない。こう言いたくなるところである。自分が何を考え、何を行なっているのか、ということについての自覚のどこかが決定的に欠けているように見える。

しかし、十分注意する必要がある。河村に対して、「あなたは、自分で部隊を指揮していたはずではないですか。そのことを自分で認識していなかったのですか」と尋ねたとしたら、当然、「認識していた」と答えるはずである。作戦命令を具体化して実行するという複雑な行為を遂行している最中に、自分が当該の行為を遂行している、という自覚がないということは考えられない（通い慣れた道路を車で走るといった習慣的な行為ならば、自分の運転動作を逐一自覚せずに遂行するなどということも起こりうるが）。河村が明澄な自己意識をもちつつ行為を遂行していたことに間違いはないはずである。だが、その行為は自分の意志の働きによるものではない、と河村は主張する。河村の自己認識には、何か欠落があるのだが、それは自分自身の行動を直接的に把捉するいわゆる自己意識の能力の欠落ではない。自分の振る舞いを観察し統御するという意味では、自己意識の能力に問題はなかったはずである。

欠けていたのは、端的な自己意識の能力ではなくて、与えられた命令に服従するという決断がみずからの行為なのだ、という認識である。これは、事前の文脈から事後の文脈に行為の局面が移り変わっていくなかで、その一連の事象系列にどのように言語的分節を設けるか、という問題である。特に「……はみずからの行為である」という述語を事象系列のどの範囲に適用するか、という問題と言えよう。この言語的分節を形成するなかで、自己の概念が構成され、言語的・概念的な水準において自己がとらえられる。この意味ではたしかに自己認識の問題なのだが、これは、いわゆる身体的な動作の自己受容感覚という意味での、つまり自己意識をともなった身体運動を滞りなく遂行できるという水準での自己把握の問題ではない。自己の概念の問題である。

ウェッブ見解という視点

私たちは、本書のここまでの考察を踏まえて、河村に欠けている自己認識を、さまざまな視点から言い表すことができる。第一に、ウェッブ裁判長が天皇免責に反対するなかで述べた「天皇が助言にもとづいて行為したのだとしても、そうするのが適切だと当人が判断したがゆえにそうしたのである」（第２章２節）という見解を適用できる。

河村が命令にもとづいて行為したのだとしても、そうするのが適切だと当人が判断したがゆえにそうしたのだ。したがって、華僑虐殺は、河村自身がそうするのが適切だと判断して遂行した河村自身の行為である。河村には、この、そうするのが適切だと自分が判断した、という自己認識が欠けている。ところが、おそらく、河村はまさにこのところで、そうするのが適切だと判断したのは、自分個人の意志の働きによるものではない、と訴えるであろう。遺文を見るかぎり、そう言うはずである。河村は、「軍人として多年養われた服従の精神」（河村 1952, 165）から、この命令を「批議拒否する事」（同上）はできないと判断したのだった。それならば、河村が訴えたいことは、詰まるところ、この服従は自分の意志の働きによるものではない、ということなのだ。そして、この服従の帰結として遂行された行為は、すべて個人意志の発動によるものではない、と訴えているわけである。この訴えをどう考えればよいのだろうか。

私たちは、現実の水準と演技的な水準を分けることによって、河村の主張を理解する道筋をつけた。ハムレットを演ずる俳優は、「生きるべきか、死ぬべきか、それが問題だ」という発言について、俳優自身が本気でそう考えているのだと観客が受け取ってしまった場合、この発言は自分の意志によるものではない、と正当に主張できる。それならば、河村も、住民虐殺は「自分の意志でやつた事ではない」と正当に言いうる（第1章4節）。というのも、俳優がその台詞のとおりの考え方を個人的に抱いているわけではないのと同様に、河村も、命令のとおりの考え方を抱いてはおらず、むしろ異論をもっていたからである。ここで、なるほど虚構世界は現実世界に重ね描きされるものであるとはいえ、現実の人命にかかわる重大な振る舞いが、演技やごっこ遊びの水準でとらえられることに大きな違和感を抱く、という人は多数いるだろう。だが、河村の言い分は、法的・道徳的な正当性や責任帰属の問題とは別に、言語的・存在論的には成り立つと見なさざるをえない。そして、法的・道徳的な責任を取らねばならなくなったとき、河村は、自分の人生を他人事のように見て、役柄のなかで生き、役柄として（現実世界で）死ぬことを通じて責任を果たした。

ところが、「服従は自分の意志の働きによるものではない」という河村の訴えは、以上と同じ論法で正当化することはできない。というのも、命令に服従すると決定することは、現実の水準からごっこ遊び的な虚構の水準に移動するという決定だからである。ごっこ遊びの水準で人殺しをすることは、たとえ現実に人命が失われても、ごっこ遊びとして行なったのだと言いうる（現実世界で重大な法的・道徳的責任が発生するとしても）。だが、現実の水準からごっこ遊びの水準に移動するという決定そのものは、現実の水準で行なわれる決定である。したがって、服従すると決定すること自体がごっこ遊びのなかの行為なのだと言うわけにはいかない。命令に服従するという決定は、現実世界で河村が行なった行為なのである。よって、服従は自分の意志の働きによるものではないという河村の訴えは、現実の水準と虚構の水準とを分けるという着想で正当化することはできない。上述のウェッブの見解（それは戦犯裁判の依拠する思想の核心である）は、依然として河村の自己認識の欠落部分を指摘するものとして有効である。私たちは、河村の訴えが理解できると感じるかぎり、ウェッブの見解を受け入れるにせよ、拒否するにせよ、十分な根拠をもってこれに応答しなければならない。

［R_5］という視点

河村の自己認識の欠落部分を、別の視点から言い表してみよう。すなわち、第二に、河村の行為は、［R_5］を満たさない。［R_5］は「行為者は行為の場面でかならず、いずれかの選択肢を「すべての選択肢の中ですべての点を考慮して自分にとって最もよい」と判断する」であった。華僑掃蕩命令は、河村にとって最もよいと判断される選択肢ではなかった。即時厳重処分という方針は、「厳に失し」ており、手続き上も「些か妥当でない」と見なされていたからである（第1章2節、4節）。それなのに、命令に服従して部隊を指揮したのだから、河村は、自分にとって最もよいと判断される選択肢に沿って行為したのではない。しかし、河村は、［R_9］には従っている。［R_9］は「行為者がφすることを意図的に選択したならば(1)「すべての選択肢の中で、すべての点を考慮して、自分がφするよりも自分にとってよい選択肢は他にない」とするその行為者自身の判断が存在するか、または、(2)「すべての選択肢の中で、すべての点を考慮して、自分がφするよりも自分たちにとってよい選択肢は他にない」とする共同行為主体の判断が存在するとその行為者が考えている」であった。「φする」を「華僑を殺害する」とすると、(1)は成り立たないが、(2)は成り立つ。河村は、自分が華僑を殺害するよりも自分たち日本軍にとってよい選択肢は他にない、とする日本軍の判断が存在すると考えていて、まさにこの日本軍の判断に服従して行為したのである。

［R₉］の冒頭の「φする」を「華僑を殺害する」に置換すると、「行為者が華僑を殺害することを意図的に選択したならば……」となる。河村は華僑の殺害を意図的に選択したのだろうか。［R₉］を導入した柏端の元々の言葉遣いでは（私たちもこれに異論はない）、「ある行為者が意図的にある選択をした」は「つまりある行為をした」と言い換えられていた（柏端 2007, 71）。そこで、冒頭部分をさらにこの言い換えで置換して整理すると、結局、「行為者が華僑を殺害したならば……」が得られる。この点についてはまったく疑問の余地がない。河村はそうしたのである。したがって、河村は華僑の殺害を意図的に選択したのであり、そう行為したのである。ただし、これは事後の文脈の記述である。事前の文脈はどうなるのか。意図性に関する事前の文脈は、一般的に言うと、「ある仕方で行為する意図」であった。これに対応する事後の文脈は、「意図的にその仕方で行為すること」であった（第7章2節）。河村において、事後の文脈の「意図的に華僑を殺害した」に対応する事前の文脈の意図性は、「華僑を殺害する意図」である。そして、河村には、「華僑を殺害する意図」はなかった。それが、河村の行為が［R₅］を満たさないということの実質である。河村は、前段落で確認したように、たしかに、華僑を殺害することが「すべての選択肢の中ですべての点を考慮して自分にとって最もよい」と判断してはいなかったのである。河村は、個人としての最善判断を形成していない。

ここで、いや実際に河村は華僑の殺害を指揮し実行したのだから、華僑を殺害することが最もよいと判断していたのだ、とする反論は成り立たない。ある意味では、この反論をしりぞけるために、ここまで延々と論じてきたのである。老人たちの世話の例を思い出してみよう（第5章2節）。あの女性は結婚とキャリアを犠牲にして親戚の老人たちの世話をしたのだった。この例に対し、実際に老人たちの世話をしたのだから、この女性はそれが最もよいと判断していたのだ、と断定することには違和感があると指摘した。そう断定した場合、自己犠牲という行為類型が実例をもたない空虚な集合になってしまうのである。この違和感が、本書の議論の一つの手がかりであった。あの女性が老人たちの世話を最もよいと判断してはいなかったのと同様に、河村も華僑を殺害することが最もよいと判断してはいなかったのである。河村は、「意図的に華僑を殺害した」のだが、河村に「華僑を殺害する意図」はなかったのだ、と言わねばならない。これは逆説ではない。イーピゲネイアの場合を考えてみれば、容易に理解できる。イーピゲネイアは「意図的にいけにえとなった」のだが、彼女自身に「いけにえとなる意図」はなかった。「姫をいけにえとせよ」というアルテミスの命令に服従し、儀式の式次第に従っただけである。同じく、河村に「華僑を殺害する意図」はなかったのであり、辻政信ら参謀が策定し司令官山下奉文が決裁した命令に服従し、軍の行動様式に従っただけなのである。

ここで再び、私たちは、みずからの服従は自分の意志の働きによるものではない、という河村の訴えにぶつかることになる。「華僑を殺害する意図」に服従したが、河村は、自分の理由づけによって同意したのではなかった。私たちは河村のこの言い分が理解できてしまうと感じた。河村は私情を殺して集団の決定に従った。その意味で、その行為は自己犠牲型の行為に分類される。もしも服従が河村の意志の働きによるものであって、その意志の働きが合理的であるなら、(6)つまり、合理的な同意または正当化によって納得して華僑殺害を実行したのなら、河村の行為は自己犠牲型の行為ではなくなる。自分がやろうと思ったことをやったまでである。合理的な同意または正当化によって納得して老人たちを世話したのなら、あの女性の行為は自己犠牲ではないというのと同じである。あの女性の行為を自己犠牲ではないとすることに違和感があるのなら、命令への服従は自分の意志によるものではない、という河村の訴えを（たとえば、ウェッブにならって、命令があったにせよ自分でそれが適切だと判断したのだ、と言うことによって）棄却するわけにはいかない。先に注意したように、行為の目的に道徳的に共感できない場合、私たちはその行為を自己犠牲と認めない傾向がある。カミカゼや自爆テロは自己犠牲でなく悲惨で非人間的な愚行に見える。同じく、無辜の市民数千人を殺害した河村の行為にはおよそ共感できないから、私たちは河村の訴えを棄却したくなる。だが今取り上げている問題は、服従は自分の意志の働きによるものではない、という河村の訴えが理解できてしまうときの、その理解の筋道を見つけることである。行為の目的に共感できないという理由から、河村の服従は本人の意志によるものであると決めて処罰可能な状態に仕立てるのは、彼の言い分が理解できるという自分のなかの感触を強引に無視することである。道徳的な評価を下すために、事実認識を歪めるわけにはいかない。

世俗外個人という視点

みずからの服従は自分の意志の働きによるものではない、という河村の訴えを、さらに別の視点から見てみよう。すなわち、第三に、河村は世俗外個人ではない。正確に言えば、自分自身であるとは世俗外の超越的真理に従うということだ、という世俗外個人の本質をもったまま世俗の内に戻り、世俗と妥協せずに生きる個人（世俗内個人）、という人間類型に属さない。つまり、河村は近代的個人ではない。河村は、命令を受けた当初から即時厳重処分の方針に違和感があった。質問を試みるが参謀長に遮られて問いただすことを得ず、結局自分の考えを押し殺して役割を果たす（第1章1節）。河村には、対英協力等の容疑者は軍律にもとづいて審判し、罪状に照らして罰するべきであるという考えがあった。この考えは、日本軍がどのように行動するのが正しいかという公的・共同的な水準での主張である。第二五軍は一九四一年一二月八日のコタバル奇襲上陸の後、一二月一九日に、山下奉文軍司令官名で第二五軍軍律と軍律審判規則を制定し、即日施行している（林 1992, 214）[7]。これを、一九四二年二月一五日のシンガポール降伏後に占領地域に適用すれば足りた。山下の命令に対して、軍律という公的な水準で対抗することは、制度上おおいに正当性があったわけである。

この状況で自分の考えを押し殺した場合、オブライエンならば、自分を卑怯者と認定するだろう。河村はそうではない。オブライエンにあって河村にないのは、状況を超えた判断規準と自分自身が結びついているという感覚である。オブライエンが「正しいことをする」と言う場合、それは状況を超越した真理に立脚することである。良心はその超越的な真理と自分とのかかわりに存している。正しいことをすることによって、世間的には恥をかくかもしれない。このオブライエンの懸念は、正しさが所与の社会と背反しうるものであることを前提しなければ成り立たない。良心に従って正しいことをすれば、世間的には不面目を招きうる。だがそれを気にして世間に屈するのは卑怯者なのだ。

他方、河村が「正しい作戦命令と考へた」（河村 1952, 81/1947.3.21）のは「当時の状況に於て何人を以てしても、かくする以外に方法がなかつた」（同上）からであった。状況に従う姿勢は明瞭である。河村の遺文には、第二五軍がみずから発布した軍律をみずから破って、審判なしに住民を殺害することが正しいことなのかどうか、という煩悶は見当たらない。住民を殺害することの邪悪さは、平和時の私たちには自明と感じられるが、今あえてそれは問わないことにしよう。むしろ、みずからの発布した軍律をみずから破る、という第二五軍の自己矛盾的な言行不一致に焦点を絞ろう（というのも、私たちの現在の関心は、状況を超越した原理にもとづいて所属集団を批判する姿勢が河村にあるかどうか、ということである。河村にはその姿勢がないことを以下で見出す。そして、これを見出すという関心から言うと、人間を殺すことは悪であるという平和時の原理を戦場の河村に適用して、この原理に従う姿勢が河村にはないと言ってみても説得力に欠ける。殺人が悪だという主張が、戦時と平和時との相違を無視して適用できる超越的原理であるかどうかという点は、疑おうと思えば疑えるからである。住民を殺害することの邪悪さをあえて問わないのは、そのためである）。

組織の立法とその後の行動の一貫性の要請は、状況に左右されない判断規準の例となりうる。言動の一貫性は、過去の出来事（一九四一年一二月一九日の軍律発布）と、その後の出来事（翌年二月一八日の華僑掃蕩の命令）とを照合すれば、容易に判断できる。この軍律とこの命令のあいだに一貫性があるかどうかの判断は、論理的な判断であるから、いつどこで誰が行なっても同じ結論になる。つまり状況を超越する。誰が見ても第二五軍の言動には一貫性がない。ところが、これに対し、河村は「形式上、些か妥当でない」と言うのみである。言動の不一致に気づきはするが、是正を求めない。状況を超越する論理的判断によって命令の正当性を吟味する姿勢は稀薄である。自分自身の思考や行為が世俗外的な真理（状況に左右されない論理的判断）と結びつかない。状況を対象化して論理的視点をとるという能力が十分に行使されておらず、行使しうるという認識も薄いようである。河村は、要するに、世俗外個人ではなく、軍隊組織を構成する要素として、全体のなかで自分が果たす役割と一致している状態にある。デュモンの言う全体論的な社会（a holistic type of society）のなかで、秩序ある全体を構成する一要素に終始している（第6章4節）。

個人と意志の概念

以上述べた三つの視点からの記述は、同じ一つのことを言い表している。第一に、河村には、華僑虐殺が、それが適切だと自分が判断して遂行した自分の行為である、という自己認識が欠けていた。これは第二の、河村の行為が［R_5］を満たさないということと同じことである。河村は、華僑を殺害することが「すべての選択肢の中ですべての点を考慮して自分にとって最もよい」と判断したわけではなかった。つまり、個人としての最善判断を形成しなかった。これはまた、第三の、状況を超越した原理にもとづいて自分の所属する社会集団を批判的に評価する態度がない、ということと同じことである。河村は、自分個人の判断と所属集団の判断とが食い違うとき、個人としての最善判断を形成し、それにもとづいて所属集団を批判する姿勢をとらなかった。

命令への服従は、自分個人の最善判断を形成せずに、自分の身体は命令に沿って動く、という状態を生み出す。自分個人の最善判断を形成しないということが、個人意志の発動がないという河村の訴えの実質であり、身体が命令に沿って動いていることが、意図的ないし意識的に河村が行為していることの裏付けである。こうして河村は、華僑を殺害する意図なく意図的に華僑を殺害した。

依然として説明がつかないのは、司令官の命令に服従するという決定が、どのようにして成り立ったのか、ということである。ここまでで分かったのは、その決定が河村の最善判断ではないということだけなのだ。私たちが今までに見てきた議論のうちで、それを説明しうるのは、唯一、山崎正和の「リズム」の理論である。山崎の主張のさわりの部分をもう一度挙げておこう。

この世界は、昼夜の交替、一年の四季、生理の周期変化や経済の景気変動、政治権力の交替やさまざまな社会風潮の干満、さらには、誕生と成熟と死からなる人生そのものの興亡にいたるまで、無数の規則的で不規則な脈動、構造を持ちながら動くものの複合によって成り立ってゐる。これらのリズムは、その変化によってたえまなくわれわれの気分を調子づけ、その持続によってわれわれの記憶の基盤とな〔る〕（山崎 1988, 272–273）

われわれにとって、リズムは単純な主体のあり方でもなければ、客体的な存在でもなく、まさにその両側面を兼ねそなへて、われわれがそれであるとともにそれを見ることのできるやうな、両義的な存在〔である〕（山崎 1988, 267–268）

われわれは意志を持つまへに、まづこのリズムによって行動へと動機付けられるのであり、ひとつの自我、ひとつの個人的な精神であるまへに、まずこのリズムの一単位として生きてゐる。（山崎 1988, 272–273）

すなはち、リズミカルに生きようとするかぎり、われわれは世界に動かされると同時に世界を動かすのであり、世界の運動の一部分になるとともに、世界を自分の運動に組み入れるのである。（山崎 1988, 268）

山崎の言葉を河村の服従に適用してみよう。河村による命令への服従は、「無数の規則的で不規則な脈動、構造を持ちながら動くものの複合」としての戦場の現実が生み出すリズムの中で、「主体のあり方でもなければ、客体的な存在でもな」いという仕方で、すなわち「個人的な精神であるまへに、まずこのリズムの一単位として生き」ることにおいて、「世界の運動の一部分になるとともに、世界を自分の運動に組み入れる」という形で成立した。状況が河村を一方的に規定したわけではなく、また河村が状況を一方的に規定したわけでもない。相互の双方向的なかかわりあいのなかで、状況と河村とが不即不離の仕方で協働して、おのずと河村が軍司令官命令に従って行動することになった。こういうことになるようである。

「リズム」とは何か、あるいは「主体……でもなければ、客体でもない」とか「世界の運動の一部分になるとともに、世界を自分の運動に組み入れる」とは具体的に何がどうなることか、といった問題を追究しても明快な解答は得られないだろう。だがこれらの文言に拘泥する必要はない。修辞をはぎ取ってあからさまに言えば、山崎が言っていることは、行為者は自分の決定によって動くのではなく、環境に動かされることによって動くのだ、ということにすぎない。ただし、人間の身体は、突き飛ばされるといった物理的接触を除けば、本人が意図的に動かさないかぎり動きはしない。したがって、人は、環境に動かされることによってみずから動くのである。だが、この自発性は、意図的・意識的な働きではあるが、環境の促しに合わせていくことである。これが自発的な服従（第8章2節）の本質である。ここでの自発性は、もっぱら事後の文脈における意図性なのである。事前の文脈の意図性は、促しとして環境からやって来る。この促しはしばしば、社会的な約束事の知識や他人の立てた計画というかたちで、環境のなかに埋め込まれた行為のシナリオである。かくして、河村の「そこには個人意志の発動はない」という訴えを、私たちが理解できると感じるとき、私たちが暗黙のうちに前提している「個人」および「意志」の概念は、次のようなものになる。

個人と意志の概念：個人は、自分の決定によって動くのではなく、環境によって動かされてみずから動く。環境の促しに逆らうことは個人の意志の働きだが[8]、環境の促しに合わせて動くことは、環境と個人の共同作業なのであって、そこには個人の意志の発動はない。

先に、河村に欠けているのは、与えられた命令に服従するという選択がみずからの行為なのだとする認識である、と述べた。この欠けている認識を三つの視点から言い表してみて、結局のところ、河村は、個人としての最善判断（自分にとってφするのが最もよい）を形成しない、という仕方で状況に対処しているのだ、ということを見出した。これは、事前の文脈における個人意志の発動がないということと同じである。そして、命令への服従は、上に述べたとおり、事前の文脈では意図性を発揮せず、事後の文脈でのみ発揮する、という意図性のあり方によって特徴づけることができる。そして、この事後の文脈での意図性を、河村は個人意志の働きであるとは見なさない。というのも、提示された行為のシナリオを受け入れることは、個人としての最善判断を下す能力を発揮せずに、たんに服従することにほかならないからである。この服従は、自分の意思決定によってではなく、現場の「リズム」に乗せられることによって成立する。河村の心理が理解できると考えるとき、私たちが抱いている個人と意志の概念は、おそらくこのような被動的な存在の概念である。

このような意図性の構造は、第5章4節で明らかにした日本語の「意志」の概念によって、さらに説明することができる。日本語の慣用では、「意志」とは行為を帰結する最終的な決断というより、むしろ行為をもたらす可能性としてのさまざまな欲求（desires）の集まりなのであった。河村が経験したように、自分の欲求群のなかにはなかった（やりたいと思っていない）行為が提案されたとき、自分自身の納得は度外視してこの提案に合わせていく方向で行為するなら、この行為は自分の欲求（つまり、意志）によるものではない、と行為者は主張できるであろう。行為者は、しかし、自分の身体を自分で動かしているのだから、行為者においてその身体運動を決定した心的な働きがなかったとは言えない。だが、この決定は、事前にあらかじめ存在した自分の欲求のどれかの発露ではない。環境からの促しへの服従であって、自分の事前の欲求（意志）にもとづいた行為ではない。行為者は、服従することを通じて、演技的に行為しているにすぎない。そして、演技的な行為における自発性は、与えられたシナリオに沿って、意図的に行為することに尽きており、通常、行為する意図（シナリオの作成）には及ばないのである。

自己犠牲は、自己にかかわる行為であり、概念である。ここまで、自己や自分といった語が何を指しているのか、詳しく考えてはこなかった。第III部の第9章から第11章では自己の概念を検討し、第11章の末尾で、上に述べた個人と意志の概念を、演技的な行為者における自己という角度からとらえ直す。さらに、第12章で、現代哲学の功利主義と行為論の観点から自己犠牲の問題を分析していくことにする。

第III部　自己と自己犠牲

第9章　自己という思想

一七世紀の半ば頃、デカルト（1596-1650）は次のように述べた。

私は考える、ゆえに私はある、という認識は、あらゆる認識のうち、順序正しく哲学する者が出会うところの、最初のもっとも確実な認識である。

（『哲学の原理』第1部7節[1]）

これ以来、哲学の議論には、いろいろな流行り廃りがあった。すでに、私たちには、思考する実体としての魂の存在を文字どおりに信じることは困難である。あるいは、デカルト主義の知識論の目論見は流行遅れになってきているとも言える。確実な知識の根源を神に見出す形而上学体系は、そのまま受け入れられるものではない。また、意識への所与の主観的確実性を知識の信頼性の出発点としようという計画も、二〇世紀の半ばを過ぎる頃、急速に魅力を失った[2]。こうして、デカルト主義の魅力は概して薄れたように思われる。

それならば、「私は考える、ゆえに私はある」というデカルトの発見はどうか。この発見も力を失っただろうか。決してそんなことはない。「私はある、私は存在する、ということの命題は、私がこれをいいあらわすたびごとに、あるいは、精神によってとらえるたびごとに、必然的に真である」（『省察・二』245[3]）というデカルトの言葉には、打ち消しがたい説得力がある。どんなにデカルト的自我を揶揄しようと、「この真理は懐疑論者のどのような法外な想定によってもゆり動かしえぬほど、堅固な確実なものである」（『方法序説・四』188[4]）ということは、誰もが、たしかにそのとおりと思わないわけにはいかない。デカルト主義の知識観が色褪せたとしても、デカルトのこの発見の衝撃力は少しも減じていない。

本章では、デカルトの発見した「私は考える、ゆえに私はある」というコギト論証(5)を取り上げて、その説得力を考察する。考察の目標は、第一に、その説得力ないし正しさが、自己をめぐる思想のどこまで及ぶのか、その射程を検討することである。第二に、コギト命題の射程を越えるところに、自己をめぐるどのような問題があるのかを確認することである。

1　デカルトから始まる

「私は考える、ゆえに私はある」という主張は、しかし、そうすぐに呑み込めるものではない。「考える」と「ある」のこの結びつきは、分かるようで分からない。この主張の独特の説得力と奇妙な呑み込みにくさとは、デカルト解釈史上、いったいこの命題は論証知なのか、それとも直観知なのか、という問いの形で扱われてきた。テクストにはどちらの根拠もあるから(6)、解釈者は自分の哲学的才能を賭けて、デカルトの真意を推し量ることになる。以下に、私が教室でコギト論証への入り口として利用してきた説明を記録しておく。

意識の階層性による解釈

デカルトがとった方法は、「ほんのわずかの疑いでもかけうるものはすべて、絶対に偽なるものとして投げすてて、そうしたうえで、まったく疑いえぬ何ものかが、私の信念のうちにのこらぬかどうか、を見る」(『方法序説』187–188)というやり方だった。では、これにならって、「私は考える、ゆえに私はある」を懐疑にかけてみる。もちろんそれはごく簡単である。その結果、次の文を得る。

文1：私は、「私は考える、ゆえに私はある」を疑う。

ここで懐疑にかけられているのは、「私は考える、ゆえに私はある」である。文1全体、つまり「私は、「私は考える、ゆえに私はある」を疑う」は疑われていない。もちろん、疑うことは考えることの一種である。そこで、文1自体の水準の「私は「……」を考える」は疑われていないことになる。それを疑うという行為が、どこにもないからである。言い換えれば、文1自体の思考は、デカルトの言うとおり、疑うことができていない。

それならば、文1を疑いにかけてみよう。すると次の文を得る。

文2：私は、「私は、「私は考える、ゆえに私はある」を疑う」を疑う。

こうして文1を疑うことも容易である。しかし、新しい懐疑によって生じた文2について、その最も外側の「私は……を疑う」は疑われていない。だから、文2自体の水準で「私は……を考える」が、再び疑われないまま成り立っている。かくして、考えている私が考えているまさにそのときそこにある、ということは、やはり疑いにかけることができない。

もちろん文2を疑うことができて、文3が得られ、さらに文4が……、という操作をn回繰り返して文nを得ることは容易である。n回目の疑いはn−1回目の疑いをその対象とするから、どんなに疑いを繰り返しても、疑われていない思考作用が必ず一つは残る。したがって、疑いを遂行しているかぎり、疑っている私の存在は、疑われえないままに残る。証明終わり。

この手作りの説明は、デカルトの真意をさほど大きく歪めてはいないはずである。デカルトは『真理の探究』で次のように言っている。

貴方は貴方が疑っているということを否定することはできない。その反対に貴方が疑っているということは確実であって、それも非常に確実なことなので貴方はそのことを疑うことはできない。(7)

デカルトの、貴方は自分が疑っているということを否定することができない、という強調点を、数学的帰納法をもじって述べてみたのが上の説明である。この説明では、「疑うことはできない」という事実の方は、n回目の疑いとn－1回目の疑いの階層の違いとして浮かび上がる。だが、「非常に確実なことなので」というデカルトの強調の根拠は必ずしも明瞭ではない。

コギト命題を意識の階層性で説明するこのやり方は、ギルバート・ライルが「高次の行為」という概念を用いて提示した「私という概念の体系的逃避性」と本質的に同じである（ライル 1987, 267-286）。ライルは、行為の記述がその行為以外の行為への言及を含むような行為を、高次の行為と呼んだ。例えば、演劇批評は高次の行為である。演劇批評が存在するためには、舞台で演じている人物が他に存在していなければならない（ライル 1987, 275）。だから、他人の行為を批評したり、解釈したり、模倣したりするのはすべて高次の行為になる。ライルによれば、子供は、他人の行為に対する高次の行為を習得する発達過程のどこかで、「彼自身の習慣や動機や能力などに対して理論的・実際的に対応する能力と用意」（ライル 1987, 279）とを身につける。

「自分自身に対して何らかの関心をもつということは、他人に対して関心をもつことと同様に、高次の行為を遂行すること」（ライル 1987, 281）である。そして、「高次の行為はそれが行われるための基盤となる行為自体ではありえない……自己注釈、自己嘲笑、自己訓戒は、論理的に見て永遠に最後から二番目(8)に位置すべく運命づけられている」（同上）。だが、注釈や批評を特権的に免れる究極の高次の行為があるわけではない。自分の行為βについて注釈したり批評したりする行為αは、この行為αそれ自身については沈黙しているというだけのことである。「日記をつけている人のすべての行為が当人自身の日記に記録されることはありえない。なぜならば、日記に最後の一行を加えるというまさにその行為が次の話題として日記に記載される必要があるからである」（ライル 1987, 282）。もちろん、この記述する行為自体を対象として、新たな高次の行為をすることは容易である。しかし、どんなに高次の記述を繰り返しても、最後の一行を加えるその行為自体は記述できない。とはいえ、「そこには実際には何ら神秘的な要素も隠れた要素も存在しない。それは人々が相互に交渉する際に現れる高次の行為や高次の態度と同一の種類に属しているのである」（ライル 1987, 285）。だから、自分自身について考えるときにだけ、特別に深い事情がその思考に隠れているように思ってしまうのは見当はずれなのだ。これがライルの言いたいことである。しかし、私はライルのこの説明に不満である。

デカルトは、神秘的な要素が何か介在しているとは言っていない。「私は考える、ゆえに私はある」という主張から非物質的な魂の存在をただちに断定するならば、たしかに、現代の論者から神秘的と非難されても仕方がない。しかし、「私は考える、ゆえに私はある」を見出す段階では、デカルトはこういう神秘的実体について語っているわけではない。そして、その段階で「私は考える、ゆえに私はある」は非常に確実で自明だと言っているのである。その自明さが腑に落ちないのだから、そこに神秘的要素はないと言ってもらっても、やはり腑に落ちないことに変わりはない。

そういうわけで、私は自分の手作りのコギト命題の説明にも不満である。n回目の懐疑はn－1回目を疑うことだから、n回目の懐疑はn回目を遂行中の私を疑うことができない、と言えば、たしかになかなかもっともらしい。だが、真の問題は、〈懐疑を遂行中の私〉という存在が備えている独特の疑いようのなさを明らかにすることである。このことは次に述べるヤーッコ・ヒンティカの解釈によって、かなりうまく明らかにされている。

ヒンティカのコギト解釈

ヒンティカの解釈の元になっている着想は、ある人物Aが「Aは存在しない」ということを対話の相手に向かってみずから主張して、相手を説得しようとしても、絶対に成功しない、という事実である（Hintikka 1962, 118）。たしかに、「誰もいません」と言ってセールスマンを追い払うのは無理である。この無理な感じを分析することがヒンティカの課題となった。

かつてのフランス大統領シャルル・ド・ゴールは、自分のことを語るとき好んで三人称を用いたらしい。そこで、ド・ゴール本人が「ド・ゴールは存在しない」と言うと想定してみる。この発話には、奇妙に的はずれな感じがともなう。ただし、「ド・ゴールは存在しない」という文そのものには少しも奇妙なところはない。ド・ゴール本人がこれを発話するという想像上の事態が、発話の全体を奇妙に的はずれにするのである。この奇妙な感じを、ヒンティカは、〈存在について矛盾する（existentially inconsistent）〉と表現している。

事実を述べる発話は、通常、自分の言っていることを聞き手に信じてもらうという目標をもっている。これは事実を述べる言語ゲームの前提である。だが、自分は存在しない、と言ってそれを聞き手に信じてもらうことは、誰にもできない。すなわち、「存在について矛盾する言明の的はずれな感じは、事実を述べる文の発話が通常もっている発話目標の一つを、その言明が自動的に破壊してしまう、ということに由来している」（Hintikka 1962, 118-119）。

存在について矛盾するという特性は、その文の発話者が誰であるかということが理解されているということにもとづいている。この特性は文自体にあるのではなくて、言語使用の水準にある。だから「ド・ゴールは存在しない」という文自体には少しもおかしなところはないが、ド・ゴールがこれを発話すると、発話行為全体が的はずれになる。正確に言えば、これをド・ゴールが発話したということが理解されると、的はずれであると分かる。誰の発話なのかが分かるということが要点である。

そこで、文脈を点検しなくても発話者が分かるような文があれば、存在について矛盾するという特性が、発話ではなくあたかも文自体の特性であるかのように常に出現するはずである。一人称を表す「私」や「I」は、実際に誰を表すのかは文脈によって異なる。だが、誰を表すにせよ発話者を表すことは間違いない。従って、誰が発話するにせよ「私は存在しない」という文は存在について矛盾するのである。

ヒンティカの注意するところでは、「私は存在しない」という文は、文としてはまったく異常を含まない。この文は、構文論的な誤りを含まず、有意味でありうるからである。[9] だから、存在についての矛盾は依然として文自体ではなく、現実の発話の方に、つまり言語使用の水準にある。「私は存在しない」は、断定として使用されれば、いつでも存在について矛盾することになってしまうという点で、「ド・ゴールは存在しない」という文とは異なるのである。

ヒンティカの解釈では、デカルトが気づいたのは、「私は存在しない」という発話が備えているこの特性であった。「私は存在しない」という発話が必ず存在について矛盾することになるならば、逆に、この文の否定には必ず存在の裏付けがあることになる。

> デカルトは、いかに漠然とではあれ、「私は存在しない」という文が、存在について矛盾することに気づいたのである。またそれゆえに、「私は存在する」という文が、存在についてそれ自身による検証が成り立つこと（self-verifiability〔自己検証性〕）に気づいたのである。（Hintikka 1962, 121）

私たちは、「私は存在しない」と発話するたびごとに、存在についての矛盾が露出することを感じるだろう。そこで、「私は存在しないのではない」、つまり「私は存在する」が結論される。この思考の推移こそ、懐疑の試みを経て、「私はある」に至るデカルトの思考の筋道である。ヒンティカの見立てでは、「私は考える、ゆえに私はある」は、懐疑を遂行する過程を通じて「私はある」が産出される、というつながり方をしているのである。したがって、これは、論証知でも直観知でもなく、過程と産物の関係に立つ。

ヒンティカの解釈の検討

以上のヒンティカの解釈は、コギト命題の説得力が生じる独特の構造を、非常によくとらえている。また、デカルトが懐疑を実際に遂行することにこだわった点も、うまく解釈できている。だが、問題は残っている。

ヒンティカの分析のカナメにあるのは、一人称を表す「私」や「I」の特異な性格である。「ド・ゴールは存在しない」は、ド・ゴールの発話であることが分かったときに、はじめて存在についての矛盾が露わになった。これに対し、「私は存在しない」の場合は、いつでも存在についての矛盾が露わになる。その理由は、「私」の表す人物が「私は存在しない」の発話者であることが常に分かっているからである。「私」という語の使用に関するこの了解は、いったいどのようにして成立するのだろうか。ヒンティカは次のように述べている。

「私は存在しない」という形の発話が存在について矛盾することが分かるということは、この文のかかわる人物が必ず発話者その人だということが分かっている、ということを前提している。デカルトのコギトの洞察は、それゆえ、「自分を知っている（knowing oneself）」ということにもとづいている。これは、「ド・ゴールは存在しない」という言明の自己論駁的な性格を洞察することが、ド・ゴールを知っていることにもとづくのと全く同じ文字通りの意味において、そうなのである。より逆説的でない言い方をすれば、コギト論証を理解することは、一人称の代名詞「I」の論理を理解する能力を前提しているのだ。（Hintikka 1962, 126）

問題の核心は、明らかに、この場合に「自分を知っている」とはどういうことなのか、である。「私」は、文脈によって誰を表すのかが変わる。「私」の表す人物は、ド・ゴールである場合も、デカルトである場合も、タムラヒトシである場合もある。だが、「私」を使用するとき、発話者が「自分を知っている」ということは、自分が誰であるか知っているということではない。つまり、タムラヒトシである私が、「私」はタムラヒトシであると知っている、ということではない。タムラヒトシである私は、脳震盪を起こして自分がタムラヒトシであるという認識を失うかもしれない。だが、それでも「私」が自分を表すことは分かっているということがありうる。この場合、「自分を知っている」とは、結局「私」が発話者を表すことを知っている、ということである。そして、この点の了解が失われないかぎり、「私は存在しない」は、誰が言ったとしても存在についての矛盾を露わにするのであり、ここからただちに「私は存在する」が結論できる。したがって、ヒンティカは、「私」という指標詞[10]の使い方が最低限了解されていれば、コギト命題は説得力を発揮する、ということを示したわけである。「自分を知っている」とは、この場合、「一人称の代名詞「I」の論理を理解する能力」があるというだけのことなのである。

デカルト解釈の専門家は、デカルト本人の言いたかったことがそんなことであるはずはない、と反論するだろう。小林道夫は、次のように指摘している。「我の存在とは、感覚器官や身体から引き離され、懐疑意志を核心とした存在」（小林 1995, 141）でなければならない。ヒンティカが示した議論の範囲では、「哲学の第一原理という資格」（同上）を備えた意志的存在としての「我」が明らかにされたとは到底言えず、これでは「方法的懐疑によって得られる我の存在の独特の身分というものが充分に解明されることにならない」（小林 1995, 142）。さらに、ヒンティカの分析は、コギト命題の内実を、現に歩いている人物が、「私は歩いていない」と言明するときに生じる〈存在についての矛盾〉と同種のものと見なすことであり、つまるところ、「ガッサンディの無理解と変わることはない」（同上）。

この小林（1995）の批判は、デカルトの哲学体系という観点からヒンティカの解釈を見た場合には、正当なものかもしれない。だが、私たちの関心は、コギト命題をデカルトの哲学体系のなかに位置づけることではない。むしろまったく逆に、デカルトの哲学体系の他の部分とは独立に、コギト命題が独特の説得力を発揮するのはなぜなのか、というところにある。言い換えれば、デカルトとは違って、外界の存在を疑わず、習い覚えたことを捨て去りもしない私（たち）にしてなお、コギト命題が、その他の命題とはまったく違う説得力をもつと感じるのはなぜなのか、ということである。ガッサンディは、デカルトの哲学体系に無理解だったかもしれないが、コギト命題を理解しなかったのではない。自分が感知したその説得力を的確に分析できなかったのである。この関心からすると、「一人称の代名詞「I」の論理の理解」に問題を絞り込んだヒンティカの解釈は、指針として有益である。なぜならこの解釈は、普通に言語を使用できる人間なら誰でもコギト命題の力を感得しうる理由を示唆しているからである。デカルトが強調した「非常に確実なこと」の実質は、言語を使用して思考するかぎりで、「私」という指標詞の正しい使い方を見失うことは誰にも起こりえない、ということに帰着する。指標詞「私」の論理は、ヒンティカの解釈では、コギト命題の根底として示唆されているだけで、それ自体が説明されているわけではない。一人称における自己認識がどういうものなのか、というこの難問に対しては、第11章でD・H・メラーの論文を考察するときに回答する。

デカルト哲学と世俗外個人

考える私の存在を見出したあと、デカルトがどのように哲学の体系を展開したのかついて簡単に見ておく。私は、自分の身体の存在も世界の存在も疑うことができるが、自分が存在しないと考えることはできない。そして、考えることをやめれば私が存在すると信ずべき理由はなくなる。それゆえ、私とは考えることを本質とする実体であり、物質的なものにまったく依存しない（『方法序説・四』188）。

また、コギト論証が真であることを確信させるのは、私が「私は考える、ゆえに私はある」が真であることをきわめて明晰に見るということのみである。したがって、「われわれがきわめて明晰に判明に理解するところのものはすべて真である」（『方法序説・四』189）ということが、真理の一般的規則となる。

次いで、デカルトは、考える私の存在を手がかりとして神の存在を証明し（『方法序説・四』189–190；『省察・三』）、さらに私の意志は自由であり、本質において神の意志と同じであると論ずる（『省察・四』）。神が存在し、かつ、神が善であり人間を欺瞞する存在ではないことから、人間が明晰判明に理解する数学的論証がすべて真理として認められることになる（私が明晰判明に真であると理解する命題が、現実には真ではないのなら、神が私を欺いていることになるから）。

こうして、私の存在から神の存在が証明されたことによって、「神そのものや他の知性的なものについても、純粋数学の対象であるところの、物体的な本性すべてについても、無数の事がらが明らかに知られうる」（『省察・五』290）ことになる。

最後に、「すべての感覚が、身体の保全に関する事がらについては、偽を示す場合よりも真を示す場合の方がはるかに多い」（『省察・六』306）ことから、感覚が限定的に（学問のためではなく生存のために）肯定され、日常的な事物の存在が認められるに至る。

以上のような仕方で、考える私は、神を経由して、数学的に物体の本質を知ること、端的に言えば、数学的な理論物理学を基礎づける。本書の関心から言うと、注目すべき点は、真理性の規準が「私が明晰判明に理解する」ということだけに絞り込まれたことである。社会や歴史は、命題の真理性にまったくかかわらない。「私が真だと思う」ということがすべてである。もちろん、明晰性と判明性について十分吟味が必要であるとされてはいるが、このデカルトの真理性の規準は、考える私が本質的に世俗外的であること（非社会的・非歴史的な存在であること）をはっきり示している。また、人の意志は本質的に神の意志と同じであるとされる点も（『省察・四』276–277）、この哲学体系において定義されるデカルト的個人が、世俗外個人であることを示唆している。本章冒頭に掲げた問題設定は、「私は考える、ゆえに私はある」の独特の説得力がどこまで及ぶのかということであった。これは、換言すれば、デカルトの哲学体系とは独立に成立するコギト論証の自明性は、人間は必然的に世俗外個人であるというデカルトの哲学体系の主張を正当化するか、という問いである。正当化しないだろう、というのがさしあたりの予想である。

次節では、ジョン・ロックの議論を取り上げ、デカルトと異なる哲学的プログラムの上で、コギト命題がどんな問題を派生させたのかを見よう。

2　ジョン・ロックの人格論

ジョン・ロックは、彼が生きた一七世紀後半の哲学的文脈に置いた場合、デカルトと同じ陣営に属す哲学者だった。両者とも旧来のスコラ的自然学をしりぞけ、新しい自然学（自然科学）を推進した。デカルトが、現代の言葉遣いで言えば主として数学的な理論物理学に関心を寄せたのに対し、ロックは実験的自然科学全般、とりわけ医学や化学に関心を寄せた。この点が、両者の認識論上の方向性の違いとして現れてくる。

自己の存在について、ロックは、見かけ上デカルトとよく似た出発点に立つ。しかし、ロックは、感覚的経験こそ外界について最も信頼できる情報を伝えるものであると考えた。これだけで、ロックが認識論的な構えにおいてはデカルトと大きく違うことは明らかである。[11] 自己もまた、経験のなかで知覚されるのであって、経験を成り立たせる根拠として論証されるのではない。ロックは、一見、コギト論証を受け入れたように見えるが、実際には、自己の存在に関してまったく違う哲学的問題を導入することになった。それは、人格同一性（personal identity）という問題である。この問題は、魂（精神）としての自己の存在を自明視しない哲学者たちによって、現代まで一七世紀とほぼ同じかたちで引き継がれる問いとなった。

ジョン・ロックとコギト命題

ロックは、一六七一年の『人間知性論草稿A、B』で、デカルトに従うと言いつつ、コギト命題に言及した。だが、それはデカルトの立場から微妙に逸脱する議論になっている。ロックは次のように言う。

自己の存在は、デカルトに従うと、すべての人にとって疑いを免れている。というのも、人がものを書いているあいだ、言い換えれば、書いていると考えているあいだ、考えているその人は、まさに存在しているからである。

(Locke 1990, *Draft A*, 21)[12]

この一節は、一見、コギト論証そのもののように見える。書き物をしていると考えているならば、考えているその人は存在している、という趣旨に読むことができるからである。しかし、この一節は、「書き物をしている人は、書き物をしているあいだ、考えながら存在している」と述べているだけだと見る方がよい。

デカルトは、感覚の情報は誤っていることがあるという理由で、感覚は真理を伝えないと見なした。しかし、感覚であっても、感覚していると考えているという水準では、懐疑を免れることに注意した。「見ると思い、聞くと思い、熱を感じると思っている。これは虚偽ではありえない」(『省察・二』249)のである。ロックは、上の引用で「ものを書いている」という記述に対して、「書いていると考えている」という追加をしている。だが、書いているという動作に思考の次元を追加して、その次元にのみ確実性を宿らせる、というデカルト的な強い限定を加えているわけではない。「考えているその人は、まさに存在している」という箇所の「考えている」にも、そういう強い限定を読み込むことはできない。言い換えれば、現実には何かを書いているという事実がなかったとしても、何か書いていると考えているということによって存在する、というデカルト的な強い思い入れはない。「考えているその人」といっても、結局それは、思考作用を備えている人、とか、意識をもっている人、というほどの付加的な特徴づけにすぎない。

ロックがデカルトの議論の核心を、言葉の上では微妙に、しかし本質において決定的に逸脱しているということは、ことさら意外でも何でもない。というのも、コギト論証に酷似したこの一節が出てくるのは、人間にとってもっとも信頼できる外界の情報源は感覚経験である、という主張の真っただ中なのである。見たり聞いたりする体験はきわめて確実であって、それは人間の到達できる最高度の確実性である。これより確実なものといえば、デカルトに従うなら、自己の存在しかない、という文脈である（Locke 1990, *Draft A*, 20–21, *Draft B*, 144–147）。ロックは、コギト命題の説得力をはっきり感じ取っている。だが、哲学体系全体においては、デカルトの哲学的なプログラムとはおよそかけ離れた文脈にいた。デカルトとは違って、感覚への懐疑から出発し、思考する自己の存在の確実性を発見する、という経路をまったくたどってはいない。

一六八九年に刊行された『人間知性論』でも、実在の知識を論じた第四巻九章で、デカルト哲学からの同じタイプの逸脱を見つけることができる。ロックは、まず次のように語る。

> 私が他のすべてのものを疑ったとしても、その疑いそのものが私に自分自身の存在を知覚させ、けっして私に自分の存在を疑わせることはないのである。（『人間知性論』4-9-3/618, 24-26）

これは、正確に、コギト命題の構造を写し取っている。ロックは、コギト命題を理解している。ところが、この箇所にすぐ続けて、ロックは次のように言う。

> なぜなら、もしも自分が痛みを感じていると私が知っているなら、私が感じている痛みの存在と同じだけ確実に、私自身の存在の知覚をもつことは明らかだからである。（『人間知性論』4-9-3/618, 26-28）

この一節は、デカルト主義から見ると、かなり不用意な語り方になっている。「自分が痛みを感じていると私が知っている」とはどういうことだろうか。「私はPを知っている（I know that P）」は、一般に命題Pが真であることを含意する。ロックは、自分が痛みを感じているという事実が客観的に成り立っている場合のことを考えていると思われる。単に痛みを感じていると思っているだけで真には痛みがない場合、例えば、夢のなかの痛みのような場合を考えているのではない。そして、自分の感覚経験は、その客観的事実の実在を明示するだけでなく、その経験の主体である自己の存在をも浮かび上がらせる、と言っているのである。ロックには感覚への懐疑はないのである。従って、自分が痛みを感じているのを知っているなら、という条件は、反省的意識のみにおいて自己の存在が知られるということではなく、通常の意識状態を維持しているなら、ということにすぎない。かくして、ロックは次のように結論づける。

> 私たちが自分自身の存在について直観的知識をもっており、自分が存在するという誤りえない内的な知覚（an internal infallible Perception）をもっているということを、経験が私たちに納得させる。（『人間知性論』4-9-3）

「痛みを感じていると私が知っている」という自己意識としての思考作用は、あくまでも、自己の存在を見出すための手がかりである。考えているがゆえに私は存在する、と結論されたのではない。考えているということを通じて、自分が存在することが知覚できる、と言うのである。書き物をしている人は、この意味において、まさに考えながら存在している。ロックがコギト命題から汲み取った洞察は、日常的な自己統御が成り立っており、覚醒した意識状態を維持しているならば、このことを通じて、自己の存在が間違いなく知覚される、という心理学的事実[13]にほかならなかった。

この心理的事実を言語使用の水準に写像すれば、ヒンティカのコギト解釈になる。自己統御の成り立つ覚醒した意識状態であるならば、一人称の使い方を理解できないことはまずない。コギト命題の説得力を感じ取るということと、一人称の使い方を理解できるということと、通常の覚醒した意識状態を保つということの三者は、事実上、同じことの三つの違った現れ方である。根底にあるのは、私たちは、自分が存在するということを、通常の意識水準を保つかぎり間違いなくとらえているということ、あるいはヒンティカの言い方にならえば、文字どおりの意味で「自分を知っている」ということなのである。

自己意識は、ロックにとって自己の存在を見出すための通路である。これは感覚能力が外的事物を見出すための通路であることと正確に対応する。内省も感覚も個々の存在者を知覚するうえで十分信頼できる能力である。だが、感覚される諸性質が物体とは何であるかという理論的な説明（物体の実在的本質の開示）を与えないのと同様に、思考という特性が精神とは何であるかの説明（精神の実在的本質の開示）を与えるわけではない。デカルトは、考えている存在が見出されたとき、思考するもの（res cogitans）としての魂なる実体が見出されたと考えた。ロックは、しかし、考えている存在が実体として何であるかは依然として不明であると見なした。ここに人格同一性の問題が生じてくる源泉がある。

存在者の認識手がかり

個々の存在者[14]は、物体にせよ精神にせよ、経験を通じて明らかに知られる。これがロックの立場である。それをまずはっきり確認しておこう。

> 見たり聞いたりすることによって、私の外に、感覚の対象となっている何か物体的な存在があるということを私が知るとき、私の内に、見たり聞いたりしている精神的な存在があるということを、私はより確実に知る。
> （『人間知性論』2-23-15/306, 3-6）

この一節は、デカルト主義者にとっては受け入れがたいことだが、ここまでの論議から明らかなように、これこそコギト命題をロック流に分かりやすく言い換えたものなのである。デカルトにおいては、数学的な認識に神の保証が与えられた。ロックの場合は、外的対象の感覚的な受容に神の保証が与えられる。感覚経験のなかで、物体の存在と精神の存在がともに明らかになる。対象の感覚的受容は神の定めた自然法則に従うから（『人間知性論』2-23-12）、世界を端的に感覚経験するとき、その経験の真理性に社会や歴史は関与しない。神と自己と世界があるだけで真理の認識が保証される。言い換えれば、世界を数学的に認識するデカルト的自己と同様、世界を感覚的に認識するロック的自己は、世俗外個人なのである。

私たちの外には、固体性をもち空間を占拠している物体がある。私たちの内には、思考する精神がある。しかし、「精神の実体は私たちに知られない。物体の実体も同じく私たちに知られない。固体性をもち凝集している諸部分と〔それらの〕衝突という、物体の二つの一次性質については、私たちは明晰判明な観念をもっている。また、思考と行為の能力という、精神の二つの一次性質についても、明晰判明な観念をもっている」（『人間知性論』2-23-30/313, 1-6）。

一次性質の観念は明晰判明なのに、物体や精神の実体を知らないというのは[15]、凝集し固体性をもつという物体のありふれた性質が、「どのようにして成り立つのかを考えたら（consider *how* it is done）」（『人間知性論』2-23-25/305, 38. 強調は引用者）まったく分からないということである。現在では、物質原子の結合について化学がよく説明できるが、一七世紀の化学は物体の凝集の成り立ちを説明することはできなかった。同じように、思考という精神の働きがどのようにして成り立つのかもまったく分からない。現在でも、思考の成立機構を科学的に説明することは、依然として困難である。

「どのようにして」を説明するのは、科学の役割である。だが、物体や精神がどのようにしてそのようにあるのか、を理論的に説明できないとしても、物体や精神の個々の存在が認識できるのならば、人間が個々の経験を通じて知識を蓄積することは可能である。実験的自然学を推進するためには、個々のものの存在を認識できるということが言えればさしあたって十分なのである。そして、ロックは、コギト命題を利用することによって、それが言えると考えた[16]。感覚と内省という経験の二源泉を通じて、個々のものの存在が確実に知られる、とロックは繰り返し述べる。

個体化の原理——物質の場合

大きな問題が残っている。物体と精神とが個々のものとして存在するとはどういうことなのか、が不明なままである。私たちにそれらのものを認識する手だてがあるとどんなに力説しても、そうやって知られるものが、もの自身の側で個体として存立しているとはどういう事態なのか、が明らかでない。ロックは、物質と精神のそれぞれについて、個体として存立するとはどういうことなのかを明らかにしなければならない。これは物質と精神の個体化の原理（the principle of individuaion）は何か、という形而上学の問題である。

物質の場合、これは比較的容易に解決できる。物質の個体化にかかわる原理は次の二つである。

(1)【時空点の相互排除】私たちは、あるものがある瞬間何らかの場所に存在するのを見るとき、（それがどんなものであれ）そのものはまさにそのものであって、たとえほかの面でどんなに似ていて区別できないとしても、その瞬間に別の場所に存在する他のものとは違う、と確信する。（『人間知性論』2-27-1）

(2)【物体の空間的相互排除】空間を占拠する（filling of space）という観念は、固体的な実体（a solid Substance）が何らかの空間を占めていると我々が想像する場合に、その実体が他の固体的な実体を排除するような仕方でこの空間を持っていると見なす、ということである。（『人間知性論』2-4-2）

(1)の原理は、自己同一性の原理である。あるものがそのものであるとはどういうことなのか、を判明に言うことには、一種異様な難しさがある。だが、個体化の原理を考えるときにこれを言わずに済ますことはできない。ロックは、この原理を、スコラ学の質料-形相論の枠組みではなく[17]、時空間座標の枠組みで与えた。ある時間-空間点を排他的に占拠しているということが、そのものがそのものであるということなのである。これは、時間と空間を枠組みとするガリレオやニュートンの新しい自然学に由来する[18]。また、これは物質にも精神にも適用される一般的な原理である。

(2)は、物質に関して、ある時刻に、ある空間点を排他的に占拠しているとはどういうことか、を述べている。物体の空間的相互排除は、物体が中身の詰まった状態（solid）であること、つまり固体性（solidity）という性質によって、他の物体がみずからの占めている空間に侵入してくるのに抵抗する、ということで成り立つ。固体性とは、この当時の別の言葉遣いで言えば、不可侵入性（impenetrability）のことである。固体性は、堅い物体にのみ認められるわけではなく、液体も不可侵入性をもつから、その意味で固体性をもつと見なされる。水槽の水に手を入れると、手は水を押しのけて水の占拠していた空間を奪う。だが、押しのけられはしても、水は押しのけられた先で空間を占拠して存続し、手と相互浸透することはない。その意味で手と水は互いに不可侵入的である。このように、物質がそれぞれ別の空間を占拠するということが固体性の本質である。

(1)と(2)を結びつけると、次のようになる。一つの個体であるとは、特定の時空位置を排他的に占めているということであるが、物質の場合は、固体性によってある空間を排他的に占拠することによって個体として存立する。物質が空間的に相互排除しないとしたら、物質個体という概念は無効になる。というのも、複数の物体が同一の場所にあることになるからである。いわば物体たちは融合してしまって、一つ、二つと数えることが意味をなさなくなる。「もしも二つの物体が同時に同一の場所にあることができるとしたら、これらの二つの物質塊は、大きいにせよ小さいにせよ、同じ一つでなければならない。それどころか、すべての物体が同じで一つにならねばならない」（『人間知性論』2-27-3/329, 16-18）。

ある時刻 t_1 における物体の自己同一性が空間占拠性によって定められれば、原理上は、時空連続体上の軌跡として、その物体の、時刻 t_1 から時刻 t_2 にかけての通時的同一性を定義できる。残る難問は、精神の個体化の原理が、物質と同様の手続きで確立できるかということである。

精神の個体化の原理――ジョン・ロックの人格同一性論

個体の検出に関して、まず、精神と物質とをまったく同じ仕方で考えてみる。物質としての個体を検出する手がかりは固体性だが[19]、精神としての個体を検出する手がかりは思考である。精神の存在は、目覚めているときの意識の働きを通じて、「私たちが存在するという誤り得ない内的な知覚」（『人間知性論』4-9-3/618, 32）として得られる。ロックは、精神を身体のなかに位置させる。「自分の魂が思考し、意志し、身体に作用できるのは、自分の身体のあるその場所においてであって、そこから一〇〇マイル離れた場所にある身体に作用したり、一〇〇マイル離れた場所で活動したりはできない。これは誰にも分かることである」（『人間知性論』2-23-20/307, 7-9）。こうして、思考を手がかりにして精神の存在が検出され、それが身体に位置づけられることによって時空点の排他的占拠が実現され、個体として存立する。ここまでのところは、物質としての個体の存立と同じである。ただし、こういうやり方で確立できるのは、その時その場所における個体にすぎない。つまり、ある時刻における自己同一的な個体が得られるだけである。

問題はここから先で生じる。精神については、時刻t_1場所p_1における個体a_1と、時刻t_2場所p_2における個体a_2とが、同じ個体か違う個体か、という問題が生じてくる。物体の場合、この問題は生じなかった。というのも、固体性は私たちが知覚しなくても物体自体にあるとされたからである。つまり、固体性は、「物体に本質的」（『人間知性論』2-4-1/123, 20）なのである。時空連続体のなかで、ある物体が排他的に空間を占拠し時間を通じて存在するとき、この事実は、物体そのものの側で成り立つ。物質的個体には、空間占拠という属性が本質として備わっているので、私たちが知覚していなくても、また私たちが認識の上で二物体を混同することがあっても、物体そのものの側では同一の物体の時間のなかでの存続（通時的同一性）に混乱は生じない。こうして物体の場合は、ある時刻の自己同一的な個体を、通時的な同一性を備えた個体に拡張できる。

ところが、ロックは、人間が知覚していなくても固体性は物体に在ると考えたのとは違って、知覚していなくても思考が精神に在るとは考えなかった。つまり、思考が精神の本質であるとは考えなかった。これは、一七世紀の言い方によるなら、魂は常に思考するのではない、ということである。

観念を知覚するということは、私が思うには、運動が物体にとってその本質ではなくその作用の一つであるように、魂にとって作用の一つなのである。それゆえ、思考がどれほど魂にふさわしい活動であると思われようと、魂が常に思考しており、常に活動状態にある、と考えねばならぬわけではない。

（『人間知性論』2-1-9/108, 23-28）

観念を知覚するとは、ロックの場合、思考することの別の表現であり、また、なんらかの心的作用が行なわれていることと同義である。物体は運動していない（静止している）ことがある。もしもある属性があるものの本質であるのなら、そのものはその属性をもたない状態になることはない。だから、運動は物体の本質ではなく、物体の働き方の一つなのである。同じように、魂（精神）は観念を知覚せず、思考していない状態になることがある。例えば、人間は睡眠中に思考してはいない。

私も認めるが、覚醒時の人の魂は思考なしにありえない。というのも、思考〔観念を知覚すること〕は覚醒していることの条件だからである。しかし、夢も見ない睡眠の状態は、身体のみならず心（mind）も併せた人間全体の特性ではないのか。……何ものかが思考しているが、それを意識しない（not be conscious of it）、ということは思い描くことが困難である。

（『人間知性論』2-1-11/109, 31-110, 4）

思考活動には思考しているという気づきがともなうことは、ロックにとって経験的に自明の事実であった。それゆえ、知覚されていないとき（意識がないとき）にも思考は精神に在るとは主張できない。なんらの気づきもなく睡眠中に魂が思考している、というのは背理なのである。

だが、こう考えると、思考を手がかりにして個体としての精神の存立を見出す、という経験主義のプログラムは致命的な影響をこうむる。なぜなら、時刻t_1場所p_1における個体a_1と、時刻t_2場所p_2における個体a_2とのあいだを、時間を隔てて結びつける基盤がなくなるからである。物体の場合、固体性が物体の側に常に在るから、通時的同一性の基盤が崩れなかった。だが、精神の場合、思考が常に在るとは主張できないのだから、私たちが思考を知覚していないときに、時刻t_1とt_2とのあいだを結ぶのは何かという問題が新たに生じる。

先述のように、ロックは思考を身体に位置させるから、身体の同一性でもって精神の同一性を定めてよいように思われるかもしれない。だが、身体と思考との合体によって定まるのは生き物としてのヒト、つまり人間（a man）の通時的同一性である。人間の同一性は、「たえず入れ換わってゆく物質粒子が組織された同じ身体に生命を保つように継続して結びつき、こうして同じ連続した生命を共有する」（『人間知性論』2-27-6/331, 35-332, 2）という点に存する。この意味での人間は、何よりも「一定の形をした動物」（『人間知性論』2-27-8/333, 5）であるから、動物と同じく同一の生命に身体的に参与することで通時的同一性が定められる。

ところが、人間という存在は、道徳的賞罰を引き受ける存在としては力不足である。例えば、「人類の法は、狂気の人間を正気の人間の行為ゆえに罰することはなく、狂気の人間のしたことをもって正気の人間を罰することもない」（『人間知性論』2-27-20/342, 36-38）のが常である。同じ人間であっても、狂気のときの行為ゆえに正気に戻ってから罰せられはしないということは、道徳的責任を担う存在と、生き物としての人間とは別の概念だ、ということを意味している。同じ生命に同じ身体を通じて継続して参与しているという条件では、同じ人間であることは判定できても、同じ道徳的主体であるかどうかは判定できない。「法に関与し、幸福と不幸でありうる知性ある行為者」（『人間知性論』2-27-26/346, 27）は、たんに人間であるのではなくて、人格（person）なのである。「人格は、法的な用語であり、行為とその功罪に適用される」（『人間知性論』2-27-26/346, 26）。道徳的主体としての精神を立てるために、人格同一性の議論に踏み込まなければならない理由がここにある。

もちろん、魂という実体を立てることができれば、同じ魂をもつという条件で道徳的存在の同一性問題が解ける。だが、そのためには、魂に恒常的に宿る本質を何か与えておく必要がある。思考はすでにこの役割を果たせないことが分かった。意志は、思考によって身体を動かすことと同義だから（『人間知性論』2-23-18）、やはり役割を果たせない。ロックは、精神的実体（a spiritual substance）とか、精神（spirit）、魂（soul）、心（mind）という言葉を頻繁に使うが、物質的存在が思考しないとは言い切れないと認めている（『人間知性論』4-3-6/540ff.）。かくして、魂という実体を導入する手法は、精神の個体化の原理を厳密に追究するときには使えない。人格同一性という哲学的問題は、こうして生じた。

ロックが人格同一性を立てるために用いるのは意識と記憶である。まず、一般に、意識（consciousness）は思考と不可分で、思考に本質的にともない自己認識をもたらす。「すべての人を自己（self）と呼ぶものにするのは意識であり、これによって他のすべての思考するものから自分自身を区別するのであるから、人格同一性（personal identity）は意識にのみ存する」（『人間知性論』2-27-9/335, 21-24）。思考を通じて精神としての個体をとらえるというのは、要するに意識のこの働きである。すでにコギト命題のロック的解釈を検討する段階で、「私」の自己同一的な存立が、ロックの場合、デカルトの言う魂という実体の存在ではなくて、意識の事実であるということは明らかになっていた。だが意識によって確立されるのは、ある時刻における自己同一的な個体である。つまり、その時その場所で生じている意識という仕方で一つの個体が自己同一的に存在している、ということしか言えない。

時間を通じて同一である個体を生み出すのは記憶である。つまり、精神としての個体を時刻t_1とt_2とのあいだで結びつけるのは、記憶としての意識なのである。

意識が過去の行為や思考に及んでいく限り、その人格の同一性も及んでいく。〔過去の〕そのときあったのは、今ある同じ自己である。その行為が為されたのは、現在その行為について反省している現在の自己と同じ自己

> によってなのである。
>
> （『人間知性論』2-27-9/335, 24-28）

こう言われても、堂々巡りの定式が天降り的に告げられているだけで、問題は一歩も進んでいないように見える。だが、ロックの真意は、この定義によって実体論を切り捨てることにある。定義の狙いは、異なった時刻における思考作用が同じ実体に宿っているのか、別の実体に移っているのかという問題は、問う必要がない、ということである。時刻t_1と時刻t_2における思考作用が、仮に別の実体S_1とS_2によって営まれていたとしても、t_2における意識がt_1におけるある行為を記憶しているのなら、そのことによって同一人格であることになる。

> 一人の人間を自分自身にとって自分自身とするのは同じ意識（the same consciousness）なのであるから、同じ意識が一個の実体に結びつけられようと、諸実体の継起のなかで連続しうるのであろうと、人格同一性はこの同じ意識にのみ存している。
>
> （『人間知性論』2-27-10/336, 18-21）

ここで言われていることは、いささか呑み込みにくい。現代風に例示しておこう。[20] さしあたり意識を脳の機能と考え、物質の塊としての脳の同一性を物質分子の集合として定義してみる。代謝が起こり分子が入れ替わっていくかぎり、物質の塊としての脳は、時々刻々、別の実体である。しかし、その脳によって維持されている意識は、記憶を通じて同一の人格を定義する。ロックの言いたいことは、現代的に言えばこういうことである。

だが、こうして実体を切り捨てることができたとしても、同じ意識としての記憶とはいったい何なのかは少しも判明ではない。ロックは、次のように、意識の働きとしての記憶のあり方を分析的に述べている。

> 知性ある存在者（intelligent being）が、何らかの過去の行為の観念を、それに関して最初にもったのと同じ意識をともなって、かつ、現在の何らかの行為についてもつ意識と同じ意識をともなって、繰り返すことができる限り、この存在者は同じ人格的自己（personal self）なのである。

（『人間知性論』2-27-10/336, 21-24. 強調は引用者）

これも難解である。具体的に考えてみる。私は二〇〇一年九月一一日夕刻、外出から帰ってテレビをつけたとき、燃え上がっている世界貿易センタービルの中継映像を見た。これを「過去の行為」としよう。そのテレビ画像を見たとき、私には知覚的認識が生じた。この認識が「最初にもった意識」に相当する。今現在、私はコンピューターディスプレイを見ながらキーボードを打っている。この現在の意識が「現在の何らかの行為についてもつ意識」である。この具体例を、ロックの上の文に当てはめてみる。得られるのは次のような文である。

> 九・一一の例：〈燃えている世界貿易センタービルの中継映像を見たという「観念」を、「最初にもった意識」と*同じ*意識をともなって、かつ現在遂行中のコンピューター作業についてもつ意識と*同じ*意識をともなって、繰り返す〉

たしかに私は、こうやって〈繰り返す〉ことができるように感じられる。簡単に言えば、私は、二〇〇一年九月一一日夕刻にテレビで見た燃え上がる高層ビルの映像の観念を、現在進行中の動作に重ねて、心の中に抱くことができる。ロックは、これが成り立っているとき、二〇〇一年九月一一日夕刻にテレビでその映像を見た私と、現在コンピューター操作をしている私は、同じ人格（person）だ、と言うのである。

なお、上で〈……と*同じ意識*〉というように強調した二つの箇所について、一言付け加えておく。この二つは、言っていることが異なる。後の方の、〈現在遂行中のコンピューター作業についてもつ意識と*同じ意識*〉とは、端的に、〈現在遂行中のコンピューター作業についてもつ*まさに現時点のその*意識〉ということである。現代の哲学用語で言えば、トークンとして同じということ。これに対して、〈「最初にもった意識」と*同じ意識*〉の方は、〈「最初にもった意識」と*同じ内容*の意識〉ということである。これは、タイプとして同じということ。トークンとタイプの区別はすぐに問題になる。

トークン（token）とタイプ（type）は、C・S・パース（1839–1914）が導入した用語である。トークンとは、記号の物理的に生じる一回ごとの出現例のことを言い、タイプとは、記号の一般者としての側面を言う。例えば、直前の一文には、「記号」という語が二回出現している。これはタイプとしては一つであるこの語の、二つのトークンである、と言うことができる。要するに、トークンとして同じとは、同じ一つの出現例であるということ、タイプとして同じとは、同じ意味をもつ（出現例は無数にある）ということである。

ロックの上の主張は、記憶によって人格同一性を定義した古典的な例である。この定義につきまとう伝統的な問題点は、二〇〇一年九月一一日夕刻にテレビでその映像を見た人間と、現在コンピューター操作をしている人間が、別の人間だったらどうするのか、という問題である。人格は、人間とは区別されて、意識のみによって定義される概念だった。その場合、二〇〇一年九月一一日夕刻のテレビ映像の観念（つまり「最初にもった意識」）が、後の時刻に別の人間に宿るという可能性を排除することができない。これがどういう可能性なのかはすぐに説明することにして、ロックが、この可能性が排除できないことに気づいているのを確認しておこう。

> 同じ思考する実体が……変えられてしまっても、同じ人格でありうるのかどうか。このことは……過去の行為に対する意識が一つの思考する実体からもう一つの実体へ転移できるのかどうか知っている人々でないと解決できない、と私は答える。なるほど、同じ意識が同じ一個の活動であるなら（were the same Consciousness the same individual Action）、転移は不可能である。だが、同じ意識とは過去の行為の現時点での再現表象（representation）にすぎないから、行為が本当は無かったのに有ったかのように心に再現される（represented）ことがどうしてできないのか、ということは、示されるべく残るであろう。
>
> （『人間知性論』2–27–13/337, 28–37）

言葉遣いの難解な部分を解説する。まず、「思考する実体」は、もちろん魂のことである。「同じ思考する実体が……変えられてしまっても、同じ人格でありうるのかどうか」とは、要するに、〈魂が替わっても同じ人格なのかどうか〉ということである（上の九・一一の記憶の例では、魂ではなく人間に置き換えて説明してある）。次に、「過去の行為に対する意識が一つの思考する実体からもう一つの実体へ転移できるのかどうか」とは、〈記憶が一つの魂からもう一つの魂に転移できるかどうか〉である。残る難解な箇所は二つ、(ア)「同じ意識が同じ一個の活動であるなら転移は不可能」、および、(イ)「同じ意識とは過去の行為の現時点での再現表象にすぎない」である。

(ア)と(イ)の両方に現れる「同じ意識」という言い方は、九・一一の例でも二カ所に出てきて、それぞれ意味するところが違っていた。一つは、トークンとして同じ意識ということ、もう一つは、タイプとして同じ意識ということである。(ア)は、同じ意識ということがトークンとして同じということなら、意識の転移は不可能である、ということである。(イ)は、同じ意識とはタイプとして同じであるにすぎない、ということである。九・一一の例で説明する。二〇〇一年九月一一日夕刻のテレビ映像を見たときの知覚意識は、トークンとして見れば、その時そこで生じた一回かぎりの出来事である。もしも、「同じ」ということをトークンとして同じと取れば、過去に生じた一回かぎりの出来事が、もう一度起こる（何かに転移される）ということは考えようがない。これが(ア)の告げていることである。しかし、タイプとしてみれば、その時そこで生じた知覚意識と同じ意味をもつ意識経験（九・一一のテロ事件を意味する記憶イメージなど）を再びもつことは可能である。そもそも記憶しているとは、こういう再現の経験にほかならない。これが(イ)の告げていることである。まとめて説明してみよう。上に引用した箇所で、ロックはこういうことを言っているのである。

〈魂が替わっても同じ人格なのかどうか。このことは、記憶が一つの魂からもう一つの魂に転移できるかどうか知っている人でないと解決できない。同じ意識ということがトークンとして同じということなら、意識の転移は不可能である。なぜなら、過去に生じた一回かぎりの出来事が、もう一度起こるということは考えようがないのだから。だが、同じ意識とはタイプとして同じであるにすぎない。だから、行為が本当は無かったのに有ったかのように心に再現されることがどうしてできないのか、ということは、示されるべく残る〉

「行為が本当は無かったのに有ったかのように心に再現されること」というのは、九・一一の例で言えば、二〇〇一年九月一一日夕刻にテレビ映像を見たという過去の行為が、本当は無かったのに有ったかのように心に再現される、という意味である。つまり、自分の体験したのではない事柄が、あたかも自分の体験であるかのように再現されるということ。記憶がそんな風に書き換えられることは、しばしば起こることではない。だが、論理的にありえないわけではない。例えば、誰もが幼児期の記憶については、親などから聞いたことと自分が体験したこととが混ぜこぜになったような記憶イメージをもっていると思われる。これは親の記憶が自分に転移されているのである。あるいは、冤罪事件における虚偽の自白も、取調室という異常な環境で、捜査員の語るストーリーをあたかも自分の体験であるかのように受け入れてしまう、という一種の記憶の転移の産物でありうる。

ある魂Aの記憶心像が、別の魂Bに転移されてしまうと、BはAと違う魂であるのにもかかわらず、理屈の上では、BはAの行なったことまで含めて自分の人格に組み込んでしまうことになる。人格とは、「法に関与し、幸福と不幸でありうる知性ある行為者」（『人間知性論』2-27-26/346, 27）のことであった。魂Bが、魂Aの行なったことまで含めて人格を形成してしまうと、冤罪事件のように、法的な賞罰は見当違いな仕方でそれぞれの魂に配分されているように見える事態が起こりうる。これは、道徳的な賞罰の引き受け手として人格を立てたことの意味を無にするような事態である。そもそもロックの人格同一性論は、最後の審判において永遠の生命に与るのか永遠の死に落とされるのか、という一七世紀人の道徳的な煩悶を念頭に置いて述べられている。現世に生きているあいだに、自分が何をして何をしなかったのかを、各人が正確にとらえることができているのでないと、最後の審判（これは神の判断であるから絶対的に確実である）の妥当性が当人に理解できないことになりかねない。違う魂の行なったことを記憶してしまっていれば、下された審判に納得がいかないこともありうる。記憶が誤りを起こさないということは、人間にとって非常に大事なことになるわけである。それにもかかわらず、別の魂の体験内容を、記憶心像としてありありともってしまう可能性は排除できないのである。どうしてこういうことが起こらないのかは、「示されるべく残る」としか言いようがない。ロックは、この問題を「神の善性にゆだねる」（『人間知性論』2-27-13/338, 15）ほかないものとして残した。精神の個体化の原理を意識と記憶を通じて経験的に立てる試みは未完成なのである。

3　ヒュームによる自己の解体

デイヴィッド・ヒューム（1711-1776）は、物質についても精神についても実体の存立を認めなかった[21]。デカルトの体系においては、物体は延長するもの（res extensa）[22]、精神は思考するもの（res cogitans）であり、いずれも実体である。ロックは、実体という概念に不明瞭さがあることを指摘したが、個々の実体の存在は疑っておらず、物体と精神は実体であると考えた[23]。これに対し、ヒュームは実体を一切認めない。彼は物体と精神の実在性を疑っているわけではないが、知覚されていないあいだも知覚者から独立し、連続して存在するような対象としての物体や精神は、知覚経験を通じて想像力が組み立てるのだと主張した。そして、それを組み立てる原理と経過とを詳しく述べた。以下では、精神に関する議論を検討する。

自己は知覚されない

デカルトは、考えている自分が明晰判明に把握できると考えた。ヒュームは、これを認めない。

私が「自己」(myself) と呼ぶものにもっとも深く分け入るとき、私が見つけるものは、つねに、熱や冷、明や暗、愛や憎、苦や快など、あれやこれやの個々の知覚である。私は、いかなるときにも、知覚なしに自己をとらえることがけっしてできず、また、知覚以外のものを観察することも、けっしてできない。

(『人間本性論』1.4.6.3/邦 I : 286)

自分の心の中をのぞき込んでみると、そこに見つかるのは、熱いという感じや冷たいという感じ、誰かを好きだとか憎いとかいう感じ、苦しい感じや心地よい感じ、その他さまざまの感じだけだ、とヒュームは言っている。そういう感じなしに、自己だけがとらえられるということはない。心の中で見つかるのは、実際には、こうした感じだけなのである。

この種の感じのうちで、より強い感じのことをヒュームは印象 (impression) と呼び、もう少し弱い感じのことを観念 (idea) と呼んだ。観念は、例えば、「熱い」という強い感じがどういう感じであるか理解している人物の、その理解の内容、つまりその考えを言う。これに対し、印象は、熱さを感じている最中の熱いというまさにその強い感じのことである。なお、知覚 (perception) とは、一般的には感官による外界の認識のみを言うが、ヒューム哲学の用語としては、感官由来のものだけでなく、認識と情念にかかわるありとあらゆる心的内容のすべてを言う。知覚とは、したがって、印象と観念を合わせたすべての心的対象のことである。

心の中を内省して見つかるのは、さまざまな感じ (印象) や思考 (観念) だけであって、これが自己だ、というように取り出せる対象は心の中に見つからない。ヒュームの哲学の根本には、すべての観念は最初に何らかの印象として与えられるという考え方がある。これがヒュームの経験論の実質である。デカルトのように、自己と呼ばれる観念を私たちがいつも間違いなくとらえていると主張するならば、ヒュームの考えでは、心の中に自己の印象が見出されねばならない。ところが「自己あるいは人格は、何か一つの印象ではなくて、われわれのいくつもの印象と観念がそれに対して関係をもつと想定されているところのものである」（『人間本性論』1.4.6.2/邦 I : 286）。熱や冷、明や暗、愛や憎、苦や快などの印象が見出されても、その知覚を保有する側の自己ないし人格の方は、印象としては得られない。印象や観念が関係をもつとされているものとして、推認されるだけである。したがって、さまざまな知覚が無くなれば、自己も無くなる。

私のもつさまざまな知覚が、深い眠りなどによって、しばらくでも取り除かれるとき、その間は、私は自己を知覚していず、私は存在していないと言っても間違いではない。また、死によって私の知覚がすべて取り除かれるならば、すなわち私の身体が命を失ったのち、私が、考えることも、感じることも、見ることも、愛することも、憎むこともできないならば、私は、完全に消滅するであろう。私を完全な非存在者にするためにそれ以上に何が必要か、私は考えることができない。（『人間本性論』1.4.6.3/邦 I : 286–287）

さまざまな知覚とは別に、それ自身で存続する一なる自己、という端的な存在者の印象は、心の中に見出されない。したがって、すべての知覚が消滅すれば、それにともなって私という人物も消滅するのである。デカルトの言う思考する実体としての自己は、一世紀後のヒュームに至って、まったくしりぞけられることになった。

内観にもとづいて主張できることは、個々別々のさまざまな知覚が心の中に渦巻いているということだけである。人間は、「想像を絶する速さでたがいに継起し、絶え間のない変化と動きのただなかにある、たがいに異なる諸知覚の、束あるいは集まり（a bundle or collection）」（『人間本性論』1.4.6.4/邦 I : 287）にほかならない。人間が自己を見出すとき、自己はさまざまな知覚を束ねた集まりとしてしか与えられない。言い換えれば、精神とは、「さまざまな知覚が次々とそのうちに現れる、一種の演劇（theatre）である。そのうちにおいて、さまざまな知覚が、通り過ぎ、引き返し、滑り去り、限りなく多様な姿勢と位置関係でたがいに交わるのである。正しく言うならば、そこでは、一つの時点にはいかなる単純性もなく、異なる時点を通しては、いかなる同一性もない。われわれが、そのような単純性と同一性を想像しようとする、どのような自然な傾向をもとうとも、そうである」（同上）。

ヒュームは内観体験を吟味して、精神とは同一性を保つ実体ではなく、知覚の束であることを見出す。それら多数の知覚が時々刻々移り変わるさまを演劇に譬える一節は、ヒュームの立場の特徴を示すものとしてよく知られている。

人格の通時的同一性の構成

しかしながら、移り変わっていく知覚の系列に同一性を帰属させる強い傾向が人間にはある。だからこそ、自分自身は時間を通じて同一の人格であるという考え方を、現に人々がもっているわけである。複数の知覚からなる系列に、どのようにして同一性が帰属されるのかを、ヒュームは説明しなければならない。

物体については、ヒュームは次のように考えた。ある対象をずっと見続けていてそこに少しも変化も中断も生じないとき、私たちは、その対象が時間を通じて同一であると考える。しかし、ずっと見続けてはおらず中断があったとしても、対象には変化も中断もないと自然に感じてしまう場合がある。例えば、自分の部屋にいて家具調度を見やると、椅子や机が一定の配置で見える。次いで、目を閉じ、またすぐ開く。すると、直前と完全に類似した椅子や机の知覚が再び得られる。目を閉じる前の知覚と、開けた後の知覚は、明らかに、区別可能な別個の二つの知覚である。しかし、この二つはよく似ている。さらに、目を閉じたり開けたりして得られる別個の類似した知覚は、その対象を見続けているときの一つの知覚とほとんど同じである。すると、見続けているときの対象に同一性が帰属されるように、別個だが類似した二つの知覚に対しても、本当は二つであるのに同一性（同じ一つのものであるという性質）が帰属されてしまう。人間の想像力には、こういうやり方で、複数個の知覚からなる系列に、同一性を帰属する働きが備わっている（『人間本性論』1.4.2.33–35/邦 I：235–237）。

だが、こうして同一性を知覚系列に帰属させても、依然としてその系列が中断をはさんだ別個な知覚から構成されているという事実に変わりはない。同じ知覚系列が同一かつ別個であるというあからさまな矛盾がここに出現している。この矛盾を解消するために、精神は外的世界における連続的な存在という虚構（a fiction of a continu'd existence）を想像力によって構成するのである（『人間本性論』1.4.2.36/邦 I : 238）。想像力（imagination）は、ヒュームの場合、観念を結びつけたり切り離したりする働き一般を言い、思考を含む知的活動全体を表しうる。外的世界の連続存在という虚構によって、上の別個かつ同一という矛盾が解消できる。外的世界では同一性を保って連続的に存在している対象が、人間においては切れ切れの別個な知覚系列として経験されるというように説明できるからである。こうして私たちは、知覚から独立に外的世界において連続して存在している物的対象という考え方を、矛盾を解消する必要に迫られて自然に抱くようになる。

ヒュームは、以上と同じ想像力の働きが、精神に対しても適用されると考えた。精神に同一性が帰属されるとしても、精神を作り上げているさまざまな知覚がそれぞれ別個で、多数あるということは動かない。「精神の構成に加わる別個な知覚はどれも、別個な存在者であり、それと同時のものであれそれに継起するものであれ他のすべての知覚と異なり、区別でき、分離できる」（『人間本性論』1.4.6.16/邦 I : 294）。出発点にあるのは、このようにばらばらな知覚の集合である。ばらばらな知覚たちをまとめて保有する自己（つまり魂）があるという考え方は、すでにしりぞけられている。また、「異なり、区別でき、分離できる」とは、知覚たちのあいだに切断不能の結びつきは実在していないということである。ばらばらの知覚は魂に帰属してひとまとまりになっているわけではないし、切り離せないつながりが実在してひとまとまりになっているわけでもない。多数の知覚が「通り過ぎ、引き返し、滑り去り、限りなく多様な姿勢と位置関係でたがいに交わる」（『人間本性論』1.4.6.4/邦 I : 287）なかで、想像力の働きによって虚構（a fiction）として一つにまとめられているのである（『人間本性論』1.4.6.6/邦 I : 289）。すなわち、「われわれが人間の精神に帰する同一性は、単に虚構された同一性に過ぎない」（『人間本性論』1.4.6.15/邦 I : 294）。

物体の場合、類似した複数の知覚のあいだに同一性が帰属された。精神も同じである。精神の場合は、関与するのは外部感覚ではなくて、記憶になる。「記憶とは、それによってわれわれが過去の諸知覚の像を呼び起こすところの能力」（『人間本性論』1.4.6.18/邦Ｉ：296）である。ある時空点で経験した印象Ａと、この経験を後の時刻t_1で思い出した記憶像a_1は、当然似ている。似ていなければ、a_1がＡの記憶であるとは言えない。また、別の時刻t_2でＡを思い出した記憶像a_2もありうるが、これもまたＡに似ているはずであり、したがって、a_1とa_2も似ているのでなければならない。こうして印象Ａについて何度も思い出すことを繰り返していると、Ａの記憶像の知覚系列｛a_1, a_2, …, a_n｝が得られ、この系列のメンバーは互いに似ているのである。「これらの類似した諸知覚をしばしば思考の連鎖のうちに置くことは、かならず、想像力を一つの環から別の環へとより容易に運び、〔思考の連鎖の〕全体を単一の対象の連続のように見えさせるのではないだろうか」（『人間本性論』1.4.6.18/邦Ｉ：296）。

具体的に考えてみる。仮に、病気で入院したときの経験をＡとしよう。そのことを後になって何度も思い出したとすると、それが｛a_1, a_2, …, a_n｝になる。この系列は思い出すたびごとに｛a_1, a_2, …, a_n, a_{n+1}｝というように増殖するが、どれを取っても互いに類似した観念の上を想像力が次々に移っていくことによって形成される。ちょうど、何回目を閉じて見直しても一定の類似した仕方で現れる家具の知覚像が、独立した連続の対象（その家具）として想像されるように、何度思い出しても一定の類似した仕方で浮かび上がる記憶像は、同一の連続した対象として想像されるだろう。想像力が、「全体を単一の対象の連続のように見えさせる」というのは、この働きを言う。記憶像が生じているのは精神のなかにおいてである。したがって、この同一の連続した対象は、一つの精神的存在なのであって、これが自己ないし人格であることになる。分かりやすく言えば、あの時あのような入院体験をした存在として、自己が心の中に形成されるわけである。

ヒュームは、因果性や情念の作用も加味してさらに複雑な自己の形成を論じている（『人間本性論』1.4.6.19,20/邦Ｉ：296–297）。入院という出来事Ａを経験した人物が、別の機会に、交通事故にあって再び入院したとする。これを出来事Ｂとしよう。すると上と同様にして｛b_1, b_2, …｝という記憶の系列が形成されるだろう。この系列は、同じく入院体験であったAの系列｛a_1, a_2, …｝と似ているに違いない。この二つの系列は、この類似によって相互に接続されうる。すると、想像力が、複数の記憶像の系列をまたいで新たな系列を次々に派生させていくという複雑な過程が考えられる。こうして、複数の記憶系列が網の目のように結合し、無数の知覚からなるネットワークができる。このネットワークのなかの任意の系列｛x_1, x_2, …｝において、いくつかの記憶像が失われたとしよう。人は過去を忘れることがある。だが、すでにネットワークが出来上がっていれば、想像力は、過去の経験に沿って同じ自己を組み立てることができる。出来事Xについて、過去のある一日に自分がどう考えていたかを想起できなくても（その日の記憶像x_nは失われていても）、自分が出来事Xを体験したその日にも現在の自分と同じ人格であったと感じることができる。というのも、記憶像x_nに当たる観念が、想像力の働きによって補われる（その日にもそんな観念をもっていたはずだと推定できる）からである。この推定の働きは、因果推論の一種である（『人間本性論』1.4.6.20/邦I: 297）。また、情念もこのネットワークに関与する（『人間本性論』1.4.6.19/邦297）。過去の屈辱的な体験は、屈辱感という情念の働きによって強く記憶され、想像力の進み方を強力に規制するだろう。例えば、人は、再び屈辱的な体験することがないように、将来の自分を予見して（これは現在から未来にむけた因果推論である）現在の振る舞いを統御することになるであろう（McIntyre 2009, 190–195）。

想像力は、このように膨大な知覚からなるネットワーク上を、類似性と因果性と情念に駆動されて、滑らかに中断なく渡っていくことができる。こういう知覚の集まりが人格なのだ、とヒュームは考えるわけである。言い換えれば、そのような複雑なネットワークとして形成されている自分、という存在が心の中に形成されるのである。

こうして作られた自己の像は、その形成過程から分かるように、世俗外的な要素を備えていない。自己を組み立てている素材は、すべて経験から得られた知覚たちであり、知覚をつなぎ合わせる想像力も、類似性や因果性や情念によって駆動されているだけである。そこに神という要因は介在しない。ヒュームが諸知覚の演劇として組み立てた自己は、一つの心理学的な構造であって、神の前に立つ個人という形而上学的な含みはもち込まれていないのである。

ヒュームの「迷宮」

ヒュームの人格同一性論は、以上のとおり、それなりによく考えられていて問題ないように思われる。だが、ヒュームは自分の説明に欠陥があることに気づいた。『人間本性論』付録（Appendix）で、自分は迷宮に迷い込んでしまった、と述べている（『人間本性論』App. 10/邦 I : 323）。困難の説明は、付録の第一九段落から第二一段落にある。

まず、物質についても精神についても、私たちが実体の印象をもってはいないということが確認される（『人間本性論』App. 19/邦 I : 325）。個々の知覚は実体に内属しているわけではなくて、相互に結びつかないばらばらな状態で与えられている。それらを結びつけるのは思考つまり想像力の働きである。想像力は、一つの知覚からもう一つの知覚へと移り行くように決定されていると感じる。この決定されているという感じによって、一定のつながりをもった知覚の系列があるように感じられ、これが自己ないし人格であると認識される。しかし、「われわれの継起する諸知覚をわれわれの思惟または意識において結びつけている諸原理を説明する段になると、私の希望はすべて消え失せてしまう」（『人間本性論』App. 20/邦 I : 326）。というのも、二つの原理があって、二つを無矛盾にすることも、どちらかを廃棄することもできないからである。それは「われわれのすべての別個な知覚は、たがいに別個な（異なる）存在者である」という原理と、「精神は、たがいに異なる存在者の間に、いかなる真の結合も知覚しない」という原理との二つである。知覚が単純で自己同一的な持ち主（実体）に属しているか、または、知覚相互の間に真に実在する結合があるか、いずれかであれば問題はないのだが、このどちらも成立しないことははっきりしている（『人間本性論』App. 21/邦 I : 326）。

迷宮の説明は以上である。ヒュームは、はっきりと自分の人格の同一性論には「大きな欠陥」（『人間本性論』App. 20/邦 I : 325）があると言った。だが、その欠陥が何であるのかについて、研究者のあいだで意見の一致がない

(McIntyre 2009, 196)。というのも、ヒュームがこの「付録」で言っていることは、少しも「欠陥」ではないように見えるからである。

ヒュームは、上の二つの原理、「われわれのすべての別個な知覚は、たがいに別個な（異なる）存在者である」と「精神は、たがいに異なる存在者の間に、いかなる真の結合も知覚しない」とを、無矛盾にすることも廃棄することもできないと言っている。だが、ヒューム自身、知覚がすべて別個のばらばらの存在であること、ならびに、それらの別個な諸知覚のあいだに結合を知覚しないことを、『人間本性論』本文で積極的に主張していた。すなわち、

> 精神の構成に加わる別個な知覚はどれも、別個な存在者であり、それと同時のものであれそれに継起するものであれ他のすべての知覚と異なり、区別でき、分離できる。
>
> （『人間本性論』1.4.6.16/邦I：294）

そして、

> 知性〔は〕、諸対象の間には、いかなる真の実在する結合をも観察せず、原因と結果の結びつきでさえ、厳密に吟味するならば、習慣的な観念の連合に帰着する。
>
> （『人間本性論』1.4.6.16/邦I：295）

そもそも、この二つがともに成り立つがゆえに、類似性や因果性や情念の作用によって、本来はばらばらな知覚相互のあいだに虚構としてつながりが作られ、一つの人格（a person）と見なされるに至るというのがヒュームの説明であった。要するに、「付録」でわざわざ取り上げられる二つの原理は、矛盾しないし、どちらかを廃棄する必要もない。ヒュームの人格の同一性の説明が、まさにこの原理を前提にして成り立っている。ヒュームは、「付録」で、自分の説明の前提である原理に戸惑うという、わけの分からない混乱を示しているわけである。

[24]ここでは研究者たちのさまざまな解釈には立ち入らず、ヒュームの人格同一性の説明にひそんでいる根本的な問題を指摘することにしたい。まず、ヒュームの説明は、次の(i)〜(iv)のように整理できる。

(i)精神は、多様な知覚が流れていく状態（演劇）である。
(ii)多数の知覚は、流れ去っていくだけである。知覚群が一つの実体（魂）に帰属し、その実体が精神（ないし人格）として独立に存在する、ということは私たちに知覚されない。
(iii)多数の知覚は、それぞれを互いに結びつける実在的な絆をもたない。
(iv)流れていく知覚のなかに、類似性や因果性や情念の働きによってつながりが虚構的に形成され、自己ないし人格が作り出される。

(i)〜(iv)の範囲では、ヒュームは一応筋の通った説明を与えたように見える。だが、以下の批判が成り立つ。知覚は、ある人物の意識のなかで成り立つ。感覚経験ならば、誰かが何かを感じることにおいて、その知覚（感覚的認識）が得られる。同様に、情念の場合も、誰かが何らかの心情をもつことにおいて、その知覚（例えば、愛や憎しみの感じ）が成り立つ。誰のものでもない知覚というものは、考えようがない。それならば、ばらばらの知覚を結合するときには、その知覚群をもっている誰かがそこにいるはずである。この誰かのなかで、知覚群のつながりが形成される。

すると、まさにこの知覚作用において印象や観念をとらえている何ものかは、自己ないし人格の本体でありうる。ヒュームは「私は、いかなるときにも、知覚なしに自己をとらえることがけっしてでき［ない］」（『人間本性論』1.4.6.3/邦I：286）と言っていた。自己をとらえうるのは知覚があるとき、その知覚の相関者としてである[25]。知覚の相関者である自己は、対象（知覚）としてそのそれという仕方で指示することはできないかもしれない。だが、何らかの知覚がそこにある以上、その知覚が生じている心の持ち主がそこにいることは確実である。知覚を結びつけて自己が虚構的に構成されるより前に、それらの知覚が自分のなかで結びつけられている（と意識しうる）〝誰か〟がいるのである。知覚の持ち主であり、この結合作業が実行される「場」である「自分」こそが、人格であり自己なのではないか。

知覚の流れを想像力が結びつけるというヒュームの論法は、知覚と想像力との持ち主である人物が、自分のもっている知覚を知覚相互の類似性や因果関係に沿って結びつけて、その人の自己についての認識を作り上げる、ということでしかない。想像力が作り上げるのはこの人物の像である。像が写し取る本体の方は、この人物そのものとして（想像力と知覚の座として）像に先行して存在している。哲学において自己とは何かと問う場合、問われているのは、本体の側の自己とは何かという問いであって、像の側の自己（セルフイメージ）とは何かという問いではない。コギト命題に対するヒンティカの解釈を検討した際に、コギト論証の核心に位置する「自分を知っている」とは、自分が誰であるか知っているということではない、という点を確認した。重要なのは、タムラヒトシである私が、私はタムラヒトシであると知っているということではなかった。私は、自分がタムラヒトシであることが分からなくなったとしても、「私」が自分を表すことは分かっているということがありうる。この、あらゆる属性、あらゆる述語に先行して知られている主語である自分とは何なのか、というのが「私は考える、ゆえに私はある」が生み出す問いだった。ヒュームが与えた説明は、あっさり言えば、述語的な属性に当たる部分は想像力によって構成される、というものである。それは、「私は考える、ゆえに私はある」の説得力の根源をとらえるものとはなっていない。

〝本体の側の自己〟とは、実体としての自己のことである。ヒュームは、物質についても精神についても実体をしりぞけた。だが、精神を論ずるときに、知覚と想像力をしりぞけはしなかった。その結果、知覚と想像力の持ち主である存在を、人格同一性論に裏口から招き入れる結果になった[26]。人格同一性の虚構的構成を説明し始める段階で、ヒュームはそういう存在を導入している。類似性による説明を開始する箇所は、こう始まっている。

まず、類似性から始めるならば、われわれが他人の胸のうちを明瞭に見て、彼の精神すなわち思惟の原理をなすところの、諸知覚の継起を観察することができると仮定し、さらに、**彼**が過去の知覚の相当の部分について記憶を保持していると仮定すれば、この〔諸知覚の〕継起にそれのあらゆる変化のさなかにおいて一つの関係を付与するのに、このこと〔過去の知覚についての記憶の保持〕以上に寄与しうるものはないということが、明瞭である。

（『人間本性論』1.4.6.18/邦 I: 295–296. 強調は引用者）

ヒュームは、ある人物を外から見て、その人物の内で起こっている知覚の流れを観察するという「仮定」を立てた。これにより、その人物（の身体）に帰属するということにおいて多数の知覚がすでに一定のまとまりをもつという事実が、暗黙のうちに導入されている。観察者ヒュームは、観察対象の知覚の流れを見るのに先立って、対象であるその人をすでにとらえているのである。ここには一種の論点先取がある。冒頭の一節を次のように書き換えてみると、それが明らかになる。

まず、類似性から始めるならば、われわれが**自分自身**の胸のうちを明瞭に見て、**自分**の精神すなわち思惟の原理をなすところの、諸知覚の継起を観察することができると仮定し……

問題点は明らかだろう。他人の自己認識の形成を論ずるとき、その他人そのものは議論に先行してとらえられている。同様に、自分の自己認識の形成を論ずるときに、上の書き換えで「自分」と呼ばれているものが先行してとらえられていると見なしたならば、それは論点先取である。その「自分」が自己であり人格であるのだから、なぜこの「自分」が指し示す対象を私たちが自明にとらえているのか、ということがまさに説明されなければならないのである。自分の記憶に沿って自分の像が得られるということと、「**自分**の記憶」や「**自分**の像」というときに、まさにその自分という存在が先行して知られているということとは、異なる事柄である。ヒュームは前者を説明できたが、後者は説明できていない。そして、後者が「私は考える、ゆえに私はある」にかかわる本当の問題なのである。ヒュームが「大きな欠陥」と呼んだものがこの論点先取であるかどうか確言はできないが、これがたしかに大きな手抜かりであることは明らかである。

ヒュームが迷宮のなかでとらえあぐねた自己は、諸知覚から構成される自己ではなく、知覚をもつことそのものを可能にする場、ないし土台としての自己である。多くの知覚からなる演劇は、ある人間において成立する。ヒュームの人格同一性の理論は、それが上演される一人の人間の、原初の自己感覚を説明しない。この自己感覚が、「私は考える、ゆえに私はある」の「私」が意味するものである。しかし、だからといって、デカルトのように非物質的な魂という存在者を導入しなければ、あるいは、ロックのように神の善性を導入しなければ、ヒューム的な理論の整合性が保てないというわけではない。ヒュームは、世俗外的な要因を介在させることなく、心理学的な連想の機構によって、自己認識をある程度まで説得的に説明してみせた。彼には、元々デカルトやロックのように自己が神の配慮の下にあると言うつもりはない[27]。とはいえ、ヒュームが迷宮のなかで求めた自己は、経験を可能にする条件として、経験の内部にではなく、経験の外部に位置する。ヒュームの意を汲むかぎり、それは神でも非物質的な魂でもない。とすると、それは、身体としての人間になるはずである。この身体としての人間の自己認識については、ヒューム解釈とは切り離して、第10章と第11章で論ずることにしよう。

自己の社会性

人間は、社会のなかに生きている。私たちが身体として生きているということは、たしかに経験を可能にする条件であるが、条件のすべてではない。社会のなかに生きていることもまた、私たちの経験を成り立たせる条件の一つである。

先に自己の人格同一性にかかわる情念の作用について少し触れた。元々、ヒュームにとって、自己は想像力の問題であると同時に情念の問題でもあった。人間は自分が過去・現在・未来を通じて同じ一つの存在であると考える強い傾向をもっている。この存在が自己や人格と呼ばれるのだが、ヒュームの問題設定は、そういう存在を考える傾向を何が与えるのかというものだった。

この問題に答えるためには、われわれは、われわれの思惟、つまり想像作用にかかわる人格同一性と、われわれの情念、つまり自分自身に対する関心にかかわる人格同一性とのあいだで、区別をしなければならない。

（『人間本性論』1.4.6.5/邦 I：288）

こうして区別された二つのうち、ここまで吟味してきたのは、主として思惟ないし想像にかかわる人格同一性の問題である。この問題に関するヒュームの議論は、本人が自説の欠陥に気づくことで終わったが、私たちはその議論を次章以下で身体としての人間の自己認識の問題として続けることができる。それゆえ、ここでは残るもう一つの問題、情念ないし自分自身への関心にかかわる人格同一性の問題を検討する。この検討から、自己への関心が社会的な環境のなかで生み出されるというヒュームによる示唆を見出すことになる。

ヒュームは、情念を直接情念（direct passions）と間接情念（indirect passions）の二つに分けた。直接情念とは、「善悪、快苦から直接に生じるような情念」（『人間本性論』2.1.1.4/邦 II：6）である。間接情念とは、「同じ原理（善悪、快苦）からではあるが、他の諸性質と結合することで生じるような情念」（『人間本性論』2.1.1.4/邦 II：7）である。「善悪、快苦から」（from good or evil, from pleasure or pain）という併記をどう解するか、また、間接情念の説明における「他の諸性質と結合すること（the conjunction of other qualities）」とはどういうことか、という二つが問題になる。

ヒュームの言葉遣いでは、しばしば善（good）は快（pleasure）と交換可能であり、悪（evil）は苦（pain）と交換可能である。例えば、「人間の精神には、善と悪の、言い換えれば苦と快の知覚が、精神のすべての作用の主な原動力として植え込まれている」（『人間本性論』1.3.10.2/邦 I：144）と言われる。[28] この箇所では、快苦が善悪の「言い換え（in other words）」であることが明記されている。こういう場合、快い感じを与えるものが広く善と呼ばれ、不快な感じを与えるものが広く悪と呼ばれているのであって、快苦の全体が、道徳的な、狭い意味での善悪と同一視されているわけではない。(29)

直接情念は、「欲求と嫌悪、悲しみと喜び、希望と恐れ」（『人間本性論』2.3.9.2/邦 II : 187）などであるが、これらは「善と悪から最も自然に何の準備もなく生じる印象」（同上）である。誰しも自分に快感を与える対象は欲しいと思い、そのものを得ることを希望し、得られれば喜ぶ。不快感を与える対象は嫌悪し、そういう対象に遭遇することを恐れ、それに遭遇すれば悲しむ。このように、対象のもたらす快または不快から、ただちに人間のなかに生じる情念が直接情念である。(30)

これに対し、間接情念は、誇りと卑下（pride and humility）、愛と憎しみ（love and hatred）、という対を成す四つの情念に限定される。ヒュームの情念論の主たる検討対象はこれらの間接情念である。(31) 四つのうち「誇り」「愛」「憎しみ」は、ほぼ通常の意味だが、「卑下」は注意が必要である。「卑下」は、通常、謙遜してへりくだること、つまり「自分自身についてことさらに低い評価をもつこと」（Ardal 1989, 33）を意味する。だが、ヒュームの言いたいことはこれではない。アーダルの指摘によれば「ヒュームにとって、humility は、本質的に自分を高く評価することと（誇り）の反対語である。……誇りの反対語として、ヒュームは「卑下（humility）」ではなく「恥辱（shame）」という語を使うべきだったと示唆できるだろう」（Ardal 1989, 34）。ヒュームの言う「卑下」は、私たちも、適宜「屈辱」といった言葉で置き換えて考えることにする。

さて、上の説明では、間接情念も快苦から生じるが、それが何か別の事情と結びつくことによって生じるという点で、直接情念から区別されるのであった。快苦が別の何と結びつくのかは、間接情念の生成機構を見ることによって分かってくる。例えば、美しい家を自分が所有していると誇りを感じるということがある（『人間本性論』2.1.2.6/邦 II : 10）。この誇りが生じる機構をヒュームは次のように説明する。(i)美しい家はそれが誰の所有であれ、その美しさによって、その家を見るものに快感を与える。(ii)その美しい家は、この例では、所有物として自分に結びついている。すると、(iii)美しい家の与える快感が、その所有者である自分自身を志向的対象とするもう一つの快感に移行する。この移行によって成立する快なる感じが「誇り」という情念である。美しい家という対象（その観念）と自分自身という対象（その観念）が結びついており、美しい家が与える快感（その印象）が誇りの快感（その印象）に結びついている。この、間接情念を生み出す印象同士、および観念同士の結びつきを、ヒュームは印象と観念の二重の関係と名付ける。卑下は、以上の記述を快感ではなく不快感をもたらす対象で書き換えれば、同じ形式で説明できる（『人間本性論』2.1.2-5/邦 II：7-21）。

間接情念における快苦と「他の諸性質の結びつき」とは何かを検討する前に、この生成機構の(iii)の部分を説明しておこう。美しい家の与える快感が、その家を自分が所有している場合には、自分を対象とした誇りという別の快感へと移り行くという説明は、いささか呑み込みにくい。この点は、次のような例を考えてみると、たぶん納得できるはずである。あなたは、ある会合でスピーチを聴いている。そのスピーチは、ある人のことを誉め称えている。あなたは、話題の人について、立派な人なんだなあ、という快い感じを抱く。すると突然、話し手は、あなたの名前を呼び、話題の人物があなたなのだと聴衆に知らせる。あなたはその立派な人物が実は自分なのだと告知されて、誇らしさを感じる。こういう心理の動きは十分ありうるだろう。話題になっていた人物に関する快い感じは、それが自分だと判明すると（その立派さが自分に結びつくと）、自然に誇らしさという別の快い感じに移り行く。そしてこの例で、誉め称えるのではなく、ひどく貶める内容のスピーチが行なわれたとすれば、最終的にあなたが感じるのは屈辱感となるに違いない。誇りと卑下の成り立ちに関するヒュームの説明は、それなりに納得できるものである。

同様の生成機構が、愛と憎しみというもう一対の間接情念についても想定されている。例えば私は、富と権力をもっている人物Y氏に愛を感じるということがありうる。この愛が生じる機構は、誇りの生じる機構と一点を除いて同じである。(i)富と権力は、それが誰の所有であれ、それに接する者（例えば、私）に快感を与える。[32] (ii)その富と権力は、この事例では、所有物としてY氏に結びついている。すると、(iii)富と権力の与える快感が、その所有者であるY氏自身を志向的対象とするもう一つの快感に、私のなかで移行する。この移行によって成立する私のなかの快なる感じが「愛」という情念である。(i)の快感を与える対象が、(ii)において自分に結びつけば誇り、他人に結びつけば愛が生じるわけである。誇りと卑下、愛と憎しみの生成機構の違いは、この点だけである。憎しみは、愛についての説明を快感ではなく不快感をもたらす対象で書き換えれば、同じ形式で説明できる（『人間本性論』2.2.1–5/邦 II: 65–107）。

先に、間接情念は快苦が「他の諸性質と結合すること」から生じると言われていた。以上の生成機構の説明から分かるように、間接情念は、(i)の、快感や不快感を与える諸対象が、(ii)において特定の人物（自分または他人）と結びつくことを一つの契機としている。後に見るように、この結びつきだけでは間接情念を生むのに十分ではない。だが、問題の「諸性質との結合」が、快苦を与える諸対象が特定の人物と結びつくあり方を含むことは明らかだろう。間接情念の原因になるような快苦を与える対象は、非常に多種多様である。誇りや愛の場合、さまざまな美徳、知的能力、容姿の美しさ、性格の長所や身体の技能、また家や庭園や乗り物といった所有物、あるいは生まれた土地、その産物といったものに至るまで、多くの対象が自分を誇る根拠になるし、他人を愛する原因になる（『人間本性論』2.1.2.5, 2.1.7–11）。諸対象は、(i)それ自体として善であれば快感を与えるし、悪であれば不快感を与える。対象に接して生じるこれらの快不快は、間接情念ではない[33]。そうではなくて、(ii)これらの対象が、自分または他人という特定の人物と結びつくと、(iii)その人物に向かう快い感じ（誇りまたは愛）や、不快な感じ（卑下または憎しみ）が引き起こされる。かくして、間接情念は、多種多様な対象が、いろいろな形で自分や他人と結びつくことを契機として生み出されるという点で、対象の与える快苦からただちに生じる直接情念とは区別される。

四つの間接情念のうち、自己の同一性の形成に関与するのは、誇りと卑下である。誇りや屈辱感は、自分という人物を志向的対象とする快感または不快感である。自分のことを快感とともにとらえることが誇りであり、不快感とともにとらえることが屈辱感である。この快感と不快感が、誇りと卑下の実質をなす。ヒュームは、誇りと卑下のような情念は、単純で一様な印象であるから、それを言葉で定義することはできないと言った。だが、彼が同時に認めているように、この快感と不快感が生まれる条件を列挙することによって、誇りと卑下の実質をもう少し詳しく特徴づけることは可能である（『人間本性論』2.1.2.1/邦 II：7）。

誇りと卑下の成り立ちを説明する箇所で、ヒュームは次のように述べている。

> われわれの自己についての観念が、より優れたものであるかそうでないかにしたがって、われわれはこれらの対立する感情のいずれか一方を感じ、〔優れたものである場合には〕誇りによって高揚させられ、〔そうでない場合には〕卑下によって意気阻喪させられる。
>
> （『人間本性論』2.1.2.2/邦 II：7–8．〔　〕内は邦訳の補足）

要するに、自分が優れているという観念をもてば誇りを抱き、優れていないという観念をもてば屈辱を覚えるということである。間接情念を理解するうえで見逃されやすいのは、この場合の「優れている（advantageous）」とはどういうことなのか、という点である。この点を正確にとらえることが、間接情念における快苦と「他の諸性質との結合」のあり方をとらえるために重要になる。生成機構の(i)で、対象が快または苦を与えると明言されているから、この(i)の段階の快苦に応じて優れているかいないかが決まる、と考えられるかもしれない。だが、こう考えると間接情念の本質をとらえそこなうことになる。間接情念を正確にとらえるためには、再び直接情念との対比が役に立つ。直接情念である喜び（joy）と、間接情念である誇りとを比較して、次のように言われている。

> 誇りを引き起こすためには、考慮すべき二つの対象が常に存在している。原因、つまり快を生み出す対象と、この情念の本当の対象である自己とである。だが、喜びは、それを生み出すために一つの対象、すなわち快を与える対象しか必要としない。
>
> （『人間本性論』2.1.6.5/邦 II：24）

喜びは、対象の認知にともなってただちに生じる。例えば、美しいものを見ることは、それだけで喜びをもたらすだろう。これに対し、誇りや卑下は、それが生じるために、快または不快を与える対象一と、情念の向かう対象二としての自己、という二つの対象が必要とされる。美しい家（対象一）は、その美しさによって多くの人に快感を与える。だが、たまたまその美しい家が自分の所有物であった場合には、私だけが家を所有している自分自身（対象二）を快感とともに見つめることになる。対象二に向かうこの快感が誇りという間接情念である。

「われわれの自己についての観念が優れたものである」と言われるとき、この「自己についての観念」とは、対象二についての観念であるから、今の例の場合、具体的には〝美しい家を所有している自分〟という観念である。この観念が優れている（advantageous）と、誇りが感じられるというのがヒュームの考えである。では、〝美しい家を所有している自分〟という観念が優れているとは、一体全体どういうことなのか。誇りの消滅についての説明がその要点を明快に示している。

> 誇りはいわば二つの対象（原因と自己）をもち、われわれの視線をそれらに向ける。だから、そのどちらの対象も少しも特別なものでない場合、このことを理由に、この情念は対象を一つしかもたない情念よりも、より弱められざるをえないということが帰結する。われわれはどんなときでも自分を他人と比べてみるものだが、そうして比較したときに、自分が少しも他と区別されないことが分かり、またわれわれがもっている対象を比較してみて、やはり同じ残念な状態にあることを見出す。このように優れたところを欠く（disadvantageous）二つの比較によって、この情念は完全に消滅させられるに違いない。
>
> （『人間本性論』2.1.6.5/邦II：24. 強調は引用者）

ここで述べられていることは、家の例で言えば、自分の所有する家が他の家に比べて美しくもないありふれた家であり、また自分と他人を比べてみても自分が他人と特に違わない平凡な人物にすぎないと判明した場合、誇りは消える、ということである。けだし当然なのだが、この箇所から、ヒュームが「自己についての観念が優れている」と言うときに念頭にあることが、自分を他人と比較したとき他人より優れている、という意味であることが明瞭である。

例えば、豪壮な美しい邸宅の建ち並んでいる地区に、同様に豪壮な美しい家を所有していても、その所有者が特に誇りを感じないということはありうる。だが、この同じ人物が、自分の家をその地区の外の貧相な家と比べたときには、自分を誇らしく思うということがあっても不思議ではない。この二つのどちらの場合にも、美しい家と自分との所有関係はまったく同じように成立している。つまり、快感を与える対象の観念と自分の観念は同じ仕方で結びついている。だが、第一の場合は、誇りを感じることはなく、第二の場合は、誇りを感じることがある。誇りを感じるためには、快感を与える対象と自分とがたんに結びついているだけでは十分ではない。そのほかに、その結びつきがどういう他者との比較のなかで捉えられるかが関与する。誇りは、たんに快感を与える対象と自己との結びつきに応じて生まれるのではなく、そういう対象と結びついている自分を他のどんな人々と比べるのかに応じて生まれる。それゆえ「自己についての観念が優れている」というのは、自己が他人と比較して相対的に優れているという意味であって、自己がそれ自体として優れているという意味ではない。誇りの快感や卑下の不快感とは、自己が他者に優るか劣るかという社会的な文脈において、自己について感じ取られる優越の快感、および劣後の不快感にほかならない。

間接情念とは、快苦が「他の諸性質と結合することで生じるような情念」（『人間本性論』2.1.1.4/邦 II : 7）であった。以上の検討から、快苦と他の諸性質との結合とは、全体として言えば、〈快苦を与える対象と特定の人物（自分または他人）との結びつきを社会的な相互比較のなかに置くこと〉を意味していると解釈できる。美しい家を持つ自分をそんな家を持っていない他人と比較することによって誇りが得られる、ということである。ヒュームは「虚栄（vanity）」を「誇り（pride）」とほぼ同義に用いるが（『人間本性論』2.1.2.6, 2.1.9.12 他多数）、虚栄心の社会性について次のように述べている。「虚栄とは、むしろ社会的情念（a social passion）であり、人々のあいだを結びつける紐帯と見られるべきである」（『人間本性論』3.2.2.12/邦 III : 46）。虚栄が社会的であるというのは、利己心や身びいきが人々を離反させるのと対照して言われることである。利己的に利益を独占したり、身内に便宜を図ったりすることは、他人を排除することであるのに対し、自分の優越性を感じること、つまり虚栄は、他人なしにはありえない。言い換えれば、自他の社会的な相互比較は、間接情念である誇りと卑下が存在するための論理的な条件なのである。

このような社会的な優劣比較のなかで、私たちは、自己を他者と区別してくっきりと感じ取る。誇りや卑下という間接情念、「われわれが自分自身に対してもつ関心」（『人間本性論』1.4.6.5/邦 I : 288）は、自己への執着を強固なものとする。すでに触れたように、たんなる記憶ではなくて、優越感や屈辱感をともなう記憶が、私たちの自己意識を強めることは明らかである。衆に優れた者と認められたいという意欲や、二度と屈辱を味わいたくないという反省によって、私たちの自己へのこだわりは強められ、過去と現在と未来を貫く同一の人格である自己への関心や配慮が生じる。自己の同一性は、こうして社会的に育成される。

重要なのは、自己の観念が、他人との比較のなかで鮮明になる、という側面をヒュームがとらえたことである。ヒュームは、意識のなかをのぞき込むことによって自己を組み立てる試みには、「大きな欠陥」を見出した。だが、自分と他人の社会的な比較のなかで、自己という存在が浮かび上がってくる構造については積極的に語った。ヒュームの自己と人格同一性をめぐる議論は、自己という存在が、意識の内的経験からただちに構成されるような存在ではなく、むしろ社会的な関係のなかで徐々に形成される存在であるということを示唆している。この論点は、次章で発達心理学の知見を論ずる際に触れることになる。

ヒュームと近代の終わり

デカルトの哲学は、〈自分が考えているということが自分には分かる〉、という自己意識による自己確認の手続きの上にすべての基礎を置いた。神も世界も科学的知識も、「考える私」を出発点として導き出される。ロックは、デカルトの考え方を引き継ぎつつ、実体としての魂に依存するのを避けて、もっぱら意識と記憶のみによって、知識と道徳の主体である人格を定義した。デカルトとロックを典型とする西洋近代の形而上学的個人主義は、神と自然と「考える私」に、知識・政治・経済・道徳のすべての基礎を置いている。だが、ヒュームに至って、自己意識による自己確認の手続きは十分な基礎ではない、ということが浮かび上がってくる。自己意識をのぞき込むだけでは、循環論に巻き込まれるだけで、人格の同一性も自己の起源も明らかにはならないのである。ヒュームの議論が示唆していることは、知覚と想像力を備えた生きている身体が、他人との社会的関係のなかに位置することによって、はじめて自己がはっきりした輪郭を備えた存在として浮かび上がる、という構図である。これは、思考する魂が、懐疑という内省的思考を通じて自己と神を見出し、神との関係のなかで自然的世界と社会的環境とが定義される、というデカルトやロックの哲学的構図の対極にある。したがってまた、神の摂理が理性として個人に宿るという、序章で言及した啓蒙の「神の摂理という見地」とも対極にある。ヒュームにおいて、自己は神と無関係に確立されるからである。

ヒューム哲学と神との関係について確認しておこう。ヒュームは一八世紀初めのスコットランドに生まれた。幼少時は穏健なカルヴィニストの教えを受け入れていたが、N・ケンプ・スミスによれば「ヒュームがカルヴィニストの教え全体を非常に早い時期に捨てたことに疑いはない」(Kemp Smith 1947, 6)。それは一六歳から一八歳の時期であると推定される (Kemp Smith 1947, 7–8)。その後、弱冠二七歳で完成された『人間本性論』において、ヒュームは基本的に神を要請しない哲学体系を提出した。

すでに見たとおり、ヒュームは自己の存在が内省的に認識可能であるという立場を否定した。これはデカルトやロックが採用していた神の存在証明の伝統的な類型の一つを阻む働きをもつ。彼らの証明は、自己の存在の確実性を前提にして神の存在を導き出す形になっているからである。[34]またヒュームは、因果性が世界の側の実在的なつながりとして認識できるとする立場を否定し、因果性は知覚間の恒常的随伴関係と人間の側の連想の心理的被決定性とに分解されると主張した（『人間本性論』1.3.3/邦I：89–210）。これはアリストテレス以来の因果性理解を根底から改める思想史上の大きな転換だった。ヒューム以降、客観的実在の論理的構造としての因果連関に、人間が出来事の秩序性の経験を通じて到達できる、という考え方を主張することはきわめて難しくなった。それだけではなく、このことは、自然の法則的秩序性を通じて神の存在を見出すパウロ以来の神の宇宙論的証明を阻む働きをもっていた。没後に出版されたヒュームの『自然宗教に関する対話』では、一八世紀当時「計画論法（the design argument）」と呼ばれていた宇宙論的証明の一種が、因果性概念のヒュームによる置き換えを前提にしてしりぞけられている。

ヒュームは、まず経験にもとづく因果推論の形式を確認する。[35]

二つの種類の対象が随伴することが常に観察されたとき、一方が在るのを私が見るときはいつも、もう一方も在るということを私は推論できる。これを私は経験からの論法と呼ぶ。[36]（『自然宗教に関する対話』2.24/邦39）

例えば、マッチに火が点くという種類の多数の出来事が、マッチを擦るという多数の出来事に常に引き続くことが観察されたとしよう。すると、あるマッチに火が点いているのを見たときはいつも、先立つある時点でそのマッチが擦られたと推論することができる。もちろん、この推論が正しいとはかぎらない。別の原因でマッチが発火したのかもしれない。だが、こう推論できることは確かである。これに対し、宇宙に秩序が在るのが観察されるからといって、それを計画した知性が原因として存在すると推論することはできない。なぜなら、「経験からの論法」にもとづいてこの推論を実行するためには、宇宙の秩序という種類の複数の対象が、神的知性による計画という種類の複数の対象に、常に随伴することを観察しなくてはならないからである。

秩序ある宇宙は人間の思考と技術に似たものから生じたに違いないということを、それを経験したという理由でもって、真面目な顔で主張する人間がいるだろうか。この推論を確立するためには、複数の世界の起源について経験があるということが必要になるのだ。

（『自然宗教に関する対話』2.24／邦 39）

マッチを擦ると火が点くことを何度も観察したのと同様に、神が計画すると宇宙が存在し始めるということを何度も観察した後でなければ、私たちは、現在の宇宙の始まりに神の計画があった、と経験にもとづいて推論することはできないのである。

ヒュームはさらに、物質的世界の秩序性の原因を神の知性に求める考え方が無限後退に陥ると指摘する。宇宙の根底に計画する知性を置いてみても、いったい何が得られるのか不明である。というのも、百歩譲って世界の計画を立てた神的な心（the divine mind）があるとしても、「心的世界、つまり観念の宇宙は、物質の世界ないし諸対象の宇宙と同じだけ、原因を必要とする」（『自然宗教に関する対話』4.7／邦 56）からである。「この原因の原因を見出すために、さらに高く登って行かなくてはならない」（同上）だろう。

私たちは、……その〔神的な心の〕観念の世界をさらにもう一つの観念の世界、つまり新しい知性的原理にまで追っていくべきではないのか。立ち止まってそれ以上には進まないのなら、なぜそこまで進んだのか。なぜ物質の世界で立ち止まらないのか。どうして私たちは、無限進行をせずに納得できるのか。……それゆえ、今ある物質の世界を越えて眺めようとしない方がよいのだ。物質の世界がそれ自身のうちに秩序の原理を含んでいると想定することによって、実のところ、私たちは物質の世界を神だと断定している。だが、神的な存在に〔遡及を省いて〕早く到達できるなら、その方がよいのだ。

（『自然宗教に関する対話』4.9／邦 57–58）

全宇宙の物理的構造の背後に原因としての神的知性を置いたとしても、さらにその知性の背後に何らかの原因を想定せざるをえない。原因の遡及は無限に続くからである。にもかかわらず、最初に置いた神的知性で遡及を打ち止めにするのならば、神を置くのをやめて、宇宙の秩序性は宇宙自体によって担保されていると考えても同じことである。私たちは、「そのようにあるのが物質的な諸対象の本性なのであり、元来、すべての物質的対象は秩序と比例関係という働きを備えているのだ」（『自然宗教に関する対話』4.12/邦60）と言ってかまわない。ヒュームは、このように、神が存在しなくても自然界が十分に存立可能であると考えたのである。

物理的世界だけでなく、道徳の世界もまた、ヒュームは神なしで成り立つと考えた。デカルトは、魂の不死性の理解が、徳の道を人間が進むために不可欠であると考えたが[37]、ヒュームは身体の死とともに自分は消滅すると考えていた。ロックは、自然状態において成り立つ自然の法が、「自然の光によって知られる神的な意志（the divine will）の命令」（『自然法論』二二）であると考えており、理性によって知られるこの法によって、人類は互いの権利を侵害し合うことなく共存できるとした（第2章2節参照）。自然法の下で、世界は全人類の共有物として存在している。この自然状態で、人間はみずからの身体を用いて自然物に働きかけ、ある対象に自分の労働を注ぎ込む。このとき「その労働は私のものである。労働がそれら自然物を共有の状態から引き離し、その物のなかに私の所有権を確立する」（『統治二論』II, §28）。こうして世界の一部分が労働を通じて個人の所有物となる。この労働所有権論によって、ロックは、統治組織の成立以前に、自然法の下で、神と個人と世界が存在する自然状態において所有権が成立すると主張した。しかし、ヒュームの道徳体系は、神の意志としての自然の法を必要としないものになっている。

ヒュームの場合、所有権は自然ではなく人為によって確立される。人間に自然に備わっている心情は、経験に照らせば、利己心と、限定された範囲内への気前のよさ、つまり自分の身内の優遇である。利己心と身内優遇の心理から行動するかぎり、自分と自分の家族のために他人の所有物を奪い取ることは、むしろ望ましいことであると感じられるはずである。つまり、自然のままの人間には、所有権の確立を促す自然な心情は存在しない（『人間本性論』3.2.2-8/邦 III：39-43）。それゆえ、自然本性を統制して所有権という正義を確立するための「対策は、自然から引き出されるのではなく、人為から引き出される」（『人間本性論』3.2.2.9/邦 III：43）のである。

その対策は、所有の安定にともなう「共通の利益を全員が感じ取ること（a general sense of common interest）」（『人間本性論』3.2.2.10/邦 III：44）である。人間は単独では生存が困難であり、集団で社会生活を送ることは利点が大きい。だが、利己心と身内優遇を野放図に表出すれば、互いの財物の奪い合いは避けられず、争いは絶えない。それゆえ、自分が自分の所有物を確保したいのならば、他人の所有物に手を出さないように利己心を抑制せねばならない。そのためには、「外的な財物の保有に安定性を与えるために、社会のすべての成員がひとつの慣習的合意（convention）に達すること」（『人間本性論』3.2.2.9/邦 III：44）が必要である。この慣習ないし合意の内実が、自分の利己心を抑制することの「共通の利益を全員が感じ取る」ことである。これを感じ取るということは、とりもなおさず「私は、相手が私と同じ仕方で行動するという条件の下で、相手が自分の財を保有するに任せておくのがこちらの利益になるのを見て取る。相手は、自分の振る舞いを規制することに同様の利益があるのに気づいている」（『人間本性論』3.2.2.10/邦 III：44）という状態が成立するということである。こうして利己心と身内優遇という自然本性を満足させるためにこそ、所有権が確立されることになる（『人間本性論』3.2.2.13/邦 III：46）。

所有権の尊重という合意に人々が従うのは、そうすることが自分に利益があるからである。だが、一般に所有権の尊重は道徳的に善であり、その侵害は道徳的に悪であるとされている。一八世紀の道徳理論家たちの共通理解として、道徳的であるとは、自己利益ではなく他者の利益を考慮して行為することを言う（Norton 2009, 270-284）。したがって、自己利益の考慮にもとづく所有権の尊重は、それだけでは道徳的な善ではない。そこでヒュームは、所有権の尊重と侵害に道徳的な善悪の評価がともなう経緯を、次のように説明した。

すでに見たとおり、ヒュームの場合、快を与えるものが広い意味で善であり、不快ないし苦を与えるものが広い意味で悪である。道徳的な善悪（美徳と悪徳）は、快苦に対して人々のあいだで一般的な賞賛や非難がともなうことから生じる（『人間本性論』3.1.2.4–6/邦 III : 24–26）。賞賛ないし肯定的評価は、それ自身一つの快なる感じであり、非難ないし否定的評価は不快なる感じである。

> 私たちが自然に肯定的に評価する諸性質は、人類のための善へと向かう傾向性を現実に備えており、その人物を社会にとって適切な成員にする。同時に、自然に否定的に評価する諸性質は、その反対の傾向を備えていて、その人物と何らかの交渉をもつことが危険であったり、不快であったりするようにしている。
>
> （『人間本性論』3.3.1.10/邦 III : 139）

この一節は、自然的徳と自然的悪徳の説明をしている箇所である。肯定的評価が自然に生ずるなら自然的徳であり、人為的に生ずるなら人為的徳である。所有権の尊重は、社会生活を通じて人為的に生ずるものであるから、人為的徳であるが、道徳的な評価が成り立つ仕組みは、徳が自然的か人為的かで異ならない（『人間本性論』3.3.1.10/邦 III : 139）。徳であることのカナメの条件は、人類のための善（the good of mankind）への傾向性、つまり、多くの人々に快を与えて、社会形成に貢献する傾向があることである。例えば、人間は情け深い人を肯定的に評価する。情け深さは自然的徳の一つだが（『人間本性論』3.3.1.11/邦 III : 139）、この評価が生じるのは、情け深い人と接する人々が快を覚え、それが社会形成に貢献するとともに、それらの人々の快に観察者たちが共感し、情け深い人物が広く一般に肯定的に評価されるようになる、という仕組みによってである。所有権に関して言うと、人間は、自分の財物が奪われた場合には不快感を覚え、その被害を決して見逃さない。また、誰か特定の他の人々が同じような不正を被った場合にも、同じような不快感を覚える。というのも「私たちはこの人たちの不快感を共感によって分かち持つ」（『人間本性論』3.2.2.24/邦 III : 54）からである。共感は、ヒュームにおいて、人間の自然本性の一部である。共感によって、人間は、自分自身の被った不正だけでなく、他人の被った不正にも不快感を覚えることができる。

　人間の行為の性質で、一般的に見たときに、不快感（uneasiness）を引き起こすすべてのものは「悪徳」と呼ばれ、同様の仕方で満足感（satisfaction）を生み出すものは何であれ「徳」と呼ばれるのであるから、この理由によって、正義と不正義〔所有権の遵守と侵害〕に道徳的善悪の感覚がともなうようになる。

（『人間本性論』3.2.2.24/邦 III：54）

所有権の尊重は社会形成に貢献する。その侵害は社会生活を破壊する。それゆえ、所有権の尊重は善であり侵害は悪であるという道徳的評価が、それ自体一つの快または不快なる感じとして形成される。人間は、この感じを、社会生活や家庭内で育成し強化することを通じて、所有権を尊重する心情を堅固なものとする。こうして、慣習的合意という人為的な仕組みと、共感という自然本性の働きを通じて、利己心と身内優遇の自然な心情を満足させるためにこそ、所有権の規則が確立される。

　ヒュームは、神に依存せずに所有権の尊重や約束の遵守をはじめとする道徳的な規範の成り立ちを説明してみせた。そこで用いられているのは、人間のほぼ生物学的な自然本性としての自己利益への執着、身内優遇の傾向、他者への共感能力という三つの特性と、社会生活を通じた慣習的合意形成という一種のゲーム理論的なメカニズムであって、世俗外的な神の意志といったものはまったく関係がない。

　ヒュームは、みずからの哲学体系を、神の存在しない世界について成り立つように構成した。結局、自然界も人間界も神なしで存立すると主張したのである。ヒュームを評してサイモン・ブラックバーンは次のように言っている。

　ニーチェが神は死んだと宣言する一〇〇年前に、ヒュームは神を哲学の台本から削ってしまった。ニーチェが自分の宣言を一九世紀的な情動、激情、熱狂でかたどったのに対し、ヒュームは、神を台本から削る作業を、畏敬に値する洗練をもって成し遂げた。

(Blackburn 2000)[38]

ヒュームは哲学に神の出る幕をなくしたことで、啓蒙における「神の摂理という見地」（序章）と無関係なところに哲学の基礎を置いた。基礎は人間の自然本性と経験である。人間理性が神の摂理を代替する役割を地上で担うという啓蒙の自負は、神なしで成り立つ世界では、見当外れな思い込みでしかない。世界はこのときまだフランス革命も産業革命も知らなかったのだが、ヒュームの哲学体系は、こうして早くも近代の終わりの始まりを告げているのである。

本章冒頭で、コギト命題の正しさの射程を見とどけることと、その射程を越えたところにどのような問題があるのかを見ることが目標であると述べた。その点について述べると、第一に、「私は考える、ゆえに私はある」が提示している自己認識の疑いのなさは、記憶や想像力による自己イメージの構成というロックやヒュームのような考察の根底にあることが判明した。迷宮に陥ったヒュームの試みが示すように、コギト命題に私たちが感じ取る正しさや説得力を、記憶や想像力の作用に着目することによって解明することはできない。逆に、記憶や想像力の働きがコギト命題の提示する自己把握の上に成り立つものなのである。コギト命題は独自の説得力を備えている。だが、説得力の根拠は、本章では解明されてはいない。これは第11章で扱われることになる。

他方、第二に、コギト命題の説得力は、私たちが記憶や想像力や情念の作用を通じて自己のさまざまな属性をとらえるということからは区別されねばならないということも分かってきた。「私は考える、ゆえに私はある」によって私の実在が確立されるからといって、私の記憶や自己イメージが正しいことにはならない。記憶は誤りうるし、人が自惚れを免れることはめったにない。したがって、コギト命題の説得力の射程は、意外に短いと言わねばならない。コギト命題のみによって、「哲学の第一原理という資格」（小林 1995, 141）を備えた意志的存在としての「我」の存在が確立されるわけではない。デカルトは、コギト論証のあとで、神の存在証明その他の形而上学的な思索を積み重ねて、はじめて哲学の第一原理として、意志をもつ「我」を確立することができた。この意味でのデカルト的自我は、コギト論証の端的な説得力とは別の、濃密な思想史的文脈のなかにある。私たちは、すでに「意志」や“will”が歴史的・文化的な背景に規定された概念であることを確認しておいた（第5章4節）。コギト命題の説得力を認めることは、思想史的文脈のなかにある形而上学的な思索を受け入れることを意味しない。

私たちの社会生活、つまりほとんどすべての日常の行為が、「私は考える、ゆえに私はある」という断言では処理できないようなさまざまな問題をはらんでいる。私たちが問うてきた自己犠牲をめぐる諸問題は、「私は考える、ゆえに私はある」という断言とは別の水準の、社会的な権力とのかかわりのなかで扱われなければならないはずである。

第10章　自己の心理学

本章では、自己にかかわる発達心理学の知見を確認する。前章で検討したデカルトとロックとヒュームの哲学的分析を、発達心理学的な視点から見直すことが目標となる。だが、哲学と発達心理学の知見との重ね合わせは、本章の最後に行なうこととしたい。まず第1節で自己認識の階層を素描した後、第2節以下で過去三〇年余りの心理学上の発見を確認する。

1　自己の多層性

自己の三つの層

心理学的に見た場合、自己認識は少なくとも三つの類型に区別できる。身体的な自己把握、心としての自己認識、自我理想(1)を通じた自己認識の三つである。認識の様態に応じて、身体的な自己、心としての自己、自我理想を通じた自己がとらえられる。自己のこの三つの層は相互作用しつつ、私たちの自己認識を作り上げている。

例えば、あなたの乗った上り列車が駅に停まっているとしよう。隣の線路には下り列車が停まっている。その列車を見るともなく見ていると、あなたは自分の列車が動き始めたのを感じる……、だがすぐに、隣の列車が反対向きに発車しただけなのが判明する。こういう体験は、多くの人にあるだろう。視界のなかでの隣の列車の（例えば）右への動きが、誤って自分の身体の左への動きに翻訳され、私たちは自分の動きを認識してしまう。これは、私たちの中枢神経系が、外界の視覚様相の感覚情報を身体の運動様相の感覚情報に常に変換していることを示している。通常は気づかれることなく実行されている膨大な数の変換の一端が、たまたま生じた誤変換によって浮かび上がったのである。自己の身体のあり方は、身体外の諸対象とは別の仕方で、さまざまな経路で直接的に把握されている。これが身体的な自己把握の層である。

では次に、以下のような想像上の会話を考えてみてほしい。

> あなたが数名の友人と話していると、そのうちの一人が変なことを言い始める。
> 「昨日、宇宙人に会っちゃった」
> 別の一人が尋ねる。
> 「えぇっ、どういうこと？　どこで？」
> 「裏山で」
> 「うそぉ、そんなことあるわけないじゃない」
> 「ほんとだよ、家に連れて帰ったの。私のベッドで寝てんの、今」
> 「じゃあ、会わせてみて」
> ということで、その友人の家にあなたもついていく。寝室まで行ってみると、ベッドはもぬけの空である。
> 「うそつき、いないじゃない」
> 「今朝までは、いたんだけどなぁ。出てっちゃったんだ」
> あなたは、この友人の主張を決定的に論駁することは難しいと感じて当惑してしまう。
>
> （田村 1999, 339）

かなり多くの人が、この友人の妄想的な主張を決定的には論駁できないということを承認するはずである。この当惑の感じは、自分がとらえている現実を、他人はまったく別の相でとらえている可能性がある、という日常の経験に根ざしている。ここには、自己と自己以外の存在の区別が身体的な自己把握とは違う水準で現れている。他人の心と自分の心は、それぞれ独立した領域としてとらえられていて、直接的に接近できるのは自身の心だけである。私たちはこのことを相互に了解している。上のエピソードで友人が語っていることは妄想かもしれないし、幻覚かもしれないし、たんなるホラ話なのかもしれない。だがとにかく、その人物の心の中で、世界がそういう仕方でとらえられたとしたら、自分とは違うとらえ方として、そこにそういう心的表象がある（友人がそのように世界をとらえている）、ということは認めるほかはない。私たちは、暗黙のうちにそう考える。それぞれの人がそれぞれの仕方で世界をとらえていて、自分とは違う認識を他人が抱いていることは頻繁にある。こういう認識が、心としての自己認識の層を作っている。自分の心の中の信念や感情や意志を他人が直接見ることはできない、という暗黙の了解は、心とは何かについての私たちの理解（心理学者が「心の理論（theory of mind）」と呼ぶもの）の基本的な構成要素の一つである。

自我理想を通じた自己認識の例は、第6章で見た「レイニー河で」のなかで、オブライエンの痛切な自覚に見ることができる。オブライエンは、良心を貫く勇気ある人物でありたいと考えていたが、その理想に自分が到達できないということを悟ってしまった。「私は卑怯者だった」という言葉は、オブライエンの自我理想を通じた自己認識を表している。合衆国の社会には、個人は周りに逆らってもみずからの良心を貫くべきであるし、また貫くことができる、という個人主義の理想が共有されているようである。例えば、カウボーイやハードボイルドの探偵は、アメリカ文学が作り出した英雄像である。それは、「社会の外に立つ完全に自律的な個人であってこそ、社会にとって価値ある人間となりえている。社会に奉仕したいならば、人は孤独に耐え、他者を必要とせず、他者の判断を当てにすることなく、他者の願望に屈することなく生きていけるべきなのだ」（ベラー他 1991, 179）という理想を体現した存在である。私たちは、自分の生きる社会の理想的な人物像を受け入れて、自分の生活史と理想像との近さや遠さによって、自分自身のあり方を測定し、そうして社会のなかで尊敬に値する人物として自己の生涯を作り上げていく。この種の活動が、自我理想を通じた自己認識の層を形成する。

身体的な自己把握の層は、生物学的な生存のための必要条件である。世界内の他の物体と自分の身体とを弁別する能力は、動物にも当然備わっており、人間の場合も、文化や言語の影響は考えなくてよい。おそらく、誕生直後から身体的な自己受容感覚（proprioception）は存在する。心としての自己認識の層も、別個な心として互いを認識するという水準では文化や言語の影響をほぼ受けない。もちろん、幼児が養育者から何らかの言語で不断に話しかけられ、何くれとなく世話を受けることは不可欠である。だが、特定の言語、特定の生活習慣が、心としての自己認識、つまり他人と自分が、それぞれ違う仕方で世界をとらえ、表象している（心の中に映し出している）という認識に、決定的な影響を及ぼすわけではない。この種の自己認識は、三歳過ぎから五歳前後にかけて成立する。これはトルコ、日本、サハラ以南狩猟採集民社会など、欧米以外のさまざまな文化圏で確認されており、ヒトの成長の生物学的な特徴の一つであるらしい（Wellman and Lagattuta 2000；Wellman, Cross and Watson 2001）。

文化や言語の影響を強く受けるのは自我理想を通じた自己認識の層である。オブライエンと河村参郎では、自己の理想像はおおいに違うだろう。ルース・ベネディクトは、『文化の型』のなかで、「人類学は、社会が作りだした存在としての人間の研究である」（Benedict 1989a, 二）という文化相対主義の立場から、次のように語った。

個人の生活史は、何よりもまず、自分の共同体で伝統的に継承されてきた型と規準への順応である。その子がそのなかに生まれ落ちた習慣が、誕生の瞬間から、経験と行動とを形成する。話せるようになるころまでに、その子はその文化の小さな被造物となっており、さらに成長してその文化の諸活動に参与するようになると、その文化の習慣がその子の習慣となり、その文化の信念がその子の信念となり、その文化において不可能なことはその子にも不可能となるのである。

(Benedict 1989a, 2–3)

ベネディクトは、このように子供が発達のごく早期からその社会が作り出した存在となることを強調している。しかし、文化相対主義は、身体的な自己把握や心としての自己把握の層には適用できない。

近年の発達心理学は、上に述べた自他の心の区別のような認知的な課題に関して、幼児の発達に生物学的な共通性があることを確認した。一人称表現(2)(「わたし」「I」等々)の使い方を学ぶためには、言語習得以前に、自他の原初的な識別となんらかの自己認識とが成立していなければならない。ジェローム・ブルーナーは、この点を次のように指摘している。

言語が相互作用の道具としての役割を果たすようになる前であっても、ヒトは、何らかの前言語的な〝心の理論〟がなければ、他人と人間らしく相互作用することはできない。この前言語的な〝心の理論〟は、人間の社会的行動に内在しており、初期の未発達な段階にふさわしい形態で表現される。例えば、九月齢児が大人の〝指差し〟の方向を見て、そこに何も発見できないと、振り返って、大人の指差しの方向だけでなく今度は視線の方向と照合する、といったことである。この常識心理学の先行形態から、ついには、指示語や名付けといった言語的な成果が出現してくる。

(Bruner 1990, 75)

ブルーナーによれば、言語習得以前の幼児は、母親の身振りや視線の方向から母親の注意がどこに向かっているのか解釈でき、試行錯誤しながら母親と共通の対象に注意を向けることができる。幼児のなかには、母親は自分とは違う何かに注意を向けている、という前言語的な洞察がある。自分と母親のあいだで注意の向かう対象の一致・不一致が問題になるということは、とりもなおさず、自分が他人とは違う何かとして、また他人が自分とは違う何かとして、暗黙の裡に把握されていることを示している。言語習得以前の幼児には、前言語的な自他の識別と認知が存在するのである。このような自己把握は、文化を形成するためのヒトという生物種の共通基盤である。幼児もたしかに文化に規定された存在である。母語の習得はその典型である。だが、ヒトが文化に規定されることを可能にしているのは、ヒトの生物学的な特性なのである。

心理学者たちの見解

以上の自己の三つの層は、心理学者たちの議論を哲学的な関心に沿って切り取ったものである。依拠したのは、主にアーリック・ナイサーの一九八八年の論文「五種類の自己知」と、キャサリン・ネルソンの二〇〇三年の論文「語りと自己、神話と記憶――文化的な自己の出現」である。ナイサーは、自己の発達過程を、特徴的な自己認識が出現する順に五つに分ける。ネルソンは、六つに分ける。それぞれの分類を紹介しておく。

ナイサーの論文「五種類の自己知」は、発達心理学における自己認識の研究に、一つの準拠枠を与えた論文である。この論文は、自己認識をもたらす情報の種類に着目して、自己を次の五つに区別する（Neisser 1988, 36）。

生態学的自己（the ecological self）
間人物的自己（the interpersonal self）
拡張された自己（the extended self）
私秘的自己（the private self）
概念的自己（the conceptual self）

これらは、それぞれ形成の時期は異なるが、すべて生涯の早期に出現する。上述した自己の三つの層のうち、身体的な自己は、ナイサーの生態学的自己と間人物的自己に対応する。心としての自己は、拡張された自己と私秘的自己に対応する。自我理想を通じた自己は、概念的自己に対応する。

ネルソンは、自己認識の洗練の過程を、六つの水準として区別した（Nelson 2003, 5）。

水準一：身体的自己理解（Physical self-understanding）：出生時から出現
水準二：社会的自己理解（Social self-understanding）：六〜一二月齢で出現
水準三：認知的自己理解（Cognitive self-understanding）：一八〜二四月齢で出現
水準四：表象的自己理解（Representational self-understanding）：二〜四歳で出現
水準五：物語的自己理解（Narrative self-understanding）：三〜六歳で出現
水準六：文化的自己理解（Cultural self-understanding）：五〜七歳で出現

水準一と二が、身体的な自己把握にほぼ対応し、水準三と四が心としての自己認識に、水準五と六が自我理想を通じた自己認識にほぼ対応する。

以下では、ナイサーやネルソンが分類の根拠として言及している発達心理学上の発見を紹介し、それらの発見を通じて、主に、身体的な自己と心としての自己という二つを具体的に描き出す。これによって、私たちの自己認識のあり方を、人間の身体や社会の側から見直すことを試みる。

なお、自我理想をめぐる問題は、原則として、本書では取り扱わない。さきに、カウボーイやハードボイルドの探偵がアメリカの大衆文学における英雄像の一つとなっていることに触れた。この人物像は、社会の外に立つ完全に自律的な個人という理想を表しているとされる。合衆国の個人主義的な人々については、アレクシス・ド・トクヴィルによって「これらの人々は誰にもなにも負うていない。また、誰にもなにも期待しない。自分が孤立していると考えることに慣れていて、自分の運命を完全に自分の手に握っていると考えるのを好むのだ」（Tocqueville 2003, 589）という古典的な描写がなされている。これと対比して、ベネディクトは、日本について「徳高い人々は、アメリカで人々が言うように、自分は誰にもなにも負うていない、とは言わない」（Benedict 1989b, 98）と指摘した。

このように、異なる文化圏で異なる人物像が理想的な自己のあり方として思い描かれることはほぼ確実である。だが、それらを抽出する試みは、よほどの調査の裏付けと考察を経なければ、安易なステレオタイプの抽出にしかならない。

また、幅広い調査にもとづくすぐれた研究でも、その部分的な引用は、案外に、鮮明な人物像にならない。エイブラハム・リンカーンは、孤独で個人主義的な英雄という原型に一致しているとされるが（ベラー他 1991, 179）、「リンカーンがニヒリズムに陥らずにすんだのは、彼が大きな全体の存在を知っており、そのために生きることが重要だと感じ、ひいてはそのためには死をも辞さないという信念があったからである」（同上）ということになると、相反する複数の理想的人物像が干渉しあって、立派な人物という漠然とした印象しか残らなくなる。「リンカーンは深く、そして典型的にアメリカ的な個人であったが、彼がそのような個人となったのは、共同体や伝統へとみずからを同一化することによってであった」（ベラー他 1991, 180）という、それ自体としては異論の挟みようのない記述は、合衆国には伝統的な理想的人物像が何かある、という以上のことを伝えない。本書では、人々が理想的な自分のあり方について、オブライエンがそうであったようにそれぞれ思いめぐらしていること、そして、そのような試みを通じて自分がどのような存在なのかを考え続けていること、こういった自己認識の層があることを確認しておけば足りる。

2　環境に埋め込まれた身体——身体的な自己

本節では、身体的な自己を浮かび上がらせる実験報告をいくつか取り上げて検討する。そして、この段階での自己のあり方と、対象化された「私」の認識との違いを明らかにする。

身体制御と自己受容感覚

身体的な自己は、自己受容感覚を通じて把握される。J・J・ギブソンは、自己受容感覚を特定の受容器に結びつける見方をしりぞけ、動物は、見、聴き、触れ、嗅ぎ、味わう外界受容感覚のすべてを通じて、自分自身への刺激を作り出していると考えた（Gibson 1982, 165）。身体的な自己把握は一種のフィードバック現象なのである。

> 運動の統御は視覚に依存し、手作業の統御は眼と関節と皮膚感覚に依存し、発話の統御は耳に依存する。（Gibson 1982, 165）

視野のなかの光学的な動きは、自分の身体の位置や動きを時々刻々知らせる。この視覚的情報がそのまま運動系への入力となって、例えば、飛んできたボールを取るといった動作が可能になっている。手や指で何か作業をするときには、眼で見た視覚情報と手触りの触覚情報と手指関節の曲がりの角度の情報とが適切に協調する。一般的に言えば、自分の身体の運動が視覚や触覚への刺激を作り出し、その刺激の受容が運動系による自分の身体の統御のための情報となり、その統御の結果がさらに視覚や触覚への新たな刺激を作り出す。ここには「反応から刺激へ、そしてまた反応へというループが存在する。この結果は、それぞれ別個な反射の連鎖ではなく、活動の連続的な流れになるだろう」（Gibson 1966, 31）。これは動物が環境のなかで行動するときに常に生じていることである。そして、この情報の流れのカナメの位置に一個の生きて動いている身体が位置している。

ギブソンのこの生態学的な知覚論の立場を取り入れて、ナイサーは、「ある対象が手の届くところにあるのを見ることは、私の手の長さと私の体幹の柔軟性を条件として、その対象が私の手の届くところにあるのを見る」（Neisser 1997, 24）ことにほかならないと指摘する。私たちの知覚経験は、常に、自分の身体と環境世界との相関性の知覚であり、常に「私」に関する情報をともなう。私たちの身体的自己把握は、私たちの環境認知のなかにある。

ナイサーが典型的な事例として挙げているのは、環境を観察する視点が身体移動によって動くときの、視野の光学的な情報である。例えば、壁のような一様に広がった平面に観察者が接近してゆくと、その平面は視野の中心から外へ向かって流れて広がり、平面の質感は粗くなっていく。この流れは、自己の身体の将来の空間的位置（自分がどこへ向かっているのか）を予測することを可能にしている。この流れが急速であれば、衝突が差し迫っていることが分かる。また、広がった表面に対して観察者が平行移動するときの光学的な流れは、自己の身体の移動の経験を与える。だから、駅に停車中の列車の窓から隣の線路の列車が発車するのを見ると、自分が動いている感覚が生じるのである（Neisser 1988, 37–38）。

幼児が光学的流れの視覚情報を利用して身体姿勢の制御を行なっている事実は、リーとアロンソンによって立証された。リーとアロンソンは、発泡スチロールで底面のない巨大な箱を作って、その箱を実験室の不動の床面上を滑り動く〈部屋〉として使い、不動の床面上で静止した被験者に対し周囲の〈部屋〉の壁が前後に滑り動いて光学的な流れの情報を作り出す実験装置を考案した。

この〈可動部屋〉は広さがちょうど四畳間くらい（奥行き三・六メートル、間口一・八メートル、高さ二メートル）の直方体で、天井はあるが床はなく、手前入り口側の間口の壁は外してある。この〈部屋〉を実験室の床からわずかに浮かせて実験室の天井から吊るし、長手方向に四七センチメートルずつ計九四センチメートルの振幅で動かせるように設定する。この〈部屋〉の中央に、奥の壁面に正対する形で一三月齢から一六月齢の幼児を立たせ、〈部屋〉を前後に動かすのである。正対する壁面が幼児から遠ざかるように、すなわち、幼児に対して視野左右の壁面が前方に移動するように〈部屋〉を動かすと、幼児は前のめりに身体が動き、少なからぬ人数がよろめいて倒れた。逆に、後ろ方向に〈部屋〉を動かすと、幼児はのけぞって後ろ向きに倒れた。〈部屋〉を前方に動かした場合には、被験者の視野には自分の身体が後方に移動しているときの光学的流れが生じる。すると、後方への身体運動を補正するため、前方へ動くよう筋肉・関節系が反応し、前によろめいたり、甚だしい場合は倒れてしまったりすると考えられる。〈部屋〉を後方に動かせば、反応はちょうど逆になる（Lee and Aronson 1974）。
バターワースとヒックスは、まだ立てない一〇月齢児を被験者として〈可動部屋〉実験を行ない、座った姿勢でも被験者に〈部屋〉の移動方向に沿った頭や上体の揺れが生じることを確かめた（Butterworth and Hicks 1977）。さらに、二月齢児でも、〈可動部屋〉のもたらす光学的流れの情報に合わせて自分の頭を動かす反応が存在することが確認されている（Butterworth 1990, 124 ; Butterworth 1995, 94）。これらの実験結果は、自己の身体を認知する視覚的自己受容感覚が、直立姿勢を学ぶ以前に、直立姿勢とは独立に成立している事実を示している。

各種の実験から、光学的な流れに対する視覚の自己受容感覚的な感受性（視覚による姿勢制御能力）がヒトの生得的な能力らしいことが強く示唆されている（Butterworth 1990, 124 ; Butterworth 1995, 94–95）[3]。だが、これは古典的な意味での反射過程ではないとバターワースは主張する。「光学的な流れのパターンは、姿勢の安定性が失われるのを告知することを通じて、行動を訂正する動機を与えている。そして、うまく制御された姿勢がいつ達成されるのかをそれが規定しているという点で、光学的な流れのパターンは目的指向的（goal directed）にできているのである」（Butterworth 1990, 127）。つまり、光学的流れのパターンに基づく視覚の自己受容感覚は、運動にともなう自己の身体の制御をうまくやってのけるための目的指向的な活動であって、生きて動いている身体の、時々刻々変化する動的かつ原初的な自己認識と見なしうると言うのである。

バターワースに対してG・G・ギャラップは「すべてではないが、ほとんどの脊椎動物が、〔免疫系の〕細胞レベルの自己感受も主観的で自己受容感覚的な自己感覚も備えている。しかし、これらの能力があっても、それはその生き物が自分自身を注意の対象とすることが可能になる地点にまで到達していることをまったく保証しない」（Gallup 1992, 117）と批判した。たしかに、自己受容感覚は自己の対象化をともなう意識的な自己認識とは基本的に別ものである。したがって、幼児の身体的自己把握は、たとえバターワースの言うとおり反射ではなく原初的な自己認識であるとしても、人間の自己認識の出発点（必要条件）を示す興味深い現象にすぎない。この出発点から一人称の発話が可能になる地点までの道程には、自己を対象化して認識する重要な変化が含まれている。発話は対人コミュニケーションの一形態である。言語習得以前の非常に幼い幼児が、どのように周囲の同種の他の個体とコミュニケーションを行なっているのか、次に見ておこう。

乳幼児のコミュニケーション

人間は、幼児の環境の重要な要素である。非常に幼い幼児でも、人間とそれ以外の対象を識別している。この識別能力の存在は、新生児が大人の表情を模倣するという事実によって立証された（Meltzoff and Moore 1977 ; Meltzoff and Moore 1983）。メルツォフとムアは、[4]生後一二日から二一日の幼児を対象とする実験を行ない、これほど幼い幼児でも大人の顔つきの模倣を行なう事実を発見した（Meltzoff and Moore 1977）。さらに彼らは、生後四二分から七一時間の新生児を対象にして同じ実験を行ない、まったくの新生児が大人の顔つきを模倣する事実を確認した（Meltzoff and Moore 1983）。

トレヴァーセンによれば、「新生児は、しばしば何秒間も相手を観察してじっと見ている。模倣をするときには、明らかに努力しており、少しずつモデルに近づけてゆく」（Trevarthen 1993, 143）。つまり、新生児の模倣は、反射的な運動反応というよりは、意図的な行為に近いものなのである。模倣は他者への応答であるから、会話の原型のような相互性を備えている。だから、「生後わずか数時間の幼児が、自己と他者の心理的な統御に適応したコミュニケーション能力を表現することができる」（Trevarthen and Aitken 2001, 7）と言ってもよい。新生児は同種の他の個体を環境中で識別できるだけではなく、それに応答する傾向を備えているのである。

新生児は、非常に早い時期に、母親を識別できるようになる。デ・カスパーとファイファーは、生後三日以内の新生児が、母親の声を聞き分けるだけでなく、他の女性の声よりも母親の声を好むという事実を確認した（DeCasper and Fifer 1980）。また、新生児は、生後すぐ母親の顔を識別できるようになり、六日までには母親の胸の匂いを他人の匂いよりも好むようになり、二週間経つと、暗闇の中で沈黙したままでも、母親が抱き上げるときとそれ以外とを識別し、母親にはくつろいだ姿勢を取るようになる（Murray and Trevarthen 1985, 180）。幼児は非常に早い時期から、人間と他の対象を識別できるだけでなく、人間の個体を識別している。そして、幼児は最も重要な個体である母親を相手にして、繊細なコミュニケーションを行なっている。

マレーとトレヴァーセンは、二月齢児を被験者として、幼児と母親とのコミュニケーションの実態を確認する巧みな実験を行なった（Murray and Trevarthen 1985）。彼らは、その実験結果にもとづいて、二月齢児と母親とのあいだには、双方向的に情動を伝達し合う繊細で濃密なコミュニケーションが成り立っていると主張した（Murray and Trevarthen 1985, 191–195）。とりわけ重要なことは、幼児は、ある時点での自分の身振りや表情の表出に関して、まさしくその身振りや表情に呼応した応答を母親が返してくるかどうか精密に識別している、という事実が確認されたことであった。二月齢の幼児は、母親がコミュニケーションの流れにうまく適合しない見当外れの反応を返してくると、苦痛を感じるようなのであった。幼児は、母親の笑顔が見えればいつでも満足するといった単純な感情反応の規則に従っているのではなくて、自分が行なった表出に呼応して適切なタイミングで適切な応答が返ってくることを期待しており、その期待が裏切られると苛立つように見えるのである。

マレーとトレヴァーセンの実験は、幼児と母親をそれぞれ別室に入れて、テレビカメラとモニターとビデオレコーダーをそれぞれの部屋に据え、これらを回線で結んで幼児と母親がモニター上の映像を通じて双方向にコミュニケーションできるよう設定して行なわれた。実験のカナメは、相互に映像が生中継されている状態での幼児の行動と、録画された母親の映像を見る状態での幼児の行動を、比較対照するところにある。まず、相手の反応が相互に同時的に生中継されている状態で、母親の行動をビデオに録画しておく。そして、この生中継の後に、それを録画した映像を被験者の幼児に見せ、その反応を観察する。録画を見るとき、幼児は相互のコミュニケーションがうまくいっている状態とまったく同一の母親の行動を見るのだが、しかし、録画された母親は録画を見ている幼児の反応に、適切な応答を返してはくれない。生中継と録画の相違に幼児が反応するならば、幼児は、現在進行中のコミュニケーションの相互依存的な構造に敏感に気づいていることになる（Murray and Trevarthen 1985, 182）。

生中継のあいだは、幼児は、通常の面と向かってのコミュニケーションの際と同様の反応を示した。微笑みの頻度は落ちるが、母親とのアイコンタクトは維持され、舌や唇の活動性は落ちず、腕を動かす活動性は高い。しかし、録画を見せられると、母親から視線が反れ、顔をしかめたり唇を歪めたりする苦痛の表情を示し、衣服や顔をいじる転換反応が出現する。そして、肯定的な感情表現も、コミュニケーション努力を示す動作も減少した（Murray and Trevarthen 1985, 189）。幼児と母親の通常のコミュニケーションにおいては、現在進行中の相互の表現に応答することによって相互依存的なコミュニケーションが成立していると考えられる。ビデオ録画はその相互依存性を破壊してしまうので、幼児にとって苦痛が生じると推定される[5]。

こうした実験から、六週齢から一二週齢の幼児が「母親の行動の構造的諸特徴（例えば、母親の視線の方向、表情、運動のリズム、声の質など）を探索する能力を備えていて」（Murray and Trevarthen 1985, 192）、母親の行動の諸特徴に対して情動の表出で応答しており、母親の方も、幼児の表出を的確に読み取って返答していることが分かる。幼児は、たった二月齢余りで、母親との接触のなかで、自己の情動の表出の可能性や制約を知覚して、表情や身振りを制御している。こうして表出する身体としての自己[6]を時々刻々確立している。

しかし、この種のコミュニケーションの存在は、必ずしも自分の伝達したい内容を幼児が自覚していることを意味しない。この時期の乳児は、端的に言えば、「社会的な接触のただ中にあってそれに気づいている生きた身体[7]」（Neisser 1997, 27）にすぎない。マイケル・ルイスによれば、生後三カ月から六カ月程度の幼児のコミュニケーション活動は、「心的状態を含んでいなくてもよいのであって、その代わりに、伝染、つまり注意の獲得と保持の単純な諸規則を示しているだけなのかもしれない。この〔母子コミュニケーション〕関係は、一方〔母親〕は複雑な心的状態を保有しているが、もう片方〔幼児〕は生物学的な諸能力しか保有していない二者関係の相互作用にすぎないかもしれないのである」(Lewis 1997, 282)。要するに、二月齢の幼児は、たとえ繊細なコミュニケーション活動をしているとしても、依然として、環境のなかで周囲と相互作用する身体という水準から離陸してはいないと見た方がよい。対象化された「私」が、幼児において、環境に埋め込まれた身体としての諸活動のなかから生み出される局面は、この段階には見つからない。

3　共同注意と対象化された「私」——心としての自己（1）

幼児が対象化された「私」の形成の方向へ一歩を踏み出すのは、他人が周りの対象を注視している、ということに気づく働きとかかわりがある。大人が注意を向けている対象に幼児も注意を向ける現象は、共同注意（joint attention）と呼ばれる。共同注意は、大人の視線の変化や指差し行動に幼児が気づき、その方向に幼児自身も視線を向け、大人が何を見て（指差して）いるのか突き止める、という一連の行動である。これは幼児が他人と指示対象を共有する経験であり、言語習得に決定的な役割を果たしている。

視線追尾と言語習得

大人の視線の変化に幼児が気づき、その方向に視線を向ける、という現象にはじめて注目したのは、スカイフとブルーナーである（Scaife and Bruner 1975)。彼らは、二月齢から一四月齢の幼児三四名を被験者として、比較的単純な手続きによって幼児の共同注意能力に関する基本的な事実を確認した。

スカイフとブルーナーの実験では、まず実験者は幼児と同じ視線の高さで約〇・五メートル離れて正対し、アイコンタクトを維持する。それから沈黙したまま首を九〇度回して、実験室中の一・五メートル離れたところに隠して置いてある小さな光を七秒間だけ見る。それからまた首を元の位置に戻し幼児とアイコンタクトを再確立する。この動作を、右と左にそれぞれ一回ずつ、アイコンタクトの再確立に要する二〇秒から五〇秒の間隔を置いて、実行する。幼児の反応が視覚的共同注意と判定されるのは、幼児が、(a)実験者に合わせて右または左を、(b)他の場所に視線をやることを途中に挟まずに、(c)七秒以内で、(d)何かを探すか見つめる様子をともなって（頭の回転が〇・五秒以上停止し、四肢の動きが止まる）見るとき、である（Scaife and Bruner 1975, 265）。

結果は単純明快であり、非常に興味深いものだった。二月齢から四月齢の幼児では三〇パーセントが共同注意と判定される反応を示した。肯定的反応の比率は、五月齢から七月齢では三八・五パーセント、八月齢から一〇月齢では六六・五パーセント、一一月齢から一四月齢では一〇〇パーセントになった。幼児は、わずか二月齢から四月齢でも他人が視線（ないし頭）を向ける方向に自分も目を向ける傾向を備えている。この視覚的共同注意の能力は月齢に応じて高くなり、一歳頃には全員が他人の注意の方向に敏感に反応するのである。

ブルーナーは、この発見を、母子関係の観察と種々の実験報告にもとづいて、言語習得における指示の発達の説明に組み込んだ。子供は二月齢でアイコンタクトができるようになり、発声もそれにともなうようになる。この頃やっと赤ちゃんが人間らしくなってきたと母親は感じるのだが、この時期以降、母親は、適当な品物を取り上げて、自分と赤ちゃんの共同注意のターゲットを設定する行動を始める。アイコンタクトを保ちながら、自分と赤ちゃんのあいだに品物を持ってくるか、あるいは、赤ちゃんが先だって注意を向けている対象を取り上げて動かしてみせる（Bruner 1983, 70–71）。このとき、母親は、特徴的な上昇イントネーションで呼びかける。この上昇イントネーションの呼びかけは、赤ちゃんが言語を理解できないこの段階で、むしろきわめて多い。「この段階での発声は、後にものを手で扱いながら言語が用いられるときのための〝場所を確保する仕掛け（place-holder）〟である」（Bruner 1983, 71）。赤ちゃんは、母親が手にものを持ってこの素早く上昇する強勢イントネーションを発すると、自分の注意の焦点を母親が持っているものに振り向ける傾向が強い。この特徴的な音声は、ヒトの幼児にとって不確定の何かを指し示す原始的な指示表現であるらしい。共同注意の最初の局面は、こうしてほとんど母親の制御下にある。「この最初の局面は、〝見るべき何ものか〟に母親が注意を向けていることを示す信号を、子供が母親の発話のなかに見出す、という結果をもたらす。七カ月で、子供はこの〝未分化の指示表現（undifferentiated deictics）〟を感受できる段階に到達するようである」（Bruner 1983, 73）。

同じ頃に、幼児は、大人の視線を追って、何が他人の注意を引いているのか発見しようとする段階に至る。先のスカイフとブルーナーの実験によれば、視覚的共同注意を構成する視線追尾とターゲットの発見は、八月齢から一〇月齢で三分の二が、一二月齢で全員ができるようになる。一二月齢頃になると、幼児はターゲットが見つからないと大人に視線を戻し、どちらを向けばよいのかさらに探求するようになる。こうして、対象に向かう注意の統制が、未分化な指示表現よりも進んだ仕方で行なわれるようになる（Bruner 1983, 74）。他方、幼児は六月齢から七月齢頃までに、手を伸ばしてものを取ろうとしたり、取ったものを交換しようとしたりするようになる。「この能動的な時期の主たる達成は、子供が欲求対象を示す信号の発し手になるということである。子供は、自分の注意を他人が引きつけようとするのを理解したり解読したりすることに、ただ巻き込まれているだけではなくなる」（Bruner 1983, 75）。つまり、幼児は、共同注意現象が生じる頃には、環境世界に対する彼らなりの能動性を行動において示し始めている。

こうして、九月齢過ぎから一二月齢頃に、指差し（pointing）という決定的な行動様式が出現する。指差しは、視覚的共同注意と並ぶ重要な共同注意の現象形態である[8]。ブルーナーの観察した二人の幼児では、一人は九・五月齢で、もう一人は一三月齢で、純粋に指差しと見なせる行動が出現している。指差しは、手を伸ばしてものを取る行動の拡張や変形ではなく、「注意する価値のあるものを選び出すための原始的な印付けシステム」（同上）であると考えられる[9]。これは発声をともなう。例えば、窓の外のものを見て「ウゥム」と発声しながら指差したり、見慣れたコップが見慣れぬところ（例えば、母親の頭の上）にあるのを見て「ダァ」と発声しながら指差したりする行動が観察される（同上）。「ウゥム」「ダア」のような原-指示詞（proto-demonstrative）と同時に、“bird”に該当する“*boe*”や、“apple”に該当する“*apoo*”といった非標準的な発声が見られるようになる。こういった発声は、「ウゥム」「ダア」が出現するのと同じ場所を占める。ブルーナーは、この段階の幼児について、次のような印象深い観察を報告している。

> 運良く撮影されたのだが、その夕方、リチャード〔ブルーナーの研究対象の幼児、このとき一三月齢〕は、室内のゆかの上に座って、上方を指しながら、うわの空でおずおずと、彼にとって“bird”に当たる“*boe*”という語を発した。リチャードは、記憶から呼び出した対象を、彼にとって〃現存する〃空間中に位置づけたように見えた。彼の“*boe*”という語彙素は、現実の対象が不在の時に**空間的な指示表現をともなって**自分の言いたい点を名詞的に特定する表現として機能していた。（Bruner 1983, 76. 強調は引用者）

リチャードは、このとき山荘で夏を過ごしていた。そこでミヤマガラスやカサギを見た。しかし、上方を指差して“*boe*”と発声したとき、近くに鳥はいなかった。従って、リチャードは、記憶から呼び出したものについて何か言ったものと考えられる。指差しは、ここでは、現実の空間的位置を示してはいない。

ブルーナーは、この観察を、「指差しが一種の〃抽象的な〃位置づけ行為」（Bruner 1983, 76）の機能を果たしたと解釈する。そして、ちょうどこの頃に発達する、「あなたのお鼻はどこにある？（*Where's your nose?*）」とか、「これは何？（*What's that?*）」とか、「あのXはどこにあるの？（*Where's the X?*）」といった母親と幼児の問答ゲームと並べて取り扱っている。このような問答ゲームは、すぐ近くにある言語外の要素に記号を結びつけるという意味で、指標語（indexicals）の典型的な学習環境を提供する。記号を直近の言語外の要素と結びつけることが可能になると、引き続いて言語内の要素、つまり他の記号と結びつけて使用することが可能になる。幼児は、こうして、発声と世界が結びつく直示性（deixis）としての指示表現の使用だけでなく、発声と先行する表現が結びつく照応指示

(anaphora)としての指示表現が使用できる段階に移行してゆく(Bruner 1983, 76–77)。

　ブルーナーは観察にもとづいて慎重に議論しており、報告されたリチャードの行動についてこれ以上のことを言っていない。しかし、もう少し踏み込んでよいなら、リチャードの行動については、次の解釈が可能である。指差しが具体的なターゲットの空間的位置を指定する指標的な身振りであり、この身振りが"*boe*"という発声と同時に不在のターゲットを抽象的に指定して使用されているのならば、この指差しは、定冠詞の役割を果たしていると思われる。つまり、リチャードは、"*the* bird"と言いたかったものと見られる。この観察例は、要するに、幼児が原始的な確定記述を行なう段階に達していることを示すように見える。不確定の指示表現に反応するのみの七月齢頃の段階から、不在のターゲットについて確定した指示を行なう段階へ、一三月齢頃にはすでに移行し始めている。

　ブルーナーによる言語習得の素描では、幼児が不確定の何かへ漠然と注意を促される段階から、確定したターゲットを求めて注意を向ける段階を経て、不在のターゲットに注意を向けることができる段階まで、共同注意の諸段階が順々に出現してくる。そこで、次に、視覚的共同注意の現象を実験室の環境で精密に調べると、どのような段階が識別できるのか確認しておこう。

視線追尾の三段階

バターワースとジャレットは、幼児の周囲に複数個のターゲットを置き、母親の視線の留まったターゲットを幼児が突き止められるかどうか、条件を厳密に設定して一連の実験を行なった。被験者は、六月齢児、一二月齢児、一八月齢児の一八名の幼児計五四名である。このそれぞれの月齢における共同注意能力の発達段階が確認された(Butterworth and Jarrett 1991)。

　実験のために設定されたのは、ちょうど六畳間くらい(奥行き三・九五メートル、間口二・六メートル、高さ二・一メートル)の小さな部屋である。部屋の中央付近に、被験者の幼児とその母親が四〇センチメートルの間隔で正対して座る。ターゲットは二〇センチメートル四方の黄色のカードボードで、被験者の周囲に四個配置される。ターゲットの置き方を変えて行なった多数の実験の結果から、バターワースとジャレットは、次のような結論を導いている。

第一に、六月齢児にとって、母親の頭と視線の動きは、どちらを向くべきか大まかな方向を知らせるものとなっている。そしてその方向に何か目立つものがあれば、彼らはそれを注視する。必ずしも母親の注視の対象を特定できるわけではないが、環境中で注意を引く対象が大人でも幼児でもそれほど違わないならば、この程度の大雑把なやり方でもコミュニケーションの役には立つ。大人がとても目立つターゲットに注意を向けたときなどには、幼児が大雑把にそちらを見やるだけでも同じターゲットに注意が向かう可能性は高いだろう。この共同注意の仕組みは、人間と環境との相互作用に依存しているので、生態学的メカニズムと呼ばれる（Butterworth and Jarrett 1991, 69）。

第二に、一二月齢児は、生態学的メカニズムに加えて幾何学的メカニズムをもつようになっている。幼児は、母親の視線の投射先をかなり正確に自分の視野のなかで推定して、ターゲットの位置を特定できるようになる。よく似たターゲットでも、位置が違っていれば、そのどちらを母親が見ているのか選別できる。しかし、一二月齢児は、母親の視線の方向に沿って、自分の背後の空間を見やることはまだできない（Butterworth and Jarrett 1991, 70）。

第三に、一八月齢児は、自分と母親と対象とを包含する「容れものとしての空間という表象（a representation of space as a *container*）」をもつようになっていて、そのなかで他人の注意が向けられているターゲットを探すことができるようになっているらしい。自分の背後の空間にあるターゲットを振り向いて特定できるのは、自分の視野という空間が知覚されているだけでなく、容れものとしての空間という表象が成立しているからであると考えられる（同上）。

こういった視覚的共同注意の実験報告が明らかにしているのは、バターワースの考えでは、次のことである。

> 幼児は自分の視覚野が他人にも共通して保有されている（もちろんこれは正しい！）と見なしている。知覚は必然的にある特定の視点から始まる。しかし、この結果が示すとおり、幼児は、他人もまた共通の空間上にパースペクティヴをもつことが可能であることを知覚しているのである。そういうわけで、……共同注意課題は、他人もまた諸対象からなる世界を知覚していることに幼児が気づいているということを示している。対象物が幼児と大人の公共的な媒介物として役立っている。　(Butterworth 1994, 124)

他人が何かに気づいていることに自分が気づき、その何かを突き止めることができるということは、ものを仲立ちにして他人の気づきの内容に出会う、ということである。知覚される世界のなかで、他人の注意が向けられている対象を選び出して共有することは、共通の世界に相対している他人の心を知覚することに同じなのである。ただし、六月齢や一二月齢の幼児は、大人と同じように心を解釈しているわけではないから、他人のなかに信念や欲求や意図を読み取っているわけではない[10]。そうではなくて、これらの幼い幼児は、他人の心が浸透した状態の環境世界をとらえているのである。視覚的共同注意や指差しの理解、あるいは、幼児による模倣といった現象は、「行動を通じて表現され、知覚を通じて媒介される他人の心の直接的な理解を明らかにしている」(Butterworth 1994, 118) と考えられる。

こうして他人の心を環境のなかに見つけることはできるとしても、自分の心、つまり対象化された「私」は依然として見つけられていない。だが、対象化された「私」に到達する手がかりも、共同注意現象のなかにひそんでいる。先にブルーナーによる言語習得の一過程の素描を通じて見たように、「あなたのお鼻」「あのX」といった指標語は、視覚的共同注意や指差しによる指示の習得と同時に理解されるようになる。人々の指示行為によって世界内の対象が特定され識別され、何らかの特定のコミュニケーション意図の下で（例えば、「……はどこにあるの?」）共有される。マイケル・トマセロは、このようなコミュニケーションのなかで自分に向けられた他人の意図を知覚することが、自分自身を対象にする形式の自己認知が幼児のなかに形成されてくることとかかわりが深いと論じている。その議論を最後に見ておくことにする。

共同注意と自己の対象化

視覚的共同注意は、単純に定義すれば、「誰かが見やっているところを見ること」(Butterworth 2001, 213) である。この意味での視覚的共同注意の例は、動物の世界にも多数ある (Butterworth 2001, 216)。同種の他の個体の頭の向きは、しばしば興味深い対象が存在する有力な手がかりになる (Tomasello 1995, 106)。スカイフとブルーナーの実験も、バターワースとジャレットの実験も、この単純な定義に沿って実施されていた。

しかし、共同注意とは、たんに視線が一致することではなくて、まさに注意が共同的に行われることであるなら、上の単純な定義では足りない。注意が共同的になるためには、「別々の個体がお互いの注意の焦点について知識を共有し、一方の人物の注意の焦点がもう一方の人物の注意の焦点によって統制されている」(Butterworth 2001, 213) という相互作用が求められるからである。

トマセロは、たんなる視線の向きの一致ではなく注意の共同性を条件とした場合、本当に共同注意現象が出現するのは、早くとも九月齢頃、普通は一二月齢頃であるとする。六月齢児は、母親の視線 (頭の向き) の変化を手がかりにして、母親と同じ方向に視線を向ける。しかし、バターワースとジャレットが確認したとおり、彼らはターゲットを正確に特定することはできない。同じ方向に注意を向けても、大人と同じ対象に注意を向けるかどうかは、ターゲットの側の条件 (目立つかどうか) に依存する。この場合、たまたま同一の対象に注意が向かったとしても、六月齢児には、大人と自分が注意を共有しているという認識はないだろう。彼らは、たかだか、大人の行動を手がかりとして、興味深いものを見つけることができただけである。

共同注意は、厳密に言えば、二人の人物が共通のものに注意を向けているとお互いに分かっている、という相互認知の状態である。この状態は、幼児が大人と同一の対象に視線を向けながら大人の顔にも目をやる、という行動をとることでほぼ確認できる。この子供の動作は、注意を照らし合わせていることを示すからである（Tomasello 1995, 106）。したがって、本当に共同注意が存在すると言えるのは、「子供が対象と大人とに向かう自分の注意を調整するのと同時に、大人がその同一の対象と子供への注意を調整する」（Tomasello 1995, 107）場合なのである。この、相互に注意を調整する働きは、「相手方が自分と同一の対象に注意の焦点を向けていることを理解するという方法によって」（同上）達成されている。

トマセロは、注意の相互調整という規準を設定した場合、前述のように共同注意の出現は九月齢頃から一二月齢頃になると主張する。この時期は、視線追尾（gaze following）のほかに、社会的な問い合わせ（social referencing）や模倣による学習（imitative learning）といった社会的なスキルが踵を接して現れてくる時期である（Tomasello 1999, 64 ; Tomasello 2001, 150）。社会的問い合わせとは、幼児が見知らぬ人やものや出来事に出くわしたとき、親を見やり、親がそのとき示す態度に合わせて、自分も状況に対処する現象を言う。例えば、遠隔操作で動く蜘蛛のオモチャが近づいてきたとき、親を見やって親が怖がっていると、幼児はオモチャに近づかない。だが、親が楽しそうにしていれば、それに近づく（Baldwin 1995, 135）。これは共同注意能力の一つの現象形態と見なされうる。[11] また、模倣も、この時期には、大人が事物に対して行う動作を、その目的に沿って模倣するという形が現れてくる（Tomasello 2001, 150 ; Meltzoff 1995）。視線追尾、社会的問い合わせ、模倣学習といったスキルがほぼ同じ頃に出現してくるのは、トマセロによれば、「これらのスキルがすべて、他の人々を意図的な行為者（intentional agents）として理解するという、幼児がこのとき見せ始める能力を反映している」（Tomasello 2001, 150）からである。

共同注意は、一般化すれば、幼児と親と対象からなる三者関係の一定の構造である。六月齢児は、対象をつかみ、手で取り扱うことができるし、親と情動的なコミュニケーションを交換することもできる。だがこれらは二者関係である。視線追尾、社会的問い合わせ、模倣学習といった共同注意能力の発現形態は、親がある対象をどう見てどう取り扱うかを幼児が理解し、それに合わせて自分も行動する、という三者関係の構造を備えている。六月齢児は、親の視線を追尾しても、親がどの対象を見ているかすら正確には特定できない。だから、親が特定の対象をどう見ているかは六月齢児の問題ではない。たまたま親の視線が手がかりになって環境中に見つけた対象が興味深ければ、それに注意を向けるだけである。六月齢児と対象との関係は、結局二者関係でしかない。これに対し、共同注意において本当に重要なのは、相手がどんな意図をもって対象に相対しているのかを読み取ることであるはずだ、とトマセロは考える（Tomasello 1999, 64）。

それでは、幼児が九月齢から一二月齢頃に意図を備えた存在として他の人物を理解するようになるのは、いったいなぜなのだろうか。「意図的（intentional）」という言葉でトマセロが言おうとしているのは、〈ある目的を達成するために、注意を向ける対象を選別し、目的達成の手段を選択して行動する〉というヒトの行動上の特性だけである[12]（同上）。新生児は、この意味で意図的な存在ではない。一月齢でも幼児は自分の行動が外界に何らかの効果を及ぼすことが分かるが、どうやってそれを実現したのかは分からない。六月齢から八月齢の幼児は、面白い効果を生む行動を繰り返すことはできるが、状況が変化したときに行動を改めることはできない。彼らは、目的に向かって行動しているが、手段と目的の関係はまだよく分かっていない。しかし、八月齢頃から、幼児は、例えば、オモチャを取りたがっているときに、幼児とオモチャのあいだに障害物（枕）を置いてやると、それを取り除いてオモチャに手を伸ばすことができるようになる。あるいは、大人の手を引っ張ってオモチャを取らせることもある。つまり、八月齢頃から、幼児は、目的と手段を分離し、環境に注意を向けて適切な手段を選択するようになる。トマセロの言う意味で、意図的存在になってくるのである（Tomasello 1999, 66–67）。

トマセロは、この意味で幼児自身が意図的になることが、他人を意図的存在として理解するための基本的な条件であると見なす。そこで、本当の意味での共同注意、すなわち、他人がどんな意図をもって対象に相対しているのかを理解して、自分の行動を統制することができるようになるのは、おおむね九月齢以降になるわけである。

ただし、自分が意図的存在であるからといって、同種の他の個体を意図的存在として理解するとはかぎらない。チンパンジーなどの類人猿は、トマセロの言う意味で意図的な存在ではあるが、同種の他の個体を意図的存在として理解してはいないらしい（Tomasello 1999, 70）。自分が意図的であるように他人もまた意図的である、という理解をするためには、自分と他人を橋渡しする仕掛けが必要になる。トマセロは、ここで新生児でも大人を模倣するという事実に着目する。模倣は、自分を相手に似せる行動である。それならば、「幼児は、非常に早くから他の人物が〝私に似ている（like me）〟と見ているので、自分自身の新しい機能を理解すると、それがただちに他の人物の機能の新しい理解に結びつく」（Tomasello 1999, 68）のだ、と言ってよいのではないかと推測する。[13] これは、幼い幼児でも、他者を理解するために自己の事例にもとづいて一種のシミュレーションをする、ということにほかならない（Tomasello 1995, 122 ; Tomasello 1999, 68）。

このシミュレーションをヒトに特有の処理過程として仮説的に導入してよければ、幼児は、九月齢から一二月齢頃に自分自身が環境のなかで適切な手段を選んで目的を達成できるようになることを通じて、他の人間を、同じように目的を目指し手段を選別する存在として理解できるようになると考えられる。こうして、他の個体が環境中の対象に向ける意図（何を目的としてどういう手段を取るか）を読み取り、その意図に即して対象を取り扱うこと（同じものを注視する、同じ態度を取る、同じ行動をまねる等）が可能になる。そういうわけで、トマセロによれば、本当の共同注意が成立するのは、他人が意図的な存在であることを理解できるようになるこの頃だ、ということなのである。

他人の意図を読み取るようになると、幼児は、他人の意図がほかならぬ自分に向けられている場合があることも理解するようになる。そしてここから自分を対象とした理解、つまり意識的な自己認識の萌芽が生まれてくる。

大人が幼児に言葉を教えるとき、大人の行動は特異な意図の形式を備えている。大人が幼児に向かって、ある興味深い出来事（イヌの出現）を指差しながら、「わんわん！」と言ったとする。大人の意図は、この場合、出来事に向かっていると同時に、幼児に向かっており、なかんずく幼児の意図や注意のあり方に向かっている。幼児がまず理解しないといけないのは、「大人がこちら〔幼児〕に何か意図的なこと――すなわち、現在進行中の出来事のある側面に注意を向けること――を実行させる目的をもって、この聞き慣れない音を発している」(Tomasello 2001, 151) ということである。これこそ、「他人が私 (*me*) に対してXに注意を振り向けるよう望んでいるということを理解すること、つまりコミュニケーション意図を理解すること」(Tomasello 1999, 72) にほかならない。「この定式化が明示的に自己（つまり「私 "me"」）に言及していることに、注意すべきである」(Tomasello 1999, 71)。言い換えれば、コミュニケーション意図の理解において、初めて、幼児がとらえている他者の意図のなかで幼児自身が対象化されて出現してくるのである。

言葉を学ぶことは、他者の意図のなかで対象化された自分を、もう一度、発話という行為のなかで主体にもどすことを含んでいる。「子供が大人の行為を〝この人はこの音を私にあのわんわんに注意を向けさせるために言っているのだ〟というように理解するならば、子供が大人の行為を学んで模倣するには役割を入れ替える必要がある、ということが意味される。すなわち、私が、他人にあのわんわんへと注意を向けさせたいのなら、私は、他人に向かって〝わんわん〟という音を使わなければならない、ということなのである」(Tomasello 2001, 152)。

言葉を学びコミュニケーションが成り立つとは、主体である自己が他者のコミュニケーション意図のなかで対象化され、対象化された自己がみずからの言語行為のなかで再び主体になる、という対象性と主体性の入れ替わりを繰り返し経験することである。幼児が大人のコミュニケーション意図を理解するということは、他者の意図のなかで対象として現れる自己も、自分自身の言語行為のなかで主体として現れる自己も、ともに視野に収めることができるようになることを意味している。あるいは、コミュニケーションのなかで、初めて、対象性と主体性という二側面を備えた自己が浮かび上がってくると言ってもよい。こうして、私たちは、幼児が対象化された「私」に遭遇する局面を、共同注意という現象のなかで見出したわけである。

4　心の理論——心としての自己（2）

心の理論をめぐる発見

一九八〇年代から九〇年代にかけて、他人の心を理解する幼児の能力が広く関心を集め、その研究が著しく進展した。他人の心を理解するとは、他人が考えたり感じたり望んだりしていることが何なのか解釈し、それらによって他人の行為を筋の通ったものとして理解し、さらに他人がこれから何をするつもりなのか予測する、という一連の認知的な活動である。この認知的活動は、英語圏の哲学で〝folk psychology（常識心理学）〟と呼ばれてきたものにほぼ該当する。フォーク・サイコロジーを幼児が身につける過程は、発達心理学の分野においては、通常、「心の理論（theory of mind）」の獲得と呼ばれる[14]。

心の理論という用語は、チンパンジーの心理的な洞察力を扱ったプレマックとウッドラフの一九七八年の論文で導入された。同論文での定義によれば、ある個体が心の理論をもっているとは、その個体が、自分自身と他者（自分と同種または異種の他の個体）に心的状態を帰属させるということである。これが理論と呼ばれてよいのは、第一に、心的状態が直接には観察可能でなく、第二に、これが他の有機体の行動を予測するための推論に利用されるからである（Premack and Woodruff 1978, 515）。ヒトの場合、帰属されうる心的状態は、行動の目的や意図をはじめ、信じる、考える、疑う、知っている、好き、嫌い、欲しがっている、何かのフリをしている、誰かを騙している、等々、多彩な記述によってさまざまに描き出される。

これらの心的状態は、哲学の慣例では、大胆に単純化して信念（事実認識）と欲求という二大分類項目にまとめられることが多い。語義を適当に幅広く取れば、信念と欲求によって複雑な行為もよく説明できる。詐欺師がカモを騙すという行為は、ある人物が金銭的な利益を得たいという欲求をもち、偽なる情報を真であると他の人物に信じさせることが自分に利益をもたらすと信じ、そのために役立つと信ずる一連の行為をする、ということである。人間は、欲求と信念によって行為に合理的な解釈を与えて毎日を生きている。心の理論の獲得とは、このような欲求と信念の常識心理学を幼児が身につけてゆくことである。

ウィマーとパーナーの一九八三年の論文において、心の理論の発達に関する重要な発見が報告された（Wimmer and Perner 1983）。ウィマーとパーナーは、他人が誤った信念を心に抱いているという状況を三歳児が適切に取り扱えないということを、一連の課題を通じて見出した。例えば、「男の子がチョコレートを居間の引き出しにしまって遊びに出かけました。その子がいないあいだにお母さんがチョコレートを台所の戸棚にしまい直しました。では、帰ってきてチョコレートが食べたくなったとき、その子はどこを探すでしょうか」と質問すると、大多数の三歳児は、「台所の戸棚」と答えてしまう。このタイプの課題は、以後、誤信念課題（false-belief tasks）と呼ばれて多くの実験が重ねられた。[15] 三歳児が誤った信念について成人とは違う信念帰属の規則に従うという点については、専門家のあいだで意見の一致がある。[16] 三歳児は、客観的事実に反した信念を他人に帰属させることが難しいらしい。

一方、フレイヴェルらによって、知覚判断に関する三歳児の奇妙な態度が報告された（Flavell, Flavell and Green 1983 ; Flavell, Green and Flavell 1986）。三歳児に、スポンジで作った本物そっくりの岩を持たせて、「これは何に見える？　でも、本当は何なのかな？」と質問する。すると、三歳児はしばしば「見たところスポンジだし、本当にスポンジだ」と答える。あるいは、「見たところ岩だし、本当に岩だ」と答える者もいる。「見たところ岩だけれど、本当はスポンジだ」と答えられる者は半数に満たない。六〜七歳児は、この種の見かけと実在を区別する課題に的確に回答できる。三歳児は、対象の見かけと実在とを適切に区別して扱うことが難しいらしい。[17]

誤信念課題と見かけ‐実在課題（appearance-reality tasks）に何か関連があるということはすぐに気づかれた（Perner, Leekam and Wimmer 1987 ; Gopnik and Astington 1988 ; Flavell 1988）。この二つの課題の関連性は、パーナーらが考案した次のような実験課題を見ると、直感的にもよく分かる。「スマーティ」という商品名のよく知られたキャンディの箱を幼児に見せる。箱を閉じた状態で見せて、「箱の中に何が入っていると思う？」と質問すると、幼児は当然「スマーティ！」と答える。ところが、実際には、箱の中にはエンピツが入っている。箱を開けてエンピツを見せてから再び箱を閉じ、幼児に、「ここにいないお友だちにこの箱を見せると、中に何が入ってると思うかな？」と質問する。すると、三歳児の大多数は「エンピツ！」と答えてしまうのである。

三歳児は、信念内容が客観的事実と食い違う状況を、うまく取り扱えないらしい。見かけ-実在課題の場合には、見かけと実在とが一致しない対象を与えられると、見かけも実在も同じだと答えてしまう。誤信念課題の場合には、予断と現実とが一致しない状況に直面すると、他人の行為や認識を誤って推論する結果になる。

ところが、幼児は、すでに二歳の段階で、バナナを耳に当てて電話をかけるフリをする、といった行為が理解できるし、喜んで自分でもやってみせる（Leslie 1987）。また、三歳児は、空想と現実が違うということをよく理解できている（Wellman and Estes 1986）。したがって、三歳児が、心的内容が客観的事実と食い違っている状況を、まったく取り扱えないというわけではない。誤信念課題や見かけ-実在課題は、心的状態と実在の世界との食い違いの、もう少し微妙な局面にかかわっているらしい。

フリをすること

幼児は、大人が何か道具を使っているのを見ると、それを模倣して遊ぶ。たとえば、幼児は、電話機をもてあそぶのがことのほか好きである。耳に物体を押し当ててそこにいない人物に語りかけるという奇妙な行動は、模倣としてのみ幼児に生じうる（Meltzoff 2002, 29）。アラン・レスリーは、「何かのフリをすること（pretending）は、事実ではないのにそれが事実である〝かのように行為する（acting as if）〟ことの一種である」（Leslie 1987, 413）と言う。バナナを耳に押し当ててムニャムニャ言っている幼児は、何をしているのだろうか。バナナは電話機ではないのに、それが電話機であるかのように行為し、そうすることによって、その子は電話をかけるフリをして遊んでいる。その子はバナナが電話機であると信じることにして振る舞っているのである。

遊んでいる幼児が明らかに何かのフリをしている、と判定可能になるのは、二四月齢頃であるとされる。この頃には少し話せるようになるから、子供自身がどういうつもりでいるのか言葉にすることがある。また、遊びながらそのとき手許にないものを探す行動から、その子がどういう遊びをするつもりでいるのか察知できることもある。「手許にないものを探すことは、子供のしている遊びが現存する対象の刺激特性の結果であるよりも、子供自身の発明の結果であることを示している」(McCune-Nicolich 1981, 790)。

こうして、「二歳近くなると、象徴的な遊びに対する子供のアプローチに根本的な変化が起こって、特定の対象によって遊びが誘い出されるというよりは、遊びを実行する前に、遊びが心的に生み出されるようになってくる」(McCune-Nicolich 1981, 787)。つまり、バナナを取り上げて電話しているフリをするためには、バナナがバナナであるという事実の水準ではなく、バナナを電話機に見立てるという心的かつ象徴的な水準が、遊びの実行に論理的に先行しなければならない。バナナが電話機を意味する設定が成立しないかぎり、フリをする遊びは起こらない。

意味論的な設定(「このバナナは電話である」という設定)を、いつも幼児が判明に意図しているとはかぎらない。電話をかけるフリをする遊びが現実に起こるのは、おそらく、まず幼児が電話をかけるとはどういうことかという知識(出来事知識)に沿って行動し始め、その種の出来事を構成する振る舞いが展開されていくなかで、たまたまバナナが電話機の代役として取り上げられる、という形であろう[18]。習得した行為の系列を実演して行く途中に、本来の使用品目に入らない物品が出来事の小道具として差し挟まれる。だが、行為系列全体の指し示す出来事は、電話をかけるという同一の出来事のままに保たれる。こうして、バナナを使って電話をかけるフリをする、という遊びが成立する。この場合、行為系列全体の解釈(「これは電話をかけることだ」)を不変に保つことが重要である。これがフリ行為の実行に先行するごっこ遊びのシナリオである。バナナを電話機と見なす意味論的な意図が、当初から幼児に自覚されていると考える必要はない。

自分が何かのフリをすることと、他人のフリを理解することとは、同時に起こってくる。アラン・レスリーは、二六月齢から三六月齢の幼児を対象として、オモチャの動物たちがパーティを開くという設定の実験を行ない、何かのフリをすることに対する幼児の理解力を調べた（Leslie 1994）。実験者は、幼児に向かって、動物たちが誕生日パーティを開く、というパーティごっこ遊び（pretend play）の設定を語って聞かせる。このお話しはパーティのなかでいろいろな出来事が起こるサブプロットをいくつか含んでおり、そのサブプロットに対する幼児の応答が、何かのフリをすることに対する幼児の理解力の指標となる（Leslie 1994, 224）。

あるサブプロットでは、幼児は、実験者から、二つの小道具のコップに《お茶》や《ジュース》を小道具の瓶から注ぐよう促される。もちろん瓶には何も入っていない。なお、《　》で示される記述は、ここではごっこ遊びのなかの架空の対象の記述であることを示すものとする。幼児が注ぐフリをしたら、実験者は「ほら見て！」と言ってコップの片方をひっくり返して中身を空けるフリをしてみせ、もう一つのコップに並べて置く。そして、幼児に対して、二つのコップのうち《中身の入っているコップ》と《空のコップ》はそれぞれどちらなのか指さすよう求める。

このサブプロットに対しては被験者全員が期待される答えを返した（Leslie 1994, 225）。幼児は、空のコップに《ジュース》が注がれた後に、その《ジュース》を空けると、そのコップが《空のコップ》になる、という反事実的条件下での因果推理を遂行できたのである。なぜなら、眼前のコップは現実には二つとも空なのだから、客観的事実の水準に幼児が留まっているならば、《空のコップ》を指し示すことはないからである。幼児は、両方とも空は空だが、片方はさらに《空》でもあるのだ、ということを理解している。

二歳から三歳の幼児は、すでに、他人の意図を読み取るなかで現れてくる想像上の状況に対してある態度を取る、ということができる。その段階の幼児は、同時に、客観的事実に反して何かであると信じる、ということ――誤った信念をもつということ――が当然理解できるはずだと期待される。ところが、フリをすることは二～三歳児にも可能だが、誤信念を理解することは四歳まではなかなか難しいのである。

誤信念課題

ウィマーとパーナーは、他人が誤った信念を抱いている状況への理解力が、三歳から四歳までの幼児において、それ以上の年齢層に比して際だって劣ることを発見した（Wimmer and Perner 1983）。一九八三年の論文で彼らが報告した実験は四つあるが、第一の実験を取り上げる。この実験は、誤った信念を抱いた人物がどのように行為するかを被験者に推論させる課題によって構成されている。この課題は、事実上、二つの課題の複合である。一つは、ある人物が誤った信念を抱いているという状況が、被験者に把握できるかどうかを確認する課題。もう一つは、当該の人物が別の人物を欺こうと意図するときにどのような発話を行なうか、被験者に推論させる課題である。この論文の発表以降、研究者の関心を集めたのは前者の課題、すなわち、誤った信念を他人に帰属させることが幼児にできるかどうかを調べる課題であるが、発表時点では、欺きの発話を推論させる後者の課題に焦点があった[19]。

ウィマーとパーナーが提示したのは、「マキシとチョコレート」のお話である。要点は以下のとおり。なお①〜④は、実験において被験者への質問が入る位置を示す。

【マキシとチョコレート：要旨】マキシは、チョコレートを青い箱に入れて、家に置いたまま、外へ遊びに行った。マキシがいないあいだに、母親がチョコレートを緑の箱に移した。母親が買い物に出かけた後で、マキシは外から帰ってきて、チョコレートを食べたいと思った①。そこへマキシの兄さんがやって来た。兄さんもチョコレートを食べたいと思って探し始めた。マキシは兄さんがチョコレートを探し出すのを阻止しようと思って、間違ったことを言うことにした②、③、④。

（Wimmer and Perner 1983, 109）

①における質問は、「マキシはどこを探すでしょう?」である。この質問への期待される答えは「青い箱を探す」

である。「青い箱を探す」と回答した被験者は、チョコレートはすでに緑の箱に移されているけれども、不在だったマキシはチョコレートがまだ青い箱に入っていると誤って信じているから、その誤った信念に従って行為する、という推論ができていることになる。これが誤信念の他者への帰属ができる状態である。

②における質問は、「マキシはチョコレートがどこにあると言うでしょう?」である。この質問への期待される答えは「緑の箱にあると言う」である。③における質問は、②の質問に被験者が答えた後に、被験者の指定した箱を開けて、その箱が空だった場合にのみ行なわれる質問であるが、「チョコレートは、本当はどこにあるでしょう?」である。④における質問は、「マキシが最初にチョコレートを置いた場所を憶えていますか?」である。

三〜四歳児は、被験者全員が、①の質問が要求する誤信念の他者帰属に失敗した。彼らは、他人が事実に反する信念を抱いて行為するという状況が把握できない。チョコレートの在る場所を知らないはずの少年が、チョコレートの実在する場所にただちに向かう、と答えてしまうのである(Wimmer and Perner 1983, 114)。他方で、年長の被験者で、他人に誤信念を帰属させることができた者は、同時に、②の質問にも正答した。すなわち、マキシは兄さんを欺こうとしてかえってチョコレートの入っている緑の箱を兄さんに提示してしまう、と指摘することができた(Wimmer and Perner 1983, 111)。こののち、数多くの実験が実施され、三歳から四歳の幼児は他人に誤った信念を帰属させることができないということが確認されている。

哲学の観点から見ると、何が分かれば誤信念課題に誤答しなくなるのか[20]、という抽象的な条件が興味深い。最低限、それぞれの人物がそれぞれのパースペクティヴから世界をとらえている、という考え方ができるようになると、誤信念課題に戸惑わなくなるようである[21]。幼児は、三歳頃までには他人に固有の知覚があり、固有の欲求があり、固有の意図があり、固有の認知があることを理解する(Wellman and Wooley 1990)。だが、他人には客観的事実とは異なる水準の固有の現実認識がありうる、ということは理解しない。四歳頃から、他人には固有の現実認識があって、その固有の現実認識のなかでのさまざまな経験によって信念が組み立てられ、その信念体系の監督下において各人の欲求が実現されるように行為が出力される、と考えることができるようになる。つまり、それぞれの人物がそれぞれのパースペクティヴで世界をとらえている、という考え方をもつようになる。こういう考え方を支える標準的な「心の理論」をどうにかして見出すまでは、幼児は、他人と自分を、心をもつ存在として、大人のように理解することはできない。標準的な心の理論を獲得する以前にも、もちろん、幼児は人間が心をもつことをそれなりに理解してはいる。だが、それ以前に理解されている心は、それ以後に理解される心とは違っているのである。

心の理論以後——自我理想を通じた自己へ

キャサリン・ネルソンによれば、他人と短い会話ができるようになるにつれて、三歳から四歳頃の子供たちは、自分が体験していない場面についてのメッセージを受け入れることができるようになってくる（Nelson 2003, 16）。以下は、毎朝の出来事について会話している二人の四歳の女児の会話の記録である。お互いの認識のズレがなんとか処理される様子を見て取ることができる。

A：午前中はランチタイム。（At morning it's lunch time.）
B：でも、はじめはスナック。それからランチ。（But *first* comes snack, then comes lunch.）
A：そう……学校ではそうね？（Right ... Just in school right?）
B：そうそう、学校では。（Yeah, right, just in school.）
A：家では違う。（Not at home.）
B：でも、家でスナック食べるときもある。（Well, sometimes we have snacks at home.）
A：ときどき。（Sometimes.）
・
・
・

B：特別の子たちが来るとスナック食べることがある。ホットドッグとか、クラッカーとか、クッキーとか、いろいろ。(Because when special children come to visit us, we sometimes have snack. Like, like, hotdogs, or crackers, or cookies or or something like that.)

A：そう、いろいろ。たぶんケーキとか。(Yeah, something. Maybe cake.)

・・・

B：それか、たぶんホットドッグも。(Or maybe hotdog.)

A：たぶんホットドッグ。(Maybe hotdog.)

B：でも、でも、ジルとマイケルはホットドッグ嫌い。知らないの？　マイケルとジル知ってる？(But, but, Jill and Michael don't like hotdog. Don't you know, but, do you know Michael and Jill?)

A：もうひとりのマイケル知ってる。(I know another Michael.)

B：そうそう、もうひとりマイケル。(I know, I know another Michakel.)

A：そうじゃない、ひとりしかマイケル知らない。マイケルひとり知ってるだけ。(No, I know just one Michael. I just know one Michael.)

(Nelson 1996, 147–148)

「・・・」は同じ言葉の反復があることを示すが、ここでは、「午前中はランチタイム」にAもBも同意することから会話が始まっている。ここから軽食の話題にすぐ移る。お互いが共有している学校での体験について新しい合意が形成され、家での体験や、適切な軽食の種類について話題が広がっていく。これらは共通の体験知に根ざしているらしく、会話はなだらかに続く。だが、ホットドッグが対立をもたらす。Bの知っているある子供はホットドッグが嫌いである。これによって、ホットドッグは軽食として適切でないことが浮かび上がる。これは会話のなかで処理しなければならない対立である。そこで、Bはそのホットドッグが嫌いなマイケルという子をAは知っているのか、と尋ねる。「注目すべきことに、二人はそれぞれ違うマイケルを知っているということで合意を形成する」（Nelson 1996, 149）。四歳児は、このように、会話の開始時点から半ばまでに形成された軽食・ランチ・友だちに関する合意を、導入された新たな情報（ホットドッグが嫌いなマイケル）に即して作り直して会話を継続することができる。AとBは、各人がそれぞれ違うパースペクティヴをもっていることを確認することで、合意を作り直している。

> この種のやり方は三歳児にはできない。三歳児は一つ以上の現実を心に抱くことができないのである。それぞれの異なった経験を言語を通じて表現することが、まだ可能になっていないからである。（Nelson 1996, 149）

心の理論を獲得して、他人が自分とは異なった視点から世界を表象しているという可能性（上の例で言えば、自分が思っているのとは違うマイケルのことを話している可能性）を計算できるようになって、はじめて自分が直接的には知らない局面を言語を通じて世界のなかに構成することができるようになる。

もう一つ、心の理論を獲得する以前の三歳児の会話の記録を見ておく。Kが三歳半の女児、Mはその母である。この女児は、自分と母親が異なった位置で世界を体験していて、異なった仕方で世界をとらえていることがまだ分かっていない。母親の知るはずのない情報が、互いに共有されているものと決めてかかっている。

K：あのね。（You know something.）
M：何？（What?）（中断）
K：えとね。（Let me think.）（中断）
K：あの子のなまえはなんだっけ？（What's her name again?）
M：何？（What?）

K：あの子のなまえはなんだっけ？（What's her name again?）
M：誰？（Who?）
K：あのおんなの子。（That girl.）
M：誰？（Who?）
K：あの子のことおぼえてないの？（Don't you remember her?）
K：まえにあの子にあったでしょ？（You've seen her before.）
M：会ってない。（No.）
K：会った。（Yes.）
M：その子はどこにいるの？（Where is she?）
K：知らない。（I don't know.）
M：まあ。（Oh.）
K：なまえは知らないの。（I don't know her name.）
K：その子がロケットをもってる。（Somebody has a rocket.）
K：それ大きなロケットになるの。（That can turn into a big rocket.）
M：えっ？（Yeah?）
K：（頷く。）
M：その人は誰なの？（Who is this person?）
K：知らない。（I don't know her.）
M：どこでその子に会ったの？（Where did you meet her?）
K：おうちでよ！（At our house!）

M：お家で？（At our house?)

M：誰かロケットをもった人がお家へ来たのね？（Somebody with a rocket came to our house?)

K：うん。（Uh huh.)

M：そのときお母さんは家にいた？（Was I home for this?)

K：(首を振る。)

M：いなかったの。だったらどうしてお母さんにその子が誰だか分かるの？（No. So how would I know who this is?)

(Nelson 2003, 17)

この三歳半の女児は、ロケットのエピソードが生じたときにそこにいなかった母親が、ロケットを持っていた子供が誰なのか知るはずがなく、したがってその子の名前を言えない、ということが理解できない。言い換えれば、自分の記憶や知識の状態と、母親の記憶や知識の状態が区別できていない。心の理論をまだ獲得していないというのは、具体的にはこういう会話をしてしまうということである。

心の理論以前と以後とのあいだには、自己の認識という問題について、根本的な違いがある。ネルソンは、その点を次のように説明している。

> 自分と他人の心的状態を区別して理解することができない子供は、自己を、それぞれ別個な全体である客観的な人物として概念的に理解することができない。つまり水準四〔前掲〕の、表象された自己として理解できない。……時間における自己の連続性は、自己の概念にとって決定的に重要である。もしも、他者の個人的経験が自己に取り込まれうるなら、時間のなかの自己の持続には何の意味もない。初期における自己と他者の経験の境界の流動性が、この個別性（singularity）の達成――あなたの過去でも、誰かの過去でも、みんなの共通の過去でもない〝私の過去〟――を阻んでいる。
> (Nelson 2003, 18)

ネルソンの水準四の表象的な自己理解は、「表象された対象としての自己」が成り立っていることによって、水準三の認知的な自己理解から区別される。二歳児〔水準三の幼児〕は自分を現在進行中の活動にある存在としては把握できている。だが、現在進行中の活動とは別に、世界の中のこれこれこういう存在であるというように、心の中に映し出す（表象する）ことはできていない。心の理論を獲得して、自分の体験や記憶と他人の体験や記憶を適切に分離できるようになると、他人の体験や記憶と入り混じってしまわない一貫した自分自身をとらえる端緒が得られる。

「私の過去」を認識できるようになるためには、幼児が、大人との会話を通じて、自分についての語り方を学ぶことが重要な働きをする。すなわち「一貫したストーリーを語ること。真実を語ること。事実を正しくとらえること。スクリプト的な記憶システムでは重要でない〈いつ〉〈どこで〉〈なぜ〉といった要素を重要視して記憶すること。自分だけでなく他人にとって興味深い部分を強調すること。自分にしか意義のない部分は強調しないこと」(Nelson 1996, 178) といった自分についての物語りの作法を学ぶ。こうして他者と効果的に記憶を共有できるようになり、大人との共同作業のなかで自伝的記憶が形成される。「この自己の歴史の確立が、自己理解と永続的な自己概念との源泉として役に立つ」(Nelson 1996, 179) のである。このように、二歳過ぎから六歳頃までの発達を経て、現在の活動状態を越えた恒久的な存在者として自己をとらえる表象的で物語的な自己理解が形成される。この自己理解の上に、文化的に規定された自我の理想像が学び取られ、その理想像に沿って自伝的記憶を整理・再構成し続けることを通じて、文化的自己理解が積み上げられる (Nelson 2003)。

自伝的記憶の独自の機能は、社会的世界における個人的歴史の感覚を確立し、時間を通じて独立に存在するものとして〝自己の保存〟を確立することにある。社会的世界においては、他人たちは、子供のそれとは異なる固有の (unique) 個人的歴史を所有している。この、時間における自己の感覚 (this sense of self in time) に到達することは、〝私の〟経験、〝あなたの〟経験、〝私たち〟の経験について、メッセージを交換するために言語を使用する、ということに決定的に依存している。このことが、自己理解のより一層の発達のための主たる離陸点を構成しているのである。
(Nelson 2003, 18–19)

記憶と人格同一性にかかわる哲学的分析とネルソンの説明との大きな相違点は、哲学的分析が個体の心的状態の分析に傾くのに対し、ネルソンが、人格同一性の形成には本質的に社会的な構成過程があることを明快に指摘する点である。

5　発達心理学と哲学的自己論

考える私と発達心理学

「私は考える、ゆえに私はある」が生み出す問いは、あらゆる属性、あらゆる述語に先立って知られている主語としての「私」とは何なのか、という問いだった。デカルトによれば、「私はある」という命題が必然的に真であることは、これを言い表すたびごとに自明に理解される。この特徴を、ヒンティカは、この命題はそれ自身を真であると立証する（self-verifiable. 自己検証可能）と表現した。この自己検証性の理解は、「私は存在しない」という発話の自己論駁性の理解と論理的に同じことである。そして、「私は存在しない」という文の矛盾した性格を理解するために必要なのは、「一人称の代名詞「I」の論理を理解する能力」(Hintikka 1962, 126) であるとした。このヒンティカによるコギト命題の解釈を、発達心理学の観点から見てみよう。

幼児が一人称表現を頻繁に使うようになる二歳から三歳の頃には、[22] 一人称の論理を理解する能力の基本的な部分が獲得されているはずである。この時期に成立している自己認識は、身体的な自己把握と、心の理論の獲得以前の、心としての自己認識である。「アタシ」「ボク」「I」などを使い始めるとき、幼児は、この水準の自己認識にもとづいて発話している。身体的な自己把握があるということは、「私が今ここにいる」という認識が対象化されない形で成り立っているということである。そして、言語習得が始まる頃には、他者の伝達意図のなかに見出される自分という形で、最小限度の「私が今ここにいる」という認識が対象化される。「私はある」という認識、あるいは、あらゆる述語に先立って知られる主語としての「私」をとらえる認知活動は、このような様式で、一人称表現を使い始める二歳から三歳の頃にすでにあると考えてよい。したがって、心の理論の獲得以後の心の私秘性の理解（各人の心的内容はその人自身によってのみ直接的に接近できることの理解）は、一人称表現の論理の理解に最低限必要とされるものではない。

二歳から三歳の幼児が一人称表現「アタシ」「I」などを使うとき、幼児がそれによって言いたいこと（意味していること）は、もとより大人と同様、「自分がいる」ということである。そして、その「自分」というものは、身体的な自己でありかつ対象化された最小限の心としての自己であるところの自分なのである。幼児の一人称表現は、そういう自分がそこにいるということを告げている。だから、聴き手の大人が、これ以上の内容を盛り込んで話しかけても、対話はうまく続かない。先の三歳半の女児と母親との会話のなかで、女児は、“I don't know her name（「わたしは彼女の」なまえは知らないの）”と言っているから、「I」を使うことがすでにできる。だが、母親の最後の発話“So how would I know who this is?（だったらどうしてお母さんにその子が誰だか分かるの？）”は、「I」の私秘性の理解を前提している。[23] しかし、この会話の全体が示すとおり、この女児は「I」の私秘性が理解できていない。それゆえ、このあとに続く会話は、おそらく要領を得ないものになるはずである（記録はない）。そういうまくいかないやりとりを繰り返しながら、脳の発達にともなって、[24] 幼児のなかで徐々に自己の私秘性の理解と自伝的記憶が立ち上がってくるのだと考えられる。

私たちに残されている課題は、一人称表現の意味論を、以上の発達心理学にもとづく予測に適合した形式で提示することである。関心の中心にくるのは、心の私秘性と無関係に、一人称表現の意味論の基本的な枠組みを提示できるかどうか、という問題になる。これは現代の言語哲学の課題であり、次章で取り扱うことにしたい。

人格同一性と発達心理学

人格同一性の問題に対する発達心理学の見解は明快である。自己の人格としての同一性は、心の理論の獲得の後で、これを主要な契機として形成される。自分が世界を経験するパースペクティヴと、他人が世界を経験するパースペクティヴは違っているということを、幼児は四歳を過ぎる頃にだんだん理解するようになる。同じ対象を見ても、それぞれが見ている知覚像は異なっていることがあり、自分が知っていることを他人が知らないことがある。こうしたことが理解できるようになると、会話のなかで世界についての見方の食い違いを調整できるようになる。この能力の獲得によって、自分自身の生活史を他人の生活史と区別することが可能になり、自分について適切に物語る能力を獲得し、自伝的記憶にもとづいて一貫した存在としての自己、つまり人格の同一性を保って生きることができるようになる。ネルソンが強調するとおり、この過程で決定的な役割を果たすのは、幼児と大人との会話であろう。

人物Aと人物Bのあいだでの記憶の転移が、なぜ起きないのか、という問いは、ロックの人格同一性論にとって難問だった（第9章2節）。発達心理学の知見を参照すれば、これに比較的容易に解答できる。幼児が間違った仕方で自己を物語った場合、周囲の大人は、それとなく介入して語り方を訂正するだろう。朝起きてきた幼児が、突然、母親に「どうしておむすび食べちゃったの？」と詰問する。夢と現実が混乱しているのである。こういう場合、母親は、それは夢なのだということを教えるはずである。また、幼児が空想を実体験の形式で語れば、大人の反応は、事実報告に対する反応ではなく、フィクションに対する反応に自動的に切り替わるはずである[25]。こうして、幼児は自分が語り方を間違えたこと、夢や空想を記憶に組み込んではならないことを学習する。幼児の記憶は、本人の心的機能（エピソード記憶）によってだけでなく、周囲の人間との共同作業（語りの作法の習得）によって形成される。同じことは大人の自己史についても当てはまるはずである。周囲の人々との会話のなかで、自分の記憶を語り直したり、訂正したりしながら、私たちは人格としての同一性を作り上げている。人物間での記憶の転移が起こらないのは、第一に心の理論にもとづく能力（自分の経験と他人の経験の区別）によってそれが阻止されており、第二に自分の経験報告を第三者の証言と照合すること（他者との共同作業）によって記憶の誤りが防止される、という二つの要因によると言ってよいだろう。もちろん、誤りの防止は完全ではないから、私たちはさまざまな誤記憶を含む自己史を心に抱いているのだが。

自己犠牲と発達心理学

三歳前後の発達過程には、自己犠牲の問題に直接かかわる重要な側面がある。それは、何かのフリをする能力（pretense）の獲得である。世界に対する自分の見方と他人の見方とを区別できるようになると、他人の見方に合わせて行為する、ということもできるようになる。母親がバナナを顔の横に押し当てて「もしもし」と言い始めたときに、母親はバナナが電話機であるという見方を取っていると幼児が洞察することによって、幼児は母親の振る舞いが理解できるようになる。この理解が成立すれば、このごっこ遊びに幼児自身も参加することができる。また、ごっこ遊びを自分で作り出すこともできるようになるだろう。ごっこ遊びを行なうということは、人格の同一性の虚構的な否定である。心としての自己の同一性が維持できるようになるのにわずかに先立って、幼児は虚構世界で別人格を演技することができるようになる。

パーナーは次のような例を報告している。リチャード（二歳）は、オモチャのトラクターを押して、汽車を走らせるフリ（汽車ごっこ）をしていた。姉さんがクッションを使って《トンネル》を作ると、リチャードは喜んで

《汽車》を《トンネル》に進ませた。ところが《汽車》は《トンネル》内で停まってしまった。リチャードは《汽車》が壊れたと宣言した。すると、姉さんは、「ガソリンを入れたらいい」と示唆した。リチャードは、《ガソリン》を入れるポンプの音を口真似した（Perner 1988, 148）。

リチャードは、オモチャのトラクターとクッションを、ごっこ遊びの《汽車》と《トンネル》に見立てていた。姉の「ガソリンを入れたらいい」という発話は《ガソリン》についての発話であって、《ガソリン》は現実世界には対応物をもたない、ということが洞察できた。リチャードのなかにおいて、オモチャのトラクターとクッションが存在しガソリンは存在しない現実世界と、《汽車》と《トンネル》と《ガソリン》が存在する虚構世界とが共存している。そして、ポンプの音の口真似は、虚構世界においてのみ有意味に解釈できる行為（フリ）として出力されているのである。二歳児は、このように演技的な行為がみごとに遂行できる。この機構を、もう少し立ち入って検討することが必要になるであろう。次章では、一人称表現の意味論と、ごっこ遊びの認知的な構造について検討することにしたい。

第11章　現代哲学と自己の概念

「私は考える、ゆえに私はある」の説得力は「私はある」という文の自己検証性に由来する。この自己検証性の理解の核心部は、「一人称の代名詞「I」の論理を理解する能力」に絞り込まれる。一人称の論理を理解しているかどうかは、一人称の表現を使いこなすことができるかどうかで判別できる。一人称の表現を使いこなすことは、一人称の使い方の規則を体得しているということであり、それは結局、一人称表現の意味の規則を体得しているということである。

本章では、第一に、一人称の表現の意味論を検討する。この検討は、第1節から3節にかけて行なわれる。目標は、一人称の意味規則がどのようなものか、またそれを体得するためにどのような自己認識が必要になるのかを明らかにすることである。第二に、第4節において、何かのフリをする行為を成り立たせている心理的かつ論理的な機構を素描する。フリやまねや演技は、現実の自分と役柄上の自分という自己の二重化を要請する。このことは、他人のパースペクティヴを仮に取るという心理的操作なしには成り立たない。自己の二重化の成り立ちは自己犠牲のみならず、人間の社会性の重要な部分を構成すると考えられる。最後に、ここまでの考察にもとづいて、第5節において、ごっこ遊びにおける自己認識のあり方を概括する。

1　一人称表現の意味

自己とは何かを考える試みは、現代の英語圏の哲学文献にかぎっても数限りなくある。ここでは、それらの網羅的な紹介はもとより、代表的な見解の列挙も試みることはできない[1]。本節で試みるのは、「私はある」の自己検証性を理解するために必要となる最小限の自己認識を素描することである。以下第1節ではD・H・メラーの一人称表現の意味に関する分析を検討する。第2節では、同じくメラーによる一人称表現の指示[2]に関する分析を検討する。第1節と2節の全体を通じて、ヒンティカのコギト解釈が要請する「一人称の代名詞「I」の論理」がどういう意味論的な構造をもつのかが明らかになる。そして、第2節の末尾で、その意味論的な構造が、どのような存在論的な構造によって支えられているのかを述べる。

大きく括って言えば、第1節と2節における考察の目標は、「私はある」ないし「自分がいる」という認識が最も原始的な水準で成り立っているとき、そこでとらえられている自分は、〝身体的な自己でありかつ対象化された最小限の心としての自己であるところの自分〟である、ということを説得的に提示することである。心の理論獲得以前の幼児でも、一人称表現をそれなりに理解して使っている。ただし、三歳前後の幼児は一人称表現を完全に使いこなすことはできない（第10章4節）。他人が知っていることと自分が知っていることを正しく区別できないことは、彼らの能力不足の一つの現れである。言語を話し始める頃の自己認識は、それゆえ、身体的な自己と心の理論以前の自己を実質とするもの（これを「心の理論以前の自己」と縮約する）であることが強く示唆される。

一人称表現「私」や「I」を含む信念または文の言いたいことの[3]最小限の内容を、心の理論以前の自己だけで説明できれば、「一人称の代名詞「I」の論理を理解する能力」の基礎は、そのような自己の把握であると主張できる。つまり、デカルトの「私は考える、ゆえに私はある」の特異な説得力の基礎が明らかになる。心の理論以前の自己は、心の私秘性の概念をまだ備えていない。したがって、デカルトの思惑とは違って、「私はある」の理解が要請する最小限の自己認識は、私が考えているとき私だけに分かっている私秘的で主観的な存在の直知ではないことが明らかになるわけである。身体的で心の理論以前的な自己は、環境に埋め込まれた生きている身体に、最小限度の自己対象化がともなった存在である。これは、身体としてはたしかに他のすべてから区別される個体であるが、心としては、心的内容の私秘性によって他のすべてから区別されているわけではない。[4] デカルトは、「私はある」が真であることを確信させるのは、「私はある」を私がきわめて明晰判明に見る（主観的な直知）ということのみである、と主張した。しかし、メラーの分析によれば、「私はある」が真であることは、私が私を対象化して主観的に直知する（私だけに明らかな私の概念をもつ）ことにもとづくのではなく、それが真となる生物学的・因果的な構造があることにもとづくのである（本章2節）。

「私は今、食べ物に直面している」の言いたいこと

「私は今、食べ物に直面している」とは、異様な日本語だが、メラーの取り上げる"I face food now" (Mellor 1991, 18) という英文の直訳である。この異様な日本語文は、自己把握をめぐる問題を、動物が生きている非言語的な水準にまで遡って考えるために必要になる。

さて、私は今、研究室にいて、コンピューターディスプレイを見ながら、キーボードを叩いている。目の前に食べ物はない。だから、いま私が、「私は今、食べ物に直面している」と言ったなら、それはウソ、つまり偽なる発話である。しばらくあとの昼食時に、「私は今、食べ物に直面している」と言った場合、それはホント、つまり真なる発話になる。別の誰か（例えば、この本を読んでいるあなた）は、まさに今、目の前に食べ物があるかもしれない。そんなあなたが言えば、「私は今、食べ物に直面している」は真なる発話になる。何が言いたいのか。「私」や「今」という語は、話し手と時刻に応じて、指すものが変わる表現であるということが言いたいのである。「私」や

「あなた」「今」「ここ」「それ」などは、話し手や時刻や場所その他の発話状況に応じて指すものが変わる。幼児は、一人称表現が使えるようになるためには、指すものが変化する規則（一人称表現の意味の規則）を習得する必要がある。この規則を素描してみる。残念ながら、素描とはいえかなりややこしい話になる。

まず、「私は今、食べ物に直面している」と対比するために、「Kは時刻Tに食べ物に直面している」という文を取り上げる。「K」は特定の個人名、「T」は特定の時刻の表現であるとする。[5] この文は、人物Kが時刻Tに食べ物を目の前に置いていれば真、そうでなければ偽である。真になる場合も偽になる場合も考えられる。もっと具体化して、「タムラヒトシは二〇一七年九月四日正午に食べ物に直面している」は、タムラヒトシが二〇一七年九月四日正午に食べ物に直面していれば真、そうでなければ偽である。では、「Kは時刻Tに食べ物に直面している」という文の言いたいことは何だろうか。もちろん、Kは時刻Tに食べ物に直面しているという事柄である。カギカッコ「　」が外れたことに注意して欲しい。Sがある言語の文であるとき「S」は文の引用を示す。カギカッコを外すと、その文による事柄の提示になる。では、その事柄は成り立っているのだろうか。成り立つときも成り立たないときもある。この文章を読んでいるあなたは、「タムラヒトシは二〇一七年九月四日正午に食べ物に直面している」という文の言いたいことはよく分かるはずだが、真なのか偽なのかは分からないはずである。文の言いたいこと、つまり文が言いたい事柄は、あなたはよく分かっている。だが、この文の真偽は分からない。それならば、こう言い換えてもよいはずである。あなたは、この文の意味は分かるが、真偽は分からないのである。

「タムラヒトシは二〇一七年九月四日正午に食べ物に直面している」という文の言いたいこととは（つまり、文の意味とは）、要するに、真または偽になるような一つの事柄なのである。この事柄は、世界の中の客観的な事実に対応していれば真、対応していなければ偽であると考えられる。しかし、あなたは「タムラヒトシは二〇一七年九月四日正午に食べ物に直面している」という文の意味である事柄が、客観的事実に対応しているかいないかを知らないのである。

すると、文の意味である事柄とは、客観的事実そのものではない。客観的事実そのものになる一歩手前に位置している。かといって、それは個人の主観的な感想のようなものではない。「タムラヒトシは二〇一七年九月四日正午に食べ物に直面している」という文の言いたいことは、日本語を理解する人のすべてが同じように理解するからである。文の意味である事柄は、客観的なものである。哲学業界では、ここで言う「事柄」を「命題」と言ったりするが、普通の日本語では「命題」は「文」と同じものに見られやすいため避けることにする。文の意味である事柄（ないし命題）は、文が言い表したい客観的な何かであって、文そのものとは異なる。文「雨が降っている」と文"It's raining"が共通に言い表したい事柄がある、というのは自然な考え方である。そして、その事柄が（ひいては、その文が）真であったり偽であったりするのである。

述語と関数

「私は今、食べ物に直面している」と「Kは時刻Tに食べ物に直面している」には、共通する要素が明らかにある。「（　）は（　）食べ物に直面している」という部分が共通である。カッコに番号を付けよう。共通部分は、「（①）は（②）食べ物に直面している」となる。①は人物名が入る空欄、②は時間の表現が入る空欄であると約束しておく。

こういう空欄のある不完全な言語表現は、述語と一括して呼ばれる。「（　）は赤い」「（　）は青い」等、普通に「述語」とか「述部」と言われる文要素は、空欄のある表現なのである。空欄に事物を指す表現を入れて、「トマトは赤い」「その本は青い」といった完全な文にすれば言いたい事柄（意味）が決まる。それぞれ、トマトは赤い、その本は青い、という事柄が言いたいのである。そして、これらの事柄は、「トマト」「その本」が何を指すのか応じて、真または偽になる。「トマトは赤い」はトマトという種類のもの一般が赤いと言っているると考えられるので、一般的な事柄を言い表している。これに対し、「その本は青い」は特定の本を指しているので、個別的な事柄を言い表している（ただし以下では、一般性と個別性の問題には深入りしない）。

空欄のある表現（述語）は言語外の世界に実在するある関数を表現していると考えるのが、G・フレーゲ以来の意味論の手法の一つになっている。[6]「（　）は赤い」は空欄が一つあるが、これは変数を一つもつある関数を言い表している（指し示している）と考える。同様に、「（①）は（②）食べ物に直面している」は、二つの変数をもつある関数を言い表している。

述語は言語側のもの（音声や文字列）だが、指し示されている関数は世界の側（言語外の領域）に実在するある構造である。関数とは、粗っぽく言えば、変数に特定の値を入力したときに、ある値を出力する仕掛けである。関数「$f(X)$」が「X^2」であるとすると、「f」が表しているのは「XかけるX」という数値計算の方式（数に関するある操作、思考の一種）である。この関数の場合、適当な値を変数Xに入力すれば、その数の二乗が出力される。これと同じように、「（　）は赤い」という述語が言い表している関数（変数をもつ仕掛け）は、事物についての真偽の判定の方式である。この関数の変数に、ある対象cを入力すると、cは赤いという事柄が得られ、この事柄について、一定の判定過程（事物に関する一定の操作、計算の一種）を経て、真または偽という値が出力されると考えるわけである。具体的に言えば、一個のトマトを入力すると、そのトマトは赤いという個別的な事柄が得られ、その事柄の成立・不成立を判定して（そのトマトを眼で見て）、真または偽という値が出力される。この例で、cは赤いという事柄は、それが客観的事実として成立しているかどうかによって真または偽が出力される、という判定規準の働きを担っている。cは赤いという事柄は、元の文「cは赤い」の真偽の決まる条件なのである。この事柄を、「真理条件」と言う。

言葉遣いを整理しておこう。文の「意味」[7]と「事柄」と「真理条件」は、しばしば同じものになる（常に同じになるわけではない。同じでない例はすぐに見る）。「そのトマトは赤い」という文の言いたいこと、つまりその文の意味は、そのトマトが赤いという事柄である。そして、その事柄が、客観的事実に合致すれば真、しなければ偽であるから、その事柄は、この文の真偽を決める条件になっている。したがって、ある文の意味は、その文の言い表している事柄であり、しばしばその事柄はその文の真理条件なのである。省略して、文の意味は真理条件だ、と言われることもある。

また、文（「そのトマトは赤い」）や名前（「タムラヒトシ」）、指示表現（「そのトマト」）、述語（「（　）は赤い」）等々は、みな言語の側に属すものたちである。別の言い方をすれば、これらは話し手が使用する記号である。対象、関数、客観的事実などは、世界の側に属すものたちである。別の言い方をすれば、これらは話し手とは独立の実在物である。これに対し、意味、事柄、真理条件という三者は、話し手が記号を使用するときに、記号と実在物を結びつける仕掛けとして働くものたちである。これらのものたちは、記号と実在物を結びつけようとする話し手の心と無関係ではありえないが、話し手の私的な心的内容ではなく客観的である（個々の話し手からは独立している）という特性を重視して、世界の側に属すと見ることにする。

「私は今、食べ物に直面している」の意味

簡単ながら、以上で準備ができたので、「私は今、食べ物に直面している」の意味を考えよう。まず述語を切り出す。それは「（①）は（②）食べ物に直面している」である。これは空欄が二つある述語だから、変数が二つある関数を言い表している。①は人物名、②は時間表現の入る空欄と決めておいた。「タムラヒトシは二〇一七年九月四日正午に食べ物に直面している」は、この述語に人物名と時間表現を入れた完全な文である。この完全な文の意味は、タムラヒトシは二〇一七年九月四日正午に食べ物に直面しているという事柄であり、これは真理条件である。なお、この事柄は客観的事実に合致する（した）から、この文は真である（であった）。

では、「私は今、食べ物に直面している」はどうなるだろうか。この文も、①に人物を指す表現、②に時間表現を入れてあるから、一見すると普通の文に見える。だが「私」は固有名ではなく、一人称表現であるから、この文

を誰が発するかによって指す人物が変わる。「今」も、特定の時刻ではないから、この文をいつ発するかによって指す時刻は変わる。タムラヒトシが二〇一七年九月四日正午に「私は今、食べ物に直面している」と言ったなら、その発話は真である。だがタムラヒトシがその三〇分前に言ったなら、偽だった。だが誰か別人が二〇一七年九月四日午前一一時三〇分に発話すれば、真になったかもしれない。真偽を決める条件が、発話者と発話時刻によって変動する。それゆえ、「私は今、食べ物に直面している」の場合、この文の意味は真理条件である、ということが成り立たない。なぜなら、「私は今、食べ物に直面している」の意味は（私たちが理解している事柄は）、誰がいつ発話しても同じであると私たちは思っているはずだからである。しかるに、この文の真理条件は、誰がいつ発話するかに応じて変動する。この文の意味を真理条件であると見なして、この文の意味は誰がいつ発話するかに応じて変動する、というのは容認しがたいように思われる。この文の意味は、真理条件ではないと考えるほかない。一工夫が必要になる所以である。

ここで、タイプとトークンという概念を思い出そう。「私は今、食べ物に直面している」の意味を問題にしているとき、私たちは、文タイプを念頭に置いているはずである。「私は今、食べ物に直面している」の、発話者と発話時刻によって変動しない意味が問題になっているからである。問題は、「私は今、食べ物に直面している」という文タイプの意味をどうやって取り出すか、つまりこの文の言いたい事柄は何なのか、ということである。他方、タムラヒトシが二〇一七年九月四日正午に発話した「私は今、食べ物に直面している」という文が真である、という場合、真偽は文トークンについて決まったのである。つまり、「私は今、食べ物に直面している」という文タイプの、特定の人物と特定の時刻におけるある一回の発話について、真偽が決まったのである。この文トークンの言いたい事柄は、タムラヒトシが二〇一七年九月四日正午に食べ物に直面しているという事柄（この文トークンの真理条件）であった。では、「私は今、食べ物に直面している」という文タイプの言いたい事柄は、何なのだろうか。それこそがこの文タイプの意味なのだが。

二変数の関数は面倒なので、さしあたり、一変数に書き換えて考える。「（①）は今、食べ物に直面している」を扱うことにして、「今」のことは考えに入れない。この述語が言い表している（指し示している）のは、世界の側に実在していて、①に入力される人物に応じて真偽が変わるようなある関数である。

では、「私は今、食べ物に直面している」はどうか。この文は、①に「私」を入れたので、文法的には普通の文になったわけだが、論理的（意味論的）には普通の文ではない。というのも、「私」の指すものが発話者に応じて変わってしまうからである。文タイプ「私は今、食べ物に直面している」は、一回ごとの発話（トークン）に応じて言い表している事柄が変わってしまう。どうすればよいのか。文トークンの言い表す事柄は、文トークンの真理条件であった。とすると、私たちの困惑は、文タイプ「私は今、食べ物に直面している」の意味を考えるときに、それぞれの発話者に応じて文トークンの真理条件が変わってしまうということに由来しているのである。だが、困惑するまでもない。このことをそのまま文タイプの意味として設定すればよいのである。文タイプ「私は今、食べ物に直面している」の言いたい事柄とは、発話者に応じて決まった仕方で動いていく複数の文トークンの真理条件（文トークンたちの言い表している事柄たち）の全体なのである。これは再び一つの関数と考えることができる。この関数は、入力が発話者であり、出力がその発話トークンの真理条件になる。この関数は、入力に応じて出力が変動するが、入力が変わっても、関数そのものは変動しない。「私は今、食べ物に直面している」という文タイプの意味は、この関数であると考えられる[8]。

具体的に示す。文タイプ「私は今、食べ物に直面している」の言い表している関数に、タムラヒトシを入力すると、タムラヒトシがこの文を発話した時の真理条件、つまり、タムラヒトシは今食べ物に直面しているという事柄を出力する。出力と客観的事実の一致・不一致に応じて、その発話トークンの真偽が決まる。これはタムラヒトシが「私は今、食べ物に直面している」と言ったときの関数の入出力のあり方である。ムラタヒロシを入力すると、ムラタヒロシは今食べ物に直面しているという事柄を出力し、真偽が決まる。文タイプ「私は今、食べ物に直面している」の言いたい事柄とは、複数の発話者に応じて発話された複数の文トークンの真理条件が決まった仕方で変動していくという状況、すなわち、こういう関数なのである。

話を整理する。「(①)は今、食べ物に直面している」という述語が指し示しているのは、世界の側に実在していて、①に入力される人物に応じて真偽が変わるようなある関数である。(9) これを関数Aとしよう。「私は今、食べ物に直面している」はこの述語の空欄①に「私」を入れた文である。「私」は、誰が発話するにせよ、その発話者を表す表現である。「私」は、この語が出現する位置に人物を入力するやり方を指定している。言い換えれば、「私」という語は、入力の仕方が指定されている空欄のようなものなのだ。その意味で、「私」は変数に似ている。「私」のこの変数のような性質（いろいろ違う値を入力させる性質）によって、述語「(①)は今、食べ物に直面している」に「私」を入れた「私は今、食べ物に直面している」は、再び関数（関数Bとしよう）を表すことになるのである。関数Bは、入力が発話者である人物Xの場合、出力がその人物の発話トークン「私は今、食べ物に直面している」の真理条件、すなわちXは今、食べ物に直面しているという事柄であるような関数なのである。この事柄が、世界の客観的な事実に合致すれば発話トークンは真、合致しなければ偽になる。

一変数の述語「(①)は今、食べ物に直面している」ではなく、二変数の述語「(①)は(②)食べ物に直面している」を扱うためには、「私」だけでなく「今」もまた変数に似たものであることを考慮すればよい。「今」は発話の時刻を入力することを指定する空欄なのである。したがって「私は今、食べ物に直面している」は関数B′を表していて、関数B′は、入力が人物Xおよび発話時刻Yである場合、出力がその人物の発話トークン「私は今、食べ物に直面している」の真理条件、すなわち、XはY時に食べ物に直面しているという事柄であるような関数になる。この事柄が、世界の客観的な事実に合致すれば発話トークンは真、合致しなければ偽になる。

幼児と一人称の意味規則

さて、私たちがこの厄介な意味論に入り込んだのは、幼児が一人称表現を使えるようになるために体得すべき規則を素描するためだった。それはどんな規則になるのか。幼児が「ぼく、まんま」と言ったとしよう。これが「私は今、食べ物に直面している」のその子なりの言い方だと仮定する。この幼児は、「ぼく、まんま」という表現について、これを他人が発すればその他人の目の前に今、食べ物があるということを言い表しており、自分が発すれば自分の目の前に今、食べ物があるということを言い表している、と理解していることが期待される。これはつまり、発話者が変わるのに応じて、言い表す事柄が変動するということを理解している、ということであり、この幼児は上の関数B′を体得しているということである。幼児はこの変動の構造、ないし関数B′を暗黙のうちに理解しなければ、「ぼく、まんま」という発話をうまく遂行することはできない。

もう一つ重要なことが意味論的な細部から立ち上がってくる。文タイプ「ぼく、まんま」が言い表す関数B′は、入力が発話者と発話時刻、出力がその発話トークンの真理条件なのであった。入力が発話者V、発話時刻Wならば、出力は、人物VがW時に食べ物に直面しているという事柄であり、入力が発話者X、発話時刻Yならば、出力は人物XがY時に食べ物に直面しているという事柄である。人物も発話時刻も発話トークンの言い表す事柄（真理条件）も、客観的な存在である。すなわち、特定の人物が特定の時刻に食べ物に直面しているという事実は、誰もが確かめることができる客観的な事実である。言い換えれば、一人称の文タイプ「ぼく、まんま」の意味を分析してきたここまでの過程のどこにも、主観的にしか接近できない一人称的な体験というものは現れていない。発話トークン「ぼく、まんま」は、発話者がまさに自分にしか分からない仕方で食べ物を見つめているという主観的な体験を言い表していない。また、そのような一人称的な事実によって真になるわけでもない。発話トークン「ぼく、まんま」は、発話者が今食べ物に直面しているという事柄を言い表しており、それが真になるのは、その客観的な事柄が世界の客観的な事実と合致するからなのであって、どこにも発話者にしかうかがい知れない主観的な事実のようなものは介在していない（Mellor 1991, 11-12)。

幼児は、第一に、一人称表現が言い表している発話者の入れ替わりの構造、つまり意味論的な関数を体得しなければならない。第二に、この意味論的関数は、まったく客観的な関数であって、入力にも出力にも主観的体験は介在しない。この第二の点は、一人称表現の使用の条件となる自己認識が、心の私秘性の理解を要求しないということを強く示唆している。上で与えた意味論的な分析が妥当なら、一人称を使えるようになるためには、発話者ごとに真理条件が交替するという仕組みだけを理解していればよく、発話者にのみ接近できる心的内容があるという理解は要らないのである。そして、発話者ごとに真理条件が交替するという仕組みの理解は、乳児期（五月齢頃）から始まる「いないいないばあ（peekaboo ピーカブー）」といった役割交替を含む遊びによって、言語使用に先行して準備されると考えられる（Bruner 1983, 47-63)。

一人称表現の使用をめぐる論点は、ここまででまだ半分である。以上は意味についての議論であった。指示についても考えなければならない。

2　一人称表現の指示

指示対象を突き止めること

以上のように関数という考え方を利用することによって、一人称表現の意味はうまく説明できる。だが、指示（reference）はどうか。「私は今、食べ物に直面している」という発話トークンのなかで、「私」と「今」は、どうやって、発話の外の世界にある人物と時刻を指示することに成功するのだろうか。もとより「私」と「今」は発話者と発話時刻を指示する。この意味論的な規則については何の謎もない。だが、実際に発話されたときに、どのようにして「私」や「今」が、発話者と発話時刻を特定してそれに結びつくのかが問題なのである。例えば、私が今、「私は今、コンピューターディスプレイに直面している」と言ってみたとき、私は「私」が自分を指し、「今」が現在の時点を指しているということを、間違いなくとらえている。私は、どういう手がかりによって、これをとらえることができるのか、というのが指示に関する問いである。

タムラヒトシという固有名ならば、通説の一つを仮に採用して、記述の集まりを手がかりにして指示対象が突き止められるとしておいてもよい。年齢、性別、職業、居住地、容貌、体格等々、記述しうる特性を集めれば、そのすべてを満たすのはタムラヒトシという人物だけになるかもしれない。だが、「私」の指示対象を、記述的特性を手がかりにして突き止めると主張することは無理である。というのも、タムラヒトシは記憶喪失に陥って自分についての記述的特性の情報をすべて見失うかもしれないが、それでもなお、「私」が何を指しているかちゃんと分かる、という場合を想定できるからである。さらにまた、「私」は、指示しそこなうということはありえない。「私は今、食べ物に直面している」と言ったときに、この「私」を誰か間違って他の人のことだと取ってしまうということはない。これらの点で「私」は、通常の固有名や指標詞とは違った振る舞い方をする。(10)

以下に紹介するように、メラーは、発話のなかで「私」がどのようにして指示に成功するのかという問題に対して、一人称表現「私」は身体における因果的なつながりにもとづいて指示する、という回答を与えた。この因果的なつながりは、言語使用の水準ではなく、自然物としての身体の水準に、欲求や信念と身体運動の因果的つながりとして実在している。メラーは、信念や欲求と身体運動を、環境からの刺激の受容と環境への働きかけ、という生き物の生存の機構のなかに位置づける。この機構が働いている限りにおいて、生き物が、みずからの身体を、環境から区別されるものとして把握しているということは自明である。ここに私たちの一人称表現の指示作用の根源がある。

動物の自己把握

餌を眼前にしたときに、ほかならぬみずからの身体が動いて捕食するのでなければ、動物の生存はありえない。食べられるものだという事実認識と、腹が減っているという欲求と、跳びかかるという身体運動とがうまく組み合わさってはじめて生存が可能である。メラーは、ここで暗黙の内に成立している身体としての自己把握が、言語使用の水準にある「私」という発話に結びつくと考える。しかし、この結びつきの経路を見通すためには、まず動物にもありうるような無言の信念の水準から考え始めなければならない。

> 生き延びるためには、私たちは、今、食べ物に直面しているとか、捕食者に直面しているとか、交尾相手に出会っているとか正しく信じることができるのでなければならない。(Mellor 1991, 21)

生存のために外界の認知が必要なのは動物でも人間でも同じことである。それゆえ、動物の水準にまで信念（事実認識）を拡張することはむしろ自然である。「私は今、食べ物に直面している」や「私は今、捕食者に直面している」という事実認識は、動物にも宿っている。これを「主体にかかわる信念（a subjective belief）」とメラーは呼ぶ。「信念」は、ほとんど「事実認識」と同じ意味である。ただし、こういう事実認識はしばしば偽でありうるから、偽の可能性を含みとして示すために「信念」と言うにすぎない。「信念」という呼び方を動物に拡張することに違和感があるなら、「動物の神経系のある内部状態」と考えておけば足りる。この主体にかかわる内部状態という意味での信念の水準では、特に意識的に自己をとらえていたり、まして言語によって表現できるような自己の概念をもっていたりするわけではない。

信念にもタイプとトークンがありうる。事柄Pを信じている状態一般（信念タイプ）をB（P）と表記し、信念トークンをb（P）と表記する。今、Pを「私は今、食べ物に直面している」であるとする。このとき信念のトークンb（P）は、ある動物Xが事柄Pを時刻Yに認知して（信じて）いる、という客観的事実である。この場合、

B（P）は、「私は今、食べ物に直面している」という認知を成り立たせるような動物の神経系の内部状態（信念）一般である。この言語以前の信念タイプの内容を考えるために、上で与えた意味論が適用できる。信念B（P）の内容Pは、Pを表現しうる文タイプS（P）の言い表している事柄、つまりその文タイプの意味である。Pは「私は今、食べ物に直面している」だから、信念B（P）の内容とは、S（P）の意味、すなわち、XとYとから、S（P）が仮にXによって時刻Yに発話されたと想像したときのそのトークンの真理条件への、意味論的関数である。[11]

> P＝IN〔P＝私は今、食べ物に直面している〕とすればXの時刻Yにおける信念B（IN）の内容とは、S（IN）の意味である。すなわち、XとYから、Xが時刻Yに食べ物に直面しているという真理条件への、関数 $f_{IN}(X, Y)$ である。　(Mellor 1991, 22)

S（IN）は、もちろん「S」が文であることを示し、「IN」は “I face food now” つまり「私は今、食べ物に直面している」の縮約である。そして、関数 $f_{IN}(X, Y)$ は、すでに説明した関数B′である。

信念は、内容によって相互に区別されるだけではなく、信念保有者の振る舞いへの因果的影響の違いによっても相互に区別される。私は今、食べ物に直面しているという信念、B（IN）は、言葉にされず、意識的に自覚されていないとしても、そのとき同時に存在する他のさまざまな欲求と合流して、目の前にあるものを食べてしまうとか、貯蔵しておくとか、捨ててしまうとか、この信念の保有者のいろいろな振る舞いに結びついていく。

簡単に言うと、IN〔私は今、食べ物に直面している〕を信じるということが、欲求から行為へと至る因果的機能を具体化するよう私を促すのである。ちょうど、食べ物への欲求が、信念から行為へと至る因果的機能を具体化するよう私を促すのと同じである。言い換えれば、信念と欲求はお互いの因果的な効力に影響しあう。INを信じるということは、空腹が私を促して行為させる仕方に影響する。空腹は、INを信じることが私を促

して行為させる仕方に影響する。(Mellor 1991, 22)

メラーは、動物がいろいろな欲求をもっており、同時に外界を適切に認知していて、当たり前のことだが、その外界認知と欲求とが合流したところで行動が起こる、と考えている。空腹が動物を衝き動かすのと同様に、腹を空かせた動物は、信念（外界の事実認識）によって動かされる。飢えたクマは、里に食べ物があるという認識によって動かされて、人里にやって来る。言われているのは、これだけのことである。

信念にこのような因果的有効性がともなっているとしても、信念内容と有効性とはどのように結びつくのか。メラーはラムジーの解決法を採用する。

ラムジーのプラグマティストの等式、すなわち、信念の真理条件を信念の有効性条件と同一とする等式が、私たちの必要とするすべてである。(Mellor 1991, 23)

信念の内容は、信念の真理条件であると言ってよいと仮定しても、その真理条件はいったいどのように具体化されるのか。というのも、検討しているのは動物の水準の事実認識（信念）なのだから、人間の場合のように、信念の内容を言語化し、その言語の意味論によって真理条件を与える、というやり方がとれないからである。メラーは真理条件を信念の有効性条件であると主張する。これは、単純に言えば、信念が真であるとは、その信念が欲求充足のために有効な情報を伝えているということだ、という主張である。空腹という欲求をかかえているときに、食べ物が目の前にあるという信念をもったとする。この信念が真であるとは、その物に噛みついて飲み込んだら、空腹が癒されて生きのびられるということにほかならない。歯が立たなかった（石だった！）とか、鈎に掛かってしまった（擬似餌だった！）という場合は、信念の持ち主の動物にとって、その信念は残念ながら有効ではなく、真でもなかった。こういうことである。

因果的な行動産出の水準に着目すると、ある主体がある信念を抱くということがもっている基本的な役割が何であるのか分かる。空腹の状態と行動の能力があっても、いつどこに向かって行動するのが適切なのかは決まらない。行動のターゲットを決めているのは、私は今、食べ物に直面しているという信念トークン（信念タイプB（IN）のトークンb（IN））である。「私」や「今」に言及する主体にかかわる信念が必要なのは、有効な行為を発動する因果的仕掛けの一部としてなのである。

主体にかかわる信念は、欲求と合流して行動を生み出す。合流するのはこれらが宿っている主体においてである。b（IN）「私は今、食べ物に直面している」という信念が、Xの空腹をして時刻Yにある行動を起こさせるよう因果的に促すためには、その信念をまさにXが時刻Yにもつのでなければならない[12]。そしてこの因果的隣接性の条件が主体にかかわる信念にまつわる謎を大部分解いてしまう。

> ある信念は、行為者の欲求の結果に影響する仕方によって、主体にかかわるようになりうる。これはつまり、その行為者がその時刻にその信念をもつという場合にのみ、主体にかかわるということである。人物と時刻とについてトークン反射的[13]な真理条件を主体にかかわる信念に与えるのは、この事情である。因果的な隣接性（causal contiguity）が、主体にかかわる信念に、誰であれそれをもつ者とそれをもつ時刻とを指示させる仕組みなのである。（Mellor 1991, 24）

自分が食べ物に直面しているというある動物における信念とは、要するに、空腹ならばそこにあるその物を食べる、というふうに因果的に仕向けられるということだとしよう。こう仕向けられるということは、その時刻に、その動物の空腹が、直面しているそれを食べるようにその動物を動かす、という因果系列が成り立つということである。原因と結果は遠隔作用しないから、因果系列が成り立つとは、信念（それの認知）がその時その場所（動物の身体）でその動物の身体と接触した状態にあるということにほかならない。言い換えれば、その信念（動物の神経系の内部状態）が、その動物の身体に宿っているという原始的な事実があるだけなのである。メラーが「主体にかかわる（subjective）」と言うのは、反省的な主観性、つまり自分が食べ物に直面していると自覚しているという意味ではない。そうではなくて、ただたんに、欲求（空腹）や情報（食べ物だ！）の持ち主（主体 subject）にかかわっている（subjective）ということである。

私の信念が、私と、私がその信念をもっている時刻とを指示するのは、この因果の隣接性によってである。そして、このことが、主体にかかわる信念の指示対象を決めるうえで、自分が誰であるかとか今がいつであるかとかを一切考える必要がない、ということの理由でもある。自己や現在の概念（concept）は一切必要ない。私の主体にかかわる信念の指示対象を決めるためには、明示的にであれ非明示的にであれ、「私」や「今」の「意味（sense）」をとらえている必要などまったくない。因果の隣接性が私のためにそれらを決めてくれるのだ。

（Mellor 1991, 25）

「意味（sense）」とは、ここまでの言い方では、言語表現の言いたいこと、言い表している事柄になる。だが、問題になっているのは文ではなく、「私」や「今」という単語であるから、意味を事柄や真理条件と見なすのではうまくいかない。むしろ、「意味」は、概念（concept）と解する方がよい。「私は○○である」というときの、この「○○であること」がここで言われている「概念」に該当する。自己の概念とは、単純に自分に述語づけられる属性のことだと考えておいてよい。そして、「私は今、食べ物に直面している」という信念を抱いたときに、信念の持ち主が自己にまつわるある属性を保有している何かを探して、それを保有しているものとして「私」の指示対象を見出す、という自己発見の手続きはまったく必要ではない。この一節はそう主張している。そんなことをするまでもなく、どんな動物においても、「私は今、食べ物に直面している」はその動物自身と結びついている。

というのも、行動主体Xのもっている主体にかかわる信念「私は今、食べ物に直面している」が、X自身と現在時刻とに結びつくのは、その信念をその時刻にもっているのがまさにその主体*X*であるという端的な事実にもとづいているからである。これがメラーの考え方である。「「意味」をとらえている必要などまったくない」というのは、「私」に関する概念的理解（「私とは○○である」）を経由して私を指し示すのではない、ということである。「主体にかかわる信念の指示対象を決める」は、「私は……」という信念がまさにこの私を指し示す、ということを言う。主体にかかわらない信念、例えば、「ネコが敷物の上にいる」の場合、「ネコ」や「敷物」が何を指し示すのか突き止めるためには、何らかの概念的な理解（「ネコとは○○である」、「敷物とは○○である」という理解）を経由せねばならない。しかし、主体にかかわる信念「私は今、食べ物に直面している」が、信念の持ち主にかかわってくるのは、概念的理解を経由してではない。端的に、その信念がその身体に宿っているからである。主体にかかわる信念は、概念や理解を通じて持ち主を指示するというよりは、持ち主に物理的に結びついているのである。

この事情によって、指示のしそこないをめぐる謎も消える。Kが時刻Tに食物に直面しているという三人称的な信念は、間違うことがありうる。Kなる人物はいないかもしれないし、別人と取り違えているかもしれない。だが、主体にかかわる信念ではそういう指示のしそこないは起こらない。

なぜなら、主体にかかわる信念はその指示対象が存在しないかぎり存在しえないからである。*X*が時刻*Y*にIN〔私は今、食べ物に直面している〕を信じるということは、*X*と*Y*が存在しなければ起こるはずがない。

(Mellor 1991, 25)

b（IN）〔私は今、食べ物に直面している〕という信念は持ち主に宿ることによって、持ち主に結びついている。この信念によって引き起こされる行為は、もちろん、眼前にあるものが食べ物でなかったというような理由で、失敗に終わることはある。だが、別の人物や別の時刻にその信念が結びつくという指示のしそこない（信念と持ち主の結びつきの不成立）による間違いは起こりえない。主体にかかわる信念と持ち主との結びつきは、その信念がその主体にあるということ自体であるから、主体にかかわる信念があり、かつ持ち主と結びつくのに失敗しているということは、信念が主体にあり、かつあらぬ、という矛盾を意味する。何であれ、ありかつあらぬことはできない。主体にかかわる信念が存在し、かつ持ち主と結びつくことに（主体を指示することに）失敗するということはありえない。

因果的隣接性が、指示のしそこないの発生を防いでいる。因果的隣接性によって、主体にかかわるどんな信念も間違いなくそれをもつ者とその時とを指し示すのである。（Mellor 1991, 25）

こうして信念とその持ち主とが因果的につながっているということによって、一人称の文に現れる「私」や「今」の指示の特異性が解明できそうである。指示対象を特定するのに必要なのは、概念や意味ではなくて因果的なつながりであり、指示に失敗しないのも、因果的つながりが実在することが主体にかかわる信念の成立の条件だからだ、ということになることが期待される。

だが、これを主張することはまだできない。というのも、問題にされていたのは、動物にもありうるような暗黙の自己把握だったからである。この段階の主体にかかわる信念には、自分についての意識的な把握や、まして「私」という発話などは登場していない。意識や言語が登場しても上と同じような説明方法が採用できるのかどうかが、残る問題である。

「私」という語の指示対象

手がかりになるのは、主体にかかわる複数の信念が重なり合って起こる場合である。ｂ（ＩＮ）「私は今、食べ物に直面している」という信念と、ｂ（ＩＫ）「私はＫである」という信念を例に取る。信念ｂ（ＩＮ）をもつことは、信念と欲求と身体運動が連係して生じる生存のための活動の一つの要因である。信念ｂ（ＩＮ）にこういう要因としての作用が可能であるのは、ある生き物Xがまさにその時刻にその信念B（IN）をもったということによって、欲求と身体運動とが連係するように促されるからである。この因果的隣接性において、b（IN）は、信念の保有者Xにかかわりをもち、行為の実現へと向けてあやまたずXを巻き込むのである。

他方、b（IK）は、主体にかかわる別の信念である。そして、私はKであるという信念b（IK）は、b（IN）私は今、食べ物に直面している、と同時に存在するならば、b（KN）「Kは今、食べ物に直面している」、を成立させると期待される。こういうことが起こるのは、どういう場合であろうか。明らかに、b（IN）とb（IK）とが、同時に同一の信念保有者に起こる場合だけである。

具体的に考えた方が分かりやすい。タムラヒトシが「私は今、食べ物に直面している」と思っている。同時に、タムラヒトシが「私はタムラヒトシである」とも思っている。それならば、タムラヒトシは「タムラヒトシが食べ物に直面している」とも思うことができても不思議はない。ところが、ムラタヒロシが「私は今、食べ物に直面している」と思っていて、タムラヒトシが「私はタムラヒトシである」と思っているなら、当然ながら、「タムラヒトシが食べ物に直面している」という信念はまったく成立しない。

b（IN）とb（IK）とが同時に同一の信念保有者に起こる場合には、これらの信念の保有者Xと時刻Yそのものが、この二つの信念にXとYへのかかわりをもたせる共通の因果的要素になっている。そして、依然として、XやYについて保有者が概念をもっていたり、意味をとらえていたりする必要はない。主体にかかわる信念が信念の保有者と時刻とに結びつくのは、因果的隣接性によってだからである。つまり、b（IN）とb（IK）は、因果的に同一の物に同時にかかわっているということによって、同じX同じYをとらえ続ける——指し続ける——のである。このとき、XとYは、「自分自身を表している（they represent themselves）」（Mellor 1991, 27）。あるいは、そのようにして端的にそこにある。そういうわけで、主体にかかわる複数の信念における指示の〔一致という〕関係は、たんに同一性の関係なのである。b（IN）とb（IK）という二つの主体にかかわる信念が、同じ保有者*X*にかかわるのは、保有者*X*はそれ自身と同一であるというただそれだけのことによっている。（Mellor 1991, 27）

このことは、意識的な主体にかかわる信念の水準においても同じように成り立つ。行為者*X*が時刻*Y*にIN「私は今、食べ物に直面している」を自覚的に信じているとする。これは、*X*は自分がINを信じているということを信じている状態である。「このとき、この人物の信念が自分はそれをもっているということをこの人物に信じさせている」（Mellor 1991, 27）。第一階の信念B（IN）が、第二階の信念を因果的に生む。仮定によってどちらも主体にかかわる信念であるから、信念の保有者*X*と時刻*Y*とは、「自分自身を表している」。つまり、因果的に信念と行為の系列のなかに巻き込まれて、端的にそこにある。それならば第二階の意識的信念の水準までたどってきても、主体にかかわる信念の保有者「私」を、概念や意味といった認識的手がかりを通じて突き止めるという課題は生じていないのである。

こうして、ついに意識的な信念を言語化する段階まで到達する。B（IN）〔私は今、食べ物に直面している〕という信念を意識しているとき、どのようにしてこれを言語化したらよいのであろうか。この段階で新たに必要になるのは、言語に関する共有された習慣である。B（IN）にどのような文をあてがうかというのは、言語共同体によって異なる。しかし、B（IN）の保有者と時刻とをとらえるために、特別の認知上の手がかりは必要としない。このことは、どんな言語共同体に生きていても不変である。保有者*X*と時刻*Y*は、因果的隣接性によって指定されているからである。さらに必要なのは、このようにして指定される対象や時刻を表示する語の選び方についての習慣だけである。「私」と「今」、あるいは、“I”と“now”、あるいは、“Ben”と“Şimdi”[14]が選ばれるであろう。

私がこれらを選ぶのは、たんに、自分が表現したい主体にかかわる信念のための正しい単語であると私が信じているからである。そして、この〔言語使用についての〕信念が正しいというのは、たんに、これらの言葉を使う私の習慣をみなが共有している、ということにすぎない。習慣が共有されているということが、S（IN）のような文において、「私」と「今」のトークンに、この文の作り手とその時とを指示するようにするのである。私たちがお互いを理解するのは、これらのトークンが実行していることはこれだ、と信じているからである。……それと知りつつ共有されている習慣が、それゆえ、いかなる時点Yにおいても私が「私」や「今」を正しく適切に使用するために必要なすべてである。依然として私は、自己や現在の概念を必要とはしていない。

(Mellor 1991, 27–28)

この考え方のカナメの部分は、自己の概念を必要としないというところである。言語を用いる段階に至っても、発話者が一人称表現の結びつく存在者を何らかの認識上の手がかりによって突き止める——発話者がみずから考えて分かる——必要は生じない。どういう音声を一人称表現として用いるのかという習慣に従えば足りる。その言語共同体においてその音声が発話者を指すということは、発話者による認識的手がかりの利用を経由することなく、主体にかかわる信念の因果的構造と言語共同体の習慣によって定まるのである。

では以下で、メラーによる一人称表現の意味と指示の説明を要約しておこう。要約は、指示の局面から始まる。信念や言語の意味が問題になるのは後の段階である。

動物が生きのびていくかぎり、外界を認識している内部状態が動物の身体内に存在することは疑われない。その内部状態は、感覚器官への入力に応じて、餌を食べたり、捕食者から逃げたりするように動物の身体を動かす。この内部状態は、感覚への入力から身体運動という出力に至る因果的な系列の中間にあって、入力と出力をつなぐ連結部分になっている。食餌行動の場合、連結部分に想定されるべき表象的な状態[15]は、少なくとも「私は今、食べ物に直面している」という事実認識と、「食べ物に近づけ」という身体への命令の二つを備えているであろう。この表象的な状態は、もちろん意識的な自覚ではない。そうではなくて、その身体がその時食べ物に直面しているという事実を、その身体の運動に結びつける、という因果的な連結そのものである。このようにして、入力系から出力系に受け渡されるその身体という情報の単位が、身体的な自己把握の原初の形であると考えられる。内部状態「私は今、食べ物に直面している」が、私をあやまたずに〝指示する〟という見かけ上の意味論的な事実は、その内部状態がその身体に宿っているという非意味論的な自然の事実である。その身体と結びついた複数の内部状態があるとき、その身体はその複数の状態の共通の因果的要素となっている。複数の内部状態が〝指示する〟ものが常にその身体であるという指示の同一性は、その身体がその身体であるという自己同一性の関係に帰着する。複数の内部状態が宿るのは、いつも同じその身体なのである。

人間は、このいつも同じその身体を対象化してとらえて、一人称表現によってこれを言い表すようになる。このとき要求されるのは、一人称表現の意味の規則を習得することである。一人称表現は、発話者が変わるのに応じて言い表す事柄が変動する。幼児は、一人称表現が結びつくこの意味論的な関数を習得せねばならない。またこれに先立って、言語全般を習得するためには、トマセロの言うように、他者の伝達意図のなかでは自分が対象化されて出現することを理解し、同時に自分の行為のなかでは自分が主体となることを理解しなければならない。こうして、自己の対象化と主体化という役割交替を体得することと、一人称表現の表す関数的な構造を体得することとが、一人称表現を使うための最低限の能力を構成すると考えられる。哲学的に重要なのは、一人称表現の表す意味論的関数は、まったく客観的な関数であって、入力にも出力にも主観的体験は介在しないということである。一人称表現を理解するために、心の主観的な私秘性の理解は必要ないのである。

こうして、本章の冒頭で述べたとおり、「私はある」ないし「自分がいる」という認識が最も原始的な水準で言語的に成り立っているとき、そこでとらえられている自分は、〝身体的な自己でありかつ対象化された最小限の心としての自己であるところの自分〞ないし「心の理論以前の自己」である、ということが明らかになった。

一人称表現の分析結果とコギト命題

以上の一人称表現の分析によって分かったことは、一人称の「私」の特異性が、実は、生き物としての自己把握に根ざす自然な因果作用の帰結だった、ということである。ヒンティカは、コギト命題の説得力が生じる根底に、「自分を知っていること」という条件を置き、これは「一人称の代名詞「I」の論理を理解する能力」と等しいと指摘した。「I」や「私」という一人称表現は、固有名や確定記述とは違って、概念や意味を通じて指示対象を突き止めるという認識上の手続きを必要とせず、他の指標詞と違って指示のしそこないも起こさない。この特異な性格を理解しているということが、コギト命題の説得力を理解できるということの条件である。この特異な性格は、すべて、因果的事実に由来する。すなわち、一人称の主観的信念「私は今……している」において、「私」の結びつく当のものが、この信念（内部状態）から行動へと至る一連の因果的な系列に、因果の隣接性という条件によって巻き込まれている、という因果的事実に由来するのである。「私」のトークンからその指示対象へと過たず向かう「私」特有の指示の謎とは、身体の内部状態から身体的自己把握へと至る因果的過程を、逆向きにたどろうとしために生じた謎だったのである。だから、デカルトの「私はある」が提示する私とは、生きている身体なのである。[16]

この分析結果は、デカルトの「私は考える、ゆえに私はある」という発見からあまりにも隔たっているように感じられるかもしれない。だが、それは思い違いである。デカルト研究者の小林道夫は、コギト命題について、次のような説明を与えている。

「私は有る、私は存在する」という命題が必然的に真であるというのは、方法的懐疑において意志的な説得行

> 為が繰り返されるたびごとに、必ず、その行為を内的に感知し、その行為の原因として我の存在を認知せざるをえないということなのである。
> （小林 1995, 130–131. 強調は引用者）

この小林のコギト解釈と、ヒンティカやメラーが発見したこととは、完全に一致している。「方法的懐疑」はデカルト特有の懐疑遂行上の構えだが、これを特異なものとしているのはデカルト哲学の体系内の事情である。だから、私たちは、「方法的懐疑」を一般の思考作用と考えて差し支えない。また、「意志的な説得行為」とある点も、同じく意識的に行われる行為一般と考えて差し支えない。そうすると、小林のコギト解釈は次のように言い換えられることになる。すなわち、

――「私はある」という命題が必然的に真であるというのは、思考作用をともなって行為が遂行されるたびごとに、その行為を内的に感知し、行為の原因の存在を認知せざるをえないということだ。

小林の解釈と私たちの解釈との唯一の違いは、「行為の原因」を精神ではなく身体であると見なす点である。だが、コギト命題の説得力が生じる言語的かつ存在論的な構造に関しては、二つの解釈のあいだに少しの違いもない。実体として身体（小林の解釈では精神）が存在し、それが現に活動しているということの因果的帰結として、「私はある」という命題を私たちが心に抱き、言葉で言い表す。この、実体の存在の因果的な帰結として「私はある」という命題が常に真理になる、という構造はまったく同じである。そして、ロックは、コギト命題を次のように言い換えていた。

> 見たり聞いたりすることによって、私の外に、感覚の対象となっている何か物体的な存在があるということを私が知るとき、私の内に、見たり聞いたりしている精神的な存在があるということを、私はより確実に知る。
> （『人間知性論』2–23–15/306, 3–6）

私たちの解釈が、コギト命題のロックによる解釈とも基本的に同じであることは明らかである。

第9章でデカルトにおいては、真理性の規準が「私が明晰判明に理解する」ということに絞り込まれたのを見た。そして、考える私の明晰判明な認識が真理を保証するとは、考える私が世俗外個人であること、すなわち、社会や歴史とは無関係に、単独で真理を見てとる存在であることを意味するということを確認した。それが、「哲学の第一原理という資格」（小林 1995, 141）を備えた意志的存在としての「我」の認識論上の地位である。それでは、以上のコギト命題の分析は、考える私の存在の疑いなさを、考える私の認識内容の疑いなさに移し入れること、つまり、私の存在の確実性を真理認識の保証と読み替えることを許すだろうか。こう問うのは、この読み替えが成り立つということが、考える私が「哲学の第一原理という資格」を備えているということの実質であり、考える私が世俗外個人であることを示すものとなるからである。だが、この読み替えはまったく成り立たない。それはすでに十分明らかだろう。考える私の疑いのなさは、生きて動いているときの生きている身体の存在の疑いのなさにすぎず、それは認識内容の疑いのなさをもたらすことなどない。目の前の食べ物についてさえ、動物が事実誤認をすることはある。人間は簡単な数値計算でもしばしば間違う。コギト命題の自明性は、考える私が哲学の第一原理であり、人間が必然的に世俗外個人である、という結論を正当化したりするはずがないのである。

3　一人称表現と社会

一人称の表現は、身体内外の自然環境と結びついているだけではない。言語は社会的な装置であり、一人称の表現も社会的な環境のなかに出現する。「私はある」という自己意識は、食べ物を見つけたときだけではなく、他人に対して自分の意見を述べるときや要求を主張するときにも当然ともなう。ロム・ハレは、各国語の比較検討と分析を通じて、指標詞としての一人称表現の社会的な役割を抽出した。以下、ハレの考察を手がかりにして、一人称の表現の社会性を考える。

一人称の二重の指標性

指標詞（indexicals）とは、一人称表現「私」や指示語句「その人」のように、誰がいつそれを発話するかによってその語の指示する対象が変わる語のことを言う。言語表現の指標的な特性という問題を初めて浮かび上がらせたのはC・S・パースのようである。彼は次のような機知に富んだ言い方で表現の指標性の問題を指摘した。

例えば、誰かが "Why, it is raining"〔おやおや、雨が降っている〕と言ったとする。この発話がこの時点でこの場所について発話者が述べるものとなるのは、その人がここに立って話しながら今窓から外を見ているといった発話状況によってのみである。それは指標（Index）として機能している。この発話状況によって、私たちは、この人が衛星プロキオンの五〇世紀前の天候について話しているはずがない、ということを確実に知ることができるのである。[17]（Burks 1949, 677）

例示された "it is raining" あるいは「雨が降っている」という発話は、雨が降っているという事柄を表現している。だが、それが発話者およびその状況と結びつけられないかぎり、この発話がいつどこで雨が降っていると告げているのかは分からない。アーサー・バークスによれば、上の発話が備えている指標的な要素は、現在時制が使用されているという事実と、発話者の視線の方向である。これらによって、この発話が今とここについての発話であることが示される（Burks 1949, 677）。「私」「今」「ここ」といった語は、時制や視線の方向と同様に、ある発話がどのように世界と結びつけられるべきなのかを指定する働きをもっている。その意味で、これらは発話と世界との結びつけ方の印し（指標）となる語なのである。

ハレによれば、一人称の発話は、その指標的な働きにおいて、第一に、発話内容を発話者の身体に結びつけて、その身体の位置からのパースペクティヴとして世界を提示する働きをもつ。「私には雨が降っているのが見える」という明示的な一人称の発話[18]を考えてみる。ヒトの知覚野はある一点を中心とする構造を備えていて、その一点が、外的対象の知覚と、私たちの身体の知覚との、両方の中心になっている[19]。

この中心性は、自分であるという私の感じ（my sense of self）の構成要素となる目立った特異性の一つである。私が見たり、感じたり、触ったりしたことを記述するときには、私は、これらの記述のなかで、自分の経験が中心点を備えているということを表出している。（Harré 1998, 59）

「私には雨が降っているのが見える」では、パースが例に挙げた「雨が降っている」において時制や視線が果たしていた役割を「私」という一人称の表現が引き受けている。一人称表現の使用が、雨降りという出来事を、発話者の身体位置（経験の中心点）からのパースペクティヴを通じて世界に結びつけ、そのときその場所における世界の記述として提示しているのである。「私」を「彼」に取り換えれば、雨降りが発話者の身体位置のパースペクティヴからは切り離されて提示されることになる。

このように、一人称表現は、「自分自身の特異な単独性についてある人がもつ感じの表出」（Harré 1998, 55）になっている。それは、「いろいろな次元を備えた人物としての、なかんずく、自分が物質としての身体をもつことにおける特異な単独性という側面での」（同上）自己感覚の表出なのである。ハレの言う「物質としての身体をもつことの特異な単独性の感じ」は、メラーが一人称の根底に見出した動物としての自己把握と同じものと解してよいだろう。また、ナイサーの生態学的自己、やネルソンの水準一と二の自己理解とも同じものと解される。これを、私たちは身体的な自己把握の層と呼んできた（第10章1節）。一人称表現は、ともかくにも、身体的な自己把握を言語化している。

一人称の発話は、その指標的な働きにおいて、第二に、発話内容を、人々がかかわり合って形成している社会的環境に位置づける。ハレは、人物には身体という切り口だけでなく「いろいろな次元」があることを指摘している。身体は、世界のなかの一つの物体である。だが、生きている身体は、たんに自然的世界に位置づけられているだけではなくて、義務や役割や地位といった人間的世界の中にも位置づけられている。ヒトはたんに動物であるのではなくて、社会性の動物である。

「私は弁護士への面会を要求する（I demand to see my lawyer）」という一人称の発話を例にとろう。この発話は、第一に、面会要求という内容を、発話者の身体の位置および発話の時点に結びつける。つまり、その人がその時この要求を行なっているという事実を明らかにしている。これは身体的な指標性である。だが同時に、この面会要求は、発話者の社会的な位置づけと結びついて、発話の趣旨の共有を生み出すことも意図している。「私は弁護士への面会を要求する」という発話は、聞き手に要求を受諾させて、面会を手配させるという帰結をもたらすことを意図している。要求を要求として認知させる言語的な働きを「発語内の力（illocutionary force）」と言い、要求を受諾させて聞き手を動かす言語的な働きを「発語を通じた力（perlocutionary force）」[20]と言う。一人称表現は、このような力の発動の責任主体として、発話者を指定する。「私は弁護士への面会を要求する」の力は、要求を行なう発話者の権利（正当性）に関係づけられ、その結果の責任は発話者に帰属する（Mühlhäusler and Harré 1990, 92）。

> 〔現代の英語などの〕インド・ヨーロッパ語の体系では、一人称は、話し手を、彼または彼女の発話に関して道徳的責任を引き受けるものとして印し付ける（index）ように使用される。（Mühlhäusler and Harré 1990, 112）

これが社会的な指標性である。ただし、この道徳的責任の主体としての指定という一人称表現における社会的な印し付けは、ミュルホイスラーとハレの研究によれば、英語その他の現代印欧語では顕著に見られるが、イヌイット諸語や日本語では見られないとされる。社会的な指標性の現れ方はさまざまでありうる（Mühlhäusler and Harré 1990,

116)。これについてはすぐに述べる。ハレは、以上の、知覚の中心点としての自然的世界への発話者の位置づけと、道徳的責任主体としての人間的世界への発話者の位置づけとを、一人称表現の二重の指標性（double indexicality）と呼ぶ。

「私には雨が降っているのが見える」といった事実報告文は、命令や約束とは違って、直接に他人との関係を含んではいない。しかし、この種の事実報告についても、二重の指標性は成立する。すなわち、雨が降っているという事実が、発話者の身体的位置からのパースペクティヴを通じて自然的世界と結びつけられるだけでなく、発話者の社会的位置からのパースペクティヴを通じて人間的世界に結びつけられる。事実報告の場合、発話者は、報告の信頼性についての道徳的責任を引き受けることになる。

> 事実言明は、話し手によって権威のラベルを貼られている。だから、その言明の発語内の力は、その話し手の信頼性に関係づけられるのである。(Mühlhäusler and Harré 1990, 92)

事実報告の信頼性を話し手の権威が保証するということは、要するに、話し手がその報告の真理性に関する責任を引き受けるということである。

日本語の使用環境でも、事実報告が虚偽であることは原則として許されないだろう。上のような現代のヨーロッパ諸語の一人称表現の特性は、日本語においても、限定的された場でははっきりと見て取ることができる。その典型的な例は、裁判における証言である。法廷での証言は、一人称の事実報告が発話者のパースペクティヴを通じて自然的世界に位置づけられ、このことを通じてそれがさらに人間的世界に位置づけられるということの、端的で極限的な現れである。現代日本の裁判では、証人は、みずからが直接的に体験した事実を報告することのみが求められる。[21] 法廷で意見を開陳したり、伝聞を陳述したりすることは基本的に許されない。また、証人に対する誘導尋問は原則として行われてはならず、供述は自発的に為されなければならない。要するに、証人は、一人称的に体験した事実のみを自発的に供述することが求められており、そのような供述にのみ信頼性が付与される。すなわち、証人となった人々は、自分の身体の位置からのパースペクティヴにおいて体験された世界を陳述し、その陳述の真理性を言語行為において保証する存在として、法廷という人間的世界で自己を再定義することになる。この自己規定の実質は、一人称表現をそのように使用するという言語行為そのもの、つまり、そのような規則に従った言語ゲームに参加するということのみから成り立っている。日本語の場合、道徳的責任主体として発話者個人を印し付けする一人称表現の機能は、西洋近代の制度をそのまま受け継いだ法廷のような人工的な環境[22]において判明に出現しているように思われる。

作家の片岡義男は、青年期前半をアメリカンスクールという異文化環境で過ごしたということであるが、英語の「I」が担っている道徳的な重さについて次のように語っている。

Iとは、いまここにいるこの私という、ただひとりの人を具体的に意味するだけでは、けっしてない。Iはたまたまそこにいるそのひとりの人を意味するだけではない。Iは、その人が一員となっている社会が拠って立つ理念から至近距離にいるはずの、その理念の体現者としての最小単位のひとつだ。Iは、自分のものの考え方や信念に相応して発生する社会的責任の、発生点および引き受け点だ。（片岡 1997, 366）

片岡が、おそらく実感にもとづいて「Iは、自分のものの考え方や信念に相応して発生する社会的責任の、発生点および引き受け点だ」と述べるのは、ハレが一人称表現の道徳的な指標性として述べているのと同じ事態を指している。その事態は、片岡が「英語のIに相当する言葉は、日本語にはない。これは、なんとも表現しようのない、たいへんなことだ」（片岡 1997, 359）と確認するとおり、「I」を用いない私たちにとって、何か非常に理解しにくいことである可能性が高い。その点を次に見よう。

英語の「I」と日本語の一人称表現

ハレは各国語を比較検討して、一人称の使用が自然的環境のみならずさまざまなローカルな社会的・道徳的環境への位置づけをともなうことを示している。例えば、「日本語の一人称形態は、局所的な社会秩序内における話し手と聞き手の相対的な地位関係を含意する強い指標性を備えている」（Harré 1998, 58）と指摘する。たしかに「わたし」と「僕」と「おれ」はすべて一人称表現であるにもかかわらず、話し手と聞き手の社会的関係を示している。あるいは、インドネシア諸語のいくつかにおいては人称代名詞が時間的な指標性をともなっている事実を挙げる（同上）。一人称のみならず、一般に指標詞の体系は、印し付けられる対象に関し、その空間的位置、道徳的位置、社会的地位、時間的位置、といったいろいろな要素について指標性を備えることができる。「あの方が……」と「あいつが……」という日本語の三人称的な指示は、指示対象の社会的な位置づけが異なっている。

しかし、話し手個人を道徳的責任の引き受け手として印し付けるという一人称表現の用法は、一人称の普遍的な特徴ではない。例えば、日本語はそうではない。ミュルホイスラーとハレは次のように述べている。

> 日本語では、ほとんどすべての一人称指標語の使用例が、話し手個人というよりも、かかわりある私のグループ（the relevant me-group）について行なわれるが、それだけでなく、その一人称表現の一覧表はグループに沿って決定される公式性と非公式性の複雑な連続的変化を含んでいる。……私たちがその体系を把握できたかぎりにおいて、その原則は、一人称語がより公式的になればなるほど、話しかけられている相手への尊敬が示されるということらしい。（Mühlhäusler and Harré 1990, 112）

日本語についてのこの指摘は、すぐに述べるように、おおむね正しいと思われる。しかし、残念ながら、ミュルホイスラーとハレの日本語に関する説明は、いくらか理解しにくい部分もあり、しばしば断片的である。例えば、「*ore*［オレ］」は男性のみが使う公式性の低い用語であるが、親密性を示し、ミュルホイスラーとハレの理解するかぎり「I」に非常に近い。だが初対面で使われることはなく、地位の高い人物が通常の会話で使うこともない。とはいえ、酒の出る席では使用されることがあって、それは、そのような席では社会的関係を示す慣習が執行停止になるからである、云々（Mühlhäusler and Harré 1990, 113）。日本語の人称表現の説明は、日本語学から補った方がよいだろう。[23]

田窪（1997）は、日本語の人称名詞[24]の一人称（自称）と二人称（対称）について、「おまえ、おれ」、「君、僕」、「わたし、あなた」、「おたく、うち」のように、対になる性質があると指摘する。「おまえ」に対する「おれ」、「君」に対する「僕」というように、聞き手と話し手の人間関係のあり方によっていずれかの対が選択される。ミュルホイスラーとハレが、日本語では「一人称指標語の使用例が、話し手個人というよりも、かかわりある私のグループについて行なわれる」と言っているのは、この特徴を指摘したものと思われる。人称名詞の選択は、このように人間関係と相互規定関係にあるため、人間関係が変わっていくと、お互いの呼び方を変える必要が生じる。「君、僕」で互いに呼びあっていた友人のうち一人が「おまえ、おれ」と呼びだした場合、もう一方も「おまえ、おれ」に移行する必要がある。そうでなければ安定した人間関係とはいえない。「君、わし」、「おまえ、僕」の組み合わせは、普通には不安定である」（田窪 1997, 15）。

また、「あなた」、「おまえ」、「君」などの日本語の二人称表現は、親しくない人や目上の人には使えないという性質がある。この性質は、田窪によると、「聞き手という役割を話し手が発話によって直接聞き手に与えるという人称名詞の直示性から来ている」（田窪 1997, 19）。つまり、相手への敬意が求められる状況では、話し手としての自分が、尊重すべき相手に対して、聞き手として役割を一方的に（その場で直に）割り振る、という行動を避ける必要が生じるのである。このように、日本語の人称名詞は、話し手と聞き手の人間関係を前提にして成り立っており、ある一人称表現を選択することは、相手との人間関係を決定することを意味する。そのため、人間関係の決定権にかかわる制約が、人称詞の選択に常にともなうことになる。この意味で、ハレが次のように言うとき、それは日本語の一人称表現に関する的確な指摘である。

日本語において、「ワタシ」ではなく「ワタクシ」を一人称の表現として選ぶことは、聞き手に対するしかるべき尊敬を備えた発話であるという社会的な力を印し付けており、同時に、話し手と聞き手の両方の高い地位を表現している。「ワタクシ」は人物を取り上げるだけではなく、社会的関係も表現しているのである。(Harré 1998, 58)

日本語の一人称表現がこのように社会的関係をも表現することと対比して、ミュルホイスラーとハレは英語の「I」の性質を端的に次のように指摘する。

これに対し、英語の「I」は話し手と聞き手の社会的な地位を未決定のままにしておく。(Mühlhäusler and Harré 1990, 113)

ハレの以上の考察から私たちが抽出できる最も重要なことは、通常の日本語には、英語の「I」のように、社会的地位や人間関係を未決定にしたまま自分自身を指し示すような一人称表現は存在しない、ということである。「わたし」は、話しかけている相手が「あなた」と呼ばれるべき間柄の人物であること、またある程度公式性の高い発話状況であることを前提しており、社会的関係と無関係に話し手を指示することはできない。「僕」は同様に相手が「君」であることとある程度親密な関係性を前提しており、やはり社会的関係を表現してしまっている。「自分」は、「自分が行きます」のような用例では、「私が行きます」と同じ意味に解されうる。元来「自分」は再帰代名詞であり、聞き手との人間関係に規定されないから、意味論的には、人間関係をもち込まない自己指示が可能である。[25] だがこれは軍隊用語であって、日常用語ではない。だから、実際に使用すれば、軍隊用語にふさわしい非日常的な人間関係を明示的に導入してしまう。つまり、聞き手との人間関係を、親密性を欠いた生硬なあり方でとらえていることを示してしまう。

このように、日本語の話者は、人間関係を未決定にして、人間関係から独立に自分自身を指示する日常の言語装置をもっていない。そういう言語装置をもっていないということは、おそらく、人間関係から独立に自分自身を措定する日常的な概念装置をもっていないということでもある。私たちは、人間関係から独立に自分自身をとらえることが手軽にはできないのである（手間ひまをかければできるかもしれない、例えば、出家して悟りを開くというように）。これは、英語その他の現代ヨーロッパ諸語と対比した場合、片岡義男が言うとおり「たいへんなこと」かもしれない。日本語の母語話者は、人間関係と切り離して自分を表現したいと感じるとき、難渋することになるだろう。

ただし、端的な言語的な事実の水準を越えて、この点を文化や思想に直接的に波及させるのはやめた方がよい。ミュルホイスラーとハレは、英語など印欧諸語と日本語、インドネシア語などとの対比にもとづいて、人称を表現する体系と倫理的な体系を直接的に結びつけている。これは、やめた方がよい方向の展開である。

人称を指示する相異なる体系の比較対照の関係は、人格同一性が社会的役割に依存したり、それによって解釈されたりする度合いの連続的変化として表現できるだろう。このように問題を表現すれば、代名詞研究を倫理体系の比較人類学に結びつけることができる。ギアーツは、バリでは個人の社会的役割が〝自己の実体部分〟を含んでいる、と主張している。西洋人は……「人格同一性の核心として心理学的特性に焦点を置くこと」が自由にできるが、バリ人は、「社会的位置に焦点を置くから、自分の役割が真の自己の本質であると言う」。それゆえ、ある人物の任務や義務と、任務や義務の反対給付としてその人物に帰属するものは、かかわっている人々の社会的関係に依存するのであり、そのゆえにこれらの人々の社会的カテゴリーに依存するのである。バリや伝統的日本やニューギニアのような文化の倫理的体系は、普遍的な権利と義務を保有し、意思決定と行為の唯一の力を備えた社会的文脈から自由な道徳的個人を認識していない。（Mühlhäusler and Harré 1990, 113–114）

この、人称表現の体系と倫理体系の直結は、支持できない。というのも、印欧語の人称代名詞の体系は、「社会的文脈から自由な道徳的個人」よりもはるか昔に成立していたはずだからである。たとえ道徳的個人の微かな兆しをソポクレスの『アンティゴネー』に見出すとしても（第5章注(2)）、印欧語の人称代名詞の成立はそれよりずっと前のはずである。人称代名詞の体系は道徳的個人の認識の一要因ではありえたかもしれないが（それも本当かどうかは分からない）、決定的な要因ではなかっただろう。また、倫理的な思考様式は、言語の文法的な構造よりも現実の生活形式に左右される傾向の方が大きいと考えられる。これまでに見た例で言えば、狩猟採集民のアニミズムは、おそらく言語的な構造とはかかわりが深くはなく、むしろ彼らの生活形式に規定されているだろう。そして、日本語母語話者の道徳的責任の認識が集団責任に流れやすく、個人責任を認識しない傾向があるという点については、私たちはすでに作田啓一による戦犯の遺文の分析によって、人称表現の体系よりもはるかに直接的な社会学的証拠を得ている。この点について人称の表現という間接的な証拠に頼るまでもないのである。

片岡の指摘した「たいへんなこと」の実質は、人間関係を未決定にしたまま自分自身をとらえる日常の言語的装置を私たちがもっていないということであり、それ以上でもそれ以下でもない。私たちは、意識的な思考を通じて自分自身をとらえようとするとき、「俺は……」と考えるか、「わたしは……」と考えるか、とにかく何か自分を言い表す仕掛けを使うしかない。したがって、日本語の母語話者は、どう言い表すにせよ自分自身を一定の人間関係のなかに見出すことになる。このことは、控え目に言っても、興味深いことである。

ヒュームは、「私が「自己」と呼ぶものにもっとも深く分け入るとき、私が見つけるものは、常に、熱や冷、明や暗、愛や憎、苦や快など、あれやこれやの個々の知覚である」（『人間本性論』1.4.6.3/邦I：286）と述べた。これをもじって言うなら、日本語の母語話者は「「自己」と呼ぶものにもっとも深く分け入るとき、見つかるものは、常に、僕やわたし、俺やわたくし、おじさんやおとうさん、先生や兄さんなど、あれやこれやの特定の人間関係のなかの自己の知覚である」と言い換えることができるかもしれない。その結果、例えば、小学校の先生が教室で「それは先生がやろう」と言う代わりに「それはおれがやろう」とは言えない、といった制約が生じる。一人称表現としてのこの二者は交換がきかない。一人称表現として用いられた「先生」と「おれ」は、指示対象は同じだが、その対象をとらえる概念的な手続き[26]が違う。日本語の一人称表現は、指示対象を端的に取り出してはいない。そうではなくて、その対象を認識する際の標準的な概念的条件、おまえに対するおれ、生徒たちに対する先生、といった社会的な関係性をともなった形でとらえているわけである。

あるいは、ある人物が「わたくしがいたします」と口に出しているとき、同じ人物が同時に「おれはやりたかねえよ」と内心で思っているかもしれない。この二つの自己意志の表明は、人間関係によって規定された相異なる平面に属すように感じられる。公式性が高く、相手方と心理的隔たりがあって形の上で尊重する度合いの強い場面では、みずから行なうことを表明するが、公式性が低く、相手方と親密かつ対等な場面では、みずから行なうことを拒否する、という場面の分割が機能しているようである。この二つは“I'll do that”と“I won't do that”の二つとは違って、同じ水準であからさまには衝突せず、それぞれ別の水準にあって、並立しているのかもしれない。こういう自己のあり方は、演技的な役割の取得と近いように見える。演技的な行為者における個人や意志の概念の特徴、あるいはその自己認識の特徴を見きわめることは、私たちの関心事であるが（第1章3節）、それを明らかにするためには、演技的な振る舞いの成り立ちをもう少し踏み込んで理解しておかねばならない。以下、フリをしたり演技をしたりする心的な機制を確認しておこう。

4　ごっこ遊びの成り立ち

ごっこ遊びや何かのフリをする振る舞いは、心の理論の獲得に先駆けて二歳半頃から見られるようになる。以下では、ごっこ遊びの成り立つ心的な仕組みについてニコルスとスティッチが与えた分析と説明を見る。なお、以下、ごっこ遊びや演技的行為、また何かのフリをすることを総称して、「フリ行為」と呼ぶことにしたい。これは“pretense”の訳語のつもりである。ただし、現実の場面である人について「電話をかけるフリをしている」と言われた場合、行為者には他人を欺く意図があると思われる。だが、以下で「フリ行為」と言う場合、欺く意図を含まないものとする。

心の認知的な基礎構造

ニコルスとスティッチの基本的な方法は、人間の認知と行動の機能の全体を、いったんさまざまな下位機能に分解し、それらの下位機能相互の作用連関によって、認知に関する諸問題を説明するというやり方である（Nicols and Stich 2003）。ニコルスらの論考の全体で扱われている認知的な問題は、フリ行為（pretense）、他人の心の読み取り（mind reading）、自己意識の成り立ち（self awareness）の三つである。以下ではフリ行為に関する説明を取り上げる。

導入される下位機能は、言わば人間の心の部品であり、限定された働きを受けもつ一種の小人（ホムンクルス）である（Nichols and Stich 2003, 10）。そういう下位機能の作用連関は、フローチャートに似た仕方で図示される。図は人間のある認知機能の模式的な構造図になる。チャートに詳しい説明を付け加えれば、人間的生のある側面（例えば、フリ行為の成立の仕組み）が相当よく見て取れるようになる。ニコルスとスティッチが言うように、これは一つの前進であろう（Nichols and Stich 2003, 11）。

彼らは、心に関する最も基礎的な前提として、次の二つを挙げる。第一に、心は信念と欲求という二つの異なった種類の表象的な状態を含むこと（Nichols and Stich 2003, 13）、第二に、特定の内容をもった信念や欲求をもつとは、その内容を備えた表象トークンを心の中でもつことであること（Nichols and Stich, 2003, 15）。いずれも哲学や心理学の普通の発想で、特に問題とする必要はない。信念と欲求は、単純化すれば、外界から主体に入力された表象内容と、主体から外界に出力されうる表象内容ということになる。私たちは、メラーによる一人称表現の指示の分析で、感覚系への入力と運動系への出力の連係について検討したが、ニコルスとスティッチは、それを詳しく描き出すわけである。

信念と欲求は、それが引き起こされる因果的な道筋の違い、およびそれが心の他の構成要素（機能的部品）ともつ相互連関の違いによって、さまざまなあり方をする。信念は知覚機能から直接生じることも、また他の諸信念から推論機能によって生じることもある。一方、欲求は、身体の生理的欲求として生じたり、また環境からの刺激に反応して生じたり、さらにすでに信念や欲求について考察した結果として生じたりもする。これらすべての信念と欲求を勘案して実践的推論（ないし意思決定）システムが決定を下すと、その決定は行為の統制システムに渡されて、現実の行為が生じる。

少し詳しい説明が必要になるのは、実践的推論システムと立案装置の相互の作用連関である。これについては次のように描写される。

実践的推論システムの一つの仕事は、ある行為者の変化し続ける欲求と目標の集団を監視し、立案装置（the Planner）に計画作成に着手するよう、いつ呼びかけるか決めることである。計画が作られると、実践的推論システムは、欲求システムの方に戻って、計画の途中の諸段階と両立しない既存の欲求がないかどうか調べる。もしあれば、計画を破棄し、立案装置に別の計画を立てるよう要求する。計画と両立しない既存の欲求が見出

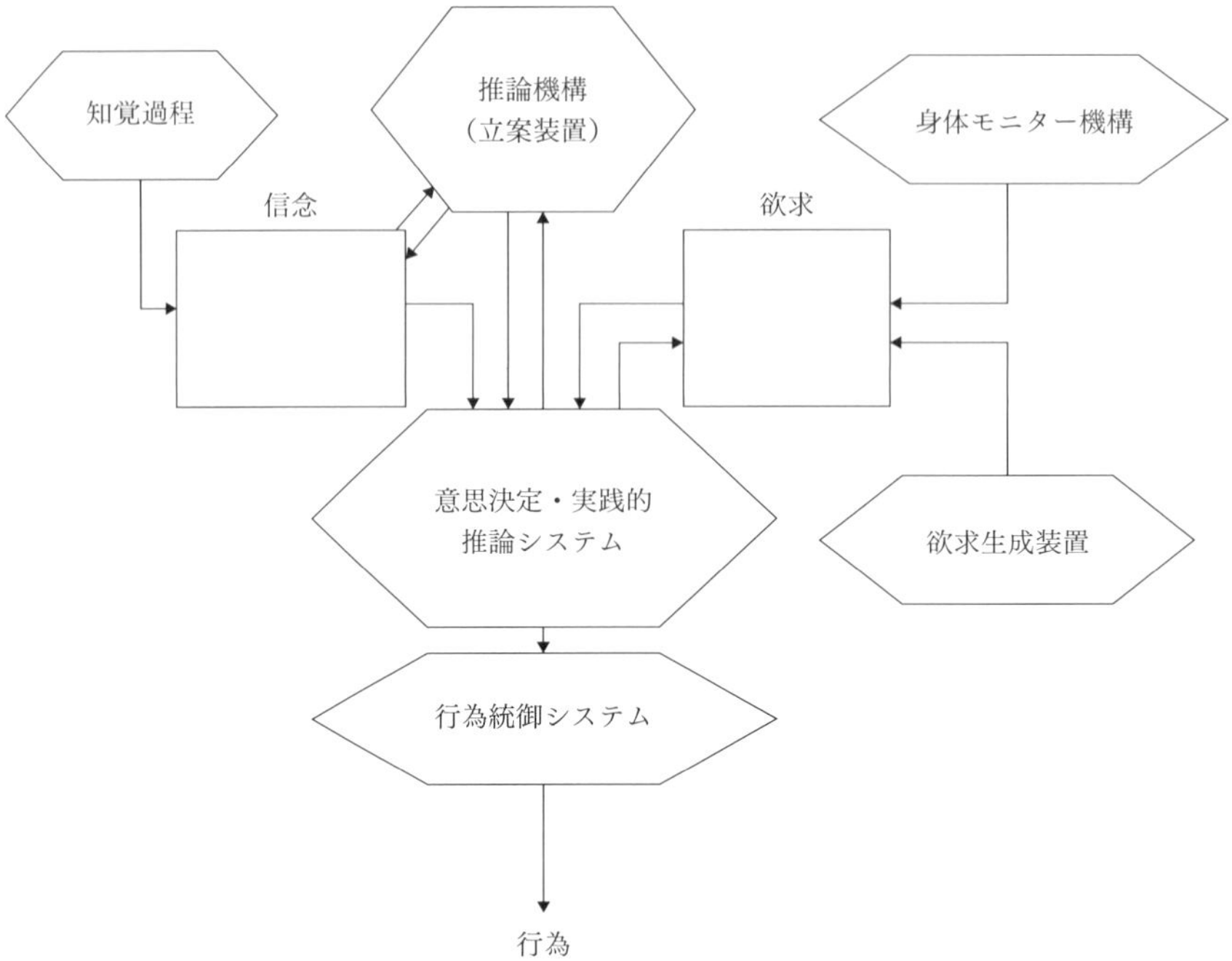

図 1　認知的な心の基礎構造（Nichols and Stich 2003, 14）

> されなければ、実践的推論システムは計画を受け入れ、実践上必要な途中の段階のための手段的な欲求を生成する。
>
> (Nichols and Stich 2003, 14)

言葉で説明されると複雑に聞こえるが、要するに、意思決定とは、自分が何をしたいのか見きわめて、そのための計画を立て、その計画が自分のしたい他のことと衝突しないかどうか確かめて、衝突がなければその計画を実行することだ、というだけのことである。こうしてある認知システムにとって、どういうやり方で何をすれば最も望ましいのか、信念群と欲求群の整合性が繰り返し検討されてから、行為が出力される。ニコルスとスティッチが下位機能間でのやりとりを擬人化して描写しているのは、こういった検討の過程を判明にとらえるためである。

　ここまでですでに、人間の認知的・実践的な機能を分担する下位機能として、「信念」、

「欲求」、「知覚」、「身体モニター」、「推論」、「実践的推論」、「立案」、「欲求一般の生成」[27]といった名前の小人たちが登場している。これらの小人たちの相互関連は、図示すれば比較的容易に理解可能である。小人たちの結びつきをフローチャート風に示すと、図1のようになる（Nichols and Stich 2003, 14）。

信念と欲求は四角い枠で囲まれた箱形の領域に描き込まれる。この領域はそれぞれ〈信念箱〉と〈欲求箱〉と呼ばれる。[28]左上の知覚過程からは、〈信念箱〉に絶えず入力がある。これは身体内外の知覚情報だが、〈信念箱〉は常に推論機構とともに働いて信念全体の整合性を保つように、また、先行して形成された多数の信念から推論される諸帰結も信念として保持するように、調整されている。一方、右上の身体モニター機構からは生理的な欲求が〈欲求箱〉に入力される。この他〈欲求箱〉には他のさまざまな欲求生成機構からもいろいろな欲求が入力される。意思決定のための実践的推論システムは、欲求群と信念群を視野に入れ、今どのように何をするのが適切なのか立案するよう推論機構に命令する。推論機構（立案装置）からの返答を、実践的推論システムはさらに欲求群と信念群と突き合わせて検討し、推論機構ともやりとりを繰り返して、最終的な行為計画を策定する。それが行為統制システムに渡って行為が出力される。これが、ニコルスとスティッチが前提している最も基礎的な心の構造である。フリ行為を説明するために、この心の基礎構造に何が付け加えられねばならないのかが、次の問題である。

フリ行為の事例と特徴

フリ行為は具体的なエピソードとともに考察する必要がある。ニコルスとスティッチが用いたエピソードは、第10章4節で触れたバナナを電話機に見立てるエピソード（Leslie 1987）やパーティごっこ遊びのエピソード（Leslie 1994）のほかに、彼ら自身が、大学生を被験者として行なった実験で利用したいくつかのエピソードを含んでいる。実験は、フリ行為を実行する指令を与えて被験者に自由にフリ行為を行なってもらい、その後、被験者にインタビューしてフリ行為の際の行為者の思考の流れを確認する、という手順で実施されている。

フリ行為の実行指令は、次のとおりである。まず、単独の被験者に対して、

「机の上のバナナが電話機であるフリ〔演技〕をせよ[29]」
「家に夜一人でいて、地下室で変な音がしたというフリ〔演技〕をせよ」
「汽車のフリ〔まね〕をせよ」
「死んだ猫のフリ〔まね〕をせよ」
「眠っているフリをせよ」
「ケーキを焼いているフリ〔演技、まね〕をせよ」

さらに、二人の被験者に対して、

「ファストフードレストランにいるフリ〔演技〕をせよ。なお、どちらが売り子でどちらがお客になるか決めよ」
「高級レストランにいるフリ〔演技〕をせよ。なお、どちらが売り子でどちらがお客になるか決めよ」

(Nichols and Stich 2003, 21)

これらの指令に従って適切な演技を行なうことは、誰にとってもそんなに難しいことではない。私たちはそれぞれの指令に含まれている事物や施設を見たことがあったり、使ったことがあったりして、日常生活のなかでよく知っている。私たちは、ちょうど幼児がコップの使い方を知っているのと同じように、これらの事物や施設に込められている共同的な意図を知っている。

この共同的な意図の知識の上に、どんな認知的な操作が付け加わってフリ行為が成立しているのか。ニコルスとスティッチは、上の指令に従ってフリ行為を実行した被験者に対し、事後にインタビューを行ない、それにもとづ

いて、フリ行為の認知的な特徴を推定している。推定の結論を以下にまとめて紹介しておく。これらの特徴を実現するために、どのような心的機能が関与してフリ行為が出力されるのかが基本的な問題である。

第一に、フリ行為は、現実の事実認識と欲求によって起こる通常の行為と違い、ある架空の設定で行為する、というフリの出発点を与える設定を備えている。上の実験の例では他人から出発点の設定が与えられている。現実生活でフリ行為が生じるときには、行為者が自分で自分にフリ行為の設定を与える。これらはフリ行為の初期設定(an initial premise) である。フリ行為の行為者は、初期設定が真であると仮定して、それにうまく合致した思考と行為を生み出さないといけない。

第二に、フリ行為は、初期設定以外のさまざまな情報にもとづく推論に立脚している。例えば、パーティごっこ遊びのエピソードでは、パーティごっこという初期設定を理解したうえで、一つのコップに小道具の空き瓶から「ジュース」が注がれたというフリ行為内のエピソードを記憶し、そのコップがひっくり返されるのを知覚し、さらにそこから自分の背景知識を援用してそのコップは空になったはずだ、という推論をしなければならない。フリ行為のエピソード内の記憶、知覚情報、背景知識、といったさまざまな情報が初期設定とともに適切に扱われて、初めてごっこ遊びというフリ行為が成立する。

第三に、フリ行為は、必ずしも現実的な推論に縛られなくてよい。ファストフードレストランの演技で、売り子が「マクドナルドへようこそ」と言って演技を始めたとき、お客が突然「スシと緑茶！」と言って注文しても演技として成り立つ。売り子は「当店では扱っておりません」と受けてもよいし、「はい、ご一緒に茶碗蒸しはいかがですか」と受けてもよい。現実世界についての背景知識を文字どおりに用いる必要はなく、ある範囲で創意工夫が許されるのである。

第四に、フリ行為は、現実の行為と同じく、行為者の身体動作の発動である。したがって、フリ行為の説明理論は、架空の設定で何が起こりうるかを想像する過程を説明するだけではなく、その想像に沿って身体が動かされる仕組みを説明する必要がある。私たちは、ニコルスとスティッチの考えに沿って、信念と欲求によって行為が起こる、という説明図式を前提している。それゆえ、身体を動かす信念と欲求がどのようにして架空の設定とかかわるのかが説明されねばならない。

第五に、フリ行為は行為者の現実認識に影響を及ぼさない。フリ行為の行為者は、フリ行為の文脈で生起した出来事が本当のことであると信じたりはしない。非常に幼い幼児であっても、バナナが本当に電話機であると思ってしまうことはないのである。「フリが進行しているときでさえ、フリをする者が本当に信じていることは、フリのエピソードの文脈で事実であると信じていることと、まったく別に維持されている」(Nichols and Stich 2003, 26–27)。もちろん、フリ行為が終わった後で、何が事実であるフリをしたのか、きちんと記憶している。私たちは、フリ行為のエピソードと現実認識とが混線しない仕掛けを備えているわけである。この仕掛けをニコルスとスティッチは認知的な検疫システムと呼んでいる[30]。

フリ行為の説明理論が明らかにしなければならないことは、上の諸条件を満たすために、認知的・実践的機構にさらにどのような小人が参加する必要があるのか、ということである。以下、ニコルスとスティッチによって導入される機能を順次見て行く。

可能世界箱

最初に、上の第一と第五の特徴を裏付ける機能が認知機構に付け加えられる。信念とは、要するに現実世界の事実認識だから、事実認識とは別に、架空の設定を保持しておく機能が追加されねばならない。架空の設定の表象トークンを入れておく箱を追加して、それを〈可能世界箱〉と名付ける。「机の上のバナナが電話機であるフリ〔演技〕をせよ」という指令が与えられたら、フリ行為の実行者は、とりあえず、「このバナナは電話機だ」という表象トークンを〈可能世界箱〉の中に入れればよい。

これと対比すると、〈信念箱〉に「このバナナは電話機だ」という表象トークンを入れることは、その人物が事実として机の上のバナナが電話機だと思っている、ということである。上の第五の特徴で言われた「認知的な検疫」が成り立つということは、その全体的認知システムが〈信念箱〉と〈可能世界箱〉の二つの箱をもっていて、いろいろな表象トークンをどちらに入れるのか間違わない、ということに等しい。

「このバナナは電話機だ」を〈可能世界箱〉に入れておくと、推論機構は、この表象トークンを利用して「このバナナが電話機であるならどういうことが起こるか」という反事実的条件の下でのいろいろな帰結を導き出すことができる。初期設定の中心部分は、この反事実的条件である。また初期設定から導かれる諸帰結は、すべて〈可能世界箱〉に追加されてゆくだろう。このとき、推論機構は現実世界についての推論をするのとほぼ同じやり方で〈可能世界箱〉の中の表象トークンを扱うと考えてよい。〈信念箱〉と〈可能世界箱〉の中の表象トークンは、それをどちらの箱に入れるかという振り分け（検疫システム）によって現実とのかかわり方が異なっているだけであって、表象内容において異なるわけではないのである。

とはいえ、「このバナナが電話機である」からいろいろな帰結を導き出すとき、この初期設定だけではさほど興味深い帰結を得ることはできない。たかだか、「このバナナが電話機であるなら、みんなはこれを遠くにいる人と話をするために使う。これを使うときには、一方の端を耳にあて、もう一方の端を口のところに持ってきて、そこで声を出す」といった常識が導き出されるくらいだろう。生き生きとしたフリ行為をするためには、このほかに、友達と話すのか、救急車を呼ぶのか、自分からかけるのか、誰かからかかってくるのか、その他さまざまな可能性を考えて、多様な帰結を導き出さねばならない。これらのさまざまな可能性は初期設定自体にはまったく含まれていないから、当然その人物の背景知識から供給されるほかない。つまり〈信念箱〉の中身が利用されるわけである。ニコルスとスティッチは、「フリを開始する前提に加えて、認知システムは、〈信念箱〉の内容の全体を〈可能世界箱〉の中に入れる」（Nichols and Stich 2003, 29）と考える。

〈可能世界箱〉に対する推論機構の作用は、特徴の第二に対応するが、まだ十全ではない。というのも、フリ行為の際、「〈信念箱〉の内容の全体を〈可能世界箱〉の中に入れる」という想定は問題を生じる。〈可能世界箱〉の内容のいくつかは、〈信念箱〉の内容と矛盾せざるをえない。たとえば、フリ行為の実践者は、〈信念箱〉においては、「いかなるバナナも電話機ではない」という表象をもっているはずである。推論機構が、フリをする際に、追加の情報として〈信念箱〉の全体を実際に利用してしまうと、そこからただちに矛盾が導かれて認知的なカオスが生じうる。これを避けるための装置が必要になる。

更新装置と脚本洗練装置

私たちは、日常生活において、自分の信念と両立しない新しい事実や新しい信念を、不断に獲得している。それらは知覚からも、推論からも、他人の報告からも入ってくる。そういう場合に信念体系を適切な仕方で改訂していく装置を私たちの認知システムは備えている。例えば、子供が寝室でぬいぐるみを抱えて眠っているのを確認し、居間に戻ったとしよう。ところが、寝室で何かが落ちる音がして、さらに吐息を漏らし寝返りをうつ音が聞こえてきた。この場合、私たちは信念を改訂する。子供はもうぬいぐるみを抱えてはいないだろう。あるいは、「首相が暗殺された」とか「株価が暴落した」といった報道に接したら、私たちの信念は速やかに改訂される（Nichols and Stich 2003, 30）。

ただし、ニコルスとスティッチによれば、私たちの認知システムが行なっているこの信念体系の改訂作業は、「どのように行なわれるのかの詳細については、その近似的な説明さえ、今まで誰も与えることができていない」（同上）というのも、新たな信念に照らして、改訂の必要のある信念とない信念とをどうやって区別しているのか説明することとは、「長年認知科学に祟っている〝フレーム問題〟を解くことと同じ」（同上）だからである。とはいえ、このような作業を担当する心的装置があって、「すばやく、大体は正確に、そしてほとんど無意識に」（同上）

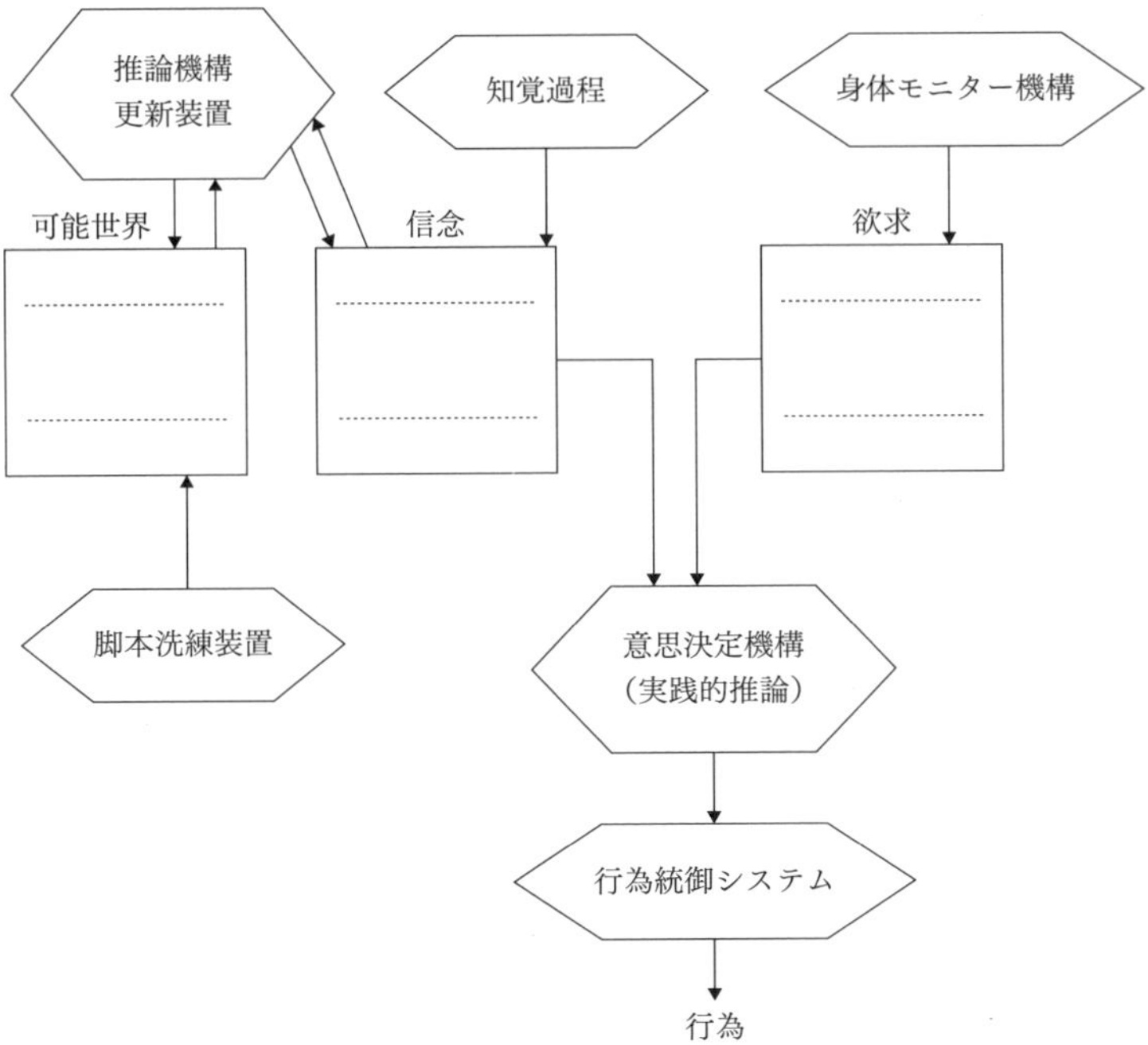

図2　フリ行為のための心的機構（Nichols and Stich 2003, 36）

信念の更新作業（belief updating works）をしていることは確実である。私たちにできることは、さしあたり、この心的装置に名前を付けてその働きぶりの一部を見ておくことだけである。

ニコルスとスティッチはこの装置を〈更新装置（the UpDator）〉と呼ぶ。これは推論機構の下位の構成要素として働くと考えられる。何らかのフリ行為に入る場合、そのフリ行為の初期設定が新しい表象として〈可能世界箱〉に追加され、同時に〈更新装置〉が呼び出されて、〈信念箱〉の中身の改訂を行なうという成り行きである。ただし、正確に言えば、〈信念箱〉自体の中身が改訂されるのではない。そう考えると、フリ行為に伴って現実の認識が改変されてしまうことになる。先にフリ行為の開始の際、〈可能世界箱〉の中に〈信念箱〉の中身が全部複写されると想定したが、この複写のときに〈信念箱〉の中身がふるい分けられる、と考えることにしよう。

〈更新装置〉は、〈信念箱〉の中身を検査して、フリ行為の初期設定と両立しないものを除いたり改めたりし、順次〈可能世界箱〉に収めていくのである。

しかし、たんに初期設定と両立しない表象トークンをふるい落とすだけでは、フリ行為は成立しない。ウェイターと客の演技にせよ、電話をかける演技にせよ、その細部は想像力の自由な活用によって作り上げられる。この機能を担う機構として、ニコルスとスティッチは、〈脚本洗練装置（The Script Elaborator）〉と名付けられる仕組みをさらに導入する。これは、初期設定からも、〈更新装置〉によって〈可能世界箱〉に送り込まれた〈信念箱〉の検査済みの中身からも、ただちには導き出されないようなフリ行為の細部を作り上げる創意工夫を担当する。〈更新装置〉と〈脚本洗練装置〉によって、上述の第二と第三の特徴を実現する装置が揃うことになる。

以上に導入された認知システムの全体をフローチャートにすれば、図2が得られる。

ここまでの分析と説明でまったく扱われていないのが、上述の第四の特徴にかかわる機構、すなわち、フリ行為を現実の身体運動として実現する機構である。その問題を次に検討する。

フリ行為の欲求と信念

きわめて単純なフリ行為を考えてみる。「汽車のフリ〔まね〕をして下さい」という指令が与えられたとしよう。この場合、フリ行為の実行者は、たぶん、「シュッシュッポッポッ」と言いながら腕を回すように動かして歩き回るであろう。この行為はどのような信念と欲求から出てくるのだろうか（Nichols and Stich 2003, 37）。

フリ行為が指令されたのだから、まずは〈可能世界箱〉に「自分は汽車である」という初期設定が置かれる。そして、推論機構と〈更新装置〉と〈脚本洗練装置〉が、すでに〈信念箱〉に収納されている常識を援用しつつ、「もしも自分が汽車であるなら、自分は……という身振りをするだろう」という枠組みで推論を行なう。このようにして、「シュッシュッポッポッ」と発声すること、腕を蒸気機関車の動輪連結棒のように動かすこと、身体を前進させること、といった身振りが、フリ行為の具体的候補として導き出されるであろう。つまり、これらが〈可能世界箱〉に順次収納されていくだろう。そして、フリ行為を生み出す欲求は、このような身振りをしたいという欲求であることになる。

ここまでの話は、ほとんど自明と言いたいほど単純であるように見える。ニコルスとスティッチは、次のような言い方でこれを一般的に提示する。だが、見かけの自明性に反して、この考え方のなかには、やっかいな問題がひそんでいる。

> フリ行為をする者がそのように行動するのは、フリ行為をする者が、〈可能世界箱〉のなかで記述されている人物または対象がその可能世界で振る舞うやり方と類似したやり方で振る舞うことを、欲するからである。……例えば、pというフリをしたいと思っている人物は、大体において、pが事実であったら自分がするだろう振る舞いをしたいと思っているのである。
> (Nichols and Stich 2003, 37. 強調は引用者)

汽車が振る舞うやり方は〈可能世界箱〉で記述されている。それは具体的には、〈可能世界箱〉の中の、「シュッシュッポッポッと発声する」、「腕を蒸気機関車の動輪連結棒のように動かす」、「身体を前進させる」、等々の表象である。一方、〈欲求箱〉の中には、これらの表象と「類似したやり方で振る舞うことを欲する」という欲求が存在している。ニコルスとスティッチは、欲求が信念と合流すると行為が起こるという考え方をとっている。では、〈欲求箱〉の中のこの欲求は、いったいどの信念と合流するのだろうか。〈可能世界箱〉の「シュッシュッポッポッと発声する」等々の表象と直接には結びつかない。なぜなら、〈可能世界箱〉の中で記述されている振る舞いの表象は、一般に、欲求と合流して身体運動（行為）をもたらすような信念——つまり現実の事実認識——ではないからである。それらが〈可能世界箱〉の中に収納されているということ自体が、合流を阻んでいる。

次のような例を考えれば、この問題は分かりやすくなる。子供がスーパーマンごっこをすると想定しよう。その子の〈可能世界箱〉の中には、「自分はスーパーマンだ」という表象が置かれる。これがフリ行為の初期設定である。次いで、推論機構と〈更新装置〉と〈脚本洗練装置〉によって、スーパーマンならやりそうなさまざまな振る舞いの表象が生み出されていくだろう。その中に、「スーパーマンはマントを身に着けている」と「スーパーマンはビルの屋上から空へ飛び出す」という表象があるとしよう。それでは、その子は、現実に、マントを首に巻いてマンションの屋上から空へと飛び出して行くだろうか。興味深いことに、こういう悲しいできごとは起こらない。これが上述の検疫システムが機能しているということの基本的な効用である。「スーパーマンは……である」という表象は、すべて〈可能世界箱〉の中に置かれている。「スーパーマンのように振る舞いたい」という欲求は、欲求箱の中にある。だが、欲求は**現実世界の**信念と合流して行為をもたらすのであって、〈可能世界箱〉の中の表象と合流するのではない。私たちは無数の空想や妄想をもっているが、それらはすべて〈信念箱〉とは別に〈可能世界箱〉に入れてある。妄想が欲求と勝手に合流したりしないように検疫システムが働いている。そうでなければ、私たちの日常生活はひどくデタラメになっていくに違いない。

　こういう次第で、ニコルスとスティッチが提案するのは、次のような考え方である。

> 〈可能世界箱〉は〈信念箱〉とは別のものであるから、我々は、〈可能世界箱〉の中身が〈信念箱〉にも利用可能になっている、と想定せざるをえない。もっと特定すれば、……可能世界の記述が〈可能世界箱〉で展開されていくのと同時に、フリをする者は次のような形式の信念をもつようになる：
>
> 　pが事実であるならば、q_1&q_2&……&q_nも事実である（または、事実でありうる）だろう。
>
> ただし、pはフリの初期設定であり、q_1&q_2&……&q_nは〈可能世界箱〉の中の表象である。
>
> (Nichols and Stich 2003, 37)

ここでニコルスとスティッチが提案しているのは、〈可能世界箱〉の中身「q」を、「pが事実であるならば、qも事実であるだろう」という条件法の信念の形式で〈信念箱〉に置く、というやり方である。具体的に言えば、「自分がスーパーマンであるのが事実であるならば、自分はマントを身に着けて、かつ、ビルの屋上から空へ飛び出すだろう」という条件法の信念が〈信念箱〉に置かれるということである。

しかし、残念ながらこの提案はうまく機能しない。「PならばQ」であり、かつ「P」が成り立つのなら、結論として「Q」だけを分離して導くことができる。だが、「自分がスーパーマンであるのが事実であるならば、自分はマントを身に着けて、かつ、ビルの屋上から空へ飛び出すだろう」という条件法命題が〈信念箱〉の中にあるとしても、同じ〈信念箱〉の中には「自分はスーパーマンではない」という事実認識しかない。つまり、「PならばQ」かつ「Pでない」のである。だから、「Q」つまり、「自分はマントを身に着けて、かつ、ビルの屋上から空へ飛び出すだろう」を導くことはできない。検疫が働くというのはこういうことである。フリ行為を生み出す欲求が合流する然るべき振る舞い方の表象（信念）は、〈信念箱〉の中には依然として存在しない。フリ行為の心的機構を描き出すためには、図2を私たちの手で少し描き変えねばならない。

擬似信念箱

〈可能世界箱〉の中身を条件法で弱めて〈信念箱〉に取り込んでも行為にはつながらない。フリ行為を成立させるために必要なのは、〈信念箱〉と〈可能世界箱〉を分ける検疫の働きではなくて、むしろ現実世界の真っ只中で非現実に感染する働きだからである。条件法によって想像を無毒化するのではなく、想像がそのまま我が身を動かす一種の憑依状態が実現されなければ、演技やごっこ遊びは生まれない。現実世界の自分はスーパーマンではないが、しかし、自分がスーパーマンであることにする必要があるのだ。自分がスーパーマンであるのは、むろん、ある想像上の世界においてである。その世界を、現実世界と厳密に別置するのではなく、むしろ自分の周囲の現実世界の上に自分がスーパーマンである世界を繰り広げてしまわねばならない。

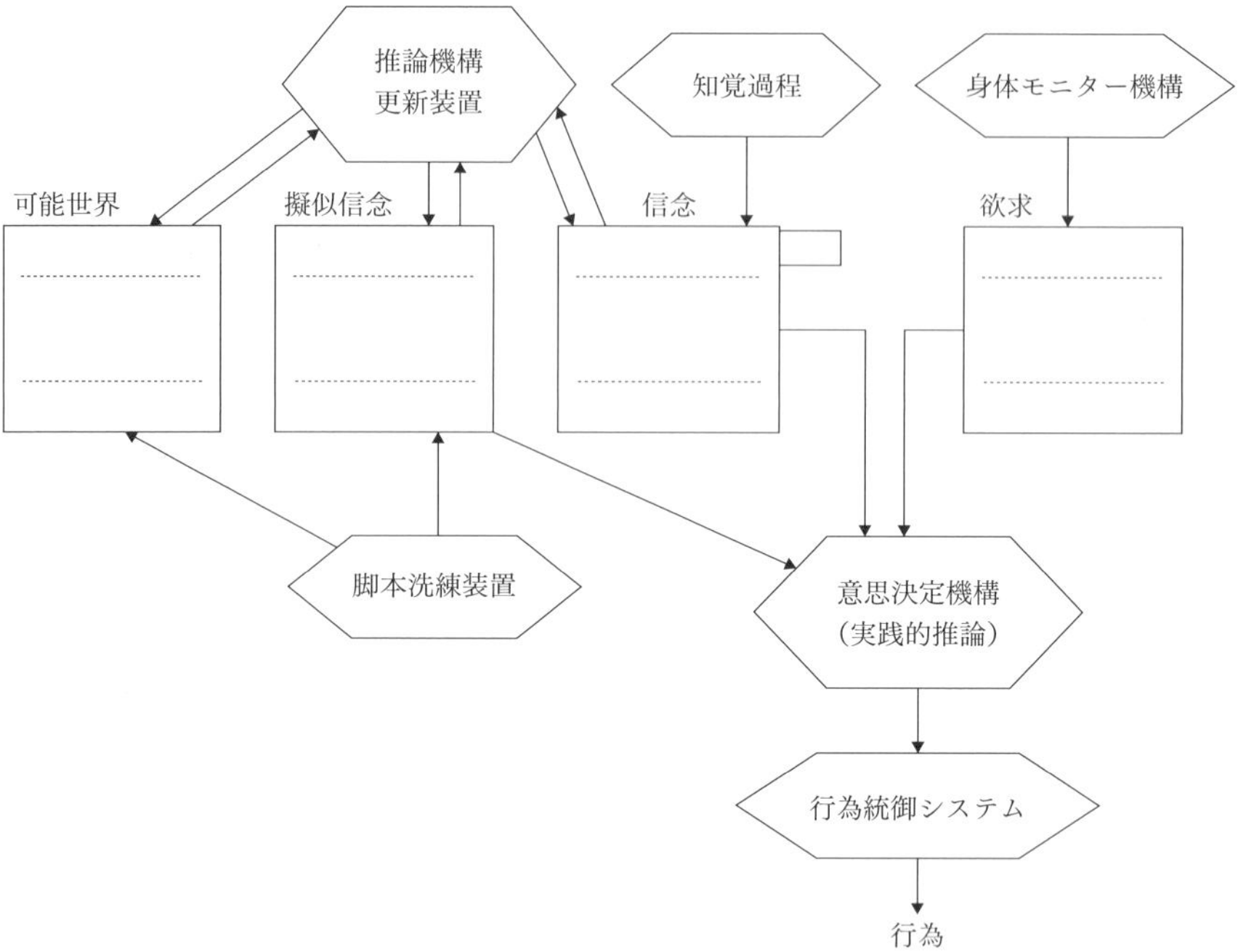

図 3　フリ行為のための心的機構：改訂版

これは、私たちのフリ行為が実際に行なわれる仕方に沿って考えてみれば、自然な考え方のはずである。第1章4節で、私の体験を紹介した。バンコクのオリエンタル・ホテルのロビーで突っ立っていると、白人の老婦人の一団が近づいてきて“Where is the shopping mall?”と叫ぶように尋ねたのだった。スタンドカラーの白いシャツとベージュのズボンのせいで、老婦人たちは私をホテルの従業員だと誤認したのである。現実の私はすぐに誤解を解いたが、私がそうせずに、“Oh, Yes, Ma'am. I'm so sorry about that. Hum, let me see. I would take you to the mall”とかなんとか言って彼女たちをモールに案内していたら、まさにホテルのベルボーイのフリをすることになっていたわけである。フリ行為をするとは、この場合、老婦人たちの誤った事実認識（誤信念）をむしろそのまま受け入れて、自分がホテルの従業員である世界を、現実世界に重ね描きして自分の周囲に展開することである。

誤信念にもとづく虚構が現実の上に重ね描きされ，私は同じ一つの身体でありながら，現実と虚構の両方に参加する。私自身にとってはホテルの従業員であるというのは間違いだが，老婦人の一団にとっては本当のことなのである。しかし，私が老婦人たちの視点をごっこ遊びとして採用すれば，私は虚構的にではなく現実のホテルのベルボーイであることになって，それにふさわしい振る舞いをすることができる。ある見方からは演技であり，別の見方からは現実であるような状態がそこに成立する。老婦人たちの視線によって対象化された虚構のなかの私に，現実の私が乗り移ることができる。

この乗り移りを図示するためには，図2の〈可能世界箱〉，〈信念箱〉，〈欲求箱〉の三つの箱に加えて，〈擬似信念箱〉を新設すればよいだろう。擬似信念（make-believe）は，第1章で扱った際，「信じることにすること」という言い方で提示してきた心的態度を言う。これは，たんなる空想ではなく，かといって現実の認識でもなく，もう一つの現実として行為者が身にまとう想像上の設定である。フリ行為の初期設定は，〈可能世界箱〉の中ではなく，〈擬似信念箱〉の中に置かれる。図3は図2に〈擬似信念箱〉を加えたものである。欲求は信念または擬似信念と合流して意思決定機構に流れ込む。初期設定「自分はスーパーマンである」は，〈擬似信念箱〉の中で推論機構，〈更新装置〉，〈脚本洗練装置〉によってさまざまな振る舞いに展開されていく。それはすべて意思決定機構に流れ込み，欲求および信念とのすりあわせを経て，行為をもたらす。この場合，「自分はスーパーマンである」と「スーパーマンは空を飛ぶ」とが意思決定機構に流れ込んでも，ただちに屋上から飛び出すという行動をもたらさないようにするのは，検疫システムではない。検疫システムは，現実と非現実を混同しないようにさせるシステムであった。これは，ある表象を〈信念箱〉に入れるか，〈可能世界箱〉もしくは〈擬似信念箱〉に入れるか，という大きな振り分けを担当している。そして，フリ行為をまさに実行しているときにも，現実と非現実の混同は起きてはおらず，検疫システムは正常に機能している。それゆえ，行為者にとって無害なフリ行為（例えば，スーパーマンらしくマントを首に巻く）と有害なフリ行為（屋上から飛び出す）の振り分けを担当しているのは，むしろ欲求の働きだろう。スーパーマンのように振る舞いたいという欲求と、屋上から飛び出して死んだりしたくないという欲求のいずれが強いか、ということによって、当該のフリ行為を実行するかしないかが決まると考えられる。

5　ごっこ遊びと自己

自己犠牲とごっこ遊び

ここまでに幾度も自己犠牲的行為を一種のごっこ遊びないし演技的行為として説明してきた。ここで、自己犠牲型になるような服従の行為と一般のごっこ遊びの違いを明らかにしておこう。山下奉文から華僑掃蕩命令を受けたとき、河村参郎は作戦が厳に失しており、些か妥当でなく、別のかたちに何とかした方がよいと考えた。これは〈信念箱〉に置かれた現実の判断である。しかし、命令が確言された以上、正しいと考えることにして、部隊を指揮し、作戦を実行したのであった。正しいと考えることにしたというのは、「この作戦は正しい」という命題を、フリ行為の初期設定として〈擬似信念箱〉に置くことを意味している。しかし、〈擬似信念箱〉にこれを置く以前、つまり命令を聞き、厳重処分という方針に驚いて質問を試み、参謀長に遮られて命令が確言されるまでのあいだ、河村は、山下司令官が華僑殺害を正しい作戦であると考えていること自体は理解していたはずである。だが、自分はそれに同意できなかった。この状態は、「この作戦は正しい」という考えが〈可能世界箱〉の中に入っている状態である。相手が自分とは違うものの見方をしているとき、そういう考えもありうると理解して、それを一応自分の心的世界の中に置く必要がある。そのための場所は〈可能世界箱〉になる。

ごっこ遊びが生み出されるためには、他人の考え方（ごっこ遊びのシナリオ）が、そういう考え方もあるという形で〈可能世界箱〉に置かれているだけでは足りない。自分自身を動かすフリ行為の初期設定として〈擬似信念箱〉に置かれなければならない。子どもたちのごっこ遊びでも〈可能世界箱〉と〈擬似信念箱〉のこのような使い分けは同じように生じているだろう。だが、河村の事例が通常のごっこ遊びと違うのは、「この作戦は正しい」という考えを〈可能世界箱〉から〈擬似信念箱〉に置き直させる力が、行為者の外から来ているという点である。子供たちのスーパーマンごっこやままごと遊びの場合、フリ行為の初期設定を〈擬似信念箱〉に置くのは、もっぱら子供自身である。つまり、そういう遊びをしたいとみずから思っているのである。もちろん、自分自身の行為のあり方が、外から来る誘いや命令によって規定されることはよくある。子供たちのごっこ遊びも、誰かが遊びに誘うことから始まるだろう。他の子供たちは外からの誘いに応じて参加する。ごっこ遊びをする子供たちは、自分自身がその誘いを肯定するかぎりで積極的に参加する。そんな遊びはしたくないのにしなければならないという状況が頻繁に起きるとは思われない[31]。子供たちはごっこ遊びに納得して参加する。しかし、私たちが取り上げてきた自己犠牲型の行為の場合は、特定のフリ行為の初期設定を〈擬似信念箱〉に置かせる力は外からやって来て、かつ、その初期設定にフリ行為を実行する当事者が納得していない、という特徴がある。

私たちは、どうして、自分が納得できないような行為のシナリオに服従してしまうのだろうか。たぶん、当初は魅力的だったシナリオが、徐々に納得できないものに変わっていくからであろう。河村の場合、職業軍人として生きることは幼い頃から魅力的に見えていたに違いない。したがって、長じてからの軍人としてのさまざまな活動は、基本的には〈信念箱〉の範囲で、つまり現実の事実認識として自分が抱いているさまざまな考え方に沿って実行されたであろう。だが、ある日、とんでもない命令に遭遇する。こういう場合に、とりあえず命令に同意したフリをして振る舞うならば、これが、ごっこ遊びとして服従が出現した状態である。自分が基本的には同意できると考えている生き方のなかに、少しずつ異物が混じり込んできて、遂には同意するフリをしてやり過ごすに至るというのは、決してまれなことではない。自分にとって理想的と思われた状況が、徐々に変質し、しかし同意をすぐに取り下げるわけにはいかないという状況は、ティナとリーナの散歩の例（第7章4節）などのように案外ありふれているのである。

演技的行為における自己

それでは、この種の演技的な行為者における自己の概念は、ここまでの議論に沿ってどのようなものとして描き出すことができるだろうか。第8章の末尾で、私たち日本語母語話者が暗黙のうちに想定している個人および意志の概念を、河村の事例の分析にもとづいて次のように摘示した。

個人と意志の概念：個人は、自分の決定によって動くのではなく、環境によって動かされてみずから動く。環境の促しに逆らうことは個人の意志の働きだが、環境の促しに合わせて動くことは、環境と個人の共同作業なのであって、そこには個人の意志の発動はない。

このような個人意志の理解の仕方は、第5章4節の、英語の“will”と日本語の「意志」の比較対照によって、さらに説明することができる。この点も、同じ箇所で述べておいた。かいつまんで言えば、日本語の「意志」とは行為をもたらす最終的な決定機能を必ずしも意味しない。むしろ、さまざまな行為の可能性としての、事前の欲求(desires)の集まりを意味する。それゆえ、事前に自分がやりたいと思っていなかった行為が命令または提案されたときに、自分自身の納得は度外視してその命令や提案に服従して行為するならば、この行為は自分の事前の欲求(つまり、意志)によるものではない、と正当に言えることになる。もとより行為者は、提示された行為のシナリオに沿って、自分の身体をみずから動かす。だが、シナリオに服従し、納得したふりをして演技的に行為することは、意図的な行為（事後的な意図性の発揮）ではあっても、行為する意図をもつこと（事前的な意図性の発揮）ではない。というのも、シナリオは行為者の事前の欲求に反しており、かつ、それに服従して演技する行為者がシナリオを根本的に書き換えることは通常は許されないからである。個人のこのような行為は、行為者が自分にとって最もよいと思うことを現実化するものではない。自分にとって最もよいと思うことではないことを、みずから進んで行なっているのである。

この種の演技的な行為者の自己認識は、どのように特徴づけることができるのか。第一に、自己の身体の直接的な把握は、生物学的な自然な事実に根ざしている。それゆえ、演技的な行為者においても、身体的な自己把握は問題なく成立する（第10章1節、2節）。第二に、一人称表現の意味と指示の原初的なあり方は、言語や文化の違いに左右されず、もちろん、個別の発話状況にも左右されない。「I」や「わたし」や「ぼく」の指示作用の根底は、主体にかかわる信念（事実認識）が発話者の身体に宿り、その身体の欲求と合流してその身体を動かす、という因果的な構造である（第11章2節）。そして、一人称表現の意味は、発話者が変わるのに応じてその表現の言い表す事柄（トークンの真理条件）が一定の仕方で変化する、という客観的な関数である。この関数を一人称表現の意味として幼児は習得する（第11章1節）。演技的な行為者の自己の概念は、この二つの水準では演技的でない行為者と変わらない。身体的自己把握も一人称表現の意味論も通常どおりであるから、「一人称の代名詞「I」の論理の理解」は、演技的な行為者においても問題なく成立する。したがって、デカルト的な自己把握、「私は考える、ゆえに私はある」も問題なく成立する。

違いが生まれるのは、一人称表現と社会とのかかわりについてである。ハレの分析によれば、一人称表現の発話は、発話者の身体的位置と社会的位置とを印し付けるもの（index）として機能する。このうち、社会的位置の印し付けが問題となる。私たちの現在の関心は、演技的な行為者における自己の概念であるが、それに先立って、演技的ではない行為者における自己の概念を素描しておこう。

ハレは、一人称の社会的な指標性の例として、「私は弁護士への面会を要求する（I demand to see my lawyer）」という発話を挙げていた。この発話は、要求を要求として聞き手に認知させる働き（発語内の力）と、要求を受諾させて聞き手を動かす働き（発語を通じた力）を備えている。一人称表現の「わたし」や「I」は、この言語的な力の発動の責任主体として、発話者を指定する。ほかならぬこの私が、この要求を提示し、その実現を促し、かつ提示および実現の適切性を証しする者として、その時その社会的な場で印し付けられるのである。演技性のない言語行為においては、発話者はその行為を発動する意図をみずから抱き、意図的にその行為を実行する。[32]行為者は事前と事後の両方で意図性を発揮する存在としてそこに印し付けられる。

このような演技的でない行為において行為者のもつ自己認識は、一つには、事前の文脈から事後の文脈に行為の局面が移り変わっていくなかで、移り変わりの全体を駆動する力の中心として自己をとらえるものになるはずである。つまり、この私が、要求という言語行為を事前に企画し、実行し、それによって事後に人々が動くことを実現している、という自己認識がそこに成り立つはずである。もう一つの自己認識は、事前と事後の文脈の全体を見渡し、状況を対象化する一個の視点として自己をとらえる、というものになると思われる。弁護士への面会を要求するとき、発話者は、その行為がその状況において適切であると判断している。その判断の裏付けになっているのは、状況全体に対する自分自身の認識である。かくして、演技的でない行為における行為者の自己の概念は、世界を対象化する一個の視点であると同時に、意図を形成し実行する意志的な力の中心である存在者の概念となるだろう。

これに対し、演技的な行為において行為者がもつ自己認識は、行為を計画する事前の意図性の側面を備えていない。というのも、行為のシナリオは環境から提供されるからである。山崎正和の言葉を借りれば、行為者は「個人的な精神であるまへに、まずこの〔環境の〕リズムの一単位として生き」ている。行為は、環境から伝わってくる「リズム」への反応として実現される。[33]とはいえ、提示された行為のシナリオを意識的に遂行するという意味での事後的な意図性は、演技的な行為者にも当然帰属する。したがって、このような行為者の自己の概念は、自分を動かす力にかかわる自己認識としては、環境からの促し（つまり、力）に服従して自分を統御する存在者の概念となるであろう。例えば、同じく「私は弁護士への面会を要求する」という発話であっても、演技的に行為している場合は、こういうもの言いをみずから進んで選ぶのではなく、この場面ではこう言うのが適切とされるから自分もこう言う、といった心理的な内実をともなうものになるだろう。意図を形成し、実行する力の中心という自己認識は、ここでは成り立たない。

さらに、促された行為が適切であるという状況判断については、このような行為者はシナリオの作り手（環境、または共同行為主体）の判断を受容するが、個人としてその判断を裏付けることはしない。つまり、その行為が適切であると信じることにするのであって、適切であると積極的に信じてはいない。演技的に行為する者は、行為する意図なく意図的に行為し、そのときその行為が適切であると文字どおりに信じず、そう信じるふりをしているのである。このとき、行為者は、世界を対象化して認識するうえで、行為の適切性を信じない状態と信じることにする状態の二つに分裂する。演技的に「私は弁護士への面会を要求する」と言っているとき、この行為者は、こう言う方がよいと信じることにするという気持ちの背後に、これがよいと積極的に信じているわけではないという気持ちを、常に隠しもっているのである。演技的な行為者は自己の分裂を内包する。

こうして、演技的な行為者は、与えられた行為のシナリオに服従しつつ、自分個人の信念は棚上げして行為する存在者となる。状況が移り変わって行為のシナリオが別のものとなっても依然として演技的に振る舞うとすれば、その行為者は、状況の変化に即して別様の分裂を生じ、信じていることにする視点もそれを信じない視点も、新たなシナリオに合わせて連動して変化していくだろう。日本語の一人称表現の使い分けを用いて一般的な形式で示せば、「わたし・あなた」状況においてしかるべく演技的に振る舞っているときの自己と、「おれ・おまえ」状況においてしかるべく演技的に振る舞っているときの自己は、相手が異なり、相手と自分との社会的位置関係が異なり、相手との合意のなかで受容される行為のシナリオが異なるのに応じて、異なる振る舞いをする自己となりうるだろう。具体的には、ある状況で「わたしは、ヘイトスピーチは許せないと思います」と発言する人物が、別の状況では、「おれは、ヘイトスピーチが許せないとは思わんね」と言うかもしれない。それぞれの状況に従って演技的に表出される自己（行為の適切性を信じることにしている自己）が異なり、これに応じて、その背後に隠される自己

(行為の適切性を信じない自己)も自動的に異なる実質をもつだろう。

ここで、「おれは、ヘイトスピーチが許せないとは思わんね」という発言も、演技的なものと想定されていることに注意されたい。差別主義者のふりをしている人物を考えればよい。同じ人物が、「わたしは、ヘイトスピーチは許せないと思います」と言うときには、反差別主義者のふりをしているのである。それゆえ、「わたし」がタテマエを表し、「おれ」がホンネを表すということではない。どちらの一人称表現も演技でしかないのである。この人物は、差別主義者であるわけでも、反差別主義者であるわけでもない。そういう一貫した主義主張をもつということが成り立たない人物であると言うほかない。

私たちは、この種の人物に、第2章3節の丸山眞男の議論のなかで出会ったはずである。また、この種の人物にも他者に理解されたい「感情の琴線」があるということを、河村参郎の事例を通じて第2章の1節と2節で確認した。それゆえ、この種の人物を、機会主義者とのみ見ることは公平を欠く。河村は、おそらく与えられた状況に合わせてよく役割を演じたという共感と理解とを軍事法廷に求めたのだった。河村の希求の内容を、以下のように言い表してもよいだろう。すなわち、それぞれの人間は、与えられた運命というシナリオの下で、期待される役割を演ずることしかできない、そのシナリオの出来不出来は個々の演技者の裁量の及ぶところではない、不出来なシナリオの下でも誠心誠意役柄を演じたのだから、自分としてはこの点を評価してほしいのだ、と。演技的な行為者としての河村の「感情の琴線」の実質は、このように、自分に対する評価が状況に相対化されることを求める心理であったと思われる。

なお、念のために言うが、「わたし・あなた」状況と「おれ・おまえ」状況との使い分けをすることが、ただちに演技的な振る舞いに結びつくわけではない。別個の発話状況において「わたし」および「おれ」として措定される自己が、同一の信念をもち、それを率直に表出して行為する状態も、十分にありうる。ある人が、職場の上司に対する場面と親しい友人に対する場面とで、それぞれ「わたしは、ヘイトスピーチを許しません」、「おれは、ヘイトスピーチを許さない」と率直に表明する、といった事例を考えればよい。つまり、一人称表現の使い分けがあっても、同一の自己であり続けることは可能である。だが、一人称表現の使い分けは、おそらく、演技性を抑制するよりは助長する可能性の方が高い。一つには、社会的状況に依存せず常に同一の存在である自己を指す方法がないことによって。もう一つには、社会的状況に依存して移り変わっていく存在として自己をとらえる傾向があることによって。

演技的な行為者の自己認識については、以上の考察を踏まえて、次のように言うことができる。その自己認識は、自分こそが行為する意図を形成し意図的に行為する力の中心である、という内実をもっていない。そして、自分の遂行している行為の適切性について信じてはいないが、信じていることにする、という分裂状態にある。要するに、演技的な行為者は、状況からの促し（行為のシナリオ）と状況からの支持（行為の適切性の保証）とがあって、はじめて行為することができる。そして、そのような状況依存的な存在として自己を認識し、そういう存在として社会的に印し付けられるのである。別の言い方をすれば、行為者は、自分自身を周囲からの介入を前提する存在であると感じていて、かつ周囲の人間もそういう存在として扱うのである(34)。

上に述べた河村の共感と理解への欲求は、周囲からどういう存在として扱われたいのかということの表明であるが、同時に、以上のような自己認識をもつ演技的な行為者の責任概念とも関連してくる。河村の望んだ責任の取り方は、おそらく、与えられた不出来なシナリオの下でそれなりによくやった、という周囲からの評価を得て、従容として死に就くことだったと思われる。実際には、それなりによくやったという「感情の琴線」に触れる評価は英軍から与えられなかった。だから河村は、みずからを高く評価する共同体の物語を自分で創作しなければならなかった。一般的に言えば、状況の促しと支持とに即して行動した場合、責任を取らされる者が自分に対する評価の状況への相対化を求めることには必然性がある。自分が負うべき責任と、シナリオを供給した者たちの負うべき責任とを切り分けてみたとき、シナリオ供給側の責任まで自分が背負い込まされると感じられるのであれば、その点を加味した評価を与えられなければ納得できない、という気持ちが生じるのは無理もないのである。

演技的でない行為と演技的な行為は、どちらも人間の行為の可能性のうちに含まれている。言語や文化によってどちらかの行為しか生じないわけではない。本書で述べてきたように、自己犠牲という行為類型は洋の東西を問わず広く人類文化に分布している。また、アーヴィング・ゴフマンは二〇世紀半ばの英語圏を対象として、演技的な行為を多数例示し、分析した（Goffman 1959）。ここまでの分析から私たちに言えることは、全世界を対象化する一個の視点であり、かつ意図を形成し実行する意志的な力の中心としての自己であることも、状況からの促しと支持によって成り立つ依存的な自己であることも、等しく人間の可能性として私たちの前にある、ということである。さまざまな状況下でどちらの自己のあり方に人が傾くかを決定する要因については、終章で述べることにしたい。

第12章　功利主義と自己犠牲

本章では、功利主義の道徳哲学と自己犠牲的行為とのあいだの概念的な不整合という問題を入り口として、現代の個人主義的な道徳的思考と自己犠牲との関係を考察する。功利主義と自己犠牲との不整合という問題については、そもそもそこに不整合など存在しないとするJ・S・ミルの古典的な見解がある。まずミルの見解を吟味して、功利主義のなかにひそむ問題をはっきりさせておこう。

1　J・S・ミルにおける功利主義と自己犠牲

ミルは、幸福の総量を増加させるかぎりで、功利主義の道徳は自己犠牲を承認すると考えた。

功利主義の道徳は、人間が自分自身の最大の善を他の人々の善のために犠牲にする能力があることを認識している。功利主義の道徳は、犠牲がそれ自体として善であるということを認めないだけである。すなわち、幸福の総量を増加させないか、または増加させる傾向を持たない犠牲は、無駄だと考えるのである。

（『功利主義』2.17/邦478）

この考え方は、道徳の基盤としての効用の原理（the principle of utility）、すなわち最大幸福の原理（the greatest happiness principle）からただちに導かれる。効用の原理によれば、行為は幸福を増進させる傾向に比例して正しく、幸福の反対を生み出す傾向に比例して間違っている（『功利主義』2.2/邦467）。したがって、もしも、自分自身の最大の善を実現する行為以外に、幸福の総量を増大させる別の行為が存在するならば、後者の行為が正しい行為である。効用の原理に従うかぎり、その場合には自分自身の最大の善を放棄して、幸福の総量を増大させる別の行為を行なうことが道徳的に正しい。他者の幸福のために自分にとっての善を放棄することは自己犠牲と呼ばれてよい。まさに効用の原理に従って、自己犠牲的行為は正しい行為と認められる。こうして、ミルによれば、功利主義の道徳と自己犠牲的行為のあいだに何らかの不整合が見出されるということはないのである。

この説明は、一見明快で説得力があるが、大きな問題をはらんでいる。その問題は、「善」や「幸福」や「効用」と呼ばれるものの判定の手続きにかかわっている。すでに確認したように（第5章3節）、ミルの考えでは、自分が最もよいと思うことを実践する自由が各人に保証されることは、社会生活が営まれる重要な条件の一つであった。「自分自身の善を追求する自由を妨害されないこと」（『功利主義』5.33/邦524）は、「他人から危害を加えられないよう保護する道徳」（同上）に含まれる重要な部分なのである。すなわち、人々は、自分の善を追求する自由を平等に保有している。したがって、愚かであろうと賢明であろうと、それぞれの人の選好が効用の優劣を決定すると言わねばならない。

自己犠牲に関して、ミルは「自分自身の最大の善を……犠牲にする」ことを問題としていた。個人の選好が効用を決定するという考え方を取るかぎり、「自分自身の最大の善」とは、当人が最上位に置く選好である。ある人自身にとっての最高の効用（善）は、その人が最も強く選好すること、つまり自分の最も欲しいものの獲得や最も欲することの実現である。この場合、功利主義の道徳と自己犠牲の関係は、以下のようにもつれた関係になる。

いま行為者Aが、自己犠牲と目される行為Xを実行したとしよう。行為Xは自己犠牲的なのだから、Xとは別に、行為者自身の効用を最大にする別の行為Yがあることになる。というのも、「自分自身の最大の善〔＝Y〕を他の人々の善〔＝X〕のために犠牲にする」という形で行為が生じたはずだからである。このとき、二つの場合が考えられる。

①行為XのAにとっての効用が、行為YのAにとっての効用よりも本当に小さいなら（V(X)＜V(Y)、ただしV( )は行為の価値を出力する関数）、効用の原理に従って、行為XはAにとって最善の行為ではなかったのである。だが、そもそもこの場合AはXを実行すべきではなかった。というのも、効用が小さいと判明している行為Xを実行するのは、功利主義的には間違ったことなのだから。[1]

他方、②行為XのAにとっての効用が、行為YのAにとっての効用より実は大きいなら（V(X)＞V(Y)）、効用の原理に従って、行為XはAにとって最善の行為になる。だが、この場合は、行為YがAにとっての効用を最大にするという当初の仮定が間違っていたのである。言い換えれば、Aはみずからにとっての最大の効用（最も強く欲すること）を少しも放棄しなかった。それゆえAの行為は自己犠牲的ではなかった、と判断される。

結局、個人が効用を決定するという自己決定ないし自律（autonomy）の原理を採用すると、①のように、自己犠牲的行為は効用の原理に従って捨てるべき選択肢であるか、②のように、自己犠牲的行為はもともと存在しなかったことになるか、どちらかを強いられる。この帰結は、第5章2節で老人の世話の例で確認したことと同じである。行為Xを老人の世話、Yを結婚とキャリアの追求とすると、V(X)＜V(Y)ならば、Xを選ぶことは自己犠牲的だが不合理な（最善をみずから放棄する）行為になる。V(X)＞V(Y)ならば、Xを選ぶことは合理的だが自己犠牲的ではない行為になる。ひるがえって、個人の自己決定が前提されなければ、功利主義は、全体のために個人を犠牲にする思想に容易に変貌しうる。その場合、功利主義者は、「ある個人を選び出して、本人の同意を得ずに他の人々の利益のために犠牲にするという、誰もが認める不正義」（『功利主義』5.28/邦519）に加担することになる。多くの功利主義者が、この不正義を効用の原理の名において肯定することには躊躇するだろう。

私たちは、すでにこの問題の一つの解決方法を知っている。私たちは、現実の自分と演技的に行為する自分という二つの層への自己の分裂を導入することで、自己犠牲的行為を説明した。現実の自分にとっては結婚とキャリアの追求（Y）が最もよいのだが、老人の世話（X）が最もよいと演技的に信ずることにしてしかるべく行為する。こうして現実の自分の最善（Y）を犠牲にして、なおかつ自発的に行為する状態が成立する。老人の世話（X）には社会からの促しがある。促しへの服従が自己犠牲を成り立たせる。この服従は合理的ではない。つまり行為者本人が自分なりの理由づけで納得することはできない[2]。だが、社会の水準（共同行為主体「われわれ」の水準）ではその行為は合理的である。こうして、行為自体は自発的で自己犠牲的で社会的水準で合理的だが、行為者個人は共同体への服従を含む分裂した存在となるのである。

本章では、しかし、自己の分裂を導入せず、個人の不可分性を堅持したままこの問題に解答する試みを考察する。個人の功利主義的な意思決定と、自己犠牲的な行為遂行との両立可能性を確保しようとすると、どのような概念的問題が発生するか、そして、これを解決する過程で、功利主義がどのような変容をこうむるのか、という二つの問題を考察する。先回りして言っておくと、概念的問題は、自己犠牲の概念を正確に定義したのち、自己利益の概念を考え直さねばならなくなる、という形をとる。そして、功利主義の変容は、行為の動機づけとして自己利益の顧慮だけでは十分でなく、道徳的模範例への服従も利用することになる、という形をとる。最終的には、外なる権力への服従を排する個人主義的な道徳原理は、服従を内在化しないかぎり[3]、人間が合理的決定に従って自己犠牲的行為を行ないうることを説明するのは難しい、ということが見出される。

考察の対象として、マーク・カール・オーヴァヴォルドの三篇の論文、一九八〇年の「自己利益と自己犠牲の概念」、一九八二年の「自己利益と欲求の充足」、一九八四年の「道徳、自己利益、そして道徳的であるべき諸理由」を取り上げ、これらの読解と分析を通じて、功利主義と自己犠牲にかかわる上記の問題状況を取り扱うことにする。

2　オーヴァヴォルドとその業績

マーク・カール・オーヴァヴォルドは、一九四八年二月、アメリカ合衆国のサウスダコタ州ヴェブレンに生まれた。一九七六年にミシガン大学で学位を取得し、一九八八年一一月、ヴァージニア・コモンウェルス大学哲学科教授として在職中、癌に倒れて亡くなった（Heil 1993, xi, Preface）。彼は、まさに知る人ぞ知る存在である。学術誌等に生前発表された論文は三篇であり、没後に公表された一篇を含めても、生涯の刊行著作は論文四篇にすぎない。しかし、本章で取り上げる三篇の論考は、いずれも着眼の独創性と周到な分析と結論の大胆さにおいて際だっており、彼の没後、その早逝を惜しむ師友が追悼のための研究会を開催し[4]、学術誌が追悼号を発行し[5]、さらに追悼論文集が編纂されたの[6]も不思議ではない。

オーヴァヴォルドの論考の根本的な問いかけとは、自己利益を最大化しようとする個人は、他者または社会全体の利益となるような善行を、自己利益を断念して合理的かつ自発的に遂行することができるのか、という問いである。この問いに答える試みのなかで、オーヴァヴォルドは、「自己利益」「自己犠牲」「合理的選択」といった概念を綿密に分析することになった。そして、特に自己利益の概念について、現在流布している標準的な説明に重要な改訂を施す必要があることを見出した。以下、自己犠牲にかかわる一九八〇年と一九八二年の論文二篇を発表年次の順に紹介して分析し[7]、さらにその主張を私たちの自己犠牲の理解と対比するために、オーヴァヴォルドの道徳哲学の枠組みを示す一九八四年の論文を検討する。

3　「自己利益と自己犠牲の概念」(Overvold 1980)

オーヴァヴォルドが一九八〇年に発表した「自己利益と自己犠牲の概念」は、自己利益に関して現在幅広く同意されている説明を受容したうえで、自己犠牲の概念に正確な定義を与えると、この説明と定義の下では、自己犠牲的行為という行為類型が論理的に成立不可能になる、という論証を行なっている。一九八二年の「自己利益と欲求の充足」では、自己犠牲を道徳的要請の典型的な形ととらえ、その成立可能性を確保することが主題となった。一九八〇年の論文は、オーヴァヴォルドの一連の考察の基本的な動機を明らかにするものとなっている。

合理的行為と自己利益

オーヴァヴォルドによれば、行為者の自己利益について、[8]現代で広く受け入れられているのは、行為者の自己利益を「行為者がすべての条件を考慮したうえで最もしたいと思うことである」(Overvold 1980, 105) と同定するやり方である。[9]オーヴァヴォルドはリチャード・ブラントの次の一節を例示する (Overvold 1980, 106)。ここでブラントは、行為者の自己利益に適う行為を合理的な行為と考え、合理的な行為を厳密に定義することを試みている。

合理的な行為とは、ある個人について、(a)行為遂行の時点における欲求と嫌悪が、利用可能な情報のすべてと突き合わせた場合の欲求と嫌悪と同じであり、かつ、(b)行為者が、心の中で揺るぎなく生き生きと、また意識の中心で平等に、知りうる事実をすべて得ている場合に、その個人が現実に遂行する行為である。ここで知りうる事実のすべてとは、(a)で見たような〝洗浄された (cleaned-up)〟欲求が存在するときに、行為者がそれらの事実を考慮したら、行為する傾向に相違を生じうるような事実のすべて、ということである。

（Brandt 1972, 682）

定義のうち(a)の項は、行為者の欲求の質にかかわっており、(b)の項は、行為の時点での行為者の認知的な状態にかかわっている。両項でカナメの位置に置かれているのは、事実情報にかかわる条件である。(a)では「利用可能な情報のすべてと突き合わせる（fully exposed to available information）」こと、(b)では「知りうる事実をすべて得ている」こと、という二つである。

(a)項で規定される欲求と嫌悪の質的条件は、ブラント独特のものである。欲求と嫌悪に関して「利用可能な情報のすべてと突き合わせる」というのは、何が好きで何が嫌いか、それをどうやったら入手または回避できるか、といった情報を得ているという意味ではない。そうではなくて、欲求と嫌悪の由来について行為者自身が自覚する、ということを意味している。例えば、他人の賞賛を強烈に欲する人物が、この欲求は幼児期に保護者から無視された辛い体験に起因するという事実を知る、といった（かなり意外な）自覚である。この事実を知れば、その人物は、この欲求をむしろ自身から取り除こうと思うかもしれない。したがって、こういう情報と突き合わせていく過程で欲求と嫌悪は変化しうる。このようにして幼児体験や偏見などに由来する欲求と嫌悪の歪みを除去して[10]得られるのが、「〝洗浄された〟欲求」である。洗浄された欲求が、合理的欲求である（Brandt 1998, 11）[11]。

(b)項では、すでに行為者の欲求が〝洗浄された〟状態にあることを前提して、そのような欲求の実現にかかわりある全事実を行為者が認知している、という条件を与えている。ブラントによれば、この意味で「知りうる事実」とは、「行為者の時代の科学が受容している命題に、公共的に接近可能な証拠（他者の他者自身についての証言を含む）によって正当化された事実命題、および論理学の諸原理を加えたもの」（Brandt 1998, 13）である。

(a)と(b)を合体して分かりやすく言えば、合理的な行為とは、心理的な歪みや偏見を含まない欲求を実現するために、事実情報がすべて開示された状態で、論理的に誤りなく推論した帰結として遂行される行為なのである。

ブラントは、以上のようにして「合理的行為」を定義したうえで、次の命題が真である、と主張する。すなわち、

すべてのxとすべてのyについて、yがxの効用を長期的には最大化するとき、またそのときにかぎり、xがyすることは合理的である。

(Brandt 1972, 681)

すなわち、合理的な行為と自己利益を長期的に最大化する行為とは同一だ、ということである。自己利益に最も適う行為とは、十分な事実情報に基づいて合理的欲求を実現する行為なのである。こうして結局、最大の自己利益とは「行為者がすべての条件を考慮したうえで最もしたいと思うこと」(Overvold 1980, 105) の実現に帰着する。

利他的行為と自己利益

ブラントによって定義された合理的な行為、すなわち、自己利益に最も適う行為は、普通の意味では利他的な事柄を含んでいることに注意せねばならない。[12] 例えば、自分の娘の幸福を欲している人物にとって、娘の幸福が実現されることは、当然、自分の欲求の実現の一例であるから、その人物自身の幸福 (効用) の増進に数え入れられてよい (Brandt 1972, 686)。しかし、こうなると、直観的には自己犠牲的だと思われる行為が、本当は自己利益に適う行為だったことになる。これは一つの背理である。オーヴァヴォルドは、次のようなストーリーを考案してこの背理を提示している。

【貧しい父親と生命保険の例 (要約)】: あるところに一人の貧しい父親がいた。彼は、四人の息子に高い学費を必要とする大学教育を受けさせることを何よりも望んでいた。あらゆる可能性を注意深く検討した結果、この父親は、莫大な額の生命保険をかけて自死することを決意した。父親は、事故死に見せかけて自死を敢行した。息子たちは大学教育を受けて、末永く幸福に暮らした。

(Overvold 1980, 108)

このやや不自然なストーリーを文字どおり受け取るなら、この父親は熟慮のうえで自分の最大の欲求を実現したと言いうるだろう。つまり、彼の行為はブラントの言う意味で合理的な行為である。したがって、同時にそれはブラントの言う意味で自己利益を最大化する行為でもある。では、この父親は自死することによって自分の個人的効用を増進させた、と見なせるだろうか。到底そうは見なせない。「生命を失うことがその人物にとって重大な損失であると想定すれば、その人物は、すべてを考慮して自分が最も欲する行為を実行したという事実にかかわらず、結局は、自己利益に反して行為したと思われてくる」（Overvold 1980, 108）。言い換えれば、「自己利益の概念の重要な特徴がブラントの説明では扱われていないという事実」（同上）が浮かび上がってくる。自己利益を当人の合理的欲求の実現と見なす現代の概念は、何らかの改訂を必要とするだろう。

ただし、上のストーリーは、自己犠牲についての直観的理解を前提し、それを足がかりにしてブラント的な自己利益の説明への疑いを導いている。この場合、自己犠牲の概念の方に何か難点があるのかもしれない。自己犠牲の概念に疑わしい点がない場合にのみ、自己利益の概念を改めるのが賢明だろう。こうして、自己犠牲の概念を判明に定式化することがオーヴァヴォルドの課題となった。

オーヴァヴォルドによる自己犠牲の定義

自己犠牲の概念を定式化する作業は、ある行為が自己犠牲的行為であるための必要十分条件を考えていくことである。オーヴァヴォルドは、次の三つの条件を与えている。

ある行為は、次の場合に、また次の場合にかぎり、真正の自己犠牲的行為である。

Ⅰ　福利（welfare）の損失が予期または予見されている（ただし、これは、信念の条件であって、知識の条件ではない）。

II　行為が自発的である（voluntary）。

III　行為の時点で行為者に別の選択肢が少なくとも一つ与えられていて、それは、(a)その選択肢の諸帰結が行為者の予期したようになるとするならば、そのもう一つの行為は実際に遂行された行為よりも行為者の自己利益に適っており、かつ(b)もう一つの行為を行為者が選択していれば、行為者は、実際に遂行された行為よりも、客観的に、自己利益に適った行為をしたことになる、というような選択肢である。

（Overvold 1980, 113–114）

これらの三条件のうち、IとIIは分かりやすい。Iは、自己犠牲というかぎり、行為者が自分の私的効用をそれと知りつつ放棄するのでなければならない、ということを言っている。自分の幸福を放棄することになると自覚せず、愚かさのゆえに私的効用を減少させる行為を行なったとしても、自己犠牲にはならない。ただし、私的効用を放棄することになると信じただけで、自己犠牲は成立しうる（「信念の条件」であるというのは、損失があると本人が信じているだけでよいということ。「知識の条件ではない」というのは、それが事実であることまでは要求されていないということ）。IIは、自己犠牲が自分で自分に課すこと（self-inflicted）でなければならない、ということを言う。他から強制されて私的効用を放棄するのは、自己犠牲ではなく、犠牲に供されること（victimization）である。IIIは、見かけが複雑だが、平たく言えば、現実に遂行した行為とは別の行為を実行すれば自己利益はより大だったと行為者に分かっていて、かつ、客観的にもその行為の方が行為者の利益はより大だった、という行為の選択肢が一つはあった、ということである。自分にとって客観的に利益が大である選択肢を、そうと知りつつ断念するなら、その行為選択は自己犠牲と呼ばれてよいだろう[13]。

田村（1997）の自己犠牲の三条件、および柏端（2007）の［S_1］と［S_2］という三つの自己犠牲の定義の試みと、オーヴァヴォルドの定義との顕著な違いは、オーヴァヴォルドが自己犠牲の社会的な要素をまったく考慮しない点である。自己犠牲的行為は権力と個人が接触する境界面に出現する行為類型であると、私たちは考えてきた（第4章3節）。社会的な圧力がなければ、イーピゲネイアは死ぬことを受け入れず、女性は結婚とキャリアをあきらめず、河村参郎は軍律会議を開いたであろう。外からの圧力のないところで、どうして自己犠牲が起こりうるだろうか。これは後に立ち入って考察するべき大きな問題である。

自己犠牲の典型としてマキシミリアン・コルベ神父の行為を取り上げて、上の定義を吟味してみよう（ただし、オーヴァヴォルド自身がコルベ神父の例を取り上げているわけではない）。コルベ神父は、アウシュヴィッツ強制収容所において、処刑のために選別された一人の収容者の身代わりとなることをみずから申し出て、餓死監房に送られて死んだ（ヴィノフスカ 1982, 258ff.）。

条件Iについては、身代わりとなることを申し出るとき、自分の生命が失われることをコルベ神父は予期したであろうから、満たされている。

条件IIについては、みずから申し出たのであるから、もちろん満たされている。

条件IIIについては、まず、身代わりを申し出ないという別の選択肢にコルベ神父が気づいていたことは確実である。そして、(a)身代わりとならなければ、自分はもうしばらく生きのびるだろう、という予測がコルベ神父の心中にあったと考えてよい。この予測のように、事態が推移することはある意味で自己利益に適っていると神父自身が気づいていたと見ることは妥当である。[14] さらに、(b)身代わりにならないことの方が、客観的に自己利益に適っている、と私たちは考える。したがって、III全体が満たされている。

以上のとおり、オーヴァヴォルドの自己犠牲的行為の定義は、自己犠牲の典型例を説明できるから、私たちの直観にもほぼ合致しており、それなりに有効であると言ってよさそうである。ただし、河村参郎が〝自分を殺して〟山下奉文の命令に従ったことは、オーヴァヴォルドの定義では自己犠牲に参入されない。河村は、軍律会議が必要だと進言することが自己利益を高めると思っていなかっただろう。また、客観的にも高めるとは言えないように思われる。したがって条件のIIIが満たされない（私たちも、河村の命令受諾は、ホームレスに食料を配るM氏の例と同様、自己犠牲「型」の行為であって、取り返しのつかない不利益（例えば、死）が行為者にもたらされる純然たる自己犠牲とは少し区別して扱ってきた。とはいえ私たちの理論では、この命令受諾は自己犠牲的な行為選択の一種と見なしうるのに対し、オーヴァヴォルドの定義ではまったくそうならないことには注意する必要がある）。

しかし、コルベ神父の事例をさらに考えてみると、すでに私たちがよく知っている問題が現れてくる。神父の自己決定を掘り下げていくと、自己犠牲の要素が消えていくのである。そもそも、身代わりにならないことは神父の自己利益に適っているのだろうか。一般人は生きのびることは自己利益に適うとすぐ考えるが、コルベ神父自身がどう考えたかはかなり微妙である。神父は、すべての人々のために生命を捧げたと解釈されうる（ヴィノフスカ 1982, 266）。そして、すべての人のために死ぬことこそ、キリスト者としての自分の本当の幸福だ、と神父自身が考えたということは十分ありうる。それならば、身代わりを申し出ることによって、かえって神父は本当の幸福を得たことになる。ところがそうなると今度は、神父は自己犠牲をしたのではなかった、という結論に導かれる。オーヴァヴォルドは、ブラントによる自己利益の説明を受容するかぎり、この結論が避けられないことを論証し、自己利益の説明を改めるしかないことを示していく。オーヴァヴォルドの真意は、自己犠牲の可能性が残るように自己利益の概念を改めることなのである。

自己犠牲的行為の消失

オーヴァヴォルドの論証の要点は、ブラントの自己利益の説明を受け入れるなら、自己犠牲の条件I、IIを満たす行為がIIIを満たすことはできない、ということである。論証では、次のような例が挙げられて分析される。

【不正な作戦を拒否する軍人】戦争において、ある男が、多くの無辜の市民の死をもたらすことが分かっている作戦を実行することを命じられる。この男は、次の二つの選択肢しかないと信じており、それは正しい。すなわち、命令を実行し、努力を認められて名声と昇進で報いられるか、あるいは、命令を拒否し、結果として自分の命を失うか、どちらかである。この男は決定に一週間かけて注意深く二つの選択肢を比較検討し、最終的に、命令を拒否して、その結果として死刑に処せられる。この男は自分の命を失うことを知っていたが、その行為を遂行することを選んだ。(Overvold 1980, 115)

この例は、河村の事例をそっくり裏返したような興味深い例だが、たしかに直観的にはコルベ神父の事例と同様、自己犠牲と呼ばれる資格がある。オーヴァヴォルドの自己犠牲の条件を適用して、自己犠牲になるのかどうかを吟味してみよう。

第一に、この軍人は、自分の命を失うことを知っていて、命令を拒否したのだから、条件のⅠは満たされている。第二に、命令を拒否することをみずから選び取っているから、条件のⅡも満たされている。第三に、条件のⅢを満たすのかどうか。自己利益に関するブラントの説明と突き合わせて分析してみよう。まず、この軍人は、作戦の実態、選択肢の数と内容、命令を履行するかしないかに応じた自分の処遇といった事柄について、十分な情報を得ていたと考えてよい。次に、一週間かけて注意深く考えたのだから、自分の欲求を可能なかぎり〝洗浄する〟ことができたと認めてよいだろう。事実情報が十分に開示されていて、かつ、欲求が合理的であるのだから、この軍人の行為は合理的行為である。ブラントの意味において、合理的行為は自己利益に最も適った行為である。したがって、この軍人の行為も自己利益に最も適った行為である。言い換えれば、本人が最も強く望んだことが実現しているのである。すると、この軍人にとって、現実に遂行された行為(命令の拒否)の他に、自己利益により適う別の行為の選択肢はなかったことになる。よって、自己犠牲の条件のⅢが満たされないので、この命令拒否は自己犠牲的行為ではない。だが、これはやはり直観に反する帰結である。

自己利益に適う行為（合理的行為）に関するブラントの条件のうち、〈関連情報が開示されていること〉という条件（ブラントの(b)項）は、自己犠牲の文脈においては〈損失を予期できること〉というオーヴァヴォルドの条件のIになる。損失の可能性は開示されるべき重要な情報だからである。また、〈欲求が〝洗浄されて〟いること〉という条件（ブラントの(a)項）は、自己犠牲の条件のII〈自発的であること〉に帰着すると思われる。欲求から不合理な要素を取り去ることが、何かに操られていない健全な自発性をもたらすからである。したがって、自己犠牲の条件IとIIを満たす行為は、すべてブラントの言うところの自己利益に最も適った行為となる。よって、条件のIII、すなわち、現実に選好した行為以上に自己利益に適った別の選択肢が存在すること、という条件は、決して満たされない。

オーヴァヴォルドは、以上の考察の帰するところを次のようにまとめている。

一般化すれば、行為者が現実に遂行することを選択した行為は、それ以外の選択肢について事実に即した具体的な評価をもっている場合のすべてにおいて、あらゆることを考慮したうえでもっとも遂行したいと望んだ行為と同一になる。そして、それゆえに、この行為者は、ブラントの説明によれば自己利益に反して行為していることはありえないのである。こうして、自分が何をしているか分かっている個人が、真正の自己犠牲的行為を遂行することは、概念的に不可能となる。(Overvold 1980, 115)

行為者が事実情報を十分に得て熟慮のうえで遂行した行為は、すべて本人の最大の自己利益を実現していると見なさざるをえない。ならば、事実誤認や無思慮によるほか、自己利益に反した行為は生じえないのである。よって、愚かさの結果ではない真正の自己犠牲は存在しないことになる。[15]

見出されたのは、自己利益のブラント的説明を保存して自己犠牲について語るのを諦めるか、自己犠牲の概念を保存して自己利益のとらえ方を改めるか、という二者択一である。この二者択一は、私たちがすでに見出した自己犠牲をめぐる三すくみの状況とほとんど同じである。第5章2節の老人の世話の例では、女性が最もよいと思って選んだのが①「老人の世話」だったのだとすると、自分の最も望むことが実現したのだから自己犠牲ではないという結論になる。この結論を避けて、最もよいと思って選んだのは②「結婚とキャリア」だったのだとすると、最もよいことなのだがそれを選ばないという不合理が姿を現す。自己犠牲の存立を断念せずにこの二者択一を逃れるには、「最もよい」という判断の中身を考え直すしかない。

オーヴァヴォルドは、「道徳的な生き方において賞賛し誉め称えるべきことの多くは自己犠牲を含んでいると、あるいは、少なくとも自分自身の幸福を他人のために進んで犠牲にすることを含んでいると、多くの人が考えてきた」(Overvold 1980, 117) と指摘する。ミルもまた、「人間が自分自身の最大の善を他の人々の善のために犠牲にする能力があること」(『功利主義』2.17/邦478) を認めなければならないと考えた。自己犠牲という行為類型を棄ててしまうことは、功利主義の道徳理論においても望ましいことではないのである。こうしてオーヴァヴォルドは自己利益の概念を考え直す方向を選ぶ。一九八二年の論文はこれがテーマになる。

私たちは、上の①と②の他に③「老人の世話」と「結婚とキャリア」の二つがともに最もよかったのだ、という回答がありうると考えた。そして、これを共同的な価値判断と個人的な価値判断が相剋するジレンマ状況ととらえた。さらに、行為者を不可分の個人と考えるのをやめて、素の自分と演技的な自分への分裂を想定し、自己犠牲的行為を共同行為主体に服従する演技的な行為と考えることによって自己犠牲が成立することを示した。だが、オーヴァヴォルドは、この③の可能性をまったく考慮しない。行為者が個人でないという可能性を考えた形跡はまったくない。個人主義は、疑うべくもない前提になっている。

4　「自己利益と欲求の充足」（Overvold 1982）

自己利益の範囲

端的に言えば、ブラント的な自己利益の説明では、自己利益の範囲が広くなりすぎているのである。関連する情報を十分に得て熟慮のうえで行なったことは、定義上、すべて自己利益の増進になってしまう。この主張には、どこか無理がある。その無理の一つの現れが、これでは自己犠牲について語れなくなるという不都合である。問題状況をオーヴァヴォルドは次のように要約している。

> ある人物が行なうことはすべて、その人物が行なう動機をもっていることなのであり、ある意味ではその人物がしたいと欲することなのである。しかし、だからといって、ある人物が行なうことのすべてはその人物の福利を増進するように予定されている、と結論することを私たちは望まない。個人が自己利益に反して行為するという事例を考えることができるからである。（Overvold 1982, 187）

人間は、他人を助けたいという欲求をもつことがあるし、社会問題の解決のために貢献したいという欲求をもつこともある。他人を助けたり社会に貢献したりすることは、場合によっては行為者の自己利益に反するけれど、それでもやはり行為者がみずから進んでしたいと欲することなのである。それゆえ、こういった欲求について、「それは自己利益に反している」と記述しても背理に陥らないような自己利益の概念が必要となる。

オーヴァヴォルドがとった方針は、自己利益にかかわる欲求を、ある人物の欲求全体の部分集合と見なすことだった。すなわち、「欲求と嫌悪のうちのあるものが行為者の自己利益を構成するものに入り、それ以外の欲求と嫌悪は入らない」（Overvold 1982, 187）という仕組みを想定して、そういう分類の根拠を与えることに取り組んだ。

自己利益の決定に関与する欲求

オーヴァヴォルドは、自己利益を構成する欲求群を次のように定める。

> ある個人Sの自己利益を決定するうえで肝要な部分でかかわる欲求と嫌悪とは、S自身が本質的な構成要素となっているような事態への欲求および嫌悪である。
> (Overvold 1982, 188)

この趣旨は、平たく言うと、自己利益の決定に関与する欲求とは、自分がいないと成立しないような事態についての欲求である、ということである。単純化すれば、例えば、自分の死後に生じる事態についての欲求は、その人物の自己利益にかかわらない欲求の例になる。[16] この規定を用いると、ある行為がある人の自己利益を最大化するのは、次の場合であり、かつこの場合にかぎる。

> その行為は、次のような条件下でSが遂行を最も欲する行為である。すなわち、Sは、かかわりのある事実をすべて十分に知らされていて、かつ、Sは、S自身の存在が、当該行為の特性とその結果の時刻tでの成立を述べる命題の論理的必要条件となっているようなSの合理的欲求および嫌悪のみにもとづいて、選択している。
> (Overvold 1982, 188)

見かけは入り組んでいるが、ブラントの説明との相違を調べれば、この規定は理解困難ではない。事実情報を十分に開示されていることと、欲求が合理的であることとは、ブラントと共通である。相違は、オーヴァヴォルドの規定では、欲求の実現の時点tでSが存在することが欲求の実現自体に必要であるような欲求だけが、自己利益を決定する欲求に算入される、という点である。

実例を見る方が早い。例えば、何らかの欲求実現の結果として、「Sが時刻tに快を感じている」という感覚的事実が生起するとしたら、この結果にとって、S自身の存在（生存）は論理的必要条件である。つまり、「Sが時刻tに快を感じている、ならば、Sが存在する」が成り立つ。したがって、このような結果をもたらす行為への欲求は、Sの自己利益を決定する欲求に算入される。欲求実現の結果として「Sがpと信じている」「Sがpであると知っている」といった認知的状態が成立する場合も同じである。また、「Sがあるタイプの人物となる」とか、「Sがあるタイプの行為を遂行する」という人格的状態の成立についても同じである。これらの状態をもたらす行為への欲求は、Sの自己利益を決定する欲求に算入される（Overvold 1982, 188）。

逆に、他人の幸福または損害への欲求や、社会問題への貢献の欲求などは、それだけ取り出すかぎり、Sの自己利益を決定する欲求群に入らない。他人の状況や社会全体の状態はSがいなくても成り立つ。だから、Sの存在は欲求が実現された状態の論理的な必要条件ではない。

ただし、他人や社会にかかわる欲求は、なかなか難しい問題をはらんでいる。例えば、ある男Sが、自分の妻Tの幸福を欲しているとする。いま仮に、この欲求がたまたま自分の妻である人物Tの幸福という状態への一個独立の欲求であって、S自身の人生のさまざまな側面と切り離して純粋にTなる人物が幸福であることを欲する、という形になっているとしたら、この欲求はSの自己利益を決定する欲求に入らない。Sが存在しなくても、Tの幸福は成立するからである。しかし、この男Sが出征兵士であって、妻Tの幸福はSの生還によってもたらされると仮定しよう。この場合、妻Tが幸福である状態は、Sの生存を必要条件とする。よって、この場合は、SにおけるTの幸福への欲求は、Sの自己利益を決定する欲求に算入される。

このように、欲求主体の存在が欲求の実現された状態の必要条件になっているかどうかについては、慎重に吟味する必要が生じる場合がある。こういう吟味は、主として、一見すると純粋に利他的に見えて実は自己利益の増大を狙っている、といった偽善的欲求をあぶり出すために必要になる。[17]

自己犠牲の可能性

自己利益の決定に関与する欲求を以上のように定めると、私たちは自己犠牲について不合理に陥らずに語れるようになる。なぜなら、「欲求や嫌悪のうちのあるものが、その人物の自己利益を決定することから省かれているので、ある人物がすべてを考慮して最も遂行したいと欲することが、その人物の福利を最大化する行為と同じでない、ということが可能」（Overvold 1982, 191）になるからである。

具体例を通じて考えた方が分かりやすい。再びコルベ神父の例を取り上げよう。処刑のために選別された人物の身代わりとなることをコルベ神父が申し出たとき、身代わりになりたいという欲求は、神父の自己利益を決定する欲求に入らない。なぜなら、コルベ神父の生存は、この欲求が実現された状態の論理的必要条件ではないからである[18]。しかし、身代わりとなることを、すべてを考慮したうえで自分が最も遂行したいこととしてコルベ神父が選好した、ということは十分ありうる。キリスト者の義務において、あるいは愛の名において、この選好が、関連する事実をすべて考慮したうえで、コルベ神父の心中にまさに〝洗い浄められた〟欲求として浮かび上がってきた、と考えることは可能である。この場合、身代わりとなって死ぬことは、自己利益を最大化する行為ではないが、合理的な選好として成立する。かくして、自己利益を最大化する選択肢を、「よく分かったうえで意志によって見送る」（同上）ことが成立する。オーヴァヴォルドによれば、これが自己犠牲なのである。

まったく同じやり方で、不正な作戦を拒否する軍人の例も自己犠牲として語ることができる。不正な命令を拒否して無辜の市民を救いたいという欲求は、この軍人の自己利益を決定する欲求に入らない。なぜなら、この軍人の生存はこの欲求が実現された状態の論理的必要条件ではないからである。しかし、命令を拒否して市民を救うことを、すべてを考慮したうえで自分が最も遂行したいこととしてこの軍人が選好した、ということは十分ありうる。この場合、命令を拒否して死ぬことは自己利益を最大化する行為ではないが、合理的な選好として成立する。かくして、自己利益を最大化する選択肢をみずからの意志で見送るという選択が行なわれたのだから、合理的でかつ自己犠牲であるような行為が成立する。

オーヴァヴォルドは、自己利益の概念を新たに定義し直すことによって、自己利益に最も適う行為と合理的行為とを分離した。行為者が事実情報を十分に得たうえでよく考えて遂行した行為は、合理的行為である。だが、自己利益を最大化する行為であるとはかぎらない。なぜなら、自己利益を算出するときに考慮されるのは、行為者の全欲求ではなく、欲求の実現された状態において欲求主体（行為者）の生存が不可欠であるような欲求だけだからである。そこで、自分が何かのために身を捧げて死ぬという行為であっても、事実情報を十分に得たうえで熟慮して遂行されるならば合理的行為であって、しかし、自己利益を最大化する行為ではない、と言えるようになる。こうして、自己犠牲的な行為は、偏見や心理的歪みに起因しておらず、事実の十分な開示にもとづく合理的行為ではあるが、しかし自己利益には反している行為として記述できるようになった。

5　自己利益の概念と自己犠牲の社会性

自己利益の概念について

ブラッド・フッカーによると、効用の理論として現代の哲学者や経済学者のあいだで主流を占めているのは欲求充足説である。「欲求充足説によれば、私たちの生活は自己利益の見地でとらえることによってうまく進むのであり、私たちにとっての効用は、私たちの欲求が充足される範囲に応じて最大化される」（Hooker 1993, 205）。自己利益とは当人の欲求の充足であるとする見方がこのように広汎に受け入れられているのなら、自己利益の決定に関与するのは当人の全欲求のある一部分にすぎない、というオーヴァヴォルドの主張が重要な問題提起であることは間違いない。

オーヴァヴォルドは、自己利益を決定する欲求とは欲求主体が本質的構成要素となっている事態への欲求のみであると主張している。これに対しては、すでに注記したように、死後の名声にかかわる欲求などをどう扱うかといった問題がある。この問題を解決するために、〈欲求主体が本質的構成要素となっている事態〉という条件を、例えば〈欲求される事態が欲求主体への本質的指示を含んで記述されている〉といった条件に書き換える提案が行なわれている（Hooker 1993, 213 ; Brandt 1993, 229）。しかし、本質的指示とは何なのかあらためて考える必要が残るから、この方向で定義の技術的な改良を進めても、自己利益という概念の輪郭を明瞭にすることはなかなか困難だろう。

むしろ、オーヴァヴォルドによる自己利益の概念の改訂は、自己という概念のとらえ直しの提案の一つとして見た場合に興味深いものである。例えばブラントは、オーヴァヴォルドの自己利益の定義を解釈して、「生起の時点で行為者の生存を本質的条件として含むような出来事に向かう欲求」（Brandt 1993, 229. 強調は引用者）こそ、自己利益の決定に関与する欲求である、と言い換えた。ブラントは、オーヴァヴォルドの言う自己利益の核心に、生き続けることを本質とする身体としての自己がある、と見たわけである。この解釈は、個人における理念と身体（霊と肉）という古くからの普遍的な問題を期せずして浮かび上がらせる。

例えば、コルベ神父は、キリスト者としての愛において、身代わりとしての死を受容したとしよう。「愛」はコルベ神父が抱いている理念の名である。この理念は、コルベ神父自身に帰属するにもかかわらず、彼に死をもたらすものとなる。愛の理念がその持ち主の身体を滅ぼすのである。理念も身体も自己を成り立たせる本質的な要素であるが、両者のあいだには対立がありうる。ある人物に帰属する理念的欲求も身体的欲求もその人物の自己利益の増進に均しく一様に貢献するというとらえ方は、自己の内にありうる深い対立に目を閉ざしているという点で、人間の心の実態に即していないだろう。

オーヴァヴォルドは、イデオロギー的な自我理想も生きている身体もひっくるめて自己という概念に投げ込んでしまっている現代哲学の自己の概念に、自己利益と自己犠牲との不整合という問題を手がかりにして異議を唱えたと見ることができる。そう評価するならば、オーヴァヴォルドから私たちに手渡された課題は、自己利益の定義を精密化する作業ではない。むしろ自己という概念のより正確な分析と把握という作業である。そして、私たちはすでに第9章から第11章でそれを行なった。自己の多層性という事実を見れば、自我理想への献身が身体的な自己を侵蝕することがありうるのは十分予想可能である。自己が多層的な構造物であるならば、自己利益もまた相互の対立を含む多数の構成要素からなっているはずだからである。

自己犠牲の社会性

すでに指摘したとおり、オーヴァヴォルドによる自己犠牲の定義は、社会的な要因をまったく考慮に入れないという点で、田村（1997）および柏端（2007）の定義と大きく異なる。だが、この点を扱う前に、関連する小さな問題を処理しておこう。それは真の自己犠牲的行為は自分の利益を減らすばかりでなく、他人の利益を増やすという性質をもっている、という点である（第8章3節）。オーヴァヴォルドの定義は、簡略化して示すと、ある行為が自己犠牲的行為であるのは、その行為が(I)行為者の福利の損失をもたらし、(II)行為者が自発的であって、(III)その行為以外に行為者の自己利益を最大にする別の選択肢が与えられている場合、またこの場合にかぎる、ということであった。しかし、ブラントによれば、ある人が上司に対して故意に不作法に振る舞うとすると、上の(I)(II)(III)はいずれも満たされている。だが、明らかにこの行為は自己犠牲とは呼べない。上の三つの条件に加えて、その行為を遂行すると自己利益が減少するだけでなく、引き替えに他人または社会全体の利益が増大する、という条件を補う必要があると思われる（Brandt 1993, 228）。自己犠牲には他人や社会がどうしてもかかわってくるのである。

さて、自己犠牲の社会性という問題を扱うためには、私たちとオーヴァヴォルドとのあいだに共通の基盤を見つけなければならない。オーヴァヴォルドは、社会的な圧力という要因を、いったん認知したのち拒絶したのではない。最初からまったくそんな要因は念頭にない。したがって、共通の基盤を見つけないかぎり議論は成り立たないだろう。共通の基盤は、自己犠牲に関する哲学的な定義や説明以前の直観に求めるしかない。

ここまでに見たオーヴァヴォルドの議論には、自己犠牲にともなうはずなのに、まったく表に現れていない論点がある。それは、犠牲が「いやいやながらの服従（reluctant surrender）」を含むということである。この言葉自体はロバートソン・スミスのものだが（第3章3節）、犠牲とはいやいやすることであるという含みは日常的な犠牲の事例にも普通に見受けられる（第5章2節）。また、「「犠牲」という言葉に含まれる自己否定の理想」（ベラー他 1991, 133）といった言い方で指摘されてもいた（第5章3節）。ここで、オーヴァヴォルドが扱っているのは自己犠牲であり、犠牲ではない、という反論は成り立たない。すでに明らかにしたとおり、犠牲と自己犠牲とは本質的にほとんど同じ概念だからである（第5章1節）。ユベールとモースが「どのような犠牲にも、自己否定（abnegation）の要素が含まれている」（Mauss 1968, 304/邦 107）と述べるように（第3章4節）、自己犠牲は、できればしたくないのにいやでもしなければならないという服従の要素を含んでいる。そこで、オーヴァヴォルドに対して、次のように問いかけることは妥当だろう。彼の定義と欲求の分類とによって、果たして本当に、いやいやながらの服従をともなう自己犠牲という行為類型を説明できているだろうか。

コルベ神父にせよ不正な作戦命令を拒否する軍人の例にせよ、オーヴァヴォルドの言う意味で自己犠牲を遂行した人物は、利用可能な最善の情報にもとづいて熟慮のうえでみずからの最も欲することを遂行した、と判定される。この行為が自己利益に反していると言えるのは、自己利益の決定に関与する欲求の範囲を狭く限定したせいである。この限定のために、自分の欲求ではあるが自分の利益への欲求ではない欲求群、という新しい部類を立てることができたのである。だが、こうして自己利益を限定したとしても、自分の行為において実現されるのは、自分の合理的欲求である。関連する事実を熟慮したうえで自分が最も欲することが実現しているのである。したがって、いやいやながら服従するという要素はどこにも見出すことができない。もちろん、コルベ神父も軍人も死ぬことがいやでなかったはずがないとは言える。だが、この場合の避けられない死は、予防注射の避けられない痛みに耐えるのと同じく、自分の望むことを実現するために必要な代価である。自分が死なずに目的が達成されるのならば、その方がよいのだが、たまたまそうはいかない事情があるというまでである。

他方、ユベールとモースの示す犠牲儀式の要件は、いけにえの死であった。「いけにえの中に、まさに犠牲儀式が正しく解放すべき対象として一つの霊が存在する」(Mauss 1968, 230/邦 37)。いけにえを殺して霊的な力を解放することを通じてサクリフィアンに変化をもたらすこと、これが犠牲儀式の核心の部分を構成している。「いけにえだけが、犠牲の真に危険な領域に入っていく。いけにえはそこで死ぬ。いけにえは死ぬためにそこに行くのである」(Mauss 1968, 303/邦 105)。この、いけにえの死の不可避性の記述はいくらか神秘的な語り口になっている。これを平易に言えば、「個人や集団が固有に所有するものを人格的に断念し放棄することが、社会的な力を養っている」(Mauss 1968, 306/邦 109)ということである。いけにえの生命を断念することは、犠牲奉納の見返り(社会的な力の加護)を得るためにどうしても必要なのである。犠牲を捧げる者(サクリフィアン)の外に「彼が自分自身の外へ出ることを促す」(Mauss 1968, 306/邦 109)存在として、社会が存在する。犠牲という制度が成り立つ社会では、社会は個人に自分自身であり続けることを許さない。個人は自己を否定して、自分であることの外へ出なければならない[19]。個人は自分自身であり続けることをやめることを通じて、社会的な力を共有することができる。いけにえの死、行為者の自己否定は、犠牲の制度が成り立つための本質的な要素であって、死を免れながら目的を達成することはできない。自己否定は、ユベールとモースが明らかにした犠牲という制度の要件になっている。

オーヴァヴォルドの自己犠牲の説明とユベールとモースの犠牲儀式の説明との本質的な違いは、両者がもっている社会に対する直観的な理解の違いに起因する。オーヴァヴォルドは、以下に示すとおり、私的な善の追求と社会全体の善の実現の間に根本的な利害の衝突はない、という考え方を自明の前提として受け入れている。私たちは、この考え方を西洋近代思想の一傾向として第5章3節で確認した。だが、ユベールとモースは、犠牲の制度を論ずるとき、この楽観的な西洋近代の社会哲学を共有していない。モースは、この西洋近代の社会哲学の基礎である個人（individual）は、自明な存在どころではないと指摘した（Mauss 1950）。個人とは、西洋世界においてさえ、有史以前の部族社会から共和制ローマ、ギリシア哲学、そしてキリスト教的なペルソナ理解を経て、長い時間をかけて変遷してきた概念である。西洋近代の自己（self）ないし人格（person）としての個人の概念は、変遷を重ねた流動的な概念が現在とっている形態なのである。私たちは、自己や人格という概念がどれほどとらえがたく複雑な内容を備えているか、その一端をすでに確認した。また、私的な善の追求と社会全体の善の実現とのあいだに衝突がないという近代的な了解を自明とは見なさずに、ここまでの考察を続けてきた。ここで、オーヴァヴォルドの道徳的思考の枠組みが、犠牲の制度が前提するのとはまったく逆の、楽観的な社会哲学に一致することを明らかにしておこう。

6　「道徳、自己利益、そして道徳的であるべき諸理由」（Overvold 1984）

「なぜ私は道徳的でなければならないのか」

オーヴァヴォルドが一九八四年の論文で取り上げたのは、「なぜ私は道徳的でなければならないのか（Why should I be moral?）」という問いである。この問いへの答えが、私的な効用の追求と社会全体の善の実現に関する彼の立場を示すものとなる。この問いがあえて提起されるのは、「行為者にとって特別に負担がかかる仕方で義務と個人的な福利との対立が姿を現す」（Overvold 1984, 494）ような場面である。何かが道徳上の義務であるのは分かる。でも個人的にはそうしたくはない。そもそも、なぜ自分が道徳的であらねばならないのか、それが納得できない。道徳的に生きるということは、親や世間の教えに縛られ、操られているだけで、自分の本当の人生とは違うのかもしれないではないか。そこで「なぜ私は道徳的でなければならないのか」という問いが発せられる。

なお、道徳的であるとはどういうことなのかという問いに、ここで回答する必要はない。行為者の私的効用を最大化する行為とは異なる行為を奨めるような任意の立場を考えておけば十分である。唯一神の命令でも、世間の掟でも、親の教えでも、何でもよい。私たちは、非常に一般的に、社会全体の善（効用）という言葉で道徳的なものを示してきた。それでさしあたり十分である。私たちの関心にとって重要なのは、自分の個人的な幸福と道徳的な要請とが食い違うときに、どのようにして私たちは道徳的な要請を満たしうるのか、という問いに対する回答の類型である。個人が社会的な圧力に理不尽に屈服することなく道徳的な要請を満たすことができる、という回答が与えられる場合、そこにあるのは、私的な善の追求と社会全体の善の実現とのあいだに根本的な利害の衝突はない、という考え方の肯定である。オーヴァヴォルドの議論はこの類型をなぞっている。

道徳的に推奨される行為があって、それは自己利益に反しているが、やらなければならない。この典型的状況で、「なぜ私は道徳的でなければならないのか」という問いが現れる。これに回答を試みる場合、仮定によってその行為は自己利益に反しているのだから、自己利益に訴えても道徳を受容する理由づけになるはずがない。他方、そもそも道徳的でなければならないのはなぜか、と問われているのだから、道徳的に行為すべき道徳的な理由を与えても、役には立たない。再び「なぜ私は道徳的でなければならないのか」と問い返されるだけである。行為の理由づけを作り出す仕掛けが自己利益と道徳しかないのならば、この問いに答えられるはずはない。

だが、オーヴァヴォルドは、多くの哲学者と違って、道徳と自己利益のほかに合理的選択という仕掛けを行為の理由づけとして使うことができる。というのも、自己利益を最大にする行為選択と合理的行為選択とを区別したからである。もとより、「合理的選択とはすべてを考慮したうえでその人物が最もしたいと思うこと」（Overvold 1984, 498）である。まず第一に、合理的選択はオーヴァヴォルドの意味での自己利益に即した選択とは異なる（本章4節）。コルベ神父ほかの例で見たとおり、欲求のうち、その実現状態が行為者の生存を必要条件としないものは、その人物の自己利益にはかかわらない欲求であるとされた。すると、ある人物がすべてを考慮して最も遂行したいと欲する合理的行為が、その人物の自己利益を最大化する行為と同じでない、ということも十分ありうる（Overvold 1982 191）。この自己利益を最大化しないが合理的ではあるような行為として、オーヴァヴォルドは自己犠牲の存立する余地を見出したのである

また第二に、合理的選択は、道徳的要請に従った選択とも異なる。「ある人物の欲求と嫌悪にもとづくのだから、すべてを考慮したうえでその人物が最もしたいと思うことが道徳的な行為ではない、という場合も完全に可能」（Overvold 1984, 498）である。情報は完全に開示されているが、欲求と嫌悪を吟味する作業は各人に任される。すると、関連する事実をすべて検討した結果の合理的選択が、いつも道徳的な要請を満たす行為をもたらすとはかぎらない。混み合った電車内で高齢者に席を譲らない若者は多いし、コルベ神父と同様の場面に立ち会って、すべてを考慮したうえでその人物が最もしたいと思うことが神父とは違うということは、むしろ普通に考えられる。

このように、合理的選択は、道徳的要請とも自己利益の増進とも区別される行為の理由づけになっている。確認しておくと、ブラントとオーヴァヴォルドの合理的行為の条件は、(a)項が、欲求を、利用可能な情報すべてに照らし合わせて篩いにかけること、(b)項が、その〝洗浄された〟欲求を実現するうえでかかわりのある事実をすべて検討すること、というものであった。両条件はどちらも事実にかかわる吟味を求めているだけである。自己利益も社会全体の利益も合理性の考慮にはかかわってこない。したがって、ある人物が「なぜ私は道徳的でなければならないのか」と問うているとき、道徳的な生き方こそ、その人物が関連する事実のすべてを考慮したうえで最も望む生き方（合理的選択にもとづく生き方）なのだ、と示すことができるならば、客観的な事実だけにもとづいて、つまり自己利益や道徳的要請という利害や善悪の判断とは独立に、道徳的な生き方が推奨されることを示しえたことになる。これがオーヴァヴォルドの戦略である。

エゴイストが道徳へ至る道

オーヴァヴォルドは、考察の出発点に自己利益によってのみ動機づけられている人物を仮定する。この人物は、真に利他的な欲求や社会的な大義に身を捧げる欲求を一切もっていない。この人物は、自己利益を計算するときに欲求の全体集合から除かれる部分（利他的欲求や大義への献身の欲求の部分）が空っぽなのである。要するに、自己利益の決定にかかわる欲求しかもっていない。したがって、自己利益を決定するときに考慮される欲求群と、合理的行為を決定するときに考慮される欲求群とが同一になる。この人物を、仮に「エゴイスト」と呼ぶことにしよう。[20]

エゴイストにとって道徳的に生きることは合理的なのだろうか。この人物の場合、自己利益の追求と合理性の追求は一致しているから、この問いは、「エゴイストにとって道徳的に生きることは自己利益に適っているのだろうか」と問うことに同じである。だが人が「なぜ私は道徳的でなければならないのか」と問う状況は、道徳的な要請が自己利益に反していることが明らかな状況なのだから、このままではエゴイストが道徳的に生きるべき理由など見出せるはずはない。

オーヴァヴォルドは、合理性と自己利益とのあいだに、かすかな概念的不一致を見つけて回答への糸口を取り出している。合理性を念頭に置いて行為を選択するときと、自己利益を念頭に置いて行為を選択するときとでは、同じ情報にもとづく行為において、予測される帰結が行為選択に及ぼす影響は異なると言うのである。この点は、行為の帰結が判明した時点から振り返るようにして考えてみれば、容易に理解できる。今、自分が難病に罹患して新しい療法を試みると想像しよう。[21] そして、選択の時点では、科学的に判断して旧療法よりも新療法の方が治癒の可能性が高いと判断できると仮定する。ところが、結果的には、予測を超えた未知の原因によって、新療法をとったためにかえって病状が悪化したとする。この場合、選択の時点 t_0 では、新療法を選ぶことは、合理的であり、かつ自己利益に最も適った選択である。だが、結果が判明した時点 t_1 では、t_0 における当初の選択は、合理的ではあったが、自己利益に最も適ってはいなかった、と評価したくなるだろう。つまり、自己利益が問題になると、私たちは結果にこだわる傾向があるのだ。オーヴァヴォルドによれば、これは合理性と自己利益とにかかわる私たちの一般的な傾向である（Overvold 1984, 501–502, n. 15）。

合理性と自己利益とのこの微妙な取り扱いの違いが示唆しているのは、自己利益を問題にする場合には、合理性を問題にする場合よりも精密で正確な予測を私たちが要求する、という事実である。だから、与えられた選択肢のもたらす結果が完全には見通せないような場合には、エゴイストにおいても、合理的行為と自己利益に適った行為とは違ったものになるかもしれないのである（Overvold 1984, 503）。自己利益を念頭に置いて選択するときには、私たちは結果にこだわるので、利益が堅実に見込める選択肢をとる傾向が出てくるだろう。合理性を念頭に置くときには、リスクはあるが報いが大きい（かもしれない）選択肢をとる余裕が出てくる。人知の限界ゆえ行為の帰結が完全に見通せることはめったにない。だから、隣人愛や理想への献身とは無縁なエゴイストにおいてさえ、多くの場合、合理的行為と自己利益に適った行為は別ものになりうる。

エゴイストと道徳的な生き方

エゴイストにとって、道徳的な生き方を選択することが合理的な行為になるのは、とにもかくにも、「道徳的な生き方を選択することは……その個人の自己利益に適うであろうということを、利用可能な最善の情報が示している場合のみ」（Overvold 1984, 503）である。言い換えれば、道徳的に生きることが「利用可能な最善の情報に基づいて最もしたいことである場合」（同上）のみである。一方、「なぜ私は道徳的でなければならないのか」という問いは、道徳的に生きることが自己利益に反している場面で問われる。ここで、合理性を念頭に置くときと、自己利益を念頭に置くときとでは、エゴイスト側のリスク評価が異なりうる、という観察が効き目をあらわす。

リスクは、選択状況について「利用可能な最善の情報」が告げる内容次第である。例えば、コルベ神父は、身代わりを申し出ればすぐに処刑される状況で選択した。これほど確実に不利益がもたらされる状況では、特にエゴイストでなくても、合理性を念頭に置こうが自己利益を考えようが、身代わりを申し出ることがみずからの最もしたいことであるということは少ないだろう。しかし、もっとリスクが小さい状況であれば、エゴイストでさえ、「道徳的に生きることが長いあいだには引き合うと期待することが理に適っているかどうか思いめぐらす」（Overvold 1984, 504）可能性がある。というのも、道徳的な生き方には、通常、友情を得られることや、他人との信頼関係を構築できること、処罰を回避できること、仲間外れにならないでいられること、自分の共同体に参加して一緒に何かを成し遂げる経験ができること、といった長期的な利益がともなうと期待できるからである。言い換えれば、近い将来にきわめて大きな不利益が確実にもたらされる場合を除いて、たいてい私たちには短期的利益と長期的利益を比較考量する余地が残されている。そして、合理性を主に念頭に置くなら、小さく確実な短期的利益に拘泥せずに、リスクは相当あっても報いの大きい選択肢をとることがエゴイストにも可能なのである。

オーヴァヴォルドは、長期的な利益を重視する場合でも、エゴイストに可能な生き方は二通りあると指摘する。第一は、道徳的な生き方にともなう利益を得る手段として、「機械的に人生を統御するべく」（同上）道徳的な教示から逸脱しないように生きることである。第二は、利益が道徳的な生き方を当初に選ぶ理由であることに変わりはないが、この理由づけを「自分の道徳感情や博愛的な関心を育てるため」（同上）の理由づけと受け取って、自分がそういう道徳的な人物になるように生きることである。この二つの生き方は、道徳的義務と自己利益の対立が大きな利害衝突に発展せずに済んでいるかぎり、日常生活にさしたる違いをもたらさない。

オーヴァヴォルドは形のうえで道徳を逸脱しないという第一の生き方を取る人物について、次のように語っている。

道徳的な生き方をすることにともなう諸利益が、道徳的な規則に同意しているかのように行為するだけの人物にも獲得できるかぎり、自愛の思慮（prudence）[22]によって動機づけられている個人が自分の基本的な利害や動機づけを変更すべき理由はないだろう。この人物は、窮極的には自愛の思慮によってのみ行為に向けて動かされる人物であり続ける。そして、道徳的な生き方を採用していると表向き見えるかぎり、この人物は上の諸利益をすべて得るのである。（Overvold 1984, 504）

この、見かけ上道徳的に生きている人物が困難にぶつかるのは、他人や社会のために自己利益を断念して大きな犠牲を遂行することが求められる場面に逢着したときである。「道徳が、自愛の思慮にのみ基づく人物に対して真正の個人的な犠牲を要求するとき、この人物はそうするための動機も理由ももっていない」（Overvold 1984, 504）のである。なぜなら、「個人的に報賞が得られるという最初の期待が、ある特定の事例で間違っていたと判明したとき、つまり、道徳的な生き方が特定の個人に個人的犠牲を要求するとき、通常の場合の期待に立脚する自愛の思慮に動機づけられた諸理由は、道徳的に行為するための正当化を供給するのに失敗する」（同上）からである。

すなわち、道徳的な規則には従うけれども道徳的な人物にはなる気がないエゴイストは、真正の自己犠牲が不可避となったとき、自分の当初のリスク評価が間違っていたことに気づく。当初の、道徳の規則に従うという選択は、合理的ではあったが自己利益に最も適ってはいなかった、と言わざるをえなくなる。そして、この人物は自愛の思慮以外に行為の理由をもたないのだから、もはや自己利益に適っていない道徳的行為を選ぶ理由はどこにも見あたらない。こうして、道徳的な教示に従って機械的に人生を統御するという生き方は、道徳と自己利益が対立する究極の場面では、道徳的に生きる理由を与えることに失敗する。

この失敗は、エゴイストが、道徳的な生き方にともなう利益を、規則に合わせて振る舞うことと引き替えの報酬みたいなものだと考えてしまったことに起因する。例えば、親密な友愛（friendship）を得ることは、善なる生き方の利益の一つでありうる。だが、たんに外面的に友人であるかのように振る舞っているだけでは、友愛に由来する本当の満足はたぶん得られない。たしかに、相手に見破られないように上手に友人らしく振る舞っているかぎり、評判は上々で、困ったときには相手がこちらを助けてくれたりもするだろう。だから、こういう見かけの友愛からも何らかの利益は得られよう。しかし、「真の友愛の最も豊かな報賞は、友人の幸福を心に懸けるようにならないかぎり得られない」(Overvold 1984, 505)。

もちろん他人に深くかかわることには危険がある。他人に深くかかわれば、自分の幸福が他人の幸福と深くかかわり合うことになり、他人の不幸に自分も深く傷つくことになる。また、「真の友人であるならば、私は、友人のために大きな個人的犠牲を払わねばならなくなるかもしれない」(同上)。だが、「決定的な点は、こういったリスクを引き受けなければ、友愛から人としての最大の報賞を得ることもできない、ということである」(同上)。結局、自愛の思慮によってのみ動かされるエゴイストであることを止めないかぎり、真に価値ある報いを得ることはできないのである。

オーヴァヴォルドは、さらに、恋に落ちたり、難しい仕事に挑戦したり、革命に献身したりするといった選択も、人生の個々の局面で自己利益をこまかく稼ぎたい人物には閉ざされた可能性であることを指摘する。「われわれは機会を逃さず、勇敢に生きて、人生をより興味深いものにするよう挑戦を受けている。リスクは大きいが、潜在的な報賞も大きい。こういう人生は、たぶん、それが容易で退屈なものでなく、難しくて危険であるがゆえに、それ自身においてより気高くて価値があるように思われる」(Overvold 1984, 505, n. 16)。

この指摘に説得力があると感じるならば、エゴイストに対して次のような可能性が示唆できることになる。

> 個人的な利得の方が潜在するリスクよりも大きいと期待できるなら、自愛の思慮によって動かされる個人にとっても、自分を変えることを受け入れるのに十分な理由が存在することになる。こういった考察に導かれれば、この人物がすべてを考慮したうえで最もしたいと思うことは、違う人格になることだ、ということになるかもしれない。言い換えれば、この人物は、**自愛の思慮によってのみ動かされる人物であることを止める**ための、

自愛の思慮に基づく十分な理由を得られるかもしれないのである。

(Overvold 1984, 505. 強調は引用者)

エゴイストは、唯一の動機づけである自愛の思慮ゆえに、かえって自愛の思慮によってのみ動かされることを止めた方が真に満足できる人生を送れるのかもしれない、という逆説的な示唆を受け取る。こうしてエゴイストは、道徳的な人物になるように生きる、という第二の生き方に誘われるのである。道徳的な生き方にともなう利益を得るためには、「道徳規則が好都合でないと判明したらいつでもそれを放棄するつもりでいる人物」(Overvold 1984, 505)のままでいるのではなくて、「他人を信頼し、他人の幸福に本当に関心をもち、正義が実行されることを欲する人物」(Overvold 1984, 504)になること、つまり道徳的な人物になることの方が有利であるのかもしれないではないか。道徳的な人物は、「いついかなる状況でも最大の個人的利益を得ようと注意深く計算している人物よりも満足度の高い報いのある人生を送ることがありうる」(Overvold 1984, 506)としたら、ある程度のリスクを引き受ける用意さえあれば、エゴイストにとっても「自分の道徳的な心情を育てていくことは通常の期待の範囲で合理的となりうる」(同上)のである。

かつてのエゴイストが自己犠牲をするとき

とはいうものの、やはり道徳的な生き方にともなうリスクは厳然と存在する。例えば、「他人を信頼し、他人の幸福に本当に関心をもち、正義が実行されることを欲する人物」として生きることを選び取り、共同体に参加して人々と一緒に何かを成し遂げるという大きな喜びを味わうことができたとしよう。この喜びは道徳的な生き方の利益の一つと考えられる。しかし、平和な日々が終わり、共同体が外敵に攻められれば、今度は命懸けで戦わねばならない。こうしてエゴイストは自己犠牲が要求される局面に立ち至る。

結局同じ問題に何度もぶつかるだけではないのかという懸念は、しかし、無用である。自分の道徳的心情を育て、道徳的な人物となった段階で、かつてのエゴイストはすでにエゴイストではなくなっている。この人物は、かつては自分の存在が本質的条件となっているような事態への欲求と嫌悪しかもっていなかった。つまり、自己利益の決定に直結する欲求しかもっていなかった。だが、道徳的な人物となっている時点で、この人物は、純粋に利他的な欲求や大義に献身する欲求を育てることに成功しているはずである。そこで次のような可能性が生じる。

　この人物が強い道徳的な心情を今は身に付けているなら、利用可能な最善の情報に立脚してこの人物が最もしたいと思うことは犠牲を遂行することである、ということがありうる。もしそうなっているなら、そうすることは合理的なのである。(Overvold 1984, 506)

　この合理性を確認しておこう。エゴイストHは、時刻t_0において、その方が満足度の高い人生を送ることができるであろうという期待にもとづいて、道徳的な人物になるという決定を下した。この決定は、その時点で利用可能な最善の情報にもとづいていると見て差し支えない。すると、このt_0におけるHの決定は合理的である。

　次に、時刻t_1において、Hは自己犠牲を要求される状況に立ち至る。自愛の思慮は、この状況で自己利益に反して行為することを正当化しない。しかし、Hは、道徳的人物になるというt_0における決定の結果として、t_0から十分に後のt_1においては、かつてとは違う利害関心をもった違うあり方の人物になっている。t_1において、Hが道徳的な心情を育てることにすでに成功しているなら、利用可能な最善の情報に立脚してHが最もしたいと思うことは、犠牲を遂行することである、ということがありうる。Hがそう思うなら、Hが犠牲を遂行することは合理的である。Hは、t_0からt_1に至るまでのあいだに道徳的に成長して*違う人物*となっているので、t_1においては、道徳的な行為を、熟慮のうえで自分が最も欲することとして遂行できるようになっている可能性があるのである。

　合理的行為を、利用可能なすべての事実情報に立脚してその人物が最もしたいと思うこと、というように実質的内容を欠いた一種の手続き規定の形で定義してあるので、行為者が道徳的な価値をより深く理解して優れた判断力をもつまでに成長すれば、それに応じて合理的行為の内実が変化しうる。そこで、最初は自己利益だけに関心を寄せて、浅薄な理由で道徳的な生き方を選んだエゴイストであっても、道徳的に生きるという実践の過程で十分な成長を遂げれば、道徳的な価値を深く理解したうえで道徳的に生きるという決定が下せるようになるわけである。[23] もとより、この決定は、利用可能なすべての事実情報に立脚してその人物がそれを最も欲するという形での決定、すなわち、合理的決定である。

こうして、オーヴァヴォルドは、自愛の思慮（自己利益）によってのみ動機づけられた人物に対して、道徳的に生きることが合理的でありうることを示した。これが「なぜ私は道徳的でなければならないのか」という問いへのオーヴァヴォルド流の回答である。たしかにこれは自己利益に訴える愚にも道徳を論点先取する愚にも陥らずに、本人の合理的決定において道徳的に生きることが成り立つ、という回答になっている。

7　服従の内在化

オーヴァヴォルドの社会哲学的直観

オーヴァヴォルドのこのかなり入り組んだ議論を要約しておこう。自己利益しか念頭にないエゴイストでも、道徳的に生きる方が、短期的な利益は小さいとしても長期的には利益が大きいかもしれないという（やや不確実な）予測に動かされることはありうる。このとき、少なくとも道徳的な生き方をみずからの生き方とするよう自己変革を心がけるかぎりで、道徳的な生き方を自分の合理的選択として選びとることができる。そして、「なぜ私は道徳的でなければならないのか」という問いに対しては、道徳的に生きることは自分自身の合理的欲求に従って生きることであるからだ、と答えるわけである。すなわち、オーヴァヴォルドは、欲求の洗浄および関連する全事実情報の開示の二つを条件にするだけで（つまり事実にもとづくという意味で欲求が合理的であることを条件にするだけで）、道徳的な要請を論点先取しなくても、道徳的な生き方に到達できることを示した。この議論の巧妙なところは、短期的利益と長期的利益を比較検討してどの程度のリスクを引き受けるか決断する際に、エゴイストでさえも、自己利益を念頭に置く場合と合理性を念頭に置く場合とで、決断の結果が異なりうる、という観察を導入したところにある。もちろん、自己利益だけが念頭にある人物を仮定しながら、自己利益の計算とは多少とも異なる合理的思考の能力をその人物に与えたことになるから、オーヴァヴォルドの論法は論点先取である、という批判は可能である。だが、本書で注目したいのは、その種の細部の批判の可能性ではなくて、オーヴァヴォルドの議論全体が示唆している道徳的および社会哲学的な直観の類型である。

オーヴァヴォルドによれば、個人は、自己利益のみにもとづきつつ、道徳的要請を満たすような生き方をすることが、少なくとも一定の条件の下では可能である。その条件とは、真に道徳的な人間になるように（利害関心にもとづいて）自己変革するということを内実としている。しかし、いずれにせよ、個人の私的効用の追求と社会全体の善の実現とのあいだに根本的な対立はないという考え方をオーヴァヴォルドがとっていることは明らかである。彼は、社会によって個人が自己否定を強いられるという直観をもっていない。その意味で、オーヴァヴォルドの自己犠牲の説明には、自己否定の要素が本質的な構成要件として入ってこない。コルベ神父にせよ、軍人の例にせよ、この世界の不合理（悪）のゆえに死なねばならないが、それは自分の合理的な欲求の実現を求める途上で、たまたま生じる不利益である。いわば自己実現の途上の不慮の死である。自分自身の合理的欲求の実現を求めて世俗の権力を超える理想を追求し、その途上で不慮の死に遭遇することは、自己犠牲というよりは殉教と呼ぶ方がふさわしい（第6章4節）。

これに対し、ユベールとモースが宗教的な論理として抽出した犠牲の概念は、いけにえの死と引き替えでなければサクリファイアンが罪を赦されたり特別の恩寵に与ったりすることはできない、という構造をもっている。この相違は、人間に死、ないし自己否定をもたらす外なる力をすべて取り除いた状態を、世界のあり方として想像することができるかどうか、という社会哲学的な直観にかかわっている。第5章3節で見たように、西洋においては一七、一八世紀頃から、個人として善を選択する能力をもっていさえすれば、人間は最終的に自分の善と全体の善を一致させることができる、という考え方が支配的となる。理性、善意、あるいは効用計算の能力さえもっていれば、人は、外なる権力によって自分の個人的選択を否定されることなく生きることができ、また、そういう仕方で生きることができるように社会を組織すべきである、と考えられるようになった。それは、人間に有無を言わさず死をもたらす力の否定なのである。だが、人々が、キリスト教文明の外にあって、人生を支配している力は自分個人の理性や善意や計算の及ばぬところにあると感じているとすると、このとき、その人々が、そういう力と交流するときには、自分の身代わりとなるいけにえの死を仲立ちとすることによってのみ安全な接触が可能となる、と考えるのは理に適っている。まさに、オーヴァヴォルドは、この種の暗澹たる世界観を共有していないのである。私たちはみな、一定の条件を満たすかぎりで、みずからの合理的な欲求を育てることを通じて善に到達できる。すなわち、私的な善の追求と社会全体の善の実現とのあいだに利害の衝突はない。オーヴァヴォルドは、近代の西洋キリスト教世界に共通の社会哲学的な直観を抱いている。

道徳的模範への服従

私たちは、自己犠牲を特徴づけるのは自発的な服従であると考えた。行為者個人の価値判断と行為者を含む集団の価値判断は対立しうる。自分がφするよりも自分たちにとってよい選択肢は他にないと分かっているが、自分にとってはψする方がφするよりよい、という場合がある。このとき、行為者個人においてはφする意図はないけれど、にもかかわらず行為者が意図的にφするのならば、行為者は共同行為主体のφする意図に服従しているのである。これが自己犠牲の成立する論理的な要件であると私たちは考えた（第8章2節）。服従の要素は、オーヴァヴォルドの議論ではどこに行ってしまったのだろうか。それはとても見えにくい形で議論のなかに織り込まれている。上の議論で言うと、エゴイストの自己変革の過程に織り込まれているのである。

オーヴァヴォルドは、「なぜ私は道徳的でなければならないのか」という問いに、巧みな仕方で回答した。回答の骨子は、次のように分解して示すことができる。(A)ある程度のリスクを引き受ける用意のあるエゴイストは、道徳的な生き方を、それが長期的にもたらしうる利益のゆえに、合理的に選択することが可能である。ただし、(B)道徳的な生き方から真の利益を得るためには、たんに道徳規則から外れないように生きるのではなく、道徳的な人物となるように生きることが必要である。(C)道徳的に生きる過程で適切な自己変革を成し遂げれば、かつてのエゴイストは、道徳が自己犠牲を要求するとき、熟慮のうえでみずからの最も欲することとして合理的に道徳的行為を行ないうる。

このうち(A)と(C)は大きな問題を含まない。(A)については、そのまま認めてかまわない。あえて疑問を述べるなら、我々が道徳的な生き方を身に付けるのは、自己利益の計算によってではなく、むしろ誕生以来切れ目なく続けられる社会生活の訓練を通じてであること、したがって、(A)に述べられているような合理的選択は、後からの整理にすぎないのではないか、ということぐらいである。(C)についても、そのまま認めてかまわない。オーヴァヴォルドが論証したのは自己犠牲というより殉教の可能性ではないかと思われるが、自己犠牲と呼ぶか殉教と呼ぶかはさておいて、自己利益に反する道徳的行為を熟慮のうえで遂行した人物は現実に存在すると考えてよいから、(C)に異を唱える必要はない。

問題になるのは(B)である。ただし、(B)も、その趣旨に異を唱える必要はない。(B)が表明しているのは、外面的に道徳規則に従うだけで、不都合になればいつでも規則を無視するつもりの者は、道徳的な生き方の真の価値を知り真の報賞を受け取ることはできない、という考え方である。これは、一種の希望的観測に見えるが、あえて反駁しなくてもよい。(B)にかかわる問題点は、エゴイストの自己変革の過程にある。エゴイストは、自己利益によってのみ動機づけられている。そのエゴイストが、道徳的な人物となるよう自己変革していくとされるのだが、その過程の詳細は明らかではない。この自己変革が本当に成り立つのかどうかをつぶさに吟味すると、エゴイストが自己利益以外の理由づけをもたないかぎり自己変革はできないということが浮かび上がる。

オーヴァヴォルドは友愛（friendship）を例にとって、自己変革の出発点と到達点を描写している。「あたかも友人であるかのように行為する」（Overvold 1984, 505）という「見かけの友愛」（同上）が出発点である。そして、「自分の友人の幸福を深く気に懸ける」（同上）ようになって「友人が傷つくと自分にも大きな悲しみと苦痛が引き起こされるという意味で、自分の幸福が友人の幸福とかかわり合っている状態になる」（同上）のが到達点である。出発点にいるエゴイストは、道徳的な生き方をする方が利得が多そうだという見通しによって動かされている。この人物は、たしかに「自分の道徳感情や博愛的な関心を育てる」（Overvold 1984, 504）ように生きることを欲してはいるが、そういう道徳感情や博愛的な関心によって現に動かされているわけではない。まだエゴイストのままであって、自分を動機づけるものとしては自己利益しかないのである。それならば、どうして、この出発点にいるエゴイストは、道徳的な生き方へと進んで行くことができるのだろうか。より多くの利益を得るために道徳的な生き方をすることを欲してはいるが、この人物を内側から動かしているのは道徳的な動機、例えば、道徳感情や博愛的な関心ではないのである。

友愛の問題について言うと、自己変革の出発点に立ったエゴイストは、友人の幸福を深く気に懸けるという心情を内にまだ育ててはいない。それゆえ、自分の心に根ざした真の友愛の発露として、友人と深くかかわりあうことはまだできない。エゴイストは、たんに外面的にではなく、真の友情の発露として友人を気遣うことができるような種類の人間になりたいのだが、それにはどうすればよいか分からないのである。すると、エゴイストがそういう人物になるための最も自然なやりかたは、そういう種類の人間の行為を模範としてまねることだと思われる。もちろん、このまねがたんなる外形的な模倣にとどまっていたのでは、あたかも友人であるかのように行為するという見かけの友愛からいつまでも抜けられない。それゆえ、真の友愛をわきまえた人間になろうと欲するとは、自分のうちに新しい心情を育てるつもりでまねるということでなければならない。「〔道徳的な生き方のもたらす〕利得（benefits）は、ある一定の種類の人物であること（being a person of a certain sort）から必然的に得られるのであって、個別の行為の指針に従うことから導き出されるのではない」（Overvold 1984, 504）からである。

エゴイストに求められているのは、結局、ある文化のなかの模範的な人物の生き方を、その内面まで含めて身につけることである。これは、端的に言えば、模範に従うことである。上の(B)、すなわち、道徳的な人物となるように生きることの実質は、模範を受け入れて、それに学び、それに服従することにほかならない。エゴイストは、こうして、自己利益への顧慮だけでなく、模範例に服従するという姿勢を身に備えなければならない。エゴイストは、原理としては道徳的に生きることに賛同しているのだが、個々の場面では道徳的に未熟なせいで自分を道徳的に動機づける力が十分ではなく、模範例に従うというやり方をとらねばならないからである。

道徳的自己変革の出発点に立つエゴイストは、長期的な利益を得たいという自己利益への顧慮によって動かされている。だが、個別の場面でどのように動けばよいのかという指針を、自分のなかから生み出すことはできない。まだ道徳的に優れた人物になってはいないからである。指針は道徳的な模範からくる。道徳的な模範が特定の場面で何を為すべきかを示す。これまでの言い方を使えば、道徳的な模範がϕする意図を提供するのである。エゴイストはまだ自分自身でϕする意図を生み出すことはできないから、模範に合わせて意図的にϕするようにせねばならない。このような実践の積み重ねを通じて、一定の種類の人物であるという状態を自分のなかに作り出していく。これに成功したとき、エゴイストは自己変革を成し遂げたと言えるだろう。

この意図性の組み立ては、私たちが与えた自己犠牲の分析のなかで、共同行為主体の意図に行為者が服従する場面で見出したあり方と酷似している。事前の文脈の行為する意図は行為者の外から供給され、行為者は事後の文脈において意図的に行為する。だが、よく見ると重大な違いがある。このエゴイストの場合、道徳的な模範が正しい

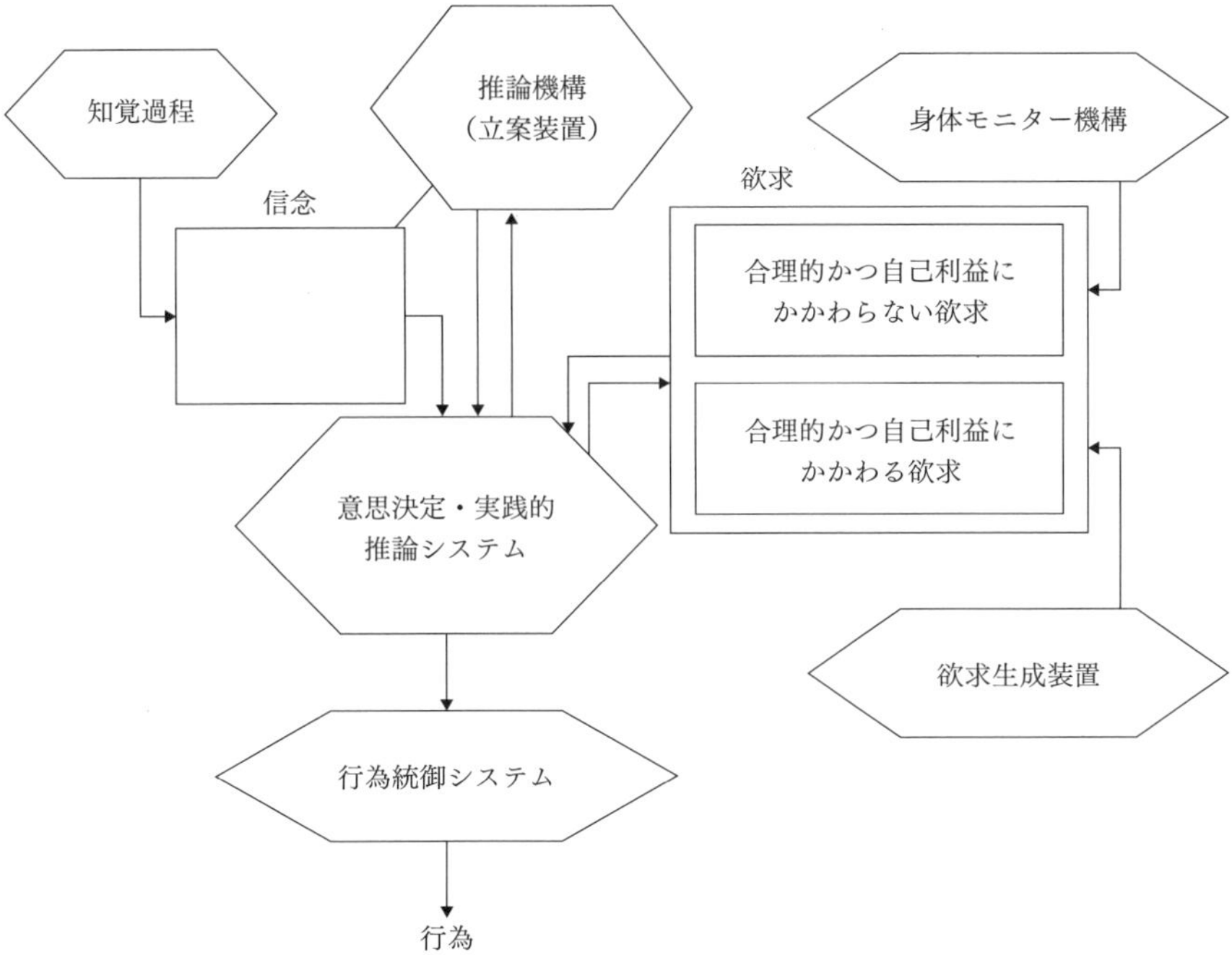

図4　エゴイストの自己変革のための心的機構

と信じているのである。正しいと信じるふりをしているのでもそう信じることにしているのでもない。長期的な自己利益の増進の見通しに動機づけられて、その道徳的模範が自分にとって真に最善だと信じている。ただし、個別の場面における道徳的な振る舞い方の指図一つひとつについては、それを正しいと知っている（真に正しいと心から納得している）わけではない。まだこの人物はエゴイストにすぎず、道徳感情や博愛的な関心の発露であるような個々の振る舞いを、みずからの内側から生み出すことができるわけではないからである。道徳的な生き方は、自分の原理として、エゴイスト自身が肯定して受け入れている。そして、個別の場面については、ϕせよという道徳的な指針に服従して、意図的にϕする。つまり、ϕすることが正しいと信じるのである。このエゴイストは、服従するとき、本当は信じていないことを信じているふりをする必要はない。

以上のようなエゴイストの自己変革のための心的機構を、ニコルスとスティッチにならってフローチャート風の図にしておこう。それは、図4のとおり図1とほとんど同じ単純な図になる。

図1の〈欲求箱〉の中に、合理的かつ自己利益にかかわらない欲求を入れる箱と、合理的かつ自己利益にかかわる欲求を入れる箱を追加してある。変更はこれだけである。前者を〈非・自己利益箱〉、後者を〈自己利益箱〉と呼ぼう。エゴイストの場合、「道徳的な人物になりたい」という欲求は〈自己利益箱〉に入っている。そして〈非・自己利益箱〉は空っぽである。道徳的人物とはどういう存在なのかという模範例の認識は、さまざまな学習を通じて〈信念箱〉に蓄えられる。ある場面で何を為すべきかということは、「道徳的な人物になりたい」という根源的な欲求と、模範例を観察して得られるさまざまな事実認識とを突き合わせて、推論機構と意思決定機構がやりとりを繰り返すなかで決定される。服従は、模範的な事例を学び、そこから得られた指針に従って行為するという場面で出現する。ϕする意図は、ϕせよという命令として、模範例から教示される。これに従って、行為者は意図的にϕする。このときエゴイストは、道徳的な人物になるためにはϕするのがよいと信じているのであって、信じるふりをしているのではない。模範例は自分の信念として内在化されている。だが、行為者がみずからの理由づけによってϕする状態（ϕする意図をみずから抱くことができる状態）には至っていない。エゴイストによる道徳的模範例の内在化は、この意味で、ϕすることの合理性を十分に理解できている状態とは区別されねばならない。エゴイストの服従は、この、外から与えられて合理的な納得を経ないまま受け入れた――内在化された――模範例に対して生ずる。模範例を受け入れているのだが、自分の理由づけによって取り込むことができているわけではない。服従の対象となる道徳的な模範例は、自分が同意したかぎりで受け入れて内在化しているが、本質的に、外部的な原理である。この外部性は will という概念の本質を構成している。

合理的な欲求は、will または intention と呼んでもよい。エゴイストの自己変革を分析して見出したことは、will ないし intention が服従を含んでいるという（やや意外な）ことである。ϕする意図が提示され、それに従って意図的にϕするとき、提示は一種の命令であり、行為者の意図はそれに服従する。道徳的な人物になることを欲するエゴイストは、模範例に服従することによって意図的に行為するのである。

8　Will と服従

ここまでの議論で、私たちの自己犠牲の考察では重視されたのに、オーヴァヴォルドでは明示的に扱われていない論点がもう一つある。それは、ジレンマの問題である。ただし、不正な作戦命令を拒否する軍人の例は、ジレンマとして示されていた。すなわち、「命令を実行し、努力を認められて名声と昇進で報いられるか、あるいは、命令を拒否し、結果として自分の命を失うか、どちらか」（Overvold 1980, 115）という選択なのであった。オーヴァヴォルドの考察が、非明示的にジレンマ状況を含んでいることは明らかである。ジレンマをどうやって脱け出すかという問いを、オーヴァヴォルドになりかわって考えてみる。その結果見出されるのも、上と同じ服従である。

エゴイストが道徳的な人物になることを欲するとき、「ある一定の種類の人物となること（being a person of a certain sort）」を欲することが本質的にかかわる。そして、ジレンマ状況を脱け出すためにも、理想的な自分の像をもつことがかかわってくる。靴を買う必要があるが、履き心地のよい靴とデザインのよい靴のあいだで決めかねるという例（第7章3節）をもう一度考えてみよう。

履き心地とデザインのどちらを優先するのかについて、この人物は決めることができない。前には、途中で検討を打ち切ってコイン投げかなにかで決める、というやり方を示唆した。だが、本気で考え抜くことによってこのジレンマを脱け出すにはどうしたらよいのか。今、仮定によって、履き心地のよい靴とデザインのよい靴がこの人物を引き付ける力の強さはまったく同じである。つまり、二つの靴の魅力の量的な比較では、どちらを選ぶか決めることができない。質的な比較をしようにも、履き心地のよさとデザインのよさとをどうやったら比較できるのか不明である。ところが、いったい自分は履き心地のよさを重視するような人物でありたいのか、それともデザインのよさを重視するような人物でありたいのか、という比較ならばかろうじて可能かもしれない。見た目より自分の心地よさをとる人物でありたいか、自分の心地よさより見た目をとる人物でありたいのか、というのは意味をなす比較なのである。自分がどう感じるかを重視するということと、他人にどう見えるかを重視するということとは、人生の送り方の違いとして無意味な違いではない。

もちろん、すべての二者択一がこのやり方で比較可能となるわけではない。好きなデザートを一つ選ぶのだが、エクレアとミルフィーユのあいだで迷っているとき、エクレアを選ぶような人物でありたいか、それともミルフィーユを選ぶような人物でありたいか、と問うのはたぶん意味をなさない。だが、日常の軽微な自己犠牲がからむような二者択一では、この比較は意味をなす。休日にゴルフに行くか、それとも息子の野球試合の応援をするかという二者択一、あるいは、子供の教育資金のために貯金するか、それとも休暇に旅行に行くかという二者択一といった場合、自分がどういう人物でありたいのかという視点からの比較は意味をなすだろう。もう少し重大な、老人の世話と結婚とキャリアの追求の二者択一でも、どういう人物でありたいのかという視点からの比較は明らかに意味をなす。そして、不正な命令を実行し、名声と昇進で報いられるような人物でありたいか、あるいは、不正な命令を拒否し、正義を行なった結果として自分の命を失うような人物でありたいか、という比較はなおさら意味をなすのである。

どういう人物でありたいのかという視点からの比較が意味をなすような二者択一においては、私たちは、どういうあり方をするのが優れているのかを思い巡らしている。二つの選択肢のうち、どちらが自分を強く引き付けるのか、ということを考えているのではない。選択肢の優劣を比較しているのであって、強弱を比較しているのではない。この種の優劣の判断を、チャールズ・テイラーは強い価値評価（strong evaluation）と呼ぶ。強い価値評価とは、例えば、「悪意や妬みといった動機で行為するのは下賤で価値がないと見なすがゆえに、そういう動機で行為するのを差し控える、といったときに起こっている種類のこと」（Taylor 1985, 16）を言う。つまり、劣っていると感じることを避け、優れていると感じることに近づこうとするときの評価一般である。強い価値評価を構成するのは、「より高い／より低い、有徳／不徳、より充実している／いない、より洗練されている／いない、深い／浅い、高貴／下賤」（同上）といった対比的（contrastive）な分類項目である。私たちは、このような対になる評価語をもっていて、両立不可能な二つの欲求に直面したときに、これらを使って自分自身の選択をしばしば記述する。

例えば、「私は、なんらかの臆病な行為を、誘惑を強く感じても、差し控える。それはしかし、この瞬間にその行為をすることが、別の欲求している行為を不可能にするから［つまり、欲求全体の充足度が減少するから］ではない。……そうではなくて、臆病な行為が下賤なことだからである」（Taylor 1985, 19）。逃げ出したいと感じながら、逃げないで勇敢に振る舞うとき、テイラーによれば、私たちは、勇敢に振る舞うことにより大きな欲求を感じているという説明では尽くされない何らかの強い価値づけを行なっている。「私は、ある種類の人物でありたいと思っているのである」（同上）。

自分がどういう種類の人物でありたいか、ということにともなう選択は、強い価値評価のなかで出現する。その働き方について、テイラーは次のように描写する。ここには注目すべき言葉が現れる。行為者が「より高い何かによって動かされる」という言葉である。

勇気は、危険に直面し、恐怖を感じ、にもかかわらず逃げ出したいという衝動を抑え込むことを要求する。衝動を抑え込むのは、私たちがある意味では衝動を支配しているからであり、たんなる衝動や生存への欲求より高い何ものかによって私たちが動かされているからである（because we are moved by something higher than mere

> impulse or the mere desire to live)。それは、栄誉かもしれないし、祖国愛や、自分が救おうとしている個人への愛かも知れないし、あるいは、自分自身の一貫性の感覚かもしれない。こういった事例のすべてに潜んでいるのは、勇気ある人物が、その人物にとってはより高いと認知されているものによって動かされているということである。
>
> （Taylor 1985, 25, n. 8. 強調は引用者）

ここで勇気を例として示されていることがらは、コルベ神父の例のような、ジレンマ状況における両立不可能な選択肢間での自己犠牲的な行為選択に十分なぞらえることができる。テイラーが示唆していることは、こういうジレンマ状況においては、行為者として私たちは、「より高いものによって動かされる」のであって、欲求のたんなる強弱に駆動されるのではない、ということである。

このときの選択は、目の前にある二つの選択肢のうちの片方を、自分の欲求の強さを目安にして取り上げる、というものではない。自分がどういう種類の人物でありたいのかを見出すという仕方で、一方を不可避的に選び取るのであり、それは、自分自身の発見と同じことである。

> 私たちは、何を為すべきかという反省を、自己解釈（self-interpretation）の闘争として遂行されるかたちで続ける。……課題として問われていることは、どちらがより本当で、よりほんものの自分で、より勘違いを免れた解釈なのか、……ということにかかわっている。この課題を解決することは、通約可能性を作り直すことなのである。
>
> （Taylor 1985, 27. 強調は引用者）

ジレンマ状況を脱するとき、選択肢は、再び一つの価値基準で統合的に判断できるようになっており、私たちは「通約可能性を作り直す」ことに成功する。それは「よりほんものの自分である」ことの達成として出現する。

この選択は、すでに見た［R_5］すなわち「行為者は行為の場面でかならず、いずれかの選択肢を「すべての選択肢の中ですべての点を考慮して自分にとって最もよい」と判断する」(柏端 2007, 71-72) という合理性の要請を満たしている。[R_5] の趣旨は、人間は、どんな行為の場面においても、最もよいと思われる選択肢を選び出すということであった。このことはさらに、人間は一なる will をもつと言うのと同じことであった(第7章2節)。人間は、決定を下す機能として一なる will をもち、この機能が行為に直結する活動としての will、つまり intention を生み出す。どのような行為の場面でも、人間は、自分の欲求や事実認識に沿って選択肢の比較考量を行なう。この比較考量の過程全体が will つまり実践理性の機能である。この比較考量から一つの intention が出力され、それによって特定の行為が実行される。

ところが、逆説的なことに、ジレンマ状況を脱する場面で選択を遂行する存在は、自律する個人ではない。最善の選択肢を見出し、そのことを通じて真の自分を見出すという形でジレンマ状況を脱するとき、その行為者は、「より高いものに動かされる」という被動性の体験をもつ。ジレンマに陥った個人は、自分がどういう人物でありたいのか、という自我理想に服従することによって、ジレンマを脱するのである。そして、それは自分の欲求の強弱によって駆動されて生じることではなく、理想的な善によって動かされるという被動的な体験としてある。勇気を必要とする場面では、逃げ出したいという欲求が最も強いかもしれない。だが人は、最も強い欲求に従うことを自分は欲求するのかどうか、という仕方で、欲求についての欲求の水準で熟慮して、選択することができる。[24] 理想的な善は、この欲求についての欲求の水準での熟慮に働きかけて、最も強い欲求に従わないことを選ぶよう仕向けることができる。テイラーはそう考えるわけである。こうしてテイラーによれば、人はどんな場面でも最善の選択肢に到達でき、真の自分を見出すことによってジレンマ状況を脱出できるのだが、ジレンマを脱出することは、服従することと同じなのである。オーヴァヴォルドのエゴイストは、模範例に従って行為する。それはつまり、より高いものに動かされる体験をするということである。この被動性の出現は、自己利益への欲求とは別の水準に設定された合理性への欲求(will ないし intention)が、本質的に服従を包含せざるをえないということを示している。

ここで、哲学史的な注釈を付け加えておけば、元来、“will”はユダヤ-キリスト教的な概念であり、神への服従を内包する。ハンナ・アーレントは「the Will の働きは、古代ギリシア人には知られていなかったし、キリスト教の生まれる紀元一世紀よりも前にはほとんど耳にしない諸経験の結果として発見されたものだった」(Arendt 1978, 3/邦 5) と指摘する。またアルブレヒト・ディーレの見解では、「will の概念は、哲学においても哲学以外でも、ギリシア語では対応する語をもたなかった」(Dihle 1982, 18) のである。それはキリスト教とともに西洋精神史に現れた。そしてディーレの主張を、チャールズ・カーンの要約によって示せば、以下のとおりである。[25]

> 知性と欲求へ、ないし理性と情念へと帰着させることができない人格性の一要因もしくは一側面としての the will の概念は、ギリシアの伝統にはまったく見られない。だが、神の命令への服従という聖書の考え方には最初から暗に含まれていた。神に服従するとは、神の望むことをすること、神の will を満たすことである。神の will が (息子を犠牲にせよというアブラハムへの命令のように) どれほど不可解であっても、そうするのである。人間の側の適切な応答は、理性的な理解によっても、情念と欲求によっても見えてはこない。そうではなくて、適切な応答は、人格 (person) 全体のコミットメントとしてある。この人格の概念は、みずからを明確に示すために、will の概念を呼び求めている。(Kahn 1988, 236–237)

the will は、理性とも情念とも違う働きを期待されている。それは、超越者の命令への全人格的な応答を駆動する内なる力として働くのであり、これが人格を定義する。人格 (a person) および意志 (the will) という概念には、当初から自発的な服従という要素が本質的に含まれている。自律する個人が、ある選択肢を「すべての選択肢のなかですべての点を考慮して自分にとって最もよい」と判断してジレンマを脱け出すとき、その理性的な決断という主権の発動そのものが、あたかも超越者に乗っ取られたかのようにして生じる。それは、より高いと認知されているものによって動かされているという被動性の体験となって現れてくる。このとき、理性的な意志 (the rational will)

は、世俗外的な権力を個人のうちに内在させるための仕掛けとして機能している。

第8章2節で確認したように、自己犠牲的行為が生じるところには、理由づけの成り立たない共同行為主体への服従が必ず存在する。他方で、今、私たちの体系とは異なるオーヴァヴォルドの体系を検討して、ここでも本質的な部分に服従が潜むことを確認する結果となった。結局、群れを作って生活する私たちホモ・サピエンスは、服従という要素をまったくともなわずに安定した社会を形成することはできないのかもしれない。

終章　自己犠牲と私たち

本書では、ここまでに自己犠牲のとらえ方について二つの立場が分析された。一つは、自己犠牲的行為を、成員の自発的服従を含む社会的な共同行為の一種と見る本書の立場、もう一つは、自己犠牲的行為を、自己利益を目的としない合理的欲求の実現と見るオーヴァヴォルドの立場である。以下では前者を「共同行為論の立場」、後者を「近代主義の立場」と呼ぶことにする。すでに確認したように、オーヴァヴォルドの立場は西洋近代の道徳的思考の枠組みと一致している（第12章7節）。ここでは、この二つの立場を比較検討したうえで、自己犠牲を余儀なくされるようなこの社会のなかで、自己実現を願うということがいかにして可能か、という問いに答えることを試みる。

1　二つの立場の比較

河村参郎の「世の覚醒のための犠牲」

河村参郎は、自己犠牲と目される行為を二回行なっている。一回目は、華僑掃蕩命令を受けたとき、二回目は、英軍軍事法廷で死刑判決を受けたときである。一回目の行為が、共同行為論の立場からは自己犠牲型の行為になることはすでに確認した（第7章5節、第8章4節）。また近代主義の立場からは、河村の一回目の行為が自己犠牲にならないこともすでに確認した（第12章3節）。しかし、河村の二回目の行為については、ユベールとモースの犠牲理論を適用して自己犠牲となることを確認しただけで（第4章2節）、共同行為論の立場と近代主義の立場からの概念的な確認は、まだ行なってはいない。

共同行為論の立場から検討する場合、共同行為主体を特定する必要がある。共同行為における共同意図への個人の自発的服従が自己犠牲を形づくるからである。河村がみずからの刑死を「やがての世の覚醒のための犠牲」として「人類が人類らしい姿に生れ出ようとする陣痛の役割」と位置づけたとき、犠牲を捧げる者（サクリフィアン）としてその犠牲の見返りを受け取るとされたのは、日中両国民であった。河村は、シンガポールの華僑代表宛に「今や戦争は終了し、平和の時代は来たのであります。私は中日両国民が旧来の恩讐を越えて、新しい信頼と理解の下に提携する日が一日も速に到来することを切望する次第であります」（河村 1952, 176）と述べている。ここでは日中両国民の共同行為が想定されていると解釈できる。河村個人は「日本ならば当然無罪」と考えているから、個人の判断としては、自分が刑死することが最もよいとは思っていない。だが、自分がいけにえとなって死ぬことが日中両国民にとってよい、とする自分たち日中両国民の判断が存在する、と河村は信じることにした。この考えは［R_9］の(2)項の共同行為主体の判断に該当する。そして、自分の判断と自分たちの判断が衝突し、自分たちの判断に従う選択をしたのだから、河村の刑死は［S_2］にあてはまっており、共同行為論の立場から自己犠牲であると判定することができる。

他方、近代主義の立場からはどうだろうか。オーヴァヴォルドによれば、ある行為が自己犠牲的行為であるのは、単純化して言うと、その行為が(I)行為者の福利の損失をもたらし、(II)行為者が自発的であって、(III)その行為以外に行為者の自己利益を最大にする別の選択肢が与えられている場合、またこの場合にかぎる、ということであった。河村の二回目の行為について、まず(I)は、満たされることは自明だろう。生き残る方が河村には自己利益は大きかったはずである。だが、(II)と(III)の条件が満たされない。河村には刑死以外の選択肢は与えられていなかった（(III)の不成立)。そして、自発的に刑死を選んだのではなかった(IIの不成立)。コルベ神父や不正な命令を拒否する軍人は、当該の自己犠牲的行為をやるかやらないか自由に選べる立場にあった。だが河村はそうではない。死刑を免れるすべはなかった。[1] したがって、近代主義の立場からすると、河村の行為は自己犠牲的行為ではない。

ここで近代主義の立場から、イーピゲネイアの行為についても説明しておこう。あきらかに(I)と(III)は満たされる。(II)については微妙なところがあるが、全ギリシア軍に逆らって、絶対犠牲になんかなりませんと言い続けることが不可能だったとまでは言えないから(暴徒に虐殺される可能性はあるが)、最低限の自発性は保有していたと見ることができる。つまり、イーピゲネイアは、近代主義の立場から言っても自己犠牲の例となる。老人の世話の例の女性も、同様である。共同行為論の立場においても、もちろん、この二つは自己犠牲となることはすでに確認した。

イエスの自己犠牲

近代主義の立場にとって難問になるのはイエスの自己犠牲である。というのも、「キリストの死それ自体は裁判による処刑であった」(Sykes 1980, 62)からである。イエスは当時のユダヤ教支配層の権力者たちによって、ユダヤ人の王を僭称したかどで告発された。ローマ帝国の代官ピラトは、ユダヤ人たちの内紛を鎮めるためにイエスを十字架に架けざるをえなかった。いわば、一種の政治犯として処刑されたのである。福音書にも、イエスの死を全人類の罪を贖う自己犠牲として強く印象づけようとする記述が多数あるわけではない。[2] 歴史上の出来事としてのイエスの刑死は、近代主義の立場における条件の(I)は満たすが、イエスは自発的ではないから(II)は満たさず、また自己利益に適う他の選択肢をみずから見送ったわけでもないから(III)も満たさない。よって、イエスの刑死は自己犠牲ではない。また共同行為論の立場からも、イエスが死ぬつもりではなかったことは歴史的に確認できるが、なんらかの共同行為を行なったと考える根拠はないから、同様に、歴史上のイエスの死は自己犠牲とは認められない。

イエスの死が自己犠牲として積極的に語られるのはパウロの書簡においてである。すなわち、「神は我々に対する御自身の愛を確定して下さった。我々がまだ罪人であった時に、キリストが我々のために死んで下さったのである」（田川4：ローマ5：8）。ユダヤ-キリスト教の教えでは、アダムとイヴが神の命令に反して知識の木の実を食べて以後、人間は罪ある状態に置かれている。そしてパウロの考えでは、この罪ある状態から人間を救ったのがイエスの十字架上の死なのである。その教義上のイエスについての説明を確認しておこう。

まず、すべての人間に罪がある。しかし、「その人々が義とされる。無料で、神の恵みによって、キリスト・イエスにおける贖いを通して」（田川4：ローマ3：24）。イエスの死は、人間すべてを罪ある状態から救い出して再び正しい者とする（義とする）働きをもつのであり、その死そのものが、神自身の愛であり恵みなのである。十字架上のイエスとは、まさに「神が自分の息子を我々のために死ぬべく献げることにおいて示した愛」（Nygren 1953, 123）である。

などと記してみても、記している私自身にとって、これはまったく意味不明である。神が神自身の子を十字架上で死なせることによって、なぜ人類の罪が赦されるのか。話のつじつまがまるで合っていない。

この説明の勘所は、「贖い」という言葉にある。「ローマにいる聖者たちへ」の第3章第24節への田川建三の註によると、「贖う」の原語「アポリュトローシス（ἀπολυτρώσις）」は、身代金を払って奴隷や戦争の捕虜を請け出す、といった意味で使われる言葉である。そこから「解放」ないし「釈放」の意となる。

> パウロがこの語をキリストの死に関して用いているということは、その話の前提として、キリストの死は「身代金」だ、という思想があることになる。……人間は「罪」によって捕獲されている。「罪」という巨大な神話的力から釈放してもらうためには、「罪」に対して身代金を支払わないといけない。しかし人間にはそれを払う能力はない。それで、神が神の子の生命を身代金として差し出し（十字架の死）、それによって人類を「罪」の支配下から救い出して下さったのだ、という思想。
>
> （田川4、144）

神が自分の息子の命を身代金として支払ってくれて、われわれ人間を罪の手から解放してくれたということである。これならば、話の筋は容易に呑み込める。

近代主義の立場は、このような身代金による取引を自己犠牲として説明できるだろうか。まず、条件の(I)について、イエスの福利の損失があるのかどうか。一応、イエスは神であり人であるということになっているから、人としてのイエスは死ぬことによって福利の損失をこうむると考えてよさそうである。「マルコ福音書」（と「マタイ福音書」）は、死の直前のイエスの「エローイ、エローイ、ラマ、サバクタニ」（マルコ15：34）、すなわち、「我が神、我が神、何ゆえ我を見捨て給いき」という言葉を記録している。条件の(II)は、刑死自体の経過から言うと、歴史上のイエスに自発性を帰属させるのは無理である。だが、ここはパウロの書簡の考え方を優先し、歴史的な記録より上位の真相として、神の子たるイエスに自発性を帰属させてもよいことにしておこう。条件の(III)はどうだろう。いけにえとして十字架に架かって死ぬ以外に、生きのびる選択肢がイエスに与えられていて、イエスはそれが自己利益に適うと考えており、かつ客観的にもそれが自己利益に適っていたのだろうか。そして、この生きのびるという自己利益に適う選択を、全人類のためにいけにえとなりたいというもう一つの合理的欲求のゆえに、イエスは見送ったのだろうか。このような説明は、まったく成り立たないというわけではなさそうである。人としてのイエスはたしかに生きのびたかったのだが、神としてのイエスは全人類を救うために行為するのが合理的であると考えた、というのは成り立たない話ではない。しかし、イエスの十字架上の死は、神としてのイエスの自己実現だったというのは、いかにも的外れで違和感が残る。宗教的な実質が薄っぺらく合理化されている。イエスの受難が、人類を救うための必要経費のようなものになり下がっている。

近代主義の立場による以上の説明は、コルベ神父になぞらえてイエスを解釈する形になっていると言えるだろう。宗教的な写像関係が通常とは逆転している。それによって浮かび上がるのは、行為の自発性にかかわる両者の本質的な違いである。コルベ神父の場合、身代わりになることを申し出ても出なくてもよかった。だが、この自発性の要素が、イエスの場合は本質的に成り立たないように見える。私たちの違和感は、この違いを近代主義の立場が見落としていると思われるからである。コルベ神父になぞらえてイエスを解釈するのは、やはり、できない相談なのである。イエスはいけにえとして十字架に架かるのを、やめようと思えばやめられただろうか。これは歴史的な水準の問いではない。歴史的にはもちろん死刑囚の逃亡は不可能だっただろう。そうではなくて、宗教的な語りの水準において、イエスは十字架に架かるのを取りやめる自由があったと言えるだろうか。それは無理ではないかと思われる。罪の手から全人類を釈放させるためには、イエスは死ななければならなかった。イエスの死と引き替えに罪の赦しが与えられるという取引の構図は打ち消しようがない。全人類を罪から救うために死ぬのではないイエス、というものは考えようがない。その場合、イエスは神の子でも何でもない。いけにえとして死ぬことは、おそらく、イエスが神の子であることとの必要条件である。

別の言い方をすると、イエスが十字架に架かることは、コルベ神父の死とは違って、この不合理な世界における不慮の死なのではない。この世界の根本的な成り立ちから必然的に生まれる死である。イエスはあの時あの場所で死なねばならない。コルベ神父はそうではない。イエスの死は神話的な必然性のなかにある。イエスの死をめぐるキリスト教の語りは、個人の私的な善の追求と社会全体の善の実現とのあいだには根本的な利害の衝突はない、という西洋近代の楽天的な社会哲学を真っ向から否定している。アブラハムは神の命令に従っても従わなくてもよかったのだが、あえて従うことを選択したのではない。従う以外に進むべき道がない場面で、みずから従ったのである。イエスは十字架に架かっても架からなくてもよかったのだが、あえて架かることを選択したのではない。十字架に架かる以外に進むべき道がない場面で、みずから十字架に架かったのである。イエスの受難は、イエスの受動を意味する。上では、近代主義の立場の条件(II)について、宗教的な水準ではイエスに自発性を帰属させてもよいことにしよう、と述べた。しかし、イエスに十字架の場面で帰属される自発性は、与えられた運命を肯定する自発性である。これは私たちの言い方では、事後の文脈の意図性にしかすぎない。近代主義の立場が想定する事前の文脈における行為する意図、神の子たるイエスの自己実現の意志ではない。近代主義の立場からのイエスの自己犠牲の説明は、まったく成り立たないというわけではないが、宗教的な実質を取り逃がしている。

　では、共同行為論の立場ではどうなるだろうか。人であり神であるイエスは、父なる神と全人類とを仲立ちする存在である。そういう存在として、イエスは、全人類と共同行為主体を形成する。ユベールとモースの犠牲理論を田川の註を参考にしてイエスの事例に当てはめれば、イエスの犠牲のサクリフィアンは、イエスを含む全人類になるだろう。神であり人である仲介者イエスがみずからをいけにえとして差し出し（ということはつまり、神が息子をいけにえに差し出し）、罪の手から全人類を取り戻す。いけにえの死と引き替えに人類には救済の可能性がもたらされる。この構造は、犠牲儀式の典型的な形に合致している。人としてのイエスは、自分が生きのびることを最もよいと判断していた。「我が神、我が神、何ゆえ我を見捨て給いき」という言葉は、彼が生きるつもりであったことを証言している。これが現実世界の層を形成する。だが、キリスト教の語りの層においては、人であり神であるイエスは、自分が十字架に架かるよりも自分たち（イエスと全人類）にとってよい選択肢は他にないとする共同行為主体（イエスと全人類）の判断が存在するということを知っている。これが宗教という虚構世界の層を形成する。そこで、イエスの生涯を解釈する私たちは、現実のイエスは死にたくなかったのだが、虚構的には（宗教的な語りとしては）イエスはいけにえとしての死を進んで受け入れていたと信じることにする。こうして、イエスは、自分自身の判断（生きのびるのがよい）と自分たちの判断（いけにえとして死ぬのがよい）が衝突するなかで、後者に従う選択を行なった、というように、宗教的な語りの水準で私たちは解釈できるようになる。イエスの刑死が、自己犠牲的行為として解釈可能となるわけである。[3]

　共同行為論の立場からコルベ神父の事例をどう説明できるのか、併せて示しておこう。まず、共同行為主体を構成する必要がある。コルベ神父の場合は、共同行為主体は、神父自身と、神父が身代わりになった収容者X氏から構成される。コルベ神父は、人間としてごく普通の、生きていたいという欲求をもっていた。しかし、自分が身代わりになることに関して、自分たち（コルベ神父とX氏）にとってそれよりよい選択肢が他にないとする共同行為主体（コルベ神父とX氏）の判断が存在する、とコルベ神父は考えた。そして自分の判断と自分たちの判断が衝突するなかで、自分たちの判断に従って行為した。それゆえ、神父の行為は自己犠牲的行為である。なお、共同行為主体の判断に関するコルベ神父の考えは、次のように構成される。X氏は処刑のために選び出された。そのときX氏は確実に「生きのびたい」と思い、間違いなく「自分（X氏）が生きのびることがよい」と判断しただろう。コルベ神父がその状況を見れば、X氏の判断の内容をとらえることは難しくない。すなわち、コルベ神父は「X氏が生きのびることがよい」という判断をすぐに共有した。そこで、身代わりになると申し出たわけである。さらに神父とX氏のあいだで、「X氏が生きのびるためにはコルベ神父が身代わりになるのがよい」という判断が共有され、コルベ神父はみずからの申し出をこの二人の共同行為として現実化するのである。X氏の方は、遠慮せず申し出を受け入れるという役割分担になる。共同行為としてのこの成り立ちは、混み合った電車の中で座席を譲るのと変わらない。

近代主義の立場は、それでは、イエスの生と死について上述の的外れな解釈しか提出できないダメな立場なのだろうか。そんなことはない。歴史的なイエスについて、ずっと興味深い認識を提供することができる。さきには、イエスの刑死という瞬間を切り取って、それを自己犠牲として解釈できるかどうかを考えた。そのとき、近代主義の立場は、彼の死を意味あるものとして説明することはまったくできなかった。しかし、刑死という局面だけでなく、イエスの生と死の全体をひとつながりの歴史的な生涯として見た場合、近代主義の立場は、興味深い説明を与えることができる。歴史上のイエスは当時のユダヤ教の指導者たちと対立する存在だった。以下のエピソードは、その対立の一場面である。

23 そして、安息日に彼［イエス］が麦畑を通る、ということがあった。そして彼の弟子たちが穂をつみながら道を進んで行った。24 そしてパリサイ派が彼に言った。「見よ、なぜ安息日に許されていないことをするのか」。25 そして彼らに言う、「ダヴィデが困って飢えた時に何をしたか、読んだことがないのか。ダヴィデ自身とその仲間が。26 アビアタルが大祭司だった時に、神の家にはいって、祭司しか食べることが許されていない供え物のパンを食べ、また一緒に居た者たちにも与えた、ということを」。27 そして彼らに言った、「安息日は人間のためにあるのであって、人間が安息日のためにあるわけではない。28 だから、人の子はまた安息日の王でもある。

（田川 1：マルコ 2：23–28）

律法の細部にこだわるパリサイ派は、ここでは、イエスらの一行が安息日に耕作や刈り入れをしてはならぬという定めに背いたという告発を行なっている。イエスはそれに対して、安息日の決まりが人間のためにあるのであって、人間が安息日の決まりのためにあるのではない、と返答する。

田川の註によると、このエピソードのうち、イエスの事跡をほぼそのまま伝えていると考えられる部分は23と24および27と28であるらしい。25と26はイエスが救世主として信仰され、ダヴィデと比べられるようになった初期キリスト教会の信仰の段階で挿入されたもののようである（田川 1、181）。この挿入は、たしかにイエスとパリサイ派との対比を分かりにくくしている。律法の秩序を前提したうえで、ダヴィデやイエスのように偉大な者は事情があれば決まりを破ってもよい、とイエスが告げたことになるからである。これでは、自分を特別扱いせよと命じたことになってしまう。だが25と26を飛ばして、23、24、27、28を続けて読むと、律法の秩序を前提するのとはまったく逆に、世の決まりが人間のためにならないなら破ればよい、という明快な主張が浮かび上がる。歴史的なイエスはこのような主張を行なう者であったらしい。彼はユダヤ教の祭司たちが築いている秩序は壊すがよいと述べた。この男はどうやら手に負えない宗教的反逆者であって（田川 2004a, 第 4 章）、こういう人物が支配層と衝突して処刑されるのは歴史上よく起こることである。イエスは当時の宗教的社会秩序と全然妥協するつもりがなく、神の国を説いて殺された。これは、私たちがここまでに取り上げてきた人物像で言えば、オブライエンが理想とする生き方に重なる（第6章2節）。ヴェトナム戦争に加担せず、徴兵を忌避して人々に指弾される道をむしろ選ぶ生き方である。「個人的損失や不面目などものともせずに」（71）そういう道を選ぶことこそ、オブライエンの肯定する生き方だった。その意味で、迷っているオブライエンに対して、エルロイ・バーダールが「イエス様はいなさるぞ（There's Jesus）」（85）と告げたのは的を射ていたわけである。

近代主義の立場は、このような歴史上のイエスの生と死を描き出すのに適している。イエスは、(I)自分の道を進めば福利の損失があることは予測できただろう。つまり、支配層と妥協する生き方が自己利益に適う側面のあることをイエスが理解できなかったはずはない。(II)だが、イエスは自発的に反逆の道を進む。(III)支配層と妥協すれば自己利益に適うとイエスは予想できたはずであり、また、たしかに客観的にも自己利益に適っていただろうと私たちに判断できる。だが、イエスは自分が正しいと判断する道を進んで、自己利益をみずからの意志で見送るという選択をした。その結果、十字架に架けられたが、それはこの世の不合理のもたらす不慮の死であった。こうしてイエスの生涯は、みずからの信念を証し立てた反逆者の自己犠牲、つまり殉教と見なすことが可能になる。

これに対し、共同行為論の立場は、歴史上のイエスの生と死を自己犠牲として描き出すことがまったくできない。歴史的に見て、イエスと弟子たちという形で共同行為主体を設定することはできる。だが、イエスにおける自分自身の判断と、自分たち（自分および弟子たち）の判断との衝突という事態は考えようがない。自分としては世の支配層と妥協して戒律を守っている方がよいが、自分たちとしては反逆する方がよい、という状況が生まれ、ここにおいてイエスは反逆する方がよいと信ずることにして、反逆し、刑死した、というのは、あまりにも意味をなさないので、逆に興味深いくらいである。

共同行為論の立場は、パウロ的な教義をうまく説明するけれど、歴史的なイエスの生と死にはまったく適合しない。逆に、近代主義の立場は、パウロ的な教義をろくに説明できないけれど、歴史的なイエスの生と死には適合している。体制への反逆者の生と死を価値あるものとして描き出すのには近代主義の立場が適しており、体制への順応者の生と死を価値あるものとして描き出すのには共同行為論の立場が適している。どうやらこのように言えるようである。この二つの立場を人間は場面に応じて使い分けているに違いない。反逆だけで生きていかれるはずはなく、順応だけで満足できるはずもなく、いずれにしても自分の生の選択を価値あるものとして描き出したいという欲求は私たちにあるのだから。

反逆と順応

だが、いったい何が反逆と順応を分けるのだろうか。これを分ける要因としては、少なくとも、行為者個人の心理とそれを取り巻く環境、という二つの要因が考えられる。先に共同行為論の立場からコルベ神父の自己犠牲を説明したとき、神父の行為は電車の中で座席を譲る行為と変わらないと述べた。これは共同行為として徹底的に抽象すればそうなるということであって、行為者の環境の苛酷さはまったく違う。神父はアウシュヴィッツ収容所にいた。座席を譲る若者は平和な世界の安穏な日常にいる。環境の違いは比較を絶している。それらは、行為を取り囲む環境であるという点で形式的に共通するだけである。ここまで抽象してしまえば、言えることは、環境が無慈悲で残酷であれば人は順応に流れるに違いなく、許容度が高ければ反逆も可能だろう、ということくらいである。環境要因については、さしあたりこれ以上のことは言えそうにない。

他方、心理的な要因に関しては、コルベ神父と座席を譲る若者に実質的に共通するものがある。それは勇気である。座席を譲る心優しい若者は、要らざるお節介として相手から断られる可能性や、居心地悪く目立ってしまう可能性を懸念するかもしれない。懸念を振り捨て、ためらいを乗り越えて、「どうぞ、よかったら」と声を掛けるまでには微量の勇気が必要になる。もちろん、コルベ神父のような場合にはこれとは桁違いの勇気が必要なことは言うまでもないが、それでも必要なものが勇気であることに変わりはない。

この勇気は底のところで怒りに通じている。オブライエン青年の例を思い出してみよう。徴兵通知は一九六八年の六月一七日に届いた。「私は自分の腹の中に湧き起こった怒りを覚えている」(75) それはこんな怒りだった。

> 新兵が必要なのなら、どうして「ヴェトナムを石器時代に戻せ」と叫ぶようなタカ派のやつらを徴兵しないんだ。あるいは作業ヘルメットをかぶって「ハノイ爆撃」というバッジをつけたどこかの間抜けの戦争支持者を。……もし誰かが戦争を支持するのなら、それが代償を払うに値すると思うのならそれでもけっこう。しかしそういう人間は自分の命をかけて前線に出ていただきたい。そういう人間は前線に行って、歩兵部隊の仲間入りをして、どうぞ血を流していただきたい。そしてそこに自分の奥さんなり自分の子供なり自分の恋人なりを一緒に連れて行っていただきたい。そういう法律があってしかるべきだと私は思った。(75)

個人主義というアメリカ社会の根本原理に立つかぎり、「穏健な反戦的立場」(73) をとっているこの自分が戦場に行かねばならないのは、「こんなことあってたまるものか (It couldn't happen)」(74) という、理不尽とも不正とも言えるような出来事なのだった。しかし、この怒りは徐々におさまっていく。次いで現れたのは「恐怖という動かしがたい事実」(77) だった。オブライエンは、「戦争は怖い。でも国外に逃げることもやはり怖かった」(78) のである。

「レイニー河で」という作品は、勇気についての考察である。冒頭近くで語り手はこう述懐する。

> 人は誰しもこう信じたがっているのだ。我々は道義上の緊急事態に直面すれば、きっぱりと勇猛果敢に、個人的損失や不面目などものともせずに、若き日に憧れた英雄のごとく行動するであろう、と。(71)

こういう考えは「虫の良い理論」(72) にもとづいている。「勇気を必要とする煩雑でささやかな日常的行為をどんどんパス」(同上) してしまったとしても、大丈夫だ、ほんとに勇気が必要になったら、貯めておいた勇気を全部使えばよいだけだ、という理論。しかし、この短篇は、勇気とは使わずに貯めておけるものではなかった、という苦い報告である。徴兵通知を受け取り、最初に湧き起こった怒りが次第におさまると、恐怖がそこにある。戦場での死も、裏切り者と誹られるのも怖い。結局「私には勇気を奮い起こすことができなかった……そしてそこで私は屈服してしまった」(98)。怒りと入れ替わりに恐怖が現れ、屈服が生じる。オブライエンは、怒りを持ち続けることができていれば、勇気を奮い起こすこともできたかもしれない。

オブライエンが感じた「こんなことあってたまるものか」という怒りは、コルベ神父にも座席を譲る若者にも共通する。コルベ神父には「こんなことがあってはならない」という静かで大きな怒りがあったと言えるだろう。若者にあるのは、怒りには見えないちょっとした心意気かもしれない。だが、座席を譲る人は、おぼつかなく立っているご老体を見て、どんなにかすかではあれ、「こんなことがあってはならない」と感じたから譲るのである。不正に対する「こんなことがあってたまるものか」という怒りと、この怒りに裏打ちされた勇気が、状況への屈服を拒むよう人を動かし、反逆を支えると考えられる。

この、怒りでもあり勇気でもあるような心理は、古代ギリシア人には「テューモス (θυμός)」として知られていた。プラトンの魂の三区分説では、魂は、理知的部分、欲望的部分、気概の部分に分かたれる。魂の第一の要素、理知的部分は、「魂がそれによって理(ことわり)を知るところのもの」である。第二の要素、欲望的部分は、「魂がそれによって……もろもろの欲望を感じて興奮するところのもの」である。第三の要素、「われわれがそれによって憤慨するところのもの」がテューモスすなわち「気概」である(『国家』439E)[4]。「テューモス (θυμός)」には、辞書を見ると the soul, breath, life, heart, mind, temper, will, spirit, courage, anger 等々、多くの訳語が並んでいる (*An Intermediate Greek-English Lexicon*, Oxford)。魂、息吹、生命、心、意志、勇気、怒り。近代語の一単語でこの古代語の意味の全域を覆うことは難しいようである。プラトンの言う「気概の部分」の働きは、典型的には、人が「不正なことをされている」と考えたとき、「心を沸き立たせ、憤激し、正しいと思うことに味方して戦」うように仕向ける働きである

（『国家』440C）。「こんなことがあってたまるものか」という気持ちから、怒りとともにみずから行動を起こすことは、魂のなかの気概の働きなのである。こうしておそらく、人が共同体への反逆を選ぶか順応を選ぶかを分けるのは、一つには環境の無慈悲さや残酷さの度合いであり、もう一つには行為者の気概の多寡である、と言うことができるだろう。

2 自己実現の願望

ここまでの議論のなかで、まだ確たる結論に至っていない論点を取り上げて検討しておこう。合理性の規則の［R_5］をしりぞけるのか、受け入れるのか、という問題が大きな問いとして残っている。これはまた、共同行為論の立場と近代主義の立場のそれぞれの背後にある社会哲学的な直観の違いを、私たちが自分の日常生活のなかでどう受け止めるか、という問題につながっている。

合理性の規則［R_5］と社会哲学的直観

［R_5］は、「行為者は行為の場面でかならず、いずれかの選択肢を「すべての選択肢の中ですべての点を考慮して自分にとって最もよい」と判断する」という規則であった。簡略化すれば、「人間は、どの行為の場面においても、自分に最もよいと思われる選択肢を選び出す」ということである。個人と共同行為主体の区別が導入されるのは［R_9］の段階である。だから、［R_5］における「最もよい」は、個体性と共同性の区別が設けられる以前の「最もよい」である。つまり、自分にとって最もよいことと、社会全体にとって最もよいこととのあいだに区別を設けない考え方を前提している（なお、［R_5］という記号表記は直観的な理解を妨げるので、以下、必要に応じて［R_5］を「個人

の最善選択が常に可能だとする立場（考え方）」という言い方で補足ないし代替する）。

共同行為論の立場からの判定は、［R_5］の個人の最善選択が常に可能だとする立場が自己犠牲の適切な理解の妨げとなっているというものだった。すなわち、自己犠牲と目される行為は存在しているのだから、私たちはそれが成り立つことを説明できなければならない。だが個人の最善選択が常に可能だとする立場が成り立つのならば、実行された行為は常に行為者にとって最善の行為にほかならず、自己犠牲ではない。自己犠牲的行為の存在を認めるならば、個人の最善選択が常に可能だとする立場はしりぞけるしかない。田村（1997）は、自己犠牲を社会的な権力作用の露頭と見る立場を提示した。柏端（2007）は、ジレンマ状況の検討を経て、「私」と「われわれ」の対立を含む［R_9］を取り出す。本書が田村（1997）の主旨に沿ってこれに付け加えたのは、［R_9］が、共同行為主体の判断（社会的権力）への、個人における不合理な服従を含むということだった。

この角度から見ると、オーヴァヴォルドは、論文の発表年は前後するが、個人の最善選択が常に可能だとする立場を前提しても自己犠牲が成り立つ、と反論したことになる。確認すると、まず、自己利益にかかわる欲求を、その欲求が充足されたときに自分が存在（生存）していることを必要条件とする欲求のみに範囲を限定する。これによって、「ある人物がすべてを考慮して最も遂行したいと欲することが、その人物の福利を最大化する行為と同じでない、ということが可能」（Overvold 1982, 191）になる。こうして、コルベ神父も不正な命令を拒否する軍人も、あるいは歴史上のイエスも、熟慮のうえで最も遂行したいと思うことが自分の利益を最大にする行為ではなかった事例となる。彼らの行為は、最大の自己利益を、よく分かったうえで意志によって見送って実行された行為、すなわち自己犠牲的な行為である。だが、その行為は、オーヴァヴォルドの言う「すべてを考慮して最も遂行したいと欲すること」（Overvold 1982, 191）ではある。よって、［R_5］にも適合する。つまり「すべての点を考慮して自分にとって最もよい」（柏端 2007, 71–72）行為なのである。

共同行為論の立場と近代主義の立場を分岐させるのは、個人と社会の関係についての理論以前の直観である。共同行為論の立場は、ユベールとモースの提示する社会哲学的な直観を、基本的な前提として受け入れている。すなわち、「個人や集団が固有に所有するものを人格的に断念し放棄することが、社会的な力を養っている。……あらゆる犠牲の中に暗黙のうちに含まれている自己否定の行為は、集団の力が現実にあるということをひとりひとりの意識に思い出させることによって、集団の力の理念的存在そのものを支えている」(Mauss 1968, 306/邦 109) という見方を、社会というものを考えるときのほとんど前意識的な前提として受け入れている。社会は、個々の成員に「自分自身の外へ出ることを促すような」(同上) 力として存在する。人々は、社会のなかに生きるかぎり〝素〟のままの自分自身であり続けることは許されない。人々は、「共通の善のために自分自身の一部を差し出すのだが、社会の内で生きていけるという大きな報償を結果として獲得する」(Lincoln 1991, 175) のである。このとき、個人を社会に結びつけるつなぎ目のところに、合理化できない服従が現れる。もしも、服従が合理化できるのならば、個人はみずからの理性的な判断を通じて自分自身の一部を差し出しているのであり、したがって、それはすべてを考慮して自分にも社会にも最もよいことであり、自己犠牲ではない。自己犠牲的行為があるということを認めるならば、つなぎ目に現れる服従は合理化できない端的な服従として存立する。このとき個人の最善選択が常に可能だとする立場は成り立たない。行為者個人は、自分にとって最もよい判断には従わずに、共同行為主体の判断に服従し ([R₉] の(2)項の採用)、それが正しい判断であると信ずるフリをして演技的に行為する。

これに対し近代主義の立場は、個人が私的利益を求めることと永遠の義務を果たすこととは究極において (神の摂理において) 同じことであり、個人の利益と公共的な幸福や道徳的義務は当然一致する、という直観にもとづいている。この直観は、ジョン・ロックの「神は、徳と公共の幸福とを不可分に結びつけ、徳の実践を社会の維持に必要であるとともに徳ある人と関係をもつすべての人に目に見えて利益となるようにした」(『人間知性論』1.3.6) という言葉に鮮明に現れている。私的な善の追求と社会全体の善の実現とのあいだに利害の衝突はないという啓蒙期の楽観的な直観は、トマス・ペインの「公共的な善は、諸個人の善と対立する言葉ではない。むしろ、公共的な善はすべての個人を集めたものの善なのである」(Paine 1786) という短絡的な表現によく見て取ることができる。オーヴァヴォルドは、この直観を、おそらく他の可能性を思うこともなく、当然の前提として受け継いでいる。そして、個人的欲求の洗浄と、関連する全事実情報の開示、という二つのことを条件にするだけで、合理的な選択を通じて個人は道徳的な生き方(徳の実践)へ到達することができる、と論じた。このとき、行為者は、なにほどかエゴイストの要素を残しているかぎり(つまり、完璧な聖人君子でないかぎり)、模範例の教示に服従する姿勢を身に備える必要がある。また、模範例を見出すことは、決して容易な道のりではない。というのも、社会の与える模範を適当に選んで使うというわけにはいかないからである。自己犠牲が出現するような場面は、個人がジレンマに陥っている状況である。社会の用意した模範を適当にみつくろって適用すれば切り抜けられる場面ではない。自分がどのような種類の人物でありたいのかを考え抜いて、借り物でない自我理想を作り上げ、その理想像に従うという生き方が求められる。これは本当の自分を見出す自己解釈と自己発見の道である。

個人の最善選択が常に可能だという考え方をめぐる理論以前の直観の相違は、以上のように、生き方の深層に及ぶ相違として存在する。一方では、演技的な行為が要請され、他方では、本当の自分を見出すことが要請される。だがこれは依然として図式的・概念的な整理である。現実の私たちは、[R_5] の個人の最善選択が常に可能だという考え方とどのようにかかわっているのだろうか。そもそも、この考え方は人間に関する観察事実を記述しているのか、それとも規範的要請を提示しているのか、どちらなのだろうか。

事実か規範か、それとも願望か

まず、[R_5]「行為者は行為の場面でかならず、いずれかの選択肢を「すべての選択肢の中ですべての点を考慮して自分にとって最もよい」と判断する」という命題が、観察事実の記述であるというのは無理だと思われる。第一に、論理的な問題がある。任意の行為の場面ですべての選択肢が同じ一つの評価規準で比較可能とはかぎらない。

また、すべての選択肢を比較できる評価規準が二つ以上あり、それらの帰結する最善の選択が異なっていて、かつそれら複数の評価規準の統一ができない（ジレンマ状況）という場合もある（第7章2節）。第二に、「自分」が複数の層からなっていて、一意的に最もよいという判断が成り立つかどうか不明である。ある場面で「わたしがそれをやりましょう」と言った人物が「おれはホントはやりたくない」と思っていることがありうる。これは一人称表現が多数ある日本語だけの問題ではない。どんな言語社会であっても、理想としての自己の受容する命令を、身体としての自己が拒絶する、ということは十分考えられる。自己欺瞞（self-deception）や虚偽意識（bad faith）は人類の普遍的な問題である。

では、［R_5］の個人の最善選択が常に可能だという考え方は規範的要請なのだろうか。つまり、「行為者は行為の場面でかならず、いずれかの選択肢を「すべての選択肢の中ですべての点を考慮して自分にとって最もよい」と判断するようにすべきだ」ということなのだろうか。この要請を満たすことも、論理的な問題があるかぎり困難である。論理的に成り立たない場合があることを、常に為すべきであると命令されても、それに従うことはできない。

結局、［R_5］が表明しているのは、一つの願望であると言った方がよいと思われる。個人がどんな行為の場面でも、自分にとって最もよい選択肢を選び出すことができるという考え方は、共同行為論の立場に即して言えば、共同体に服従するという要素を一切含まない行為選択が可能だ、という考え方に等しい。このとき、個人は共同体に介入されることなく、自己実現が可能となる。そんなことはありえないと思ってはいても、なおそれを願うことはできる。だから、願望と解するなら、［R_5］は共同行為論の立場と共存できる。また、近代主義の立場に即して言えば、個人の最善選択が常に可能である状態は、エゴイストがそのまま生きているか、あるいは、自我理想の下で個人が自己利益を克服して合理的に生きているか、いずれかが成り立つということである。これが原則として成り立つというのが近代主義の立場だから、そうあってほしいと願うことは当然できる。こうして［R_5］の個人の最善選択が常に可能だという考え方は、そんな自己実現が可能であってほしいという願望の表明であると解するのが最も適切である。そう解すれば、［R_5］は、共同行為論の立場とも近代主義の立場とも共存するからである。

共同行為論の立場が前提する社会的直観は、無傷の自己実現という願望は満たされないという否定的なメッセージを発している。個人の意思は、どこかの段階で、社会の力によって挫かれる。個人は挫かれて、自分の半身を失うことになるが、残る半身が社会の恩恵を受け取って生きのびる。これに対し、近代主義の立場が前提する社会的直観は、無傷の自己実現という願望は満たされうるという肯定的なメッセージを発している。理想の自己を見出す困難と、理想の自己を貫くことにともなう殉難の危機を乗り越えていくことができれば、自分自身であることと共同体の一員であることとのあいだに衝突の生じない状態が実現できる。そして、私たちがいま見出したことは、この二つのどちらの社会的直観が妥当だと思われるにせよ、現実の場面で、自己実現の願望をもち続けることは可能なのだ、ということである。否定的なメッセージに留意しながら、肯定的なメッセージを見失わない、という両にらみの姿勢が、与えられた社会的状況での現実的な対応になる。だがこれは、具体的には何をどうすることなのだろうか。

権力に強いられて演技的に生きることは、人間にとってしばしば不快である。それが不快であることは、おそらく説明を要しない。また、本当の自分を探求することを強いられるのは、ある意味で、余計なお世話である。本当の自分を求めることは、哲学史的に言えば、「私は考える、ゆえに私はある」の内実を思想家たちが誤認したことに端を発している。デカルト的な自己の確実性は、たかだか、生きている身体の確実性にしかすぎない（第11章1節、2節）。自分の心は、他人の視点からの世界のパースペクティヴと対比したときにのみ、特有の親密さや私秘性を備えた自分固有のパースペクティヴを与える拠点となる。だが、自分のパースペクティヴのなかの自己認識が、自惚れに満ちた偽なる認識であることは珍しくない。人間は自分の欲求さえ常に間違いなく知っているとは言えない。「私は考える、ゆえに私はある」の確実性を、心としての自己認識の確実性にただちに拡張することはできない。また、自我理想とは、ある文化的伝統の下で他人との交流を通じて受け入れた雑多な思考の集積である。それはいわば処世訓の束にすぎない。「私は考える、ゆえに私はある」の確実性を、自分が受け入れた処世訓の束の信頼性と解するのは愚かである。本当の自分は、自然環境と社会環境のなかで、生きている身体そのものとして存在している。だが、現実の自己であれ理想の自己であれ、対象化された自己の像はすべて絶対確実な認識などではない。それにもかかわらず、本当の自分の探求は、形而上学的な思弁を繰り返すうちに、絶対確実な自己の理想像を求めることへと変貌していく。結局のところ、本当の自分を見出すことを通じてジレンマを脱け出すという近代主義の立場は、「私は考える、ゆえに私はある」の自明性の妥当範囲を理想の自己へと拡張する試みから生まれた思想である。それは、数学の定理のようにそのまま受容することが要請されるものではない。言い換えると、その思想で自分はやっていくのだという人々を尊重することに異存はないが、私（たち）としては、同じ仕方で自分もやっていくのがよいと楽天的に信じられるわけでもない、ということである。

演技的に生きることを受け入れず、かつまた理想の自己を探す形而上学の袋小路も避けて、自分の意思が社会の介入によって挫かれる可能性を常に視野に入れながら、同時に、自己実現の可能性も見失うことなく生きるにはどうしたらよいのか。これが私たちの目の前にある問いである。自然環境と社会環境は、私たちの置かれた場面ごとに、適切とされる行為のシナリオを提示してくる。シナリオに違和感なく同意できるならそれでよい。だが、それに同意できないとき、同意したフリをして演技するのでもなく、理想の自己を求めて旅に出るのでもなく、どうするのか、というのが自己実現の願望をめぐる私たちの現実の問題なのである。

気概からの行動

演技性とも自我理想とも独立に行動する力は、魂のなかの気概の部分からやって来る。重要なのは、気概が理知とも欲望とも区別できることである。まず、気概は欲望と対立する働きをもつ。ソクラテスはレオンティウスなる人物の挿話を語っている。処刑された屍体を見たいという欲望と、それを嫌悪する気持ちとがレオンティウスのなかで争い、ついに彼は欲望に負けてしまう。だが屍体のところに駆け寄ったとき、「さあお前たち、[5]呪われたやつらめ、この美しい観物を堪能するまで味わうがよい」と叫んだというのである（『国家』440A）。理知の働きが十全であれば、欲望を抑えることができるのだが、[6]この人物の場合は欲望が勝ってしまう。にもかかわらず、この人物は、理知が負けたあとで、それを不本意と感じることができ、欲望に向けて怒りを発するのである。人は自分の欲望に対して「こんなことがあってたまるものか」と感じることができる。それが欲望とは別に存在する気概の働きである。また、他方で、気概は理知とも別に存在する。すなわち、「子どもでも、生まれるとすぐに気概には充ち充ちていますが、理を知るはたらきとなると、ある者たちはいつまでもそれに無縁であるようにさえ思われます」（『国家』441B）。

現在の論点にとって、気概が理知から区別されることに特に意味がある。私たちは、個人の最善選択が常に可能だという［R_5］が、事実の記述でも規範の表明でもなく、自己実現の願望の表現であると見ている。事実や規範の問題なら、個人の最善選択が常に可能だという主張は、理知によって肯定または否定されることになる。最善判断が事実として常に可能であるかどうか、あるいは規範として可能であるべきかどうか、いずれも理知によって、言い換えれば観察と推論によって判定するほかない。そして［R_5］は観察と推論の水準では疑われうるものであった。現に柏端（2007）は［R_5］をしりぞける方向を選んだ。ところが、個人の最善判断が常に可能であってほしいという願望の水準に［R_5］があるのなら、理知による疑いにかかわらず、私たちはこれを保持できる。人は、不死を願うように、ありえないことさえ欲することができる。社会と対立しながら個人が自分の最善判断を貫きうる可能性は、不死ほどありえないことではない。[7]

私たちが考察しているのは、社会的な力の介入を受けながら、演技に流れず、理想の自己というまだ見ぬ正解に頼りもせず、自己実現の可能性を見失わずに生きることがいかにして可能か、という問題であった。社会の力が介入してきたとき、人が「こんなことがあってたまるものか」と憤りを発することはありうる。憤激から行動するとき、そこに演技性はない[8]。また、理想の自己の合理的選択（より高いものの命令）にもとづいて行為しているわけでもない。人が「心を沸き立たせ、憤激し、正しいと思うことに味方して戦」（『国家』440C）うとき、本人はそれが正しいと知っているのではない。観察もなく、推論もない。ただ正しいと思うだけである。そのとき人は、怒りを発し、押し寄せる力を撃退すべく奮闘する。気概によって動くとはどういうことなのかを理解するために、たんなる欲望に動かされるのでも、また正しさを知る理知に動かされるのでもない行為の例をいくつか見てみよう。

暴力によって抗う人

ジョー・クリスマスはウィリアム・フォークナーの小説『八月の光』の主人公である。次の引用は、ある夜、一八歳のクリスマスが養父マッケカンを殴り倒して出奔する場面である。その夜、クリスマスは、「俺はやったんだ！」という達成感のなかで父親の権力から自分を解放する。

> 馬上の若者は軽々と平衡を保って乗りつづけ、ぐっと前に身を乗り出し、たぶん気持ちは高まりさえしていて、それはあの瞬間にファウストが抱いた気持ち――すべての「汝すべからず」を後ろに投げ捨て、ついに名誉と掟から自由になったときのあの解放感であったかもしれぬ。その動きの中を、馬の甘くて鋭い汗が硫黄のように臭い、目に見えぬ風が吹き過ぎた。彼は大声で叫んだ。「俺はやったんだ！　とうとうやっちまったんだ！　やつに、俺はやるぞって言ったとおりにだ！」
>
> （フォークナー 1967, 271）

クリスマスの出生には秘密がある。彼は父も母も知らない。白人に見えるが、孤児院では子供たちから「黒ん坊（Nigger）」と呼ばれた。五歳のとき白人の孤児として長老派の農夫マッケカンの養子になり、苛酷な労働と厳格な躾の下で育てられる。出奔の時点では、町の食堂の給仕女と結婚するつもりでいる。クリスマスは給仕女が食堂をよそおった曖昧宿の娼婦であるのを察していない。マッケカンから与えられた若牛を無断で売り、白いシャツと黒い上衣を手に入れて、夜ごとに農場を抜け出し、食堂やダンスホールに出入りしている。マッケカンはこの夜、クリスマスを追ってダンスホールまでやって来る。「去れ、イゼベル」「去れ、淫売婦め！」と女を罵倒し、クリスマスに打ちかかる。クリスマスはマッケカンを椅子で殴り倒す。

ジョーにとってはすべてが急速にとおざかっていった――わめき声が薄れ消え去って、彼を床のまん中に置きざりにし、彼は壊れた椅子を片手につかんだまま自分の養父を見おろしていた。マッケカンはあおむけに倒れていた。いまはごく平和な顔つきだった。眠っているように見えた。（フォークナー 1967, 268）

クリスマスは、この瞬間に、「すべての「汝すべからず」を後ろに投げ捨て、ついに名誉と掟から自由に」なったのだった。

『八月の光』は、お腹の子の行方不明の父、ルーカス・バーチを追って、アラバマからミシシッピまで歩いて来た若い女リーナ・グローヴの物語と、白人に見える黒人ジョー・クリスマスの物語が交互に語られる構造になっている。クリスマスの物語は、自分が何者なのか分からない存在による象徴的な親殺しの物語である。一八歳で養父を殴り倒し、その後、オクラホマ、ミズーリ、メキシコ、シカゴ、デトロイトをめぐり、一五年後にミシシッピに戻って来る。よそ者の北部人ジョアナ・バーデンの使用人小屋に住みつき、ジョアナの情人まがいの存在として居候を続けながら、ウィスキーの密売で生計を立てている。ジョアナはクリスマスの子を身ごもったと告げ、彼を大学に行かせて、自分の黒人福祉の仕事を受け継がせようとする。そうなれば二度とうろつきまわらないで、安楽に暮らせる。クリスマスは考える。

いや。もしここで降参したら、俺は、自分のなりたい人間になろうとして生きてきたこの三十年を、むだにしちまう（No. If I give in now, I will deny all the thirty years that I have lived to make me what I chose to be）。

（フォークナー 1967, 345/Faulkner 1990, 265）

ジョアナはともに祈りを捧げることを彼に求め、クリスマスは拒否する。ジョアナは彼を南北戦争時代の短銃で撃ち、クリスマスは剃刀で彼女の首を斬って殺す。逃亡し、捕まって、保安官に留置所に入れられ、移送の途中で再び逃亡し、追い詰められた果てに自警団の愚かな男に射殺される。

『八月の光』は、妊娠と出産と差別と暴力と自由と死をめぐって日常的なものと悲劇的なものが交錯する物語である。リーナ・グローヴは自分が幸運に見放されているとは微塵も思わず、ルーカス・バーチを探す旅の途中で子を産み、赤ん坊を抱いて、また平然と旅を続けて行く。対照的に、クリスマスは運命に挑戦して死んでいく。クリスマスは自分が誰から生まれたのか、黒人なのか白人なのかさえ分からない。[9] あるときは黒人として、あるときは白人として振る舞うだけである。「自分のなりたい人間になろうとして生きてきた」のだが、自分が何者なのか分かるときは来ない。ジョアナの使用人小屋に居候し、情人のような立場となっても、こんな風に考えている。

> 日が過ぎてこの〔情人まがいの〕第二の段階の新しさが色褪せて習慣になり始めると、彼は台所の入口に立って外の夕闇の中に目を向け、そしてたぶん予感や凶兆をいだきながら道路を見つめる、かつては自分の意志で選んだ冷酷な寂しい道路、それが彼を待っているのを見つめ**これは俺の生き方じゃない。俺はこんな所に生きる人間じゃない**と考える（*This is not my life. I don't belong here*）。
> （フォークナー 1967, 336/Faulkner 1990, 258）

マッケカンを殴り倒して出奔するのも、ジョアナを斬り殺して逃亡するのも、「これは俺の生き方じゃない。俺はこんな所に生きる人間じゃない」という憤りにもとづいている。この憤りは、「自分のなりたい人間になる」方向にクリスマスを押し出す。だが、だからといって、理知のもたらす合理的な最善判断にもとづき、理想の自己を見出して、確信をもって人生を歩むことができるわけではない。彼は、養父に規範を押し付けられ、情人に更生を求められ、保安官と自警団に追われるとき、ただ心を沸き立たせ、憤激し、自分の進みたい方向を目指してやみくもに進むだけである。

気概によって行動するとは、こうして世俗社会の力に抗って進むことだが、理知から離れて気概のみが推進力となるとき、世俗を超えたところに理想の自己が見出されることを少しも保証しない。だが、それが自己実現の願望に満たされていることは、このジョー・クリスマスの物語から明瞭に読み取られるだろう。

逃げる人

気概によって行動することが、必ずジョー・クリスマスのように世俗社会の要請に暴力的に抗うことをもたらすとはかぎらない。状況の要請を非暴力的にすり抜けていく場合もある。前に見た老人の世話の例で、あの女性は、老人たちの世話と、結婚とキャリアの追求という二つの選択肢のあいだで引き裂かれていた。今、この女性が結婚とキャリアを犠牲にして老人たちの世話をするのではなく、たんにこの二者択一から逃げる選択をしたと考えてみよう。例えば、仕事を辞め、引っ越して親族との連絡を断ったと考えてみる。このとき、この人物は、社会的な圧力と正面から戦ったわけではないし、圧力に屈したわけでもない。かといって結婚とキャリアという自己利益を追求したわけでもない。たんに不快な状況から逃げたのである。この人物には、自分はこんな二者択一の下で生きる人間ではない、という気持ちがあるだろう。だから、そのどちらにも自己実現の願望をゆだねることができない[10]。状況からの要請を否定も肯定もせずに、たんに身をかわして逃げられるだけ逃げる、という生き方はありうる。

それができるなら、意に沿わない二者択一から逃げるのは一つの解決策になる。しかし、周囲からの非難や嘲りは覚悟しなければならない。老人たちの世話が親族女性の当然の義務だと考えられている社会であれば、その義務から逃げる選択をした人物に対する非難は厳しいものになるはずである。そして、そんな社会では、特に先覚者でもないごく普通の人物が、老人の世話など放棄して結婚とキャリアを追求することが正しい、とみずから納得できるほどの確信を抱くことは難しいだろう。だが、内心において、「これは自分の生き方じゃない。自分はこんな所に生きる人間じゃない」とは思うかもしれない。あるいは、「こんなことがあってたまるものか」という憤懣を抱くかもしれない。だからこそすべての縁を絶ちきって逃げるのである。この種の逃亡は「気概」という言葉の通常の含みからはやや外れると思われるかもしれないが、そうではない。逃げる人は、状況に対する憤懣を、なかば無意識に抱いていると考えた方がよい。こうして、意に沿わない状況の要請から逃げることもまた、理知とも欲望とも異なる気概のはたらきであり、自己実現の願望に根ざしていると言うことができると思われる。

なお、念のために言うと、「レイニー河で」においてオブライエン青年に与えられていたカナダへの逃亡の選択は、上の女性の、老人たちの世話から逃げる選択とは異なる。というのも、オブライエンは、ヴェトナム戦争に加担せずカナダへ逃げるのが正しい、と理知的に判断していたからである（正しいと分かっているのに実行できない、という意志の弱さがオブライエンの問題だった）。だが、ここで検討中の女性については、私たちは、何が正しいのか理知的に判断するまでに至っていないという設定で考えている。それでも逃げることは可能なのである。その意味で、これもまた理知とは区別される気概の働きの一つと言えよう。

逃げられない人々の抵抗――特攻隊生還者たち

逃げることは、しかし、常に可能であるとはかぎらない。私たちは社会のなかで命令や要求を一方的に受け入れざるをえない立場に置かれていることが多い。そういう場面で私たちにかろうじて可能なのは、与えられた命令（行為のシナリオ）に対して、これではない別の何かが好ましいとひそかに思うことくらいである。この思いは切実なものでありうる。命令を拒否することは論外で、逃げることも難しい。そんな場合でも、私たちは自己実現の願望をもつ。命令から逃げられない状況で、自己実現の願望が行為として表出された希有な例をいくつか見てみよう。飛行機による自己犠牲的行為が強要された典型は、(11) アジア太平洋戦争末期における日本軍の特攻隊に見られる。

特攻が行なわれただけでなく、人間魚雷「回天」、小型船舶「震洋」、有人ロケット弾「桜花」などの特攻兵器が開発されたことはよく知られている。[12] 大貫恵美子の『学徒兵の精神誌――「与えられた死」と「生」の探求』（岩波書店、2006）は、三人の特攻兵を含む学徒兵七人の遺文の検討だが、そこには死を強要された人々の自己犠牲をめぐる思念が分析されている。[13] しかし、今ここで検討したいのは、死んでいった人々の思念ではなく、犠牲死を命令されながら生きのびた人々の行為である。[14] 沖縄戦で陸軍の特攻隊を編成し指揮したのは、新設の陸軍第六航空軍だった。[15] その編成参謀の倉澤清忠（元少佐）は、林えいだいの質問に次のように答えている。

沖縄戦の特攻では最高四回引き返した隊員がいることを、私は記憶している。知覧を飛び立つが必ず引き返してくるんだ。エンジンの調子が悪かったとか、オイルが洩れて飛行不能になったとか、いろいろと理由を述べるんだ。それが一人や二人ではなく、フィリピンの特攻の時には考えられないほど多くなった。第六航空軍としてはその対策に頭を痛めて、再び出撃させることに決めたんだ。そのためには徹底した精神教育しかない。ところがだ、一度引き返してきたものは絶対といっていいほど出撃の意欲を無くし、また次も必ず引き返してくるんだ。

（林（え）2007, 146‒147）

特攻兵器の回天や桜花は発進したら引き返すことができない。これらは生きている人間を機械部品として使ってそのまま死なせてしまう悪魔的な兵器である。だが、航空機の場合、特攻出撃後に飛行不能になれば操縦者の意志によって引き返すことができた。[16] そして、離陸後に故障が起こる例は少なくなかった。太平洋戦争末期には、工場で部品の加工や組み立てを担当した者の多くは未熟練工であり、動員された女学生も多かったことが知られている。加工精度も組み立て強度も足りない飛行機が現場に送り込まれ、整備隊が苦労して調整して飛ばすというのが現実だった（林（え）2007, 21-42）。また、特攻は操縦士と機体を必ず失う戦法だから、最初期を除いて優良な機体が特攻隊に与えられることは少なかった。沖縄戦の陸軍の特攻では、しばしば日中戦争当時の九七式戦闘機や九九式襲撃機といった老朽機があてがわれた。特攻機の不調はまれではなかったのである。

倉澤元参謀は、「出撃すれば必ず引き返してくる連中」を「〝ぐれん隊員〟と呼んどった」と言う（林（え）2007, 276)。その一人とされる乾太一郎（元伍長）は林の事実関係の確認にこう答えたそうである。

倉澤参謀自らが沖縄出撃するのなら俺も行くが、わが行かんで部下に命令してとやかくいうことはない。人間が命を投げ出すことが、どんなものか分かっとるんか。こっちもたった一つしかない尊い命を無駄にしたくはないから開き直るんだ。おんぼろ特攻機をもらうほど、理由をつけやすいもんはない。エンジンの不調、オイル洩れ、飛行場で浮力がつかなくて離陸ができない。故障で不時着したといえば、軍としては処罰のしようがないだろうが。

（林（え）2007, 276–277）

命令を真っ向から拒否することはできなくても、「おんぼろ特攻機」の不調にかこつければ、表向き命令に従ったように振る舞って、命令の裏をかくことは可能だった。命令者に反抗するわけでも逃げるわけでもないが、実質的に命令に従わず、かつ処罰もされない、ということが古参の下士官には可能だったのである。

第六航空軍の司令官は、菅原道大（1888–1983, 陸軍中将）である。菅原は陸軍幼年学校入学から死の三年前まで詳細な日記を付けていた。一九四五年四月五日は沖縄戦の第一次航空総攻撃（菊水一号作戦）の日である。翌六日の日記に次のような記載がある。

総攻撃の日なり、昨夜の海軍の攻撃成果や如何に。……特攻隊にて五分の一の引き返し不出発機あり、極めて不成績と云うべし、之れ予が総監として編成し、軍司令官として教育に任ぜし部隊なり。其の罪統て我に在りと云うべく、申し訳なし。

（大貫・渡辺 2009, 198）

軍司令官の把握している範囲で、引き返したり出発できなかったりした特攻機が全体の五分の一あったというのである。菅原は「極めて不成績」と言っている。だが、「おんぼろ特攻機をもらうほど、理由をつけやすいもんはない」とうそぶく元下士官がいることを考え合わせると、五分の四の人々が命令に従いみずからの確実な死に向けて出撃した事実の方が、むしろありえないことのように感じられる。

沖縄戦の陸軍特攻隊は振武隊と名付けられた。第二二振武隊の大貫健一郎（少尉）は、体当たり攻撃に出撃したが、沖縄に向かう海上でグラマンに迎撃されて不時着し、乗機を失って生き残りを余儀なくされた。大貫が生き残ったのは命令の裏をかいた結果ではない。特攻命令に生真面目に従ったが、不可抗力によって攻撃が不成功に終わった例である。だが、これは特攻生き残りの一方の典型とも思われるので、以下に簡単に経緯を記す。

大貫健一郎は、大学を卒業し、一九四二年六月に召集を受け、小倉の連隊に歩兵として入隊する。その後、新設された特別操縦見習士官制度の第一期（特操一期）の選抜に合格して、陸軍の航空士官となった。いわゆる学徒出身の士官である。大貫は、一九四五年四月五日に沖縄への特攻出撃を命じられる。知覧基地から午後一時に陸軍一式戦闘機隼で飛び立ち、経由地である喜界島の基地に午後四時頃いったん降りる。そして翌六日午前六時二〇分、喜界島から沖縄に向けて僚機とともに出撃した（大貫・渡辺 2009, 175）。だが米軍のレーダー網はその接近を捕捉しており、海上でグラマンの迎撃を受ける。特攻機に機銃の装備はないから、応戦はできない。大貫機は爆弾を切り離して超低空を逃げ、僚機が撃墜されるなか徳之島飛行場に不時着する。すぐに地上で機銃掃射を受け、大貫自身は無事だったが乗機を破壊された（大貫・渡辺 2009, 179）。輸送便がないため、大貫は、初めは徳之島に、後には喜界島に居残るしかなく、食料調達もままならない生活を二カ月ほど続ける。同様に乗機を失って喜界島に居残った特攻生き残りは、総員四二名に及んだ（大貫・渡辺 2009, 187）。運よく五月二八日に、彼は福岡まで爆撃機で戻ることができたが、そのまま特攻生還者の収容施設、振武寮に軟禁同然で収容され、命を惜しむ臆病者扱いを受けて言うに言われぬ苦労を一六日間経験する（大貫・渡辺 2009, 205–218）。六月一三日に転属命令が出され、以後本土決戦のための特攻隊員として、出撃命令を待ち続けることになった（大貫・渡辺 2009, 222）。このとおり、たとえ出撃しても撃墜されたり不時着を余儀なくされたりすることは多く、現実には、特攻はなかなか成功しない。加藤（2007）の表①によれば、振武隊全六七隊を合わせて、総人員八七七名、戦死者六五四名、生存者二二三名、生存率二五・四パーセントとなっている。特攻生還者は予想以上に存在したのである[17]。

大貫が実際に見聞した今井光少尉の例[18]は、命令に従うふりをしつつ、命令の裏をかいて生き残った例と言えるようである。大貫が一九四五年四月五日夕方、喜界島に降り立つと、しばらくして一機の隼戦闘機が着陸してきた[19]。それが今井の乗機だった。エンジンが不調で飛行困難ということだったが、整備隊はどこも悪いところはないと言う。部下は全機沖縄に向かったとのことで、隊長の今井のみ離脱したことが判明する。大貫は、さしたる故障もないのに隊長が部下を見捨てて不時着したことに「強い憤りを覚えた」と語っている（大貫・渡辺 2009, 173）。翌六日、大貫は、元からの僚機の大上弘少尉に加えて今井少尉とともに三機で出撃せよとの命令を受ける。大上の乗機が試運転を開始し、続いて今井機がエンジンを始動する。「すると彼の機は突然逆立ちをしたようになり、機首を地面にめり込ませ、プロペラがひん曲がってしまったのです」（大貫・渡辺 2009, 175）。今井は飛行場の滑走路が爆撃によって穴だらけになっていて、十分な滑走距離を取れそうにないことを気にしていた。そこで整備隊長が、ブレーキを踏んでエンジンを全開にし、急にブレーキを離せば反動で飛び出せる、と示唆した（林（え）2007, 158）[20]。そのブレーキ操作の誤りのため、機体がつんのめってしまったらしい。整備隊長の大尉は「ブレーキを片方だけ踏めば逆立ちしてしまうのは、わかりきっていることだろう。わざとやったな」（大貫・渡辺 2009, 176）と今井を殴りつけた。喜界島にいた残留隊員たちは、「今井隊長は最初から出撃する気がなかったのだと嘲笑った」（林（え）2007, 158）。今井はそのまま喜界島に居残り（林（え）2007, 187）、内地に帰ってから大貫らとともに振武寮に収容される。そして、倉澤参謀からピストルを渡されて自決しろと迫られたり、歩けなくなるほどの制裁を受けたりすることになる（林（え）2007, 245；大貫・渡辺 2009, 214）。今井は憤懣やる方なかったのであろう、振武寮の収容者の一人が新たに乗機を与えられ再び出撃すると聞かされたとき、その人物に、沖縄に向かわず第六航空軍司令部に突入してほしいと依頼した（加藤 2007, 70；林（え）2007, 251–253；大貫・渡辺 2009, 215–216）。この再出撃の命令は結局取り消されて、この件はうやむやになったというが、強い憤りないし怨恨感情が今井にあったことは間違いない。ほどなく、彼も振武寮を離れ、内地の航空基地で本土決戦の特攻要員として敗戦を迎えることになった（大貫・渡辺 2009, 240）。

今井のように士官学校出（第五七期）の職業軍人が命令の裏をかいて生き残ろうとすると、制裁は極端に厳しいものになる。それでも生き残ることは不可能ではなかった。今井の乗機に不調があったかなかったか、また離陸の失敗が故意か偶然か、余人には知ることができない。だが、衆目の一致するところ、彼は不調や事故を理由として出撃を回避したと覚しい。特攻を強いられて、「こんなことがあってたまるものか」と今井が思ったとしても少しも不思議はない。それゆえ、今井の例は特攻生き残りのもう一方の典型であり、「おんぼろ特攻機をもらうほど、理由をつけやすいもんはない」の範疇に入る例と言ってよいだろう。

佐々木友次（1923–2015, 伍長）の特攻出撃からの生還は、大貫健一郎とも今井光とも異なる類型である。佐々木はフィリピン戦線において、陸軍の最初の特攻隊「万朶隊」の一員として、一九四四年一一月一二日、ルソン島のカローカン飛行場からレイテ湾へ九九式双発軽爆撃機で出撃した。アメリカの小型船を発見したが、体当たり攻撃ではなく急降下爆撃を敢行、その後ミンダナオ島カガヤン飛行場に生還する（鴻上 2017, 79–94）。佐々木は特攻が航空戦法として拙劣であり、急降下爆撃の方がはるかに効果的であることを隊長の岩本大尉の訓示を通じて知っていた。以後、佐々木は、同年一二月一八日まで、立て続けに計九回に及ぶ特攻出撃の命令を受けるが、すべて生還する。出撃命令にはそのまま従うが、攻撃のシナリオを体当たりではなく急降下爆撃に自分で一部書き換えて実行したわけである。

万朶隊の隊長、岩本益臣大尉は、艦船を標的とする「跳飛爆撃」の第一人者で、操縦と爆撃の名手だった。跳飛爆撃とは、石投げ遊びの「水切り」のように爆弾を海面上に小さな入射角で投射し、水面で跳ねさせて艦船の側面に当てる戦法である。側面攻撃は艦船の沈没をもたらしやすいから、これは効果的だった。また通常の急降下爆撃でも、投下された爆弾は飛行機より落下速度が速く、甲板を貫通して艦船内部で爆弾を爆発させることができるため、低速で体当たりして甲板上で爆弾が爆発してしまう特攻よりも効果的だった（鴻上 2017, 30–34）。岩本は、万朶隊の乗機が爆弾投下のできない仕様に改められたことを、操縦者に対する侮辱であると見た（鴻上 2017, 46）。隊長の判断で爆弾投下が可能となるように全機を改装し、隊員には体当たり戦法の不合理性を説明して、体当たりではなく爆弾を命中させて帰ってこい、と告げる（鴻上 2017, 68–72）。だが、岩本隊長以下五名の将校は、一一月四日に、フィリピン戦線の陸軍航空隊を統括する第四航空軍の司令官、冨永恭次[21]（陸軍中将）の要請でマニラに赴くことになり、リパ飛行場からマニラに向かう途中で米機に撃墜されてしまう（鴻上 2017, 76）。隊長を失った万朶隊は、残る五名の下士官のみによる特攻出撃を余儀なくされた。

大本営は、佐々木生還の報告を受ける前に、陸軍最初の特攻で佐々木が大戦果を挙げたという公式発表を行なう。こうして佐々木は参謀らにとって生きていられては困る人物になった。以後、立て続けに出撃を命じられる。一九四四年一一月二八日の四回目の出撃命令に際しては、第四航空軍の作戦参謀から、特に「……佐々木伍長は、ただ敵艦を撃沈すればよいと考えているが、それは考え違いである。……今度の攻撃には、必ず体当たりで確実に戦果を挙げてもらいたい」との訓示があったとされる。これに対し佐々木は「私は必中攻撃でも死ななくてもいいと思います。その代わり、死ぬまで何度でも行って、爆弾を命中させます」と反論したという。だが、重ねて「今度は必ず死んでもらう」と念を押され、六機の直掩隊（特攻機を敵機から直接援護する戦闘機隊）とともにただ一機の特攻隊として出撃する。編隊がレイテ湾に接近すると、直掩隊の隊長機は合図して急旋回し、元来た方角に戻って行く。佐々木を含む僚機も合図を受けてすべて旋回し、結局カローカン飛行場に全機戻ることになった。直掩隊の隊長は、佐々木をわざわざ殺すことはないと考えて、適当なところまで飛んで引き返し、レイテ湾上空は雲量多く敵艦発見できず、と報告したのだった（鴻上 2017, 109–110）。

一二月五日の六回目の出撃で佐々木は急降下爆撃を成功させ、大型船を大破または撃沈したようである。この頃から「いろいろ言われますが、船を沈めりゃ文句ないでしょう」という趣旨のことを、佐々木は階級上位の者にも下位の者にも、また新聞記者にも公然と語るようになったという（鴻上 2017, 127）。他の飛行部隊の指揮官のなかには「特攻をやる覚悟で行って、船を沈めて帰ってきたら、りっぱなものだ。もしまた、状況が悪ければ引き返して何度でもやりなおすのがいい」というように佐々木を擁護する者も出てきた（鴻上 2017, 128）。結局、佐々木は九回に及ぶ特攻命令から生還し、米軍上陸後のルソン島山中の飢餓も生きのびて敗戦を迎えている（鴻上 2017, 154）。

大貫健一郎も今井光も佐々木友次も、特攻出撃の命令を受け、三者三様に、参謀らの期待に反して生き残った。大貫が生還したのは、意図的なものではなく、偶然の結果である。命令の遂行に努力したが、不可抗力により、完遂に成功しなかった。これに対し今井は、おそらく意図的に生き残りを選択した。命令の遂行に努力するように見せかけつつ、不可抗力によって完遂に成功しなかったかのように行為した。命令の裏をかいたと言ってよいだろう。佐々木は、軍の命令に従わなかったが、隊長の指示には従った。爆弾を命中させて生還せよという隊長の指示は、爆弾を抱いて体当たりせよという軍の命令には反している。だが、目的達成のためにより効果的な手段を採用せよ、という一般的な合理性の原理には反していない。佐々木は隊長の合理的な判断を自分自身の判断として取り入れ、目的合理性の原理に従って、不合理な軍命令には従わなかったということになる。

自己実現の願望と気概のはたらき

私たちが気概からの行動に着目したのは、演技的に生きることを肯定せず、かつまた理想の自己を求める形而上学の袋小路も避けて、社会的な圧力を視野に入れながら、なおも自己実現の可能性を見失わずに生きるにはどうしたらよいのか、という問いに答えるためであった。気概とは、怒りであり勇気であり憤懣でもあるような、ある個人の生きる力である。ここまでそれを「こんなことがあってたまるものか」という気持ちとして、あるいは「これは自分の生き方じゃない。自分はこんな所に生きる人間じゃない」という自覚として特徴づけてきた。それは、人が「不正なことをされている」と考えたとき、「心を沸き立たせ、憤激し、正しいと思うことに味方して戦」うように仕向ける働きである（『国家』440C）。気概は、与えられた状況に対する反撥を必ず含んでいる。特攻命令に意図的に逆らって生き残った人々は、与えられた状況に反撥し、状況の要請に逆らって行動した人々である。「おんぼろ特攻機をもらうほど、理由をつけやすいもんはない」とうそぶいた乾太一郎も、離陸をおそらく故意に失敗してみせた今井光も、「船を沈めりゃ文句ないでしょう」と言い放った佐々木友次も、特攻命令に従って死んでいく気などなかった。これらの人々は、「これは自分の死に方じゃない。自分はこんな所で死ぬ人間じゃない」と思ったに違いない。

佐々木はみずからの合理的判断に従ったと考えられる点で、乾や今井とは少し違うところがあると感じられるかもしれない。しかしながら、乾や今井も、生きのびるという目的に対して最も効果的な手段を選択したという点では、目的合理的な行動をとっている。佐々木も、乾や今井も、それぞれの目的に関して効果的な手段を選択しているのである。ただその目的が違っていただけである。佐々木と他の人々の目的の違いは、特攻命令に逆らうか従うかという点で見れば、大きな違いではない。みな逆らったのである。

たしかに佐々木は、敵艦撃沈という軍事目的に関してより効果的な手段を提示した点で、他の人々と異なっていた。乾も今井も、特攻命令に逆らったが、体当たりよりも効果的な攻撃を行なおうとしたわけではなさそうである。佐々木は、命令の要求を本質的に上まわる行為を遂行してみせた。そのために彼は共同体にとって有為な人材であるという印象を与える。乾や今井は、ここに紹介したエピソードによるかぎり、有為な人材であるという印象を特に与えない。それゆえ、私たちは佐々木の行動をより高く評価すべきであると感じてしまいやすい。だが、それは問題の混同である。共同の目的にどの程度貢献しているかということと、状況に対する反撥の心理とを一緒くたにしない方がよい。この二つは行為者においてちょうど反対向きに作用する要因である。状況への反撥は状況の要請から行為者を切り離す方向に作用する。状況への貢献は行為者を状況の要請に結びつける方向に作用する。怒りも勇気も憤懣も、状況に反撥する行為をもたらす。気概のはたらきの本質は、状況に対する個体の反撥を生み出すところにある。

佐々木の場合、怒りや勇気や憤懣は、行為の動因として大きなものではないように見えるかもしれない。しかし、それは当たらない。たしかに、佐々木は、軍命令よりも高い水準の合理性の認識にもとづいて行為している。その意味で、理想の自己を見出すことができた状態にある（ただし、この理想の自己の内実は、特攻命令が下るというきわめてかぎられた状況での判断である。すなわち、体当たり攻撃する自己よりも急降下爆撃する自己の方が自分にとっても軍にとっても理想的である、という判断である。だから、この理想の自己は人生の別の局面に適用できるわけではない）。自分がどのような存在でありたいかという問いに対して、彼は、体当たりではなく急降下爆撃をするような存在でありたい、と答えることができる。それゆえ、佐々木はより高い合理性（理想の自己）に従って、もっぱら理性的に行為している、と整理できそうに見える。だが、それは事実においても論理においても誤りである。

まず、事実において、佐々木は、鴻上尚史による二〇一五年一〇月二二日のインタビューに、次のように答えている。特攻であると初めて知らされたときは「いや話にならんですよ。動揺して」。改装された特攻機を与えられたときは「切ない思いと、これで一発撃ち取っていかなきゃならんっていう二本立ての思いがあって、どっちも苦しい」（鴻上 2017, 173–174）。出撃のときは「今考えても身震いするくらい、切ない思いしましたよね」（鴻上 2017, 179）。佐々木はまた、日露戦争を生きのびた父が「死ぬと思うなってこと何回も言ってね」と振り返り、「なんで死なきゃならないかって、そういう感じは持ってました」と語る（同上）。一〇月二三日の二回目のインタビューでは、繰り返し出撃命令を受けて、「今度出たら死んでやるって気持ちもないわけじゃない。だけど生きてやるぞ、生きて帰れるかもしらんっていう気持ちもあったですね」と語っている（鴻上 2017, 190）。死ねという命令を何回受けても、死を受け入れて命令に同意する心理に陥らなかったのである。[22]「動揺」「苦しい」「いま考えても身震いするくらい、切ない思い」「死ぬと思うな」「なんで死ななきゃならないか」「生きてやるぞ」という一連の証言は、佐々木のなかに、特攻命令への反撥ないし不同意が事実としてずっと存続していたことを示している。

また、論理において、特攻命令への反撥と不同意が存在しなければ、それを上まわる効果的な攻撃方法を試みることになるはずがない。命令に対する反撥がなければ、敵艦撃沈という共同の目的への佐々木独自の貢献はありえなかった。状況に対する反撥によって行為者は状況から自分を切り離し、そうやって状況を対象化することを通じて、自分の目的達成に最も効果的な手段を選択することが可能になる。佐々木は、特攻命令に同意しなかった。とはいえ敵艦撃沈という軍の目的は自分の行為の目的として受け入れて、その共同の目的に対して、軍命令よりも合理的な手段を提示した。共同の目的に貢献することによって、佐々木は状況の要請にみずからを再び結びつけることになった。だが、この共同性への再結合に論理的に先行するのは、自分を状況の要請からまず切り離す（要請から自由になる）ということである。状況から自分を切り離す力は、状況への怒りや憤懣から来る。その力を行動に変えるのは、怒りや憤懣に沿って行為する勇気である。佐々木における状況への貢献（軍命令より合理的な行為）は、事実においても論理においても、軍命令への反撥と不同意を前提する。すなわち、気概によって、「心を沸き立たせ、憤激し、正しいと思うことに味方して」、正しくないと思われる状況の要請から自由になることが先行しているのである。

こうして私たちは、ジョー・クリスマスや、老人の世話から逃げ出す女性と、特攻命令に逆らって生き残った人々とを同じ類型と見ることができる。これらの人々は、いずれも、「こんなことがあってたまるものか」という怒りと憤懣と勇気によって、状況の要請から自分を切り離し、与えられた運命ではない別の何かに向けて自分を押し出した。その何かがいったい何であるのかは、行動し始めた本人にも分からない。どこに向かっているのか分からないままに、状況の要請から自分を切り離して動き始める。それを可能にするのは、怒りや勇気や憤懣の力である。その行動は、既知の評価基準に照らして高い評価を受けるとはかぎらない。むしろほとんどの場合、低い評価しか受けられない。ジョー・クリスマスは、現実世界では情人を斬り殺した殺人犯にすぎない。老人の世話を放棄して逃げる女性は、それを義務と見なす社会では人非人の誹りを免れない。乾太一郎は無頼漢のおもむきを漂わせており、今井光は怯懦を嘲笑われた。佐々木友次は、現在の私たちには偉大な英雄だが、当時の上官たちには手に負えない反抗的人間であり、フィリピンでは佐々木の射殺命令さえ出されていた（鴻上 2017, 157）。社会的な圧力の下で、演技を拒絶し、理想の自己は未だ知らず、それでもなお自己実現の可能性を見失わずに生きるということは、怒りや勇気や憤懣の力で状況の要請から自分を切り離すことにおいて始まる。欲求や理知ではなく、むしろ気概によって動かされることが必要なのである。

シンガポール華僑粛清事件の報告のなかにも、気概のはたらきを感じさせる挿話がある。一九四二年二月二八日から三月一日にかけて、シンガポールの郊外地域において、近衛師団による華僑粛清が実施された。ロー・ツェツアンとン・キムソンは、その生き残りである。ローは魚や野菜を売ることを生業としていた。ンは学生だった。二人を含む一群の人々はトラックでポンゴール海岸のあたりに連れて行かれた。

ローさんとンさんは幸運だった。二〇人ほどが一緒にされていたが、彼等の中の年配の者が地面に字を書いて日本兵と筆談した。日本兵は、お前たちは反汪（兆銘）で蔣介石の支持者だと書いたので、年配者が、自分たちは魚や野菜を売っている者で中国に送るほど金はないと書くと、その日本兵は考え込んだようだった。海岸近くの家に入れられたあと、別の日本兵がやってきて四人だけ連れて行った。その後、筆談をした日本兵は残っていた一八人をゴム園に連れ出した。そこで助けてやると言われて、逃げ出した。後ろから銃声が聞こえたがカモフラージュのためだったようで、その一八人は助かった。このポンゴール海岸には一〇台以上のトラックに中国人が乗せられて連行され処刑された。（林 2007, 108）

この、筆談する日本兵は、選抜された者たちを処刑せよという命令に従わなかった。それは作戦行動中の軍隊において、かなり勇気を要する行為だったはずである。この抗命は、確たる信念からというよりも、その場の状況の何かがおかしいという違和感からの行為であるように見える。この日本兵は、「こんなことがあってはならない」という微かな怒りをともなう疑念を抱いたのだろう。そこで、命令された作戦行動のシナリオを書き換えて、軍の共同行為のごく一部分を予定から逸脱させた。

この逸脱には華僑粛清事件の本質を変えるような意味はない。粛清命令を否定し、占領地の軍政のよりよいあり方を提示する、という事件の本質に関するシナリオの書き換えがなく、状況の要請を上まわる貢献はないからである。その場の思いつきによる小さな逸脱であり、例外にすぎない。

だが、この日本兵を、命令に従わず自分の違和感と怒りによって行為したという点で、非人間的な状況における人間のあり方として、高く評価することはできる。この人物は、強い社会的な圧力の下で、みずからの気概に動かされ、命令に逆らって行為したからである。かくして、自己実現の可能性を見失わずに生きるとは、具体的には何をどうすることなのか、という問いかけに対して、次のように答えることができる。個人の最善選択が常に可能であってほしいという願望を現実のなかでもち続けることは、怒りや勇気や憤懣に動かされて状況の要請に逆らうことから始まる、と。

あとがき

私は哲学の本を書いたつもりなのだが、話題は哲学の分野を越えて広い範囲に及んでしまった。本書の各章で哲学史解釈や概念分析にたずさわったのは当然として、章ごとの話題は、二〇世紀の戦犯裁判から紀元前五世紀のギリシア悲劇まで、幼児の認知的発達から狩猟民の宗教的心性まで、多岐にわたっている。どうしてこういう構成の本になったのか、本書が形を成すまでのいきさつを述べておきたい。

私が自己犠牲を哲学の問題としてとらえるようになったきっかけは、ひとえに作田啓一の論文「死との和解——戦犯刑歿者の遺文に現れた日本人の責任の論理」を読んだことにある。日本軍の将兵が近代的な司法の論理にもとづいて戦犯として裁かれたとき、相当数の被告人が「自分はいけにえになるのだ」という思いに支えられて死刑判決を受け入れた。作田の論文は、「自分はいけにえだ」という自己理解が連合国軍の司法の論理に適合しないことを明らかにしている。自己犠牲という概念のこの場違いな出現は、私にも、作田の示唆するように、近代の日本人が西洋近代とは異なる歴史的文脈を生きているしるしであると思われた。この概念を入り口にすれば、自分の受け継いでいる思考様式の特徴をとらえることができるかもしれないと感じたのだ。

手もとの『恥の文化再考』は一九七六年発行の新装版だから、収録論文の一つとして「死との和解」を読んだのは一九七〇年代の終わり頃だったはずである。当時私は哲学専攻の大学院生だった。作田の論文と相前後して、同じ頃出版された『日本人の死生観』上・下（加藤周一、M・ライシュ、R・J・リフトン著、矢島翠訳、岩波新書、1977）も興味深く読んだ。作田の論文が、戦犯として訴追された市井の人々の死の受容を扱っていたのに対し、加藤・ライシュ・リフトンの論考は、近代日本の知識人における生と死の意味づけの特徴を描き出そうとするものだった。考察の対象は、乃木希典、森鷗外、中江兆民、河上肇、正宗白鳥、三島由紀夫の六人である。作田や加藤らの著作に接して、日本における哲学は、この種の事例研究にもとづかないかぎり、西洋思想のたんなる紹介を超えて、知的な探究として成立するはずがない、と強く思ったことを鮮明に記憶している。それはちょうどフーコーやドゥルーズやデリダがもてはやされ始めた頃のことで、入れ替わりにサルトルやカミュが忘れられていく時代でもあった。私の抱いた強い思いは、西欧の最新思想のそういううわべだけの消費は哲学から最も遠いという気持ちと無関係ではなかった。

作田も加藤・ライシュ・リフトンも、日本の近代を現実に生きた人々が、みずからの生の意味をとらえようとするとき、どのような概念と心情の形式に実際に依拠したのかという問題を、事例に即して解明しようとしていた。そして、見出された特徴的な類型を、社会学や精神分析学や歴史学の一般的な文脈から理解することを試みていた。哲学もまた人々の生の意味を考察するものであろうとするかぎり、人々の思考の現実のあり方と哲学の一般的な文脈の両方を踏まえなければならないことは自明であると私には思われた。そして、私たちの思考の現実に分け入る手がかりは自己犠牲という概念に求めることができ、哲学の一般的な文脈は西洋哲学史の研究によって知ることができると思われた。

だが、思考の現実と哲学的一般性の両方を踏まえるという要請を満たすことは簡単ではなさそうだ、という予感もあった。実際に、作田や加藤らの著作を読んでから自己犠牲を主題とする論文を公刊するまでに、ほぼ二〇年の歳月を要した。そして、本書を書き上げるまでには、それからさらに二〇年が必要だった。私が四〇年前に予感した困難を、現在から振り返って整理すれば、次のようになる。

作田の論文は、「自分はいけにえになるのだ」という戦犯の自己理解が、戦犯裁判における連合国のもくろみへの、意図せざる〝はぐらかし〟になっていたことを浮かび上がらせている。連合国は戦犯裁判で文明の立場を代表した。それは個人の意思決定と行為遂行の責任を問うものだった。だが、「自分はいけにえになるのだ」という反応は、被告人たちがその文明的な裁判の文脈にまったく乗っていないことを示していた。文明の側から見れば、彼らは問題の本質が理解できていないのだ。ところが、被告人たちの思考は、私にはよく分かるように思われた。

さて、現代の哲学的思考の一般的な文脈は、西洋近代文明が与える。現代世界は、西洋の一七世紀以降の思考様式が、思想的にも制度的にも地球全体に広がって成立したものだからである。そして、文明が定義する哲学の一般的な文脈に立つと、戦犯たちの思考は、どこか歪んだ異質なものに見えてくる。近代哲学の立場から言えば、戦犯として訴追された人物の「自分はいけにえになるのだ」という自己認識は、みずからの個人責任への無理解を表すものでしかないからである。この場合、人々の思考の現実と哲学の一般的な文脈の両方を踏まえよという要請は、私にとって、自分によく分かる思考と、その思考がまさに本質的な無理解の現れとなる文脈の、両方を踏まえよ、という要請を意味することになる。自分によく分かる思念と、まさにそのよく分かる思念がなにも分かっていないことのしるしになる文脈とを、両方踏まえるというのは果たして可能だろうか。どちらか一方に肩入れするのでもなく、どっちつかずの中立でもなく、両方を踏まえるということが。

今の私は、それが可能であることを知っている。哲学の領分を離れ、問題を人類の自然史のなかに位置づけることによって、それは可能になる。この本はそれが可能であることの証拠のつもりである。だが、当時の私には、目の前にある困難をこんな風に整理してとらえることはできなかった。何か困難がありそうだが解決の糸口がない、と感じるだけだった。そもそも自己犠牲を哲学の文脈で考えるために、どんな文献を読めばよいかすら分からなかった。検索手段は図書館の蔵書カードくらいしかない時代だったのだ。分かっていたのは、自己犠牲という問題が、哲学でよく扱われる問題の一つではない、ということだけだった。

私は、当時ジョン・ロックの知識の哲学を勉強し始めたところだった。ロックが生きた一七世紀のイングランドは、実験的自然科学と市民革命という近代を定義する二つの活動がいち早く起こった歴史的に重要な場である。ロックはその両方に深くかかわっていた。振り返ってみれば、西洋近代哲学の一般的な文脈を知るために絶好の哲学者に出会っていたわけである。だが、私がロックを読み始めたのは、そんな背景とはなんの関係もなく、たんなる偶然にすぎなかった。一九七五年にオックスフォード大学のクラレンドン出版局から、クラレンドン版ロック全集(The Clarendon Edition of the Works of John Locke)の初巻として、新たな校訂による『人間知性論』が刊行された。洋書店でそれをたまたま目にして、卒業論文の題材に好適だと思って読み始めたまでなのだ。その後、勃興期の実験的自然科学とロックの哲学との関係の研究に二〇年ほどたずさわることになる。自己犠牲は、ときどき取り出して考えてみる第二の研究課題という扱いになった。だが、一七世紀から一八世紀半ばという近代前半の哲学から得られた知見は、自己犠牲を理解するためにも大きな意味があった。

＊

ロックは、西洋近代哲学に認識論という特徴的な枠組みを与えた哲学者である。彼は、人間が神から与えられた知性とみずからの日々の経験とを通じて、どのような領域で確実な知識に到達でき、どのような領域では到達できないのか、ということを明らかにしようと考えた。本書の第9章2節で見たように、ロックは、自己の存在は直観的に知ることができるという洞察をデカルトから引き継ぐ。そして、神の存在は論証的に知ることができ、数学および道徳哲学の諸命題も論証的に知ることができると主張する。また、自然界の個々の事物の実在は、感覚経験を通じて事実上確実に知られるという主張を、デカルト由来の観念(idea)という当時の最新の哲学的装置を意外な仕方で巧みに使って確立する。だが、そのロックの観念の理論に従うと、事物の普遍的な本質は、類比や抽象化という観念の操作を通じても、仮説と実験という実地の操作を通じても、確実に知ることはできない。だから、自然科学の理論的な洞察は、数学のような論証的な確実性を備えるには至らず、多かれ少なかれ蓋然的であるにとどまる。

個々の事物は感覚を通じて確実に知られるというロックの主張は、認識論を少しでも学んだことのある人なら、無理のある主張だとすぐに分かるはずである。まっすぐなストローを水の入ったコップに差し入れると曲がって見える。感覚は外界を必ずしも正確に伝えない。これは古代から知られた懐疑論の主張であり、デカルトが大々的に復活させて、現代に至る哲学的常識になった。ロックは、デカルト哲学を学んでいて、かつ感覚は信頼できると主張しているのだから、ロックの議論のなかに、感覚表象を通じて外的対象の正確な認識が得られる、という反デカルト的な主張を正当化する有効な議論が何かあるに違いない。多くの研究者がこのように考えた。私もそう考えた。ロックのテクストを精読すると、それらしい議論はちらほら見つかる。だが、どれも懐疑論を決定的に反駁するものではない。他方でロック自身が懐疑論の論点を援用している箇所も散見される。それゆえ、ヴィンデルバントのような哲学史家は、ロックには混乱があるが、その混乱こそカントにおいて完成をみる近代認識論にとって価値あるものだった、といった評価を下している。あるいは、マンデルバウムのように、現代の科学哲学を援用して、ロックを科学的実在論（scientific realism）の萌芽と見る研究者も現れた。これらはいずれも当たらないというのが、一九九〇年代に私が達した結論だった。

ロックは、のちに出現するカントや科学哲学に沿って知識の問題を考えてなどいない。同時代の実験的自然科学に沿って考えている。実験家の観察報告が知識の有力な基礎だというのは、自然科学にとって一つの公理の位置を占める主張である。一七世紀の実験家たちは、この主張によって、アリストテレスの著作の言葉こそが知識の基礎であると主張する旧世代の学者たちと戦った。一七世紀の歴史的文脈では、ロックの言う「感覚の単純観念」（感覚表象）とは、まずもって実験家の感覚内容を指している。これに対立するのは「外的対象」ではなく「書物の言葉」だったのである。学者の言辞ではなく感覚の観念こそが世界の実相を伝える。書物を読み言葉について議論をするのはやめて、世界を観察して感覚報告を集積せよ、感覚は神が人間に与えた機能なのだから信頼できないはずがない、というのが一七世紀の実験的自然科学者の立場だった。ロックの知識論は、同時代の文脈から見ればなんら混乱を含まない明快な体系として解釈できるのである（詳細は、拙論「所与を越える道」〔doi/10.18999/jouflp.40.65〕

と「ジョン・ロックの自然科学の哲学」〔doi.org/10.11439/philosophy1952.1996.207〕を見られたい)。

自然科学を生みだした一七世紀の知識論は、個人が歴史や社会から独立に世界に相対している、という強い個人主義の心性を背景にもつ。デカルトは数学的直観によって世界の物理的構造を知ることができると主張した。ロックは感覚経験によって世界の博物学的実相を知ることができると主張した。アリストテレスをはじめとする歴史的遺物はすべて捨ててよい。社会的受容は真理の保証ではない。幾何学と代数学を通じて、あるいは目で見て手で触ることによって、この私がみずから確かめるということだけが真理の保証である。そして、私と真理が結びつく世界の構造そのものを支えているのは、神の創造のわざなのだ。

*

西洋哲学史を学べば、近代という時代が自律する自由な個人を基礎とすることにすぐに気づく。ただし、日本語の「自律」という言葉には注意が必要である。例えば、「礼儀作法に自律的に従う」という場合、この「自律」は、「他人に教えられなくても既存の規則に従った行動ができる」という意味にすぎない。だが、欧州諸語を念頭に置いて「自律(autonomy)」という場合、これは「自分が自分の原則を立てる」という意味である。既存の規則に従うこととは正反対なのだ。自律とは自由であり、他からの支配を受けないということである。自分が確かめることのみが真理を確立するというのは、もちろん後者の自律を含意している。この意味で、近代において、自由な個人は自律するのである。

この「自分が自分の原則を立てる」という意味での自律が、不利益の甘受を意味する自己犠牲という行為類型と両立しそうにないことには、比較的早い段階で気がついた。自律とは自分の考えで最善を追求することだが、自己犠牲は自分にとっての最善を断念することなのだ。ならば、人間の倫理的思考様式には、自律を規範の確立の手続きとする立場と、犠牲を献げることを規範の確立の手続きとする立場という二つの系統があるのではないだろうか。

そこで、一九九一年に「自由と犠牲」と題して、自由にもとづく倫理的思考と犠牲にもとづく倫理的思考を対比する発表を、名古屋と京都で行なった。また同じ主題で一九九二年に、当時科学哲学センターの客員研究員として滞在中だったピッツバーグ大学で、文化研究（Cultural Studies）の大学院セミナーに参加させてもらって発表を行なった。いずれの発表でも参加者から有益な批判が多数寄せられ、洋の東西を問わず、自己犠牲という主題が人々の関心を刺戟するものであることが確認できた。また、日本での質疑応答の体験からは、特に「日本人論」に転落しないように十分注意すべきであることを痛感させられた。

こうした経緯があって一九九七年に「自己犠牲の倫理学的分析」を公刊する。この論文で初めて、意思決定が合理的であることと、行為者が個人であることと、その行為が自己犠牲的であること、という三つの属性が、一つの行為において同時に成り立つことはない、という論点を提出した。本質的に同じ論点を別の仕方で提出したものとして、オーヴァヴォルドの論文（Overvold 1980）がすでにあったわけだが、私はそれを知らなかった。哲学界の関心から遠い自己犠牲という問題について、無名の書き手の短い論文がカナダの学術雑誌に掲載されている、なんていうことを探りあてる手段は、当時まだ発達していなかったのだ。

先行研究を知らずにいたことは、よい効果をもたらした。オーヴァヴォルドは個人の社会性をまったく顧慮しない。私は、自己犠牲はもっぱら権力対個人という社会哲学の問題であると考えていたから、両者の根本の直観は大きく異なる。根本的直観が相反する先行研究を生真面目に学ぶと、表層の類似に引きずられて自分の直観にそぐわない見解まで取り込んでしまいかねない。そうなると、自分の思考の自然な流れが妨げられる危険が大きくなる。これが避けられたのは幸いだった。私は、オーヴァヴォルド風の、近代の個人主義の概念枠を部分的に改造して自己犠牲を包摂する方向を取らずに、近代の個人主義を広く人類史のなかに位置づけて見直す方向へと自然と向かうことになった。

本書は、巻末の参考文献に列挙したように、一九九〇年代後半から現在までに私が書いた相当数の論文を取り込んで成立している。その三分の一弱を占める発達心理学や自我論の論文は、自己犠牲という問題とは関係なく、そのときどきの関心に沿って執筆された。それらの論文の論点は、分散して本書の各章に織り込まれている。もちろん原論文の論法や言葉遣いをそのまま踏襲した箇所も多い。だが、それらは結果的に自己犠牲という問題につながったただけであって、執筆の時点では後に関連づけることを目指して書かれたわけではなかった。自分の思考が思いがけない仕方で全体としてつながっていくという体験は、多くの人にあるだろう。私の体験もその一例である。

自己犠牲をめぐっては、長いあいだ、うまく解決できない問題が一つあって、そこに不透明さが残り、自分の立場をはっきり決めることができなかった。その問題に解決の見通しが与えられたことで、さまざまな論点が一つにつながるようになったのだ。

その問題とは、自己犠牲を偽善や欺瞞の一種と見なさないでおくことが本当に可能か、という問題である。自己犠牲とは、単純化すれば、利己的欲求を抑圧して共同体に貢献することである。それは自分を偽る偽善や欺瞞ではないのか。人間が行為するときには、どんな場合でも、その人間の意志（脳の命令）によって身体が動く。自己犠牲は、自分が本当は行ないたいと思っていないことを行なう、という行為類型の一つである。いやいや行なったにしても、ある仕方で身体が動いた以上、最終的に行為者の脳が自分の身体に動けという命令を出したはずである。そうしたくないという気持ちと、そうせよという命令とが、一人の人間のなかに同居する状態は、行為者が人格的に分裂していると考えれば成立可能である。アリストテレスの昔から、「甘いものを食べるのはよくない」と知っている人が、「これを食べちゃいけないんだ」と言いながら甘いお菓子を食べてしまう、といった例はよく知られている。これは意志の弱さの例である。アリストテレスは、こういう場合「これを食べちゃいけないんだ」といった言葉は舞台上の役者の台詞のように発せられているのだ、と指摘した。役者個人と役柄の分離は、演劇が成り立つ必要条件である。自己犠牲もある種の演技的な行為と見なせば、「したくないのにする」という論理的な矛盾は回避でき、現実世界において成立しうる行為類型となる（論理的に矛盾したままだと、自己犠牲はいかにして可能か、という問いが残ってしまう）。だが、現実世界におけるこの種の演技的な行為は、自他を欺く欺瞞の一種ではないだろうか。

この疑念への回答は、思いがけず、美学の領域から得られた。絵を見るとき、現実に目の前にあるのは絵の具の塗られた平面にすぎない。だが人間はそこに、謎めいた微笑を浮かべるルネッサンスの婦人を見たり、神奈川沖で波浪に翻弄される小舟を見たりする。あるいは、「吾輩は猫である。名前はまだ無い」という文を読むと、現実には猫が文章を書くはずがないと知っているのに、猫の報告を面白く聞く体験をする。映画は現実にはスクリーンに投射された画像にすぎないことを知っているのに、恐竜に追いかけられるのをまざまざと体験して心拍数が上昇し、映画館の座席のなかで思わず身体を縮めてしまう。芸術作品だけでなく、ときには流れる雲が馬の首に見えたり、沢の蛍が我が身から脱け出した魂に見えたりする。外的事物に促されて人が想像世界に遊ぶということの重要性は、ケンダル・ウォルトンの『フィクションとは何か』から学んだ。ウォルトンを読んだのも偶然のなりゆきで、それは二〇〇八年だった。それまでは自己犠牲の演技性をめぐってなんとなく釈然としない感じが残っていたが、ウォルトンを読んだことによって視界が開けたのである。

絵画の歴史は少なくとも数万年前の洞窟壁画に遡りうる。輪郭線や色合いを何かを表すもの（表象体）としてとらえる能力は、現生人類を進化的に特徴づける重要な特性である。人間は、外界の事物を認知したとき、色や形や音などの物理的特性をそこに認めるだけではない。それらに促されて、一定方向の想像をみずから進んで展開し、その虚構世界のなかで現実世界と類似した経験をする。例えば、広告写真は私たちを動かして商品を買わせる。このとき私たちは、画像に促されて想像した虚構世界の擬似体験（商品のすばらしい効能）によって購買意欲をそそられて、現実世界で商品を購入するのだ。こうして、現実世界と虚構世界の二つをまたいで生きるということは、人間にとってまったく自然なあり方なのであり、それは子供たちのごっこ遊びに典型的に現れている。ウォルトンは、幼児期のごっこ遊びは成人期に達しても消え去ったりせず、芸術作品の鑑賞体験として続けられていると主張した。また、宗教や道徳や科学にも、ごっこ遊び的な信念（信じることにすること）が決定的なところで関与しているだろうと示唆した。

自己犠牲が一般に演技的な行為であり、一種のごっこ遊びであるのなら、それは現実世界と虚構世界をまたいで生きる現生人類の基本的な特性に根を下ろしているはずである。現実と虚構の二層を生きるということは、人間的な生の根本条件なのだ。自己犠牲は偽善や欺瞞の一種ではないのか、という疑念に対して、ここから直接的な答えが得られるわけではない。ある一つの自己犠牲の事例は、なるほど偽善に分類されるかもしれない。だが大事なのは、自己犠牲が偽善や欺瞞の一種なのではないかという問いに答えることではない。そうではなくて、自己犠牲や自己欺瞞、あるいは意志の弱さや不合理な行為というような、「したくないのにそうしてしまう」という現象が生み出される根源にある人間的な生の条件を明瞭に見ることである。

現実世界と虚構世界をまたいで生きる能力は、ある事象をそれとは別の何かを表すもの（表象体）としてとらえる能力に根ざしている。その能力は、子供たちのごっこ遊びとして現れたり、大人の芸術体験として現れたり、宗教活動や道徳上の行為に潜んでいたりする。そのうちのあるものが、ときに偽善として非難されたり、自己犠牲として称揚されたりするだけなのだ。非難や称揚は時と場所と人によって変わるに違いない。重要なのは、非難や称揚の対象となる当の行為を可能にする人間的生の不変の条件の方である。人類の自然史のなかに自己犠牲を位置づけることは、演技やごっこ遊びを生み出す人間の心的能力という基礎の上に自己犠牲を位置づけることである。自己犠牲における自己の演技性をそこに位置づけることができれば、自己の演技性の否定もまた位置づけることができる。これが自己犠牲の概念と近代の個人主義との両方を、人類の自然史のなかに哲学的に位置づけることの実質である。

私は、この仕事をかなりうまくやってのけたと思っている。だが、はたして本当にうまくいっているのかどうかは、読者みずからに、本書の全体を読んで判定していただく方がよいだろう。

本書は、以上のように長い年月をかけて成立した。この間、名古屋大学出版会の橘宗吾さんには、一九九七年の「自己犠牲の倫理学的分析」を読んでいただいて以来、ずっと一貫して、面白い研究だから是非まとまったかたちにするようにと励ましていただいた。私は、一七世紀の哲学史や科学史から発達心理学や分析美学まで、かけ離れた主題のあいだを散歩するように、好き勝手な研究を続けてきた。自分の研究の意義を信じて、いつかは自己犠牲についての考察をまとめようと思い続けることができたのは、ひとえに橘さんの励ましのおかげなのだ。この場を借りて、心からの感謝を献げる。

本書は、これまでに大学での講義や演習で何度も取り上げた話題からなっている。教室で受けた質問や学期末試験の答案から、思いがけない示唆を得たこともたびたびあった。授業はしばしば標準的な内容にはならなかったが、そこに興味をもって出席してくれて、ときに鋭い反応を返してくれた受講生たちに心から感謝する。納得がいかないという質問になんとか答えようとして、その場で考え直したり、あとで新たに文献を読んで議論を作り直したりしたことも多かったのだ。

*

また、本書の出版が実現するについては、資金面で日本学術振興会の平成三〇年度科学研究費助成事業・科学研究費補助金・研究成果公開促進費・「学術図書」の交付を受けたことが決定的だった（採択課題番号 18HP5023）。本書を採択すると決めたのが誰なのかは知る由もないが、氏名不詳の審査委員の方々に感謝したい。

最後に、ここ数年のＳＮＳでのやりとりから、旧日本軍の戦争犯罪と現代日本人との道義上の関係について、人々のあいだで関心が消滅したわけではないことが分かってきた。とりわけ、畏友ガメ・オベールこと大庭亀夫（仮名）とのツイッターやブログコメント欄での問答を通じて、私の見解に興味を抱く人が少数ながら存在することに気づかされた。そのことは本書の完成に向けて私を後押しした。ＳＮＳは不完全で危ういコミュニケーションの場だが、思いがけない理解や支援が得られることもある。その事実をここに記して、私の発言に「いいね」を送ってくれた面識もなく本名も知らない人々への謝意を表しておきたい。

二〇一八年八月三一日

著　者

《著者略歴》

田村 均（たむら ひとし）

1952年　名古屋市に生まれる
1977年　京都大学文学部卒業
1984年　京都大学大学院文学研究科博士後期課程満期退学
現　在　元名古屋大学大学院文学研究科教授

自己犠牲とは何か

2018年 12 月 10 日　初版第 1 刷発行

定価はカバーに
表示しています

著 者　田 村　均
発行者　金 山 弥 平

発行所　一般財団法人　名古屋大学出版会
〒 464-0814　名古屋市千種区不老町 1 名古屋大学構内
電話(052)781-5027/FAX(052)781-0697

Printed in Japan
印刷・製本 ㈱太洋社
ISBN978-4-8158-0928-7
乱丁・落丁はお取替えいたします。

索　引

ア　行

カ　行

サ　行

ナ　行

ハ　行

マ　行

ヤ　行

ラ・ワ行

参考文献

邦語・邦訳文献

アーレント，H.（1969）『イェルサレムのアイヒマン――悪の陳腐さについての報告』大久保和郎訳，みすず書房
アーレント，H.（1994）『精神の生活　第二部　意志』佐藤和夫訳，岩波書店
アイスキュロス（1990）『アガメムノーン』久保正彰訳．松平千秋・久保正彰・岡道夫編『ギリシア悲劇全集』1，岩波書店，所収
アイヌ民族博物館編（2003）『伝承事業報告書 2　イヨマンテ――日川善次郎翁の伝承による』アイヌ民族博物館，所収
アウグスティヌス（1982–91）『神の国』（一）～（五），服部英次郎・藤本雄三訳，岩波文庫
アクィナス，トマス（1963）『神學大全　第 2 冊（第 I 部，第 14 問題～第 26 問題）』高田三郎訳，創文社
アクィナス，トマス（1962）『神學大全　第 6 冊（第 I 部，第 75 問題～第 89 問題）』高田三郎・大鹿一正訳，創文社
アクィナス，トマス（1977）『神學大全　第 13 冊（第 II–1 部，第 90 問題～第 105 問題）』稲垣良典訳，創文社
アリストテレス（2017）『自然学』内山勝利訳．内山勝利・神崎繁・中畑正志編『アリストテレス全集』4，岩波書店，所収
アリストテレス（2014）『ニコマコス倫理学』神崎繁訳．内山勝利・神崎繁・中畑正志編『アリストテレス全集』15，岩波書店，所収
アリストテレス（2017）『詩学』朴一功訳．内山勝利・神崎繁・中畑正志編『アリストテレス全集』18，岩波書店，所収
アンスコム，G. E. M.（1984）『インテンション――実践知の考察』菅豊彦訳，産業図書
飯田進（2008）『地獄の日本兵――ニューギニア戦線の真相』新潮新書
岩川隆（1995）『孤島の土となるとも――BC 級戦犯裁判』講談社
ヴィノフスカ，マリア（1982）『アウシュヴィッツの聖者コルベ神父』丘野慶作訳，聖母の騎士社
ウォルトン，ケンダル・L.（2016）『フィクションとは何か――ごっこ遊びと芸術』田村均訳，名古屋大学出版会
牛村圭（2001）『「文明の裁き」をこえて――対日戦犯裁判読解の試み』中公叢書，中央公論新社
宇田川洋（1989）『イオマンテの考古学』東京大学出版会
内井惣七（1988）『自由の法則　利害の論理』ミネルヴァ書房
エウリピデス（1990）『メーデイア』丹下和彦訳．松平千秋・久保正彰・岡道男編『ギリシア悲劇全集　第 5 巻　エウリーピデース I』岩波書店，所収

エウリピデス（1992）『アウリスのイーピゲネイア』高橋通男訳．松平千秋・久保正彰・岡道夫編『ギリシア悲劇全集』9，岩波書店，所収
オースティン，J. L.（1978）『言語と行為』坂本百大訳，大修館書店
大西覚（1972）『秘録昭南華僑粛清事件』金剛出版
大貫恵美子（2006）『学徒兵の精神誌――「与えられた死」と「生」の探求』岩波書店
大貫健一郎・渡辺考（2009）『特攻隊振武寮――証言：帰還兵は地獄を見た』講談社
大林太良（1991）『北方の民族と文化』山川出版社
オブライエン，ティム（1998）「レイニー河で」，同『本当の戦争の話をしよう』村上春樹訳，文春文庫，69-100
折口信夫（1975）「信太妻の話」，『折口信夫全集』第2巻，中公文庫，所収（初出 1924）
カートミル，マット（1995）『人はなぜ殺すか――狩猟仮説と動物観の文明史』内田亮子訳，新曜社
柏端達也（2007）『自己欺瞞と自己犠牲――非合理性の哲学入門』勁草書房
片岡義男（1997）『日本語の外へ』筑摩書房
加藤拓（2007）「沖縄陸軍特攻における「生」への一考察――福岡・振武寮の問題を中心に」，『史苑』（立教大学），68(1)，61-89（doi/10.14992/00001606）
河村参郎（1952）『十三階段を上る――戦犯処刑者の記録』亜東書房
カント，I.（1972）『人倫の形而上学の基礎づけ』野田又夫訳．野田又夫編『世界の名著　カント』中央公論社所収（原著初刊 1785）
カント，I.（2005）『純粋理性批判』上・中・下，原佑訳，平凡社ライブラリー（原著初版 1781，第2版 1787）
キケロー（1999）『国家について』岡道男訳．岡道男・片山英男・久保正彰・中司哲郎編『キケロー選集』8，岩波書店，所収
ギデンズ，アンソニー（1993）『近代とはいかなる時代か？――モダニティの帰結』松尾精文・小幡正敏訳，而立書房
共同訳聖書実行委員会（1989）『聖書　旧約聖書続編つき』日本聖書協会
極東国際軍事裁判所編（1946-48）『極東国際軍事裁判速記録』自家製本（筆者が利用したのは名古屋大学附属図書館所蔵の自家製本版。なお，雄松堂書店が 1968 年に全巻を復刻）
グドール，ジェーン（1990）『野生チンパンジーの世界』杉山幸丸・松沢哲郎訳，ミネルヴァ書房
グラント，エドワード（2007）『中世における科学の基礎づけ――その宗教的，制度的，知的背景』小林剛訳，知泉書館
黒田亘（1992）『行為と規範』勁草書房
鴻上尚史（2017）『不死身の特攻兵――軍神はなぜ上官に反抗したか』講談社現代新書
河野本道（1985）「アイヌ・宗教」，『世界大百科事典　第2版』平凡社
小菅信子・永井均解説・訳（1996）『GHQ 日本占領史　第5巻　BC 級戦争犯罪裁判』日本図書センター
小林道夫（1995）『デカルト哲学の体系――自然学・形而上学・道徳論』勁草書房
作田啓一（1967）『恥の文化再考』筑摩書房

作田啓一（1972）『価値の社会学』岩波書店
塩尻公明（1952）『祖国への遺書――戦犯死刑囚の手記』毎日新聞社
シュナイウィンド，ジェローム・B.（2011）『自律の創成――近代道徳哲学史』田中秀夫監訳，逸見修二訳，法政大学出版局
ジラール，ルネ（1982）『暴力と聖なるもの』古田幸男訳，法政大学出版局
巣鴨遺書編纂会編（1984）『世紀の遺書』講談社（初刊 1953）
鈴木孝夫（1973）『ことばと文化』岩波新書
スタイナー，ジョージ（1989）『アンティゴネーの変貌』海老根宏・山本史郎訳，みすず書房
関嘉彦編（1967）『世界の名著　ベンサム　J・S・ミル』中央公論社
ソポクレス（1990）『アンティゴネー』柳沼重剛訳．松平千秋・久保正彰・岡道夫編『ギリシア悲劇全集』3，岩波書店，所収
田川建三（2004a）『イエスという男　第 2 版　増補改訂版』作品社
田川建三（2004b）『キリスト教思想への招待』勁草書房
田川建三訳著（2008）『新約聖書　訳と註　1　マルコ福音書／マタイ福音書』作品社
田川建三訳著（2009）『新約聖書　訳と註　4　パウロ書簡その二／擬似パウロ書簡』作品社
田窪行則（1997）「日本語の人称表現」，同編『視点と言語行動』くろしお出版，所収
田村均（1996）「人格の同一性について――人類学的視点と哲学的視点」，『名古屋大学文学部研究論集』哲学 42，89-115（doi/10.18999/jouflp.42.89）
田村均（1997）「自己犠牲の倫理学的分析」，『名古屋大学文学部研究論集』哲学 43，37-64（doi/10.18999/jouflp.43.37）
田村均（1998）「デカルトとイギリス経験論」，野田又夫監修，湯川佳一郎・小林道夫編『デカルト読本』法政大学出版局，192-201
田村均（1999）「自己犠牲をめぐる三つの物語――エウリピデス，ティム・オブライエン，宮沢賢治」，『名古屋大学文学部研究論集』哲学 45，37-72（doi/10.18999/jouflp.45.37）
田村均（2000）「私は考える，ゆえに，何があるか？――コギトの自然化と社会化の試み」，『名古屋大学文学部研究論集』哲学 46，35-80（doi/10.18999/jouflp.46.35）
田村均（2004）「私は考えるとは，何をすることなのか？――心の理論に関する発達心理学の最近の研究から」，『名古屋大学文学部研究論集』哲学 50，41-91（doi/10.18999/jouflp.50.41）
田村均（2005）「功利主義者が自己犠牲をするとき――マーク・カール・オーヴァヴォルドの 3 論文の分析と評価」，『名古屋大学文学部研究論集』哲学 51，22-58（doi/10.18999/jouflp.51.23）
田村均（2006）「「考える私」以前――デカルト的自我と幼児の自己認識」，『名古屋大学文学部研究論集』哲学 52，27-73（doi/10.18999/jouflp.52.27）
田村均（2007）「ドナルド・ディヴィドソンにおけるキリスト教的フォーク・サイコロジー」，『名古屋大学文学部研究論集』哲学 53，29-67（doi/10.18999/jouflp.53.29）
田村均（2009）「フリ・まね・演技の行為論的分析――ゴッコ遊びの認知と行動」，『名古屋大学文学部研究論集』哲学 55，1-30（doi/10.18999/jouflp.55.1）

田村均（2010a）「思想史的概念に関する実験哲学的調査の報告――「近代」，「個人主義」，「意志」」，『名古屋大学文学部研究論集』哲学 56，1-24（doi/10.18999/jouflp.56.1）
田村均（2010b）「自己犠牲的行為の説明――行為の演技論的分析への序論」，『哲學』（日本哲学会）61，261-276（http://hdl.handle.net/2237/13927）
田村均（2013a）「虚構制作の根源性――ケンダル・ウォルトンの虚構論」，『名古屋大学文学部研究論集』哲学 59，1-34（doi/10.18999/jouflp.59.1）
田村均（2013b）「虚構世界における感情と行為――ケンダル・ウォルトンの虚構と感情の理論」，『名古屋大学哲学論集』11，1-34（http://hdl.handle.net/2237/18351）
田村均（2014）「権力の下での行為――日本人戦犯の心理と行為の演技論的考察」，『名古屋大学文学部研究論集』哲学 60，1-56（doi/10.18999/jouflp.60.1）
田村均（2015）「善と個人――個人における共同的な善への服従について」，『名古屋大学文学部研究論集』哲学 61，15-43（doi/10.18999/jouflp.61.15）
田村均（2017）「懐疑家フィロはなぜ宇宙的知性を認めたのか――ヒューム哲学とキリスト教の関係について」，『名古屋大学文学部研究論集』哲学 63，19-60（doi/10.18999/jouflp.63.19）
ダントレーヴ，A. P.（1952）『自然法』岩波現代叢書
茶園義男編著（1995）『シンガポール英軍法廷華僑虐殺事件起訴詳報』不二出版
筑波常治（1972）「BC 級戦犯と戦後思想」，思想の科学研究会編『共同研究日本占領』徳間書店，327-346
鶴見和子（1968）「極東国際軍事裁判――旧日本軍人の転向と非転向」，『思想』1968 年 8 月号，11-36
デイヴィドソン，D.（1990）「意志の弱さはいかにして可能か？」，同『行為と出来事』服部裕幸・柴田正良訳，勁草書房，29-63
テイラー，チャールズ（2010）『自我の源泉――近代的アイデンティティの形成』下川潔・桜井徹・田中智彦訳，名古屋大学出版会
デカルト，R.（1967）『方法序説』野田又夫訳．野田又夫編（1967）所収（原著初刊 1637）
デカルト，R.（1967）『省察』井上庄七・森啓訳．野田又夫編（1967）所収（原著初刊 1641）
デカルト，R.（1988）『哲学の原理』井上庄七・水野和久・小林道夫・平松希伊子訳．井上庄七・小林道夫編『科学の名著　第 2 期　デカルト』朝日出版社，所収（原著初刊 1644）
デュモン，L.（1993）『個人主義論考――近代イデオロギーについての人類学的展望』渡辺公三・浅野房一訳，言叢社
ドゥ・ヴァール，フランス（1998）『利己的なサル，他人を思いやるサル――モラルはなぜ生まれたのか』西田利貞・藤井留美訳，草思社
ド・ウーシュ，リュック（1998）『アフリカの供犠』浜本満・浜本まり子訳，みすず書房
東京裁判ハンドブック編集委員会編（1989）『東京裁判ハンドブック』青木書店
戸谷由麻（2008）『東京裁判――第二次大戦後の法と正義の追求』みすず書房
戸谷由麻（2015）『不確かな正義――BC 級戦犯裁判の軌跡』岩波書店

トマセロ，マイケル（2008）『ことばをつくる――言語習得の認知言学的アプローチ』辻幸夫・野村益寛・出原健一・菅井三実・鍋島弘治朗・森吉直子訳，慶應義塾大学出版会
中才敏郎（2005）「ヒュームにおける宗教と哲学」，同編『ヒューム読本』法政大学出版局，136-178
中山康雄（2004）『共同性の現代哲学――心から社会へ』勁草書房
野田又夫編（1967）『世界の名著　デカルト』中央公論社
バート，E. A.（1988）『近代科学の形而上学的基礎――コペルニクスからニュートンへ』市場泰男訳，平凡社
林えいだい（2007）『陸軍特攻・振武寮――生還者の収容施設』東方出版
林博史（1992）『華僑虐殺――日本軍支配下のマレー半島』すずさわ書店
林博史（1998）『裁かれた戦争犯罪――イギリスの対日戦犯裁判』岩波書店
林博史（2005）『BC 級戦犯裁判』岩波新書
林博史（2007）『シンガポール華僑粛清――日本軍はシンガポールで何をしたのか』高文研
林博史（2010）『戦犯裁判の研究――戦犯裁判政策の形成から東京裁判・BC 級裁判まで』勉誠出版
半藤一利・秦郁彦・保阪正康・井上亮（2010）『「BC 級裁判」を読む』日本経済新聞社
ヒューム，D.（1975）『自然宗教に関する対話』福鎌忠恕・齋藤繁雄訳，法政大学出版局（原著初刊 1779）
ヒューム，D.（1995）『人間本性論』第 1 巻，木曾好能訳，法政大学出版局（原著初刊 1739）
ヒューム，D.（2011）『人間本性論』第 2 巻，石川徹・中釜浩一・伊勢俊彦訳，法政大学出版局（原著初刊 1739）
ヒューム，D.（2012）『人間本性論』第 3 巻，伊勢俊彦・石川徹・中釜浩一訳，法政大学出版局（原著初刊 1740）
フォークナー，ウィリアム（1967）『八月の光』加島祥造訳，新潮文庫
藤田久一（1995）『戦争犯罪とは何か』岩波新書
プラトン（1975）『パイドン』松永雄二訳．田中美知太郎・藤沢令夫編『プラトン全集』1，岩波書店，所収
プラトン（1976）『国家』藤沢令夫訳．田中美知太郎・藤沢令夫編『プラトン全集』11，岩波書店，所収
ブルケルト，ヴァルター（2008）『ホモ・ネカーンス――古代ギリシアの犠牲儀礼と神話』前野佳彦訳，法政大学出版局
フレーゲ，G.（1999a）「関数と概念」野本和幸訳．フレーゲ（1999c）所収（初出 1891）
フレーゲ，G.（1999b）「概念と対象について」野本和幸訳．フレーゲ（1999c）所収（初出 1892）
フレーゲ，G.（1999c）『フレーゲ著作集　第 4 巻　哲学論集』黒田亘・野本和幸編，勁草書房
ベネディクト，R.（1967）『菊と刀――日本文化の型』長谷川松治訳，社会思想社（原著初刊 1946）

ベラー，R. M.，サリヴァン，W. M.，ティプトン，S. M.，マドセン，R.，スウィドラー，A.（1991）『心の習慣――アメリカ個人主義のゆくえ』みすず書房
ベルウッド，ピーター（2008）『農耕起源の人類史』京都大学学術出版会
ホッブズ，T.（1982-92）『リヴァイアサン』（一）～（四）水田洋訳，岩波文庫（原著初刊 1651）
増子保志（2015）「創られた戦争美談――肉弾三勇士と戦争美談」，『国際情報研究』12(1)，27-35（doi.org/10.11424/gscs.12.1_27）
丸山眞男（1964）「軍国支配者の精神形態」，同『増補版　現代政治の思想と行動』未来社，88-130
ミルグラム，スタンレー（2008）『服従の心理』山形浩生訳，河出書房新社
モース，M.（1995）「人間精神の一カテゴリー――人格（パースン）の概念および自我の概念」中島道男訳．マイクル・カリザス，スティーヴン・コリンズ，スティーヴン・ルークス編『人というカテゴリー』厚東洋輔・中島道男・中村牧子訳，紀伊國屋書店（初出 1938）
モース，マルセル／ユベール，アンリ（1983）『供犠』小関藤一郎訳，法政大学出版局（初出 1899）
山崎正和（1988）『演技する精神』中公文庫（初刊 1983）
山崎正和（2018）『リズムの哲学ノート』中央公論新社
山田弘明（1994）『デカルト『省察』の研究』創文社
山室建徳（2007）『軍神――近代日本が生んだ「英雄」たちの軌跡』中公新書
ライル，ギルバート（1987）『心の概念』坂本百大・宮下治子・服部裕幸訳，みすず書房
リョンロット，E.（1976）『カレワラ――フィンランド叙事詩』上・下，小泉保訳，岩波文庫
ロック，J.（1968）『統治論』宮川透訳（Locke 1967（但し 1963 年の初版）の第 2 篇の全訳）．大槻春彦編訳『世界の名著　ロック　ヒューム』中央公論社，所収（原著初刊 1690）
ロック，J.（1975-78）『人間知性論』（一）～（四）大槻春彦訳，岩波文庫（原著初刊 1689）
ロック，J.（1980）『キリスト教の合理性　奇跡論』服部知文訳，国文社（原著初刊 1695）
ロット-ファルク，E.（1980）『シベリアの狩猟儀礼』田中克彦・糟谷啓介・林正寛訳，弘文堂

欧語文献

Aaron, Richard I. (1971) *John Locke*. 3rd ed. Oxford : Oxford University Press.
Albritton, Rogers (1985) "Freedom of Will and Freedom of Action." *The Proceedings and Addresses of the American Philosophical Association*, Vol. 59, No. 2, 239-251. Reprinted in Gary Watson (ed.). *Free Will*. 2nd ed. New York : Oxford University Press, 2003, 408-423.
Anscombe, G. E. M. (1957) *Intention*. Oxford : Basil Blackwell（邦訳はアンスコム 1984）.
Anscombe, G. E. M. (1975) "The First Person." In Samuel Guttenplan (ed.). *Mind and Language : Wolfson College Lectures 1974*. Oxford : Oxford University Press, 45-65. Reprinted in Cassam (ed.) (1994) 140-159.
Aquinas, Thomas (2006) *Summa Theologiae : Latin Text and English Translation, Vol. 5 : 1a. 19-26*.

Cambridge : Cambridge University Press.

Aquinas, Thomas (2006) *Summa Theologiae : Latin Text and English Translation, Vol. 11 : 1a. 75–83*. Cambridge : Cambridge University Press.

Aquinas, Thomas (2006) *Summa Theologiae : Latin Text and English Translation, Vol. 28 : 1a2ae. 90–97*. Cambridge : Cambridge University Press.

Árdal, Pául S. (1989) *Passion and Value in Hume's Treatise*. Edinburgh : Edinburgh University Press.

Arendt, Hanna (1978) *The Life of the Mind, Vol. 2 : Willing*. San Diego : Harcourt Brace & Company (邦訳はアーレント 1994).

Arendt, Hanna (2006) *Eichmann in Jerusalem : A Report on the Banality of Evil*. London : Penguin Books.

Aristotle (1934) *The Nicomachean Ethics*. With an English Translation by H. Rackham (Loeb Classical Library 73). Cambridge, MA : Harvard University Press.

Aristotle (1936) *On the Soul ; Parva Naturalia ; On Breth*. With an English Translation by W. S. Hett (Loeb Classical Library 288). Cambridge, MA : Harvard University Press.

Aristotle (1957) *The Physics, Book I–IV*. With an English Translation by Philip H. Wicksteed and Francis M. Cornford (Loeb Classical Library 228). Cambridge, MA : Harvard University Press.

Austin, John L. (1962) *How to Do Things with Words*. Oxford : Oxford University Press.

Ayers, M. R. (1994) "The Foundations of Knowledge and the Logic of Substance : The Structure of Locke's General Philosophy." In G. A. J. Rogers (ed.). *Locke's Philosophy : Content and Context*, Oxford : Oxford University Press, 49–74.

Baldwin, Dare A. (1995) "Understanding the Link Between Joint Attention and Language." In Chris Moore and Philip J. Dunham (eds.). *Joint Attention : Its Origins and Role in Development*. Hillsdale, NJ : Lawrence Erlbaum, 131–158.

Baron-Cohen, Simon (2000) "Theory of Mind and Autism : A Fifteen Year Review." In Baron-Cohen, Tager-Flusberg and Cohen (eds.). (2000) 3–20.

Baron-Cohen, Simon, Tager-Flusberg, Helen, and Cohen, Donald J. (eds.) (2000) *Understanding Other Minds*. 2nd ed. New York : Oxford University Press.

Benedict, Ruth (1989a) *Patterns of Culture*. Boston : Houghton Mifflin. (初刊 1934)

Benedict, Ruth (1989b) *The Chrysanthemum and The Sword*. Boston : Houghton Mifflin.

Berman, Harold J. (1983) *Law and Revolution : The Formation of the Western Legal Tradtion*. Cambridge, MA : Harvard University Press.

Bettenson, Henry (ed.) (1963) *Documents of the Christian Church*. 2nd ed. London : Oxford University Press.

Binford, Lewis L. (1992) "Subsistence—A Key to the Past." In S. Jones, R. Martin and D. Pilbeam (eds.). *The Cambridge Encyclopedia of Human Evolution*. Cambridge : Cambridge University Press, 365–368.

Bird-David, Nurit (1988) "Hunters and gatherers and other people — a re-examination." In Tim Ingold, David Riches and James Woodburn (eds.). *Hunters and Gatherers, Vol. 1 : Histroy,*

Evolution and Social Change. Oxford : Berg, 17-30.

Bird-David, Nurit (1999) "'Animism' Revisited : Personhood, Environment, and Relational Epistemology." *Current Anthropology*, Vol. 40, No. S1, Special Issue, Culture—A Second Chance?, 67-91.

Blackburn, Simon (2000) "Why We Pull Together : Hume's Understanding of Habit and Sentiment in Human Life." *Times Literary Supplement*, February 25.

Boister, Neil, and Cryer, Robert (eds.) (2008) *Documents on the Tokyo International Military Tribunal : Charter, Indictment and Judgments*. Oxford : Oxford University Press.

Boyle, Robert (1999) 1663. *Some Considerations Touching the Usefulness of Experimental Natural Philosophy*. In Boyle (1999-2000) Vol. 3, 189-290.（初刊 1663）

Boyle, Robert (2000) *A Free Enquiry into the Vulgarly Receiv'd Notion of Nature*. In Boyle (1999-2000) Vol. 10, 437-571.（初刊 1686）

Boyle, Robert (1999-2000) *The Works of Robert Boyle*. 10 vols. Edited by Michael Hunter and Edward B. Davis. London : Pickering & Chatto.

Brandt, Richard B. (1972) "Rationality, Egoism, and Morality." *The Journal of Philosophy*, Vol. 69, No. 20, 681-697.

Brandt, Richard B. (1993) "Overvold on Self-Interest and Self-Sacrifice." In Heil (1993) 221-231.

Brandt, Richard B. (1998) *A Theory of the Good and the Right*. New York : Prometheus Books.（初刊 1979）

Bratman, Michael (1993) "Shared Intention." *Ethics*, Vol. 104, No. 1, 97-113. Reprinted in Michael Bratman. *Faces of Intention : Selected Essays on Intention and Agency*. Cambridge : Cambridge University Press, 1999, 109-129.

Brown, John (1751) *Essays on the Characteristics*. http://ota.ox.ac.uk/text/4924.html

Bruner, Jerome (1983) *Child's Talk : Learning to Use Language*. New York : Norton.

Bruner, Jerome (1990) *Act of Meaning*. Cambridge, MA : Harvard University Press.

Burks, Arthur (1949) "Icon, Index, and Symbol." *Philosophy and Phenomenological Research*, Vol. 9, No. 4, 673-689.

Butterworth, George (1990) "Self-Perception in Infancy." In Dante Cicchetti and Marjorie Beeghly (eds.). *The Self in Transition : Infancy to Childhood*. Chicago : The University of Chicago Press, 119-137.

Butterworth, George (1994) "Theory of Mind and the Facts of Embodiment." In Charlie Lewis and Peter Mitchell (eds.). *Children's Early Understanding of Mind : Origins and Development*. Hove, UK : Psychology Press, 115-132.

Butterworth, George (1995) "An Ecological Perspective on the Origins of Self." In José Luis Bermúdez, Anthony Marcel and Naomi Eilan (eds.). *The Body and the Self*. Cambridge, MA : MIT Press, 87-105.

Butterworth, George (2001) "Joint Visual Attention in Infancy." In Gavin Bremner and Alan Fogel (eds.). *Blackwell Handbook of Infant Development*. Oxford : Basil Blackwell, 213-240.

Butterworth, George, and Hicks, Linda (1977) "Visual Proprioception and Postural Stability in

Infancy. A Developmental Study." *Perception*, Vol. 6, No. 3, 255–262.

Butterworth, George, and Jarrett, Nicholas (1991) "What Minds Have in Common is Space : Spatial Mechanisms Serving Joint Visual Attention in Infancy." *British Journal of Developmental Psychology*, Vol. 9, No. 1, 55–72.

Carter, Jeffrey (ed.) (2003) *Understanding Religious Sacrifice : A Reader*. London : Continuum.

Cassam, Quassim (ed.) (1994) *Self-Knowledge*. New York : Oxford University Press.

Collingwood, R. G. (1993) *The Idea of History*. Oxford : Oxford University Press. (初刊 1946)

Cummings, Vicki (2013) *The Anthropology of Hunter-Gatherers : Key Themes for Archaeologists*. London : Bloomsbury.

Davidson, Donald (1970) "How is Weakness of the Will Possible?" In Donald Davidson. *Essays on Actions and Events*. Oxford : Oxford University Press, 1980, 21–42.

DeCasper, A. J., and Fifer, W. P. (1980) "Of Human Bonding : Newborns Prefer their Mothers' Voice." *Science*, New Series, Vol. 208, No. 4448, 1174–1176.

Des Chene, Dennis (1996) *Physiologia : Natural Philosophy in Late Aristotelian and Cartesian Thought*. Ithaca, NY : Cornell University Press.

Descartes, René. *Discours de la Methode*. In Descartes (1996) Vol. 6, 1–78.

Descartes, René. *Meditationes de Prima Philsophia*. In Descartes (1996) Vol. 7, 1–90.

Descartes, René. *Principia Philosophiae*. In Descartes (1996) Vol. 8–1, 1–353.

Descartes, René (1996) *Œuvres de Descartes*. Publié par Charles Adam et Paul Tannery. 11vols. Paris : J. Vrin. (アダン・タヌリ版全集。初刊 1897–1909)

Dihle, Albrecht (1982) *The Theory of Will in Classical Antiquity*. Berkeley : University of California Press.

Dumont, Louis (1977) *From Mandeville to Marx : The Genesis and Triumph of Economic Ideology*. Chicago : The University of Chicago Press.

Dumont, Louis (1986) *Essays on Individualism : Modern Ideology in Anthropological Perspective*. Chicago : The University of Chicago Press (邦訳はデュモン 1993).

Euripides (2002) *Bacchae ; Phigenia at Auris ; Phesus*. Edited and Translated by David Kovacs (Loeb Classical Library 495). Cambridge, MA : Harvard University Press.

Evans-Pritchard, E. E. (1965) *Theories of Primitive Religion*. Oxford : Oxford University Press.

Faulkner, William (1990) *Light in August*. New York : Vintage Books.

Feinberg, Joel (1989) "Autonomy." In John Christman (ed.). *The Inner Citadel : Essays on Indiviual Autonomy*. New York : Oxford University Press, 27–53.

Flavell, J. H. (1988) "The Development of Children's Knowledge about the Mind : From Cognitive Connections to Mental Representations." In J. W. Astington, P. L. Harris and D. R. Olson (eds.). *Developing Theories of Mind*. Cambridge : Cambridge University Press, 244–267.

Flavell, J. H., Flavell, E. R., and Green, F. L. (1983) "Development of the Appearance-Reality Distinction." *Cognitive Psychology*, Vol. 15, No. 1, 95–120.

Flavell, J. H., Green, F. L., and Flavell, E. R. (1986) "Development of Knowledge about the Appearance-Reality Distinction." *Monographs of the Society for Research in Child Development*,

Serial No. 212, Vol. 51, No. 1, 1–87.

Foley, Helene P. (1985) *Ritual Irony : Poetry and Sacrifice in Euripedes*. Ithaca, NY : Cornell University Press.

Frege, Gottlob (1980) *Funktion, Begriff, Bedeutung : Fünf logische Studien*. Hrsg. von Günther Patzig. Göttingen : Vandenhoeck und Ruprecht.

Frege, Gottlob (1977) *Translation from the Philosophical Writings of Gottlob Frege*. Edited by Peter Geach and Max Black. Oxford : Basil Blackwell.

Frunkfurt, Harry G. (1971) "Freedom of the Will and the Concept of a Person." *The Journal of Philosophy*, Vol. 68, No. 1, 5–20. Reprinted in Gary Watson (ed.). *Free Will*. 2nd ed. New York : Oxford University Press, 2003, 322–336.

Furst, Peter T. (1973/74) "The Roots and Continuities of Shamanism." *Arts Canada*, 184/7, 33–50.

Gallagher, Shaun (ed.) (2011) *The Oxford Handbook of the Self*. Oxford : Oxford University Press.

Gallup Jr., G. G. (1992) "Levels, Limits, and Precursors to Self-Recognition : Does Ontogeny Recapitulate Phylogeny?" *Psychological Inquiry*, Vol. 3, No. 2, 117–118.

GHQ/SCAP (1990) *History of the Nonmilitary Activities of the Occupation of Japan, 1945–1951, Vol. 5 : Trials of Class "B" and Class "C" War Criminals* (*History 1945–1951* と略記). 日本図書センター.

Gibert, John (1995) *Change of Mind in Greek Tragedy*. Göttingen : Vandenhoeck und Ruprecht.

Gibson, James J. (1966) "The Obtaining of Stimulation." In James J. Gibson. *The Senses Considered as Perceptual Systems*. Boston : Houton Mifflin, 31–46.

Gibson, James J. (1982) "The Uses of Proprioception and the Detection of Propriospecific Information." In James J. Gibson. *Reasons for Realism : Selected Essays of James J. Gibson*. Hillsdale, NJ : Lawrence Erlbaum, 164–171.

Giddens, Anthony (1990) *The Consequences of Modernity*. Stanford, CA : Stanford University Press (邦訳はギデンズ 1993).

Gilbert, Margaret (1990) "Walking Together : A Paradigmatic Social Phenomenon." In P. A. French, T. E. Uehling, Jr. and H. K. Wettstein (eds.). *Midwest Studies in Philosophy*, Vol. 15, 1–14. Reprinted in Margaret Gilbert. *Living Together : Rationality, Sociality, and Obligation*. Lanham, MD : Rowman and Littlefield, 1996, 177–194.

Gilbert, Margaret (1997) "What Is It for *Us* to Intend?" In G. Holmstrom-Hintikka and R. Tuomela (eds.). *Contemporary Action Theory, Vol. 2 : The Philosophy and Logic of Social Action*. Dordrecht : Kluwer Academic, 65–85. Reprinted in Margaret Gilbert. *Sociality and Responsibility : New Essays in Plural Subject Theory*. Lanham, MD : Rowman and Littlefield, 2000.

Goffman, Erving (1959) *The Presentation of Self in Everyday Life*. New York : Anchor Books.

Gopnik, A., and Astington, J. W. (1988) "Children's Understanding of Representational Change and Its Relation to the Understanding of False Belief and the Appearance-Reality Distinction." *Child Development*, Vol. 59, No. 1, 26–37.

Gracia, Jorge J. E. (ed.) (1994) *Individuation in Scholasticism : The Later Middle Ages and the Counter-Reformation, 1150–1650*. Albany : State University of New York Press.

Harré, Rom (1998) *The Singular Self : An Introduction to the Psychology of Personhood.* London : Sage.

Heathwood, Chris (2011) "Preferentism and Self-Sacrifice." *Pacific Philosophical Quarterly*, Vol. 92, No. 1, 18–38.

Heil, John (ed.) (1993) *Rationality, Morality, and Self-Interest : Essays Honoring Mark Carl Overvold.* Lanham, MD : Rowman & Littlefield.

Henninger, J. (1987) "Sacrifice." In M. Eliade (ed.). *The Encyclopedia of Religion.* New York : Simon & Schuster Macmillan.

Hintikka, J. (1962) "Cogito, Ergo Sum : Inference or Performance?" *The Philosophical Review*, Vol. 71, No. 1, 3–32. Reprinted in Willis Doney (ed.). *Descartes.* Notre Dame, ID : University of Notre Dame Press, 1968, 108–139.

Hobbes, Thomas (1991) *Leviathan.* Edited by Richard Tuck. Cambridge : Cambridge University Press.

Hooker, Brad (1993) "A Breakthrough in the Desire Theory of Welfare." In Heil (ed.) (1993). 205–213.

Hubert, H., and Mauss, M. (1964) *Sacrifice : Its Nature and Function.* Translated by W. D. Halls. London : Cohen & West. (Mauss (1968) の英訳)

Hume, David (2000) *A Treatise of Human Nature.* Edited by David Fate Norton and Mary J. Norton. Oxford : Oxford University Press.

Hume, David (2007) *Dialogues Concerning Natural Religion, and Other Writings.* Edited by Dorothy Coleman. Cambridge : Cambridge University Press.

Kahn, Charles H. (1988) "Discovering the Will : From Aristotle to Augustine." In John M. Dillon and A. A. Long (eds.). *The Question of "Eclecticism": Studies in Later Greek Philosophy.* Berkeley : University of California Press, 234–259.

Kant, Immanuel (1926) *Kritik der reinen Vernunft.* Nach der ersten und zweiten Original-Ausgabe neu herausgegeben von Raymund Schmidt (PhB 37a). Hamburg : Felix Meiner.

Kant, Immanuel (1929) *Critique of Pure Reason.* Translated by Norman Kemp Smith. London : Macmillan.

Kant, Immanuel (1948) *The Moral Law : Kant's Groundwork of the Metaphysic of Morals.* Translated and analysed by H. J. Paton. London : Unwin Hyman.

Kant, Immanuel (1965) *Grundlegung zur Metaphysik der Sitten.* Hrsg. von Karl Vorländer (PhB 41). Hamburg : Felix Meiner.

Kemp Smith, Norman (1947) Introduction to *Hume's Dialogues concerning Natural Religion.* In David Hume. *Dialogues Concerning Natural Religion.* Edited, with an introduction, by Norman Kemp Smith. Indianapolis : Bobbs-Merrill.

Lee, D. N., and Aronson, E. (1974) "Visual Proprioceptive Control of Standing in Human Infants." *Perception and Psychophysics*, Vol. 15, No. 3, 529–532.

Leslie, A. (1987) "Pretense and Representation : The Origin of 'Theory of Mind'." *Psychological Review*, Vol. 94, No. 4, 412–426.

Leslie, A.（1994）"Pretending and Believing : Issues in the theory of ToMM." *Cognition*, 50, 211–238.

Lewis, Michael（1997）"The Development of a Self : Comments on the Paper of Neisser." In J. G. Snodgrass and R. L. Thompson（eds.）. *The Self Across Psychology : Self-Recognition, Self-Awareness, and the Self Concept*. New York : The New York Academy of Sciences, 279–283.

Lincoln, Bruce（1991）"Sacrificial Ideology and Indo-European Society." In Bruce Lincoln. *Death, War, and Sacrifice : Studies in Ideology and Practice*. Chicago : The University of Chicago Press, 167–175.

Locke, John（1954）*Essays on the Law of Nature*. Edited by W. von Leyden. Oxford : Oxford University Press.

Locke, John（1967）*Two Treatises of Government*. A critical edition by Peter Laslett. 2nd ed. Cambridge : Cambridge University Press.

Locke, John（1975）*An Essay Concerning Human Understanding*. Edited by Peter H. Nidditch. Oxford : Oxford University Press.

Locke, John（1990）*Drafts for the Essay Concerning Human Understanding, and Other Philosophical Writings, Vol. 1 : Drafts A and B*. Edited by Peter H. Nidditch and G. A. J. Rogers. Oxford : Oxford University Press.

Locke, John（1999）*The Reasonableness of Christianity : As Delivered in the Scriptures*. Edited by John C. Higgins-Biddle. Oxford : Oxford University Press.

Lukes, Steven（1973）*Individualism*. Oxford : Basil Blackwell.

Malle, Bertram F., and Knobe, J.（2001）"The Distinction between Desire and Intention : A Folk-Conceptual Analysis." In Bertram F. Malle, L. M. Moses and Dare A. Baldwin（eds.）. *Intentions and Intentionality : Foundations of Social Cognition*. Cambridge, MA : The MIT Press, 45–67.

Mauss, Marcel（1950）"Une Catégorie de L'Ésprit Humain : La Notion de Personne, Celle de «Moi»." In Marcel Mauss. *Sociologie et anthropologie*. Paris : Presses Universitaires de France, 333–362.

Mauss, Marcel（1968）"Essai sur la nature et la function du sacrifice." In Marcel Mauss. *Œuvres, 1 : Les function sociales du sacré*. Paris : Les Éditions de Minuit. 193–307（Henri Hubert との共著論文を著作集に収録したもの。邦訳はモース／ユベール 1983).（初刊 1899）

Mauss, Marcel（1985）"A Category of the Human Mind : The Notion of Person ; The Notion of Self." Translated by W. D. Halls. In Michael Carrithers, Steven Collins and Steven Lukes（eds.）. *The Category of the Person : Anthropology, Philosophy, History*. Cambridge : Cambridge University Press, 1–25.

McCune-Nicolich, L.（1981）"Toward Symbolic Functioning : Structure of Early Pretend Games and Potential Parallels with Language." *Child Development*, Vol. 52, No. 3, 785–797.

McIntyre, Jane L.（2009）"Hume and the Problem of Personal Identity." In David Fate Norton and Jacqueline Taylor（eds.）. *The Cambridge Companion to Hume*. 2nd ed. Cambridge : Cambridge University Press, 177–208.

Mellor, D. H.（1991）*Matters of Metaphysics*. Cambridge : Cambridge University Press.（本書で参

照したのは，Chap. 1 : Analytic Philosophy and the Self（1–16）と Chap. 2 : I and Now（17–29）の 2 論文。それぞれの参照箇所がどちらの論文に属すかは，頁数で判断されたい）

Meltzoff, A. N.（1995）"Understanding the Intentions of Others : Re-Enactment of Intended Acts by 18-Month-Old Children." *Developmental Psychology*, Vol. 31, No. 5, 838–850.

Meltzoff, A. N.（2002）"Elements of a Developmental Theory of Imitation." In A. N. Meltzoff and W. Prinz（eds.）. *The Imitative Mind : Development, Evolution, and Brain Bases*. Cambrdige : Cambridge University Press, 19–41.

Meltzoff, A. N., and Moore, M. K.（1977）"Imitation of Facial and Manual Gestures by Human Neonates." *Science*, Vol. 198, No. 4312, 75–78.

Meltzoff, A. N., and Moore, M. K.（1983）"Newborn Infants Imitate Adult Facial Gestures." *Child Development*, Vol. 54, No. 3, 702–709.

Michelakis, Pantelis（2006）*Euripedes : Iphigenia At Auris*. London : Duckworth.

Mühlhäusler, Peter, and Harré, Rom（1990）*Pronouns and People : The Linguistic Construction of Social and Personal Identity*. Oxford : Basil Blackwell.

Murray, L., and Trevarthen, C.（1985）"Emotional Regulation of Interactions Between Two-month-olds and Their Mothers." In Tifany M. Field and Nathan A. Fox（eds.）. *Social Perception in Infants*. Norwood, NJ : Ablex, 177–197.

Nadel, J., Carchon, I., Kervella, C., Marcelli, D., and Réserbat-Plantey, D.（1999）"Report : Expectancies for Social Contingency in 2-month-olds." *Developmental Science*, Vol. 2, No. 2, 164–173.

Neisser, Urlic（1988）"Five Kinds of Self-Knowledge." *Philosophical Psychology*, Vol. 1, No. 1, 35–59.

Neisser, Urlic（1997）"The Roots of Self-Knowledge : Perceiving Self, It and Thou." In J. G. Snodgrass and R. L. Thompson（eds.）. *The Self across Psychology : Self-Recognition, Self-Awareness, and the Self Concept*. New York : The New York Academy of Sciences, 19–33.

Nelson, Katherine（1996）*Language in Cognitive Development*. Cambridge : Cambridge University Press.

Nelson, Katherine（2003）"Narrative and Self, Myth and Memory : Emergence of Cultural Self." In R. Fivush and C. A. Haden（eds.）. *Autobiographical Memory and the Construction of a Narrative Self : Developmental and Cultural Perspectives*. Mahwah, NJ : Lawrence Erlbaum, 3–28.

Nichols, Shaun, and Stich, Stephen P.（2003）*Mindreading : An Integrated Account of Pretence, Self-Awareness, and Understanding Other Minds*. Oxford : Oxford University Press.

Norton, David Fate（2009）"The Foundations of Morality in Hume's *Treatise*." In David Fate Norton and Jacqueline Taylor（eds.）. *The Cambridge Companion to Hume*. 2nd ed. Cambridge : Cambridge University Press, 270–310.

Nygren, Anders（1953）*Agape and Eros*. Translated by Philip S. Watson. London : S. P. C. K.

Overvold, Mark Carl（1980）"Self-interest and the Concept of Self-sacrifice." *Canadian Journal of*

Philosophy, Vol. 10, No. 1, 105–118.

Overvold, Mark Carl (1982) "Self-Interest and Getting What You Want." In Harlan B. Miller and William H. Williams (eds.). *The Limits of Utilitarianism*. Minneapolis : University of Minnesota Press, 186–194.

Overvold, Mark Carl (1984) "Morality, Self-Interest, and Reasons for Being Moral." *Philosophy and Phenomenological Research*, Vol. 44, No. 4, 493–507.

Paine, Thomas (1786) *Dissertations on Government, the Affairs of the Bank, and Paper-money*. http://name.umdl.umich.edu/N15589.0001.001（ミシガン大学 Evans Early American Imprint Collection ; Text Creation Partnership より）

Perner, J. (1988) "Developing Semantics for Theories of Mind : From Propositional Attitudes to Mental Representation." In J. W. Astington, P. L. Harris and D. R. Olson (eds.). *Developing Theories of Mind*. Cambridge : Cambridge University Press, 141–172.

Perner, J., Leekam, S. R., and Wimmer, H. (1987) "Three-year-olds' Difficulty with False Belief : The Case for a Conceptual Deficit." *British Journal of Developmental Psychology*, Vol. 5, No. 2, 125–137.

Piccigallo, Philip R. (1979) *The Japanese on Trial : Allied War Crimes Operations in the East, 1945–1951*. Austin : University of Texas Press.

Premack, D., and Woodruff, G. (1978) "Does the chimpanzee Have a Theory of Mind?" *The Behavioral and Brain Sciences*, Vol. 1, No. 4, 515–526.

Robertson Smith, William (1886) "Sacrifice." In *Encyclopaedia Britannica*. 9th ed. Vol. 21, Chicago, 141–146.

Rochat, P., Neisser, U., and Marian, V. (1998) "Are Young Infants Sensitive to Interpersonal Contingency?" *Infant Behavior and Development*, Vol. 21, No. 2, 355–366.

Roth, Abraham Sesshu (2010) "Shared Agency." *The Stanford Encyclopedia of Philosophy*. Revised ed. Edited by Edward N. Zalta. https://plato.stanford.edu/archives/sum2017/entries/shared-agency/

Sainsbury, R. M. (2010) *Fiction and Fictionalism*. London : Rougledge.

Scaife, M., and Bruner, J. (1975) "The Capacity for Joint Visual Attention in the Infant." *Nature*, Vol. 253, No. 5489, 265–266.

Schneewind, Jerome B. (1998) *The Invention of Autonomy : A History of Modern Moral Philosophy*. Cambridge : Cambridge University Press.

Searle, John R. (1990) "Collective Intentions and Actions." In Philip R. Cohen, Jerry Morgan and Martha E. Pollack (eds.). *Intentions in Communication*. Cambridge, MA : The MIT Press, 401–415.

Sinclair, John (ed.) (1987) *Collins COBUILD English Language Dictionary*. London : Collins.

Sorum, Christiana Elliott (1992) "Myth, Choice, and Meaning in Euripides' Iphigenia at Aulis." *The American Journal of Philology*, Vol. 113, No. 4, 527–542.

Steiner, George (1984) *Antigones : The Antigone Myth in Western Literature, Art, and Thought*. Oxford : Oxford University Press（邦訳はスタイナー 1989).

Sykes, S. W.（1980）“Sacrifice in the New Testament and Christian Theology.” In M. F. C. Bourdillon and Meyer Fortes（eds.）. *Sacrifice*. London : Academic Press, 61–83.

Taylor, Charles（1985）*Human Agency and Language : Philosophical Papers, 1*. Cambridge : Cambridge University Press.（本書で参照したのは Chap. 1 : What is Human Agency?（15–44）と Chap. 4 : The Concept of a Person（97–114）の 2 論文。それぞれの参照箇所がどちらの論文に属すかは，頁数で判断されたい）

Taylor, Charles（1989）*Sources of the Self : The Making of the Modern Identity*. Cambridge : Cambridge University Press（邦訳はテイラー 2010）.

Tocquville, Alexis de（2003）*Democracy in America and Two Essays on America*. London : Penguin Books.

Tomasello, Michael（1995）“Joint Attention as Social Cognition.” In C. Moore and P. J. Dunham（eds.）. *Joint Attention : Its Origins and Role in Development*. Hillsdale, NJ : Lawrence Erlbaum, 103–130.

Tomasello, Michael（1999）“Having Intentions, Understanding Intentions, and Understanding Communicative Intentions.” In P. D. Zelano, J. W. Astington and D. R. Olson（eds.）. *Developing Theories of Intentions : Social Understanding and Self-Control*. Mahwah, NJ : Lawrence Erlbaum, 63–75.

Tomasello, Michael（2001）“Perceiving Intentions and Learning Words in the Second Year of Life.” In M. Bowerman and S. C. Levinson（eds.）. *Language Acquisition and Conceptual Development*. Cambridge : Cambridge University Press, 132–158.

Trevarthen, C.（1993）“The Self Born in Intersubjectivity : The Psychology of an Infant Communicating.” In U. Neisser（ed.）. *Perceived Self : Ecological and Interpersonal Sources of Self-knowledge*. Cambridge : Cambridge University Press, 121–173.

Trevarthen, C., and Aitken, K.（2001）“Infant Intersubjectivity : Research, Theory, and Clinical Applications.” *Journal of Child Psychology and Psychiatry*, Vol. 42, No. 1, 3–48.

Tuomela, R., and Miller, K.（1988）“We-Intentions.” *Philosophical Studies*, Vol. 53, No. 3, 367–389.

Tylor, Edward B.（1970）*Religion in Primitive Culture*. Goucester, MA : Peter Smith.（原著初刊 1871 年。なお，本書は 1871 年に *Primitive Culture, Vol. 2* としてロンドンで刊行された書籍と同じものであるが，1958 年にアメリカで Harper & Row 社から Harper Torchbook 版として再刊されたとき，表題が *Religion in Primitive Culture* に改められた。*Primitive Culture, Vol. 1* も，同時に Harper Torchbook 版で *The Origins of Culture* として刊行された。ここに挙げた Peter Smith 社版は Harper Torchbook 版の復刻である）

United States, Department of State（1946）*Trial of Japanese War Criminals*. Publication 2613. Washington, D. C. : United States Government Printing Office.

UNWCC : The United Nations War Crime Commission（1948）*History of the United Nations War Crime Commission and the Development of the Laws of War*（*History UNWCC* と略記）. London : His Majesty’s Stationary Office.

Valeri, Valerio（1994）“Wild Victims : Hunting as Sacrifice and Sacrifice as Hunting in Huaulu.” *History of Religions*, Vol 34, No. 2. 101–131.

Valeri, Valerio (1985) *Kingship and Sacrifice : Ritual and Society in Ancient Hawaii*. Translated by Paula Wissing. Chicago : The University of Chicago Press.

Van-Baal, Jan (1976) "Offering, Sacrifice, Gift." *Numen*, Vol. 23, No. 3, 161–178.

Vernant, Jean-Pierre (1980) *Myth and Society in Ancient Greece*. Brighton : Harvester Press.

Walton, Kendall (1990) *Mimesis as Make-Believe : On the Foundations of the Representational Arts*. Cambridge, MA : Harvard University Press.

Webb, William Flood (2008) "The Separate Opinion of the President of the Tribunal." In Boister and Cryer (2008), 629–639.（初出 1948）

Wellman, H. M., and Bartsch, K. (1988) "Young Children's Reasoning about Beliefs." *Cognition*, Vol. 30, No. 3, 239–277.

Wellman, H. M., Cross, D., and Watson, J. (2001) "Meta-Analysis of Theory-of-Mind Development : The Truth about False Belief." *Child Development*, Vol. 72, No. 3, 655–684.

Wellman, H. M., and Estes, D. (1986) "Early Understanding of Mental Entities : A Re-examination of Childhood Realism." *Child Development*, Vol. 57, No. 4, 910–923.

Wellman, H. M., and Lagattuta, K. H. (2000) "Developing understandings of mind." In Baron-Cohen, Tager-Flusberg and Cohen (2000), 21–49.

Wellman, H. M., and Wooley, J. D. (1990) "From Simple Desires to Ordinary Beliefs : The Early Development of Everyday Psychology." *Cognition*, Vol. 35, No. 3, 245–275.

Wimmer, H., and Perner, J. (1983) "Belief about Beliefs : Representation and Constraining Function of Wrong Beliefs in Young Children's Understanding of Deception." *Cognition*, Vol. 13, No. 1, 103–128.

Wright, Robert (1946) "War Crimes under International Law." *Law Quarterly Review*, Vol. 62, 40–52.

ウェブサイト

英国戦犯裁判規定（Royal Warrant）：http://avalon.law.yale.edu/imt/imtroyal.asp

カトリック教会カテキズム：http://www.vatican.va/archive/ENG0015/_INDEX.HTM

西洋古典学テキスト：http://www.perseus.tufts.edu

注

序　章

（1）「神は単に自らを意志するのみではなく，さらにまた自己以外のものごとをも意志するのである」（『神学大全』第 1 部，第 19 問，第 2 項，主文)。なお，『神学大全』の訳文は，創文社版『神学大全』(1960–2012）による。引用箇所の表示は，書名と部，問，項，を日本語で表記し，さらに異論，反対異論，主文，異論解答のいずれであるかを記す。

（2）「創世記」冒頭の「光あれ」以下の諸々の命令。また，下に引用した箇所も参照されたい。なお，これらの箇所は，Dihle（1982）の第 1 章にもとづいて選んだ。『旧約聖書』の訳文は，日本聖書協会の『聖書』(新共同訳，1989）による。出典箇所の表示は，旧約聖書の書名と章および節を記す。

> 4 主の御言葉は正しく　御業はすべて真実。5 主は恵の業と裁きを愛し　地は主の慈しみに満ちている。6 御言葉によって天は造られ　主の口の息吹によって天の万象は造られた。 7 主は大海の水をせき止め，深淵の水を倉に納められた。 8 全地は主を畏れ　世界に住むものは皆，主におののく。（詩編 33 : 4–8)
>
> 〔主が〕29 この原始の海に境界を定め，水が岸を越えないようにし，大地の基を定められたとき。（箴言 8 : 29)
>
> 5 主の御名を賛美せよ。主は命じられ，すべてのものは創造された。6 主はそれらを世々限りなく立て，越ええない掟を与えられた。（詩編 148 : 5–6)

（3）ユダヤの神は，元々自身が人間をはるかに超えると語る。「8 わたしの思いは，あなたたちの思いと異なり，わたしの道はあなたたちの道と異なると，主は言われる。9 天が地を高く超えているように，わたしの道は，あなたたちの道を，わたしの思いは，あなたたちの思いを，高く超えている」(イザヤ 55 : 8–9)。この旧約の神の語りの上に，新プラトン派の哲学――プラトンの ἐπέκεινα τῆς οὐσίας（在るものを超えたもの）の考察――が加味されることで，紀元後 2，3 世紀に徐々に新約の神の超越性の語りが形成される（Dihle 1982, Chap. I, esp. 10–15)。

（4）新約聖書の訳文は，田川建三訳著『新約聖書　訳と註』1–7（作品社，2008–15）による。引用箇所は，(田川 4 : ローマ 1 : 20）というように表記する。これは当該箇所が，田川建三訳著『新約聖書　訳と註』4 所収のパウロ書簡「ローマにいる聖者たちへ」(新共同訳では「ローマの信徒への手紙」）の第 1 章の 20 節であることを表す。

（5）神の創造と支配は，ユダヤ教の伝統においてもともと法（νόμος〔律法〕）の概念と結びついていた。そして，イエスによる愛（ἀγάπη）の重視は律法を重んずる同時代のユダヤ教への反逆だった（Nygren 1953)。ところが，11 世紀におけるローマ法の発見をきっかけとして，古代末期の自然法の概念がキリスト教の教義のなかに取り込まれ，キリスト教的な自然法の概念が成立する。西洋中世のスコラ学の全体はローマ法の研究か

ら始まる。神の支配を自然法という概念を通じて語る姿勢は，ローマ法の発見と研究を前提とする（Berman 1983, Chap. 3 ; ダントレーヴ 1952）。

（6）「永遠法とは，すべての働きと運動とを導くものであるかぎりにおいての，神的智慧の理念にほかならぬ」（『神学大全』第2部の1，第93問，第1項，主文）。

（7） 人間が神の命令を理解して従うというあり方が，自然法の基本的な現れ方である。自然界の事物は命令を理解する知的能力をもたないから，自然の事物への神の命令を法と呼ぶのは，「法」という言葉の拡張的な使用だった。ちなみに，17世紀に至っても，自然の事物に与えられた命令を「法」と呼ぶのは，やや異例と感じられた。例えば，ロバート・ボイルは，1686年に公刊された著作『通俗的自然概念の自由な研究（*A Free Enquiry Into the Vulgarly Receiv'd Notion of Nature*）』のなかで，次のように語っている。

> 私自身，神が物体的なもののあいだに打ち立てた運動と静止の法則（the Laws of Motion or Rest）について語り，時々は簡潔さのために，あるいは習慣から，人々がするようにそれら〔の法則〕を自然の法（the Laws of Nature）と呼ぶことを特にためらわない場合はある。……しかし，これほど重要な問題においては，哲学者に相応しいことなのだが，厳密に言えば，あれこれの物体の自然本性（Nature）とは神がそれに命じた法にほかならないと語るのは，不適切で比喩的な表現でしかない。……適切に言えば，法とは上位者の宣言した意志に従って行為する思念的な規則であるから，知性的な存在者以外の者が法を受け入れ，法に従って行為する，ということは本当のところは可能ではない。（Boyle 2000, Vol. 10, 457）

（8） ギデンズは，国民国家と資本主義的生産様式を社会制度としての近代の大きな特徴とする（Giddens 1990, 174/邦 215）。科学については，科学技術の生産と流通と管理にかかわる複雑な専門家システムが形成され，そのシステムに一般人が信頼（trust）を寄せる体制が構築されるという点に，近代社会の特徴を見ている（Giddens 1990, 26ff./邦 41ff.）。

（9） ギデンズは，個人における自己意識の内省作用から，専門家システムの自己言及的な信頼性の産出の構造までに至る広範な領域を覆う概念として，“reflexivity”という概念を近代社会にとって本質的なものとする。個人の本質的特徴を，近代社会全体に敷衍する姿勢であると言ってよいだろう。一般に“reflexivity”は，ある主体のある作用がその主体自身に向かい，主体自身を対象とする構造を指す。個人の内省的意識を指すだけでなく，抽象的には「再帰性」「反射性」「自己言及性」「自己対象化」といった特性ないし作用を指すと考えられる。

（10） 近代的個人が内面性によって定義される自由な主体であることは，思想史的な常識に属するが，この主体の概念とキリスト教との結びつきは，少なくとも日本では十分に意識されていないように思われる。近代的主体の内面性について，チャールズ・テイラーは次のように述べている。

> 世界内の諸関係から離脱して理性的に統御する主体は，おなじみの近代的人間像となった。この主体は私たち〔西洋の現代人〕が自分を解釈する方法の一つとなっており，これを捨て去ることは難しいということに気づかれる。このように言ってしまってよいだろう。すなわち，この主体は，逃れようもない現代の内面性の感覚の

一面なのである。　(Taylor 1989, 160/邦 186)

この内面性は，自由と結びつく。テイラーは，その自由を，人間的な限界を超えたいという宗教的願望の一形態として解釈する。啓蒙的な人間観はキリスト教と不可分なのである。

〔近代的〕主体にとっての世界は，潜在的に，いろいろな手段の世界なのである。主体はこれを操作する視点から理解している。主体は，ある決定的な意味で，世界とかかわり合っていない。……これはある種の自由なのである。自分自身を定義する主体である自由，すなわち，自分自身の目的を定義し，あるいは自分の自然な欲求のなかに自分の目的を発見する主体の自由である。……私は，この自由の誘引力が由来するのは，自然と社会を道具的理性にゆだねる統御感覚を超えて，さらに何か別のものであると信じている。この誘引力は，西洋の宗教的伝統から理解できるという意味で，霊的な起源（spiritual origin）をもつ。ギリシアとキリスト教の両方の起源において，……この自由は，単なる人間的なものを超えて上昇し，人間固有の情念という牢獄から外に出て，情動がわれわれにもたらす気遣いや要求から逃れたい，という強い願望を含んでいる。……世界を対象化し，そこに巻き込まれずに世界について道具的な見方から推論できる近代の自由な主体，という理想は，この非常に古い霊的な自由への熱望の新しい変異体なのである。

(Taylor 1985, 112–113)

(11)　R. G. コリングウッドは，キリスト教的な歴史記述の特徴を，①全事実を単一の時間系列に配列する普遍主義（universalism），②神の摂理という考え方（the providential idea），③キリスト以前の闇の時代とキリスト以後の光の時代という黙示録的な歴史区分（apocalyptic history），これを一般化した④時代区分の重視，によって特徴づけている（Collingwood 1993, 49–52）。

(12)　この基礎づけがうまくいかないことが顕わになるとき，近代の終りが始まる。ギデンズは，それをニーチェとハイデガーに見るが（Giddens 1990, 47），ニーチェより一世紀早く，すでにヒュームが，知識と道徳に神の支えは不要であり，因果性認識と善悪の識別に理性の基礎がないことに気づいた。本書はこれを重視する。第 9 章 3 節を見られたい。

(13)　「神の摂理という見地」をとるなら，科学的知識に実在的な基礎があると判明した場合，最先端の科学的知識でさえいつかは改変されるとはいえ，探究を続けていけば人間はその実在的な基礎（神の意志，摂理）に迫りうる，という希望が成り立つ。実在的な基礎などないと判明したならば，探究の目標となる当の対象がないのだから，希望は消滅する。だが，そもそも摂理を問題にしないのなら，こんな希望は不必要であり，科学的知識に実在的基礎があろうとなかろうと，成果を有効利用できるなら何も問題はない。それならば，科学的知識を基礎づける必要性そのものが，最初から存在しないのである。同様に，正義についても，普遍的正義に到達可能であると判明した場合，現在の正義の主張が後日誤りと分かるかもしれないとはいえ，現時点で正義（神の摂理）に近似すると思われる主張をすべての人に推奨することが正当化できる。到達可能でないと判明した場合，推奨は正当化できず，権力の根拠づけは成り立たない。だが，そもそも摂理

（世界の根本的秩序）を問題にしないのなら，普遍的正義に到達できるかどうかと問うこと自体が無意味である。権力は，むき出しの暴力や局面ごとの合意といった術策によって維持されるものになり，その正当化は空談にすぎないことになる。

(14)　詳しくは，本書第5章3節，第6章，第12章などを参照されたい。

(15)　西洋の哲学的伝統において自己犠牲と対応する問題は，「意志の弱さ」という問題である。そして，「意志の弱さ」は私たちの問題にはなりにくい。第7章の注(6)参照のこと。

(16)　日本の近代は，国民国家を建設し，科学技術と資本主義的工業生産を西洋から移植する試みだった。それはある程度まで西洋近代に似ている。だが，日本の人々は，全体として，近代化の過程でキリスト教形而上学を真剣に受け入れたことはない。その結果，日本の社会は，現在に至るまで，自由で理性的な個人が歴史を推進する主体であるという考え方を真剣に受け入れたこともない。

第1章

(1)　「華僑」は中国本土以外に居住する中国系住民を指すが，現代では，「華人」という呼称の方が多く用いられるとのことである（林 2007, 17）。本書では，事件当時の記述に関しては「華僑」を用い，必要に応じて「中国系住民」等も用いる。

(2)　シンガポールの華僑虐殺事件については，シンガポール政府の口述史局による聞き取り記録や，イギリスの国立公文書館所蔵の裁判関係書類のほか，中国語，英語，日本語の文献が多数ある。林博史の一連の研究（林 1992；林 1998；林 2007）は，これら多くの資料と現地調査とにもとづくものである。本書も事実関係については基本的にこれら林の研究に依拠する。

(3)　シンガポール警備隊によって市内を対象に行われた（林 2007, 66）。

(4)　近衛師団（師団長，西村琢磨中将）によって郊外地域を対象に行われた（林 2007, 66）。

(5)　ただし，本件にかぎらず，死刑以外の戦犯受刑者は，平和条約発効後に，有期刑，終身刑を問わず恩赦または減刑の措置を受け，すべて釈放されている（林 1998, 285–292）。

(6)　シンガポール華僑粛清事件は，第25軍司令部の認識としては英軍降伏後の残敵の「掃蕩作戦」であるとされた。以下，日本軍の命令等に言及する文脈では，「掃蕩作戦」「華僑掃蕩作戦」等の語を用いることがある。

(7)　原文の旧字は新字に改めた。以下同じ。

(8)　第25軍はシンガポール攻略に先立つ1941年12月19日に，マレー半島全域に軍律を発布していた。その内容については第8章の注(7)を見られたい。

(9)　この事件当時の河村の日記は，英国の国立公文書館所蔵の裁判関係資料から林博史が発見したもの。筆者は未見だが，華僑粛清事件当時を含む日記である。河村（1952）に収録されているチャンギー監獄収監中の「獄中日記」とは別もの。事件当時の河村の日記は，その一部の抜粋がA級戦犯を対象とする東京裁判に証拠資料として提出された。しかし，林の研究によると，東京裁判に提出された抜粋には，華僑粛清事件当時のシンガポールの治安をより悪く見せる改竄がある，とのことである（林 1998, 224；林 2007,

215)。

(10)　これも英国国立公文書館所蔵資料から林博史が発見したもの。筆者は未見。

(11)　林忠彦少佐，1944年に飛行機事故で死亡（林 2007, 197)。

(12)　シンガポール口述史局の行なった聞き取り調査。シンガポール国立公文書館においてテープを聴くこと，および証言録を読むことができるという（林 2007, 18–19)。

(13)　東京大学教養学部国際関係論研究室『インタヴュー記録D　日本の軍政2』2〜3頁。林（2007, 95）の引用から。

(14)　河村の獄中日記からの引用は，河村（1952）の頁数に加え，必要に応じて日付を西暦で連記する。

(15)　シンガポール華僑粛清事件の被害者総数については，林（2007, 155–166）を参照のこと。なお，本書の関心の範囲では，数千人に及ぶ殺害の事実に争いがないことが確認できれば足りる。

(16)　同一事案について水野鉎治（少佐，憲兵）が遅れて起訴され，1948年3月に裁判を受けた（林 2007, 211)。判決は終身刑。また城朝龍の名は，茶園（1995, 15）の和文起訴状にはないが，同182の，タイプされた英文起訴状には，手書きでJYO TOMO-TATSUと書き加えてある。河村は「東京から更に六十人が到着，その中に城憲兵中佐も含まれてゐる」（河村 1952, 74/1947. 3. 3）と記している。城朝龍のシンガポール送致は，起訴の時点よりもやや遅れたようである。

(17)　起訴状と証拠抜粋は，茶園（1995, 15–25）で見ることができる。茶園義男の編集したBC級戦犯に関する多数の資料集は法務省の資料をもとにしていると見られるが，林博史は「イギリスの裁判記録に照らし合わせてみると，起訴理由概要の内容は実際の起訴状とかなり食い違っている」（林 1998, 19）と指摘している。だがシンガポールの事件に関するかぎり，茶園（1995, 15–25）の起訴状等の内容は，林（1998)，林（2007）の現地調査等を踏まえた報告の内容と大きく食い違ってはいない。

(18)　河村は広島県の自宅で逮捕されている。原爆の惨禍はよく知っていたものと思われる。

(19)　1947年6月24日の日記に，「夜，英軍司令官に対し，提出すべき意見書を書き，司令官を通じて華僑代表者に提出するステートメントを準備した」（河村 1952, 150）とある。この「意見書」は1947年6月25日付であり，これを収録する河村（1952, 170）の編者注にも，「死刑執行を明朝に控え……書いた意見書」と記されているが，実質的な執筆は24日ではないかと思われる。

(20)　戦争犯罪人の裁判は国際的な案件であるから，検事側最終論告に「イギリスの法の認めるところではない」という理由づけが現れることに違和感を覚える向きもあるかもしれない。だが，BC級戦犯裁判は，実施国がそれぞれ個別に定める根拠法規によって行なわれた。英国による戦犯裁判の根拠規程は，1945年6月14日付の王室通達（Royal Warrant : Regulations for the Trial of War Criminals. http://avalon.law.yale.edu/imt/imtroyal.asp）である（Piccigallo 1979, 97)。日本人BC級戦犯に対する裁判は，アメリカ合衆国，英国，オーストラリア，オランダ，フランス，フィリピン，中華民国，中華人民共和国，ソヴィエト連邦，の9カ国によって実施された。各国の裁判の根拠規程については，特別立法による場合（米，英，豪)，国際法を重視する場合（フィリピン)，国際法と国内

法と特別立法とを併用する場合（中華民国），自国の刑法や軍法による場合（仏，蘭）など多岐にわたった（Piccigallo 1979）。なお，ソヴィエト連邦の戦犯裁判に関する法規程は「現時点では入手できない」（Piccigallo 1979, 145）。中華人民共和国の戦犯裁判は，政治的な企図が中心にあり，全体の文脈が大きく異なる（岩川 1995, 541ff.）。

(21) 英軍軍事法廷では，検察側に求刑の権限はなく，有罪の立証をするのみである。有罪と判定されてから，量刑の審理に入る。弁護側が被告の年齢，経歴，人柄，残留家族の状況などを理由に寛大な刑を求め，その後，裁判官が刑を言い渡す（林 1998, 67-68）。

(22) 河村（1952, 88）には「終身刑」ではなく「無期」とあるが，ここは林（1998），林（2007）に従う。

(23) だが西村琢磨は，マレー半島での捕虜虐殺の罪を問われ，オーストラリアの裁判で死刑となっている（林 2007, 235）。

(24) 東南アジア連合地上軍司令部の戦犯裁判関係の組織については，林（1998, 50ff.）を参照のこと。

(25) 軍事法廷の招集権限は各司令部にあり，司令官が招集官と確認官を兼ねる。実際に確認のための検討をするのは，司令部の法務将校である（林 1998, 128）。

(26) この「意見書」は，巣鴨遺書編纂会編『世紀の遺書』（同会，1953）312-314 頁にも収録されている。

(27) 第二次世界大戦当時の連合軍が何を戦争における違法行為と見なしていたのかは，連合国戦争犯罪委員会（この委員会 UNWCC については本文ですぐに述べる）による 33 項目の例示（「謀殺・大量殺戮，組織的テロ行為（murder, massacre ; systematic terrorism），人質を死に至らしめること（putting hostages to death），一般民衆の拷問（torture of civilians），……」）によって分かる（林 1998, 46-48 ; *History UNWCC*, 34-35）。ここに至るまで，19 世紀半ばから 20 世紀初頭にかけて，どのような行為が戦争における違法行為なのかに関する国際的な合意が，徐々に形成されていた。ハーグ平和会議（1899 年，1907 年）の「陸戦の法規慣例に関する条約」（ハーグ陸戦条約）の付属規則（ハーグ陸戦規則）はその一つの表れである（藤田 1995, 18-22）。また戦争そのものも，1928 年の「戦争法規に関する条約」（パリ不戦条約，ケロッグ＝ブリアン条約とも）によって違法化されることになる（藤田 1995, 64-65）。

(28) *History UNWCC* と略記するのは，*The History of The United Nations War Crimes Commission and the Development of the Laws of War*, compiled by The United Nations War Crimes Commission, London : Published for The United Nations War Crimes Commission by His Majesty's Stationery Office, 1948 である。

(29) 第一次世界大戦当時に作成されたイギリスとアメリカの軍事法規の解釈教本（1914 年版）は，上官の命令が行為者を免責するとしていた。しかし，どちらも 1944 年版で，免責しないとする方向に改訂された。（林 1998, 113-115 ; *History UNWCC*, 281-282）

(30) 連合国戦争犯罪委員会において検討され，設立が提言された文民による国際法廷のこと。ただし，このような裁判所組織は実現せず，実際にニュルンベルクと東京に設立されたのは連合国軍による国際軍事裁判所（東京については，極東国際軍事裁判所 The International Military Tribunal for the Far East）であり，いわゆる BC 級の戦犯裁判も各国

の軍事法廷において裁かれた（林 2010, 126, 注 22）。

(31) 連合国軍最高司令官総司令部（GHQ/SCAP）が豊田副武（海軍大将）と田村浩（陸軍中将）を被告人として行なった裁判を，準A級裁判と言うことがある。その規程が「戦争犯罪被告人裁判規程」であるが，これは東京裁判の極東国際軍事裁判所条例とも，また米軍がBC級を対象として実施した戦犯裁判（横浜裁判など）の規程とも異なる（東京裁判ハンドブック編集委員会 1989, 16, 76-77；林 1998, 42）。

(32) 極東国際軍事裁判所条例では，第六条がこれにあたる。

> 第六条　被告人ノ責任
>
> 何時タルトヲ問ワズ被告人ガ保有セル公務上ノ地位，若ハ被告人ガ自己ノ政府又ハ上司ノ命令ニ従ヒ行動セル事実ハ，何レモ夫レ自体右被告人ヲシテソノ起訴セラレタル犯罪ニ対スル責任ヲ免レシムルニ足ラザルモノトス。但シ斯カル事情ハ本裁判所ニ於テ正義ノ要求上必要アリト見トムル場合ニ於テハ，刑ノ軽減ノ為メ考慮スルコトヲ得。（東京裁判ハンドブック編集委員会 1989, 252）

連合軍最高司令官総司令部（GHQ/SCAP）の「戦争犯罪被告人裁判規程」では，5d（6）である。

> 被告人の上司又は政府の命令による行為は，抗弁とはならないが，委員会において正義が要求するものと認める場合は，刑の軽減のため考慮することができる。
>
> （小菅・永井解説・訳 1996, 208）

(33) この「刑法の再建と発展についての国際委員会」は1941年11月14日にケンブリッジにおいて，「刑法の再建と発展についてのケンブリッジ委員会」によって開催された。国際委員会は1942年7月15日に中間報告を発表し，その後，さらに三つの主題についてそれぞれ小委員会を設けて検討を続けた。第一小委員会は戦争犯罪の範囲（the scope of war crimes）にかかわり，第二小委員会は上官の命令に，第三小委員会は犯人引き渡しにかかわるものであった（*History UNWCC*, 94-99 ; 林 2010, 71-72）。

(34) 前注参照。

(35) L. Oppenheim, *International Law*, 6th ed., Vol. 2, London : Longman, Green and Co., 1944, pp. 452-453 からの引用である。なお訳文は拙訳。小菅・永井解説・訳（1996）とは異なる。

(36) Sheldon Glueck, *War Criminals, Their Prosecution and Punishment*, New York : Alfred A. Knopf, 1944, pp. 155-156 からの引用である。なお訳文は拙訳。小菅・永井解説・訳（1996）とは異なる。

(37) ヒュームの『人間本性論（*A Treatise of Human Nature*）』からの引用箇所は，（『人間本性論』1.1.4.5/邦 I : 22-23）のように記す。これは，その引用が本書巻末参考文献に挙げたノートン夫妻（David Fate Norton and Mary J. Norton）の編集によるオックスフォード版の第1巻，第1部，第4節，第5段落からであり，それが邦訳（法政大学出版局，1975-2012）では第1巻の22頁から23頁であることを示す。なお訳文については，邦訳を参照しつつ，私が訳出した。

(38) 牛村（2001, 301, 注 30）の引用より。

(39) またもう少し一般化すれば，他人の立場に立つ，という能力とも同じである。

(40) ごっこ遊びが私たちの生のさまざまな局面に深くかかわることについては，ウォルトン（2016，第1章）を参照されたい。ごっこ遊びの理解は，ウォルトン（2016）に多くを負っている。

(41) まねすることの最も原型的な例は，他人の動作を自分の身体で外形的に再現することかもしれない。こういう行為は，例えば，踊りやスポーツを習ったり，未知の道具を使って未経験の作業をするときなどに生じるだろう。この場合，行為者は外形的な動作を写す意図しかもちようがないから，結果をみずから意図して実現するという，通常の人間的行為のあり方からは遠い。これは，明らかに，個人意志の発動の責任を問われるような典型的状況ではない。

(42) まね，演技，ごっこ遊びといった行為類型に関するさらに立ち入った考察は，田村（2009），田村（2013a），田村（2013b）を参照されたい。

(43) 細かく言うと，日本語で「信じることにする」と言う場合，二通りの解釈がありうる。第一は，「現実にそのとおりであると信じることに決める」という意味に解するもの。英語で言えば，“to decide to believe”となるかもしれない。第二は，「現実にそのとおりであるとは信じないが，そうであると信じるふりをする」という意味に解するもの。英語で言えば“to make-believe”になるだろう。私たちが河村の行為に適用するのは，第二の意味である。第一の意味は，科学者が，科学的な仮説を受け入れるような場合のことである。ある仮説，例えば「STAP細胞は存在する」を，現実にそのとおりであると信じることに決める場合，現実世界で原論文を吟味したり，追試したりするだろう。そして，STAP細胞の作成に成功せず，反例の報告が蓄積された段階で，「信じることに決める」という自分の立場を取り消すことになる。同じ仮説について，第二の意味で，現実にそのとおりであるとは信じないが，そうであると信じるふりをする場合には，現実世界でのこのような信念の組み替え作業は起こらない。

(44) 現実と虚構の関係についての包括的な議論は，ウォルトン（2016）を参照されたい。とりわけ，第2章の2節，9節，10節は，現実と虚構との関係について参考になるだろう。

(45) バンコクのマンダリン・オリエンタル・ホテルにおける私の実体験である。

(46) 他人の立場に立つということは，演技する能力とほぼ同じものであり，他人を欺す能力の基盤である。

(47) 通常は，ごっこ遊びの世界に入ることを人が選ぶきっかけは，それが楽しいから，という理由である。ケンダル・ウォルトンは，芸術の鑑賞を一種のごっこ遊びと解釈する美学理論を提出したが（ウォルトン 2016），一般化すれば，ごっこ遊びの世界の楽しさや快感は，一般に「美」と呼ばれてよい。人を演技やまねに誘うのは広義の美なのである。そして，たぶん軍人を志す心性の持ち主にとっては，服従は美である。「自発的な服従」という一種の矛盾を作り出すのは，しばしば対象の美しさ，その美しい対象への愛かもしれない。

第2章

(1) 林博史の『華僑虐殺』（すずさわ書店，1992）は，日本軍の公文書と現地調査にもと

づいて，マレー半島一帯における多くの虐殺事件の事実経過を明らかにした。同じく『シンガポール華僑粛清』（高文研，2007）は，シンガポール事件のみを対象とする個別研究であり，同事件の事実経過に関する最も詳しい調査となっている。他方，『裁かれた戦争犯罪』（岩波書店，1998）および『戦犯裁判の研究』（勉誠出版，2010）は，戦犯裁判にいたる歴史的経過と，その法制度上の背景とを詳細に検討しており，同じく林の『BC級戦犯裁判』（岩波新書，2005）とともに，戦犯裁判一般を考察するうえで不可欠である。

（2）　長尾龍一「解説」（清瀬一郎『改訂版 秘録東京裁判』読売新聞社，1981）312頁。牛村（2001, 15）の引用から採った。牛村は長尾の別の論文からもう一つ似た趣旨の文言を引用しているが，本書では割愛した。

（3）　東京裁判の総括的な評価については，戸谷（2008）の終章が評価の歴史的な変遷への周到な目配りとともに大変参考になった。

（4）　西洋近代文明と非西洋の諸文明を対比する一つの説得的な枠組みは，人類学者のルイ・デュモンの提示した「個人主義（individualism）」と「全体論（holism）」の対比である。第6章4節でこれを扱う。

（5）　河村（1952, 81/1947. 3. 21）の記載。

（6）　実際に，東京裁判における広田弘毅への死刑判決の根拠とされたのは，南京における残虐行為に関する報告を広田が外務大臣として受け取りながら，徹底的な対処を怠ったという事実認定であった。悪を知りながらそれを本気で止めなかったことが，積極的加担と同等の犯罪的な不作為とみなされたのである（戸谷 2008, 203-205）。

（7）　カトリック教会のカテキズムには，以下のように記されている。「罪（sin）とは，神が被造物である人格に，神と隣人を愛するために与えた自由を，濫用することである（an abuse of freedom）」（*Catechism of the Catholic Church*, Part 1, Section 2, Chapter 1, Article 1, Paragraph 7, The Fall, No. 387. http://www.vatican.va/archive/ENG0015/_INDEX.HTM）。つまり，自由意志の誤った使用が罪なのである。簡潔に説明を試みる。まず，「愛は意志の最初の発動である」（『神学大全』第I部，第20問，第1項，主文）から，神を愛することは自由意志によって神へ（神の命令を受け入れることへ）と向かうことである。よって，神へと向かう方向から意志が逸れることは，自由意志の誤った使用である。これが罪（sin）である。こうして，善を理解して（神へ向かう方向が分かって）いるのに悪を行なう（神から逸れる方向をみずから意志する）ことが重大な罪となる。

（8）「11世紀の終りから12世紀頃に，はじめて，罪（sin）と犯罪（crime）とのあいだに取り扱い方の明確な区別が設けられた。このことは，部分的には，上位聖職者たちが世俗的権威から罪（sin）に対する司法権限を取り去ることに成功したために，またこれによって，付随的に，“secular”という言葉に新しい〔「世俗」という〕意味が与えられることになったために，生じたのである。王の役人，つまり“俗人の”役人によって処罰されうる行為は，これ以後，神の法への違反としてではなく，すなわち罪（sin）としてではなく，世俗法への違反として罰せられることになった」（Berman 1983, 185-186）。

（9）　ロバート・アンダーソン・ライト（1869-1964）。英国の判事，男爵。

(10) 以下では自然法思想の淵源の代表としてパウロの書簡を引用する。古代ギリシア思想についてはソポクレス『アンティゴネー』を，ローマ法についてはキケロー『国家について』第3巻22節を，キリスト教哲学についてはアウグスティヌス『神の国』第19巻21章やトマス・アクィナス『神学大全』第2部の1，第90問から第94問を参照されたい。なお，ダントレーヴ（1952）の第1章と第2章に包括的な解説がある。

(11) 西洋近代哲学における例としては，ジョン・ロック『人間知性論』第4巻10章7節でのパウロの書簡のこの箇所への言及を見られたい。

(12) パウロの書簡のこの箇所が自然科学の基礎づけに用いられた例としては，Robert Boyle, *The Usefulness of Natural Philosophy*（Boyle 1999, Vol. 3, 241）がある。

(13) ジョン・ロックの『統治二論（*Two Treatises of Government*)』からの引用は，(『統治二論』II, §6）のように出典を表記する。これは，その引用が同書の第2篇の第6節からであることを示す。邦訳は各種あるが，篇，節の番号は共通する。なお訳文は，概ね『世界の名著　ロック　ヒューム』(中央公論社，1968）所収の宮川透訳によるが，引用者の責任で改めた箇所もある。

(14) 『極東国際軍事裁判速記録』第九号附録，昭和21年6月4日火曜日，4頁。

(15) 『極東国際軍事裁判速記録』第九号附録，昭和21年6月4日火曜日，11頁。

(16) 「重い，つまり土質の物体は，妨げられなければ自然本性的に地球の中心に向かって直線的に落下するとアリストテレスは結論した」(グラント 2007, 93)。

(17) アリストテレスによれば，「自然によってあるものとは，自らのうちに存する何らかの根本原理をもとに，連続的に運動変化して何らかの終極目的に到達するかぎりのもののこと」(『自然学』199b16）である。なお，アリストテレスの著作からの引用の表記は，慣例に従う。すなわち，(『自然学』199b16）とあるのは，その引用が『自然学』のプロシア・アカデミー版アリストテレス全集における199頁の右欄(b)の16行目であることを示す。なお，アカデミー版全集の頁の左欄の場合は「a」と表記される。訳文は，『新版 アリストテレス全集』(岩波書店，2013）による。

(18) 伝統的自然法思想も，もちろん一枚岩ではない。自己保存について，ホッブズはこれを第一の自然法とするが，ロックはホッブズに同意しない。「自己を配慮し保存することがこの法〔自然法〕全体の源泉であり起源であるとしたら，徳は人間の義務というよりは便宜であることになるだろう」(『自然法論』181)。なお，ロックの『自然法論』の出典表記については，第5章注(6)を見られたい。

(19) 丸山は既成事実への屈服のほかに，「矮小性」の特徴として権限への逃避を挙げている。本書の論点に，権限への逃避はかかわりが薄いので，以下で取り上げない。

(20) 丸山は，対米宣戦に関する「人間たまには清水の舞台から眼をつぶつて飛び下りる事も必要だ」という東条英機の言葉を引いている（丸山 1964, 89)。これは強がりと疑念がない交ぜになった心理に見える。

(21) ナチ指導者たちもまた，一貫した主体として生きていたわけではなく，役柄を演じていただけではないのか，という疑問が提出されるかもしれない。この点について一般的に述べる用意はないが，個別事例としてアイヒマンの一挿話が参考になる。ハンナ・アーレントによればアイヒマンは「どちらかといえばあまり知性に恵まれていない」

（アーレント 1969, 107）人物だったが，「誰もが驚いたことにアイヒマンはカントの定言的命令のおおよそ正しい定義を下して見せた」（同上）のだった。「彼〔アイヒマン〕は，「最終的解決」の実施を命じられたときから自分はカントの原則にしたがって生きることをやめた，そのことは自覚していたが，自分はもはや「みずからの行為の主（あるじ）」ではなく，「何かを変える」ことは自分にはできないと考えて自分を慰めていたと説明を試みた」（アーレント 1969, 108）。言い換えれば，アイヒマンでさえ，人間は上位者の命令に従うのではなく，みずからの理性を用いることによって普遍的な法則に適うように行為せねばならない，というカントの道徳的要請を理解していたのである。アイヒマンは高等学校も工業学校も終えられず，最終職位は親衛隊（SS）の中佐相当の中間管理職にすぎなかった（アーレント 1969, 22, 26）。だが，人間は自身の理性において一貫した主体であるべきだという道徳的要請を，常識としてわきまえており，かつ，戦時中に自分がこの原則に従っていなかったことを自覚していた。アイヒマンは，状況に合わせて態度を変えたりせずに理性的な主体として生きねばならない，という思想的な要請と無縁ではなかったわけである。だが，このカント的な要請は，河村参郎はじめ日本の軍国指導者たちのうちには見出しがたいように思われる。したがって，アイヒマン的人物と河村参郎的人物のあいだには，微妙な，だが決定的な違いがあったと言ってよい。以上から，一貫した主体として生きるという理想に関し，丸山のように，ナチス体制下のドイツ人と大日本帝国の日本人とのあいだには無視できない相違があった，と想定することは許されるだろう。丸山の議論の瑕疵は，日本人にもカント的要請が意識されていた――あるいは意識されるべきであった――かのように論じた点に存する。

(22)　個人主義（individualism）の思想史的な位置づけについては，第6章4節を参照されたい。

(23)　私たちはここで，ミルグラムのいわゆるアイヒマン実験を思い出してよい（スタンレー・ミルグラム『服従の心理』山形浩生訳，河出書房新社，2008）。

(24)　作田啓一にはここで取り上げる「死との和解」のほかに，筆者の知る範囲で，戦犯を考察した論考3篇がある。作田（1972）所収の「戦犯受刑者の死生観」（初出 1960）は，「死との和解」に先立って，ほぼ同じ主題について雑誌に発表されたものである。「戦犯受刑者の死生観」と「死との和解」では，死の受容の四類型の項目が一部変わっている。本書では，より後で発表された「死との和解」の類型を用いる。

残る二つの論考は，作田（1967）所収の「われらのうちなる戦争犯罪者――石垣島ケース」（初出 1965）と，「波濤と花火――離島の学徒兵」（初出 1966）である。前者は，捕虜の処刑にからんで多くの関係者に死刑判決が下された特異な事件を取り上げている。これは，明示的な命令も明確な根拠もないままに，不安定な集団心理によって捕虜の殺害が実行されていった経緯を，社会集団の病理として分析した論文である。後者は，インド洋の二つの島で起きた別々の事件で，それぞれ死刑判決を受けた二人の学徒兵を取り上げ，二つの事件の事実経過と裁判過程，さらに二人の行動の様式を分析し，日本の知識人の類型を浮かび上がらせた論文である。

この二つの論考は，違法な処刑を「掃蕩作戦」と詐ったシンガポール華僑粛清事件と似て，事実を直視しない姿勢が日本軍の犯罪行為を生み出していく集団のメカニズムを

浮かび上がらせている。虚構を信じることにするよう強制する集団のメカニズムが，善良な人々を破滅的な事態に追いこんでいく悲劇的な経緯はきわめて興味深い。だが本書では検討しない。

(25)　作田は，戦勝国側による戦争裁判の隠された機能として，「報復感情を静めること」（作田 1967, 174）があったと解釈している。

(26)　同様の見方は，鶴見（1968）においても，史料を踏まえて確認されている。それによれば，戦犯裁判を支える思想的な原則は，①日本が行なった戦争は不戦条約で禁じられた侵略戦争であること，②兵士は軍隊の一構成員としてではなく，個人である自分自身を究極の意志決定者として行動しているということ，③個人としての兵士は，所属する国家よりも上位の普遍的な価値に準拠すべきであるということ，④個人としての兵士は，上官の命令に従うか従わないかの選択の自由をもつということ，の四つであった（鶴見 1968, 18-19）。またすでに見た筑波（1972）も，BC級戦犯裁判の根本理念として，「個人の行為に対する人道的規範が，政府の命令に具体化されている政治に優先する，というヒューマニズムのあらわれとして，いわば超歴史的な絶対的価値をもつ」（筑波 1972, 332）という考え方があったという指摘を肯定する。

(27)　遺文作成者の氏名，階級，死歿場所，歿年，年齢は作田（1967）にあるとおり。なお，この福原勲の遺文は，『世紀の遺書』ではなく，塩尻公明編『祖国への遺書』（毎日新聞社，1952）所収のもの。

(28)　鶴見（1968）は遺文作成者の階級と氏名を示すのみで，死没場所と歿年は記さないが，作田（1967）からの引用と揃えるために，『世紀の遺書』から記載を補った。

(29)　この遺文は，『世紀の遺書』ではなく，塩尻編『祖国への遺書』所収のもの。階級，歿年齢の記載はない。

(30)　「〔「とむらい死」の〕死んでいった仲間への追悼は過去に傾く態度であるが，この集団主義が未来へ向かうと，集団やそのメンバーの将来のために，自己を犠牲にするという「いけにえ死」の論理に転換する」（作田 1967, 167）。

(31)　作田は，遺文のそれぞれをどの文言を根拠にどの類型に分類する，といった列挙までは行なっていないので，この主張を確認することは困難である。

(32)　作田は，「とむらい死」の集団帰属意識に，日本軍や日本人という個別的な範囲を越え，帰属集団をより大きく人間一般にまで広げる可能性を見出す。そして，これを日本人が個別主義を離れて普遍主義に至る一つの道だったと考えた（作田 1967, 165, 180）。だが，この場合の普遍主義は，一つの原理（例えば，合理性 rationality）を過去現在未来のすべての（不確定の数の）人間が共有すると考え，その原理が人間を定義すると考えるタイプの普遍主義（内包的規定による普遍性）とは異なる。集団帰属の拡大という普遍主義（外延の拡張による普遍性）は，たかだか今生きている人間という有限の集まりを普遍（人間の全体）と見ることにしかならないように思われる。

(33)　作田は次のように語っている。これは興味深い指摘ではあるが，戦犯の深層心理にこのような思念があったと立証することは難しいだろう。

> 秩序を動かした以上は，動かしたものの犠牲が要求され，その死が反作用となって，失われた均衡が回復する。「自然死」型を選んだ人たちの安定感の中には，どうや

らこのような信仰の支えがあるようだ。彼らは秩序と調和するために行為し，そのためにまた攪乱の因子を導入した。それは秩序の運行のために必要な行為ではあったけれども，使命が終われば，まさにその攪乱の責を負って死んでゆかなければならない。（作田 1967, 179）

第3章

（1） “Opfer”の語源を“operari : to perform, accomplish（為す，遂行する）”に置く見解もある（Henninger 1987, 544）。ブルケルトはこちらを採用している（ブルケルト 2008, 11）。

（2） 狩猟者と動物との親密なつながりについては，いずれも現代の例であるが，姉崎等・片山龍峯『クマにあったらどうするか――アイヌ民族最後の狩人 姉崎等』（ちくま文庫，2014）や，千松信也『ぼくは猟師になった』（新潮文庫，2012）を参照されたい。

（3） 北方ユーラシアから北アメリカに広く見られるクマ狩りとクマ祭りには，次のような共通の習俗がある。「忌詞，狩に勢揃いしたときの儀式，狩の成功と野獣の繁殖を促進するための熊踊りとパントマイム，熊に対して言い訳の演説をすること，森の中でやる熊の死体に対する儀式（たとえば，毛皮を剥ぎ，目玉を抜き，骨や性器や耳や鼻を保存することなど），男根舞踏，熊の肉を儀礼的に煮て食べること，熊の頭蓋と肋骨を保存したり，儀礼的に葬ること，殺された熊が再生するという信仰，さらに熊が人間の身内だとか，人間の男や女が変容したものであるとか，あるいは森や山の主のような人格神がその身内であるという神話……」（大林 1991, 214）。

（4） 訳文は松平千秋・久保正彰・岡道雄編『ギリシア悲劇全集』第1巻（岩波書店，1990）所収の久保正彰訳による。引用文の後の数字は引用箇所の行数を示す。

（5） 近年まで狩猟採集生活を送っていた集団は，すべて周辺の農耕牧畜民と交渉して生活を立てていた。したがって，人類学者が参与観察を行なうことができた狩猟採集民は，経済生活においても信念体系に関しても，農耕開始以前の生活様式をそのまま保存していたとは言えない（Bird-David 1988）。

（6） 動物の魂は理性を有さず，身体とともに滅びるが，人間の魂は理性的な働きの源であって，身体とともに滅びることはない（『神学大全』第1部，第75問，第3項，第6項）。人間の身体は最後の審判の日に復活し，再びその人の魂と合一して神の前で裁きを受ける。正しい人は神の国に迎え入れられて，永遠の生命にあずかるのである（マタイ 25 : 31–46）。

（7） タイラーの贈り物説については，それが神々と人間の関係について歴史上の真理を語る部分があることは認めつつ，犠牲儀式が効果的に機能するメカニズムを説明していないことを指摘する（Mauss 1968, 194/邦 4）。ロバートソン・スミスの共感体験説については，トーテミズムの動物崇拝仮説に依存しすぎていること，神人共食の犠牲と贖罪の犠牲が歴史的・民族誌的な事実においては並行して見出されること，多数の事例を収集してそのなかに自分の洞察を読み込んでしまうロバートソン・スミスのやり方が方法論上支持できないこと，などを指摘する（Mauss 1968, 194–198/邦 5–10）。

（8） 「人格」は，“la personne morale”の訳。文字どおりに訳出すれば「精神的人格」ない

し「道徳的人格」となるだろう。もともと英語の“person”やフランス語の“personne”は，日本語の「人格」とは違って，身体を必ずしも排除しない。それゆえ“la personne morale”は，精神や魂として見た場合の人間，というほどの意味になると思われる。だが「精神的人格」という訳語は，日本語として畳語に近い。それゆえ「人格」とのみ訳出した。

（9） “sacrifiant”には「供犠祭主」という訳語があてられるが，以下では「サクリフィアン」と仮名書きする。本書では祭式の文脈に議論を限定しないから，「祭主」という語は避けた。同じ理由で「供犠」も使用しない。

（10） van Baal（1976）を参照のこと。van Baal（1976）は，ユベールとモースがいけにえを常に聖性を帯びたものと見なす点についても鋭く批判している。いけにえの動物は，お祭りのご馳走にしかすぎない事例も多いようである。

第4章

（1） 東南アジア司令部の政治顧問エズラー・デニングが，日本の敗戦直前にイギリス外務省に送った手紙の一節。

（2） 英軍が与えた犠牲物語で，サクリフィアン（英国と植民地住民）といけにえ（河村参郎）の結びつきを与えるのは，裁判の過程における正義の教示といけにえの同意である。河村は，裁判を通じてサクリフィアンの物語を注入され，これに同意することによって，生命の奉納に見返りが生じるような悔悟した存在となることが期待されていたと言えるだろう。この筋書きを河村は拒否した。

（3） 『朝日新聞』名古屋本社版，2009年8月15日夕刊2面「窓」欄より。以下も参照のこと。「飢え死にした兵士たちのどこに，経済的繁栄を築く要因があったのでしょうか。怒り狂った死者たちの叫び声が，聞こえて来るようです。そんな理由付けは，生き残った者を慰める役割を果たしても，反省へはつながりません。逆に正当化に資するだけです。実際，そうなってしまいました」（飯田 2008, 177）。

第5章

（1） 『朝日新聞』2007年6月13日朝刊13版19面の記事の概要紹介による。聞き取り記録は，国立公文書館の内務省警保局保安課のつづりのなかの，「『爆弾三勇士』のほんとのこと」という文書。

（2） ジョージ・スタイナーは，ソポクレス『アンティゴネー』が，キリスト教的個人主義倫理の先蹤と見なされてきたと指摘する。この悲劇において，王女アンティゴネーの二人の兄，ポリュネイケースとエテオクレースは，テーバイの王位をめぐって争い，ともに戦死する。その後，実権を握った先王の妃の弟クレオーンは，隣国アルゴスの支援を受けたポリュネイケースを反逆者と認定し，その遺骸の埋葬を禁ずる触れを出す。アンティゴネーは，禁令に逆らい，兄を葬ろうとして捕らえられる。そして，クレオーンの前に引き出されて次のように述べる。

> ゼウス様があのようなお触れをお出しになったわけではさらさらなく，地下の神々と共におわすディケー様が，人間界にかような掟をお定めになったわけでもない。

殿様のお触れと申しても，殿様も所詮死すべき人の身ならば，文字にこそ記されてはいないが確固不抜の神々の掟に優先するものではないと，そう考えたのです。神々の掟は，昨日や今日のものではない，時を超えて生きている，その由来など，誰も知りません。私は誰のにせよ人間の意向を恐れるあまり，この神の掟を破って，それゆえ神々から罰を受ける，そんなことはすまいと考えました。

（『アンティゴネー』450–457. ソポクレス『アンティゴネー』柳沼重剛訳，『ギリシア悲劇全集』第3巻，岩波書店，1990による）

この，神々の法は王の法に優先するという考え方は，18世紀後半から20世紀初頭にかけて，ヨーロッパの思想家たちの熱狂的な支持を集めた。スタイナーは，その所以を次のように読み解いている。

アンティゴネーの反逆は古代の伝統に基づくものではない。それはむしろ，ヒューマニズムの理念，ソクラテス的，原―キリスト教的（proto-Christian），そして究極的にはカント的な，定言命令としての個人倫理を，かすかに予兆するものなのだ。アンティゴネーが「書かれざる法」に訴える時，彼女はポリスの掟と団結とは無縁の，未来の良心と個人的行動のヴィジョンを呼び出すのである。

（Steiner 1984, 183/邦 258）

（3）　プラトンの著作からの引用は，慣例に従い，作品名およびステファヌス版全集の頁数と各頁内のABCDEの段落記号とを記す。訳文は，田中美知太郎・藤沢令夫編『プラトン全集』（岩波書店，1974–78）による。（『パイドン』98E）とあるのは，『プラトン全集』第1巻所収の『パイドン』松永雄二訳の98Eを示す。

（4）　かつて次のような例で，この点を説明したことがある。これは直観的に分かりやすいはずである。

マザー・テレサは，カルカッタの路上で死に行く人々を看取る活動を続けていることで名高いカトリックの修道女である。このマザー・テレサに向かって，本当はあなたにもやりたいことは沢山あったでしょうに見知らぬ人々が死んで行くのを看取ってやることに生涯を捧げるとは，なんと自己犠牲的で崇高なことでしょう，と言ったとしよう。どんな答えが返ってくるであろうか。おそらくマザー・テレサからは，いえ私は自分が本当にやりたいことをやっているだけです，という答えが返ってくるはずである。　（田村 1997, 40）

柏端（2007）も，この例を「マザー・テレサのパラドックス」として紹介している。現在では，マザー・テレサについてさまざまな伝記的事実が報告されているようであるが，私は確認していない。この例の趣旨は，伝記的事実に適合するかどうかに左右されないが，事実誤認のそしりを避けるため，参考までに掲げるにとどめる。

（5）　ロックの『人間知性論（*An Essay concerning Human Understanding*）』からの引用は，（『人間知性論』1.3.6）のように表記する。これは，その引用が同書の第1巻3章6節からであることを示す。必要に応じて，スラッシュ「/」の後に，参考文献に挙げたピーター・ニディッチ（Peter H. Nidditch）の編集によるオックスフォード版の頁数と行数を付記する場合もある。なお訳文については，参考文献に挙げた岩波文庫版の大槻春彦訳を参照しつつ，私が訳出した。

（6）ロックの『自然法論（*Essays on the Law of Nature*）』からの引用は，『自然法論』207 のように表記する。これは，その引用が参考文献に挙げたフォン・ライデン（W. von Leyden）の編集した版の 207 頁からであることを示す。

（7）カントの『純粋理性批判』の「純粋理性の二律背反 超越論的理念の第三の抗争」（いわゆる第三アンチノミー）に関する議論を参照のこと。

（8）カント『人倫の形而上学の基礎づけ（*Grundlegung zur Metaphysik der Sitten*）』からの引用は，（『人倫の形而上学の基礎づけ』292）のように表記する。これは，その引用が参考文献に挙げた野田又夫責任編集『世界の名著　カント』（中央公論社，1972）所収の同書の 292 頁からであることを示す。

（9）ミルの『功利主義（*Utilitarianism*）』からの引用は，（『功利主義』2.2/邦 467）のように表記する。これはその引用が，参考文献に挙げたロジャー・クリスプ（Roger Crisp）編集のオックスフォード版の *Utilitarianism* の第 2 章，第 2 段落からの引用であり，それが関嘉彦編『世界の名著　ベンサム　J・S・ミル』（中央公論社，1967）所収の伊原吉之助訳では 467 頁であることを示す。ただし，伊原訳は原典の一段落を複数の短い段落に分解しているため，段落の数が対応しない点には注意が必要である。なお，訳文は，伊原訳と内井（1988）の引用における訳文とを参考にして，私が訳出した。

（10）Francis Hutcheson, *An Essay on the Nature and Conduct of the Passions and Affections, with Illustrations upon the Moral Sense*, 1742. Taylor（1989, 261/邦 298）における引用から。

（11）同上。

（12）同上。

（13）Lukes (1973, 49) の引用から。

（14）ロックの『キリスト教の合理性（*The Reasonableness of Christianity*）』からの引用は，（『キリスト教の合理性』12）のように表記する。これは，その引用が，ジョン・C. ヒギンズ-ビドル（John C. Higgins-Biddle）の編集したオックスフォード版の *The Reasonableness of Christianity* の 12 頁からであることを示す。

（15）「人間以前には人格（person）と呼びうるようなものは誰もいなかった，というアウグスティヌスの言葉を説明するものは，個体性（individuality）という人間の特性である。この個体性は the Will において現れる。アウグスティヌスは，見分けのつかない双子の例を挙げる。二人は「身体においても精神においても似た気質」である。いったいどうやって二人を区別できるだろうか。二人を相互に区別することができる唯一の資質は，二人の will である。「二人が同じ仕方で誘惑され，一方は誘惑に屈して誘いに従うが，他方は動かされることがない。……二人の気質が同一である場合……二人の固有の will 以外の何がこの違いを引き起こすだろうか」」（Arendt 1978, 109/邦 133）。

（16）ホッブズの『リヴァイアサン（*Leviathan*）』からの引用は，（『リヴァイアサン』6.53/邦 I: 109）のように表記する。これは，その引用が，『リヴァイアサン』の第 6 章の第 53 段落からであり，邦訳の第 1 巻の 109 頁であることを示す。なお訳文については，参考文献に挙げた岩波文庫版の水田洋訳を参照しつつ，私が訳出した。

（17）このことは，マレとクノービも指摘するように，アリストテレス『ニコマコス倫理学』（1111b20–25）においてすでに指摘されている。

(18)　「信念」は，英語の哲学文献における“belief”の訳語として用いられる場合，通常の日本語で言えばほぼ「事実認識」に該当する意味内容になる。“belief”は，「その持ち主が本当だと思っている事実認識としての心的内容および態度」である。他人から見れば偽であってもかまわないが，本人にとって偽であるとすでに判明している心的内容は，“belief”とは呼ばれない。「信念は，想像と異なり，正しいか正しくないかである。信念は真理を目指す。真なるものが，そして真なるもののみが信じられるべきである。私たちは自分の好きなように信じる自由があるわけではない」（ウォルトン 2016, 40）。

(19)　トーストを用意している人物に対して，「何してるの」と尋ねたとき，「朝ご飯を食べるんだよ」という回答も，「会社に行くんだよ」という回答も，どちらも適当な文脈において自然な回答である。例えば，休日の朝，早起きしてトーストを用意している妻に向かって夫が尋ねる場合，休日出勤を知らせる意図で，妻が「会社に行くんだよ」と言うのは自然である。

(20)　5つの質問は以下のとおり（ただし，第2回調査では質問2のみ「犠牲」という言葉を使って短文を作る課題に差し替えた）。

質問1：日本は近代社会だと思いますか？
①はい，そう思います。
②いいえ，そうは思いません。

質問2：日本は東洋の伝統に属していると思いますか，それとも西洋の伝統に属していると思いますか？
①どちらかといえば，東洋に属している。
②どちらかといえば，西洋に属している。

質問3：「個人主義」という言葉を思い浮かべて下さい。そして次の①と②のうちで，自分の感じ方に近い方に丸をつけて下さい。
①「個人主義」はよい。
②「個人主義」はよくない。

質問4：「意志」という言葉を思い浮かべて下さい。そして次の①と②の主張のうち，賛成できると思われる方に丸をつけて下さい。
①人間は，同時に複数の意志を持つことがありうる。
②人間は，どんな時にも一つの意志しか持ちえない。

質問5―⑴：次の〈ことわざ〉を聴いたことがありますか？「地獄への道は，善意が敷き詰められている」。
①あるような気がする。
②ないような気がする。

質問5―⑵：上の質問5―⑴に「①あるような気がする」と答えた人に聞きます。この〈ことわざ〉は，下の①②のどちらの意味を表していると思いますか？
①たとえ本人が善意から行動していても，結果的に，他人を地獄のように苦しい境遇へ導いてしまうことがある。
②いつも自分の善意を実現するように行動していないと，結果的に，地獄のように苦しい境遇に堕ちるはめになる。

質問5―(3)：上の質問5―(1)に「②ないような気がする」と答えた人に聞きます。この〈ことわざ〉の意味を推定してみて下さい。下の①②のどちらの意味を表していると思いますか？

①たとえ本人が善意から行動していても，結果的に，他人を地獄のように苦しい境遇へ導いてしまうことがある。

②いつも自分の善意を実現するように行動していないと，結果的に，地獄のように苦しい境遇に堕ちるはめになる。

(21)　前注の質問5―(1)(2)(3)を割愛した。

(22)　調査の全体に関する報告は，田村均「思想史的概念に関する実験哲学的調査の報告――「近代」，「個人主義」，「意志」」『名古屋大学文学部研究論集』（哲学56）（http://hdl.handle.net/2237/13408）を見られたい。ちなみに，質問1から3の回答比率は，全調査を通算して，「日本は近代社会だと思う」89％，「思わない」11％，「東洋の伝統に属すと思う」74％，「西洋の伝統に属すと思う」26％，「個人主義はよい」65％，「よくない」35％，であった。

(23)　常にもっていないわけではない。日本語の慣用は，志操堅固，意志強固な人物が日本語母語話者のなかに存在することを全的に妨げるわけではない。そして，誰しも時にはそういう人物でありうる。

(24)　本書の原稿が完成した後で，山崎正和の『リズムの哲学ノート』（中央公論新社，2018）が刊行された。同書は，「リズムを起こす流動」（山崎 2018, 27）を森羅万象の根源に置くという独自の形而上学にもとづいて，意識，身体，認識，科学，自己，自由といった根本問題を説き明かそうとする大がかりな試みである。私はこの山崎の形而上学に同意しないので，同書の試みに全体としては賛同できないが，ここで意志やリズムについての山崎の現在の見解を同書から補足しておくことは有益だろう。山崎は，「行動の発動力としての意志の存在はきわめて疑わしいものであって，身体はさらにその背後に潜み，おのずから流れる力によって動かされていると考えるほかない」（山崎 2018, 84）と明言する。この2018年の『リズムの哲学ノート』においても，1983年の『演技する精神』以来変わることなく，人はみずからの内なる意志によって行為するという行為の説明図式が退けられ，人は外なる力によって動かされるのだと主張されている。そして，外からやって来る力がリズムとして語られることも変わっていない。すなわち，「すべての行動者は各種の共同体からどう振る舞うべきかを暗黙のうちに指導されている。そのさいの指導は社会的な非難や賞賛など，必ずしも有形の矯正である必要はない。共同体がみずからのリズムで行動している現実，そのリズムの波動そのものが個人の身体に響くのであって……前者が後者にたえざる共鳴を求めているのである」（山崎 2018, 111-112）。個人が各種の共同体からどう振る舞うべきかを指導されているという指摘は重要であり，私もこれを正しいと考える。私は，しかし，個人と共同体の関係を調和的な共鳴の関係と見ることができない場合が多々あると考える。自己犠牲の分析を通じてこの点を明瞭にすることが本書の課題の一つである。世界をリズムの波動によって説明する山崎の暗喩的な形而上学は，恐らく，個人が現存の共同体と不調和に陥って，共振も共鳴も拒絶する局面を，精確にとらえることができない。これが山崎のリズム一

元論の形而上学を行為の基礎理論とするわけにはいかない所以である。

第6章

（1）　訳文は『ギリシア悲劇全集　第9巻　エウリーピデース V』（岩波書店，1992）所収の高橋通男訳による。出典箇所を示す行数表示は邦訳の表示である（ギリシア語原文の行数表示とほぼ対応する）。なお，邦訳からの引用箇所を除いて，ギリシア語の固有名に現れる長母音は，すべて短く表記する。すなわち，「クリュタイメーストラー」ではなく，「クリュタイメストラ」と表記する。ただし，「イーピゲネイア」だけは例外である。

（2）　訳文はアリストテレス『詩学』朴一功訳（『アリストテレス全集』18，岩波書店，2017）による。

（3）　兵士たちという群衆に対するアガメムノンの恐怖は，『アウリスのイーピゲネイア』が上演された紀元前5世紀末のアテナイの現実に対応していた。ペロポネソス戦争の混乱はすでに長期にわたっており，兵士たちの群衆としての力は人々の不安を掻き立てるものだったのである（Michelakis 2006, 79）。

（4）　訳文は『ギリシア悲劇全集　第5巻　エウリーピデース I』（岩波書店，1990）所収の丹下和彦訳による。

（5）　フォリーへの評価は Sorum（1992, 527），Gibert（1995, 240–244），Michelakis（2006, 118）などを見られたい。

（6）　公平を期するために言うと，フォリーの解釈は，これほど単純でもない。フォリーは「エウリピデスの劇作品は，壊れそうな均衡の上に成り立つ解決しがたい一連の矛盾でもって終幕となる傾向がある」（Foley 1985, 101）と指摘する。そして，イーピゲネイアの犠牲とギリシア全体のためという修辞は，社会の現実を変えるものではないと述べる。だから最終的に，「この劇は，結婚と自己犠牲とを融合させることによって，劇の始まりをなした公的利害と私的利害との対立に，象徴的な解決以上のものを達成できているわけではない」（Foley 1985, 102）と判定している。フォリーは，犠牲や結婚の融合という儀式的な統一性が象徴的な水準でしか機能しないことを暗に認めたわけである。その意味で，さまざまな儀式は欺瞞の装置であることを免れない（とはいえ，フォリーがこれを明言しているわけではない）。こうしてフォリーは，みずからしりぞけた反語的な読みと等しいものを，最後に導入したかたちになっている。

（7）　以下のイヨマンテについての記述は，主としてアイヌ民族博物館編（2003）にもとづく。同書は，1989年1月24日から26日に挙行されたイヨマンテ，および1990年2月19日から22日に挙行されたイヨマンテの，詳細な記録である。

（8）「イヨマンテ」という語は，「イ」が「それ，もの」の意であり，「オマンテ」が「送る，行かしめる」の意である（宇田川 1989, 24；河野 1985）。

（9）　アイヌ民族博物館編（2003, 82）の引用より。

（10）　ここで「台詞」と呼んだのは，『アウリスのイーピゲネイア』という劇のなかの儀式の場面での演技的な発話，つまり劇中劇の台詞である，という意味である。誤解はないと思うが，念のために言う。

（11）「レイニー河で」からの引用は，ティム・オブライエン『本当の戦争の話をしよう』（村上春樹訳，文春文庫，1998）の頁数のみを挙げる。

（12） 古代ギリシアにこの考え方が見られないということではない。ソポクレスの『アンティゴネー』は，共同体を代表する王の命令に個人が反逆しうるという考え方をはっきり打ち出している（第 5 章注(2)参照）。

（13） マタイ（26 : 69–75），マルコ（14 : 66–72），ルカ（22 : 56–62），ヨハネ（18 : 15–18, 25–27）。以下，西洋精神史における裏切りとそれへの悲嘆の古典的な例として，「マルコ福音書」の記述で確認しておく。

〔最後の晩餐の時〕26 そして賛美歌を歌いながら，オリーヴの山へと出て行った。27 そして彼ら〔使徒たち〕にイエスが言う。「あなた方はみな躓くであろう。すなわち，我，羊飼いを打つ。すると羊たちは散らされる，と書いてある。28 しかし，私は甦った後，あなた方を先立ち導いてガリラヤへと行くであろう」。29 ペトロが彼に言った。「たとえ，すべての者が躓いても，私は躓きません」。30 そして彼にイエスは言う。「アメーン，あなたに言う，あなたこそ今日，今宵，鶏が二度鳴く前に，私を三度否むだろう」。31 彼はますます言いつのった。「たとえ私があなたとともに死なねばならぬとしても，私があなたを否むようなことはありません」。またすべての者が同様に言った。……〔ユダが裏切り，剣や棒をもった群衆がやってきて，イエスは捕まり，皆は逃げる。ユダヤの大祭司はじめ長老たちはイエスを死刑にすべきだと断じ，人々はイエスに唾を吐きかけ，殴った。〕……66 そしてペトロが下の中庭に居たとき，大祭司の下女の一人が来る。67 そしてペトロが（焚き火で）暖まっているのを見つけ，見つめて言う，「あんたも，あのナザレ人のイエスと一緒に居たでしょ」。68 彼は否んで言った，「知らない。お前が何を言っているのか理解できない」。そして中庭の通路に出て行った。そして鶏が鳴いた。69 そしてその下女がまた彼を見つけて，まわりに立っていた者たちに，この者は彼らの仲間だ，と言いはじめた。70 彼はまた否定した。そしてしばらくして，まわりに立っていた者たちがまたペテロに言った，「本当に彼らの仲間だ。お前もガリラヤ人ではないか」。71 彼は呪詛の言葉を言い，また「あんたらが言っている人のことなど，私は知らない」と誓いはじめた。72 そしてすぐに二度目に鶏が鳴いた。そしてペテロはイエスが彼に「鶏が二度鳴く前にあなたは私を三度否むであろう」と言った言葉を思い出した。そして身を投げ出して，泣いた。

（田川 1 : マルコ : 26–31, 66–72）

（14） ヴォルムスの国会におけるルターの答弁（Bettenson 1963, 201）。

（15） デュモンの考えでは，全体論（holism）は，全体主義（totalitarianism）とは異なる。「全体主義」は，個人主義が確立された西洋近代社会において，個人主義を全体社会に服従させようとするときに生じる特殊な思考様式である（Dumont 1977, 12）。つまり，全体主義は西洋近代の個人主義の特殊な形態なのである。だが，全体論は，個人主義と異なるイデオロギーである。

第 7 章

（1） 田村（1997）では，条件 1 に以下のような記号的表現を与えた。

$V_1, V_2, \ldots, V_n$ を価値判断の付値関数とする。下付き数字の相違は，違う基準による価値判断であることを示す。そして，a, b, ... を行為を表す文字とする。したがって $V_i(a)$ が行為 a のある価値基準 V_i による価値を表す。また，$V_k(V_i(a))$ という表記も許すことにする。つまり，ある価値基準 V_i によって得られた行為の価値をさらに検討する価値基準 V_k，という付値関数を自由に考えてよいことにする。さて，このように表記法を決めると，条件 1 は，次の⑴〜⑶として述べることができる。

条件 1【記号化】

ある行為選択が自己犠牲的であるならば，次のことが成り立っている。

行為 a，b と関数 V_1 と V_2 について，⑴⑵が成り立っているとき，⑶である。

⑴ $V_1(a) > V_1(b)$

⑵ $V_2(a) < V_2(b)$

⑶ 次のような V_k が存在しない。すなわち，$V_k(V_1(a)) > V_k(V_2(b))$ または $V_k(V_1(a)) < V_k(V_2(b))$ となる V_k が存在しない。

a を「結婚とキャリアの追求」，b を「老人の世話」と考えると，V_1 は例 1 の女性の私的価値基準，V_2 は公共的価値基準ということになる。そして，

⑴ V_1 によれば，「結婚とキャリアの追求」＞「老人の世話」である。

⑵ V_2 によれば，「結婚とキャリアの追求」＜「老人の世話」である。

だが，

⑶ それぞれ価値が大きく見積もられた V_1 における「結婚とキャリアの追求」と，V_2 における「老人の世話」とを，さらに比較検討しうる価値基準 V_k は存在しない。

V_k が存在するということは，その価値基準によって統合された判断主体がある，ということを意味している。（田村 1997, 49, 注 11）

（2） 自己欺瞞に関する柏端の最終的な判定は次のとおりである。「自己欺瞞は本質的に動的な過程である。彼らは――すなわちわれわれは――信念に関する諸原理に永遠に反しつづけるという点において，非合理的なのである」（柏端 2007, 41）。

（3） 本書では扱わないが，自己欺瞞についての柏端の考察も非常に興味深い。とりわけ，自己欺瞞的な主体とは自分の信念に関し「矛盾を指摘されてもまず認めようとしない」（柏端 2007, 34）人々であって，むしろ「特定の信念に関する質問に系統的に拒絶を繰り返す人々」（同上）であるという指摘は，自己欺瞞の本質についての新しい洞察であると思われる。柏端によれば，このようにして自己欺瞞は必ず高階の自己欺瞞に次々と発展してゆかざるをえない論理的構造を備えている（柏端 2007, 40）。この論理的構造を支える心理的なメカニズムがどのようなものなのかということは，自己の理論の興味深い検討課題となると思われる。

（4） これはウェッブ裁判長の考え方と基本的に同じである。ウェッブは天皇の戦争責任について，天皇がかりに他人からの助言を受け入れて行為したのだとしても，そうするのが適切だと当人が判断したがゆえにそうしたのだ，と指摘していた（第 2 章 2 節）。こ

こから，人がなんらかの行為 ϕ を実行するときには，周囲からの働きかけがどれだけあったにせよ，その人自身が行為の時点で ϕ することが最もよいと判断しているのだ，という考え方を抽出した（第 5 章 1 節）。ここに，私的な視点からの価値判断と公共的な視点からの価値判断が基本的に一致するという考え方（第 5 章 3 節）を加えれば，「ϕ することが最もよい」と「ϕ することが自分にとって最もよい」とは基本的に同じことになる。

（5）　この会社経営の例は，柏端自身の例ではなく，私（田村）が適宜つくった例である。

（6）　アクラシア（意志の弱さ）は，もっとややこしい問題にすぐ発展する。というのも，最終的に「戦争へ行った」のなら，事後的な理由づけの文脈から，「戦争へ行くのが最もよい」とする判断がオブライエンにあったことになる。そうなると，「カナダへ逃げるのが最もよい」という判断をもっていたという自己認識そのものが，一種の誤解，ないし自己欺瞞になるだろう。そうなれば，「意志の弱さ」という現象が本当にありうるのか，という問いが生じることになる（Davidson 1980）。ただし，日本語の母語話者は，アクラシアをめぐるこの種の難問に悩む必要がない。第 5 章 4 節で見たように，日本語の「意志」という言葉が前提している思考によれば，行為を決定する要因は，行為者の意志のみではない。むしろ，意志と環境要因の双方向的なかかわりである。本人が「カナダへ逃げるのが最もよい」と思っていたのにもかかわらず，環境要因によって戦争へ行くという行為が生じたとしても，少しも不思議ではない。これが現代日本語の想定している人間の行為のありようである。言い換えれば，日本語母語話者の場合，「個人の意志なんて弱いものだ」というのが人間観の初期設定である可能性が高い。これに対し，個人の will は，世俗外的な力を吹き込まれており，地上的な環境要因よりも，原理上強力なはずなのである。それゆえ，なぜ will が弱いなどということが可能なのか，という問いが哲学的な大問題となるのである。

（7）　評価規準は一つだが，それが選択肢群のある部分の比較にしか適用可能でないという場合と，評価規準が複数あって，それぞれすべての選択肢に適用可能だが，それらによって最善と判断される選択肢が互いに異なり，かつそれら複数の規準自体の統一は不可能であるという場合とは，形式的には異なると思われる。柏端は，可能な選択肢集合の任意の要素 x と y に関する関係 R（評価規準 R）の完備性の原理［C］$\forall x \forall y$（$xRy \vee yRx$）を問題にして，［C］が成り立たない場合（選択肢群の一部分の比較しか可能でない場合）の考察を通じて［R_5］に疑義を差し挟む余地を取り出している（柏端 2007, 72–73）。しかし，柏端が実際に考察するトリレンマやジレンマの例は，複数の価値規準の統一不可能な並立の場合である（柏端 2007, 85–92）。柏端はこれら二つの場合が異なることに気づいており，一節を割いて（柏端 2007 の第 5 章 2 節）単一の価値規準にもとづく完備性の不成立の事例を検討する。だが，それ以外の箇所での柏端の考察は，もっぱら複数の価値規準の並立の事例にかかわっている。最善の選択肢が選び出せないという点に関しては，完備性の不成立も複数規準の並立も同じことであるから，柏端の議論に不整合が生じてはこない。しかし，この二者が人間の合理性の限界について示唆するものは異なる。完備性の不成立は人間の理性が期待されるほど普遍的に有効ではないということを示唆するが，複数規準の並立は人間の理性が期待されるほど一枚

岩的ではないことを示唆する。自己欺瞞や自己犠牲に関連するのは後者の示唆であろう。

（8）　前注参照。

（9）　この［R_7］は，［R_5］と同じく事前の文脈の〈行為のための判断に関する合理性〉の規定である。［R_4］の事後の文脈の〈行為の実行に関する合理性〉に対応する極善的な合理性の規定は，次のとおりである。

［R_6］行為者がϕすることを意図的に選択したならば「すべての選択肢の中で，すべての点を考慮して，自分がϕするよりも自分にとってよい選択肢は他にない」とする行為者自身の判断が存在する。（柏端 2007, 77）

（10）　コイン投げをするという設定は，私（田村）が導入した。外部的な偶然に服従するということは理由づけの放棄である。

（11）　なお，重ねて言っておくと，英語母語話者と日本語母語話者とのあいだで，行為産出のための脳科学的水準の機構に何か違いがあるとは思われない。will と意志の違いは，脳科学的な機構の作動を自覚する体験に，どのような言語的分節を設けるかという違いである。

（12）　この全体―部分関係は，メレオロジーによって定式化される。柏端（2007，第6章2節）を参照されたい。

（13）　突然［21］という番号の例文が出現するのは，柏端（2007）の番号に合わせるためである。

（14）「示し合わせて」という条件は冗語ではない。花子が後から来るとは知らずに太郎がピザの一部を食べて立ち去り，その後花子がやってきて太郎が食べたとは知らずに残りのピザを食べた，といった場合は，この二人が共同で一つの行為をしたとは見なされない（柏端 2007, 136）。

（15）　この存在者は太郎と花子のメレオロジカルな和として定義される。

（16）　このバスの例は，私（田村）が適宜作った例であり，柏端の挙げる例ではない。

（17）　柏端はもう少し精密な定式化を与えている（柏端 2007, 146）が，ここでは簡略化して示す。

（18）　この「和」および「＋」はメレオロジーによって定義される（柏端 2007, 128–130）。

（19）　柏端によると，拒否のパターンは，人々のうちの誰かから「そうしているとは知らなかった」という答えが返ってくる場合，または，自分以外の人々について観察や推測によってのみ意図を知っている場合，または，主語の複数性が端的に否定される場合，である（柏端 2007, 149–150）。路線バスの例では，「バスに乗ってるとは知らなかった」という回答はあまりに不自然なので提示しなかった。

（20）　柏端は，共同行為主体の意図の問題を考えるとき，Gilbert（1997）のティナとリーナの散歩の例に言及している（柏端 2007, 158–159）。ただし，(0^{w}_{TL})～(3^{w}_{TL}) の整理は私（田村）が適宜構成したものである。

（21）　柏端（2007）には「共有意図」とあるが，“a shared intention” の訳語を，本書では「共同意図」とする。共同行為の共同意図というようにそろえたというまでで，深い含意は特にない。

（22）　共同行為をどのように分析し，どういう規準で個人行為と区別して特徴づけるかにつ

いては，論者のあいだに意見の一致はない。ただし，①二人以上の行為者が参加していて，②行為者たちのあいだに，それぞれの判断や欲求や信念について相互的な認識（共有信念）が成り立っている，という条件は，管見の及ぶかぎりですべての論者が認めている（Tuomela and Miller 1988 ; Searle 1990 ; Gilbert 1990 ; Gilbert 1997 ; Bratman 1993 ; 中山 2004 ; 柏端 2007）。意見が分かれるのは，②の条件をどのように特徴づけるか，とりわけ，参加者たちのあいだに共同意図が形成されたとき，その共同意図と各人の個人意図とがどのような関係にあると考えるのか，という点である（Roth 2010）。Tuomela and Miller（1988）は，共同意図が個人意図に還元できると主張した。Bratman（1993）も同様の立場をとる。これに対し，Searle（1990）は，Tuomela and Miller（1988）を批判して，共同意図は個人意図に還元できないとした。Gilbert（1990）と Gilbert（1997）は，さらに踏み込んで，共同意図は参加者各人の意志を集約して形成される複数型主体（a plural subject）の意図であり，各個人の意図に還元できないと主張する。中山（2004）はトゥオメラを踏襲し，柏端（2007）はギルバートに従っている。筆者は，サール，ギルバート，柏端の路線が妥当だと考えるが，この点の検討は別稿に譲る。

(23)　この共同行為主体は，この女性とその老人の二者だけかもしれないし，この女性とその老人を含む親戚一同かもしれない。結婚とキャリアを断念して親戚の老人の世話をすることがその女性の置かれた状況においては合理的である，という判断が共有信念として成立する任意の大きさの集団を想定すれば足りる。

第 8 章

(1)　過去 30 年あまりの発達心理学における「心の理論」の研究が示しているように，ヒトは，常に周囲の他の個体の心を読んで行為している。ヒトの社会では，言語行為はもとより，おもに身体動作を用いて何らかの目的を達成する場合でも，他の個体の心を読まずに行為を適切に遂行することはできない。あるいは，そもそも他の個体の心を読まないで行為すること自体が，ヒトには不可能に近い。もちろん行為者の周囲のヒトもまた，行為者の目的や意図を敏感に読み取って反応を返している。この問題については，第 10 章で扱う。

(2)　もちろん，ここで言う「自分を含む場の状況」は，[S_2] の「自分たちの判断」の言い換えを意図している。

(3)　第 7 章 5 節で引用した [0^w] から [3^w] の実践的推論の形式（柏端 2007, 153）と，複数形の行為者を含むかたちに拡張された [R_6] や [R_7] が，この場合の合理性の原理となる。なお，[R_6] や [R_7] を共同行為に適用できるよう拡張するためには，柏端の言い換えの規則に従って，定式中の「自分」を「自身」に書き換えればよい（柏端 2007, 173）。

(4)　これは，第 7 章 5 節で，(0^{wH})～(3^{wH}) として提示したものと，実質的に同じである。

(5)　これは田村（1997, 51, 注 12）に記載したとおり，1996 年 12 月に千葉大学で自己犠牲について発表した際に，高橋久一郎から指摘されたことである。

(6)　河村の意志が不合理な衝動だったとすると，彼は理由づけすることができない仕方で命令を受け入れたことになる。だが，この解釈は「やむにやまれずして出された正しい

作戦命令と考へた」という河村自身の言葉に反する。河村は，命令の合理性（正しさ）を理解している。そして，自分個人の判断はそれとは違っていたとも言う。そうでありながら，命令に服従したのである。合理的な判断（理性的意志）によって従ったのなら，自分個人の判断は違っていたとは言えない。不合理な衝動（非理性的意志）によって従ったのなら，正しい作戦命令であると考えたとは言えない。どうなっているのか，というのがここでの問題である。

（7） 住民に対しては布告を発した。林（1992, 214–215）の摘示によると，「布告　左に掲ぐる行為を為したる者は日本軍軍律に照し死または重罰に処す」とあり，「一　日本軍に対する敵対行為」以下十一まで罰せられる行為が列挙されている。また軍律は，全十四条からなり，林（1992）によれば，第一条に「本軍律は第二十五軍の作戦地域内に在る日本臣民以外の者　之を適用す」とあり，第二条で処罰する行為として，「反逆行為」「間諜行為」「前二号の外軍事行動を妨害しまたは安寧を害する行為」の三項目を挙げる。具体的には布告に示された行為が対象となる（林 1992, 215）。

（8） 河村が「命令に違反し」たり「命令の限度を越え」たりすれば，その逸脱について「受令者の個人責任が存する」と語っていた（河村 1952, 172）ことを思い出しておこう。

第9章

（1） デカルトの『哲学の原理（*Principia Philosophiae*）』からの引用は，井上庄七・小林道夫編『科学の名著　第2期　デカルト』（朝日出版社，1988）の部と節を表記し，訳文は同書の井上庄七・水野和久・小林道夫・平松希伊子による。

（2） この点については，田村均「哲学者は科学を考えているか？」（岡田猛・田村均・戸田山和久・三輪和久編著『科学を考える』北大路書房，1999 所収）を見られたい。

（3） デカルトの『省察（*Meditationes de Prima Philosophia*）』からの引用は，（『省察・二』245）のように表記する。これは，その引用が参考文献に挙げた野田又夫編訳『世界の名著　デカルト』（中央公論社，1967）所収の『省察』井上庄七・森啓訳の省察二（Meditatio II），245 頁であることを示す。

（4） デカルトの『方法序説（*Discours de la Méthode*）』からの引用は，（『方法序説・四』188）のように表記する。これは，その引用が参考文献に挙げた野田又夫編訳『世界の名著　デカルト』所収の『方法序説』野田又夫訳の第四部（Quatrième Partie），188 頁からであることを示す。

（5）「私は考える，ゆえに私はある」全体をコギト論証ないしコギト命題と呼ぶことにする。

（6） 山田（1994，48–61）を参照されたい。

（7） 小林（1995，127）における引用より。

（8）「最後から二番目」の原語“penultimate”は，語尾から数えて二番目の音節や，ミミズやムカデなど体節のある動物の末尾から二番目の体節のことを指すときに使われる。ここでは，自分の行為への言及を含む英語文（例えば，“I remember that I have understood these things”）の，文末から数えて二つ目の行為（つまり，“I remember ...”）が高次の行為になる，ということであろう。行為の時間的な順序で，最後から二つ目という

ことではない。時間的な順序で言えば，高次の行為は最後（現在）から一つ目になる。

（9） 構文論上の問題がないことは明らかである。有意味に使うことができるということはあまり明らかではないが，ヒンティカは，複合文の一部として用いられる場合を考えている。だが，実例は挙がっていない。「デカルトは，私は存在しないとは思わなかった」というような文がそれに当たるのだろう。

（10） 「指標詞（indexicals）」は，発話の文脈に応じて指す事物が変わる語句を言う。「私」「あなた」「今」「昨日」「ここ」「それ」「あそこ」など多数存在する。指標性についての説明は第11章3節の冒頭を見られたい。

（11） ロックとデカルトの相違については，田村（1998）を参照のこと。また，Ayers（1994）は，論文の冒頭で，「ガッサンディ，ホッブズおよびロックは，みな，知識を生産する機能として感覚が独立の権威をもつ，ということを無条件に断定している」と指摘する。

（12） ロックの『人間知性論草稿A，B』からの引用は，（Locke 1990, *Draft A*, 21）のように表記する。これは，参考文献のLocke（1990）の21頁からの引用であり，その箇所が草稿Aに属すことを示す。なお，この引用箇所の内容に関して言うと，草稿Aの21頁とほとんど同じ内容の記述が，Locke（1990）の144頁の草稿Bの一節（Locke 1990, *Draft B*, 144）にも見出される。

（13） この自己の存在の把握は，心理的「事実」だから，成り立たない場合もありうる。認知症や頭部損傷や薬物中毒など，臨床的に自己の存在の把握が阻害される事例は十分考えられる。なお，ロックも指摘しているが，もっともありふれた例は，もちろん，睡眠である。

（14） 「存在者」という言い方は，哲学の慣用として，人間存在に限らず，物体にも用いられる。英語の“being”や“entity”の訳語である。

（15） このような箇所に引きずられて，ことさらロックに不可知論を帰するのは間違いである。ここで「実体」と訳した“substance”は，もとよりアリストテレス-スコラ学の用語であり，諸性質がそこに述語づけられる主語的実体のことである。この主語的実体は，たんに論理-言語的な主語概念にとどまらず，実体形相（subtantial form）として，中世スコラ学以降17世紀においても自然学の実質的な説明原理に組み込まれていた（Des Chene 1996, 64–75）。その説明方式にもとづくと，あるものをそのものたらしめているのは，この実体形相，すなわち主語的実体，すなわちそのものの個的存在自体，すなわち個体の本質，すなわち実在的本質，すなわち自然本性である，という論理学と自然学とを大横断する壮大な横滑りが生じる。かくして，学者たちは，主語-述語構造の分析からアリストテレスの注釈を典拠として行われる自然論争に行き着くことになる。ロックは，実体概念と一体となった実体形相論が，自然学の推進にまったく役に立たないと考えた。物体と精神の「基体」を知らないとは，アリストテレス-スコラ風の探究が空振りに終わった，ということを強調するレトリックである。どのようにして（how）と問うていることから分かるように，ロックが求めているのは，物質の固体的凝集性や精神の思考能力が成立する具体的機構の説明である。実際，ロックは物質粒子の凝集を当時の科学の水準で説明する試みを紹介し，うまくいっていない，と指摘する（『人間知

性論』2–23–26, 27)。

(16)　ロックの思考の根底には，経験を信頼するという基本的な選択がある。コギト命題による自己の存在の確証は，この根底に「追加」される強力な証拠として機能している。Aaron（1971, 241, n. 2）の指摘を見よ。

(17)　スコラ学の質料–形相論の立場からのさまざまな個体化の原理については，Gracia（1994, 1–20, Introduction）が参考になる。

(18)　アリストテレス的な自然学においては，時間と空間は二義的な意味しか与えられていなかった。存在者の運動や変化は，質料–形相と可能態–現実態という二つの論理的枠組みで論じられた。これに対し，近代自然学においては，時間と空間という尺度が決定的な意義をもつに至る（バート 1988, 83–89)。

(19)　細かく言えば，この「手がかり」は，固体性を備えた物質の塊（粒子）が，人間の感覚器官と相互作用することによって得られる感覚の情報である。

(20)　ただし，意識と脳を結びつける論法は，18 世紀初頭にすでにある（McIntyre 2009, 181)。

(21)　D. ヒューム『人間本性論』第 1 巻，第 4 部，第 3 章，第 5 章を参照のこと。

(22)「延長するもの」とは，三次元空間に延び広がっているもの，ということ。「延長する」は普通の日本語では，「公演を延長する」，「申し込み期間を延長する」などのように，時間的に予定よりも延ばす，という意味である。しかし，西洋哲学史の用語としては，“extended” の訳語であって，空間的に延び広がっている，という意味である。

(23)『人間知性論』第 2 巻，第 23 章 2 節，29 節など。ロックは，多数の属性（述語）をまとめて保持する持ち主（主語），という実体の観念を疑うが，そこにあるそのものとしての実体の存在は疑わない。このことは，スティリングフリートとの論争書簡で明言されている。旧版ロック全集（*The Works of John Locke, In Ten Volumes*）の第 4 巻 18 頁を参照されたい。

(24)　問題点の指摘は，邦訳のヒューム『人間本性論』第 1 巻の木曾好能による解説にもとづいている。木曾は次のように述べている。

> ヒュームが困惑しているのは，一つには，……異なる時点における異なる諸知覚を知覚する我々の精神，すなわち観念連合の主体（或る一つの観念連合の機制の全体がそこにおいて発生するところの，言わば「場」）である我々の想像力，の同一性が，彼による，主体や心的「場所」の考えの明示的な拒否にもかかわらず，人格の同一性の観念の発生を説明すべき議論において前提されているという，悪循環に気づいたからである。（609 頁）

木曾は，この悪循環を指摘するために，テキスト解釈の詳細かつ長大な試みを展開した。その解釈の試みの細部については一部同意できない点がある（田村 1996, 111, 注 20)。だが，ヒュームの議論に悪循環がひそんでいるという指摘は正しいと思われる。私が本文で以下に述べることは，木曾の指摘した悪循環を，木曾とは違う仕方で述べる試みである。

(25)　ヒュームにおいて，知覚があることは，自己をとらえることの必要条件である。だが，一般に，十分条件ではないだろう。外界を知覚していても，自己を対象化してとらえる

ことができるとはかぎらない。例えば，新生児は知覚機能をもつが，自己を対象化する能力はないと思われる。よって，「自己の認識があれば，知覚がある（知覚がなければ，自己の認識はない）」とは言えるとしても，「知覚があれば，自己の認識がある」とは言えない。

(26) ヒュームは，外的対象の連続存在を論じるとき，物体の存在を真正面から導入している。すなわち，

> われわれは，「いかなる諸原因がわれわれに物体の存在を信じさせるのか」と問うてもよいが，「物体は存在するか否か」と問うことは，無益である。物体が存在するということは，われわれのあらゆる論究において，当然のこととしなければならない点なのである。（『人間本性論』1.4.2.1/邦 I：219）

彼は，人格についてもこれと同じやり方をすることが必要だとは考えなかった。だが諸知覚を結び合わせるという哲学的手法をとるのならば，人格の問題を考えるときこそ，諸知覚の持ち主という存在を無視するわけにはいかない。

(27) ヒュームとキリスト教との関係については，本章末の「ヒュームと近代の終わり」の項で述べる。私は，基本的には，ヒュームの理論上の宗教的立場を，無神論に傾斜した不可知論であると考える。だが，ヒュームの宗教上の立場に関して，解釈者の見解は一致しておらず，ヒュームを無神論者とする極から唯一神論者とする対極まで，多様な解釈が提出されている。私の解釈の詳細は，田村（2017）を参照されたい。

(28) ただし，邦訳では以下の下線部が脱落している。「人間の精神には，善と悪の，言い換えれば苦と快の知覚が，精神のすべての作用の主な原動力として植え込まれている」。なお，ヒュームが善悪と快苦を等置する箇所は，1.3.10.2，2.1.1.4 のほか 2.3.1.1，2.3.9.8 など。『人間本性論』（オックスフォード版）の 2.1.6.10 の編者の D. F. Norton による注を参照。

(29) 『人間本性論』2.1.6.10（オックスフォード版）の編者の D. F. Norton による注，および邦訳第 2 巻，第 1 章 1 節の訳注(9)参照。なお，ヒュームの場合，道徳的な善は，美徳をもつ人物（例えば，寛大な人）に対して人間が抱く快い感じのことを言う。この快感は，その人物に向かう「是認（approval）」という評価的な感じである。道徳的な悪は，悪徳をもつ人物（例えば，無慈悲な人）に対する不快な感じである。この不快感は，その人物に向かう「否認（disapproval）」という評価的な感じである。こうして，道徳的な善悪とは，快苦一般の下位区分をなす是認と否認という特殊な快苦である。

(30) ヒュームは直接情念のなかに，飢え，性欲，子供への優しさなど，本能的な衝動を含める。また意志（will）ないし意志作用（volition）も，正しく言うなら情念のなかには含まれないと言いつつ，情念の解明に不可欠であることから直接情念の分析に含めている（『人間本性論』2.3.1.2 ; 2.3.5–8）。

(31) ヒュームの『人間本性論』第 2 巻の情念論は 3 部からなるが，第 1 部は誇りと卑下，第 2 部は愛と憎しみという間接情念の分析にもっぱらあてられる。第 3 部は，意志の分析と諸情念に影響を与える条件に関する検討を主としており，直接情念そのものの考察は第 3 部の第 9 節に限定されている。ヒュームの情念論は，分量から見ても，間接情念の考察を主目的としている。

(32)　富と権力の与える快感は，それらを傍観する者よりも，それらを享受する所有者において非常に大きい。それゆえ厳密に言うと，富と権力が傍観者にもたらす快感は，純然たる傍観者としての快感に加えて，享受者としてのY氏の快感に共感することによって獲得する快感が大きく関与する。つまり，富と権力に対する傍観者の快感は，その大部分が，所有者のもつ快感に傍観者が共感することによって生じる（『人間本性論』2.2.5.14/邦II : 104）。

(33)　これらの快不快が直接情念なのではないか，と思う人がいるかもしれない。だが，ヒュームの議論はなかなかそう一筋縄ではいかない。快不快が現実の身体的な感受（例えば，病気の苦痛）であるとする。この身体的な快苦は外界の認知内容（つまり感覚印象）の一種と見なされ，それ自体は情念には分類されない。痛風の苦痛は，現に痛くてたまらないとき，痛みの苦痛（感覚印象）を生むが，これは情念ではない。だが，痛みは，当然，その痛みを嫌悪する心的状態を生む。このとき，痛みは情念でなく外界認知であり，痛みへの嫌悪が直接情念なのである。直接情念とは，快苦の感覚印象自体ではなく，当該の感覚印象によって引き起こされた二次的な印象であることになる。この点は，痛みが現実には存在しない場面を考えると分かりやすい。痛風発作の経験者が，かつての痛みを思い浮かべる（観念としてもつ）と，それを嫌悪する気持ちが生まれるだろう。この嫌悪感は，対象（痛風発作の痛みの観念）によって引き起こされた二次的な印象としての直接情念である。このとき，痛みの感覚印象（苦痛そのもの）は現実には存在しない。このように，直接情念とは，感受される快苦そのものとは別に，当該の快苦の印象または観念によって引き起こされる二次的な印象なのである（『人間本性論』2.1.1.1–2）。

(34)　デカルト『省察』省察三および省察五。ロック『人間知性論』第4巻，第10章。なお，ロックについては，田村（2017, 31）を見られたい。

(35)　『自然宗教に関する対話』は，保守的な宗教を奉ずるデメア，開明的な理神論者クレアンテス，懐疑論者のフィロ，という三人の対話として構成されている。以下でヒュームの考えとして紹介するのはフィロの発言である。ヒュームの立場が三人のうちの誰によって代弁されているのかについては，解釈の変遷があった。Kemp Smith（1947）がフィロを代弁者とする解釈を提出するまでは，クレアンテスとする解釈が流布していた。ただし，ヒュームが書いたのは，あくまでも対話なのだから，対話者の誰かがもっぱらヒュームの思想を代弁すると決めてかかるわけにはいかない。とはいえ，ここではフィロの言葉をヒュームの考えとして引用する。フィロの「経験からの論法」は，ヒュームが『人間本性論』で展開した因果推論の形式に沿っているからである。他方，フィロの唯物論的かつ無神論的な主張は，私の記憶では，ヒューム自身が同等のことをみずからの見解として積極的に述べた箇所はない。また懐疑論者フィロの立場については，他に解釈者のあいだで議論が絶えない問題もある。対話の最終段階で，フィロは一転して「計画論法」を受け入れ，宇宙の根底に知性的存在がありうると認める発言をする。この発言の真意が論議の的になる。この点に関する私の意見は，田村（2017）を見られたい。

(36)　ヒュームの『自然宗教に関する対話（*Dialogues concerning Natural Religion*）』からの

引用は（『自然宗教に関する対話』2.24/邦 39）のように表記する。これは，その引用が参考文献に挙げた同書のドロシー・コールマンの編集によるケンブリッジ哲学史叢書版（Cambridge Texts in the History of Philosophy）の第 2 部，第 24 段落からであり，それが福鎌忠恕・齋藤繁雄による邦訳（法政大学出版局，1975）では 39 頁であることを示す。訳文は，邦訳を参照しつつ，私が訳出した。

(37) 「動物の魂がわれわれの魂と同じ性質のものであり，したがって蝿や蟻と同じくわれわれも，この世の生の後になんの恐るべきもの〔地獄〕も望むべきもの〔天国〕ももたぬと思いこむことほど，弱い魂を徳の道からそれさせがちな誤りは，存在しない……そして反対に，人が動物の魂とわれわれの魂とがどれほどちがったものであるかを知るならば，われわれの魂が身体からはまったく独立な種類のものであって，したがって身体とともに死ぬべきものでないということを証明する議論を，はるかによく理解するであろう。かつまた，魂を破壊しうる原因として，身体の死以外に何も見あたらぬのであるから，人はおのずから，魂が不死であると判断するにいたるのである」（『方法序説・五』208）。

(38) ブラックバーンのこの印象的な評言は，中才（2005）の冒頭の引用で知った。

第 10 章

(1) 自我理想は精神分析学の術語だが，本書では，精神分析学とは無関係に，理想的な自分のあり方という意味で用いる。

(2) 本書では，印欧語の一人称の代名詞や日本語の自称詞（「ぼく」，「わたし」その他）を一括して，「一人称表現」と呼ぶことにする。

(3) バターワースらは生後 24 時間のニワトリのヒナで〈可動部屋〉実験を実施し，視覚的な流れが姿勢制御に利用されているという結果を得たそうである（Butterworth 1995, 94）。

(4) メルツォフらの実験について詳しくは田村（2004, 44–50）を見られたい。

(5) マレーとトレヴァーセンのこの実験は，被験者が少数（4 名）であるうえ，追試における結果の再現性が低く，その主張に疑問が提示されてきた。ロシャトらの追試では結果が再現されず（Rochat, Neisser and Marian 1998），ナデルらの追試では結果がよく再現されている（Nadel et al. 1999）。ナデルらの批判によると，ロシャトらの実験では，録画されたコミュニケーション状況が，実は幼児と母親が十分良好な相互依存性を達成している段階ではなかった可能性が残る，とのことである。ロシャトらの実験は，良好でないコミュニケーション状況における幼児の反応を，生中継と録画とで比較しただけなのかもしれない。この場合，生中継と録画とで大きな反応上の相違が出なくても不思議はない。ナデルらは，良好なコミュニケーション状況に母子が達したときにその状況を録画し，さらに，生中継と録画とがつなぎ目なしに連続する実験設定を構成してマレーとトレヴァーセンの結果を再現するのに成功した。一方，ロシャトらは 2 月齢児のコミュニケーション能力そのものには疑義を提出してはおらず，むしろ，ビデオモニターをリンクさせる実験方法が 2 月齢児には不適当なのではないか，という実験方法への疑義を提出しているにすぎない（Rochat, Neisser and Marian, 1998, 362, 365）。したがって，マ

レーとトレヴァーセンの2月齢児のコミュニケーション能力に関する主張は，基本的に受容できるものと見なされる。

（6） これがナイサーの「間人物的自己」である。

（7）「生きた身体」の原語は“person”である。“person”は，*Oxford English Dictionary* によれば，“The actual self or being of a man or woman : individual personality,”“An individual human being,”“The living body of a human being”等を意味する。ロック的な人格（person）の概念とはっきり区別するために，そして日本語の「人物」が人格概念を連想させるゆえに，ここでは「生きた身体」と訳出しておく。

（8） 指差し行動はヒトという種に固有の行動であるらしい。これは野生のチンパンジーではほとんど見られないと言われる。また，指差しは特に右手側で早期に発現するため，左脳（言語中枢）の発達と関連づけて重視される。他方，同種他個体の視線の方向を見るという視覚的共同注意は，鳥類，サル，類人猿等動物界で広く見られる行動である（Butterworth 2001, 222–224）。

（9） 指差し行動を，手伸ばし・把握行動の変形と見たのはヴィゴツキーである。Bruner（1983）以後の研究によれば，ここでブルーナーの言うとおり，指差し行動と手伸ばし・把握行動は別種の行動であるとする見方が裏付けられてきているようである。指差しは「原-陳述的（proto-declarative）」な表出であり，手伸ばし・把握行動は「原-命令的（proto-imperative）」な表出であるとされる（Butterworth 2001, 230）。

（10） 18月齢の幼児は，ヒトの意図を読み取る。実験者が単純な器具を使った動作をやり損なって失敗するのを見せられると，18月齢児は，その器具を用いて動作の成功した状態をみずから完成させる。つまり，中断された動作のなかに最終目標や達成意図を見て取って，予想される完成状態をみずから作り出す。ところが，類似の動作を機械がやり損なうのを見ても，幼児はあえてその動作を完成させようとはしない。18月齢児は，ヒトとものを区別し，ヒトの意図を読み取って行為するのである（Meltzoff 1995）。

（11） しかし，ボールドウィンは，社会的問い合わせをただちに共同注意の一形態と見なす立場に疑問を提示する。幼児は親の態度を参照しているのではなくて，親を見て安心したいだけなのかもしれない（Baldwin 1995, 136–138）。共同注意現象は，常に，他人の意図の読み取りを含まない仕方で解釈可能である。結局，意図の読み取りが間違いなく生じていると言えそうな行動の例は，言語の習得だけである。そこで，ボールドウィンは，言語の習得過程を精密に吟味することによって，1歳から2歳の幼児が共同注意能力を備えているということを立証する方向を取り，肯定的な実験結果を得ている（Baldwin 1995）。

（12） 哲学で言うところの志向性（intentionality），すなわち，〈心的活動はすべて何ものか「について」の活動である〉といった特徴づけとは関係がない，と注意している（Tomasello 1995, 105）。

（13）「自分に似ている（like me）」という認知は，「自分に（me）」という言及を含む以上，自己の原始的な対象化ないし概念化をともなうように見える。したがって，マイケル・ルイスやG. G. ギャラップが注意したように，非常に幼い幼児に自己対象化の能力を付与してはならないのだとすれば，ここでのトマセロの「推測」はそういう注意への違反

の可能性がある。しかし，非常に幼い幼児の模倣行動は，自己対象化の能力の自覚的な行使ではなく，自己対象化の無自覚な実行（非概念的な実現）であると言えるかもしれない。例えば，新生児は，自分の表情を判明に対象化する中間段階を経ることなく，大人の表情の視覚的入力からただちに自分の表情筋の運動を出力するようである（Meltzoff and Moore 1983, 708）。この場合，新生児は，自分の表情を対象化せずに，それを大人に似せていることになる。トマセロの言う「自分に似ている（like me）」という認知も，このような無自覚な実行の水準で成り立っていると考えてよいかもしれない。幼児の模倣に内在する意識的でない自己対象化の問題は興味深いが，ここではこれ以上立ち入らず，トマセロの「推測」をさしあたり受け入れることにする。

(14)　「常識心理学」は，普通の成人がもつ心の理解を指す。「心の理論」は，発達途上の心の理解にも適用される。だから，2歳児の心の理論，5歳児の心の理論，成人の心の理論，というものがそれぞれありうる。常識心理学は，成人の心の理論である。

(15)　ウェルマンらは77篇の論文の591の実験条件に及んで，誤信念課題の総括的分析を実行した（Wellman, Cross and Watson 2001）。

(16)　あるタイプの自閉症者も誤信念課題に正答できないことが確認されている。本書では自閉症に関する研究は取り扱わない。自閉症と誤信念課題などの認知課題との関係については，Baron-Cohen（2000）に1990年代末までの研究の総括がある。

(17)　3歳児が見かけ-実在課題に誤答する事実も，誤信念課題と同様に，いろいろな文化圏で確認されている（Flavell 1988, 249）。

(18)　これは，Nelson（1996, 100）の一般的な指摘を，バナナと電話の例に当てはめた考察である。

(19)　Wimmer and Perner（1983）では，Premack and Woodruff（1978）の示唆を受け入れて，欺く能力をもっているかどうかが，心の理論をもっているかどうかを判別する指標になると見なされている（Wimmer and Perner 1983, 104）。

(20)　3歳児の認知機構については，誤信念課題の研究の初期に（1980年代末から1990年代初頭），さまざまな仮説が提出されたが，専門家の意見の一致はなかった（田村2004, 69–88）。その後，Nichols and Stich（2003）が理論説，モジュール説，シミュレーション説という三つの代表的な説明枠組みを折衷した説明を試みているが，決着を見てはいないと思われる。

(21)　誤信念課題を含む3歳から5歳の幼児に関する心理学的な知見の紹介については，田村（2004）を参照されたい。

(22)　トマセロ（2008, 87, 表3.1）の，ある2歳の幼児の使用頻度の高い単語群に“I”，“you”，“Mummy”などが入っている。

(23)　日本語訳の「お母さん」は，一人称表現として用いられた普通名詞，鈴木（1973）の言う自称詞である。

(24)　「パーナーとラフマンは，前頭前野皮質――ここはいわゆる実行機能（executive function）にかかわる――と辺縁系の記憶の経路との結合の発達を，たんなる一般的な記憶から自己についての記憶を区別できるようになる決定的な発達と見ている。これは，記憶を，心の理論や知識の源泉の理解やメタ表象など，他の領域の発達と関係づける発達

論上の提案である。すなわち，この提案は，記憶の発達を，前学童期に起こる他の劇的な変化の文脈に置くのである」(Nelson 2003, 12)。

(25) 例えば，自動車に興味をもち始めた幼児が，近所の駐車場に「フィットが駐まってた」，「プリウスが駐まってた」と語るとき，対話の相手のおとなは，ありふれた事実の報告として応対する。だが，幼児の談話が，さらに「ロールスロイスが来た」，「フェラーリが来た」などという方向に展開すると，大人は，物語に対する受け答えに応対を改める。例えば，「ふーん，そお，知らなかったあ，それはすごいねぇ」などと大げさに応ずるようになったりする。

第 11 章

(1) 網羅的な紹介は，Gallagher (2011) を見られたい。代表的な見解の一端は，Cassam (1994) 所収の論文で見ることができる。

(2) 「意味」と「指示」は G. フレーゲの“Sinn（〔英〕sense)”と“Bedeutung（〔英〕reference)”に由来する現代の言語哲学の専門用語である。現在の邦訳ではフレーゲの“Sinn”を「意義」，“Bedeutung”を「意味」と訳すのが通例だが，本書ではこれには従わない。昔の慣例を採用して，“Sinn”を「意味」，“Bedeutung”を「指示」と訳すことにする。というのも，フレーゲ解釈に特化していない文章のなかで，「意義（Sinn)」と「意味（Bedeutung)」を使い分けるというやり方は，日本語として紛らわしすぎて，議論全体が意味不明（意義不明？）になりかねないからである。そういうわけで，以下では，言語表現の「意味（Sinn)」とは，その言語を習得している人々がその表現について共通に理解している事柄を言うものとする。それは個人の心理的な連想ではなく，人々の共通理解のことである。例えば，「2^2」という表現について，人々が理解している事柄がこの表現の「意味」である。それは，2 を 2 乗するという計算手続きだろう。同じく「2+2」の意味は，2 に 2 を加えるという計算手続きだろう。他方で，言語表現の「指示（Bedeutung)」とは，その表現が言語外の存在を指し示す働き（指示作用）およびそのようにして指し示される言語外の存在（指示対象）を言う。「2^2」という表現の場合，指示対象は 4 という数そのものである（フレーゲは，数学的対象から構成される世界に 4 という数そのものが実在する，というプラトン主義的な数学観をもっていた)。「2+2」の場合も，指示対象は 4 という数そのものである。というわけで，「2^2」と「2+2」は，意味は違うが，指示は同じということになる。

(3) 「言いたいこと」は，日常語で（つまり，フレーゲの用語としてでなく）「意味」と言われているもののことである。私は，日常語の「意味」を「言いたいこと」と言い換えるのを好む。「意味」が，世界のなかの事物と，発話者の意図や理解との両方にかかわることを直観的に理解しやすいと思うからである。「こと」を重視して，「言いたいこと」と取れば，世界のなかの事物が意味の実質となる。これは，ほぼフレーゲ用語の「指示（Bedeutung)」に該当する。「言いたい」を重視して，「言いたいこと」と取れば，発話者の意図や理解が意味の実質となる。これが，ほぼフレーゲ用語の「意味（Sinn)」に該当する。「言いたいこと」という表現は，日本語の使用者がこの二つの意味要因の両方を視野に入れるために適している。

（4） ここでは，「心的内容の私秘性によって」他から区別されてはいない，ということが重要な点である。3 歳前後の幼児は，心的内容の固有性（例えば，ある子がうれしいとき，別の子はうれしくない）によってある心を別の心と区別することはできる。だが，私秘性によって区別しているのではない。2 歳から 3 歳の幼児でも，それぞれの人物が固有の欲求と感情をもっていることは理解している（Wellman and Wooley 1990）。また，3 歳から 4 歳の幼児は，それぞれの人物が固有の欲求と感情と信念をもっていることは理解している。したがって，この年齢の幼児でも，心的内容の「固有性」は理解しているのである。ところが，彼らは，自分とは違う誤った信念を他人がもっている場合がありうることを，まったく簡明な課題においてさえ，どうしても理解できない（Wellman and Bartsch 1988）。それぞれの人で信念（事実認識）が異なる場合があるから（つまり，心的内容は私秘的であるから），他人が誤った信念を抱いていることがある，ということがうまくとらえられないのである。

（5） 「K」や「T」を使ったのは，以下で参照するメラーの文献に合わせるためである。

（6） G. フレーゲの「関数と概念」および「概念と対象について」を見られたい。いずれもフレーゲ（1999c）所収。

（7） フレーゲの用語では，「意義（Sinn）」である。

（8） 以上の意味論的な分析は，Mellor（1991）所収の論文“Analytic philosophy and the self”と“I and now”の論点を，ある程度自由にまとめたものである。

（9） 世界の側に関数が実在するという言い方が奇妙で受け入れがたいと感じられるならば，「(①) は今食べ物に直面している」という述語が用いられたときに，適切に理解する無数の言語使用者が生きている，と考えれば奇妙さは消えるだろう。適切に理解するとき，理解されているのがこの述語の意味であり，その意味が関数として提示されている。関数を手にとって見ることはできないが，言語使用者は世界の側に実在する。

（10） 私たちの関心は「私」にあるので，以下でメラーの説明を扱うとき，主として「私」についてだけ紹介する。メラーも重点は「私」に置いている。そして，「私」の指示問題が解ければ，同じやり方で「今」も解ける。

（11） 動物も口をきく，と言っているわけではない。仮に，ヒトの立場でそれを言語化すれば，というだけのことである。

（12） 因果は遠隔作用しないということである（Mellor 1991, 24）。

（13） ある文の真理条件が「トークン反射的（token-reflexive）」であるとは，文が真となる条件のなかに，その文を実際に発話するときの状況が関与してくるということ。「私は今，食べ物に直面している」が真になる条件には，この文が実際に発話された際の，「私」の指す人物と「今」の指す時刻とが関与する。したがって，この文は，人物と時刻とについてトークン反射的な真理条件をもつわけである。

（14） トルコ語である。

（15） 「表象的な状態」とは，何かを表している状態という意味である。動物内部のある状態が，その状態である（自己同一的にそのものである）だけではなくて，その状態以外の何かを表している（それ自身以外の何かとつながっている），ということ。動物が餌を見つけたときの内部状態は，その内部状態であるだけでなく，感覚機能を通じてその

餌と因果的につながっている。そしてこの餌を見つけたという内部状態は，さらに，外界に向かって動けという命令を身体に対して下すという仕方で運動系につながっている。この動けという命令は，意図性（トマセロの言う意味の志向性）の原型である。したがって，動物の内部状態は，感覚系を通じて因果的に外界とつながっていて，かつ運動系を通じて志向的に外界とつながっている。

(16)　これは Anscombe（1975）の，結論部分での指摘でもある。そこでは，“a living human body”としての“the person”である，と言われている。なお，Anscombe（1975）は，「私」は指示しないという判定で有名であるが，それは Anscombe（1975）が指示を志向的な作用の一種としてとらえているからである。このアンスコムの考え方は，メラーによる一人称の分析と両立する。メラーは，「私」の指示作用は志向的ではなく因果的だ，と言っているのである。

(17)　*Collected Papers of Charles Sanders Peirce*, Vol. 4, 544（Edited by C. Hartshorne and P. Weiss, Cambridge, MA : Harvard University Press, 1933）. Burks（1949, 677）における引用による。

(18)　ハレの理論では，「私には雨が降っているのが見える」は明示的な（explicit）指標的表現，ないし表示された（marked）一人称である。これに対し，（「雨が降っている」というような発話者を明示しない報告文は，非明示的な（implicit）指標的表現，あるいは非表示の（unmarked）一人称である（Harré 1998, 60 ; Mühlhäusler and Harré 1990, 94）。

(19)　この2系統の知覚は，それぞれ外界受容感覚（exteroception）と自己受容感覚（proprioception）である。

(20)　“perlocutionary”という術語は，“perlocutionary act”，“perlocutionary force”という用例の場合，それぞれ「発語媒介行為」，「発語媒介的力」と訳されることが多い。だが本書では，「発語を通じた行為」，「発語を通じた力」と説明的に訳出する。というのも，「発語媒介……」という日本語は「発語を仲立ちする……」という意味を感じさせるきらいがあり，元々分かりにくい“perlocutionary”という概念をいっそう混乱させると思われるからである。

(21)　これに対し，裁判所の命令によって専門的知識にもとづく判断を述べるのは鑑定人である。

(22)　法廷以外に考えられる人工的環境の一つは，自然科学の研究報告である。自然科学の報告においては，実験データの改竄などの研究不正が厳しくとがめられる。現在の自然科学研究は，しばしば共同行為であるから，発話主体は一人称複数の「われわれ」となる場合が多い。だが，その場合でも，当該研究グループの誰かの身体的位置からのパースペクティヴでとらえられた自然的世界の事象が（例えば，一つの実験の結果が），グループ全体の社会的位置からのパースペクティヴに組み込まれて，「われわれ」という当該報告の信頼性の責任主体が構成されていると考えられる。

(23)　日本語では，自称詞「私」「ぼく」その他が，多数見出されるだけではなく，固有名（「ナカタは……」），親族名称（「お母さんは……」），職業名（「先生は……」）等も状況に応じて発話者を指示するために使用できる。そして，使用可能な状況は，話し手の性別，年齢，社会的地位の上下関係，状況の公式性の程度等によって複雑かつ精密に決ま

っている（鈴木 1973, 129–206；田窪 1997, 13–44）。これらは興味深い言語現象ではあるが，本書では取り扱わない。

(24)　田窪（1997）は人称代名詞という範疇を用いない。「人称代名詞という範疇は基本的に性数格の一致のある言語において，その一致特性のみを担う範疇である。したがって，名詞と区別された統語範疇としての代名詞は閉じた語類で，原則的に語彙に出入りはない」（田窪 1997, 14）。ところが，日本語の人称を表す語類には出入りがあるから，代名詞として別置する意味はない，としている。

(25)　田窪（1997）によれば，「自分」は，「ワレ」「おのれ」と同様，再帰的な指示を行う語である。「自分」は，指示対象が不確定であり，先行詞によって指示対象を与えられる。例えば，「田中は山田に自分の妹の写真を見せた」という場合，主語を先行詞とする再帰代名詞である。「自分が行きます」のように使用すると，先行詞がないため，前後関係から，話し手を指示するという解釈が可能になる。また，関西の方言で「自分が行くのんちゃうんか」のように使用されると，先行詞がなく，内容が話し手ではなく聞き手にかかわることであるため，聞き手を指示するという解釈が与えられることにもなる。「自分」は，「わたし」や「僕」とは違って，人間関係をともなわずに，間接的に（つまり話の内容や前後の脈絡から）話し手を指示することが可能なのである（田窪 1997, 35–37）。

(26)　フレーゲの用語を使えば，指示（Bedeutung）は同じだが，意味（Sinn）が違うわけである。

(27)　外因的欲求や高次の吟味を経た手段的欲求は，身体的欲求とは別の生成メカニズムがあると考えられる。欲求生成のメカニズムは多々ありうる。

(28)　このフローチャート風の整理方法を，ニコルスとスティッチは，“boxology（箱学）”と言っている。

(29)　すべての指令は“Pretend [that] ...”という命令文である。「……のフリをせよ」という訳では欺きの意図が前提されて奇妙になると思われる場合は，〔…〕の中の語を用いて，適宜「……の演技をせよ」「……のまねをせよ」といった自然な日本語に置き換えていただきたい。

(30)　以上の第一から第五は Nichols and Stich（2003, 24–28）の要約である。

(31)　絶無ではないだろう。そして，この状況はいじめにもつながるような状況だろう。スーパーマンごっこで，スーパーマン役の子供が，スーパーマンなら飛べるはずだと強要されて，高所から飛び降りて脚を挫くといった状況がありうる。

(32)　言語行為の内訳は，もちろん，文を発するという発語行為（locutionary act）と，その文の発話によってある行為を遂行するという発語内行為（illocutionary act）と，その発語内行為の力（force：発話の趣旨）に沿って聞き手を動かすという発語を通じた行為（perlocutionary act）である。Austin（1962）参照。

(33)　厳密に言えば，演技的な行為者は反応する（react）のであって，行為する（act）のではない，とも言えよう。

(34)　これは，役者の振る舞いについて，かなりよく当てはまるだろう。一般的に言って，シナリオの促しと演出家の指図や承認があって，はじめて役者の演技が成り立つのだか

ら。

第12章

（1）　ここで，社会全体の幸福の増進を目的とするという功利主義のもう一つの基本原則に立ち返り，〈Aにとって最善の行為〉が必ずしも〈幸福の総量を増進する行為（社会全体にとって最善の行為）〉と一致するとはかぎらない，と主張する人がいるかもしれない。極端な例だが，Aが嗜虐的な欲求を抱いた異常者であるならば，〈Aにとって最善の行為〉はたぶん〈社会全体にとって最善の行為〉ではない。したがって，Aが自分にとっての最善を追求することを断念させられても，功利主義にとって何の問題も生じないわけである。しかし，この主張では，個人の選好が効用の優劣を決定するという自律の原理が放棄されている。自律の原理が知らぬまに放棄されないようにするためには，行為者Aに，まともな人間であることといった条件を与えておく必要がある。本章3節の，ブラントの合理性の条件がこれに該当する。

（2）　何度でも言うが，ここで自分が合理的に納得できるのなら，その行為は自分にとって最善であり，自己犠牲的行為ではないことになる。

（3）　後に第12章7節で見るように，この「内在化」は合理性の十全な認識ということではない。

（4）　1990年10月18〜20日，ミネソタ州ノースフィールド，セント・オラフ大学（St. Olaf College）において，“Rationality, Morality, and Self-Interest”という主題の下に開催された。

（5）　*Journal of Philosophical Research*, 16, 1991.

（6）　John Heil（ed.）, *Rationality, Morality, and Self-Interest : Essays Honoring Mark Carl Overvold*, Lanham, MD : Rowman & Littlefield Publishers, 1993.

（7）　オーヴァヴォルドの論考を引き継いで功利主義の立場から自己犠牲と功利主義が整合的であることを論じたものにHeathwood（2011）がある。これについては田村（2015）で論じたので，本書では取り上げない。

（8）　オーヴァヴォルドは，「自己利益（self-interest）」「個人的効用（individual utility）」「個人的福祉（personal welfare）」といった言葉を同義に用いている（Overvold 1980, 105）。

（9）　これを受け入れている例として，以下で扱うリチャード・ブラントの他に，G. H. フォン・ウリクト，ジョン・ロールズ，および厚生経済学者が挙げられている（Overvold 1980, 106）。なお，ブラッド・フッカーは，さらにJ. J. C. スマート，R. ヘア，J. ハーサニなどを挙げ，また，厚生経済学においては，個人的効用を個人の欲求充足で計るやり方が「受容された見方（the received view）」である，と指摘している（Hooker 1993, 206）。

（10）　この除去作業をブラントは「認知的心理療法（cognitive psychotherapy）」と言っている（Brandt 1972, 683 ; Brandt 1998, 11）。

（11）　注(1)で触れたように，心理的な異常個体を考察から排除しておかないと，個人主義的な功利主義はすぐに反駁されてしまう。欲求の「洗浄」が必要になる所以である。なお，「認知的心理療法」については，それが本当に成り立つものなのかどうか，洗脳の

別名になりはしないか，といった疑問が湧いてくるが，本章では立ち入ることができない。

(12)　利他的な選択を通じて自己利益が長期的に最大化するということは十分に考えられる。これは柏端（2007）の利己性と利他性の理解と同じである（第7章2節）。

(13)　(a)項は，断念された選択肢は，少なくとも行為者の予期のかぎりで，実行された行為より行為者の自己利益に適っていたということを意味する。(b)項は，見送られたもう一つの選択肢が自己利益に適っていた，ということが客観的に確立されることを意味する。(a)項だけでは行為者の思い違いが紛れ込む余地があるので，(b)項によってそれを排除している。つまり，行為者本人は自己利益を放棄したと考えているが，客観的には自己利益を大きくしていた，という事例を排除するわけである。かつてアメリカ大統領選挙で，副大統領候補の妻が自分のキャリアを断念したことを自己犠牲として語ったとき，新聞のコラムニストが彼女にとって副大統領の妻の座は自分のキャリアより客観的に価値があるから自己犠牲ではない，と指摘したことがあった。こういう事例が自己犠牲から除かれるわけである。また（b)項だけでは，行為者が自己利益を最大化する選択肢に気づかなかっただけの事例が紛れ込む恐れがあるので，(a)項によってそれを排除している。例えば，A，B，C三つの選択肢があって，行為者はCについて何も知らないまま，AとBを比較して利益の大きいAを選んだ。ところがAよりCの方が行為者の利益が客観的には大であった。(b)項だけでは，この場合の行為Aの選択が自己犠牲になってしまうのである。

(14)　コルベ神父が自己利益の計算を通じて行為選択をした，ということではない。キリスト者として隣人愛の欲求に従って行為選択したと仮定しても，神父が，生きのびることのある種の自己利益を理解することさえできなかったと見なすのは無理だ，ということである。

(15)　これは，第5章2節の老人の世話の例の①の選択肢に関する私たちの検討と同じ結論であり，また，そこで注記した田村（1997）の「マザー・テレサのパラドックス」と同じ考え方である。このオーヴァヴォルドの議論を，ヒースウッドは「自己犠牲論法（the argument from self-sacrifice)」と名付けている。「大まかに言って，ある行為が自己犠牲的行為のなかに数え入れられるためには，その行為が，少なくとも（i）みずからの意志によるものであって，(ii）情報開示が十分であり，かつ（iii）その行為者にとって最善の帰結をもたらしはしないのでなければならない。しかるに，(i）と（ii）が満足される場合，……幸福の選好主義者の理論を前提すれば，(iii）が満足されることはあり得ない」(Heathwood 2011, 19)。自己犠牲論法の効力を認める論者として，リチャード・ブラント，ジェイムズ・グリフィン，スティーブン・ダーウォル，トマス・カースン，トマス・シュウォーツ，L. W. サムナー，そして，アマルティア・センらを挙げている（Heathwood 2011, 18–19)。

(16)　とはいえ，ある哲学者が死後にアリストテレスなみの名声を得たいという欲求をもっている場合，普通は，これは自己利益にかかわる欲求であると言うだろう。だが，オーヴァヴォルドの規定では，そうならないかもしれない。「本質的な構成要素」という概念に検討の余地がある（Brandt 1993, 229)。

(17)　Overvold（1982）の主題は，自己利益を決定する欲求群の範囲を定めることである。範囲が広すぎると，すでに見たように，自己犠牲について語れなくなる。範囲が狭すぎると，本当は自己利益を狙った行為が利他的行為になるという弊害が生じる。オーヴァヴォルドは，後者を解決するために相当の考察を行なっている（Overvold 1982, 189-191）。この論点は本章の関心とはややずれるので，これ以上取り上げない。

(18)　「コルベ神父が身代わりとして処刑される，ならば，コルベ神父が生存する」が成立しないのは自明である。

(19)　このことから，「自己犠牲」は「自己疎外（self-alieanation）」ときわめて近い概念であることが分かる。

(20)　オーヴァヴォルド自身は，「エゴイスト」という言葉は使っていない。この呼称は本書で導入したものである。

(21)　Overvold（1984）には例示はない。

(22)　この場合，「自愛の思慮（prudence）」は，自己利益のみを考慮するということと同義である。

(23)　したがって，利益に釣られて道徳的な生き方を選ぶのは，真の意味で道徳的な生き方ではない，というカント風の批判も免れている。道徳的に成長した後では，かつてのエゴイストは，道徳的価値を理解することが道徳的な生き方の根拠になるという境地に至っているはずだからである。

(24)　人格（person）であるような存在は，欲求についての欲求をもつことができる。この論点は，自由意志論に関するハリー・フランクファートの重要な貢献である（Frankfurt 1971）。人格であるような存在は，例えば，麻薬を使いたいという欲求があっても，その欲求に従うことを欲しないという生き方ができる。麻薬を使いたいという欲求は第一階の欲求と呼ばれ，この欲求に従うこと（この欲求が自分を動かすこと）を欲したり欲しなかったりする水準は，第二階の欲求と呼ばれる。テイラーはこの考え方を積極的に受け入れて立論している（Taylor 1985, 15-16）。フランクファートの言葉を使ってテイラーの議論を整理するなら，第二階の欲求をもつことは，しばしば，より高いものによって動かされることである，と言い表すことができるだろう。

(25)　なお，カーン自身は，このディーレの主張を全面的に肯定しているわけではない。will 概念の成立には，ギリシア思想の貢献も少なからずあったとする。本書の論点にとっては，will 概念の成立にキリスト教が大きな役割を果たしたということが確認できれば足りる。この点については，カーンとディーレとのあいだに見解の相違はない。「意志」と“will”が違うということは，東アジアがキリスト教世界でないという歴史的事実の一つの帰結だろう。

終　章

(1)　河村には死刑を逃れるすべはなかったという事実は，共同行為論の立場においても，共同行為主体に従う選択をするという［R_9］と［S_2］に含まれる要素を無意味にするようにも感じられる。だが，河村は，刑死をどこまでも拒絶しぬく選択をせず，自分なりの自己犠牲の物語を組み立てて，死と和解した。この和解の事実は，避けられない刑死

を虚構の水準で，ないしごっこ遊び的に，自発的なものとする意味がある。肉弾三勇士は，爆死を免れるすべはなかった。彼らは自分が爆死することを予期していなかった。だから，自分なりの物語を組み立てることもなかった。この場合は，みずからの死に向けた虚構的・ごっこ遊び的な自発性さえ見出せないから，彼らの死は自己犠牲とは言いがたいのである。なお，彼らの死が自己犠牲であると言うためには，そう言う人の側が三勇士に虚構的な自発性を帰属させればよい。これは，狩りの獲物の自己犠牲と同じ仕組みである。

（2）「マルコ福音書」には，「人の子が来たのは，……自分の生命を多くの者のために身代金として与えるためである」（田川 1：マルコ 10：45）という記述がある。田川建三の註によれば，身代金という言葉遣いは，マルコのこの箇所（とマタイの並行記事）以外では，パウロ系の文書にしか見られないとのことである（田川 1, 348–349)。

（3）イエスのいけにえとしての死は，全体として古代的な宗教の文脈にある。イエスの死をめぐる原始キリスト教と古代の宗教的感性については，田川の以下の言葉が参照されるべきである。

> 要するにこれ〔イエスの死〕は，古代人の，神殿祭儀，神殿の祭壇で生きた獣の血を流すのが意義のある，重要な，不可欠な行為なのだと信じきっていた世界で生まれた考え方である。キリスト教の救済のドグマは，このように，とことんまで，古代人の世界のものの考え方の背景を考えないと理解できない。　（田川 2004b, 210）

（4）『国家』の訳文は，田中美知太郎・藤沢令夫編『プラトン全集』11（岩波書店，1976）所収の藤沢令夫訳による。

（5）両眼のこと。http://www.perseus.tufts.edu の *Republic* 英語版の 440A に関する注釈による。

（6）「行為を禁止する要因が発動する場合には，それは理を知るはたらきから生じてくる」（『国家』439C)。

（7）［R_5］の表明する自己実現の願望は欲望の一種である。だが，魂の三区分説の説明箇所（『国家』439A–441C）で取り上げられる「渇き」のような身体的欲望とは違って，理知が関与した欲望である。自己実現の願望は，欲望の一種であることにおいて，不可能だとしても心に抱きうるものとなり，理知が関与することにおいて，「〈理知的部分〉に味方して武器を取る」（『国家』440E）ところの気概が支持するものとなる，と言えるだろう。なお，アリストテレスは，理知の関与する欲望を「ブーレーシス（βουλήσις 願望)」と呼び，食欲や性欲などの「エピテューミアー（ἐπιθυμία 欲求，欲情)」とは区別して考えている（『ニコマコス倫理学』1111b10)。

（8）憤慨しているフリをする人のことを考慮する必要はない。現在の議論では，演技性の介在しない憤慨がありうることが認められればよい。

（9）小説の読者にも分からない。終わり近くで出生の秘密が明かされる。クリスマスの母，ミリーは旅のサーカス団の男と駆け落ちを試みた。ミリーの父親が追跡して男を殺し，ミリーを家に連れ戻す。相手の男はメキシコ人というふれこみだが実は半分黒人なのだという噂が身辺に漂っていた。ミリーはクリスマスを生み，そのとき死ぬ。ミリーの父は狂的な白人優越主義者で，罪の子を産む娘を許さなかった。ミリーに陣痛が起きたと

き，ミリーの母は医師を呼んでくるように父に頼む。ミリーの父は家を出るが，医師は来ない。母が外をのぞくと，父は銃を携えてポーチにいる。医師を呼びに行かず，母が医師を呼びに行くのも許さない。ミリーの父は，苦しむ娘を放置してそのまま死なせる。生まれた赤ん坊は孤児院に棄てられる。クリスマスの容貌は，アメリカ白人には外国人のように見えており，一人の娼婦からはイタリア系かと思ったと言われる。

(10)　私は，個人的には，こういうときは結婚とキャリアを追求すればよい，という考え方に賛成する。それゆえ，老人たちの世話も結婚とキャリアも両方捨てるというやり方を，行為者の心理に立ち入って具体的に想像することが案外難しい。だが，確実なのは，両方捨てて逃げる人物の場合，老人たちの世話をすべきだという社会的要請も，結婚とキャリアという自己利益の追求も，どちらも肯定できない，という真のジレンマの状態にあるだろうということである。この場合，どちらも自分の本当の生き方ではない，という気持ちになるに違いない。

(11)　特攻隊は，志願の形式をとったと言われるのが通例である。所定の用紙の「熱望する」「希望する」「希望しない」という三つの選択肢から一つを選んで提出した，とされる（大貫・渡辺 2009, 34；林（え）2007, 114–117）。だが，大貫は「俺は希望せずだったのに指名されてしまったという同期生が何人もいました」と証言している（大貫・渡辺 2009, 75）。実際には，希望の如何にかかわらず指名されたというのが実情だったようである。第六航空軍の軍司令官菅原道大は，1969 年作成の書面で「特攻隊員の特攻志願の状況は，部隊の状態，時機，部隊長の性格等によって千差万別である。……時日の経過に従い志願が減少し，反面時局は要因の増加を要求したのではなかったか。ここに問題が生ずる余地があった」（大貫・渡辺 2009, 73）と問題の存在を暗に認めている。

(12)　特攻隊の編成，および特攻兵器の使用は，1944 年 6 月 25 日の元帥会議において，伏見宮博恭王（海軍元帥）から，「陸海軍とも，なにか特殊な兵器を考え，これを用いて戦争をしなければならない。……航空機，軍艦，小舟艇とも特殊のものを考案し迅速に使用するを要する」（『戦史叢書』45 巻　大本営海軍部聯合艦隊 6 第三段作戦後期）（大貫・渡辺 2009, 52 の引用）との発言があったことを一つの機縁とするようである。

(13)　興味深い分析の例を，いくつか挙げておこう。いずれも本書で与えた自己犠牲に関する検討から予想される思考類型であると言ってよいだろう。

第一に，自己犠牲がいけにえの死と引き換えに共同体にとってよきものをもたらす行為であるという認識がある。また，個人を超える理想に身を捧げるという殉教の意識も見出される。すなわち，「結論から言えば，彼ら〔佐々木八郎ほか学徒兵〕が自らの生命を投げ出したのは，一高で培われた社会に対する責任感と，おおいなる目的のための自己犠牲という理想主義のためであった。つまり，自分たちの死により，利己主義と資本主義の腐敗のない新しい日本を築く可能性をもたらそうとしたのである」（大貫 2006, 77）。

第二に，男性性という包括的な役割設定によって個人の生死が規定されるという社会的な圧力が見出される。すなわち，「学徒兵たちの手記に繰り返し現れるテーマとして，男性としての自覚がある。彼らは，祖国のために犠牲となることを，また，母，姉妹，恋人そして日本の女性全般……を守ることを，男性としての義務と考えていた」（大貫

2006, 92)。

第三に，ちょうどクリュタイメストラのように，共同意図を共有しない個人にとって，自己犠牲が愚行に見えるという事情が観察できる。すなわち，「宅島〔徳光，海軍予備学生〕は政治的にはリベラルで，1941年頃まではスローガンを叫ぶ右翼を泥酔者になぞらえて非難した。そして，愛国的行動としての自己犠牲は愚衆のみが信じる考えであると断言していた」（大貫 2006, 194)。

第四に，自己犠牲の要請にともなう自己の分裂が見出される。すなわち，「林〔市造，学徒召集，特攻隊員〕の遺稿を何度か読み直して著者〔大貫〕が理解したのは，彼が常に，対極をなす二つの考えに引き裂かれていたことである。ひとつは死へとつながる愛国心，もう一方は，生きることを前提とする母親への愛である」（大貫 2006, 271)。

(14)　近年，林えいだい『陸軍特攻・振武寮——生還者の収容施設』（東方出版，2007）によって，陸軍の特攻隊生還者の収容施設とその運用の実態が一般に知られるようになった。加藤拓「沖縄陸軍特攻における「生」への一考察——福岡・振武寮の問題を中心に」『史苑』（立教大学)，68(1)，61–89, 2007（doi/10. 14992/00001606）は，特攻生還者問題の関係史料を幅広く探索して摘示し，考察したものとして優れている。また，大貫健一郎・渡辺考『特攻隊振武寮——証言 帰還兵を地獄を見た』（講談社，2009）および鴻上尚史『不死身の特攻兵——軍神はなぜ上官に反抗したか』（講談社現代新書，2017）は，いずれも特攻出撃を生きのびた特定個人の体験を記録し，あわせて特攻作戦を推進した司令官や参謀らの動向も解説した見通しのよい報告となっている。なお，リサ・モリモト監督の『Wings of Defeat/Tokko 特攻』(2007, Edgewood Partners, Inc.）は，特攻が行われた当時の映像記録とともに，海軍の特攻生還者の記憶と証言を詳細に記録したドキュメンタリーである。

(15)　1944年12月26日に発足（林（え）2007, 100)。

(16)　陸軍の最初の特攻隊「万朶隊」に与えられた機体は，爆弾投下が不可能なように改装されており，さらに機首から信管が三本突き出ていた。この機体で不時着すれば，信管が何かに触れて爆弾が炸裂する可能性が非常に高い。つまり引き返すことは事実上できない仕様となっていた。だが，本文中にも述べるが，この機体は爆弾投下ができる仕様に現場の判断で再度改装された（鴻上 2017, 44–45, 69)。この後の沖縄戦の機体では，爆弾の投下ができたことが生還者の談話から分かる。

(17)　この表①は，陸軍の振武隊以外の特攻隊は含まない。また生存者には出撃命令を受けないまま敗戦を迎えた者も含む（加藤 2007, 86)。

(18)　大貫・渡辺（2009）では，一貫して「I少尉」と記している。林（え）(2007）は，エピソードの一致する人物を，「今井光少尉」と記している。大貫・渡辺（2009）では，特攻隊員の大貫の視点から，同少尉が出撃を回避し続けたことを批判する文言が述べられているので，表記に配慮したと推測できる。私は，あらゆる手段で特攻命令の裏をかくことは，人間にとって当然の行ないであると信じる。それゆえ，表記への配慮は要らないと判断した。

(19)　林（え）(2007）は，今井機が徳之島に不時着したと記載しているが（林（え）2007, 157)，ここは実際に体験した大貫の報告に従い，喜界島とする。

(20)　なお，林（え）(2007) には，「今井少尉は単機で沖縄に出撃せよと命令が出た」（林（え）2007, 158）とあるが，ここも大貫の報告に従って3機とする。

(21)　1945年1月9日米軍のルソン島上陸が開始される。同年1月16日，冨永恭次は軍司令官でありながらルソン島エチャーゲ飛行場から台湾へ逃亡した。「アジア・太平洋戦史に長く記録されるであろう，信じられないこと」（鴻上 2017, 146）である。

(22)　4回に及ぶインタビューで，鴻上は佐々木の生き残る気力が何によって支えられていたのか知ろうとして，繰り返し問いかけている。鴻上の考えは，以下のようにまとめられている。「いろんな要素，「岩本大尉の命令」や「父親の言葉」や「先祖や仏様」や「母親」や「飛ぶことが大好き」という思いが，9回の出撃で9回の生還という奇跡を生んだのでしょう。それは「寿命」で，寿命は自分で決めるものじゃない」（鴻上 2017, 207–208）。